Operations Management

(13th Edition)

(原书第13版)

运营管理

中国版

[美] 威廉 J. 史蒂文森(William J. Stevenson)
[中] 张群 张杰 马风才 著

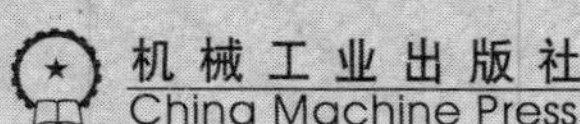

图书在版编目（CIP）数据

运营管理（原书第 13 版）/（美）威廉 J. 史蒂文森（William J. Stevenson）等著．—北京：机械工业出版社，2019.4（2024.11 重印）
（华章国际经典教材（中国版））
书名原文：Operations Management

ISBN 978-7-111-62316-8

I. 运…　II. 威…　III. 企业管理－运营管理－教材　IV. F273

中国版本图书馆 CIP 数据核字（2019）第 052141 号

北京市版权局著作权合同登记　图字：01-2019-0267 号。

William J. Stevenson. Operations Management, 13th Edition.

ISBN 978-1-259-66747-3

本书系统介绍了运营管理的概念、原理和方法，兼顾制造业和服务业的运营管理，理论体系完整，既介绍了运营战略以及运营系统的规划设计与运行控制的相关知识，又介绍了新的运营管理理论与方法，如准时制生产、供应链管理、绿色设计与绿色制造、工业 4.0、大数据及其应用、六西格玛管理、价值流图以及精益服务等。本书还介绍了一些国外知名公司的运营管理实践以及本土化的案例。

本书可用作运营管理专业高年级本科生、研究生和 MBA 教材，也可供对运营管理理论与实务感兴趣的各界人士参考。

出版发行：机械工业出版社（北京市西城区百万庄大街 22 号　邮政编码：100037）

责任编辑：邵淑君	责任校对：李秋荣
印　　刷：三河市骏杰印刷有限公司	版　　次：2024 年 11 月第 1 版第 14 次印刷
开　　本：185mm × 260mm　1/16	印　　张：31.5
书　　号：ISBN 978-7-111-62316-8	定　　价：79.00 元

客服电话：（010）88361066　68326294

前 言

威廉 J. 史蒂文森的《运营管理》是欧美最流行的运营管理经典教材之一，该书中文版也成了我国高校管理类专业运营管理课程的主流教材。特别地，新版增加了工业4.0、大数据及其应用、价值流图等内容，并加入了一些本土化案例。

本书具有以下四个特色。

（1）理论体系完整。本书理论体系完整，涵盖了诸如运营战略、运营系统的规划与设计、运营系统的运行与控制、新型运营方式等内容。

（2）内容新颖。本书介绍了新的运营管理理论与方法，如准时制生产、供应链管理、绿色设计与绿色制造、工业4.0、大数据及其应用、六西格玛管理、价值流图以及精益服务等。

（3）图文并茂，阅读材料、案例、例题与习题丰富。本书不仅图文并茂，而且含有大量国外知名公司运营管理实践的阅读材料、国外经典案例以及本土化案例。这些内容对读者学习和掌握运营管理的概念、原理和方法都很有帮助。同时，每章后面都有相当数量的例题和习题，作为本书的有机组成部分。

（4）中西结合。本书自第9版中文版开始，由中国作者加入了一些本土化案例，成了《运营管理》中国版的一大特色。

全书共16章。授课教师无须受本书内容所限，可视自己的实际情况做出取舍。例如，如果学校已开设项目管理、供应链管理课程，就不用再讲授这两章的内容了。

本书第1～9章由马风才编译，第10～11章、第15章由马俊编译，第12～14章、第16章由张杰编译，第10～16章由张杰校译完成，习题参考答案及运营管理常用术语由马风才编译。北京科技大学张群教授对全书进行了审校。

十分感谢机械工业出版社对本书出版的大力支持！

由于时间仓促，加之水平所限，有不妥之处欢迎批评指正。

张　群

北京科技大学经济管理学院

目　录

第1章 CHAPTER1

运营管理概述

学习目标

通过本章学习，读者应该能够：

（1）定义术语运营管理与供应链；

（2）明确生产运营与服务运营的相同点与不同点；

（3）说明学习运营管理的重要性；

（4）明确组织的三个基本职能并说明它们之间的相互关系；

（5）总结流程管理的两个主要内容；

（6）描述运营职能和运营经理工作的本质；

（7）说明运营管理决策的主要内容；

（8）概述运营管理的历史演变；

（9）介绍影响运营管理的一些趋势；

（10）解释管理供应链的必要性。

汽车、食品、玩具以及其他产品的召回，大型油田泄漏，甚至国家法律的不健全都是运营失败的例子。这些都说明了进行有效的运营管理的必要性。运营成功的例子则包括我们都在使用的电子设备、在疾病诊断和治疗方面所取得的医学突破以及我们广泛享用的高质量的产品与服务。

运营就是企业组织做什么。运营就是提供服务或生产产品的运作过程。运营发生在诸如饭店、零售店、超市、工厂、医院、大学等企事业组织中。事实上，运营发生在每个企业组织中。此外，运营是企业组织的核心内容。

当你读完这本书时，你将掌握如何管理那些运营工作。无论你从事什么专业，运营管理都或多或少与你有关。生产率、质量、电子商务、竞争和顾客满意对企业组织的各个方面都很重要。第1章是对运营管理的简介与概述。其中包括：什么是运营管理？为什么运营管理如此重要？运营部经理的职责是什么？

本章还将简要介绍运营管理的历史演变，讨论当前影响运营管理的一些趋势。

此外，读者还将学到以下知识：①每一个企业组织力求实现的经济平衡；②实现经济平衡充满挑战性的条件；③作为每个企业组织核心的线性函数；④运营管理发展过程中的主要步骤；⑤生产产品与提供服务之间的相同点与差异性；⑥供应链的概念及管理供应链的重要性；⑦当今企业运营所面临的关键问题。

引言

运营管理是企业组织的一部分，负责对生产产品或提供服务进行管理。**产品**是实物，包括原材料、计算机主板这样的零部件以及移动电话和汽车这样的产成品。**服务**是活动，是有关时间、地点、行为等的组合。我们身边到处是产品或服务的例子。我们读的书、看的电视节目、发送的电子邮件或短信、使用的电话和接受的治疗都涉及一个或更多组织的运营职能。我们的衣食住行以及通过互联网所得到的一切也概莫能外。还可以从更高的层次来看待运营职能：通过总结企业组织在运营管理方面的经验和教训有助于提升一个国家的竞争力，对一个国家的经济发展产生影响。

对一个企业组织来说，最理想的情况是实现供应与需求在经济上的匹配。供应过剩或产能过剩是资源浪费，而能力不足则会失去机会并可能导致顾客不满意。供应端的主要职能是运营与供应链，而需求端的主要职能是销售与市场。

运营职能主要是生产产品与提供服务。为实现这一职能，需要来自企业其他领域的支持与资源输入。企业组织通常具有三个基本职能：财务、营销和运营，如图 1-1 所示。无论是零售商店、医院、制造企业、洗车店，还是其他一些类型的企业，所有的企业组织都有这三个基本职能。

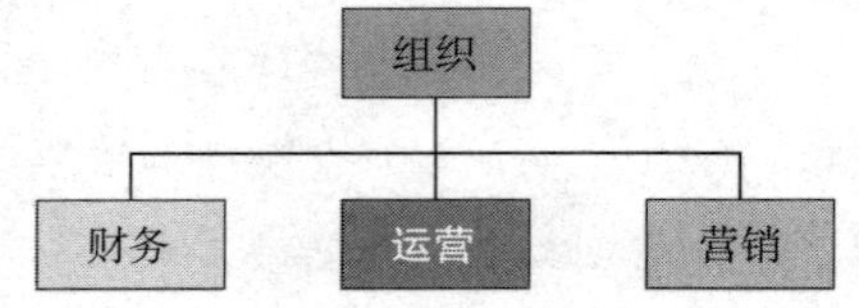

图 1-1　企业组织的三个基本职能

财务部门除了负责预算、分析投资方案和为运营部门提供资金外，还负责确保以有利的价格筹措到资金并将这些资金在组织内分配。营销部门负责对顾客需求做出评估，销售或推销组织的产品或服务。运营部门负责生产产品或提供组织服务。从这个角度讲，如果将一个组织看成一辆汽车，那么运营职能就是它的发动机。正如一台发动机是一辆汽车的核心一样，在一个企业组织中，运营职能是该组织的核心。**运营管理**即是对这一核心的管理。因此，运营管理是对制造产品或提供服务的过程或系统的管理。

运营与供应链在本质上是相互关联的，没有两者之间的结合，任何企业组织将无法生存。**供应链**是涉及生产和交付一种产品或服务的序列，包括企业的设施、职能和活动。这个序列从生产原材料的基本供应商开始，扩展至到达最终顾客的所有途径，如图 1-2 所示。链中的设施可能包括仓库、工厂、加工中心、配送中心、零售店和办公室。职能和活动包括预测、采购、库存管理、信息管理、质量保证、进度安排、生产、配送、运输和客户服务。

图 1-2　简单的产品供应链

理解供应链的一个方式是像其名称一样把它看作一个链，如图 1-2 所示。链中节点代表各种生产或服务运营，例如，工厂、存储设施、运输模式（火车、铁路、轮船、飞机、汽车和人员）。这种链既说明了供应链这种相继链接的本质，又说明了供应链各个要素的互联性。每一个节点既是上游的一个顾客，也是下游的一个供应商。这也有助于理解如果因为任何原因（如质量、运输、天气或某些其他原因）而导致任一节点失效，那么，将会导致供应链流通过程的中断。

图 1-3a 从另一个角度以实例解释了供应链的概念，即从小麦在田地生长开始到顾客在超

市购买一块面包结束。注意，当产品在供应链中移动时，其价值就增加了。

理解供应链的另一种方式是把它看作一棵有很多分支的树，如图 1-3b 所示。这些树的分支代表主要的供应商和配送商（例如，货运公司）。这种方式有助于理解供应链中经常存在的节点的大小与复杂性。注意，树的主分支有一些旁枝（它们各自的主要供应商），而旁枝又有其自己的旁枝（它们各自的主要供应商）。事实上，供应链树状观点的延伸表示每一个供应商有其自身的供应树。如图 1-3a 所示，农场、面粉厂和面包房都有其各自的供应商树。

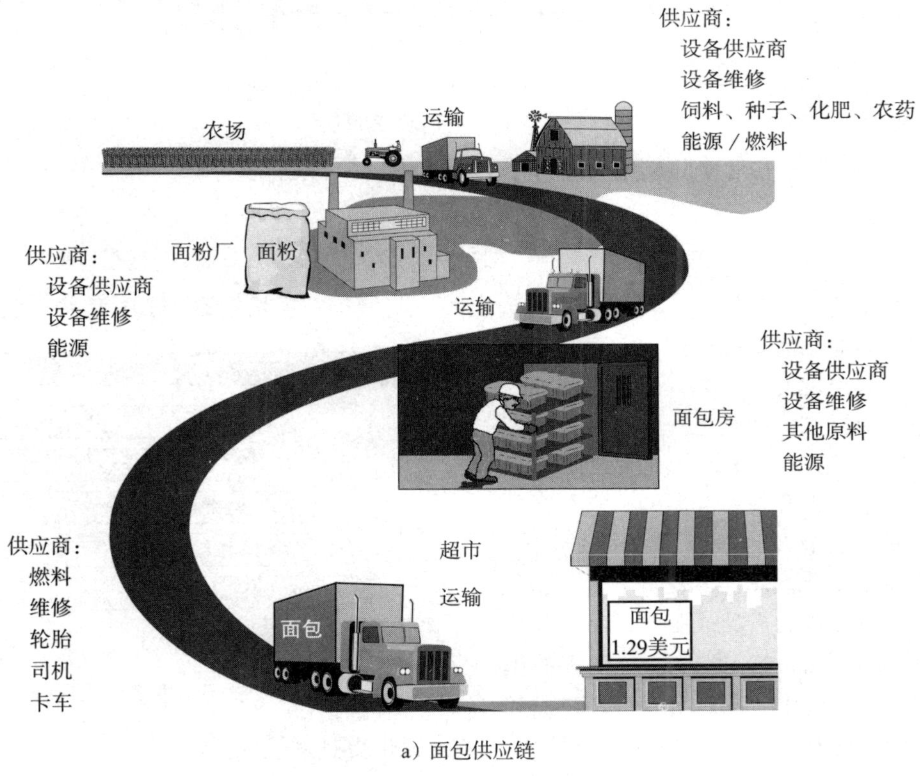

a）面包供应链

b）供应链树

图 1-3

供应链包含企业内部和企业外部两部分。供应链的外部部分提供原材料、部件、设备、补给品以及对企业组织的其他输入，并以产品形式向组织的顾客提供输出。供应链的内部部分即运营职能本身，在企业内部提供半成品和原料，生产产品和提供服务。

产品或服务的创造涉及从投入到产出的转变或转换过程。人们利用各种投入，例如资本、劳动和信息，通过一个或多个转换过程（例如储存、运输、切割）创造出产品或服务。为确保获得满意的产出，需在转换过程的各个阶段进行检测（反馈），并与制定好的标准做比较，以决定是否需要采取纠正措施（控制）。图 1-4 说明了这一转换过程。

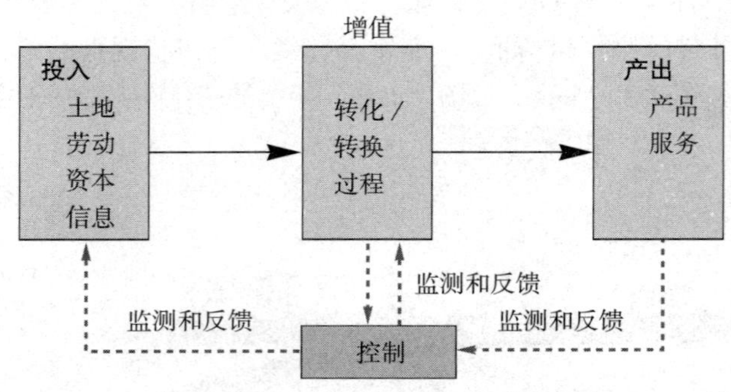

图 1-4 有关投入转化为产出的运营职能

表 1-1 提供了有关投入、转换过程和产出的一些例子。虽然在表 1-1 中商品和服务是分开列出的，然而，需要强调的是，商品和服务通常是一起出现的。例如，给汽车加油是一种服务，而提供的油则是一种商品。类似地，房屋涂色是一种服务，而颜料则是商品。商品 – 服务组合是一个序列。它从商品占主要比重、含有少许服务到服务占主体、商品比重少而变化。图 1-5 表明了这一变化序列。很少有纯粹的产品或服务，所以公司通常销售的是产品包，即产品与服务的组合。在这些产品包中，同时具有生产产品和提供服务的一些基本要素。这使得运营管理更有意义也更具挑战性。

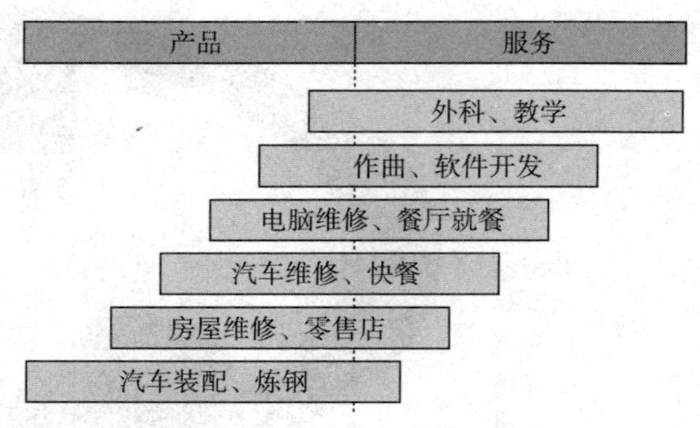

图 1-5 产品 – 服务组合序列

表 1-1 投入、转换和产出示例

投入	转换	产出	投入	转换	产出
土地	过程	产品为主	货车	研究	娱乐
人力	切割、钻孔	房子	工具	维修	汽车修理
体力	运输	汽车	设施	创新	法律事务
智力	讲授	衣服	医院	测试	银行业
资本	耕作	计算机	工厂	销售	通信
原料	混合	机器	零售店		
能源	包装	电视机	其他		
水	罐装	食物	信息		
金属制品	咨询	课本	时间		
木材	复印、发传真	杂志	法律约束		
设备	分析	CD 播放器	政策法规		
机器	开发	服务为主			
计算机	搜索	医疗			

表1-2对转换过程做了具体说明。

表1-2　对转换过程的说明

	投入	加工	产出		投入	加工	产出
食品加工商	生蔬菜	清洗	罐装蔬菜	医院	医生、护士	检查	康复的人
	金属板	制罐			医院	做手术	
	水	切割			药剂	观察	
	能量	烹调			设备	用药	
	劳动力	包装			实验室	理疗	
	建筑物	贴标签					
	设备						

运营职能的实质是在转换过程中带来增值。**增值**是用来反映投入成本与产出价值或价格之间差异的一个概念。对非营利性组织而言，产出（例如，高速公路建设、公安与消防）的价值是它们对社会的价值，增值部分越大，说明其运营效率越高。而对营利性组织来说，产出的价值由顾客愿意为该组织的产品或服务所支付的价格来衡量。企业用增值带来的收入进行研究与开发，投资新的设施和设备，从而获取丰厚利润。结果，价值增值越大，可用于这些方面开支的资金就越多。价值也可以是非物质的，例如品牌。

有许多影响运营体系设计和管理的因素，其中包括在这一过程中顾客的参与程度以及用于生产和运输产品或提供服务的技术先进程度。顾客的参与程度越高，运营设计和管理就越具有挑战性。技术的选择主要影响生产率、成本、柔性、质量和顾客的满意度。

1.1　生产产品与提供服务的比较

尽管产品和服务通常相伴出现，然而它们之间存在一些很基本的区别。这些区别的存在使得相应的管理存在差异。当然，产品和服务也存在诸多共同点。

产品的生产带来的是有形的产出，例如一辆汽车、一副眼镜、一个高尔夫球、一台冰箱——任何我们能看到或能摸到的东西。它可以出现在工厂，也可以出现在别的地方。例如，农耕生产非制造品。另外，服务通常是指一种活动。医生诊治、电视及汽车修理、草坪修剪以及影院放映电影都是服务的例子。大部分服务工作可归到如下类别：

- 专业服务（如金融、保健、法律）；
- 大规模服务（如公用工程、互联网、通信）；
- 服务店（如裁缝店、家电维修、洗车、汽车维修 / 保养）；
- 私人服务（如美容、疗养、理发）；
- 政府服务（如医疗保险、邮政、社会服务、警察、消防）；
- 教育（如中学、大学）；
- 食品服务（如餐饮）；
- 组织内部的服务（如薪酬发放、会计、设备维护、信息技术支持、人力资源管理、产品管理）；
- 批发与零售；
- 航运与配送（如卡车运输、铁路运输、轮船、空运）；

- 物业（如草坪护理、刷漆、设施大修、改造、内部装饰）；
- 运输（如公共交通、出租车、航班、救护）；
- 旅行与招待（如旅行社、饭店、度假村）；
- 杂项服务（如复印、临时帮助）。

制造组织和服务组织就做什么而言通常是相似的，但就如何做来说，这两者又是不同的。以下从不同角度来说明制造产品和提供服务的区别。

（1）顾客的接触程度。尽管像互联网、公用事业、电子邮箱服务等顾客接触服务组织的程度不高，但多数情况下，服务业的顾客接触服务组织的程度都比较高。当接触程度较高时，服务提供者与顾客之间的互动构成了“真实瞬间”，每当服务发生时，就由顾客来做出判定。

（2）劳动密集的程度。除一些自动化的服务外，与制造业相比，服务业的劳动密集程度较高。

（3）投入的一致性。服务的投入变化比较大，运营通常会受到这种影响。每一个员工、患者、顾客、维修工作等都呈现出一定程度的特殊性，需要对这些特殊性进行评价并确定其可控程度。相反，制造业运营管理可对投入的变化进行较好的控制，因而，其所要求的工作更具一致性。

（4）生产率的测评。由于投入的变化比较大，对服务的生产率测评更为困难。某位医生可能采取规范的程序就可以处理一个病例，而另一位医生却可能会遇到比较复杂的病例。如果不做更深入的分析，可能会得出错误的结论：遇到复杂病例的医生的生产率比遇到常规病例的医生的生产率低。

（5）质量保证。因为投入的变化比较大，加上提供和享受服务是同时的，所以，服务业的质量保证具有更大的挑战性。在制造业，产品制造与顾客使用产品是分开的，因而允许其存在错误，而且还有时间去纠正错误。但是，在服务业就很少有机会去发现错误而不让顾客察觉。

（6）库存。与制造业相比，很多服务业的库存水平较低，因而，持有库存的成本也相对较低。但是，与产品不同，服务不能储存。必须在有需求的时候才能提供服务。

（7）薪酬。与服务业相比，制造业的平均收入一般比较高，而且薪酬差距比较小。在服务业，薪酬变化比较大，专业服务的薪水比较高，而一般服务人员的薪水则相当低。

（8）专利保护能力。产品设计更容易通过专利来保护，某些服务却不能，这导致竞争对手更容易复制服务技能。

当然，在制造产品和提供服务之间也有一些相似之处。事实上，本书的诸多知识对两者同样适用。当重点考虑服务时，会在一定的章节强调出来。以下是制造产品和提供服务都要考虑的重要事项：

- 为匹配供应和需求而进行的预测和能力规划；
- 流程管理；
- 变差控制；
- 成本与生产率的监测与控制；
- 供应链管理；
- 选址规划、库存管理、质量控制与作业计划。

注意，许多服务活动在制造业公司是必不可少的，它包括培训、人力资源管理、客户服务、设备维修、采购和服务部门。

表1-3对产品生产与服务运营的差异进行了总结。然而，要记住的是，大多数组织系统同时提供产品和服务。

表1-3　产品与服务的主要差异

特征	产品	服务
产出	有形	无形
顾客接触程度	低	高
劳动密集程度	低	高
投入一致性	高	低
生产率的测评	容易	困难
在配送之前纠正错误的机会	高	低
库存	水平高	水平低
薪酬	差距不大	差距较大
专利保护的可能性	大	小

1.2　学习运营管理的目的

无论运营管理是不是你所从事的专业，通过学习运营管理所掌握的技能都会在你的职业生涯中助你一臂之力。

有许多与职业有关的原因要求你学习运营管理。这是因为企业的每一个方面都影响着运营，或者受运营的影响。运营和营销是企业组织的两个基本职能。所有其他职能，如会计、财务、市场、信息技术等都是用来支持这两个基本职能的。在服务业，与运营密切相关的是金融服务方面的职位（如股票市场分析员、经纪人、投资银行、贷款人员等）、市场服务方面的职位（如市场分析员、市场研究员、广告管理员和产品经理等）、会计服务方面的职位（如公司会计师、公共会计师、预算分析员等）、信息管理方面的职位（如公司情报员、数据库服务员、管理信息系统设计员等）。

雇主普遍抱怨大学毕业生的专业过于狭窄，他们希望毕业生能掌握企业运营的一般知识。本书提供了一些比较宽广的知识，而这些知识正是雇主希望新雇员能够掌握的。除了与职业生涯有关的原因外，学习运营管理还有其他一些原因。通过学习运营和供应链，你将对你所生活的世界有更深入的了解，并将认识到在全球化环境下，公司之间以及国家之间的相互依赖性。此外，还可以了解一些公司成败的原因，并认识到与其他人员协作的重要性。

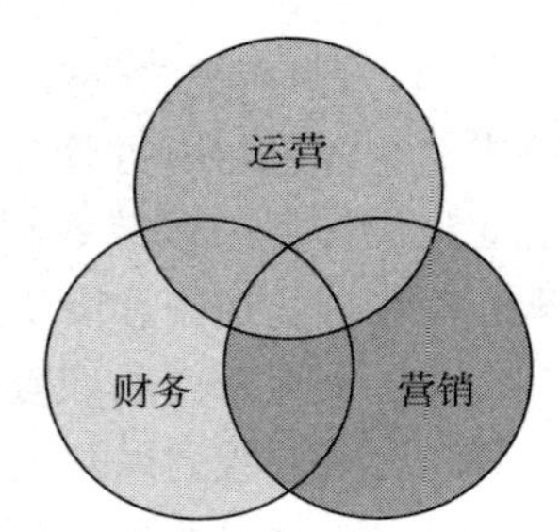

图1-6　企业组织三个主要职能的相互依赖性

要做到成功地配合，每个人不但要明确自己的作用，还要明确其他人的作用。然而在实际中，各职能领域之间存在明显的交叉和配合之处，包括信息交流和联合决策。例如，虽然企业组织的三个主要职能部门各自进行着不同的活动，但是它们的许多决策影响着该组织的其他职能部门。结果，这些职能之间存在大量的交互作用，如图1-6中互相重叠的几个圆所示。

财务人员与运营管理人员要密切合作，在如下活动中及时交流信息与专门知识。

预算。要定期编制预算，对财务需求做出安排。有时要对预算进行调整，必须对预算的执行情况进行评估。

投资方案经济分析。对工厂和设备的投资备选方案的评估要由运营和财务人员共同参与。

资金供应。为运营部门及时提供必要的资金是重要的，而且在资金紧张时，这甚至会关系到组织的生存。细致的计划有助于避免现金流的若干问题。

营销部门的核心工作是销售或推销组织的产品或服务。该部门还要对顾客需求做出估计，并将这一信息传递给运营部门（短期）和设计部门（长期）。这就是说，运营部门需要中短期顾客需求的有关信息，以便据此做出计划（例如，采购原料或工作进度安排）。设计部门需要这方面的信息，以便对目前的产品与服务做出改进和设计出新的产品。营销、设计和生产三部门必须密切配合才能顺利完成对设计的改进并生产出新产品。通过营销，组织可了解竞争对手正在做什么、掌握顾客偏好，从而按顾客所需的产品类型及特性进行设计；运营部门可提供生产能力方面的信息，并就设计的可制造性做出判断。当需要购买新设备或新技术用于创造新产品或服务时，运营部门可提前发出通知。这时财务部门应提供可筹集到多少资金这一信息（短期），并了解引入新产品或服务所需资金的规模（中期至长期）。营销部门可从运营部门那里得到制造或服务提前期这一重要信息，从而为顾客提供可靠的供货时间。

因此，营销、运营和财务三部门必须在产品及工艺设计、预测、确定可行的工作进度以及质量和数量决策方面协调一致，加强相互之间优劣势状况的沟通。

各商业领域的人都应该理解管理的重要性、影响供应链的协调运营决策、供给和需求的一致性以及这些决策如何影响一个组织的其他职能。

运营职能还与组织中的其他职能相互作用和联系，包括法律、管理信息系统（MIS）、会计、人事/人力资源以及公共关系，如图 1-7 所示。

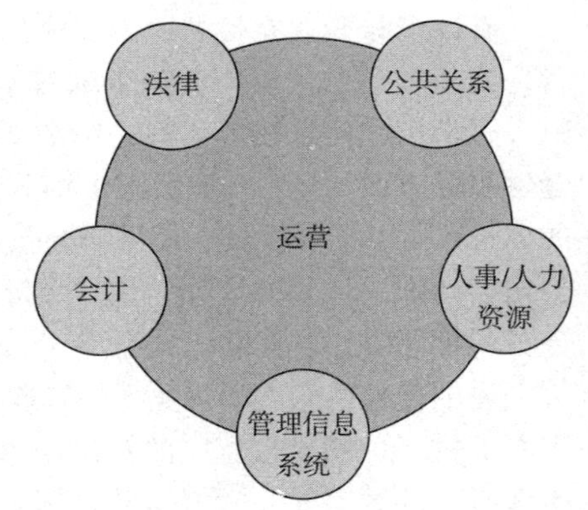

图 1-7　运营职能与许多辅助职能的相互配合

（1）法律部门必须就企业与雇员、顾客和供应商之间的合同以及债务和环境事宜提供法律咨询。

（2）会计部门负责编制财务报表，包括利润表和资产负债表，还向管理部门提供有关劳动力、原料消耗及一般管理费的信息，还可能报告诸如废品、停工期及库存情况。它们必须对应收款项、应付款项和保险费进行记录，并为企业编制税收报表。

（3）管理信息系统（MIS）部门负责向管理部门提供对企业进行有效管理所需要的信息。这一职能主要通过设计系统以获取相关信息和设计报告来体现。管理信息系统的重要性还体现在对应用于运营管理的控制和决策工具的管理。

（4）人事部门的职责包括招募及培训人员、协调劳资关系、协商合同、管理工资和薪金、搞好人力资源规划以及确保雇员的健康与安全。

（5）公共关系的开展有助于组织树立和保持良好的公共形象。这包括以新闻发布会的形式介绍新产品或服务，也包括诸如对一个少年棒球队进行赞助、向文化活动捐赠、做社区活动（例如马拉松赛、自行车赛）的发起人等。良好的公共关系能给组织带来很多潜在的好处。一个明显的好处是在市场方面，其他潜在的好处有：人们视组织为一个良好的工作场所（劳动供给），社区对组织扩大规模计划的接受以及向雇员渐渐灌输一种正确的态度。

1.3　职业机会与专业协会

在运营管理和供应链管理领域有许多职业机会。具体的一些职位包括运营部经理、生产分析师、生产部经理、工业工程师、时间研究分析师、库存部经理、采购部经理、规划统筹员、运销部经理、供应链经理、质量分析师以及质量部经理。其他职位包括办公室经理、仓库经理和服务经理。

在运营领域工作的人应该具备一套技能，包括人际技能和知识技能。人际技能包括政治意识、可信度、合作、谈判以及沟通技能。知识技能对可靠性和好的决策制定来说是非常必要的，它包括生产和服务知识、过程知识、工业和全球知识、财务会计技能以及项目管理技能，详见表1-4。

表1-4　运营管理工作描述

生产主管	供应链经理	社会媒体产品经理
• 管理10～20位生产部的员工 • 通过生产率管理来确保部门满足日常目标 • 强化安全政策 • 协调不同部门之间的工作 • 具备良好的问题解决能力、书面写作和口头交流能力	• 具有物料管理与信息系统的一般知识，并掌握基本的统计知识 • 指挥、评价和激励员工 • 掌握运输法规知识 • 管理预算账户 • 管理项目	• 找到增加顾客参与的途径 • 分析关键绩效指标，并给出改进建议 • 领导交叉业务团队，确定产品质量规范 • 与设计和技术人员合作来确定产品的重要改进 • 在网络日益盛行的环境下识别新的需求 • 在变革中确定新的需求，以获得新的竞争优势

如果你想从事运营管理，加入一个或多个专业协会对你会有好处。

- 美国生产与库存控制协会（American Production and Inventory Control Society，APICS），运营管理分会，8430 West Bryn Mawr Avenue，Suite 1000，Chicago，Illinois 60631 www.apics.org
- 美国质量协会（American Society for Quality，ASQ），230 West Wells Street，Milwaukee，Wisconsin 53203 www.asp.org
- 供应管理协会（Institute for Supply Management，ISM），2055 East Centennial Circle，Tempe，Arizona 85284 www.ism.ws
- 运筹学与管理科学协会（Institute for Operations Research and the Management Sciences，INFORMS），901 Elkridge Landing Road，Linthicum，Maryland 21090-2909 www.informs.org
- 生产与运作管理协会（The Production and Operations Management，POMS），College of Engineering，Florida International University，EAS 2460，10555 West Flagler Street，Miami，Florida 33174 www.poms.org
- 项目管理协会（The Project Management Institute，PMI），4 Campus Boulevard，Newtown Square，Pennsylvania 19073-3299 www.pmi.org
- 供应链管理专业委员会（Council of Supply Chain Management Professionals，CSCMP），333 East Butterfield Road，Suite 140，Lombard，Illinois 60148 http//cscmp.org

APICS、ASQ、ISM和其他专业协会举办从业者资格考试，这有助于提高你的技能。你可从以上这些协会获得就业信息，也可以从其他协会，如决策科学协会（Decision Science

Institute；University Plaza，Atlanta，Georgia，30303）和工业工程师协会（Institute of Industrial Engineers；25 Technology Park，Norcross，Georgia，30092）获取这方面的信息。

1.4 流程管理

运营管理的一个关键问题是流程管理。**流程**是由一个或多个把输入转化为输出的行为组成的。流程管理是所有管理工作中都要完成的一项主要任务。

企业组织包括众多相互关联的流程。通常，它包括三类企业流程。

（1）高级管理流程。这些流程控制着全部组织的运营。例如，组织管理与组织战略。

（2）运营流程。这些流程是组成价值流的核心流程。例如，采购、生产或服务、市场和销售。

（3）支持流程。这些流程为核心流程提供支持。例如，会计、人力资源和信息技术。

无论企业规模大小，它的企业流程都是由一系列供应商–顾客关系构成的。在流程中，每一个企业组织、部门或单一的运营都是其上游的顾客，同时又是其下游的供应商。图 1-8 描述了这一概念。

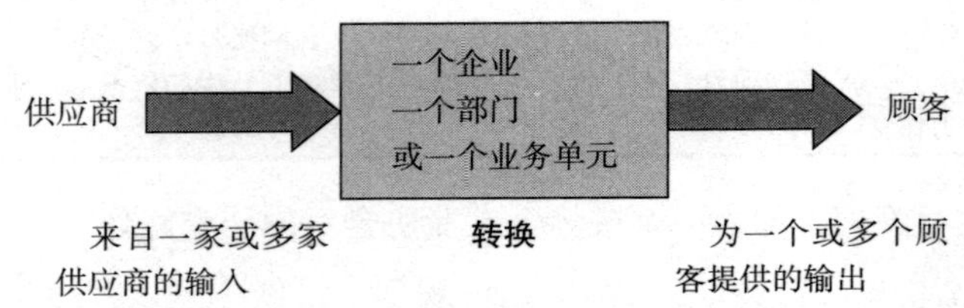

图 1-8 企业过程形成了一个供应商和顾客序列

一个主要流程可能由众多子流程构成，每一个子流程有其自身的目标，这些目标共同实现整个流程的目标。企业组织和供应链有很多这样的流程和子流程。当管理者以流程的观点来处理事务时，将取得更大的收益。**企业流程管理**（business process management，BPM）活动包括流程设计、流程实施及流程监控。运营与供应链管理的两个主要任务是管理流程以满足需求和解决流程中出现的变化。

1.4.1 管理流程以满足需求

理想情况下，流程的能力正好使其输出与需求相匹配。过剩的能力是浪费，能力不足则导致顾客不满意和收益减少。为获得恰当的能力就需要进行精确的需求预测，把预测转化为能力需求。总之，恰当的能力应能满足预期的需求。然而，流程变化与需求变动导致难以在流程输出与需求之间达到匹配。所以，为实现有效管理，管理人员必须有能力解决流程变化。

1.4.2 流程变化

在所有企业流程中都会发生变化。变化可能来自变动或变差。例如，随机性变差是每个流程内部所固有的，它总是存在的。此外，变化也可能是为应对顾客需求变化而刻意安排的。

流程变化可分为以下四类。

（1）所提供的产品或服务的变化。所提供的产品或服务变化越大，生产产品或提供服务的流程的变化就越大。

（2）需求方面结构上的变化。包括趋势和季节性变动在内的变化通常是可以进行预测的，管理这些变化对能力规划而言尤为重要。

（3）随机性变化。这些固有的变化在所有流程中都会发生，对产品或服务的需求方面也有类似的变化。管理人员往往不能左右这类变化的发生。

（4）系统性变化。这类变化是由于错误的输入、错误的工作方法、不健全的设备等造成的。通过分析并采取纠正措施可以减少或避免此类变化的发生。

流程变化会对运营和供应链流程造成不良影响，进而影响最优目标的实现。流程变化会导致多余的成本、延迟和缺货、低劣的质量以及无效的工作系统。低劣的质量和产品缺货或服务延迟会导致顾客不满意并损害组织的声誉和形象。毫无疑问，管理者应具有解决流程变化的能力。

在本书中，读者将学到一些管理者用到的解决流程变化的工具。使用一些指标来描述流程变化是能够解决流程变化的手段。均值与标准差是两个应用最广泛的指标。当涉及变化时，本书会用到均值与方差这两个指标，与之相联系的是正态分布的概念。

你将会遇到许多应用正态分布的例子，所以，书后对正态分布的概述是非常有用的。

1.5　运营管理的范围

运营管理的范围因组织而异。运营管理人员要进行的工作包括：产品和服务设计、工艺选择、技术的选择和管理、工作系统设计、选址规划、设施规划以及该组织产品和服务质量的改进。

运营职能包括密切相关的一些活动，诸如预测、能力计划、进度安排、库存管理、质量管理、员工激励、设施选址等。

我们可以用一个航空公司来说明运营系统。该系统由飞机、机场设施、维修设施组成，有时还扩展到空域资源。航空运营系统的具体活动包括：

- 对诸如天气和着陆条件、座位需求及空中旅行的发展势头等问题做出预测。
- 飞行能力规划，即对该公司保持现金流和获得合理的盈利所必需的运营能力做出安排。飞机的数量太少或太多，或飞机数量适中但未合理使用，都将减少公司的盈利。
- 选址规划，根据运营部经理关于为哪些城市提供服务、在哪里设置维修设施以及不同城市重要程度的区别所做的决策进行机场设施选择。
- 设施布置，这对工人和设备的有效利用至关重要。
- 对飞行和日常维修、驾驶员、随从以及地勤人员、柜台人员和行李管理人员分别做出安排。
- 对诸如食品及饮料、急救设备、旅行读物、靠垫和地毯以及救生工具等物件的库存管理。
- 质量保证，体现在飞行和维修要做到安全至上；在售票台、登记处和电话预订受理点，要讲究工作效率，对待旅客要礼貌。
- 雇员激励和培训，贯穿于运营的各个阶段。

管理供应链以实现质量、费用和进度目标

现在考虑一家自行车厂。该厂可能主要从事装配运营，从供应商那里购买零件，如车架、轮胎、车轮、齿轮及其他物件，然后装配成自行车。该厂也可能做一些制造工作，如制造车架、齿轮及链条，而主要购买原料、油漆、螺母、螺栓及轮胎这样一些零件。无论在哪一种情况下，该厂都要做如下一些重要的管理工作：生产进度安排、决定哪些零件自制和哪些零件外购、订购零件和原料、决定生产的车型及数量、购买新设备更换掉旧的或报废的设备、维修设备、激励工人以及确保达到质量标准。

显然，航空公司和自行车厂的运营方式完全不同。一个主要是提供服务，而另一个则是生产产品。不过，这两类运营也有许多共同点。两者都涉及工作进度安排、激励雇员、订购及管理存货、选择维修设备、达到质量标准和让顾客满意，而其中最重要的又都是让顾客满意。在这两个系统中，企业的成功均依赖于各自的短期和长期计划。

运营部经理的一个主要职能是通过决策来指导系统。一部分决策影响系统的设计，而其他决策影响系统的运行。

系统设计涉及以下几个方面的决策：系统生产能力、设施选址、工作部门及设备的布置、产品与服务计划。这些决策通常要从长计议，但也不尽然。系统运行包括人事管理、库存计划与控制、进度安排、项目管理和质量保证。在许多情况下，运营部经理更多的是进行日常运行决策而非系统设计决策。然而，运营部经理对系统设计要起重大作用，这是因为系统运行的许多参数实际上是由系统设计决定的。例如，成本、空间、生产能力和质量都直接受系统设计的影响。即使设计决策并非全部由运营部经理做出，他仍可向有关决策者提供许多信息，从而影响设计决策。

运营职能还包括其他一些方面，如采购、工业工程、运销和维修。

（1）采购部门负责采购原料、供应品及设备。采购部门必须与运营部门密切联系以确保按时、按量采购。采购部门通常要对供应商的质量、可靠性、服务、价格及其对需求变化的调整能力等方面进行评价，还要负责验收购回的货物。

（2）工业工程通常包括工作进度安排、执行标准、工作方法、质量控制和物料运输。中型和大型制造厂尤其要具备这一职能。

（3）运销包括将产品送至仓库、零售处或最终顾客。

（4）维修包括对设备、建筑物及场地和冷热装置进行全面的保养与修理，清除有毒垃圾，摆放车辆甚至保障安全。

运营部经理是企业的关键人物，对生产产品或提供服务负有最终责任。

不同组织的运营部经理所监管的工作种类差别极大，这主要是因为其所提供的产品或服务不同。银行运营管理显然需要与炼钢运营管理不同的专业知识。然而，很重要的一个方面是，这些工作又有相同的一面：它们本质上都是管理。不论该组织提供什么种类的产品或服务，运营部经理的任何工作都可被称为管理。

服务业和制造业对国民经济来说都是重要的。现在美国服务业提供了占全国 70% 以上的就业机会。服务业在其他国家也呈现出较大的增长。另外，从事服务业的人在逐步增多，而从事制造业的人却在逐步下降。制造业人数的减少主要有两个方面的原因：制造企业的运营功能找到了更多的生产产品的有效方法，使其能够用更少的工人维持甚至增加产出；而且，一些制造工作通过外包由更具人工成本优势的公司来完成，这样可以以较低的成本生产产品。

业务外包和生产率将在本章和其他章节更详细地讨论。

本书讲述的许多概念同样适用于制造业和服务业。因此，无论你此时关注的是制造业还是服务业，这些概念都是重要的。不论制造业还是服务业的例子，都用来阐述这些概念。

值得注意的是，本章末的阅读材料则说明了制造业工作岗位重要的原因。

1.6　运营管理与决策

运营部经理既是计划者又是决策者，对组织目标的实现程度具有重大影响。大多数决策涉及许多可能的方案，这些方案会对企业的成本和利润产生极其不同的影响。因而，在决策时做到有根有据是十分重要的。

运营管理专业人员做出许多影响整个组织的关键决策。这些决策包括：

- 什么：需要什么资源？需要多少？如何配置资源？
- 何时：何时需要每类资源？这项工作应何时做出安排？材料和其他供应品应何时订购？何时采取纠正措施？
- 哪里：工作在哪里进行？
- 如何：产品或服务如何设计？工作如何来做（组织、方法、设备）？
- 谁：谁来做这项工作？

运营部经理通常会考虑成本（预算）、质量和进度（时间）。

纵观本书，读者将了解到运营部经理必须做出的一系列决策以及进行决策时所采用的必要工具。本节讲述决策的一般方法，其中包括模型的运用、定量方法、权衡分析、确立优先次序、道德和系统方法。模型是所有决策者都要掌握的关键工具。

1.6.1　模型

模型是对现实的一种抽象，是处理问题的一种简化形式。例如，儿童玩具车是现实中的汽车的模型。它具有许多同样的可视特征（形状、相对尺寸、轮子），适合儿童玩并了解汽车。但是玩具车没有真正的发动机，不能载人，重量也达不到 2 000 磅。⊖

模型的其他例子包括汽车测试轨道和撞击测试、公式、图表、资产负债表和利润表以及财务比率。普通统计模型包括均值、中位数、众数、值域和标准差等统计量，以及随机样本、正态分布和回归方程。

有时模型被划分为实物模型、图表模型或数学模型。

实物模型看起来与现实中的原形相像。这方面的例子有微型汽车、卡车、飞机和火车、动物玩具以及模型建筑等。这些模型的优点是它们与现实具有同样的直观性。

图表模型比实物模型更抽象，也就是说，它们与现实的相似程度较低。这方面的例子有图表、蓝图、图片和制图。图表模型的优点是易于制作和更改。另外，它们具有一定程度的直观性。

数学模型最抽象，它们丝毫不像现实中的原形。例子有数字、公式和符号。数学模型通常最容易使用，它们是输入计算机和计算器的重要形式。

⊖ 1 磅≈ 0.45 千克。——译者注

应用中的模型各式各样，有简单的，也有极其复杂的；有的相当粗糙，而有的十分精致。然而它们的共同之处是：都用来帮助制定决策，将现实中复杂的问题简单化。现实生活包含大量的细节，其中很多是与特定问题无关的。模型忽略了不重要的细节，考虑的是问题最关键的环节，这样会大大有利于人们对问题的理解和解决。

由于模型在运营管理决策中起着极其重要的作用，因此其在本书中占有相当大的篇幅。对每一个模型，需要掌握：①目的；②如何使用以得出结论；③如何解释和利用这些结论；④模型存在的假设和限制条件。

最后一点尤其重要，因为每一个模型都有其适用的假设前提条件。在不满足假设的情况下，使用模型得出的结论是不可靠的。将由此得出的结论用来解决实际问题会造成灾难性的后果。

运营部经理在许多方面由于诸多原因要用到模型。模型的好处包括：

- 通常易于使用，比直接处理实际问题花费少。
- 模型要求使用者对信息进行组织，有时需要定量化，同时指明了需要补充信息的地方。
- 增强了对问题的理解。
- 可使经理们能够分析“如果……那么……”这样的问题。
- 可用作评价的一贯工具，为分析问题提供标准的格式。
- 可使使用者借助于数学来解决问题。

以上列举了使用模型的优点，然而模型也有其局限性，其中主要的三点局限性是：

- 模型强调的是定量信息，结果会使定性信息被忽视。
- 模型可能会被不恰当地使用，导致结论被曲解。计算机模型的广泛使用增加了这种风险，因为高度复杂的模型可能就放在数学功底不深、不能完全理解模型应用条件的使用者手边，而他们不能完全理解成功地利用这些模型所要求的环境条件。
- 模型的使用不能保证做出好的决策。

1.6.2 定量方法

用定量方法解决问题往往追求的是数学上的最优解。线性规划及相关的数学方法被广泛地应用于稀有资源的最有利分配问题。定量方法应用于运营管理决策（和其他方面的决策）已被人们所接受，这主要归功于计算器和能够高速执行所需计算的计算机的投入使用。计算机对运营管理的实施，尤其在进度安排和库存控制方面产生了巨大影响。再者，随着带有定量方法软件包的开发使用，计算机在管理上的应用越来越普遍。

虽然这里强调的是定量方法，但不要以为定性方法不重要。相反，管理者在决策时要两种方法并用，并且许多重要的决策主要是依据定性方法。

1.6.3 绩效测评指标

所有管理者都用指标来管理和控制运营。运营管理使用了许多指标，包括与利润、成本、质量、生产率、资产、投资、工序和精确预测相关的指标。当你阅读每一章节时，记下使用的指标和其在运营管理中是如何使用的。

1.6.4　权衡分析

运营部经理经常会遇到权衡决策问题。例如，在决定存货数量时，其必须在额外存货带来的顾客服务水平提高与成本增加之间进行权衡。

决策者有时通过列举一个活动过程的好处与坏处，即从正反两方面来更好地理解所做决策的结果。有时，决策者在权衡时会给相对重要的因素增加权数。这有助于他们在权衡决策中将一些潜在的影响考虑进去。

1.6.5　定制化程度

为顾客提供的产品或服务的定制化程度是影响整个组织的一个主要因素。提供像家庭装饰、整形手术、法律咨询这样高度定制化的产品或服务更多的是劳动密集型的；而提供像在超级市场现货供应的标准化的商品或提供像公用事业或互联网标准化的服务更多的是资金密集型的。此外，与提供标准化的产品或服务相比，生产定制化的产品或提供定制化的服务比较耗时，要求员工有更高的技能，所用的设备更具柔性。与标准化的流程相比，定制化的流程产量更低，定制化的产品价格也更高。定制化的程度对流程选择和工作需求有较大的影响，这种影响甚至超过了运营和供应链，影响到市场、营销、会计、财务和信息系统。

1.6.6　系统方法

系统的观点在决策中几乎总是有益的。系统方法就是从大局着眼。**系统**可被定义为由一系列相互联系的部分组成的有机整体。对一个企业组织来说，该组织可被看作由子系统（例如，营销子系统、运营子系统、财务子系统）组成的一个系统。而各子系统依次由更低级的子系统组成。系统方法强调各子系统间的相互联系，但其主要观点是系统整体大于系统各个部分之和。因而，从系统的观点看，组织作为一个整体，其产出和目标要比任一子系统的产出和目标更重要。

无论设计、重新设计、完成、改进或改造一件产品或一项工作，系统方法都是必要的。考虑系统中所有部分的影响是十分重要的。例如，正设计的汽车模型准备添加反锁制动，设计人员必须考虑顾客将怎样看待这一变化、制动的使用说明、误用的可能性、生产新制动的成本、安装程序、废旧制动的再利用和修理程序。另外，设计人员还需考虑以下内容：工人需经培训才能制造安装这些制动、生产进度安排可能需要调整、库存程序可能要改变、质量标准要重新制定、新性能有待广告去宣传以及必须对零件进行选择。

1.6.7　确立优先次序

在实际中，管理者总会发现一些要素比其他的要素更重要。生活中认识到这一事实有助于管理者抓住重点，避免在一些不重要的枝节上浪费时间和精力。

客观事实是，占比例极少的要素通常是最重要的，因此管理好这些要素对要取得的结果会产生意想不到的影响。这就是著名的**帕累托现象**（Pareto phenomenon）。帕累托现象是运营管理中最重要且最具影响的概念之一。事实上，这一概念可适用于管理和决策的各个方面。

1.7 运营管理的历史演变

生产系统在古代就已存在了。例如，金字塔和罗马渡槽的建造就包含了运营管理的技能。现代意义上用于销售的产品生产和现代工厂制度都出现于产业革命时期。

1.7.1 产业革命

产业革命开始于18世纪70年代的英国，19世纪又扩展到欧洲其他国家和美国。此前，产品是由手工艺人和他们的徒弟在作坊里生产出来的。在那个系统下，通常由一个人自始至终负责制作一件产品，例如一辆马车、一件家具。使用的工具都很简单，因为我们今天使用的机器当时还没发明出来。

接着，许多发明创造改变了生产的面貌，机器代替了人力。也许其中意义最重大的是蒸汽机的发明，因为它为工厂里机器的运转提供了动力。珍妮纺纱机和电动织布机使纺织业发生了革命。充足的煤和铁为发电和制造机器提供了原料。由铁制成的机器比先前使用的简单木制工具效率更高、更耐用。

在制造业初期，产品是在手工艺生产这一制度下生产出来的。手工艺生产是指技术高的工人利用简单且富于柔性的工具，根据顾客的特定要求生产产品的生产系统。

手工艺生产本身有严重的缺陷。一个缺陷是，因为产品是经技术高的工人逐个零件装配出来的，所以生产效率低、成本高。另一个缺陷是生产成本并不随产量的增加而下降，即根本不存在刺激企业扩大规模的规模经济。结果，出现了很多小型企业，每个企业都有自己的标准体系。

促使产业革命加快发展的一个重大变化是标准度量制的产生，它大大减少了对定制品的需求。工厂开始迅猛发展，大量农业人员被吸引到工厂工作。

尽管发生了这些巨大的变化，但管理理论与实践并未获得长足的发展，这时迫切需要一种比较系统、切实可行的管理方法作为指导。

1.7.2 科学管理

科学管理的创建为工厂管理带来了巨大变化。效率工程师、发明家弗雷德里克·温斯洛·泰勒（Frederick Winslow Taylor）是其创始人，被称为科学管理之父。泰勒依据对工作方法的观测、分析和改进以及经济刺激，将管理建立在科学之上。他通过对工作方法进行详细的研究来确定做每一项工作的最佳方法。泰勒还认为管理部门应负责制订计划、认真挑选和培训工人、找出完成每一工作的最佳方法、实现管理部门与工人的合作以及将管理活动从工作活动中分离出来。

泰勒的方法强调的是产出极大化。这些方法并不总是受到工人的欢迎，因为他们认为虽然采用这些方法后产出增加了，但他们的劳动报酬并未得到相应的提高。的确存在有些企业为追求效率让工人过度劳动这一问题。最终，国会在公众呼声下就此事举行了听证会。1911年泰勒被要求到会作证，也就是这一年他最重要的书《科学管理原理》[⊖]（*The Principles of Scientific Management*）出版了。听证会事实上促进了科学管理原理在工业领域的推广。

还有很多先驱者也对科学管理做出了重大贡献，包括：

⊖ 本书中文版机械工业出版社已出版。

- 弗兰克·吉尔布雷斯（Frank Gilbreth）是一位工业工程师，常被称为动作研究之父。他提出了动作经济原理，该原理可应用于很小的一项工作。
- 亨利·甘特（Henry Gantt）认识到非货币报酬对激励工人的价值，提出了获得广泛应用并被称为甘特图的进度安排法。
- 哈林顿·埃默森（Harrington Emerson）将泰勒的观点应用于组织结构，并鼓励聘用专家以提高组织效率。他在一次国会听证会上证实，通过采用科学管理原理，铁路一天能节省 100 万美元。
- 亨利·福特（Henry Ford）是一位了不起的实业家。他在其工厂采用了泰勒的科学管理原理。

20 世纪初，汽车在美国开始走俏。福特公司的 T 型车大获成功，供不应求。为提高运营效率，福特采纳了由泰勒提出的科学管理原理。他也采用了移动装配线，对许多产业的生产模式产生了重大的影响。

汽车行业采用大量生产是福特众多贡献中的一个。大量生产是指由技术不高或技术一般的工人使用极专业化且通常昂贵的设备生产出大量标准化产品的一种生产系统。福特之所以做到这一点是因为他利用了许多重要概念。其中一个关键概念是**零件互换性**。零件互换性最早是由一位美国发明家埃尔·惠特尼（Ell Whitney）于 18 世纪末提出的。将这一概念用在汽车行业生产中即使零件标准化，从而使批量中的任一零件适合装配线上的任一辆汽车。这就意味着与手工艺生产不同，零件无须定做。标准化的零件可替换使用。福特通过使生产中测量零件的量具标准化和采用生产一致零件的新工艺，实现了零件的可互换性，结果装配时间和成本大大减少。

福特使用的第二个概念是劳动分工。这是亚当·斯密在《国富论》（*The Wealth of Nations*, 1776 年）中提出的一个重要概念。劳动分工意味着一项工作，比如装配一辆汽车，被分解成一系列小的作业，每个工人完成整个工作的一小部分。与每一个工人需要一定技术负责做许多作业的手工艺生产不同，利用劳动分工使分解的作业涉及面很窄，结果工人几乎不需要什么技术。

这些概念使得福特能够利用大量廉价的劳动力来极大地提高工厂的生产率。然而，泰勒和福特均遭到许多工人的反对，因为他们对工人关心不够，期望工人如机器人一样工作。这为人际关系学说的发展铺平了道路。

1.7.3　人际关系学说的发展

科学管理十分强调工作设计的技术方面，而人际关系学说则强调在工作设计中人这一因素的重要性。莉莲·吉尔布雷斯（Lillian Gilbreth）是一位心理学家，她和她的丈夫弗兰克·吉尔布雷斯一起着重研究了工作中的人力要素。他们在 20 世纪 20 年代的研究大多是有关工人疲劳的问题。随后的几十年里，他们把研究重点转向动机问题。20 世纪 30 年代，埃尔顿·梅奥（Elton Mayo）在西方电气公司的霍桑工厂进行研究。他的研究表明，除了工作的实物和技术条件外，工人动机对提高生产率是至关重要的。20 世纪 40 年代，亚伯拉罕·马斯洛（Abraham Maslow）提出了激励理论，50 年代弗雷德里克·赫茨伯格（Frederick Hertzberg）又使激励理论得到进一步发展。道格拉斯·麦格雷戈（Douglas Mcgregor）于 60 年代提出 X 理论和 Y 理论。这两个理论阐述了雇员如何看待工作的两个极端。X 理论坚持消极的一面，假定工人都不喜欢工作，必须经过管制——奖与罚——才能使他们干好工作。这一看法起初在汽车行业及其他一些行业相当普遍，后来全球竞争威胁的加大迫使他们不得不重新考虑这一看法。Y 理论与 X 理论的观点正好相反，假定工人很乐意工作，认为工作使他们身心得到发展。坚持 X 理论这一看法将造成敌对的气氛，而 Y 理论会促使工人有自主性，具有合作精神。到了 70 年代威廉·大内（William Ouchi）提出了 Z 理论。该理论集中了日本的诸如终生雇用、关心雇员及协同一致的观点和西方的诸如短期雇用、专门人才以及个人决策与职责的传统观点。

1.7.4 决策模型与管理科学

一些定量方法的提出和运用推动了工厂的发展。F. W. 哈里斯（F. W. Harris）于 1915 年提出了第一个模型：库存管理的数学模型。20 世纪 30 年代，在贝尔电话实验室（Bell Telephone Labs）工作的三个同事 H. F. 道奇（H. F. Dodge）、H. G. 罗米格（H. G. Romig）和 W. 休哈特（W. Shewhart）提出了抽样和质量控制的统计程序。1935 年，L. H. C. 蒂皮特（L. H. C. Tippett）进行的研究为统计抽样理论奠定了基础工作。

起先这些模型并未在工业中获得广泛应用。然而，第二次世界大战的爆发改变了这一状况。战争给制造业带来很大压力，多学科的专家共同努力来促使军事和制造业迅速发展。战后，研究和改进定量方法的工作仍在进行，相继提出了预测、库存管理、项目管理及运营管理中其他方面的决策模型。

20 世纪六七十年代，管理科学方法受到高度重视。80 年代，对这些方法的重视程度有所下降。然而，随着个人计算机和方便用户的软件在工作中的广泛应用，这些方法会重新受到青睐。

1.7.5 日本制造商的影响

许多日本制造商推行或改进了一些管理做法，使得它们的运营生产率和产品质量得到了提高。这使得它们极具竞争力，从而引起了国外企业的极大兴趣。这些新方法强调质量和持续的改进、工人小组和授权，以及让顾客满意。值得称道的是，日本制造商是目前正在工业国发生的“质量革命”的发起者，并且它们在运营管理中成功地采用了基于时间的战略（准时制生产）。

日本对美国制造业及服务业的影响是巨大的，这种影响在可预见的将来还会继续下去。因此，本书将介绍大量有关日本企业的成功经验。

表 1-5 按时间顺序列出了运营管理演变中的一些重大发展。

表 1-5 运营管理发展简史

时间	贡献 / 概念	创始人
1776 年	劳动分工	亚当·斯密
1790 年	零件互换性	埃尔·惠特尼
1911 年	科学管理原理	泰勒
1911 年	动作研究、工业心理学的应用	吉尔布雷斯夫妇
1912 年	活动进度图	甘特
1913 年	移动装配线	福特
1915 年	库存管理的数学模型	F. W. 哈里斯

（续）

时间	贡献 / 概念	创始人
1930 年	关于工人动机的霍桑实验	梅奥
1935 年	抽样和质量控制的统计程序	H. F. 道奇，H. G. 罗米格，W. 休哈特，L. H. C. 蒂皮特
1940 年	运筹学在战争中的运用	运筹小组
1947 年	线性规划	乔治·丹齐克（George Dantzig）
1951 年	商务数字计算机	斯佩里·尤尼瓦克（Sperry Univac），IBM
20 世纪 50 年代	自动化	很多人
20 世纪 60 年代	定量工具的广泛发展	很多人
1975 年	以制造战略为重点	W. 斯金纳（W. Skinner）
20 世纪 80 年代	强调质量、柔性、基于时间的竞争和精益生产	日本制造商，尤其是丰田公司和大野耐一
20 世纪 90 年代	互联网、供应链管理	很多人
21 世纪	应用服务供应商和业务外包	很多人

1.8　当今的运营管理

1.8.1　信息技术改变着运营管理的方方面面

信息技术的新发展和全球性竞争对运营管理产生了很大影响。互联网为企业组织提供了巨大潜力，但为了确定是否利用以及如何利用这一潜力，企业组织必须对该潜力以及相应的风险有一个清醒的认识。在许多情况下，互联网改变了企业在市场上的竞争模式。

电子商务是指利用互联网进行交易。电子商务正在改变企业组织与其顾客及供应商相互交往的方式。公众最为熟悉的是电子商业，即顾客－企业交易，例如在线购买或者寻求信息。然而，企业－企业交易，例如电子采购，在电子商务中的份额越来越多。企业主和管理者在制定战略、编制计划和进行决策时越来越重视电子商务这一趋势。

技术一词根据不同背景有不同的定义。一般地，**技术**指研发和改进产品和服务的科学发现的应用。它可能包括知识、原料、方法和设备。“高技术”一词指最先进的机器和方法。运营管理主要关心三种技术：生产和服务技术、流程技术和信息技术（IT）。这些对成本、生产率和竞争力都有主要影响。

（1）生产和服务技术就是新产品和服务的发现与发展。这主要是由研究者和工程师来完成的，他们使用科学方法来开发新知识并将其翻译转化为企业含义。

（2）流程技术是用来生产产品和提供服务的方法、程序和设备。它们不仅包括组织内的流程，还包括供应链流程。

（3）信息技术就是计算机和其他电子设备在存储、生产和发送信息时的使用。

信息技术在今天的企业运营中已经根深蒂固。这些技术包括电子数据处理、用条形码来识别和跟踪产品、获得销售点信息、数据传输、网络、电子商务、邮件等。

技术管理在上述主要趋势中排在前列，将来更是如此。例如，计算机已经在许多方面对企业组织产生了巨大影响，包括新产品和服务特性、工艺管理、医疗诊断、生产计划和进度安排、数据处理和通信。在新材料、新方法和新设备方面的技术进步也极大地影响着竞争和生产率。信息技术的发展也对企业产生了重大影响。显然，技术进步已经带来并将继续带来许多好处。然而，技术进步也给管理造成了负担。例如，管理部门必须了解这些变化，对它们带来的好处和风险迅速做出评估。预测技术的发展情况并非易事，新技术常常意味着高昂的物价，使用或维修成本同样很高。以计算机运行系统为例，当新系统推出时，旧版本不再支持，并且要定期升级。技术之间的冲突使得对技术的选择更加困难。在产品和工艺上的技术革新将继续影响企业组织的运行，因而需要继续关注。

1.8.2 全球供应链

《北美自由贸易协定》（NAFTA）打开了其成员国美国、加拿大和墨西哥的边境，促进了它们之间的贸易开展。1944 年成立的《关贸总协定》(GATT) ⊖降低了许多国家的关税和补贴，扩大了世界贸易。全球竞争和全球市场给世界上所有企业的战略和运营带来了影响。企业组织对供应链管理的日益重视就是一个例证。

全球化和对全球供应链的需要拓展了供应链管理的范围。然而，在某些情况下，边境安全形势的紧张又使得产品和人员的流动放慢了下来。另外，在有些情况下，一些组织正在对它们采取的海外业务外包进行重新评估。

1.8.3 竞争加剧促进企业发展，实现社会进步

竞争压力和正在改变的经济条件导致企业组织越来越强调以下方面的重要性：①运营战略；②资源节约；③收益管理；④流程分析与改进，质量改进；⑤敏捷性；⑥精益生产。

20 世纪七八十年代，很多公司在其公司战略中忽视了运营战略。其中一些公司为此付出了沉重代价。现在越来越多的公司开始认识到运营战略对其经营全面成功的重要性以及将运营战略与公司的整体经营联系起来的必要性。

由于解聘、公司减员和削减总成本的需要，企业只能使用较少的资源。这一状况迫使管理者要对资源分配做出抉择，对控制成本和改进生产率给予更多的关注。

收益管理是一些公司在运营能力固定的前提下，通过价格调控手段使收益最大化的一种管理方法。收益管理也被称为收入管理，已被成功地应用于旅游、航空、游轮、饭店、游乐园、租车公司以及货运和公用事业等其他行业。

过程分析和改进包括成本和时间的削减、生产率的提高、过程产出的提高、质量的提高和顾客满意度的提高。这些有时称为**六西格玛**过程。

在 20 世纪八九十年代“质量革命”的推动下，质量观念正在渗透到企业的方方面面。一些企业使用全面质量管理这一概念来描述其在质量方面的努力程度。以质量为中心强调的是顾客满意和团队工作。工艺改进可带来质量提高、成本降低和时间减少。时间关系到成本和竞争优势，企业在寻求降低向市场推出新产品或服务、补充供给和完成交货的时间，以获得竞争优势。如果两家企业可以按照同样的价格和质量提供相同的产品，但是其中一家比另一家早四周交货，那么较快供货的这家企业必定会赢得这笔交易。很多公司降低了产品投放时间。联合碳化物公司 (Union Carbide) 削减了 4 亿美元的固定费用；而贝尔大西洋公司（Bell Atlantic）由于将一项业务由原来的 15 天缩短为不足 1 天，结果节省费用 8 200 万美元。

敏捷性是指组织对需求或机会的快速响应能力。敏捷性是包括建立柔性系统在内的一种

⊖ 1995 年更名为世界贸易组织，即 WTO。——译者注

策略，以便快速应对来自需求数量方面或提供产品或服务方面的变化。当组织致力于维持竞争优势以应对日益缩短的产品生命周期以及致力于缩短新产品或改进产品的开发周期时，保持敏捷性尤其重要。

精益生产这一新的生产方式产生于 20 世纪 90 年代。它结合了上文列举的许多趋势，强调质量、柔性、缩短时间和协同工作。这一方式导致组织结构扁平化，管理层次较少。

精益生产系统的得名是因为该系统可使用比大量生产系统少的资源——较少的空间、库存和工人，生产出同样多的产品。精益生产系统利用技术高的工人和富于柔性的设备。事实上，精益生产集中了大量生产（高产量、低成本）和手工艺生产（品种多和柔性）的优点。精益生产的产品质量要优于大量生产的产品。

精益生产系统中有技术的工人比大量生产中的工人更多地参与对系统的维持和改进工作。他们被告知如果发现一个缺陷就停止生产，同其他雇员一起找出并消除造成缺陷的根源，以使缺陷不再出现。这样做必将导致一定时间内质量水平的不断提高，根除在生产线另一端检查和返工的需要。

由于精益生产系统在较低库存量的条件下运营，因此对何时将出现问题的预测要格外重视，并通过认真的计划来避免这些问题。即使如此，问题仍时常出现，迅速解决就显得十分重要。工人要参与计划和修改工作。企业仍要聘用技术专家，但他们更多是作为顾问而非代替工人。企业应将系统 (产品和工艺) 设计作为中心环节，以使工人能创造出较高质量和更多数量的产品。

与传统系统中的工人数量相比，预计在精益生产系统中的工人将更多。他们能以小组的形式在运营和改进系统方面发挥积极的作用。个人创造力与小组成功相比显得微不足道。在精益生产系统中，工人的责任也大得多。而责任会产生压力和紧迫感，这在传统系统中是没有的。再者，扁平的组织结构意味着在精益生产组织中事业道路不太陡峭。工人趋向于成为多面手而非专才，这一点也与传统的组织形成了鲜明对比。

1.8.4　工业 4.0 对运营管理模式的重构

1. 工业 4.0 简介

工业 4.0 是指以信息物理系统（cyber-physical system，CPS）为基础，实现企业制造系统的网络化集成以及价值链数字化集成，进而构建智能工厂，实现智能制造，全面提升生产过程的智能化水平和制造业的商业价值。

工业 4.0 是由德国联邦教育局及研究部和联邦经济技术部联合资助德国工程院、德国弗劳恩霍夫协会、西门子公司等德国学术界和产业界而启动的一项战略计划，现已提升为德国国家级高科技战略。

德国提出的工业 4.0 与美国提出的工业互联网以及《中国制造 2025》有异曲同工之妙，即在互联网与制造业深度融合的基础上，具有自我诊断、自我修正的自动化技术，具备更加强大的分析处理能力的自动化软件以及与之相适应的更加智能的设备，在统一的控制平台上，实现生产过程的分散式增强型控制。

为实现这一高科技战略，制定了以下六项措施：

- 创新组织管理；

- 实现技术标准化和开放标准的参考体系；
- 建立复杂管理系统的优化模型；
- 建立一套综合的工业宽带基础设施；
- 建立安全保障机制和规范；
- 加强专业教育。

2. 工业 4.0 对运营管理模式的重构

如果说工业 1.0 是机械制造时代，工业 2.0 是电气化与自动化时代，工业 3.0 是电子信息化时代，那么，工业 4.0 就是智能制造时代。在这个时代，传统产业将被重新定义，智能机床、工业自动化、工业机器人、RFID 传感器、3D 打印、互联网、移动通信、物联网、大数据、云计算等新兴产业将得到进一步发展。

从运营管理的视角来看，在工业 4.0 时代，需要重新思考企业的价值取向、组织架构、管理模式，需要重新构建企业的运营体系，需要创新产品研发方式、生产过程控制技术、物流配送方案、顾客服务流程等运营管理模式。

以下运营管理方案正在或将要实现。

（1）顾客个性化需求的满足。能够直接从顾客那里获取个性化需求，并通过设计与制造的大规模定制予以实现。

（2）柔性化的制造。能够更好地响应来自内外部的各种变化。需求管理、设计变更、过程管理、维护更新等变得更灵活。

（3）智能化的运营管理。以 CPS 为基础，实现人、设备、产品的互联互通，对价值链节点企业数据以及市场数据、销售数据、采购数据、研发数据、工艺技术数据、设备数据、生产过程实时数据、产品与服务数据、物流配送数据等进行深度挖掘，以给出更加科学的运营管理方案。

1.9 当今企业运营所面临的主要问题

今天，有一些重要的问题需要企业组织去面对。尽管不是每一个企业都会遇到这些问题，但对多数企业来说需要去解决，以下所列是一些突出的问题。

- 经济条件。在各个行业出现的经济衰退的减缓和缓慢复苏让管理人员谨慎思考投资问题和是否再雇用那些在经济衰退时被解雇的工人。
- 创新。在众多能为组织提供价值的可能途径中，开发或改进产品或服务是唯一现实的选择。创新可以是对流程的改进，也可以是互联网或供应链更广泛的应用。通过互联网或供应链可以降低成本、提高生产率、拓展市场份额或提高客户服务水平。
- 质量问题。在本章开始提到的一些有关运营失败的例子中强调了改进运营管理的必要性。这涉及产品设计与测试、对供应商的监管、风险管理、对潜在问题的快速响应。
- 风险管理。最近发生的诸如住房危机、产品召回、石油泄漏、自然和人为的灾难昭示着风险管理的必要性。管理风险就是要识别并确认风险、评估风险伤害和潜在的损害（发生的成本、信誉降低、需求减少）并采取措施来降低和分散风险。

- 网络安全。防止黑客入侵的必要性变得越来越突出。黑客的目的是盗取员工和顾客的个人信息。此外，交互系统增加了以工业间谍形式入侵的风险。
- 全球经济一体化下的竞争。

第三世界国家低廉的劳动力成本为降低劳动成本带来了压力。公司必须认真地权衡以下可选方案：外包部分或全部运营业务到低工资的地区、降低内部运营成本、改进设计和工作以提高生产率。

1.9.1　环境问题

全球变暖和环境污染正越来越多地影响着企业运营。

更为严格的环境法规正在实施，这在发达国家尤其如此。此外，企业组织面临着越来越大的压力来减少碳排放（因企业和其供应链的运营而产生的二氧化碳），实施可持续性的业务流程。**可持续性**是指服务和生产流程以不破坏用于支持现在和未来人类生存的生态系统的方式利用资源。可持续性意味着企业在进行决策时，评判标准显著地区别于传统的环境和经济指标。

企业所有方面都将受到这一观念的影响。受影响最显著的包括产品和服务设计、消费培训项目、灾害预警和应对、供应链浪费管理以及外包决策。由于产品生产的外包不但增加了运输成本，而且还增加了燃料的消耗和碳排放，因此，可持续性将影响外包决策的制定。

因为这些都属于运营范畴，所以，运营管理将重点处理这些事务。可行的方案包括减少包装、原材料、水和能源的利用，也包括本土化采购，进而减少供应链对环境所造成的影响。这些措施也被称为“绿色计划”。其他的方案包括翻新销售旧设备（如打印机和复印机等），以再循环利用。

1.9.2　道德行为

企业遵守道德行为的必要性是显而易见的，近来一些有争议的事例佐证了这一点。在决策方面，管理者必须考虑其决策将如何影响股东、管理者、雇员、顾客以及社会团体和环境。找到一个能够被所有利益相关者接受的方案并非容易的事。但是，这也是管理者要力争实现的目标。此外，即使管理者足够注重这一点，也仍然会做出错误的决策。如果发生了错误，管理者应该果断采取措施来纠正错误，同时，尽快说明错误方案可能造成的不良后果。

很多企业已经制定了道德准则来指导员工或“成员”的行为。道德是用于指导人们在不同环境下行为的准则。圣塔克拉拉大学马古拉应用道德研究中心确定了以下5项道德准则。

- 功利性准则：是指作为或不作为结果带来的价值应该超过其带来或可能带来的损害。例子之一是禁止酒后驾驶。
- 权利准则：是指行为应该尊重或保护其他人的精神权利。例子之一是禁止侵占弱势群体的权益。
- 公平准则：是指应公正地保持或评价某一行为。例子之一是同工同酬。
- 共同利益准则：是指行为应对公众的利益有贡献。例子之一是噪声治理规则。
- 美德准则：是指行为应当与理想的规范相一致。例如应当诚实、有同情心、宽容、忠实、正直、自制。

该研究中心通过拓展上述准则构建了一个道德准则框架。该框架确定了一系列步骤来指导人们的思维以及相应的后续行为。以下是马古拉应用道德研究中心提出的一些步骤：

- 通过回答该行为是否会对群体或个人造成危害来认识一个道德问题。该问题是否超出了法律之外。
- 确保相关事实是已知的。例如谁将会受到影响，可行的方案是什么。
- 根据上述 5 个准则来评估该方案。
- 确定最理想的方案，然后询问你尊敬的人如何看待这个方案，进而检查该方案的可能性。
- 做总结，检查你的方案所造成的影响，并说明你从中受到了什么启发。

更详细的资料，可以参阅该中心的网站：http://www.scu.edu/ethics/practicing/decision/framework.html。

同所有管理者一样，运营部经理有责任做出道德方面的决策。道德问题表现在运营管理的很多方面。

（1）财务报表：准确地表明该组织的财务状况。

（2）工人安全：提供足够的培训，保持设备处于良好的工作状态，保持安全的工作环境。

（3）产品安全：提供对用户财产或环境伤害或损害程度最小的产品。

（4）质量：信守担保，避免隐患。

（5）环境：遵守政府规章。

（6）社区：成为一个好邻居。

（7）雇用和解雇工人：不要以假许诺雇用工人。

（8）关闭设施：考虑对社区的影响，恪守做过的承诺。

（9）工人的权利：尊重工人的权利，迅速、公正地处理工人的问题。

道德村协会评选出全球范围内的道德典范。下面列出一些被称为道德典范的公司：

- 服装行业：盖璞公司（Gap）
- 汽车行业：福特公司（Ford Motor Company）
- 综合服务：沛齐公司（Paychex）
- 餐饮：星巴克（Starbucks）
- 计算机硬件：英特尔（Intel）
- 计算机软件：奥多比系统（Adobe System）、微软（Microsoft）
- 电子产品：德州仪器（Texas Instruments）、施乐（Xerox）
- 电子商务：eBay
- 一般零售：好市多（Costco）、塔吉特（Target）
- 食品：韦格曼斯（Wegmans）、全食（Whole Foods）
- 健康和美容：欧莱雅（L’Oréal）
- 物流：联合包裹（UPS）

你可以在道德村协会网站（Ethisphere.com）看到道德典范的全部名单以及评价标准。

1.9.3 供应链管理的必要性

当企业在改善供应链方面面临越来越多的压力时，供应链管理得到了更多的重视。在过去，大多数企业很少管理它们的供应链。相反，它们趋向于将管理集中在对自身运营和直接顾客的管理上。更进一步，供应链中的企业计划、营销、生产和库存管理职能彼此都是相互独立的。这导致供应链面临着很多问题，而这些问题超出了单一企业所能控制的范围。这些问题包括库存的大幅波动、缺货、延迟交货和质量问题。这些问题和其他一些因素表明，对于企业来说，积极地管理它们的供应链是企业成功的根本。其他主要因素如下。

（1）改进运作的需要。近年来，降低成本、减少时间、提高生产率和质量已经扩展到供应链的范围。改进机会主要与采购、配送和物流有关，而采购、配送和物流构成了供应链。

（2）不断提高的外包程度。企业都在提高外包的程度，都用采购产品或服务来代替自己生产产品或提供服务。由于外包的增加，企业在同供应有关的活动（包装、装箱、运输、装货和卸货以及分类）上的花费在增加。而在这些活动以及与之有关的活动上花费很大数量的成本和时间似乎都是不必要的。与进口产品有关的质量与安全问题引起了对有关产品责任法的思考以及如何承担监控外包产品安全的责任。变质的食品、牙膏和宠物食品，不安全的轮胎和玩具等都属于此类问题。

（3）不断增长的运输成本。运输成本在不断增长，这需要更仔细的管理。

（4）竞争压力。竞争压力导致了不断出现的新产品、更短的产品研发周期以及不断提高定制化生产的需求。而在一些产业中，最值得注意的是，家用电子产品，产品生命周期相对更短。除此之外，还有采取快速反应战略，以及减少提前期的努力。

（5）不断提高的全球化。不断提高的全球化也增长了供应链的实际长度。全球供应链增加了对管理供应链的挑战。拥有更广泛的顾客或供应商意味着提前期的延长和交货中断概率的增加。通常汇率和金融系统的变化以及语言和文化差异是影响因素。有时采取的加强边境安全的措施也会延缓产品的运输。

（6）电子商务的重要性不断提高。电子商务不断提高的重要性增加了商业买卖的范围，也带来了新的挑战。

（7）供应链的复杂程度。供应链是复杂的，是动态的，而且其自身具有很多的不确定性。比如，不准确的预测，延迟的交货，质量不合格，设备故障以及取消或更改的订单，这些不确定性因素会对供应链产生负面影响。

（8）管理库存的需要。库存在一个供应链的成功或失败中发挥了重要作用。因此，在整个供应链中协调库存水平是很重要的。缺货会严重扰乱工作流的及时流动，而且还会有更大的影响。与此同时，过多的库存会增加不必要的成本。我们常常会发现在供应链的某些部分库存短缺，而在该供应链的其他部分却有过多的库存。

1.9.4 供应链管理的要素

供应链管理包括协调整个供应链的活动。这样做的中心是掌握顾客需求，并且在供应链的每个阶段将这种需求转化为相应的活动。

表1-6列出了供应链管理的关键要素。第一个要素是顾客，这也是驱动要素。典型的是，营销负责决定顾客需求是什么，以及预测顾客需求的时间和数量。产品和服务设计必须使运营能力与顾客需求相符合。

表 1-6 供应链管理要素

要素	典型问题
顾客	决定顾客需要的产品和（或）服务是什么
预测	预测顾客需求的数量和时间
设计	综合考虑顾客、需求、制造能力和投入市场的时间
生产能力计划	供给与需求相符合
加工	控制质量，工作进度安排
库存	满足需求的同时管理持有成本
采购	选择供应商、支持在采购产品和服务上运作的需要
供应商	管理供应商质量、及时交付和柔性；保持与供应商的关系
选址	决定设施的位置
物流	决定如何最好地移动和储存原材料

处理在供应链的每个部分都会出现，它是每个组织的核心。加工主要出现在为最终顾客提供产品或服务的组织中（这些组织有组装计算机、汽车服务等）。对供应链的内部和外部部分来说处理的主要工作是进度安排。

库存是大多数供应链的主要产品。平衡是其主要目标。太少库存会导致延迟，并打乱进度安排；而太多库存会增加不必要的成本。

连接组织和供应商的是采购。采购主要是获得能用来为组织的顾客提供产品和服务的产品和（或）服务。采购要选择供应商、对合同进行谈判、建立联盟以及在供应商和不同的内部部门之间采取联系的行动。

价值链上的供应部分由一个或多个供应商组成，他们都由供应链连接起来，每一个供应商都对供应链的有效性或无效性产生影响。另外，对供应商与其供应链上所有需求部分之间的协调进行仔细的计划和执行是完全有必要的。

选址是许多方面的一个因素。供应商位置的选择很重要，处理设施的选址也很重要。靠近市场，或靠近供应源，或两方面都靠近是至关重要的。同样，运输时间和成本也常常受选址影响。

供应链管理有两种类型的决策：战略层面和运营层面。战略决策是设计和政策的决策；运营决策是涉及日常工作的决策，包括管理物料和成品流以及其他与供应链有关的方面，以保持与战略决策的一致性。

供应链管理中的主要决策包括选址、生产、配送和库存。选址决策是为生产和配送设施选择位置的决策。生产和配送决策关注顾客需要什么，什么时候需要，以及需要多少。外包可以作为一种策略予以考虑。配送决策在很大程度上受运输成本和交货期的影响，因为运输成本会对总成本产生显著的影响。更进一步，运输方案的选择与生产和库存决策有直接关系。例如，采用空运与海运、铁路和卡车运输相比，意味着高运输成本但可以缩短交货期，减少在途的库存。配送决策还必须考虑生产能力和与质量有关的事宜。运营决策关注的是进度计划、设备维护和满足顾客需求。质量控制和工作负荷平衡也是其重要的运营活动。库存决策是确定整个供应链库存需求、生产协调和进货的决策。物流管理在库存决策中占有重要的地位。企业资源计划（ERP）已经在企业中得到越来越广泛的应用，促进了企业内部和上下游合作企业之间信息的共享。

本章小结

企业组织的运营职能是生产产品和提供服务。运营是每一个企业的核心职能之一。供应链就是连接供应商和顾客的序列。该序列开始于提供输入的各种资源，结束于为最终顾客提供产品和服务。运营与供应链是相互依赖的，离开了两者企业组织将无法生存。

运营管理包括运营系统的设计与运行控制。具体包括产品和服务设计、运营能力规划、流程选择、选址规划、工作研究、库存和供应链管理、生产计划、质量保证、工作进度安排和项目管理。

运营管理的历史演变过程为我们提供了这一企业核心职能有趣的背景信息。

知识要点

1. 运营职能是每一个生产产品或提供服务的企业组织的重要职能之一。
2. 运营系统由将投入转换为产出的流程组成。未能有效地管理这些流程将对企业组织产生不利影响。
3. 企业组织的一个主要目标是使供应和需求相匹配。运营职能就是为预期需求提供适当的供应或服务能力。
4. 所有流程都会存在变动，需要对其进行管理。
5. 尽管从管理者的角度看，服务和产品存在一些基本差别，但两者之间仍然存在很多相似之处。
6. 环境问题对运营决策越来越重要。
7. 道德行为规范是优秀的管理实践所必需的。
8. 所有企业组织都要对供应链进行管理。

阅读材料 麦当劳在餐饮的本土化上举棋不定

2002年，麦当劳的竞争对手肯德基开始在中国部分城市的餐厅供应早餐，并于同年推出了两款极具中国本土特色的花式早餐粥：海鲜蛋花粥和香菇鸡肉粥，至此正式拉开了肯德基加快产品本土化的大幕。此后每年，无论早餐还是正餐，肯德基都会推出一定数量的符合中国消费者口味需求的本土化产品。

2008年1月21日，油条这种任何一个中国人都再熟悉不过的早餐品种，开始出现在全国各大肯德基餐厅。肯德基这次推出的“安心油条”，是继花式早餐粥之后的又一款本土化全新产品。

阳春三月，当你走进肯德基餐厅，闻到米饭和“醇豆浆”四溢的清香时，不要以为走错了地方。肯德基正大张旗鼓地把中国人最传统的饮品摆上洋快餐的餐桌。

此外，一直专注于推广咖啡文化的星巴克，饮料单上居然出现了白牡丹、碧螺春以及乌龙茶等几款传统的中国茶。而且，星巴克还热衷于推出一些“节令”食品，如在端午节推广自己的“星冰粽”，在中秋节还曾经推出过月饼。而另一杀入中国市场的世界知名餐饮品牌哈根达斯每年都会在中秋节推出冰淇淋月饼，年销售量可达200万盒。

2018年端午节的前一天，我竟然在肯德基吃到了最钟爱的粽子。看来，肯德基注定要把本土化食品进行到底了。其他一些世界级餐饮巨头呢？也在试水本土化。麦当劳呢？它要隐忍到何时？

讨论题

1. 麦当劳提供的快餐附加服务是如何支持麦

当劳实现其QSCV经营理念的？
2. 未来，麦当劳是应该像肯德基那样走上餐饮本土化的道路，还是坚持原来的餐饮定位？

应用案例　韦格曼斯食品市场

韦格曼斯食品市场（Wegmans food markets）有限公司是美国最早的食品连锁店之一。韦格曼斯总部设在纽约的罗切斯特市。它经营大约100家商店，主要在罗切斯特、布法罗和锡拉丘兹。还有一些商店在纽约的其他地方和宾夕法尼亚州。公司雇员超过45 000人，年销售额超过30亿美元。

韦格曼斯以向顾客提供优质产品和一流服务而闻名。通过市场调查、不断尝试和倾听顾客意见三者的有效结合，韦格曼斯已发展成一个很成功的组织。它每平方英尺[⊖]的销售额比同行业高出50%。

1. 超级市场

该公司的许多商店为面积达100 000平方英尺的超级市场，是一般超市的2倍或3倍。你可从下面的描述中对这些商店的规模有一些了解：它们通常有25～35个结账通道，忙的时候，所有通道全部开放。仅一家超级市场就要雇用500～600人。

韦格曼斯的各个商店在实际规模及一些特色上略有差异。除了在超市中常见的特色外，它们通常有一个服务周到的熟食店；一个500平方英尺的鱼铺，大多数时间这里可提供10种鲜鱼；一个大的烘焙店（各商店都烘焙自己的面包、卷饼、蛋糕、馅饼和糕点）；一个农产品部。它们也提供图片制作、卡片商店、视频出租业务，设有品类齐全的药店和一个奶酪部。商店内花卉店的场地面积达800平方英尺，里面摆放品种繁多的鲜切花、插花、花瓶和绿植等供顾客挑选。商店内卡片综合服务部的面积超过1 000平方英尺。散装食品部可向顾客提供数量庞大的食品和鸟食、宠物食品等。

每个商店各具特色。一些商店设有干洗部和色拉店等。还有的商店里设有咖啡餐馆，配置多个食品台，提供一定种类的食物。例如，一个食物台备有意大利式比萨饼和其他意大利特色菜，另一个食物台提供东方饭菜，还有的专门提供鸡或鱼。在咖啡餐馆里面还有三明治小吃店、色拉店和甜点心台。顾客常在各食物台之间走动，以确定要订的食物。在一些咖啡餐馆里，就餐者吃饭时可以喝点酒，在星期天能吃到晚一点的早餐。在一些人流汇集的地方，顾客下班回家的路上，可走进商店内挑选刚刚调制好的花样繁多的晚餐主菜及一些配菜。许多韦格曼斯商店在午餐时间提供现成的以及定制的三明治。一些商店有咖啡间，里面有桌椅，购物者在这里可品尝到普通的或特制的咖啡以及许多诱人的糕点。

2. 农产品部

该公司以提供的都是新鲜农产品而自豪。商店一天要补充农产品多达12次。较大商店农产品部的规模是一般超市的4倍～5倍。韦格曼斯提供当地生长的季节性农产品。它采用“农场到市场”这一方法。因此一些当地种植户直接将他们的农产品运送到各商店，而不是运送到总库。这减少了公司的库存持有成本，使农产品尽可能快地进入商店。种植户可使用专门设计的可放在商店地面上的盛物器，而不使用大箱。这就避免了将果品和蔬菜从大箱里移到货架上时常出现的碰损，同时也节省了人力投入。

⊖ 1平方英尺≈0.09平方米。——译者注

3. 肉食部

除了摆放大量新鲜的和冷冻的肉加工品外，许多商店设有服务周到的肉铺，顾客既可买到各类鲜肉加工品，也可根据其要求切割成他们需要的肉块。

肉食部的员工参加韦格曼斯内部的“肉食品大学”。在那里，他们掌握各种鲜肉切割方法。他们还会学到其他肉类匹配方法，并向顾客介绍与各种肉食相匹配的配菜、面包和红酒。这对向员工灌输销售文化很有帮助。而员工与顾客交流的时间通常要占其工作时间的75%。

韦格曼斯会不断分析商店的运营以改善其流程。肉食部从传统的店内鲜切肉食和包装改变为利用集中化肉食处理设施和真空包装，延长了肉食架的利用时间，减少了员工在肉食部的工作时间，降低了成本，也为顾客提供了他们需要的产品。

4. 订货

商店里每一部门都要自己订货。尽管销售记录可从结账处查知，但这些不能直接作为补充货源的依据，还必须考虑其他如定价、特别促销、当地情况（例如节日、天气状况）等因素。然而，像节假日这样的季节性时期，管理者常常要查看一下销售记录以了解过去同时期的需求情况。

这些超级市场每天要从总库收到一整卡车货。在高峰期，一家商店可能从总库收到两卡车货。由于订货间隔期不长，所以产品脱销的时间大大缩短，除非总库也缺货。

该公司对供应品实行严格的控制，以保证产品质量和准时交货。

5. 库存管理

一些商店有多达7 000个商品。[⊖]韦格曼斯采用全公司范围内的库存跟踪系统。各部门每月在公司系统上查看库存量。各部门自行负责订货。部门会定期收到一个报告，上面说明该部门现有多少天的存货。保持一个合理的库存量对部门经理来说是重要的：如果一个部门的库存过多，这会增加该部门的成本；而持有库存过少的话，又会导致缺货，进而丧失销售机会导致顾客不满意。

6. 雇员

该公司认识到有一支好的雇员队伍的重要性。它平均要投资7 000美元来培训一位新雇员。除了学会商店运营外，新雇员还要认识到良好的顾客服务的重要性，并知道如何提供这一服务。雇员应当愉快地回答顾客的问题或处理报怨。公司通过报酬、利润分成和津贴相结合的方式来激励雇员。雇员流动率只有6%而同行业的平均水平约为20%。

7. 质量

质量和顾客满意在韦格曼斯管理者和雇员心目中是至高无上的。一般品牌甚至名牌货都要定期在检测室与新产品一起接受检测。经理负责检查并保持本部门的产品及服务质量。另外，公司鼓励雇员向其经理报告问题。

如果一位顾客对买回的产品不满意，退回了该产品或其中一部分，那么将给顾客两种选择：更换产品或退款。如果该物品是韦格曼斯牌食品，那就把食品送到检测室以查明问题的根源。待根源查明后，要采取纠正措施。

8. 技术

韦格曼斯总会运用最新技术来维持其竞争优势。这些新技术包括跟踪库存和管理供应链的新方法，在农产品部和肉食部引入保鲜技术等。

⊖ 库存量单位（stock keeping unit，SKU）。——译者注

9. 可持续性

韦格曼斯从2007年就开始用紧凑型的荧光灯组来代替白炽灯泡。每年减少3 000吨碳排放。公司在乳品冷藏箱安装传感器使制冷系统的运转时间减少50%。

讨论题

1. 顾客如何评价超市的质量?
2. 说明为什么下列各因素对超市运营的成功是重要的:
   (1) 顾客满意;
   (2) 预测;
   (3) 能力规划;
   (4) 选址;
   (5) 库存管理;
   (6) 商店布置;
   (7) 作业计划。
3. 韦格曼斯通过采用哪些技术来获得竞争优势?

第2章 CHAPTER 2

竞争力、战略和生产率

学习目标

通过本章学习，读者应该能够：

（1）列举企业组织竞争力的三个主要方面；

（2）说明公司缺乏竞争力的五个原因；

（3）解释战略的含义，并解释企业战略对其竞争力的重要性；

（4）说明组织战略和运营战略的差异与联系，并说明把二者结合起来的重要性；

（5）讨论并给出基于时间战略的一些例子；

（6）解释生产率的含义，说明生产率对组织乃至一个国家的重要性；

（7）列举造成生产率不高的一些原因及提高生产率的一些方法。

本章将分别讨论对企业组织至关重要且相互联系的三个概念：竞争力、战略和生产率。竞争力关系到一个企业与同类企业在市场上竞争的优势程度，运营、财务和营销都会对竞争力产生重要影响。战略决定一个企业如何追求目标的计划问题，运营战略在这方面尤其重要。而生产率则与资源的有效利用有关，它对竞争力有直接的影响，运营管理主要负责生产率。

游戏即是竞争。懂得如何做游戏的人将会成功，而不懂得如何做游戏的人是注定要失败的。不要以为竞争只是在不同的公司之间进行。如果在一家公司内有多个工厂或部门，它们生产的产品或提供的服务相同，那么它们之间就存在竞争。当竞争对手——另一家公司或同一公司内的姊妹厂或部门能够较快地生产出质量更好、成本更低的产品时，这对那些经营较差的工厂或部门来说不是一个好兆头，因为如果管理人员不能扭转这一局面的话，这些工厂或部门将面临裁员或停产。较高的质量、较高的生产率、较低的成本和对顾客需求的快速响应能力比以往任何时候都重要，而且标准越来越高。企业组织需要制定出切实的战略来应付这些挑战。

引言

在本章中你将了解以下内容：①企业在不同方面的竞争以及有些企业善于竞争的原因；②什么样的战略才能促进企业竞争力的提高；③什么是生产率，其重要性以及提高生产率的一些方法。

2.1 竞争力

企业在市场上销售产品和服务时必定要面临竞争。**竞争力**是决定一家企业是发展壮大，还是仅能维持生存或失败的一个重要因素。企业通过价格、配送时间和产品或服务在其他方面的差异性实现与对手的竞争。

企业组织通过其营销职能和运营职能的一些配合进行竞争。营销职能的开展影响几个方面，包括明确消费者的需要和需求、定价以及广告和推销。

（1）明确消费者的需要和 / 或需求是企业组织进行决策过程的一个基本环节，是决定其竞争力的核心。其理想目标是实现消费者需要和需求与该组织提供的产品和服务完全一致。

（2）价格与质量通常是影响消费者购买决定的一个关键因素。理解消费者在价格、产品与服务等其他方面（如质量）所做的权衡决策是重要的。

（3）广告和推销是企业组织将产品或服务的特性告诉潜在顾客并吸引他们进行购买的方式。

运营职能通过以下方面影响其竞争力：产品和服务设计、成本、地理位置、质量、响应时间、柔性、库存和供应链管理以及服务。这些方面之间是相互联系的。

（1）产品和服务设计应当体现在企业许多职能部门协同工作，力争达到资金、运营能力、供应链能力与消费者需要和需求之间的匹配。另外，产品或服务的独到之处或特性也可能是影响消费者决定是否购买的一个关键因素。

（2）一个组织的产出成本是影响该组织的定价决策、生产率和利润的一个关键变量。降低成本通常是企业组织的不懈追求。

（3）地理位置就顾客的成本和便利性而言是重要的。靠近原料供应地的位置可降低投入成本，而靠近市场的地理位置可以降低运输成本和缩短交货时间。便利的位置对零售店而言尤为重要。

（4）质量与用料、做工及设计密切相关。消费者是根据产品或服务满足其目的的程度来评价质量好坏的。消费者通常愿意为他们认为质量好于其他厂家的产品或服务支付更高的价格。

（5）快速响应可成为一种竞争优势。一方面体现在快速将新的或改进的产品或服务推向市场；另一方面，在接到订单后可以迅速将现有产品交付给顾客，还有能及时处理顾客抱怨。

（6）柔性是指对变化的反应能力。变化包括商品或服务设计特性的改变、顾客需求量的增减以及由组织提供的产品或服务组合的改变等。柔性强可成为一种竞争优势。

（7）库存管理的好，可以做到产品供应与需求有效匹配，从而取得竞争优势。

（8）供应链管理涉及内外运营（购买者和供应者）的协调，以实现在整个系统内货物交付及时、成本低的目的。

（9）服务可能包括被顾客看作价值增值的售后活动，诸如货物交付、安装、保证工作、技术支持或者对顾客消费过程的格外关注（如举止礼貌、有事随时让顾客知道以及对细节的关注）。

（10）管理者和工人是一个组织的核心。如果他们有能力且工作积极主动，那么他们就能通过他们的技巧和智慧为企业带来竞争优势。一个经常被忽视的技巧是接电话。处理投诉电话或信息咨询的方式不同，产生的情形大不一样。例如，如果采用自动回答，这会使一些打来电话的顾客不感兴趣。如果公司接电话的人不礼貌、回答不上来或者挂断电话，这些都会对公司产生不好的影响。相反，如果顾客电话得到及时和满意的处理，就会给公司带来好的影响，从而有利于提升公司的竞争优势。

为什么有些企业会破产

企业破产或经营不善有多种原因。认识到这些原因有助于管理者避免犯类似的错误。下列是一些最常见的错误：

- 忽视运营战略。
- 未能利用优势和机会，和（或）未能认识到竞争威胁。
- 过分重视短期财务业绩，不重视研究和发展。
- 过于强调对产品或服务的设计，而对工艺设计与改进重视不够。
- 忽视在资本和人力资源方面的投资。
- 未能在不同职能部门之间建立起良好的内部沟通与合作。
- 未能考虑顾客的需要与需求。

竞争成功的关键在于明确顾客需要什么，然后付诸实施，来满足（甚至超过）顾客的期望。有两个问题必须解决。第一，顾客需要什么（上述企业进行竞争的方面哪些对顾客来说是重要的）？第二，哪一方面能最好地满足顾客的需要？

运营部门要与营销部门密切合作，以获取有关各主要顾客和目标市场方面的信息。

明确竞争问题可以有助于经理们制定出成功的战略。

2.2　使命与战略

一个组织的**使命**是其存在的原因。一个组织的使命书对该组织的使命和目标进行了表述。对一个企业组织来说，使命书应回答这样一个问题："我们是从事什么的？"使命因组织而异。一个组织的使命是由该组织的业务性质决定的。表 2-1 给出了一些公司的使命书。

表 2-1　一些公司的使命书

公司	使命书
微软	在全世界范围内帮助个人和企业实现其潜能
威瑞森	帮助人们和企业进行交流
星巴克	激发并孕育人文精神——一个人、一杯咖啡、一个邻居，相伴而生
美国教育部	促进学生成功，帮助其做好全球竞争的准备，培养卓越人才，确保平等机会

使命书确立了组织目标的基础。使命书对目标和使命的范围做了更详尽的描述。使命和目标常常关系到一个组织希望在公众、雇员、供应商以及顾客心目中树立一个什么样的形象。目标指导组织战略的形成。这些反过来又为该组织各职能部门的战略和策略制定提供了依据。

运营战略很重要，因为它可以通过为职能部门提供管理方向、准则、目标和战略来指导组织的行为。另外，战略关系着组织的成功或失败。

有三种基本的企业战略：

- 低成本。
- 快速响应。
- 与竞争对手相比的差异化。

快速响应是指对需求变化的反应能力。差异化是指产品或服务的特性、质量、信誉、客户服务。有些组织专注于单一战略，而其他组织则采取组合战略。亚马逊公司就采取组合战略。该公司不但实现了低成本、快速和可靠配送，而且在客户服务方面也是优秀的。

2.2.1 战略与策略

如果你将目标视为最终目的的话，那么战略就是到达此目标的途径。战略是决策的核心。一般来说，组织会有一个关系到整个组织的整体战略，即组织战略，同时又有涉及组织内各职能部门的职能战略。正如战略应与该组织的目标和使命相匹配一样，职能战略也应与整体战略相一致。

策略是用来完成战略的方法和措施。策略与战略相比更具体，它为实际运营（这是一个组织中需要有最具体、最细致的计划和决策的部分）的实施提供指导和方向。你可能将策略看作整个过程中“如何做”的部分（例如，按照战略路径如何到达目的），而将运营看作该过程中实际“做”的部分。本书很大篇幅将涉及策略性运营。

它是一个战略问题、策略问题还是具体运营问题？有时候同一问题可能适用于三者。然而，一个关键的区别是时间跨度。战略问题主要考虑的是长期影响，而策略和具体运营问题考虑的时间跨度则要短得多。事实上，具体运营问题涉及的时间跨度常常以天数来计。

很显然，从使命向下至实际运营的整个关系本质上存在着等级。这一点可由图 2-1 说明。

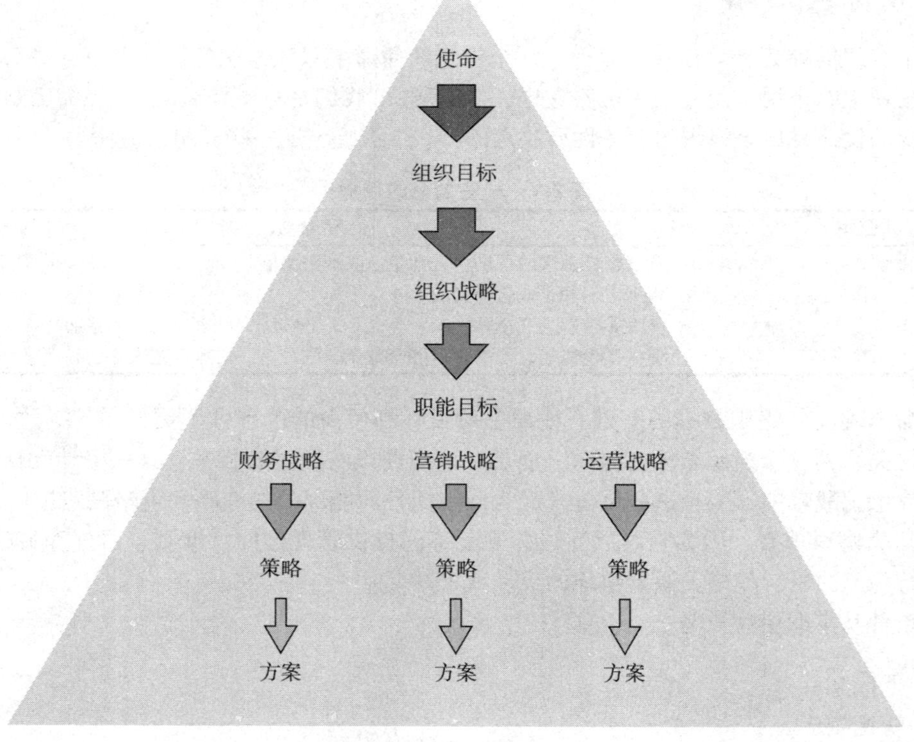

图 2-1　计划和决策在组织中的等级性

下面通过一个简单的例子来说明这一点。

例 2-1　Rita 是加利福尼亚南部的一名高中生。她希望将来从事商业，有一份好工作，有足够的收入使生活舒适些。为达到此目标的一个可能的构想是：

使命：过上好生活。

目标：满意的职业，可观的收入。

战略：获得大学教育。

策略：选择一所大学及一门专业，考虑上学费用的筹措。

运营：入学报到，购书，选修课程，学习。

以下是可供一个组织选择的一些不同战略：

- 低成本。向第三世界国家外包运营业务，可利用那里廉价的劳动力。
- 规模化。用资本密集的方法获得较高的劳动生产率和较低的单位成本。
- 专业化。集中于专一产品线或有限的服务以达到较高的质量。
- 创新。集中于创新以提供新产品或服务。
- 柔性。集中于快速响应和 / 或定制化。
- 高质量。以取得比竞争对手更高的质量为中心。
- 服务。以服务的各个方面（例如，有益的、谦虚的、可靠的，等等）为中心。
- 可持续性。集中于环境友好和能源利用效率的运营模式。

不少企业组织开始认识到可持续性战略为企业带来的好处。这些好处不仅局限于收益方面，而且还包括通过宣传其在可持续性发展方面所做的努力和取得的成果来达到增加其收益的目的。

有时候组织在其战略中融合了上述两个或多个方面。然而，除非这些组织足够谨慎，否则它们将冒失去核心的风险，在任何方面都没有优势可言。一般来说，一个组织在制定战略时，要考虑它参与竞争的方面以及对自身优劣势的把握，要充分利用它的特殊能力——一个组织拥有的、使其具有竞争优势的特性或能力。

一个最有效率的组织应该根据顾客的需要以及竞争者的情况来发展自己的特殊能力。营销部门和运营部门要紧密合作，利用组织的运营能力，来满足顾客需求。竞争对手的能力是绝对不能忽视的。例如，如果一个组织的竞争对手能提供高质量的产品，那么这就决定了该组织的产品质量的最低标准。然而，要扩大市场份额，仅仅靠赶上竞争对手是远远不够的。该组织必须在质量上超过对手，或者在其他一个或多个方面（如迅速交货、售后服务等）具有优势。例如，沃尔玛在管理供应链方面取得了巨大的成功，为其赢得了竞争优势。

为了有效率，战略和特殊能力需要结合起来。表 2-2 列举了一些战略和已经成功应用这些战略的公司。

表 2-2　运营战略示例

组织战略	运营战略	公司或服务
低价格	低成本	美国第一类邮资、沃尔玛、西南航空公司
快速响应	缩短流程时间	麦当劳、快递邮件、UPS、联邦快递、快照即时取
	及时配送	多米诺比萨、联邦快递
差异化：高质量	高性能设计或高质量流程	索尼电视、雷克萨斯、迪士尼乐园、五星级饭店
	稳定的质量	可口可乐、百事可乐、柯达、施乐、摩托罗拉、通用电气

（续）

组织战略	运营战略	公司或服务
差异化：创新	创新	3M、苹果
差异化：变化	柔性	汉堡王、医院急诊
	产量	麦当劳、丰田、超市
差异化：服务	优质的客户服务	迪士尼乐园、亚马逊、惠普、IBM、诺德斯特龙公司
差异化：选址	便利	超市、干洗店、大型综合市场、服务站、银行、自动取款机

2.2.2 战略制定

战略制定几乎总是战略成功的关键。沃尔玛在日本开办连锁店时发现了战略制定的重要性。虽然沃尔玛由于其品牌在许多国家都以低成本发展得很好，但日本人认为低成本就是低质量，这使沃尔玛重新考虑其在日本市场的战略。很多人认为惠普公司在以 190 亿美元收购康柏公司时犯了战略上的错误。合并后惠普在计算机市场的占有率要比合并前各公司市场占有率之和少。另一个例子是，美国汽车制造商在 21 世纪早期采用了对一系列汽车和 SUV 打折的战略，多数都是低利润的车辆。这一战略强调利润，但顾客们开始期望这些动机，公司通过维持顾客动机来防止丢失额外的市场占有率。

另一方面，作为皮包制造商，蔻驰公司成功地改变了其长期战略，即通过创造新产品来扩大其市场。蔻驰公司以其皮制品的耐用而闻名，然而在市场上，女性并不需要很多这样的包。公司通过促销“不同场合使用的不同皮包”，比如社交用包、手提包、手腕包、晚上用包、钱包、日常用包来改变女性对皮包的看法，进而创造了新的市场。蔻驰公司还引进了流行的款式和颜色。

要制定出有效的战略，高层管理者必须考虑该组织的特殊能力并审视环境。他们必须了解竞争对手在做什么或正计划做什么，并将此考虑在内。他们必须认真研究其他有利或不利的因素。这一做法有时被称为优势 – 劣势 – 机会 – 威胁分析法，即 SWOT 分析法。优势和劣势是组织的内在核心条件，需要运营部门人员着力评估。威胁和机会是组织的外在核心条件，需要营销部门人员来着力评估。SWOT 分析法通常被视为连接组织战略和运营战略的纽带。

与 SWOT 分析法相似的方法是波特五力模型[⊖]。这一模型考虑了由新的加入者、可替代产品或服务、顾客的讨价还价、供应商的讨价还价以及现实竞争者带来的竞争压力。

要制定一个成功的战略，组织必须考虑**订单资格要素**（order qualifiers）和**订单赢得要素**（order winners）。订单资格要素是指企业使潜在的顾客认为一个组织的产品或服务值得购买所必须具备的因素。然而仅让潜在的顾客购买组织的产品还是不够的，组织还需具有自身优势。订单赢得要素是指组织的产品或服务胜过其竞争对手，从而赢得订单所需具备的因素。

一些因素如价格、交货可靠性、交货速度和质量可能是订单资格要素或订单赢得要素。因此，质量在一些情况下可能是订单赢得要素，而在其他一些情况下则是订单资格要素。随着时间的推移，曾是订单赢得要素的某一因素会成为订单资格要素，反之亦然。

显然，确定属于订单资格要素的系列因素和属于订单赢得要素的系列因素是重要的。而确定各因素的相对重要程度从而给予相应的关注也是必需的。营销部门必须对这些做出判定

⊖ Michael E. Porter，“The Five Competitive Forces That Shape Strategy.” *Harvard Business Review* 86. No. 1（January 2008），pp. 78-93，137.

并传达给运营部门。

环境因素分析是指对给组织带来威胁或机会的事件或趋势所进行的思考分析。一般来说这些因素包括竞争者的活动，消费者不断变化的需求，法律、经济、政治和环境状况，新市场的潜力等。由于组织的性质和消费者的分布不同，这些方面可能是全球性的、一国的、地区的或者仅仅是当地的。

制定战略时另一个要考虑的关键因素是技术变化，因为技术变化能给一个组织带来真正的机会或威胁。技术变化表现在产品（如高清电视、计算机芯片、蜂窝电话系统、防震结构设计的改进等）、服务（如迅速订单处理和迅速交货）和加工过程（如机器人、自动装置、计算机辅助加工、销售点监视器和灵活制造系统）上。技术变化带来的明显好处是竞争优势；风险是选择不当、实施不力和高于预期的运营成本会给竞争造成不利影响。

关键因素包括内部和外部两个方面。外部关键因素有：

- 经济状况，包括国民经济的整体运行态势、通货膨胀和通货紧缩、利率、税法以及关税。
- 政治状况，包括对经营有利或不利的态度、政局稳定与否以及战争。
- 法律环境，包括反垄断法、政府规章、贸易限制、最低工资法、产品责任法、劳动法及专利法。
- 技术，包括产品革新快慢、当前和将来的工艺技术（设备、材料加工）以及设计技术。
- 竞争，包括竞争对手的数量和实力，竞争面（如价格、质量、特色等）以及打入市场的难易程度。
- 市场，包括容量、地点、消费者对商标的信任度、进入难易程度、发展潜力、长期稳定性以及人口分布。

另外，企业还必须考虑与其自身势力强弱密切相关的内在因素。内在的关键因素有：

- 人力资源，包括管理者和工人的技术与能力、特别才能（创造性、设计、问题的解决）、对该企业组织的信任、专门知识、奉献以及工作经历。
- 工具设施，其能力、摆放、役龄以及保养或更置成本都会对运营产出很大的影响。
- 资金来源，现金流量、额外资金的筹措、现有债务负担以及资本成本都是值得重视的。
- 顾客，忠诚于顾客、与之建立联系以及正确把握顾客需求对一个企业而言是至关重要的。
- 产品和服务，包括现有的产品和服务以及适时地投放新产品和提供新服务。
- 技术，包括现有技术、完善新技术的能力以及技术对当前和将来运营可能带来的影响。
- 供应商，与供应商的关系、对其依赖程度、供货的质量和柔性以及服务都是要尤其考虑的。
- 其他，包括专利、劳资关系、公司或产品形象、经销渠道、与经销商的关系、工具和设备的维护、资源的获得以及市场的进入。

在对内外因素和企业特殊能力进行评估后，企业必须力争制定出能为其提供最佳成功机会的战略。下面是一些可能需要解决的问题类型：

- 互联网将起到什么作用？
- 组织打算进军国际市场吗？
- 将在多大程度上采取业务外包？
- 供应链的管理战略是什么？
- 将在多大程度上推出新产品或新服务？
- 多高的增长率是适合的且具有可持续性？
- 企业应该将精益生产摆在什么位置？
- 组织如何将其产品和/或服务与其竞争对手区别开来？

企业组织可能决定实施单一的主导战略（例如成为价格领先者）或者实施多种战略。一方面，采取单一战略的企业组织可以集中精力发展某一强项或主攻某一市场。而另一方面，采取多种战略可以适应不同的情况。

许多公司正在增加业务外包的比重，从而减少一般管理费、提高柔性和利用供应商的专长。戴尔计算机公司（Dell）便是一例，该公司将业务外包作为其经营战略的一部分，结果受益很大。

战略中通常涉及增长率问题，对新公司来说尤其如此。确定一个可持续的增长率是关键问题。20世纪90年代，一家快餐食品公司波士顿市场（Boston Markets）令投资者和快餐消费者眼花缭乱。它一开始经营是成功的，之后采用了迅速扩张战略。到90年代末，该公司濒临破产，原因是过度扩张。2000年，它被快餐业巨头麦当劳公司兼并了。

公司不仅可能因为失去或者没能完成战略而增加失败的风险，还可能因为战略执行得不好。有时，它们失败是因为一些难以控制的因素，比如自然或人为的灾难、重大的政治或经济变化，或者竞争者具有难以压倒的优势（比如，雄厚的资产、非常低的成本、不苛刻的环境要求）。

一个关于成功的企业战略的有用资源是Profit Impact of Market Strategy（PIMS）数据库（www.pimsonline.com）。该数据库包括美国、加拿大、西欧3 000多家公司的各个方面，公司和学术机构用它们来指导战略思考。PIMS允许订阅用户回答这些公司的战略问题。而且，他们使用PIMS来制定基准、开发成功的战略。

根据PIMS网站所讲，PIMS数据库是上千家公司数据文件型经验的集合，用来帮助理解什么样的战略（例如质量、价格、纵向综合、创新、广告）在什么样的组织中用得最好。该数据库包括关键管理任务，如考核企业绩效、分析新的业务机会、评价测试新的战略、筛选业务范畴等非常重要的资源。战略计划机构中PIMS项目的主要任务就是帮助管理者理解并应对企业环境。PIMS通过帮助管理者制定和测试那些为达到各种战略和财政措施所规定的可接受水平的策略来完成这一任务。

2.2.3 供应链战略

供应链战略就是通过确定供应链的职能来实现供应链的目标。供应链战略应该与企业战略相匹配。如果能够很好地执行所制定的供应链战略，将为组织带来价值。该运营战略明确了组织与供应商的合作机制以及与客户关系和可持续性有关的策略。

2.2.4　可持续性战略

社会越来越强调企业应该以政府法规和利益相关者认可的方式参与到可持续性发展中来。因此，企业组织应该为实现可持续性发展目标做出相应的贡献。为了成功，企业应该制定可持续性战略。这就需要把可持续性提升到组织一级管理的水平，制定产品和服务、流程以及整个供应链的目标，评价所取得的成就并致力于改进，将在可持续性方面取得的成就与经理人员的薪酬相关联。

2.2.5　全球化战略

随着全球化的发展，许多公司认识到制定基于全球化趋势的战略决策的必要性。公司必须面对的一个问题是，在一个国家或地区行得通的事，在另一个国家或地区未必就行得通。因此，它们必须精心制定战略，将这些差异因素考虑进去。另一个问题是来自政治或社会动荡的威胁。还有就是协调和管理分布在不同区域的运营问题时存在一定的难度。的确，“在当今的全球市场上，你不必走出国门亲历竞争。竞争迟早会找上门来的。”⊖

2.3　运营战略

组织战略为组织提供了整体性方向，其涉及范围广，涵盖整个组织。运营战略面较窄，主要涉及组织内各运营方面。运营战略与产品、工序、方法、使用的资源、质量、成本、生产准备时间及进度安排密切相关。表 2-3 对组织的使命、组织战略、运营战略、策略和运营进行了比较。

表 2-3　使命、组织战略和运营战略之比较

		管理层次	时间跨度	范围	详细程度	涉及内容
公司层	使命	高	长	宽	低	生存、盈利能力
	组织战略	较高	长	宽	低	增长率、市场份额
运营层	运营战略	中等	中到长期	宽	低	产品设计、选址、技术选择、新设施
	策略	中	中	中	中	雇员人数、产量大小、设备选择、设备布置
	运营	低	短	窄	高	人员安排、产量调整、库存管理、采购

为了使运营战略确实有效，将其与组织战略联系在一起是十分重要的。这就是说，不要将这两类战略的制定独立开来。相反，组织战略的制定应考虑运营的优势和劣势，扬长避短。同样地，运营战略必须与该组织的组织战略相一致，制定出的运营战略要服务于组织的目标。这就要求高级管理者要与各职能部门一起制定出运营战略，做到各运营战略之间及其与组织战略之间相互一致，而非相互冲突。实践中我们可能会见到各职能部门间有冲突，这对组织是不利的，因为这样使得各职能部门间相互对立，而不能把精力用在使组织更具竞争力和更好地服务于顾客上。近来组织中一些新的举措，包括由管理者和工人组成工作团队，可能反映了这样一个事实，即人们越来越认识到组织内协同工作而非相互冲突的重要性。

在 20 世纪 70 年代和 80 年代初，运营战略对营销和财务战略的有利影响常被忽视。这可

⊖ Christopher A. Bartlett and Sumantra Ghoshal. “Going Global: Lessons from Late Movers,” *Harvard Business Review*, March-April 2000, p. 139.

能是由于大多数业务最高负责人没有运营实务经历，也或许是他们对运营职能的重要性不够重视。企业间的兼并和收购经常出现，杠杆收购这一措施也常被采用，不同的企业组建成了企业集团。这些对组织的增值帮助不大，其实质无非是资产的组合。决策常常由那些对业务不太熟悉的人做出，结果大多对业务产生不利影响。与此同时，国外竞争者因十分重视运营战略而在竞争中逐渐显示出优势。

到了20世纪80年代后期和90年代初，许多公司察觉到了这一点。它们认识到自己同国外竞争者相比已处于劣势。这促使它们对运营战略重视起来。而战略制定则是组织战略和运营战略的关键因素。

运营战略可对组织的竞争力产生很大影响。如果运营战略制定得好，实施顺利，那么该组织就能成功；如果运营战略未能制定或实施好，则该组织成功无望。

2.3.1 运营管理的战略领域

在企业组织中，运营管理人员在许多战略决策中起着战略性的作用。表2-4强调了一些关键战略领域。注意，大多数战略领域都影响着成本。

表2-4 战略运营管理决策

决策领域	决策影响方面
1. 生产和服务设计	成本、质量、责任和环境问题
2. 能力	成本构成、柔性
3. 流程选择和设施	成本、柔性、需要的技术水平、容量
4. 工作设计	工作生活质量、员工安全、生产率
5. 选址	成本、可见度
6. 质量	满足或超越顾客期望的能力
7. 库存	成本、缺货
8. 维修	成本、设备可靠度、生产率
9. 进程	柔性、效率
10. 供应链	成本、质量、敏捷度、缺货、卖方关系
11. 项目	成本、新产品、服务或者运营系统

质量和时间通常是对战略具有普遍重要性的两个因素。下面一节讨论质量和时间战略。

2.3.2 质量战略和时间战略

企业组织的传统战略趋向于把成本最小化或产品差异化作为重点。在不放弃这些战略的同时，现在许多企业正在采取基于质量和（或）时间的战略。质量战略和时间战略之所以很快为企业界所接受，是因为它们给企业组织的运营方式带来了极大的变化。

（1）基于质量的战略。该战略以保持或改进组织的产品或服务质量为中心。质量通常是吸引并留住顾客的一个因素。制定基于质量的战略的动因很多，例如，为了改变留给顾客质量差这一印象而所做的努力，期望赶上竞争对手，保持现有质量高的印象，或这些因素及其他一些因素的结合。说来有趣，基于质量的战略可能成为其他战略诸如降低成本、提高生产率或缩短时间的一部分，所有这些都受益于较高的质量。

（2）基于时间的战略。该战略以减少完成各项活动所需要的时间为中心，这些活动包括开发新产品或服务并进行销售、对顾客需求变化的反应、交付产品或完成一项服务等。通过该战略的实施，企业可提高对顾客的服务水平并在竞争上取得优势。

时间战略将重点放在减少完成各项活动的时间上。其理论依据是：减少花在各项活动上的时间，通常使成本下降、生产率增大、质量趋于提高、产品创新加快和对顾客的服务得到改进。

组织可在下列几个方面缩短时间。

- 计划时间，包括对竞争威胁的反应、制定战略和选择策略、批准设备更换方案以及采用新技术等等所需要的时间。
- 产品或服务设计时间，指开发和销售新的或重新设计的产品或服务所需的时间。
- 加工时间，即生产产品或提供服务的时间，包括进度安排、设备维修、无效的劳动、库存、质量、培训，等等。
- 变换时间，指从生产一种产品或服务变换到另一种所需要的时间，其中涉及新设备安装、不同的方法、设备、进度安排或材料。
- 交付时间，即供应订货所需要的时间。
- 对抱怨的反应时间，包括顾客对质量、交货时间及错误装运的抱怨，也包括雇工对工作条件（如安全、照明、温度）、设备问题或质量问题的抱怨。

营销人员和运营管理人员必须配合以制定相关的职能战略，以便每一个细分市场上的顾客最重要的需求都能够得到保证。

敏捷制造是一种战略方法，采取该战略的组织强调柔性，力求适应变化的环境并不断壮大自己。敏捷性涉及几个竞争因素，如成本、质量、可靠性和柔性的组合情况。柔性加工方面包括设备的快速变换、进度安排和创新。产品或服务方面包括产量和产品组合的变化。

成功的敏捷制造需要有一个谨慎的计划方案，以形成一个包括人员、柔性设备和信息技术在内的系统。降低完成工作所需要的时间是一个组织提高其生产率这一关键指标的方法之一。

2.4　组织战略对运营战略的影响

组织战略对运营和供应链管理战略产生重大影响。例如，采取低成本、大批量战略的组织就不能为顾客提供多样性的产品或服务。结果，运营和供应链的变化受到限制。相反，提供多样性产品或服务的战略定位，或者执行定制化的工作就能够为运营和供应链带来实质的灵活性。相应地，在供应链中实现通畅的产品或服务流程就成了一个较大的挑战，从而使供应和需求达到匹配变得更加困难。在服务业，增加的服务工作降低了在价格方面的竞争能力。表 2-5 简要说明了一些战略选择及其对运营战略的影响。

表 2-5　组织战略及其对运营战略的影响

组织战略	对运营战略的影响
低价格	对产品或服务变化的要求比较低，但产量大，要求制造产品的流程稳定，对资源的利用率高。标准化作业、原材料和库存
高质量	产品或服务的生产成本、流程设计成本较高，对供应商的质量保证要求高
快速响应	要求运营系统的柔性高，需要有一定的能力储备，库存水平高
创新	在产品创新或改进方面的投资较高，而且需要对运营和供应链流程进行调整以适应新产品或服务

（续）

组织战略	对运营战略的影响
产品或服务的多样性	资源需求呈现多样性，更加强调产品或服务的设计，对工人的技能要求较高，成本估算较困难，进程更复杂，需要投入较多的精力以保证质量，库存管理更复杂，供应和需求的匹配更困难
可持续性	影响选址、产品或服务以及流程设计、需制定回收政策、涉及废弃物管理

2.5 从战略到运营方案：平衡计分卡

平衡计分卡（the balanced scorecard, BSC）是一种自上而下的组织管理系统，该系统用于明确组织的愿景和战略，并把愿景和战略转换为实际行动。这种管理方法最早由罗伯特·卡普兰（Robert S. Kaplan）和戴维·诺顿（David P. Norton）于20世纪90年代提出，现在的模式是对早期模式的修正和改进⊖。改进的方向是从纯粹的组织财务的角度转变为与其他方面进行整合，如顾客、内部业务流程和学习与成长过程。在利用这种方法时，管理者制订实现特定目的的计划、测评指标、目标以及激励方案。结果被用于监控和改进战略绩效。图2-2说明了这个方法的基本结构。很多公司应用这一方法或类似的方法。

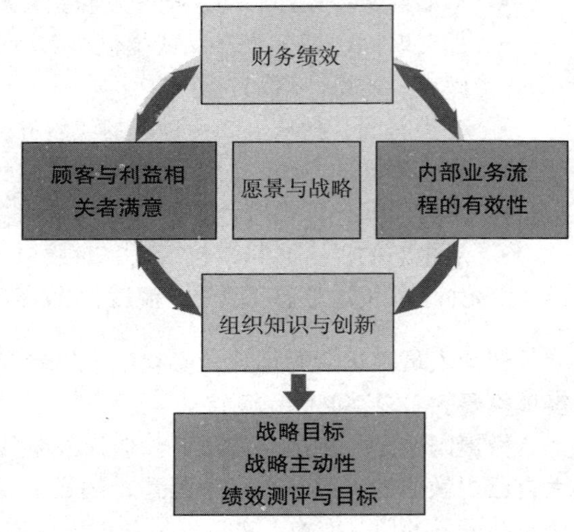

图 2-2 平衡计分卡

图2-2从过去和未来两大视角，用四个维度来平衡财务与非财务绩效，以及外部和内部绩效。这种方法有助于组织把精力集中在与竞争对手的比较上，如果愿景实现，在四个维度的测评指标中，组织的绩效如何？表2-6给出了应用这一方法的关键点和因素的一些示例。

表 2-6 平衡记分卡示例

关键点	因素
供应商	配送表现 质量表现 供应商数量 供应商位置 重复性活动
内部流程	瓶颈 自动化的可能性 周转率
员工	工作满意度 学习机会 配送表现
顾客	质量表现 满意度 忠诚度

尽管平衡计分卡可以让管理者把管理重点集中在战略的制定及实施上，但是，需要强调的是，这种方法不能用于战略的制定。同时，这种方法对供应商、政府法规的重视不够，社区、环境和可持续性等方面也被忽略。而这些方面是紧密联系在一起的，企业组织应该明白其影响并对其做出响应。此外，组织可能会受到来自一些团体的压力，甚至会影响组织的声誉。

⊖ Robert S. Kaplan and David P. Norton, *Balanced Scorecard: Translating Strategy into Action* (Cambridge MA: Harvard Business School Press, 1996).

2.6　生产率

企业管理者的主要职责之一是做到有效利用该企业的资源。生产率这一概念通常用来反映产出（产品和服务）与生产过程中的投入（劳动、材料、能量及其他资源）之间的关系，是一个相对指标。它常表示为产出与投入之比

$$生产率=\frac{产出}{投入} \tag{2-1}$$

尽管生产率对所有企业组织而言都是重要的，但是其在组织实施低成本战略时不太重要。这是因为生产率越高，产出的成本越低。

生产率指标的计算适用于单一运营、一个企业乃至整个国家。在企业组织中，生产率用于规划劳动力需求、安排设备、进行财务分析和其他重要的预算任务。

生产率对企业组织和国家来说都有重要的意义。对非营利组织而言，较高的生产率意味着较低的成本；对营利性组织而言，生产率是确定该组织竞争力状况的一个重要因素。对一个国家来说，生产率的增长率是极其重要的。生产率的增长意味着一个时期的生产率与前一个时期相比提高了。因此

$$生产率的增长率=\frac{当期生产率-前期生产率}{前期生产率} \tag{2-2}$$

例如，如果生产率从 80 增加到 84，那么其增长率为

$$\frac{84-80}{80}=0.05，或\ 5\%$$

生产率的增长率是影响一个国家通货膨胀率和人民生活水平的关键因素。当物价一定时，生产率的提高意味着整个经济的价值增加了。美国 20 世纪 90 年代长期经济持续增长的一个主要原因是其生产率提高了。

2.6.1　生产率的计算

生产率可按单一投入、两种以上的投入或者全部投入来度量。与这三种度量方法相对应，有三种生产率，即单要素生产率、多要素生产率和总生产率。表 2-7 列举了生产率度量法的一些例子。实践中具体选择哪一度量法主要视度量的目的而定。如果目的是提高劳动生产率，显然就应采用劳动这一投入来度量。

表 2-7　不同类型的生产率度量法举例

单要素度量法	产出 / 劳动、产出 / 机器、产出 / 资本、产出 / 能量
多要素度量法	产出 /（劳动 + 机器）、产出 /（劳动 + 资本 + 能量）
总度量法	生产的商品或服务 / 生产过程中的全部投入

在运营管理中常采用单要素度量法。表 2-8 列举了单要素生产率度量法的一些例子。

生产率度量中使用的单位取决于具体的工作类型。下面是劳动生产率的一些例子

$$\frac{铺放地毯的平方码^{\ominus}数}{人工小时数}=每人工小时铺放的地毯平方码数$$

⊖ 1 平方码≈ 0.84 平方米。——译者注

$$\frac{\text{打扫办公室的数量}}{\text{轮班次数}} = \text{每轮班打扫的办公室数}$$

对机器生产率可列举类似的例子（例如，每机时产出的件数）。

表 2-8 单要素生产率度量法举例

劳动生产率	①每人工小时的产出单位数 ②每轮班的产出单位数 ③每小时增值额 ④每小时的产值
机器生产率	①每机时的产出单位数 ②每机时的产值
资本生产率	①每美元投入的产出单位数 ②每美元投入的产值
能源生产率	①每千瓦小时的产出单位数 ②每千瓦小时的产值

例 2-2 根据下列情况，求生产率。

（1）4 个工人 8 小时内铺放 720 平方码地毯。

（2）一台机器在 2 小时内生产出 68 件可用的产品。

解：

$$（1）\text{生产率} = \frac{\text{铺放地毯的平方码数}}{\text{人工小时数}}$$

$$= \frac{720\text{ 平方码}}{4\text{ 个工人} \times 8\text{ 小时 / 每工人}}$$

$$= \frac{720\text{ 平方码}}{32\text{ 小时}} = 22.5\text{ 平方码 / 小时}$$

$$（2）\text{生产率} = \frac{\text{可用件数}}{\text{生产时间}}$$

$$= \frac{68\text{ 件}}{2\text{ 小时}} = 34\text{ 件 / 小时}$$

计算多要素生产率时，对投入和产出要使用统一的度量单位，诸如成本或价值。例如，该度量法可使用投入成本和产出的价格

$$\frac{\text{产量}}{\text{劳动力成本} + \text{原材料成本} + \text{管理费用}} \tag{2-3}$$

注意，分母上所有因素的计量单位必须相同。

例 2-3 利用下列数据求出劳动和机器投入的多要素生产率。

产出：7 040 单位；

投入：人工 1 000 美元；材料 520 美元；管理费 2 000 美元

解：

$$\text{多要素生产率} = \frac{\text{产出}}{\text{人工} + \text{材料} + \text{管理费}}$$

$$= \frac{7\,040\text{ 单位}}{1\,000\text{ 美元} + 520\text{ 美元} + 2\,000\text{ 美元}}$$

$$= 2\text{ 单位 / 美元}$$

生产率测评可用于很多方面。对单个部门或企业而言，生产率度量可用来监控一定时期的业绩。这使得管理者可对业绩做出评价，并就哪些地方有待改进做出决策。例如，如果某些领域的生产率下滑了，运营部门人员可以检查用来计算生产率的因素，以确定发生这一变

化的原因，从而设法提高今后的生产率。

通过测评生产率，可对一个行业的业绩或者一个国家整体的（国民）生产率做出评价。这些生产率属于综合生产率，是由各个企业或行业的生产率共同决定的。

从本质上讲，生产率反映出资源的有效利用程度。企业管理者关心生产率是因为它直接影响企业的竞争力。如果两家企业有同等的产出量，但其中一家由于生产率较高而投入的成本较少，那么这家企业就能够以较低的价格销售自己的产品，从而提高其市场份额。若这家企业选择原价销售的办法，结果会获得较多的利润。政府领导者关心国民生产率是因为该生产率与一个国家的生活水平密切相关。生产率水平高是发达国家人民享有较高生活水准的主要原因。再者，在生产率未增长的情况下，提高工资和物价必然会对国民经济造成通货膨胀压力。

通过国内的运营业务来满足国内市场的好处包括：更高的劳动生产率、更有效的质量控制、知识产权损失的减少、更低的运输成本、更高的社会稳定性、更低的通货膨胀、更快的配送。

2.6.2　服务部门的生产率

服务部门的生产率问题较制造部门难以处理。在许多情况下，服务生产率更难测定和管理，因为它涉及智力活动和高度的可变性。例子有医疗诊断、手术、咨询、法律服务、顾客服务以及计算机修理工作。这为提高服务生产率带来了难度。不过，由于服务在经济中的比重日益增大，有关服务生产率的问题必须加以解决。有趣的是，我们注意到官方数据通常不包括服务部门。

过程收益是一种与生产率密切联系的有效测量方法。在涉及产品的情况下，过程收益定义为优质品的产出与原料投入量的比率（劣质品不包括在内）。在涉及服务的情况下，过程收益的测定通常取决于特定的过程。例如，某租车服务机构，它的收益测定就是特定一天中租出的车辆数与拥有车辆数的比率。在教育界，学院和大学入学率的测定就是录取学生人数和总申请入学人数的比率。对于订阅服务来说，收益就是新订阅的数量与电话或邮件要求的数量的比率。然而，并不是所有企业都只使用这种简单的收益测定。例如，维修服务如汽车、家电和计算机修理不愿意使用此类措施。

2.6.3　影响生产率的因素

影响生产率的因素有很多，通常包括方法、资本、质量、技术和管理。

有一个流行的错误观念，即认为工人是生产率的主要决定因素。照此观点，让工人更卖力工作是提高生产率的途径。然而，事实上过去很多生产率的提高是由于技术的改进。大家熟知的例子有：

无人机	自动化	GPS 设备
复印机与扫描仪	计算器	智能手机
互联网，搜索引擎	计算机	应用程序
语音邮件，手机	电子邮件	3D 打印
无线射频身份标签	软件	医学影像

然而，技术本身并不能保证生产率的提高，它必须精心地予以利用。事实上，没有周密的计划，技术反而会降低生产率。在技术导致应变能力差、成本高或操作不配套的情况下尤其如此。另一个致使生产率下降的原因是雇员利用计算机做一些与工作无关的活动（在互联

网上玩游戏、查询股价或体育比赛成绩)，在雇员学习操作新设备或新程序的过程中，必然出现生产率下降。一旦此学习阶段结束，必将带来生产率的提高。

影响生产率的其他因素包括：

- 尽可能地使工艺流程标准化，这样会大大提高生产率和产品质量。
- 质量差异可能会造成生产率的测定失真。一种情况是进行跨时期的生产率比较，例如某工厂现在的生产率与20世纪70年代的生产率相比。现在的质量要比那时的质量高得多，但目前尚无一种在生产率测定中将质量因素考虑在内的简单方法。
- 互联网的应用可以降低许多交易成本，因此有利于生产率的提高。在可预见的将来，互联网的作用都将显现出来。
- 计算机病毒会对生产率造成极其不利的影响。
- 寻找丢失或错放的物品会浪费时间，不利于生产率的提高。
- 废品率意味着资源利用的无效率，因此高废品率必然不利于生产率的提高。
- 新上岗工人通常比有经验的工人的生产率低，因此，扩张中的公司可能要经历生产率落后这样一段时期。
- 安全问题应该得到保障，事故会对生产率造成很大破坏。
- 信息技术工人和其他技术工人的短缺会影响公司更新计算资源、带来并保持一定的增长率以及利用新机会的能力。
- 解雇员工通常会影响生产率，它既有有利的一面，也有不利的一面。刚开始，生产率可能会提高，因为同样的工作量由较少的人来做——尽管他们不得不更努力和工作更长的时间。然而，随着时间的推移，在岗工人可能会有一种被“掏空”的感觉，会担心公司进一步裁员。这样一来，最有能力的工人会决定离开这家公司。
- 员工离职对生产率具有负面影响，因为更换劳动力需要时间。
- 工作场地的设计会影响生产率。例如，将工具和物件放在易于拿到的地方会有利于生产率的提高。
- 合理的激励计划将会促进生产率的提高。

还有其他一些因素影响生产率，诸如设备故障、零件或材料短缺以及员工未获得足够的培训。员工的教育和培训水平及其健康会很大程度地影响生产率。其他地方有较高的生产率，从而可以得到较低成本的机会是许多组织转向业务外包的关键原因。因此，业务外包的选择可能会提高生产率。而且，作为质量战略的一部分，最好的组织将争取持续改进。生产率的提高可能成为该方法的一个重要方面。

2.6.4 提高生产率

企业或部门可利用很多关键性步骤来提高生产率：

- 设计所有运营的生产率测定指标，测定是管理和控制运营的第一步。
- 将系统视为一个整体，决定哪个环节的生产率是最重要的。整体生产率才是最重要的。除采取提高生产率的行动外，管理者需要思考提高生产率可能产生的价值。一般地，需要从以下几个方面来思考。首先，要确信结果是顾客真正需要的。例如，如果公司通过提高生产率能够增加其产量，但却不能销售这些增加的产品，提高生产率就是无效的。其次，重要的是采取一种系统的观点。提高某个环节的生产率但是没有提高整个系统的生产率，那也是无效的。例如，假设一个系统是由相连的两个环节组成的，第一个环节的产出是第二个环节的投入，每个环节可以按照每小时 20 单位的速度完成其任务。如果第一个环节的生产率提高了，但是第二个环节的生产率没有提高，那么，整个系统的生产率仍然是每小时产出 20 个单位。
- 设计实现生产率增长的方法，诸如集思广益（如由工人、工程师和管理者组成团队），学习其他企业提高生产率的经验。
- 确立合理的目标，实现生产率增长。
- 要明确管理支持并鼓励生产率的提高，考虑对有贡献的工人进行奖励。
- 测定生产率增长情况并予以公布。

不要将生产率同效率混为一谈。效率是一个较窄的概念，是指在给定的资源下实现最大产出；生产率是一个较宽的概念，是指做到对全部资源的有效利用。以修草坪为例。追求效率意味着在限定用人力刈草机的情况下以最好的方式利用这一工具；而从提高生产率的角度看，将不排除利用电动刈草机的可能性。

水力压挤法提高采油生产率是另一个例子。钻井方法已经相当有效。钻井工人现在采用一种最早由置润公司提出的液压挤压法来采油，这种方法将用到大量的水和矿物质。尽管这是一种高成本的作业，却极大地增加了油井生命期内第一年的产油量。之后，产出会戏剧性地减少。这样的作业减少了生产一桶油的保本价格，从而在以后油田闲置时也能保持一定的利润水平。

本章小结

在许多企业中，竞争是驱动力量。竞争因素包括价格、质量、特性或服务时间以及其他因素。为确保制定有效战略，企业需要确定哪些竞争因素的组合对顾客来说是重要的，哪些是订单资格要素，哪些是订单赢得要素。

战略是一个组织为实现其目标所制订的计划。战略指明了决策的重点所在。企业在制定战略时必须考虑顾客目前和未来的需要、企业自身的优劣势以及面临的威胁和机会，考虑竞争对手在做什么、可能要做什么，技术、供应链和电子商务等趋势的影响。企业组织通常要有关系到整个组织的整体战略和为各职能部门制定的战略。职能战略在范围上较窄，应与整体战略保持一致性。许多组织为提高其生产率和更好地为顾客服务而采取了基于时间的战略或基于质量的战略。本章描述了平衡计分卡方法，这种方法有助于把战略转换为行动方案，有助于通过运营管理来实施组织战略。

生产率是对资源有效利用状况的一种测定。无论企业还是国家都十分关注生产率问题。企业组织希望有较高的生产率，因为这会使其生产成本较低，竞争力更强。一个国家自然也希望有更高的生产率，因为这会使该国的产品或服务更具吸引力，抵消因高工资水平带来的通货膨胀压力，使该国人民有更高的生活水平。

知识要点

1. 竞争压力通常意味着企业组织必须经常评价其竞争对手的优势和劣势。同时，也要评价自己的优势与劣势，以保持竞争力。

2. 制定战略非常重要，因为战略可以为组织提供方向。所以，战略关系到企业组织的成败。
3. 职能战略与供应链战略应该与整个组织的目标和整体战略保持一致。
4. 企业的三个主要战略是低成本、快速响应和差异性。
5. 生产率对产品或服务的成本来说是个重要因素，生产率的提高可以成为一种竞争优势。
6. 对于采取低成本战略的组织来说，高生产率尤其重要。

例　题

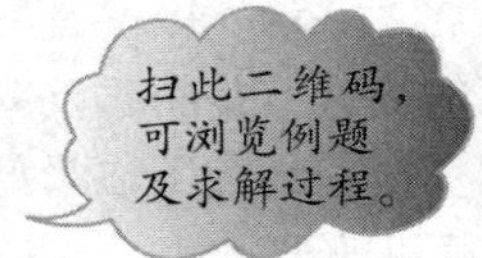

习　题

1. 上周，某餐饮公司雇用 8 个工人为一个周年庆典准备了 300 份套餐。一周前，6 个工人为一次婚宴准备了 240 份套餐。
   (1) 上述两个业务中，哪个劳动生产率高？为什么？
   (2) 生产率不同的可能原因是什么？
2. 某铺放地毯小组的管理者对该组过去几周的劳动情况做了记录，获得以下数据：

周	小组参加人数	铺放码数
1	4	96
2	3	72
3	4	92
4	2	50
5	3	69
6	2	52

   计算每一周的劳动生产率。根据计算结果，你能得出关于小组参加人数与生产率的什么结论？
3. 计算下列每周的多要素生产率，这些生产率数字表明了什么？假定一周工作 40 个小时，一小时工资为 12 美元。管理费是一周劳动成本的 1.5 倍，材料成本为每磅 6 美元，单位标准价为 140 美元。

周	产量 / 单位	工人数	材料 / 磅
1	30 000	6	450
2	33 600	7	470
3	32 200	7	460
4	35 400	8	480

4. 某公司为超市和其他商店制作手推车。该公司最近购买了一些新设备。这些设备的投入使用可减少生产手推车工作中的劳动量。在购买新设备前，公司雇用 5 个工人，平均每小时生产 80 辆手推车，其中，劳动成本为每小时 10 美元，机器成本为每小时 40 美元。利用新设备后，可以将其中的一个工人转移到其他部门，这样机器成本每小时增加 10 美元，而每小时生产的手推车也增加了 4 辆。
   (1) 计算每一系统下的劳动生产率，劳动生产率用每工人每小时生产的手推车辆数表示。
   (2) 计算每一系统下的多要素生产率，用每美元成本（劳动加设备）表示。
   (3) 根据这两种方法评价生产率的变化。

你认为哪一种方法更能反映出公司的这一变化。

5. 某运营部门的废品率是10%。该部门每小时生产72件物品。试问，如果该部门的废品率降为零，其劳动生产率可以提高多少？
6. 某经理检查生产记录，结果发现一个工人工作40小时生产160件产品，而前一周该工人工作36小时生产了138件产品。这位工人的生产率是提高了、下降了还是没有变化？试说明理由。
7. 下表给出了几位银行服务员每天所接待的顾客数量。服务员每小时的酬金为25美元，管理费是工时费用的1.0倍，材料费用为每位顾客5美元。

单元	雇员	每天接待的顾客数量
A	4	36
B	5	40
C	8	60
D	3	20

（1）计算劳动生产率以及每个单元的多要素生产率（按每天8小时工作制）。

（2）假设银行引入了一种新的、更为规范的业务流程，使每位服务员接待顾客的数量增加1位。试计算每个单元的预期劳动生产率和多要素生产率。

8. 某家处理财产契据的公司打算应用在线软件来增加其搜索生产率。当前的平均速度为每个契据需要40分钟的搜索时间。调查者的费用为每分钟2美元。每个客户收取400美元的费用。A公司的软件可以降低搜索时间10分钟，软件使用费用为每个搜索3.5美元。B公司的软件可以降低搜索时间12分钟，软件使用费用为每个搜索3.6美元。哪家公司的软件生产率更高？
9. 某公司使用一种防ID偷盗的保护软件用于保护客户的银行账户不被偷盗。3位雇员每周工作40个小时，工时费用为每位雇员每小时25美元。每位雇员从有5 000个备选合约的列表中确认3 000个潜在合约。平均4%的潜在合约会真正签约，为其提供服务的费用为每次70美元，材料费用为每周1 000美元，管理费用为每周9 000美元。计算这项业务的多要素生产率，即每单位美元的支出带来的产出。

阅读材料　生产率为什么如此重要

人们有时容易忽视生产率的重要性。全国性的统计数据通常见诸新闻媒体。它们似乎不那么令人感兴趣，没有引人注意的独到之处。但可以肯定的是，它们是关键的经济指标——晴雨表，会影响到每一个人。如何影响呢？高生产率与高水平的生活标准是相伴存在的。如果一个国家的经济更多的是服务型的，如美国今天的状况，一些（但非全部）高生产率制造业的工作将被低生产率的服务业工作所取代。这为提升一个国家的生活水平带来了较大难度。

生产率水平对行业和企业来说也是重要的。对企业来说，较高的生产率为其带来市场上的竞争优势。有了较高的生产率作为后盾，它们可以承受得起较竞争对手低的价格，从而赢得市场份额，或者，在与竞争对手同样的价格下，实现更大的利润。对行业而言，相对较高的生产率意味着其不会轻易地被国外行业所取代。

提高生产率可以抵消因工资增加而导致的通货膨胀。生产率提高的结果是单位产品的成本降低。成本降低不仅可以带来更高的利润，而且有助于兑付增加的工资。

讨论题

1. 为什么高生产率对一个国家来说是重要的？
2. 为什么服务业的生产率要比制造业的生产率低？
3. 企业是如何通过较竞争对手高的生产率而取得竞争优势的？

应用案例　四季草坪护理公司的运营战略

四季草坪护理公司生产肥料和草种，其年销售额达10亿美元。该公司直接将产品出售给公园和高尔夫球场。遵循“在合适的时间提供给顾客合适的产品”这一经营理念，当四季草坪护理公司把产品交付给顾客，顾客在送货单上签字后，公司的业务基本上就结束了。

危机正在发生！四季草坪护理公司的一个竞争者开始为该公司最初的那些客户提供其他服务。该竞争者把提供的其他服务和最初的产品、肥料和草种捆绑在一起，并为这些服务收取更高的费用。竞争者学习了公园和高尔夫球场等市场的其他服务业务，开始涉入住宅草坪护理等其他服务市场。四季草坪护理公司出售业内“质量最好的产品”。而竞争者承诺“我们提供的不是产品，而是绿地”。

讨论题

1. 在新的竞争条件下，确定四季草坪护理公司的发展战略。
2. 设计四季草坪护理公司在新的竞争条件下的商业模式。

第3章 CHAPTER3

产品和服务设计

学习目标

通过本章学习，读者应该能够：

（1）解释产品和服务设计的战略意义；

（2）列举进行设计或改进的一些重要原因；

（3）明确产品和服务设计的一些关键问题；

（4）指出设计构想的一些主要源泉；

（5）讨论在产品和服务设计中法律、道德以及可持续性问题的重要性；

（6）解释产品生命周期评价的目的和目标；

（7）解释 3R 的含义；

（8）简要描述产品设计与开发的阶段；

（9）说出产品设计中的几个主要问题；

（10）说出服务设计中的几个主要问题；

（11）说出服务设计的几个阶段；

（12）列举好的服务设计系统的一些特征；

（13）说明服务设计面临的一些挑战。

企业组织的本质在于它所提供的产品或服务。组织的每一个方面和供应链都是围绕产品或服务联系在一起的。能够很好地设计产品或服务的组织比那些不能很好地设计产品或服务的组织更能实现其目标。因此，组织对产品或服务的设计具有战略意义上的重要性。产品或服务设计（或再设计）应该与组织的战略紧密相连。它是决定成本大小、质量好坏、推向市场的快慢、顾客满意程度以及竞争优势状况的主要因素。相应地，市场、财务、运营、会计、信息技术和人力资源都要与产品或服务的设计联系起来。需求预测和预期的成本很重要，因为这将影响供应链。要特别强调的是，运营失败的一个主要根源是失败的产品设计。产品设计未能经过精心组织或者正确实施，或者加工或使用的说明不清晰都可能是产品或服务失败的原因。产品设计失败的极端是导致伤亡事故、产品召回、顾客诉讼，损坏公司声誉。

新产品或服务的推出或者产品或服务的改进不但影响整个组织，而且影响整个供应链。一些流程可能只需要较小的调整即可，当涉及做什么、如何做以及何时做时，相关的流程可能要做大的变动。可能要增加新的流程，一些现有的流程可能要去掉，可能要寻找新的供应商和分销商，进而整合到运营系统中来，现有的一些供应商和分销商可能不再适用。此外，还要考虑因此而带来的对需求、财务、市场和分销的影响。考虑到潜在影响的广泛性，重要的是在整个设计和改进过程中采取系统的方法，这样可以减少损失与成本以及开发时间。同样，对工程、运营、市场、财务、会计和供应链的资源管理也非常重要。

在本章，你将深入了解产品或服务设计的过程。

引言

本节将介绍产品和服务设计的内容、设计（或再设计）的原因、设计的目标以及管理者必须面对的关键问题。

产品和服务设计的内容

产品和服务设计包括许多活动，涉及的具体活动和责任如下（括号内为需要合作的职能部门）：

- 将顾客的愿望和需要转化为产品和服务要求（营销部门、运营部门）；
- 改进现有的产品和服务（营销部门）；
- 开发新产品和/或服务（营销部门、运营部门）；
- 制定质量目标（营销部门、运营部门）；
- 制定成本目标（会计部门、财务部门、运营部门）；
- 建造和测试样品（运营部门、营销部门、工程部门）；
- 制定规范；
- 把产品和服务规范转变为流程规范（工程和运营要求）。

产品和服务设计几乎涉及或影响组织的每个职能领域。但是在此我们主要涉及其中两个主要职能：市场营销和运营。

要回答的关键问题

从购买者的角度来看，多数购买决定是基于两个方面考虑的：一个是成本；另一个是质量或性能。从组织的角度来看，要回答的关键问题包括：

- 必要性。潜在的市场份额有多大？预期的需求情况如何（是长期的还是短期的、快速增长或缓慢增加）？
- 能力。我们有无必需的知识、技能、设备、运营能力和供应链能力来设计这种产品？对产品来说，其表示可制造性；对服务来说，表示可服务性。同时，部分或全部外包是不是一种备选方案？
- 质量要求。顾客的预期是什么？竞争对手提供的相似产品的质量水平如何？与我们当前提供的产品的符合性如何？
- 经济性。可能的产品责任、道德问题、可持续性问题、成本和利润如何？对非营利性组织来说，成本是否在其预算范围之内？

产品和服务设计（或再设计）的原因

产品或服务设计对组织的成功尤其具有战略意义。另外，产品或服务设计影响组织未来的活动。因而，有关这方面的决策是管理者必须做出的一些基本决策。

各个组织关注产品或服务设计的原因不同。促使组织进行设计或再设计的主要原因是市场机会和威胁。导致市场机会和威胁的产生是下列一个或多个因素变化的结果：

- 经济方面的（例如，低需求、过分的担保要求、降低成本的需要）；
- 社会和人口方面的（例如，生育高峰、人口流动）；
- 政治、责任或法律方面的（例如，政府换届、安全问题、新规定）；
- 竞争方面的（例如，新的或改进的产品或服务、新的广告 / 推销）；
- 成本或可得性方面的（例如，有关原材料、零配件、劳动力的情况）；
- 技术方面的（例如，有关产品组件、工艺的技术情况）。

虽然上述每一个因素对产品和服务设计的影响都可能是明显的，但我们不妨考虑一下技术因素，它可在多个方面影响产品或服务设计的改进工作。一个明显的方面是新技术直接用于产品和服务上（例如，速度较快、体积较小的微处理器派生出新一代的个人数字助手或蜂窝电话）。技术还可以间接影响产品和服务设计：加工技术的发展可以要求改变现有的设计，使之与新的加工技术相一致。另外，技术对产品设计的影响还体现在新的数字录像技术。该技术可使电视观众在观看录像节目时跳过广告。这意味着广告商（他们赞助了电视节目）不能将其信息传递给观众。为克服这一点，一些广告商采用了使其广告内容成为电视节目整体的一部分这一战略，即由演员展示和 / 或提到其产品以引起观众的注意，无须再通过广告进行宣传。

3.1　构思产生

全新或改进产品或服务的构思来源于多种途径，包括顾客、供应链、竞争对手、雇员和研发人员。顾客方面的信息来自顾客调查、焦点小组、报怨、提出的改进建议等。供应商、分销商、雇员方面的信息可以通过访谈、直接或间接的建议以及报怨获得。

最能激发新设计以及对现有产品和服务进行改进的构思的来源之一是竞争对手的产品和服务。通过研究竞争对手的产品和服务及其运营（定价政策、退货政策、担保政策、定位战略等），组织可以得到许多构想。此外，一些公司购买竞争对手的产品，然后仔细地拆卸和检查，以寻求改进自己产品的方法，这叫**反转工程**（reverse engineering）。福特汽车公司开发的 T 型车大获成功，其中就利用了这一招：福特公司检查了竞争对手的汽车，以寻求最好的零配件（例如，最好的仪表盘装置、最好的门把手）。有时反转工程会使一家公司开发出更好的产品从而胜过竞争对手。供应商也是设计构思的来源，并且随着人们对供应链和供应伙伴关系的重视，供应商正在成为重要的设计构思来源。

新（或改进的）产品或服务构思的另一个来源是研究。**研究与开发**（research and development，R&D）是指针对提高科学知识水平和产品（或工艺）革新的有组织的活动。半导体、医药、通信及空间技术的多数进展应归功于高校、研究基金会、政府机构和私人企业的研发活动。

研发活动包括基础研究、应用研究和开发。

- 基础研究的目的是推动一门学科的发展，没有任何商业应用目的。

- 应用研究的目的是实现商业应用。
- 开发是将应用研究的成果转化为有用的商业用途。

由于基础研究不能带来商业应用，因此其通常由政府和大公司资助。相反，应用研究和开发由于其商业运用的可能性，故对许多商业公司很有吸引力。

成功的研发，其效益是巨大的。有些研究能获得专利，公司可取得专利许可证和版税。但是，许多成果不能获得专利，或者有些公司不愿遵循专利制度公开其发明的细节，因而这些公司不能取得版税收入。但即使这样，率先向市场推出新产品或服务的组织仍能在竞争对手赶上之前获得利润。产品早期的售价会很高，因为在竞争对手推出对应的产品之前，市场存在暂时的垄断。

研发的费用可能很高。有些公司每天投入研发的资金超过100万美元，汽车、计算机、通信及制药等行业的公司甚至投入更多。例如，IBM公司每年的研发费用达到50亿美元，惠普也达到40亿美元，东芝为30亿美元。即使如此，评论家仍指责许多公司在研发上投入太少，从而在一定程度上导致公司失去竞争优势。

令人感兴趣的是，现在有些公司从原先只强调产品转向产品和生产工艺两者研发之间的综合平衡。人们越来越认同这样的观点：正像产品一样，技术也有生命周期。所以，这两者都影响着研发。可持续经济发展要求关注整个生命周期内的竞争因素，同时要求规划参与下一代技术革命。

3.2 产品与服务设计中的法规与道德问题

设计人员必须认真考虑一系列法规和道德问题。另外，设计对象可能给环境带来的潜在危害也是设计人员需要考虑的重要问题。大多数组织在其活动中要受到许多政府机构的调控。这些机构中，人们较为熟悉的有美国食品药品监督管理局（Food and Drug Administration）、美国环境保护机构（Environment Protection Agency）、美国国民公路安全委员会（National Highway Safety Commission）以及美国消费品安全委员会（Consumer Products Safety Commission）。政府对糖精、红色食品染料、磷酸盐及石棉的使用禁令迫使设计者从头做起，寻求能为政府调控者和顾客所接受的替代设计。同样，在汽车行业中，汽车污染标准和安全特性，如安全带、气囊、安全玻璃及起缓冲作用的保险杠和框架，都对汽车设计有实质影响。在玩具设计中，设计者的许多注意力也被导向消除玩具的锋利边缘、能导致窒息的小碎片及有毒材料。在建筑业，政府规章要求使用无铅油漆，道路入口处要使用安全玻璃，公共建筑应有专门的残疾人通道，并统一了绝缘品、电配线及铅管制品的标准。

产品责任能强烈刺激设计的提高。**产品责任**意味着制造商要对因加工或设计粗劣的、有缺陷的产品所造成的任何伤害或损失负责。许多商业公司，包括费尔斯通轮胎橡胶公司(Firestone Tire & Rubber)、福特、通用汽车及玩具制造商们都曾遇到过有关其产品的法律诉讼。制造商也面临着统一商业代码条款下的国家法律隐含的担保要求，该条款认为一件产品要有可销性和适合性的内涵，即一种产品从设计目的来看必须能够被使用。

现在和将来可能的诉讼会导致公司法律和保险费用的增加，对受害团体的高额经济补偿，以及撤销诉讼时的高额费用。此外，顾客对产品安全意识的提高也会对产品形象及相应的产品需求产生不利影响。

因此，设计出合理的、没有危险的产品是极其重要的。当这种危险性确实无法排除时，就需要对产品建立安全防护或其他措施以减少事故发生的可能性，同时要提供精确的危险警告标志。消费者群体、商业公司及各种政府机构经常协作开发能够帮助避免部分危险的工业生产标准。

在产品和服务设计中经常出现道德方面的问题，管理层意识到这些问题以及设计人员坚持道德标准是十分重要的。设计人员通常迫于压力而加快设计进程和削减成本。这些压力常常要求他们做出抉择，其中有许多就涉及道德问题。一个可能发生的例子是，当一家软件公司遇到生产问题或软件病毒而不能如期宣布软件发行时，该公司面临两难选择：立即发行该软件或等到大部分病毒消除后再发行。该公司明白，等待的时间越长，公司实现收益的时间越晚，对公司声誉损害的风险越大。

一般说来，企业组织都希望设计人员遵守如下指导原则。

- 做出与该组织目标相一致的设计。例如，如果高质量是公司的目标，那么就不要图省事以节省成本，哪怕是不易被顾客觉察到的方面。
- 为顾客提供他们所期望的价值。
- 把健康和安全作为主要考虑因素。生产产品和提供服务的员工、运送产品的工人、使用产品和接受服务的顾客，以及可能遭到由产品或服务带来的危险的公众都有可能成为受害者。

3.3　人因学方面的因素

在消费品设计中要考虑人因学方面的因素。在许多情况下，安全与产品责任是两个要考虑的关键因素，必须给予足够重视。例如，车辆的抗撞性能为消费者、保险公司、汽车制造商和政府所关注。

设计者必须考虑的另一个问题是在产品或服务中增加一些新的特性。在某些行业，公司会通过增加一些新的特性来赢得竞争优势。尽管这种方法有明显的好处，但是，有时可能会造成“功能过剩”，从而引起顾客的不满。这种不断增加新功能的思路在诸如手持设备这样的电子产品上表现得尤其充分。不断有新的特性增加进来，产品也变得越来越复杂，而体积越来越小。有些产品看着“易于使用”，但顾客并不认同这样的产品。

3.4　全球性产品与服务设计

传统上，产品设计是由在同一场所或临近场所的团队成员来完成的。然而，全球化运营的企业发现了全球化生产设计的优点，它使来自不同国家甚至不同洲的团队共同努力。这种虚拟团队可以超越传统团队，因为不需要把他们召集到一个地方就能雇用到来自全世界的最好的人力资源，可以 24 小时运营，因此减少了推向市场的时间。全球化生产设计在考虑资源、机会和限制的情况下，允许顾客在多个国家完成需求评价。全球化设计能提供增加产品适销性和实用性的产品设计。不同的国际化团队可能获得不同的观点、主意和信息来丰富设计过程。然而，管理者仍必须注意控制这些不同点，因为一旦失控，不同点就可能导致冲突和误解。

信息技术先进性对全球产品设计具有重要的影响，使团队成员之间保持不断的联系，瞬时分享设计和进步，传播工程变化和必要的信息。

3.5 环境因素：可持续性

基于可持续性的产品和服务设计是个热点问题，包括从“摇篮到坟墓”的评价（即产品生命周期评价）、末端处理工程、减量化、返还部件的再利用以及再循环等。

3.5.1 产品环境影响评价

产品环境影响评价也称为产品生命周期评价，即对产品全生命周期内可能对环境造成的影响进行评价。评价的重点为全球变暖（排放到大气中的二氧化碳数量）、烟雾的形成、氧气消耗、固废的产生等。对产品来说，产品环境影响评价考虑了产品整个生命周期各个阶段的影响，包括从地球开采原材料、植物材料的成长和收获、产品的加工和安装，或者用于生产产品的其他过程，也包括产品的使用和消耗以及产品的最终处置。在产品生命周期的各个阶段还要考虑能源的消耗、污染及运输影响。尽管服务通常涉及较少的实物材料，但是，产品环境影响评价也很重要，因为服务消耗能源并涉及很多与产品相似的流程。

产品环境影响评价的目的是从经济角度来考虑，选择那些对环境有最小影响的产品和服务。产品环境影响评价过程是 ISO 14000 环境管理标准的一部分。相关讨论可参考第 8 章。

3.5.2 末端处理工程

末端处理工程就是当产品生命结束时对其进行处理。产品既包括消费品，也包括企业设备。这项工程的目的是减少产品的丢弃，特别是尽可能少地把电子设备丢弃在垃圾填埋场或第三世界国家。也要避免采取通常的方法进行焚烧，否则会把材料转变为有害气体和有毒灰烬。当然，该项工程不仅局限于电子设备的处置，但是这类设备是重点，因为其包含有害物质，如铅、镉、铬以及其他重金属。IBM 公司在末端处理工程上做出了典范。在过去的 15 年里，该公司收集了大约 20 亿磅废弃的产品。

3.5.3 3R：减量化、再利用、再循环

基于成本节约和减少对环境的影响，设计人员通常从三个方面来考虑：通过价值分析减少原材料的消耗；对那些仍然有用的零件进行回收利用，有时也称为再制造；对不能使用的产品进行再循环利用。

1. 减量化：价值分析

价值分析是指检查零件或材料的功能，通过降低成本或改进性能提高其价值。作为价值分析的一部分，要分析的典型问题包括：能否用更为廉价的零件或材料？某项功能是否必要？两个或更多的零件或部件的功能是否可以由一个零件以更低的成本来实现？零件是否可以更简单一些？产品的规范是否可以再放宽一些以使成本更低？标准件能否替代非标准件？表 3-1 是用于指导价值分析的问题列表。

表 3-1　价值分析问题列表

1. 选择一个年费用较高的产品，可以是原料、购买的产品或服务
2. 识别产品的功能
3. 就以下问题，给出相应的答案：
   a. 产品是否必要，它是否具有价值，它能被取消吗？
   b. 该产品有可替代的资源吗？
   c. 该产品可以由内部提供吗？
   d. 现在的生产方法具有哪些优点？
   e. 现在的生产方法具有哪些缺点？
   f. 其他原料、零件或服务可以使用吗？
   g. 为了降低成本或时间可以放宽规范吗？
   h. 能否把两个或更多零件结合在一起？
   i. 为了节省成本或时间可以增加或减少产品的加工流程吗？
   j. 供应商提出了改进意见吗？
   k. 员工提出了改进意见吗？
   l. 可以改进包装以降低成本吗？
4. 分析得到的答案以及出现的其他问题的答案，并给出建议

2. 再利用：再制造

制造业中出现的一个新概念是再制造。**再制造**是指将旧产品中的某些部件拆卸下来，在新产品中再使用。这可以由原制造商或其他公司来完成。现在采用再制造部件的产品有汽车、打印机、复印机、照相机、计算机及电话等。

这样做有许多重要原因。其中一个原因是一件再制造的产品的售价仅为一件新产品的成本的 50%。另外一个原因是这种流程需要的大多是不熟练或半熟练的工人。在全球市场上，欧洲的立法者正逐步要求制造商回收废旧产品，因为这可以减少产品填埋的数量并减少对自然资源，如原材料和石油的消耗。

设计产品时要使其容易拆卸给设计者提出了另一个要考虑的设计因素，即旧产品的拆卸要更加容易，此即**可拆卸设计**（design for disassembly，DFD）。

3. 再循环

有时，再循环是设计人员考虑的重要因素。**再循环**是指将材料收回再利用。这不仅适用于制造零件，也适用于生产中用过的材料，如润滑油和溶剂。回收的金属或塑料配件可以熔化掉，用于制造不同的产品。

公司实行再循环有许多原因，其中包括：

- 节省成本；
- 爱护环境；
- 环境法规。

一个有趣的例子是，在欧洲经济共同体中，企业要开展业务必须首先申明它们的产品可再循环的比例。

基于再循环的客观要求，**再循环设计**（design for recycling，DFR）这一概念应运而生。它是指拆卸废旧品以收回可循环零件的产品设计。

3.6 其他方面的考虑

除了法规、环境和道德问题外，设计人员还必须考虑产品或服务的生命周期、标准化程度、产品或服务的可靠性以及产品或服务正常进行的条件。本节将讨论这些问题。首先阐述生命周期问题。

3.6.1 产品生命周期不同阶段的战略

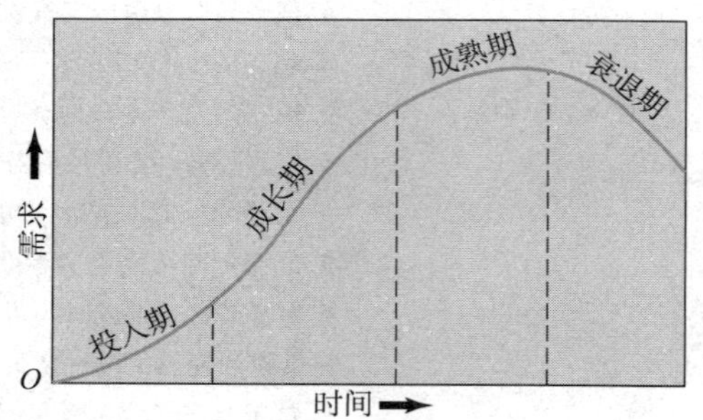

图 3-1 产品或服务通常具有的生命周期

多数情况下，在产品和服务的有效生命期内，将经历一系列时期，有时被称为产品和服务生命周期，如图 3-1 所示。不同时期的需求不同。在每一个时期，需求预测和现金流是制定战略时要考虑的主要因素。

当产品或服务首次推向市场时，它可能被当作新奇事物对待。很多潜在的顾客认为该产品还不完善，在投入期后产品的价格会下降。从战略上看，公司必须认真权衡以下两者的利弊：解决所有可能出现的问题；比竞争对手更快地推出产品，以争取更早的上市时间。例如，在学期刚开始或假期发布新的高科技产品是明智的。重要的是要进行科学预测，以使产品的供应能力和相应的服务能力得到保证。

随着时间的推移，设计的改进和需求的增加使产品更加可靠、成本更低。在成长期，重要的是要进行准确的需求预测，并确定需求将维持多长时间，以确保能力的增长与需求的增长相吻合。

在生命周期的下一个阶段，产品或服务达到成熟，需求停止增长。此时不必再进行设计变更。总体来看，成本达到最低，生产率达到最高。新产品或服务的应用可以拓展产品的生命，增加市场份额。

在衰退时期，要进行一个重要决策：是否终止该产品或服务，用新的产品或服务来代替，或者放弃这一市场。保持当前的产品或服务的优势是巨大的。利用同样的设备，在同样的供应链条件下，借助同样的分销渠道，同样的工人可以生产或提供更多的产品或服务。相应地，成本可以非常低，不需要增加额外的资源，也不需要进行更多的培训。

确实有些产品没有显示出生命周期，如木质铅笔、剪刀、钉子、小刀、餐具、饮水杯及类似产品。但是，大多数新产品都有生命周期。

服务也有生命周期，其生命周期通常与产品的生命周期相似。例如，随着旧产品的逐步退出，对这些旧产品的服务诸如安装和维修也会逐步退出。

产品经历生命周期的特定阶段所花的时间存在很大差别。有些产品经历各阶段的时间很短，其他产品则要花更长的时间。时间的长短经常与产品的基本需求和技术变化的速度有关。有些玩具、小说及流行产品的生命周期不超过一年，然而其他更有用的产品，如衣服清洗和烘干机可能会持续许多年，直到出现技术变化。

3.6.2 产品生命周期管理

产品生命周期管理是一种系统的方法，用于管理产品从概念、设计、研发到生产和再设计，直到生命结束的全过程。产品生命周期管理包含与某一特定产品有关的各个方面，包括生产工艺、业务流程、人员，以及与产品有关的其他任何方面的数据。

产品生命周期管理软件可用于自动化管理与产品有关的数据，把这些数据与其他像企业资源计划这样的业务流程进行整合。产品数据管理的目标是减少浪费和提高效率。例如，产品生命周期管理被视为精益生产的一个集成部分。

产品生命周期管理有三个步骤：

- 生命早期阶段，涉及设计与开发；
- 生命中期阶段，涉及与供应商合作、管理产品信息；
- 生命晚期阶段，涉及产品退出、处置与回收利用策略。

尽管产品生命周期管理一般与制造业有关，但它的管理框架也可用于软件开发与服务。

3.6.3　标准化程度

在产品 / 服务设计及流程设计中经常提及的一个重要问题是标准化程度。**标准化**指同一种产品、服务或流程下的不同个体之间没有差异。同一项目下的标准化产品是大批量生产的，例如计算器、计算机。标准化服务指每一个顾客或项目流程接受的是本质一样的服务。汽车的自动清洗就是一个很好的例子。每辆车，无论它是干净的或肮脏的，都接受同样的服务。标准化流程传递标准化的服务或生产标准化的产品。

标准化既有许多好处也有一些缺点。标准化的产品意味着产品零件可更换，从而在提高生产力的同时极大地降低了生产成本；而且与定制的零件相比，它的更换或维修更加方便，通常设计成本也更低。例如，通用汽车公司尝试将通过生产线的关键汽车部件都进行标准化生产。所有通用汽车车型中，如制动、电力系统及其他车身内部的部件都是一样的。由于减少了产品零件的多样化，通用汽车公司不仅节省了时间和资金，也提高了产品的质量和可靠性。

标准化的另一个优点是减少培训员工的时间和费用，减少设计工作岗位的时间。同样，工作安排、存货处理，以及采购和财务活动都更加常规化。

缺少标准化经常会带来严重的困难和竞争危机。例如，美国制造商用英制度量，而世界上其他多数制造商采用公制度量，这种情况给向外国销售美国商品以及购进外国机器在美国使用带来了不少问题。这可能使美国公司在欧盟市场上的竞争更加困难。

标准化也有不利之处，主要在于产品多样性程度的降低。这会限制一种产品或服务所能吸引的顾客的范围。顾客对一种产品可能是很勉强地接受，因为没有其他产品能满足他们的需求。因此这种做法会造成一种风险，如果竞争对手推出一种更好或更多样的产品（这是精益生产的一个特征），其会取得竞争优势。另外一个不利之处是制造商可能在设计不成熟时就将它固定（标准化），而一旦固定之后，就会有种种强制因素使设计难以修改。在这方面人们熟悉的一个例子是打字机和计算机键盘的按键排列。研究表明，另外一种按键排列顺序会更有效，但更换所有现存设备和再培训数百万打字员及字码程序员的费用远大于其所带来的效益。

显然，设计者在进行选择时，必须考虑与标准化相关的重要问题。表 3-2 归纳了标准化的主要优缺点。

表 3-2 标准化的优缺点

优点	1. 在存货和制造中需要处理的零件更少 2. 减少培训费用和时间 3. 采购、处理及检查程序更加常规化 4. 可按照清单订购产品 5. 产品能长期并自动化生产 6. 所需零件的减少证明执行设计和改善质量控制程序所花的费用是划算的
缺点	1. 可能在设计仍有许多缺陷时就将其固定 2. 变动设计的高费用增加了改善设计的难度 3. 产品缺乏多样性导致对顾客吸引力的降低

3.6.4 为大规模定制而设计

公司热衷于标准化生产，原因是标准化能够使其以相对较低的成本生产出大量的产品，尽管这些产品缺少多样化。另一方面，顾客尤其喜欢产品各有特色，尽管他们喜欢成本低的产品。这里的关键是，生产企业如何解决上述问题而又不失去标准化的好处和带来诸多通常与多样化有关的问题。这些问题包括实现设计多样化需要增加资源；增加生产工艺的多样化，这样会增加制造产品所必需的技术，从而造成生产率的下降；由于要不断地更换零配件，因此会在生产过程中或生产后带来额外的库存负担；增加诊断和维修劣质品的难度。至少对一些企业来说，解决上述问题的办法是大量定制，这是生产标准化的产品或服务而又在最终产品或服务中融入一定程度定制化的战略。有几种策略使之成为可能，下面阐述推迟差异化和模块化设计两种策略。

1. 推迟差异化

推迟差异化是指当生产一种产品或服务时，暂且不彻底完成它，推迟至知道顾客的偏好或具体要求后再去完成。推迟差异化有多种形式。以产品为例，近乎完成的产品可能存放在仓库内，直到接到顾客的订单，此时根据顾客要求对产品进行特定的加工。例如，家具制造商可以制造餐厅组合套具，但暂时不上色，让顾客来选择着色剂。一旦选择确定下来，上色可在极短的时间内完成，从而避免了顾客长时间的等待，也使制造商具有了竞争优势。类似地，各种电子邮件和互联网服务可以作为标准化系列提供给顾客，然后再根据顾客的偏好进行改进。推迟差异化的结果是，产品具有定制特色，可以很快生产出来，满足了顾客要求多样化和及时供货的愿望，同时产品的绝大部分仍是标准化的，这使得生产商可以获得标准化生产带来的好处。推迟差异化并非一种新的策略。例如，男式服装生产商在制作裤子时，通常裤腿口先不缝边，然后根据顾客具体需要的长短来确定裤口翻边的多少。同样是推迟差异化，然而不同的企业组织在将这一理念应用于更多的产品和服务时，其努力程度不同。

2. 模块化设计

模块化设计是标准化的另一种形式。模块指将一组零件组合为组件，通常直到各单个零件失去特性为止。模块化设计的一个熟悉案例是带有遥控频道的电视机。计算机也有模块组件，因此能在组件有缺陷时进行更换。通过对不同规格组件的排列组合，人们可以得到功能不同的计算机。模块化设计也可用于建筑业。纽约罗切斯特的一家公司在它的工厂里生产预制汽车旅馆房间以及电线、铅管制品，甚至房间装饰品，然后将全部房间部件通过铁路运往建筑地，在那里将它们组装成整体结构。

采用模块化设计方法进行设备设计与非模块化设计相比，优点是由于所需检查的零件减少，设备故障经常更容易诊断和排除。在维修和更换的难易上也有类似优点，有缺陷的组件能够很方便地拆开并用一个好的组件更换。模块组件的制造和装配通常比较简洁，所包括的零件更少，因此采购和存货控制更加常规化，制造和装配运营更加标准化，而培训成本也通常更低。

模块化设计的主要缺陷源于产品种类的减少：模块组件具有的规格数量要比单个部件的组合具有的规格数量少得多。另一个不足之处是，有时为了更换损坏部件，会遇到模块组件不能拆卸的情况，整个组件必须拆毁，这通常使得费用更高。

3.6.5　可靠性

可靠性是指在一系列给定条件下，一种产品、零件或系统执行预期功能的能力。可靠性的重要性由产品的预期购买者在购买选择和使用比较过程中得到强化，并由销售者把它当成价格的一个决定因素而得到加强。可靠性对产品销售也有影响，这反映在产品功能上，如果产品功能太差，就会产生法律问题。可靠性也是可持续性的一种考虑。产品的可靠性越高，维护所需要的资源就越少，涉及的 3R 活动也越少。

故障一词用以描述一种产品不能按目的运行的情况，不仅包括产品根本不能运行的情况，也包括产品运行低于标准或未按目的运行的情况。例如，烟雾报警系统可能没能对烟雾的出现做出反应（这是根本就没有运行的情况）；也可能发出警报，但声音太小从而不能提供准确的警告（低于标准运行的情况）；或者可能在烟雾不存在的情况下发出警报（非预期反应的情况）。

可靠性总是受一定条件即正常运营条件的限制。这些条件既包括荷载量、温度和湿度范围，又包括运行程序和维修计划。如果用户忽视这些条件，经常导致零件或整个系统过早出现故障。例如，用一辆客车来运载沉重的货物导致机车的过度磨损、耗用；在坑坑洼洼的道路上行车最终导致轮胎出现故障；而用一个计算器敲打钉子可能使其失去执行运算的功能。

可以用许多方法来提高可靠性，表 3-3 列出了其中的一些方法。

表 3-3　提高可靠性的潜在方法

1. 改善零件设计
2. 提高生产或装配技术
3. 改进检测
4. 利用备用部件
5. 改善防护维修程序
6. 提高用户的知识水平
7. 改善系统设计

由于系统的总体可靠性与单个部件的可靠性存在函数关系，因此单个部件可靠性的提高可以提高整个系统的可靠性。不幸的是，不恰当的生产或装配程序甚至会抵消最好的设计，而且这也常是故障的根源。运用备用部件可以提高系统的可靠性。在实际使用中出现的故障经常可以通过提高用户的知识水平和细化维修建议或程序而减少。最后，也可以通过简化系统（从而减少可能产生系统故障的部件数目）或改变部件间的关系（如提高界面的可靠性）来提高总体可靠性。

提高可靠性要关注的一个基本问题是：到底需要多大程度的可靠性？显然，电灯泡所需的可靠性与飞机所需的可靠性的内涵是不同的。因此，问题的答案要根据提高可靠性带来的潜在效益和所耗的费用来定。一般说来，提高可靠性的成本是逐步增加的。所以，尽管起初效益的提高要比成本的增加快得多，但最终会出现相反的趋势。可靠性的最优水平在效益增加量与成本增加量相等的那一点。在短期内，这种权衡建立在相对固定的参量（如成本）的内容上。但是从长期看，提高可靠性和减少成本的努力将带来可靠性最优水平的提高。

3.6.6 稳健设计

有些产品只有在严格的条件下才能发挥设计功能，而其他产品则能在更宽松的条件下实现其设计功能，后者就拥有**稳健设计**。一双高级皮靴显然不是用来在泥浆或雪堆中跋涉的，而一双沉重的橡胶长靴恰好适合在泥浆或雪堆中行走。橡胶靴就比皮靴更具稳健设计。

一种产品（或服务）的稳健性越好，它由于使用环境的变化而发生故障的可能性就越低。因此，设计者在产品或服务中引入的稳健性越多，其耐久性就越好，顾客的满意水平就越高。

同样的观点也适用于生产流程中的稳健设计。环境因素对产品或服务的质量会有消极影响。设计对这些影响的抵制能力越高，其受消极影响的可能性就越低。例如，许多产品要经历加热程序，如食品、陶瓷、钢铁、石油产品和医药制品。熔炉可能不是均匀加热的，热量也可能由于加热位置或时间的差异而不同。解决这个问题的方法可以是设计一种更好的熔炉，也可以是设计一种系统以便在加热时能翻动产品使它受热均匀。利用稳健设计方法开发出的产品不受生产流程中的最小温度差异影响。

日本工程师田口玄一（Genichi Taguchi）的方法是以稳健设计为基础。他的前提是，设计一种在使用或制造过程中对环境因素都不敏感的产品经常要比控制环境因素容易得多。

田口方法的核心特征是参数设计，这种方法在美国公司最常用。它包括为产品和流程设定特殊规格，从而带来制造差异性、产品变异性及使用条件等方面的稳健设计。

田口方法修正了传统实验设计的统计方法。请思考以下例子：假设某公司在其将要生产的新产品中需要使用 12 种化学材料。这些材料的供应商有两家，但这两家供应商的侧重点有些不同。古典的实验设计方法需要进行 2^{12}=4 096 次测验，以确定哪种化学组合是最优的。而田口方法只要测试各种可能组合的一部分。依靠专家来确认最有可能影响产品重要特性的变量，这种组合的数量将戏剧般地降低，据说可能只要 32 种。在数量减少后的组合模型中所确认的最好模型可能是近似最优的组合，但并非最优。这种方法的优点是只需用很少的相关的实验，就能很快在产品和流程设计中取得主要进展。

批评者认为田口方法是无效和不准确的，并且经常给出非最优的解决方案。但他的方法却被广泛应用并且在美国享有能帮助取得产品和制造流程中的主要进展的声誉。

3.6.7 设计变化程度

产品或服务设计的变化情况各异，小到对现有产品或服务的改进，大到对一项全新产品或服务的设计，具体可分为：

- 对现有产品或服务的改进；
- 对现有产品或服务系列的扩展；
- 对竞争者产品或服务的仿制；
- 新的产品或服务。

设计的变化程度影响组织和市场的“新度”。对组织来说，较低的新度可能意味着可以相对较快且容易地转换到对新产品的生产，而较高的新度将意味着这一转换较慢、较难、代价较大。对市场而言，较低的新度可能意味着在市场接受方面几乎没有困难，但利润潜力可能不大。即使在利润潜力不大的情况下，组织也可能利用这一战略以保持市场份额。另一方面，较高的新度可能意味着市场接受较难，或者意味着迅速获得市场份额，具有很大的利润潜力。可惜，鱼和熊掌不可兼得。重要的是，设计人员要仔细权衡每一设计变化带来的利弊，充分考虑顾客的需要。

3.6.8　质量功能展开

要确保销售的产品正是顾客所需要的，取得顾客的反馈信息是必不可少的。**质量功能展开**（quality function deployment，QFD）是将顾客呼声融入产品或服务开发流程的一种结构性方法，目的是确保整个流程的各个方面都考虑顾客需求。倾听和理解顾客需求是 QFD 的核心特征。顾客需求经常以一种普遍陈述的形式出现，比如“草坪平整机的切割高度应容易调整。”一旦了解到顾客需求，这些需求必须转化为与产品或服务有关的技术指标。例如，改变草坪平整机高度的陈述可以联系到实现该职能的机械、地点、使用说明、控制机械的弹簧的牢固程度或所需要采用的材料。从制造目的来说，这些指标就必须联系到材料、尺寸及生产中所用的机器。

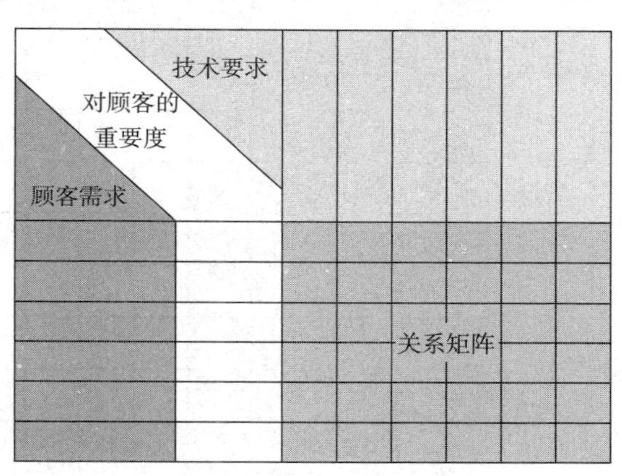

图 3-2　QFD 主体矩阵

QFD 的结构以一系列矩阵为基础。主体矩阵联系顾客需求（是什么）和对应的技术要求（如何解决）。图 3-2 阐明了这个概念。

基本矩阵通常要增加附加特征以拓宽分析范围。典型的附加特征包括重要性衡量和竞争性评估。人们通常为技术要求建立一个相关的矩阵，该矩阵能揭示有冲突的技术要求。加上这些附加特征，矩阵系列就有了图 3-3 所阐明的形式。由于它的外形像座房子，故而经常被称为质量屋。

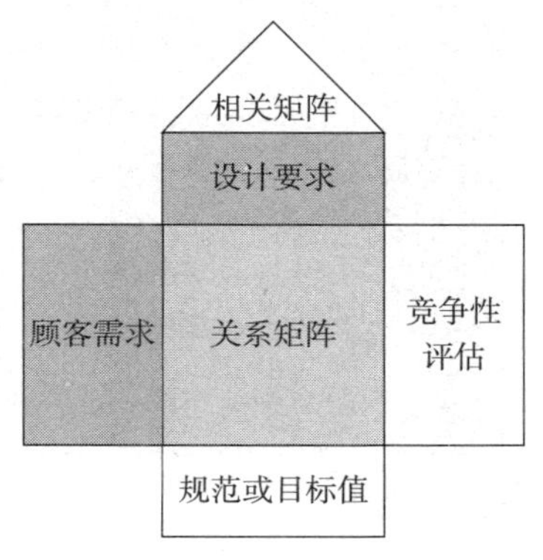

图 3-3　质量屋

图 3-4 表现了用这种形式所做的分析。图中数据与商业印刷商（顾客）和纸张供应商相关。初看起来，整个图显得很复杂。因此，让我们将它分成许多部分并逐个考虑。首先，一个关键部分是图左边所列的顾客需求。其次，注意靠近顶部垂直所列的技术要求。图的中间表现了技术要求和顾客需求之间的重要关系及关系的重要度。带点的圆圈表示强正相关关系，即暗指能满足顾客需求的最重要的技术要求。现在，请看列在每个顾客需求旁边的“对顾客的重要度”的数字（3 代表最重要）。设计者决定在哪处做最大努力时，将考虑重要度的分值和相关性的强度。

接着，考虑在质量屋顶部的相关矩阵。要特别注意“纸张厚度”和“卷曲度”之间的强负相关关系。设计者不得不寻找方法克服它或做出替代决策。

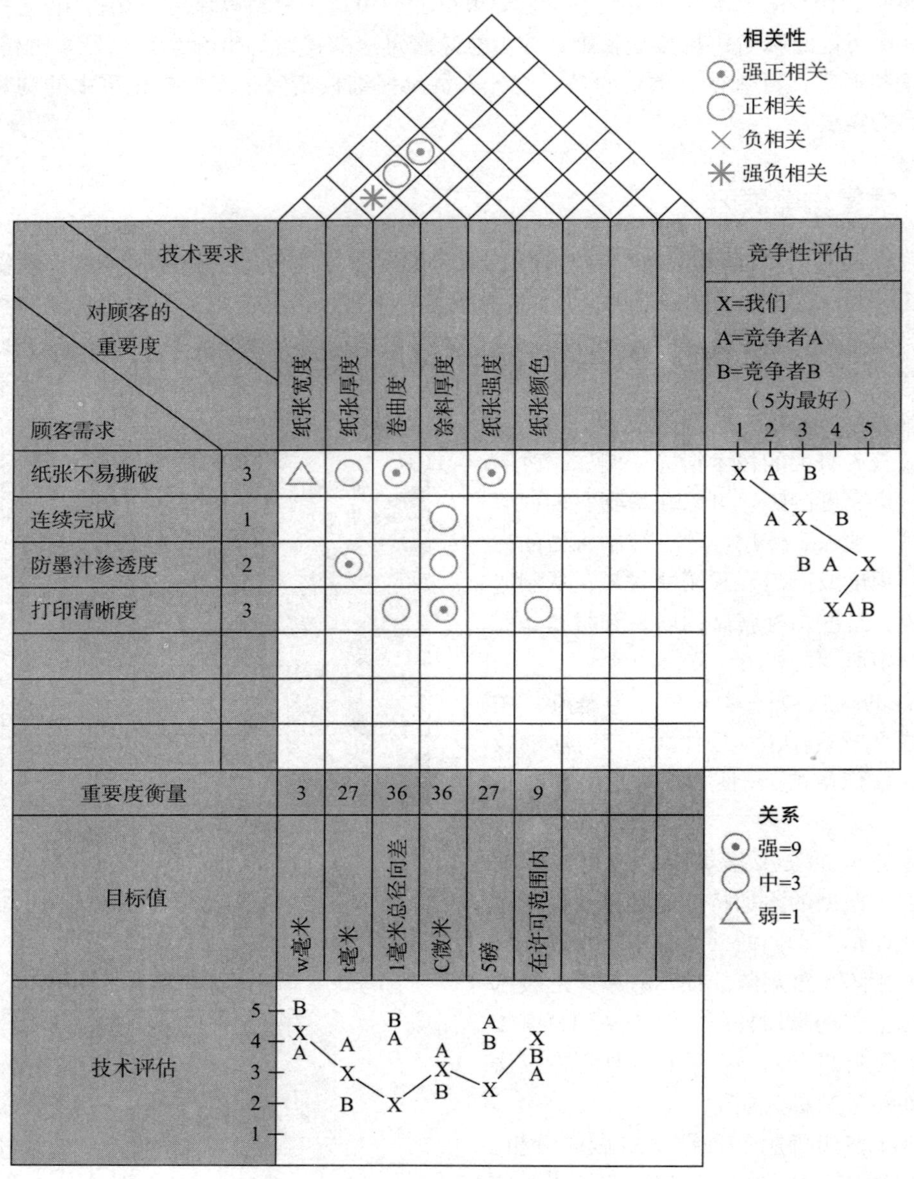

图 3-4 质量屋示例

在图的右边是将供应商与两个主要竞争对手（A 和 B）在顾客需求上的表现进行比较的竞争性评估。例如，供应商（X）在第一项顾客需求中表现最差而在第三项顾客需求中最好。斜线连接 X 的各个表现。理想的情况是通过设计能让 X 在各项中都达到最好。

图 3-4 的底部是重要度衡量、目标值及技术评估。技术评估的方式与竞争性评估类似（注意 X 各项之间的连线）。目标值一般还包括技术规格，这里我们对此不做讨论。重要度加权值是分配到各关系中的分值的加总（看右边较下方对关系衡量的解释）。第一个图框中的“3”

指产品对顾客的重要度 =3，并且与质量特性的联系度 =1。重要度加权值和目标评估值帮助设计者将重点放在想要得到的结果上。在这个例子中，第一项技术要求得到的重要度加权值最低，而紧接着的 4 项技术要求都得到相对较高的重要度加权值。

质量屋方法包括一系列的“房屋”，首先是设计特点，其次是具体组成，然后是生产过程，最后是质量计划。过程的描述如图 3-5 所示。虽然每间房屋的细节都超过了本书的范围，但图 3-5 提供了对包含改进的概念性的理解。

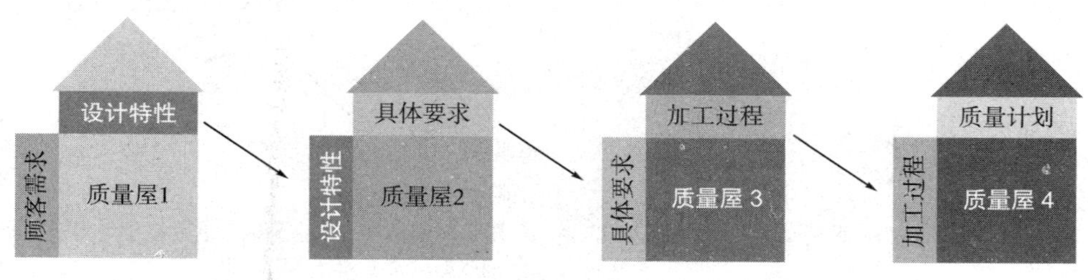

图 3-5　质量屋序列

3.6.9　卡诺模型

卡诺模型是由日本卡诺教授提出的一种产品和服务设计的理论。卡诺教授从顾客的角度提出了一种不同于“越多越好”这一传统质量观点的观点。相反，他把质量进行分类，认为理解不同类别的质量能更好地让设计者去评价和说明质量需求。他的这一模型提供了从顾客角度明确重要质量特性的途径。

基本型质量是指使顾客达到满意的最低特性。如果具备这些特性将会对顾客满意造成有限影响，但是，如果不具备这些特性顾客将极端不满意。例如，家用电器的电源线过短，顾客会不满意，但是，像 4 英尺这样的长度并不能增加顾客的满意度。期望型质量是指能使顾客满意度与质量指标同比例增加的特性。例如，增加轮胎的胎面磨损寿命或房屋涂料粉刷次数将会相应地增加顾客的满意度。兴奋型质量是指顾客并未预期的质量特性，但一旦具备了这种特性，顾客会非常兴奋。例如，登记签到时正餐预订单可供两人使用。图 3-6a 说明了具备这三类质量会如何影响顾客满意度。注意，从顾客角度来看，如果基本型质量缺失或水平过低，将导致顾客严重不满意，但是，当具备这类特性时，并未导致顾客满意，即使在这类质量水平很高时也是如此。期望型质量会导致满意或不满意，这取决于所具备的特性水平。因为顾客并未预期兴奋型质量，所以当这类特性缺失或水平较低时，顾客并未表现出不满意，而一旦具备了这类特性，所带来的顾客满意度显著提高。

随着时间的推移，兴奋型质量会变为期望型质量，期望型质量会变为基本型质量。图 3-6b 给出了相关说明。不同设计特性转变的速度是产品设计要考虑的重要因素。产品设计人员根据这一转变过程来设计产品就能够不断地实现顾客满意，而不是把精力用于改进已经转变为基本型质量的特性上。

卡诺模型告诉我们，在设计产品时必须首先明确质量特性的类型。一旦基本型质量得到满足，就不应再付出额外的努力来提高相应的质量特性。对期望型质量，可以引入成本 – 收益分析，对于那些收益超过成本的特性应尽可能地保持。兴奋型质量为设计者提出了挑战。在进行顾客需求调查时，因为不了解，顾客并不能指出这类质量特性。可是，这类质量水平的一点点提高就会导致顾客满意度急剧增加，进而大幅度地增加顾客忠诚度。所以，如果经济上可行，公司应致力于确定并提高这类质量水平。

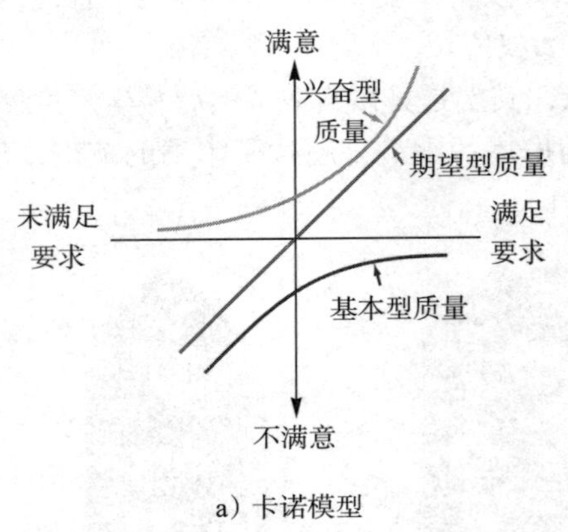

a）卡诺模型

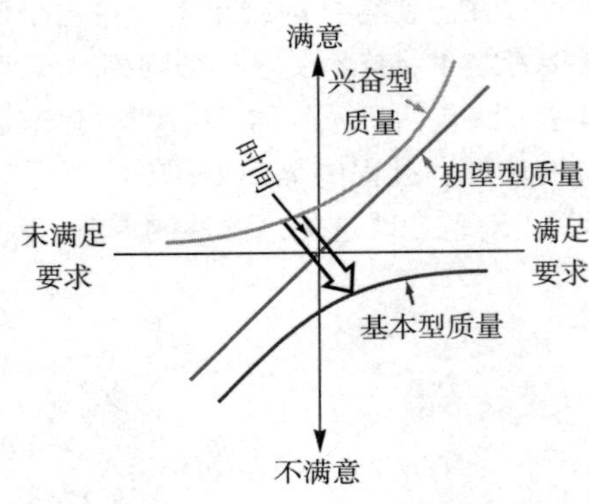

b）随着时间推移，兴奋型因素变为期望型因素，而期望型因素变为基本型因素

图 3-6

卡诺模型可以与QFD以及六西格玛项目联合在一起使用（参见第8章有关六西格玛的讨论）。

3.7 产品设计与开发的阶段

表3-4 产品开发的几个阶段

（1）可行性分析	（5）设计审查
（2）产品规格	（6）市场检验
（3）工艺规格	（7）产品推出
（4）样品开发	（8）后续评估

产品设计与开发大体上可分为如表3-4所示的几个阶段。

（1）可行性分析。可行性分析包含市场分析（需求）、经济分析（开发成本和生产成本、利润潜力）以及技术分析（运营能力要求和可得性、要求的技术）。另外还要考虑开发是否符合组织的使命。可行性分析需要营销、财务、会计、工程和运营这些部门合作进行。

（2）产品规格，包括对如何满足（或超过）顾客的需要做了详细说明。产品规格的制定要求法律、营销和运营部门的合作。

（3）工艺规格。一旦产品规格确定下来，注意力应转移到制造该产品所需要的工艺上。要对多种工艺方案进行权衡，比较它们在成本、资源的可得性、利润潜力和质量方面的差异。要求由会计部门和运营部门合作进行。

（4）样品开发。产品和工艺的规格都确定后，可以试制一件（或几件）产品，看看在产品和工艺规格方面是否存在问题。

（5）设计审查。进行任何必要的更改，或者放弃。要求营销、财务、工程、设计和运营部门合作。

（6）市场检验。通过市场检验确定顾客的接受程度。如果不成功，返回到设计审查阶段（营销部门）。

（7）产品推出。推销该产品（营销部门）。

（8）后续评估。确定是否需要对产品做一些改进，精心做好预测。这一步骤由市场人员来执行。

3.8　为可制造性而设计

本节介绍设计方法，它们更适合于产品设计，而不是服务设计。即便如此，读者不难发现，它们又确实与服务设计具有一些相关性。这些设计方法包括并行工程、计算机辅助设计、装配和拆卸设计以及相似产品元件的使用。

3.8.1　并行工程

为达到从产品设计到生产的顺畅传递并减少产品开发时间，许多公司开始采用同时展开或并行工程的方法。从狭义来说，**并行工程**指在设计阶段的早期将设计和制造工程的人员召集起来，同时进行产品和生产产品的流程开发。如今，这个概念已扩大到包括松散联合的制造群体（如材料专家）及市场营销和采购人员这样的多功能团队。此外，供应商和顾客也经常是咨询的对象。当然，这么做的目的是让产品设计既能反映顾客需求又与制造能力相匹配。

传统上，设计者在没有从制造方面获得任何信息的情况下就开发一种新产品，然后将该设计传达到制造部门，接着制造部门不得不为这种新产品开发生产流程。这种“隔墙”方式给制造方面带来了巨大的挑战，产生极大的冲突，并大量增加了成功生产一种新产品所需的时间，也会产生“我们如何，他们如何”这样的狭隘利益思想。

由于这些及类似的原因，并行工程的方法具有巨大的吸引力，下列是这种方法的重要优点。

- 制造部门人员能够指明生产能力。在设计中，他们经常在选择合适的材料和流程方面有某些深刻的见解，对生产能力的了解能帮助流程的选择。此外，这样也能使设计有效地影响成本和质量因素，生产过程中的矛盾也会大大减少。
- 能够为关键工具的设计或采购带来较早的机会，其中某些工具在本行业中处于领先地位。这样主要可以缩短产品开发流程，而这正是关键的竞争优势之一。
- 能较早考虑一种特殊设计或设计中某些部分的技术可行性，如此能再次避免生产中的严重问题。
- 可以将重点放在解决问题而不是解决矛盾上。

但是，这种开发方式仍存在许多难点，下面列出了其中的两点。

- 设计和制造之间长期存在的界限很难马上克服，单纯将一群人召集在一起，以为他们能够高效合作的想法是不切实际的。
- 要使该流程发挥作用，必须有充分的沟通和灵活性，而这点却很难达到。

因此，如果要采用这种方法，管理者就应该予以特别关注。

3.8.2　计算机辅助设计

计算机在产品设计中的应用日益增加。**计算机辅助设计**（computer-aided design，CAD）是运用计算机图表进行产品设计。设计者可以用一支钢笔、一个键盘、操纵杆或类似的设备在 CRT 上修改已有的设计或创造新的设计。一旦设计被输入计算机后，设计者就能在屏幕上调遣：它能够旋转以提供给设计者不同角度的图像；它能够被切开使设计者看到内部结构，同时还能将图像扩大以便进一步检查。设计者可以得到全部设计的复印版本，也能将其变成电子文件，为公司需要该信息的人员所使用（例如，市场营销部门）。

越来越多的产品用这种方法进行设计，包括变压器、汽车零件、飞机零件、组装电路和电力发动机。

CAD 的主要优点是提高了设计者的生产率。他们不再为准备产品或零件的机械图而费神，也不再为修改错误或吸收新观点而重复地修改机械图。据可靠估计，CAD 将设计者的生产率提高了 3 ～ 10 倍。CAD 的第二个优点是它所建立的数据库能为制造部门提供产品几何图形和尺寸、承载力、材料规格等必要信息。但是，应当注意，CAD 需要这种数据库才能发挥其功能，而制作数据库需要投入大量的精力。

有些 CAD 系统允许设计者对已提出的设计进行工程和成本分析。例如，计算机既能确定一个零件的重量和体积，也能做压力分析。如果有许多可供选择的设计，计算机能按照设计者的标准迅速检索出其中的最优设计。具备有限元分析能力的 CAD 一般能缩短新产品投入市场的时间。可以让开发者进行有助于新产品的设计、分析和商业化的仿真。航空、生物力学以及汽车行业的设计者使用有限元分析。

3.8.3 生产要求

如前所述，设计人员必须考虑生产能力，需要确切了解生产能力（如设备、工艺、材料类型、进度规划、技术、特殊能力）。这有助于选择与生产能力相匹配的设计。当机会和生产能力不匹配时，管理层必须考虑扩大或改变生产能力以利用这些机会。

对将来需求的预测是十分有用的，它提供了未来需求的时间性和数量方面的信息以及对新产品和服务需求的信息。

可制造性对于制造品来说是一个重要概念，制造和 / 或安装的难易程度对成本、生产率和质量是十分重要的，对于服务来说，提供服务的难易程度与成本、生产率和质量关系极大。

可制造设计（design for manufacturing，DFM）这一概念被用来表示与企业生产能力相匹配的产品设计。制造领域中一个相关的概念是**可装配设计**（design for assembly，DFA）。一个好的设计不仅要考虑产品是如何制造的，还要考虑产品是如何装配的。可装配设计关注的焦点是如何减少装配零件的数量以及所采用的装配方法和工序。另一个更常用的概念是可制造性，它有时指产品制造或装配的难易程度。

3.8.4 共用零件的使用

公司通常有多种产品或服务提供给顾客，这些产品或服务往往具有很高的相似性，对许多服务来说是这样，对产品系列来说尤其如此。当一个零件可以用于多种产品时，可为公司带来很大的好处。例如，汽车制造商利用这种方法制造内部配件如水泵、发动机。除了节省设计时间之外，零件共性还可使公司采取标准化的装配培训、节省采购大量供应品的时间以及减少库存量，从而为公司带来很大利益。零件共性也给服务业带来类似的好处。例如，对汽车修理业来说，零件共性意味着需要的培训较少，因为工作的种类减少了。这点同样适用于家具维修业，配件的共性和可替代性是很常见的。计算机软件常常包含许多通用的模块。

3.9 服务设计

产品设计和服务设计之间有许多相似之处。然而，由于服务的本质，二者之间也有一些重大差别。一个主要的差别是，制造业中的生产与供货通常在时间上是分开的，而服务的形成与提供常常是同时进行的。

服务是指一种动作，是为顾客（商店主顾、患者等）做的某种事情。服务是由服务提供系统带来的，该系统包括提供该项服务所需要的设施、流程和技术。许多服务并非纯粹的服务，而是产品包（向顾客提供的物品和服务组合）的一部分。产品中的服务成分在增加。提供并实现以顾客为中心的服务通常是公司竞争优势的一种体现。成功的公司会把以顾客为中心的服务融入其产品之中。

系统设计涉及整个服务包的开发或改进，具体包括：⊖

- 所需要的实物资源；
- 由顾客采购消费或与服务一起提供给顾客的伴随产品；
- 显性服务（服务的必要 / 核心特征，如报税准备）；
- 隐性服务（附属 / 额外特征，如友好、礼貌）。

3.9.1 服务设计纵览

服务设计起始于服务战略的选择，服务战略决定服务的性质和重点及其目标市场。这就要求管理人员评估一种特殊服务的潜在市场和盈利能力（或是需要，如果这是一个非营利性组织的话），以及组织提供该服务的能力。一旦组织做出了服务的重点和目标市场的决策，顾客的要求和目标市场的期望就应该确定下来。

服务设计的两个关键点是服务要求的变化程度与顾客接触并参与传递系统的程度。这会影响服务的标准化或必须定制的程度。顾客接触程度和服务要求的变化度越低，服务能达到的标准化程度就越高。没有接触及很少或没有流程变化的服务设计与产品设计极其类似。相反，高可变性及高顾客接触通常意味着服务必须是高度定制的。服务设计的一个相关考虑因素是销售机会：顾客接触的程度越大，销售的机会就越大。

3.9.2 产品设计和服务设计的区别

服务运营经理必须应付那些对于产品行业的管理者来说不重要或不存在的问题，这些问题如下所示。

（1）一般情况下，产品可以触摸，服务不可触摸。因此，服务设计经常比产品设计更注重于不可触摸因素（如思维的清晰程度、气氛等）。

（2）许多时候，服务的创造和传递是同时的（如理发、洗车）。这种情况下，抢在顾客之前发现和改正服务中的错误更加困难。这时，员工培训、流程设计及与顾客的关系就变得特别重要。

（3）服务不能有存货，因此限制了其柔性，并使生产能力设计变得非常重要。

⊖ Adapted from James A. Fitzsimmons and Mona J. Fitzsimmons, *Service Management for Competitive Advantage* (New York: McGraw-Hill, 1994). Copyright © 1994 McGraw-Hill Companies, Inc. Used with permission.

（4）服务对于顾客来说是高度可见的，因此在设计中必须牢记这点；这也给流程设计增加了额外的要求，这点通常在产品设计中不存在。

（5）有些服务业进入、退出的阻碍很小，因而给服务设计添加了额外的压力，使其必须进行创新和考虑成本效果。

（6）便利性是服务设计的一个主要因素，选址经常对服务设计有重要作用。因此，服务设计和位置的选择经常是紧密联系的。

（7）服务系统从顾客接触程度角度来看差异很大。有的服务系统很少或根本不与顾客接触，有的服务系统与顾客高度接触。以下是不同服务系统类型的一些例子：

- 设防的技术核心（如软件开发）；
- 生产线（如汽车自动冲洗）；
- 个性化服务（如理发、医疗服务）；
- 顾客参与（如节食方案、跳舞课程）；
- 自助服务（如超市）。

与顾客很少或无接触的系统的服务设计与产品设计十分相似。

（8）需求的交替变化造成了等候和闲置的服务资源。

当需求变量作为一个因素时，设计者可能从一到两个角度来进行设计。一方面是从成本和效率方面，另一方面就是顾客。

把设计目标建立在成本和效率基础上是对服务设计的“产品设计方法”。因为顾客参与使质量和需求变量都变得更难控制，因此设计者可能倾向于在任何可能的过程中限制顾客的参与度。或者，设计者可能把员工的灵活性作为一种方法来处理需求变量。

在服务业，知觉品质的一个重要方面是与作为服务包一部分的无形资产有关。设计者在设计过程中必须小心，因为尝试达到高的效率水平可能会使服务失去个性，会冒改变顾客知觉品质的风险。这些尝试可能包括如下方面。

- 减少顾客的选择可以提高服务的效率，但这可能会让顾客感到沮丧和愤怒。例如，一家有线电视公司将频道捆绑在一起，而不是让顾客选择他们想要的频道。
- 标准化或简化特定的服务要素可能减少提供服务的成本，但是它可能忽视一些顾客重视的特点，比如个人关注。
- 通过雇用钟点工或临时工，包括技术不高或缺乏兴趣的人，融入弹性容量管理，服务质量可能下降。

建立在顾客观点基础上的目标制定要求理解顾客的经验，关注如何传送服务以使顾客满意。顾客定向方法包括确定顾客需求以了解服务交付和知觉品质之间的关系。这使得设计者在设计交付系统时做出明智的选择。

当然，设计者必须牢牢记住，为了高效率而使服务交付个性化，可能会对知觉品质造成负面的影响，顾客可能不想或不愿意为高个性化的服务付款，因此要进行均衡分析。

3.9.3 服务设计的几个阶段

表 3-5 列出了服务设计的几个阶段。从表中可以看出，除了提供系统也需要设计外，服

务设计的阶段与产品设计的阶段极其相似。

表 3-5 服务设计的几个阶段

1. 概念化 构思的形成 顾客需要 / 需求评估（营销部门） 需求潜力评估（营销部门）	2. 明确一揽子服务的构成（运营部门和营销部门） 3. 确定服务质量规范（运营部门和营销部门） 4. 将质量规范转换成设计规范 5. 将设计规范转换成服务提供的规范

3.9.4 服务蓝图

服务设计中的一个常用工具是**服务蓝图**，它是用来描述和分析服务流程的一种方法。服务蓝图的关键要素是将服务流程绘制成服务流程图。服务流程图提供了服务流程的可视模型，有助于理解具体的流程。图 3-7 阐明了接受电话订单的流程图，该图指出了主要可能出现故障的地方。

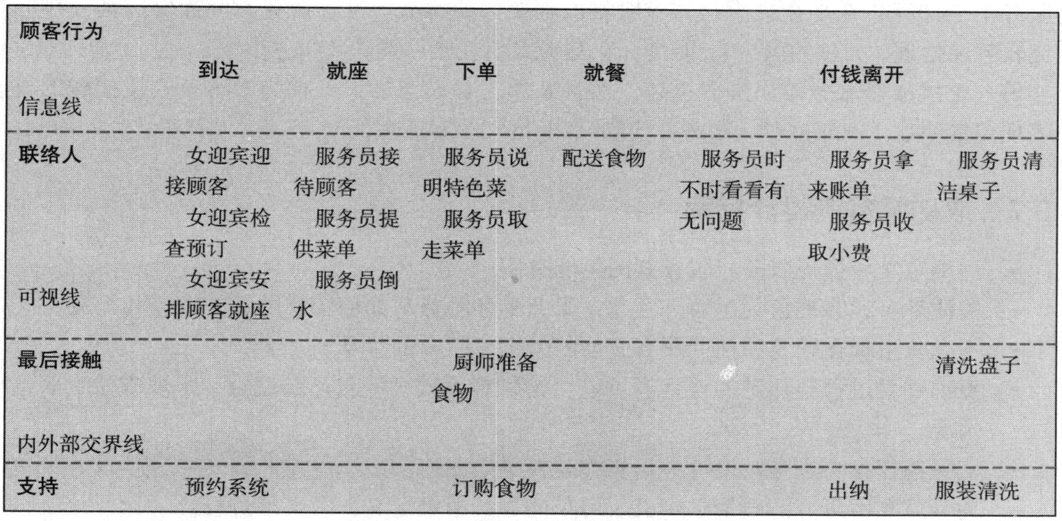

顾客行为	到达	就座	下单	就餐	付钱离开		
信息线							
联络人	女迎宾迎接顾客 女迎宾检查预订 女迎宾安排顾客就座	服务员接待顾客 服务员提供菜单 服务员倒水	服务员说明特色菜 服务员取走菜单	配送食物	服务员时不时看看有无问题	服务员拿来账单 服务员收取小费	服务员清洁桌子
可视线							
最后接触			厨师准备食物				清洗盘子
内外部交界线							
支持	预约系统		订购食物			出纳	服装清洗

图 3-7 一个简单的饭店服务蓝图

以下是服务蓝图的主要步骤：

- 划分各道程序的分界线并决定所需细节的程度。
- 识别并确定顾客次序、服务行为和相互关系。流程图在这方面比较有用。
- 对过程的每个阶段进行时间估计，还有时间变量。
- 指出可能出现故障的地方，不但要准备应付服务故障，还要提出计划预防和减少错误。

3.9.5 良好的服务设计系统的特征

良好的服务设计系统有许多特征，它们可以作为设计服务系统的指导方针。这些特征如下。

- 与组织的使命相一致。
- 对用户友好。

- 稳健设计，以适应情况的多变性。
- 有可持续性。
- 节约成本。
- 在顾客看来具有明显的价值。
- 后端运营（即与顾客无接触）和前端运营（即与顾客有直接接触）之间存在有效的联系。
- 有简单、统一的主题，如便利性或速度。
- 有确保服务可靠和优质的设计特征与检查措施。

3.9.6 服务设计面临的挑战

变化性是运营管理要面对的诸多问题之一，在服务系统设计中尤其如此。顾客需求呈现出变化性，这种变化性不但表现在具体需求的变化性，也表现在顾客需求时间的变化性。因为服务不能储存，在平衡供应与需求时将面临更大的挑战。这在服务时间能够提前安排的行业比较容易处理（如预约医生），但是，在其他方面就难以解决（如急诊）。

另一个挑战是服务难以准确描述，而且本质上是动态的，这在与顾客有直接接触的行业中表现得最明显（例如一对一服务），这带来了很大的变化性。

3.9.7 成功服务的设计指南

- 详细定义一揽子服务。服务蓝图可能有用。
- 关注来自顾客视角的运营。考虑在服务中和服务后如何管理顾客的期望和知觉。
- 考虑将呈现在顾客和预期顾客面前的一揽子服务的形象。
- 意识到对过程很熟悉的设计者可能会给顾客不同于他自己的观点，采取方法克服这种情况。
- 确保经理参与进来，设计一旦实施就要予以支持。
- 为可见和不可见的质量下定义。可见的标准很难定义，但必须进行。
- 确保招聘、培训和奖励政策与服务期望相一致。
- 建立解决可预测和不可预测事件的程序。
- 建立监控、维修、改进服务的系统。

3.10 大数据用于服务设计：以公共交通服务为例

1. 大数据

大数据（big data）通常定义为超出传统数据库软件的撷取、存储和分析能力的规模巨大的数据集。

大数据的特征可归纳为以下 4V。

（1）数据体量大（volume）。按照数据储存与管理行业的 EMC 公司的界定，大数据一般是指 10TB 规模左右的数据集。

（2）数据多样化（variety）。大数据既包括结构化数据也包括传感器数据、音 / 视频、日志、点击流等非结构化数据。

（3）处理速度快（velocity）。基于对实时数据及其关联数据的处理，对快速准确地处理源提出了越来越高的要求。

（4）价值密度低（value）。价值密度的高低与数据总量大小成反比。大数据的一个研究热点是设计强大的机器算法来实现数据价值的提纯。

大数据在社会管理、医疗与健康、经济管理等领域的应用越来越广泛，也越来越有成效。以下介绍其在中国城市公共交通服务中的应用。

2. 中国城市公共交通现状

城市公共交通是指在城市范围内定线运营的公共汽车及轨道交通、渡轮等交通方式。中国的城市公共交通承担了 80% 的市内客运量，可是，其运营状况很不理想，突出表现为公交线路忙闲不均，在热点线路上，早晚高峰时段乘客上不去、走不了。以北京市 81 路公交车为例说明热点线路存在的典型问题。

北京市 81 路公交车是海淀区宝盛里地区到朝阳区北土城东路地区的一条公交线路。线路长度为 11.00 公里，单程最高票价为 3.0 元，是目前唯一一趟不经过换乘从宝盛里地区到南沟泥河的公交车。

这条公交车线路从北土城公交场站到永泰小区的首末车时间为 5:30 ～ 22:30，高峰时段为晚高峰。沿途各站点为：北土城公交场站→地铁北土城站→华严北里→北辰西桥南→北辰西桥北→国家体育馆→科学园南里→南沟泥河→奥运村西→林萃路口北→澳林春天小区→倚林佳园东门→京师园北门→地铁林萃桥站→龙岗路东口→宝盛里小区→宝盛北里→永泰庄东里→地铁永泰庄站→永泰小区。

这条公交车线路从永泰小区到北土城公交场站的首末车时间为 6:00 ～ 23:00。高峰时段为早高峰。站点与去程相比，有个别调整，沿途各站点为：永泰小区→清缘东里→宝盛里→宝盛西里→宝盛里小区→龙岗路东口→地铁林萃桥站→京师园北门→倚林佳园东门→澳林春天小区→林萃路口北→奥运村西→南沟泥河→科学园南里→国家体育馆→北辰西桥北→北辰西桥南→华严北里→地铁北土城站→北土城公交场站。

下面介绍从永泰小区到北土城公交场站早高峰时段的热门站点。早高峰时段，这路公交车的乘客主要是宝盛里地区的居民。乘客的主要去向是换乘坐地铁 8 号线和去南沟泥河换乘其他公交车。

上车人数多的站点有 2 个：宝盛里小区和龙岗路东口。平均起来，这两站上车人数约占总上车人数的 75%，尤其龙岗路东口上车人数最多。下车人数多的站点有 2 个：地铁林萃桥站和南沟泥河。平均起来，这两站下车人数约占总下车人数的 80%，尤以南沟泥河最多。注意，在南沟泥河停靠的公交车除 81 路外，还有十几路公交车：379 路、425 路、425 快车、466 路、484 路、510 路、518 路、594 路、607 路、628 路、751 路、913 路、专 40 路、运通 110 线。南沟泥河成了名副其实的公交枢纽。这是早高峰时段 80% 的乘客在南沟泥河下车的主要原因。早高峰时段，北京市 81 路公交车热门站点如图 3-8 所示。图中用正三角注明了上车人数多的站点，用倒三角注明了下车人数多的站点。

显然，按照目前的运营模式，在早高峰时段，将出现“上不去、走不了”的局面。上不去是指在龙岗路东口上车的乘客上不去，因为在第一个上车人数多的宝盛里小区，公交车多数情况下只能勉强关上门，有时甚至已经关不上门。走不了是指谁都走不了。在龙岗路东口上车的乘客因上不去而走不了，已经在车上的乘客也走不了，因为要在龙岗路东口上车的乘客奋力挤上车会使公交车在此站耽误少则 2 分钟、多则 5 分钟的时间。

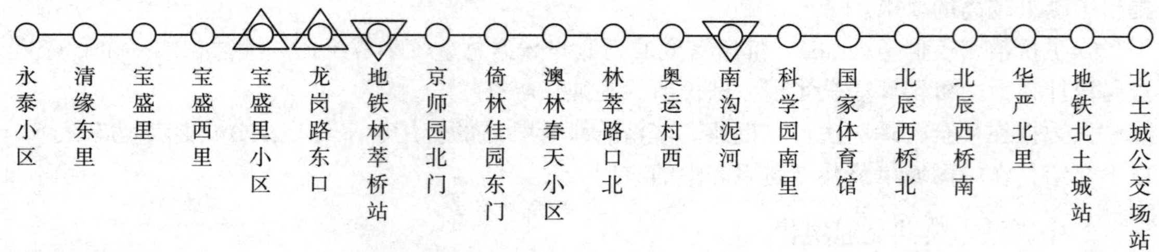

图 3-8　81 路公交车早高峰热门站点

晚高峰时段正好与早高峰时段相反，从北土城公交场站到永泰小区方向的 81 路公交车在南沟泥河和地铁林萃桥站是乘客上车的热门站点，在龙岗路东口和宝盛里小区是乘客下车的热门站点。

事实上，这一现象在城市公共交通中具有很大的普遍性。每一条线路都会有少数几个上车热门站点和下车热门站点。那么，在现有公共交通硬件条件，即不改变已有道路和运输设备的情况下，有没有破解这种困局的方案呢？

3. 应用大数据优化城市公共交通系统的思路

（1）目标定位。城市公共交通的目标应从线路固定、平衡运行转为把特定的乘客运到特定的目的地，在早晚高峰时期尤其如此。

（2）大数据获取及分析，归纳起来，有以下数据。

1）时间数据。这是最重要的信息源，特别在分析乘客早晚高峰出行规律时最为有用。具体数据包括首次上车刷卡时间、首次下车刷卡时间、下车换乘再次刷卡上车时间及再次刷卡下车时间。如果不换乘，可考虑分析移动或其他终端上的时间信息，如早餐饭卡刷卡时间。

2）线路与站点数据，包括首次乘车（如公交车和出租车）线路及上下车站点，换乘线路及上下车站点，移动终端上的步行线路。

3）住所及办公场所数据，包括常住地址、周末住址、工作单位地址、离开工作单位最频繁出门办公地址等。

4）黏性数据，即乘客使用某一交通工具的忠诚度。

5）乘客关联数据，即两个甚至三个乘客乘用公交车时的关联性。

6）个人基本数据，包括年龄、性别、职业、大致收入等数据。

7）其他信息。

①乘客个人方面的有：通过采访调查获取的乘客支付意愿、乘车倾向、希望出行时间、用餐地点等数据。

②季节性活动方面的有：游乐项目（如比较固定的冬季嘉年华、春夏秋三季的儿童欢乐谷等）、各类展览、大型论坛、会议等。

（3）数据分析与应用。上述数据的获取与分析结果可用于以下几个方面的决策：

1）包括微循环在内的班车线路设计与优化；

2）临时线路设计；

3）动态发车间隔确定；

4）乘客细分；

5）商务班车线路设计；

6）商务班车定价。

以下结合收益管理说明设计商务班车超额预售方案的一般思路。

就点到点班车，服务对象是更看重时间、希望享受高端服务的人士，能承受较高的价格。为了实现双赢的效果，需要实施超额预售。预售是指预售会员卡，实行年费制，因乘客原因未乘车不退费。超额是指按照班车定员多售出一定额度的会员卡。

就公交点到点班车预售，以下假设一些基本数据，来测算会员卡的最佳超额预售数量。

假设，每张会员卡的年费为 1 000 元，每次乘车无座位退回 10 元。因此，因乘客全年无座而退回的费用为 365 × 10=3 650（元）。

又假设折合到一位乘客，其全年爽约的概率分布如表 3-6 所示。实际数据可以通过一年的数据积累来获取。

表 3-6　乘客爽约的概率

爽约的人数	概率	累计概率
0	0.03	0.03
1	0.06	0.09
2	0.10	0.19
3	0.15	0.34
4	0.22	0.56
5	0.13	0.69
6	0.11	0.80
7	0.08	0.88
8	0.06	0.94
9	0.04	0.98
10	0.02	1.00

根据上述数据，就可以确定超额预售多少张会员卡最合适。超额预售成本计算结果如表 3-7 所示。从表中可以看出，只能多预售 1 张会员卡。此时，超额预售成本最低，为 3 464 元 / 年。

表 3-7　超额预售成本计算结果　（单位：元）

爽约数量	概率	超签约数量										
		0	1	2	3	4	5	6	7	8	9	10
0	0.03	0	110	219	329	438	548	657	767	876	985.5	1 095
1	0.06	60	0	219	438	657	876	1 095	1 314	1 533	1 752	1 971
2	0.10	200	100	0	365	730	1 095	1 460	1 825	2 190	2 555	2 920
3	0.15	450	300	150	0	548	1 095	1 643	2 190	2 738	3 285	3 833
4	0.22	880	660	440	220	0	803	1 606	2 409	3 212	4 015	4 818
5	0.13	650	520	390	260	130	0	475	949	1 424	1 898	2 373
6	0.11	660	550	440	330	220	110	0	402	803	1 205	1 606
7	0.08	560	480	400	320	240	160	80	0	292	584	876
8	0.06	480	420	360	300	240	180	120	60	0	219	438
9	0.04	360	320	280	240	200	160	120	80	40	0	146
10	0.02	200	4	7 000	6 000	5 000	4 000	3 000	2 000	1 000	0	0
超额成本		4 500	3 464	9 898	8 802	8 403	9 027	10 255	11 996	14 108	16 499	20 076

3.11　运营战略

就提高公司的竞争优势和顾客满意度而言，产品和服务设计是关键的一环，有许多工作要做，这里列举几点。

（1）对产品进行包装和增加辅助服务以提高销售额。这方面的例子有：以较低的成本销售个人计算机，同时附有两年接入互联网的协议；扩展对产品的担保；公司提供安装和其他服务；公司提供计算机软件培训等。

（2）利用多用途平台。汽车制造商将同样的平台（如底架）用于几种型号的汽车（例如Saguar S型、林肯LS和福特雷鸟牌汽车用的都是相同的平台）。有两种基本的计算机平台PC和Mac，许多类型的计算机使用了这些平台。

（3）实施既能实现大量生产、又能满足顾客多样化需求的策略，譬如大量定制。

（4）致力于产品的持续改进而不是采用“大爆炸”的方法。通常这些“小”事情却会对顾客态度和购买行为有着长久的有利影响。

（5）缩短新产品或再设计品推向市场的时间。

一些公司的关键竞争优势之一是其能够比竞争对手更快地将新产品推向市场。采用“第一入市”举措的公司能够先于竞争对手进入市场，在不存在竞争的情况下可以确定一个较高的销售价格。这一战略也可以防范廉价的“仿制”行为，因为竞争对手总是处于“追赶”状态。

从设计的角度看，缩短推向市场时间的措施有：

- 利用标准化的零件制造性能可靠的新产品；
- 利用计算机辅助设计这样的技术快速设计新产品或改进产品；
- 利用并行工程来缩短工程时间。

本章小结

产品和服务设计是使顾客满意的一个关键因素。为了达到产品和服务设计的成功，组织必须不断了解顾客需求、竞争情况、政府规章和可用的新技术。

设计流程包括设计动机、改善设计的思路、组织的生产能力和预测。除了产品生命周期外，对法律、环境和道德的考虑也会影响设计的选择。应吸收到设计中的标准化程度也是设计者要考虑的一个重要因素。设计者的主要目的是在成本和预算范围内，兼顾组织的运营能力，实现能满足或超过顾客预期的产品或服务设计。尽管产品设计和服务设计在某些方面相似，但仍存在许多关键区别，从而会影响其设计方式。

成功的设计经常吸收了这样的基本原则：以确定顾客的需求为起点；最大程度减少制造一种产品所需的零件数量或提供一种服务所需的步骤；简化装配和服务；尽可能使其标准化；稳健设计。权衡决策在设计中很普遍，并且包括开发时间、产品和服务成本、特性/性能，以及产品或服务的复杂性等事项。

研究和开发活动在产品和流程革新中扮演着重要的角色，尽管这些活动有时费用很高以至于只有大公司或政府能够资助。

一件产品或一项服务的可靠性在顾客眼里经常是关键的标准。可靠性的衡量和提高是产品和服务设计的重要方面，尽管公司的其他方面也会对可靠性产生影响。

质量功能展开是将顾客要求融入产品或服务设计中的一种方法。

知识要点

1. 一些因素会导致组织设计或改进其产品或服务，具体因素包括：经济、法律、政治、社会、技术和竞争压力。此外，运营失败的一个重要原因可以追溯到错误的设计。
2. 企业组织的每一个职能以及供应链都与其产品或服务相联系，并受到产品或服务的影响。所以，当需要进行产品或服务的改进或设计新产品或服务时，要考虑其可能带来的潜在影响。
3. 关键问题涉及对产品或服务的实际或预期需求、组织的能力、生产产品或提供服务的成本、期望的质量水平以及获得必要资源的可能性及成本。
4. 在众多要考虑的因素中，法律问题、道德问题以及环境问题变得越来越重要。
5. 尽管产品开发与服务设计有一些不同点，但是两者仍然有不少相似之处。

习 题

1. 在以下各组产品中选出一组，对该组的产品进行说明和比较。请从特点、成本、便利性、易于使用、维修成本和安全性等几个方面进行比较。
   （1）VCR播放器与DVD播放器。
   （2）手机与座机。
   （3）宽屏电视机与传统电视机。
   （4）标准燃油发动机与混合动力发动机。
   （5）标准木质捕鼠器与新型塑料捕鼠器。
   （6）卫星电视与光缆电视。
2. 利用互联网查阅有关客车撞击安全装置的等级，然后回答以下问题：
   （1）哪一种车辆的撞击安全等级最高？最低的是哪一种？
   （2）对刚买车的人来说，撞击安全等级意味着什么？安全等级的重要性与购车人所处的环境有关吗？
   （3）哪类购车人最关注撞击安全等级？
   （4）还有其他特性会减少购车人对撞击安全等级的关注吗？如果有，可能是什么特性？
3. 分别为下列银行业务绘制一个流程图：
   （1）用存取款机进行储蓄存款。
   （2）申请住房贷款。
4. 分别为下列邮政业务绘制一个邮政业务流程图：
   （1）从一台机器购买邮票。
   （2）从一个邮政营业员处购买邮票。
5. 按全部服务和自我服务两种情况分别建立为汽车加油的流程图。假设现金是唯一的付款方式。对于每一个流程图，确认可能有麻烦的地方并指出一个可能问题。
6. 建立一个从自动取款机取款的流程图。假设这个流程从你手持银行卡在取款机旁边开始，然后确认潜在故障点（即程序中可能出问题的地方）。对每个故障点，标明潜在问题。
7. 参考图3-4。
   （1）哪两个技术要求对顾客在纸张不易撕碎方面的要求最有影响？
   （2）下表提出了对激光打印机输出的技术要求和顾客要求。首先，判断其中一个技术要求是否与每个顾客要求有关系。如果有的话，决定哪个技术要求对顾客要求有最大影响。

顾客要求	技术要求		
	纸张类型	纸张原料	打印零件
纸张不易起皱			
打印清晰			
容易使用			

8. 准备一个类似第7题中的表，分析顾客对打印机的要求。列出你认为的三个最重要的顾客要求（不包括成本）和三个与其最相关的技术要求（不包括卫生条件）。然后，检查判断哪个顾客要求和哪个技术要求是相关的。

阅读材料　百思买需要你的电子垃圾

不错，是电子垃圾。电子零售商巨头把其回收项目看作让顾客走进商店的一种策略，这种策略可以建立绿色声誉。当把老旧的电视机、台式机和其他过时的电子产品带进商店，顾客带走的就是平板电视、手提电脑和苹果手机。

公司确信，作为公司员工就应打造企业意识。百思买恪守承诺，即企业的社会责任要与公司战略和商业模式高度契合。与其最大的竞争对手沃尔玛和亚马逊不同，百思买要做的远远不只是销售家用电器。不管顾客购买产品、安装产品或处置过时的硬件，百思买都将帮助顾客最好地应用新技术。自2009年以来，当百思买开始免费提供电子设备回收利用时，约45万千克从“商店取回”的过时电子商品找到了其流转到百思买1 044个商店的回收路线，而这使百思买成为最大的电子垃圾回收者。

百思买非常关注那些已经到了使用寿命的、员工和顾客急切想处置的电子产品对社会和环境所造成的影响。员工特别想知道，为了达成环境友好的目标，百思买正在做什么。要强调的是，一些顾客声称，他们更愿意从那些对顾客社区感兴趣的零售商那里购买产品。百思买将审核供应商的工厂以确保这些工厂不会损害员工的健康或对环境造成污染。2008年，公司与大约200家工厂中的26家建立起了这种审核服务关系。百思买的首席执行官布赖恩·邓恩致力于与员工和顾客保持联系，把来自员工的问题放在被称为“水冷却器”的网络上。通过Facebook和Twitter来跟踪顾客的情绪，参加焦点小组，邀请顾客参加公司的领导层会议。

电视机是公司在所有销售的商品中重点关注的商品。这在某种程度上忧喜参半。有显像管的电视机不能再重新出售：在材料被熔解以便再利用之前，它们必须被取走和拆卸。与塑料不同，塑料可被再利用做成户外家具或其他产品，而电视机的内部结构没有太多的再利用价值。在很多情况下，根据回收法律，制造商被要求与投资公司和三星、索尼这样的电子公司共同承担处置老旧电视机的费用。

即使做回收可能没有明确的经济利益，至少对电视机来说是这样，但回收项目在某种意义上也是有收益的。这种收益表现在产品的创新性设计和创新商业模式上。当制造商了解到他们对产品生命周期的社会责任性，其会把产品设计得更容易拆卸和回收利用。例如，计算机制造商戴尔致力于减少安装在计算机上的螺丝以确保其更容易拆卸。

讨论题

1. 总结百思买在电子产品回收利用上所做的工作。
2. 考虑电子产品对社会和环境所造成的影响，有人认为这只会增加企业成本、减少经营业绩，你是否同意这种说法？

应用案例　鱼香肉丝里真没有鱼，但鱼香味必须有

接到老同学乔书亮的电话，让李荣兴奋不已。自1998年从北京理工大学毕业以后，李荣已将近20年没有见过曾经的上铺老乔了。李荣前些时还寻思，等毕业20周年同学聚会时，兴许就能见到老乔了。没想到老乔因开会，从江西吉安来到了北京。

下午，老乔的会议还未结束，李荣还有另外两位留在北京的同学已经等在会议室门外。他们期待着会议尽快结束，以便能早点见到这位久未谋面的老同学。会议终于结束了，李荣一眼就从走出会议室的人群里认出了老乔。他们拥抱在一起，难免是一番嘘寒

问暖。

按照老乔的提议，李荣他们带着老乔来到了母校南门附近的蜀香人家。走下车，出乎老乔意料的是，呈现在他面前的不再是20年前简朴的门面，而是金碧辉煌奢华的装饰。走进饭店，给人印象深刻的不再是人来人往的顾客，而是身穿制服、面无表情、机械地喊着“欢迎光临蜀香人家”的迎宾员。来到预定的小包间落座，服务员递上菜单，让老乔欣慰的是，虽然菜品多了不少，价格普遍高了很多，但鱼香肉丝仍然在菜单的显著位置。要知道，老乔今天就是冲着蜀香人家这道招牌菜来的。他是来故地重游的。20年前，老乔与爱人一起吃的第一次饭就是在蜀香人家，当时就点了这道招牌菜。他甚至还保留着当时的收款条。20年前，母校周边的饭店基本都有鱼香肉丝这道小炒，但蜀香人家的鱼香肉丝却远近闻名，以至于如果在蜀香人家点这道菜总是要等一些时间。

一杯茶还未喝完，服务员已经陆续送菜上来。而且，上来的第一道菜就是老乔特意点的鱼香肉丝。老乔夹起向往已久的鱼香肉丝品尝了一口，皱了一下眉头，自言自语道：“这味道咋与原来的不一样呢？”听老乔这么一说，李荣他们仔细地品尝了一下，也感觉到了一些差异。实际上，当时读大学时，班上大聚小聚的，只要来蜀香人家，都会点这道招牌菜，李荣他们自然也对这里的鱼香肉丝比较熟悉。

老乔叫来服务员，说想见一下这里的老板或经理。服务员脱口而出：“老板出门了，经理们都忙着呢，您有什么事和我说就是了。”老乔请服务员转告，就说有一位20年前的老顾客想见一下这里的负责人。

服务员走后不多时，一位60多岁的男人走进了老乔他们的包间。虽然20年过去了，老乔一眼就认出了面前的这位梁老板。稍一愣神，梁老板也认出了面前的老乔。当时，老乔隔三岔五地带着女朋友来蜀香人家吃饭，一来二去就与梁老板非常熟悉了。他们曾戏谑两人的姓合在一起是“桥梁”。了解到老乔真正的来意和他们对鱼香肉丝的不满意，梁老板深感内疚。一番推杯换盏之后，梁老板走出了包间。大约20分钟过后，服务员又送来一份鱼香肉丝，说是梁老板亲自下厨炒的。

总算是吃到了原汁原味的鱼香肉丝。离开蜀香人家的时候，老乔他们遇到了一位客人，因为停车券与前台争吵不休。坐在车上，老乔念念有词：“鱼香肉丝里真没有鱼，但鱼香味必须有呀！”

送走了老乔他们，梁老板马上召集几个经理及厨师长开会。梁老板首先说明了老乔他们对鱼香肉丝的抱怨和在后厨了解到的情况。他对把小炒做成大锅菜一事大为光火。关于小炒必须“一客一炒”的规定就在后厨墙上挂着，为什么还明知故犯？

然后，梁老板就蜀香人家近两年的经营每况愈下，请大家畅所欲言，分析根本原因，给出相关建议。

讨论题

1. 归纳整理蜀香人家存在的问题。
2. 利用服务质量5GAP模型分析蜀香人家存在问题的原因。
3. 给出改善蜀香人家菜品质量、提升整体服务水平的建议及措施。

CHAPTER4 第4章

产品与服务的战略能力规划

学习目标

通过本章学习，读者应该能够：

（1）解释能力规划的重要性；

（2）对定义和测量能力的方法进行讨论；

（3）描述决定有效能力方案的因素；

（4）讨论制定能力方案的主要考虑因素；

（5）简要描述评价能力方案的方法；

（6）了解排队论在服务能力规划中的应用。

能力规划是生产系统设计的关键战略要素之一，涉及许多影响组织长期发展的基本决策。在本章中，读者将了解到能力决策的重要性、能力的测量、能力需求是如何确定的，以及制定和评价不同的能力方案。值得注意的是，产品或服务设计阶段对运营能力规划有重要影响。产品或服务设计涉及对流程的要求，流程又与产量和定制化程度有关系，而产量和定制化程度影响着能力规划。

引言

不久前还是“能力过剩”的医院，现在已经产生“能力危机”了。医院的能力规划是其未来成功的关键。对于各类组织以及组织的不同层面而言，都存在同样的问题。**能力**是指一个运作单元所能处理任务的最大负荷量。负荷可以是所生产的有形单元数量，也可以是提供服务的数量，如每小时装配自行车的数量或每小时升级的计算机数量。运作单元可以是一座工厂、一个部门、一台机器、一家商店或一个工人。能力包括设备、空间和雇员技能。

能力战略规划的目标是使组织长期的能力供应与预期需求水平相匹配。一个组织之所以要进行能力规划，原因是多方面的。其中重要的原因有需求变化、技术变化、环境变化以及面临的威胁或机会。现有能力与预期能力之间的差距将导致能力失衡。能力过剩会造成运营成本过高，而能力不足会造成资源紧张，可能会失去顾客。

在能力规划中一些基本的问题包括：

- 需要何种能力？
- 需要多少能力？
- 何时需要这种能力？

需要何种能力的问题取决于管理者打算生产或提供的产品或服务。需要多少能力以及何时需要这种能力是预测时要考虑的关键因素。

预测是回答有关需要多少能力及何时需要这些能力的一个主要条件。

相关的问题包括：

- 预算是多少？如何获得这些资金？预期回报是多少？
- 潜在的收益和风险是什么？这包括与需求数量、需求变化的频度、成本、利润和实施能力变更等未来事项有关的不确定性的程度。与预测有关的准确程度是要考虑的重要事项。同时，还要考虑错误决策的可能性和影响。
- 是否有必要考虑可持续性？
- 是立即改变全部能力，还是分阶段逐步改变能力？
- 供应链能否应对运营能力的变更？当组织决定提升其输入时，就有必要确信其供应链可以满足相关的需求。

正是因为诸多不确定性，一些组织倾向于延迟能力投资直到需求成为现实。这种策略通常抑制了对该组织需求的增长，因为能力的增加是需要时间的，而顾客通常不愿等待。相反，那些根据预期需求增长而增加运营能力的组织会发现新增能力往往能够带动增长。一些公司会采取“留一手”的策略，即逐步进行小规模的变更并及时评估实施效果，然后才进行下一阶段的变更。

有些时候，不需要经常对能力进行决策。而有时候，作为生产过程的一部分，需要定期对能力进行决策。一般而言，影响能力决策频率的是需求的稳定性、产品设计和设备技术变化速度以及竞争因素。此外，还有其他因素，如产品或服务的种类以及款式变化对能力是否有重要影响（如汽车、服装）。无论在何种情况下，管理者必须定期审视其产品、服务的选择，从而确保公司为了降低成本、提高竞争效率或改善其他方面而做出相应的能力改变。

4.1　能力决策的战略意义

能力决策是管理者所有必须做出的设计决策中最基本的决策之一。事实上，能力决策对一个组织而言是至关重要的。

（1）能力决策对于组织满足产品和服务的未来需求能力具有实实在在的影响。能力从根本上限制了可能的产出率。公司拥有满足需求的能力可以为其带来巨大收益。微软公司 2005 年年末推出新的 Xbox 时，由于供应不足，导致失去销售机会，从而造成顾客不满。

（2）能力决策影响运营成本。理想情况下，能力和需求匹配可使运营成本达到最低。然而在实践中，由于实际需求与预测需求之间存在偏差，或未按预期发生变动（例如季节性变动），能力和需求经常不能匹配。在这种情况下，需要做出决策以平衡能力过剩或能力不足所带来的成本。

（3）能力通常是生产成本的主要决定因素。通常生产单元的能力越大，其成本就越高。但是单位产品成本就不同，能力越大，单位产品的成本相应较低。

（4）能力决策通常意味着资源的长期性投入，也就是说，一旦实施，就难以改变这些决策，或需要付出高额的费用进行改变。

（5）能力决策影响竞争力。如果公司有过剩能力，或者能迅速扩大能力，就能给其他公司设置进入障碍。能力也会影响交货速度这一竞争优势。

（6）能力影响管理的难易。合理的能力与不匹配的能力相比更易管理。

（7）全球化使得能力决策更加重要，也更加复杂。广泛的供应链和距离远的市场增加了能力需求的不确定性。

（8）能力决策涉及大量的财力和其他资源，需要事先做出规划。例如，建造一个新的发电厂并使之运营可能需要很多年时间。然而，这也增加了风险，因为较早确定的生产能力可能在建好后与实际的需求并不一致。

4.2 能力定义和测评

能力经常是指产出的上限。尽管看起来似乎很容易理解，但在某些实际情况下，能力很难测量。这些困难来自于对能力的不同解释以及特定情况下确定适当的测量方法。

在选择能力的测量指标时，要选择不需要随时间变化的指标。例如，美元数额通常不是一个好的能力测量指标（如一年能力为 3 000 万美元），因为价格的变化将使这一指标不得不做出调整。

当某生产单元只生产一种产品或服务时，其能力可以用这种产品或服务来表示。然而，当生产单元生产多种产品或服务时，用基于产出单位的简单测量是错误的。例如，一家既能生产冰箱又能生产冰柜的家电生产厂，如果两种产品产出率不同的话，不用冰箱或冰柜产出单位，用一种简单的单位是无意义的；如果厂商还生产其他产品的话，情况将变得更复杂。一种可能的解决办法是以每种产品的产量表示其能力，这样工厂可以说每天能生产 100 台冰箱或 80 台冰柜，这种方法有时是有意义的，有时候却不能起作用。例如，一个组织有许多种不同的产品或服务生产组合，列出其每一种相关的能力是不现实的，特别是当产出组合经常发生变动时，需要持续改变能力的综合指数，这简直是不可能的。在这种情况下，更好的测量方法是投入的可用性。这样，医院可用病床数、工厂可用机器工作小时、汽车可用座位数或载人空间来测量。

没有一种能力测量是适用于所有情况的。相反，能力的测量应根据不同情况而定。表 4-1 提供了能力测量方法的一些例子。

表 4-1　能力的测量方法

行业	投入	产出
汽车制造	人工小时、机器工作小时	每班生产汽车数
钢铁工厂	炉膛尺寸	每天生产钢铁吨数
石油精炼	精炼炉尺寸	每天生产燃油加仑数
农业	农田亩数、母牛数量	每年每亩生产谷物蒲式耳数、每天生产牛奶加仑数
饭馆	餐桌数、座位数	每天招待的客人数
剧院	座位数	每场演出售出的票数
零售店	店铺面积	每天实现的收入

到目前为止，我们所用的是一般性的能力定义，它可以进一步细分成两种能力定义：

- 设计能力：所设计的一项作业、一个过程或一件设施的最大产出。
- 有效能力：设计能力扣除因个人时间、机器维修以及质量因素等情况造成的能力减少部分。

设计能力是理想情况下最大的可能产出。由于产品组合改变、设备定期维修、午餐或休息、作业计划和作业平衡等情况出现，有效能力通常要小于设计能力。而由于机器故障、员工缺勤、材料短缺、质量以及其他运营管理人员所不能控制的问题，实际产出通常要小于有效能力。

这两种不同方式的能力测量在定义两种系统效益，即效率和利用率时非常有用。效率是指实际产出与有效能力的比值，而利用率是指实际产出与设计能力的比值。

$$效率=\frac{实际产出}{有效能力} \tag{4-1}$$

$$利用率=\frac{实际产出}{设计能力} \tag{4-2}$$

通常，管理者只会注意效率，但是许多情况下过分强调效率会带来误导，当有效能力与设计能力相差较大时尤其如此。在这种情况下，高效率所表示出来的资源有效运用并不是真实的。下面给出一个例子说明这一点。

例 4-1　给定以下信息，计算汽车修理部门的效率和利用率：

设计能力 = 50 辆 / 天

有效能力 = 40 辆 / 天

实际产出 = 36 辆 / 天

解：$效率=\frac{实际产出}{有效能力}=\frac{36 辆/天}{40 辆/天}=90\%$

$利用率=\frac{实际产出}{设计能力}=\frac{36 辆/天}{50 辆/天}=72\%$

这样，与每天 40 辆的有效能力相比，每天 36 辆的产出似乎还可以。然而，当与每天 50 辆的设计能力相比，每天 36 辆的产出就不那么理想了。

因为有效能力决定了实际产出的可能性，所以，提高能力利用率的关键是通过改进产品质量、保持设备良好运行条件、充分培训雇员和利用瓶颈设备来提高有效能力水平。

因此，提高利用率依赖于提高有效能力的程度，这就需要了解什么因素限制了有效能力。

下一节将说明影响有效能力的一些主要因素。需要明确的是，只有当存在产品需求时，企业才能实现高利用率所带来的好处；当不存在产品需求时，仅注意利用率的提高可能会引起相反的作用，因为过量生产所导致的不仅是可变成本的增加，而且还会造成产品存货成本的增加。另外，高利用率还可能导致由于运营瓶颈环节引起等待时间而使运营成本增加。

4.3　有效能力的影响因素

系统设计的许多决策都能影响能力，许多运营决策也一样影响能力。这些因素主要包括：设施因素、产品或服务因素、过程因素、人力因素、政策因素、运营因素、供应链因素和外部因素。

（1）设施因素。设施的设计，包括规模以及今后扩展的余地，是一个关键因素。选址因素，包括运输成本、与市场的距离、劳动供应、能源和扩展空间，也是很重要的因素。同样，工作区的布局决定了工作的顺畅完成。供热、光线和通信等环境因素，对员工是否能有效工作也起到很重要的作用，必须尽力克服不利设计带来的影响。

（2）产品或服务因素。产品或服务设计对能力有巨大影响。如果生产的产品或服务相似，系统的能力要比生产不同产品和服务的能力大。因此，一家提供有限品种菜单的餐馆，通常比菜单品种繁多的餐馆更能快速提供服务。一般来说，产出越一致，其生产方法和材料就越有可能实现标准化，从而达到更大的能力。此外，要考虑特定产品或服务的特定组合，因为不同类型的产品或服务产出不同。

（3）过程因素。过程的加工能力是决定能力的一个明显因素。另一个隐含的决定因素是产出质量。例如，如果产品质量不能达到标准，产品检验和返工就会影响产出速度。生产率影响能力，提高质量和产量的过程会提高能力。

（4）人力因素。构成一项工作的任务涉及各种活动，以及完成任务所需的培训、技能和经验，这些对潜在和实际产出都有影响。另外，雇员的激励、缺勤和跳槽也与能力有关。

（5）政策因素。管理政策通过允许或不允许能力做出选择来影响能力，如加班、两班或三班制。

（6）运营因素。在组织中，由于不同设备有不同的任务要求，设备能力也不同，就会产生排程问题。库存存储决策、延迟交货、所采购的原材料及部件的质量水平，以及质量检查与控制程序，都影响有效能力。

装配产品（例如，计算机、冰箱和汽车）时哪怕有一个零配件出现库存短缺，都会造成整个装配运行的暂时停止。这会对有效能力产生影响。因此，某一方面的能力不足会影响整个能力。

（7）供应链因素。如果在能力规划中能力有很大变化，就必须考虑供应链因素。关键问题包括：能力变化对供应商、仓储、运输和经销商将产生什么影响？如果提高了能力，供应链上的这些部分能满足要求吗？相反，如果能力降低了，业务减少将对供应链上的这些因素造成什么影响？

（8）外部因素。产品标准，特别是产品最低质量标准和性能标准，限制了管理人员增加和利用能力的选择。这样，产品和设备的污染标准经常会减少有效能力。政府管理机构由从事非生产性活动的雇员做文书工作，类似地，工会制定的雇员工作时间限制和雇员可以从事的工作种类也会影响能力。

表 4-2 概括了上述所有因素。另外，不恰当的计划是限制有效能力的主要因素。

表 4-2　决定有效能力的因素

A. 工厂设施	5. 报酬
1. 设计	6. 学习率
2. 选址	7. 缺勤和跳槽
3. 布局	E. 政策
4. 环境	F. 运营
B. 产品 / 服务	1. 排程
1. 设计	2. 物料管理
2. 产品或服务组合	3. 质量保证
C. 过程	4. 维修策略
1. 产量能力	5. 设备故障
2. 质量能力	G. 供应链
D. 人力因素	H. 外部因素
1. 工作内容	1. 产品标准
2. 工作设计	2. 安全条例
3. 培训和经验	3. 工会
4. 激励	4. 污染控制标准

4.4　战略制定

三种主要战略分别是超前、滞后和跟踪。超前能力战略根据预测的未来需求增长来形成能力。如果增长能力需要较长的时间，这种战略是最佳选择。滞后战略是指当需求超过当前能力时的再增长能力。跟踪战略与滞后战略类似，这种战略保持与增加的需求同步，但是能力的增加是小幅度进行的。

组织基于长期需求模式、技术变化以及竞争对手行为的假设和预测来制定能力战略，包括：①需求的增长率和变动率；②不同规模设施建造及运营成本；③技术创新的速度和方向；④竞争对手可能的行为；⑤资本和其他投入的可得性。

在某些情况下，做出的决策考虑了能力缓冲。**能力缓冲**是指当未来需求存在不确定性因素时，设计的能力超过预期需求。通常以一个百分比表示：能力缓冲 =100%− 利用率。需求的不确定性程度越高，可利用的缓冲能力越大。一般来说，提供标准产品或服务的组织可具有较小的能力缓冲。成本和竞争优势也是组织要考虑的主要因素。

能力规划的步骤

能力规划一般包括以下几个步骤：

- 估计未来能力需求；
- 对现有能力及设施进行评估，找出差距；
- 确定满足需求的可行性方案；
- 对每一个方案进行财务分析；
- 评价每一个方案的关键定性问题；
- 选择一个要采取的方案；
- 实施该方案；
- 监控结果。

因为市场压力和技术带来的多重压力，能力规划往往是困难的。

4.5　预测能力需求

能力规划决策涉及长期和短期因素。长期因素与能力整体水平有关，如设施规模；短期因素与需求季节性、随机不规则性波动产生的能力需求变动有关。长期因素和短期因素所涵盖的时间因不同行业而不同。虽然说设定两者的时间界限有误导性，然而，这种区分可以为能力规划的讨论提供一个框架。

确定长期能力需求需要预测一段时间需求，然后将这些预测转变为能力需求。图 4-1 描绘了一些基本的需求类型，可通过预测来确定。除此之外，还有更复杂的需求类型，例如由周期性和趋势性共同决定的需求类型。

当确定需求有趋势性变化时，根本问题就是：①这种趋势将持续多长时间，因为很少有永远持续的事；②这种趋势的斜率。当确定了需求存在周期性变化时，应该注意：①周期时间长度是多少；②周期幅度（如平均偏差）。

短期能力需求与周期变动、趋势变动关系较小，与季节变动及其他围绕平均值的变动有关。这些偏差极为重要，因为有时候它能够给系统满足需求的能力造成严重的压力，而有时候却又会使系统能力闲置。

组织能够运用标准的预测技术来确定季节性变动图。季节性波动也反映在每月、每周甚至是每天的能力需求中。表 4-3 提供了一些季节性需求变动产品的例子。

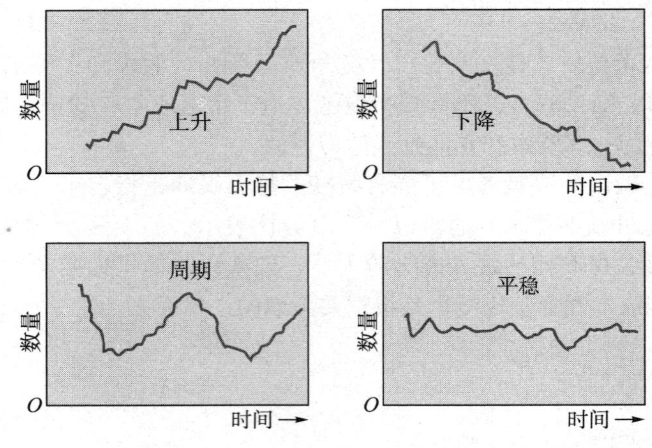

图 4-1　一般需求模式

表 4-3　季节性需求类型的例子

时期	项目
年	啤酒销售、玩具销售、航空客流量、衣料、假期、旅游、电力、汽油消耗、运动和休闲、教育
月	福利和社会保险支票、银行交易
周	零售、餐饮、交通流量、旅馆登记
日	电话、用电量、交通流量、公交运输、教室利用、零售、餐饮

当时间间隔不足以呈现需求季节性变动时，需求分析可以将需求变动以正态、均匀或泊松等概率分布来描述。例如，可以将某一小餐馆午饭时间对咖啡的需求描述为有一定均值和偏差的正态分布，星期一早上进入某一银行业务处的顾客近似为有一定均值的泊松分布。然而这并不是说，任何随机变动都能描述为标准统计分布，特别是服务系统，其经常出现对能力需求的较大变动，除非服务要求能被计划安排。生产系统由于通常与顾客相隔离，而且生产更具有一致性，因此变动性较少。

不规则变动更加麻烦，实际上不可预测。这种变动由各种不同的因素所导致，如设备故障、扰乱正常工作的特大暴雨、导致石油短缺的国外政治骚乱或危及身体健康的因素、核事故、倾倒在地下的不安全化学物质、食物及饮料中的致癌物质等。

营销和运营之间的联系是决定能力需求的现实性关键因素，通过顾客接触、人口统计分析、预测和销售能为运营提供有用信息，以确保长期和短期的能力需要。

计算能力需求

评估能力方案时，一个必要信息是给定方案加工产品的能力要求。要获得这一信息，必须合理地预计各产品的准确需求，知道该方案下每种产品所需的标准单位加工时间，以及每年工作天数和所需轮班的次数。

例 4-2　假如某部门采取 8 小时单班工作制，每年 250 个工作日，机器使用要求如下：

产品	年需求	每单位标准加工时间 / 小时	所需加工时间 / 小时
1	400	5.0	2 000
2	300	8.0	2 400

（续）

产品	年需求	每单位标准加工时间 / 小时	所需加工时间 / 小时
3	700	2.0	1 400
			5 800

8 小时工作，每年 250 个工作日能提供 $8 \times 250 = 2\,000$（小时 / 年）的年能力。

$$\frac{5\,800\ \text{小时}}{2\,000\ \text{小时 / 台机器}} = 2.90\ \text{台机器}$$

因此，需要 3 台机器来完成所需的工作量。

确定能力需求工作应该受到重视。当对能力需求判断错误时，会造成大量损失。出现判断失误的一个关键原因是对需求和增长率过分乐观的预测。营销人员通常对前景充满乐观，这未必是件坏事情。但是不要让乐观导致组织的能力过剩，因为未利用的能力会带来额外的成本负担。出现判断失误的另一个关键因素可能是仅仅关注销售和收益潜力，而不考虑带来这些销售和收益所需要的产品组合。为避免这一点，营销部门和运营部门要紧密合作，以确定最佳的产品组合以及相应的成本和利润。

确定能力需求的合理方法是取得对将来需求的预测，然后将需求转化为能力所要求的数量和时间，进而决定需要什么样的能力变化（增加、减少还是不变）。

长期能力方案包括现有设施的扩张或缩减、增开还是关闭附属设施以及现有运营的选址问题。在这一点上，组织必须就自制还是外购某一产品或者提供还是外购某项服务做出决策。

4.6　服务能力规划所面临的其他挑战

在进一步讨论产品和服务能力规划时，服务能力规划由于服务自身特性而带来一些新的问题。服务能力规划的三个主要因素包括：①需求靠近顾客；②服务不可存储；③需求的短暂程度。

顾客便利通常是服务的重要方面。一般来说，服务要靠近顾客。例如，酒店应该建在顾客想去的地方。能力和选址都与此紧密相关。

能力也要与需求时间相匹配。不像产品，服务不能“生产”出来再存储，所以，飞机、火车或汽车未售出的车票不能留在以后用。同样，产品库存可以立即满足顾客需求，而服务不同，顾客需要等待。这样就给提供服务的组织带来很多不利影响。交货速度或顾客等待时间成为服务能力规划的主要问题。例如，警察和消防车的数量影响响应速度和维持能力的成本。

需求的易变性也给能力规划者带来了难题。服务的需求易变性比产品高，不仅体现在需求时间变化上，也体现在为每位顾客提供服务的时间不同。例如在银行，每天需求数量不同，而且每位顾客的服务时间也不同。社会、文化甚至天气都会造成需求高峰和低谷的出现。服务不能存储意味着服务系统不能用库存来平衡需求变化。相反，服务能力规划者还需用不同的方法处理需求的变异和周期需求。例如，出现需求高峰时，可考虑雇用更多人员、外购服务，或利用价格和促销将需求转移到需求低谷时期。

有些情况下，需求管理战略可以用来转移能力约束。价格、促销、折扣等类似的策略有助于将需求高峰转移到低谷，使组织的能力需求与供应相匹配。

4.7 自制或外购

一旦能力需求确定了，组织必须决定是自己生产产品或提供服务，还是从其他组织购买(外购)。许多组织由于种种原因而外购零件或将服务外包。组织在做出决定时，通常需要考虑以下因素。

（1）可用能力。如果组织已有现成的设备、必要的技术和时间，自己生产零部件或提供服务更合适。因为相对于外购或外包来说，自制成本相对较少。

（2）专业技能。如果公司缺少开展一项工作所必需的生产专业技术，外购可能是一个合理的选择。

（3）质量因素。专业企业提供的产品往往比自制的质量要高。相反，如果有某些特殊的质量要求，或者要求对质量进行更直接的控制，通常公司决定自己生产零部件或提供服务。

（4）需求特性。如果产品需求较高而且稳定，那么企业自制更合适。然而，如果需求波动很大或者批量很小，由专业厂商来提供产品就更合适，因为它们能够接到不同来源的订单，能形成更大规模的生产并可承受个别购买者需求波动带来的冲击。

（5）成本。任何自制或外购实现的成本节约，都必须基于以上因素来考虑。成本节约有可能来自产品本身，也有可能来自于运输成本的节约。如果外购使生产产品的固定成本不能被分摊，那么在决策分析中必须考虑这一因素。

（6）风险。业务外包可能有一定的风险。一是失去对运营的控制；二是知识被别人无偿利用；三是披露了专利信息。当所委托公司的产品或服务对顾客或环境造成危害时，责任就是最大的风险了。这时，公司的声誉会受到损害。当公众发现所委托公司是在恶劣的工作条件下运营时，也会危害到公司的声誉。

在某些情况下，企业可能选择部分自制，而将剩余部分外包，这样既可以保持柔性，又可以减少外包带来的风险。如果企业决定部分或全部工作由自己来做，那么就需要制订能力方案。

4.8 制订能力方案

制订能力方案时，除了考虑一般性因素外（即对可能能力方案进行合理调查，注意不要忽视非定量因素），还有一些特殊的考虑因素。

1. 将柔性设计融入系统

许多能力决策的长期性以及长期预测所内含的风险，表明了系统设计柔性的潜在收益。例如，在初始结构设计时为将来扩大规模留有余地，比不留有余地而重新改变已有结构的成本要低得多。因此，如果一家餐馆将来很有可能扩建，那么水管、电线挂钩、下水管道就应在初始时铺设，将来扩建时可以将对现有结构的修改减少到最低限度。类似地，一个高尔夫球场初始仅有 9 洞，但如果事先留有发展余地，获得土地后就能很容易发展为 18 洞的球场。其他柔性设计包括设备布局、选址、装备选择、产品计划、生产排程和存货政策，这些将在以后章节中讨论。

2. 考虑生命周期不同阶段

能力要求与产品或服务在其生命周期中所处的阶段密切联系。

在投入阶段，很难决定市场规模大小和组织最终所占有的市场份额。因此，组织在进行大的 / 或具有柔性的能力投资决策时要十分谨慎。

在成长阶段，整个市场快速增长。然而，真正的问题是组织的市场份额增长率如何。它可能大于或小于整个市场增长率，这取决于该组织战略成功与否。组织通常认为增长是一件好事情。组织期望其产品或服务的市场以及市场份额都能增长，这样能增加其产量和盈利。然而可能事与愿违，因为产量增加将要求增加能力，意味着将增加投资，这增加了复杂性。另外，决策者应该考虑到竞争对手相似的行动，将会增加市场能力过剩的风险，导致产出的单位成本较高。另一个战略是基于产品非价格因素方面的竞争，增加在技术和工艺改进上的投资力度，取得差异化竞争优势。

在成熟阶段，市场已经饱和，组织的市场份额趋于稳定。组织可以通过降低成本和充分利用能力来提高盈利能力。然而，一些组织仍可能试图通过增加能力来提高盈利水平，因为它们相信这一阶段还相当长，或者增加能力的成本相对小。

在衰退阶段，由于需求下降，组织可能面临能力出现剩余的情况。组织可以将多余能力卖出，或推出新的产品或服务，以化解多余的能力。有时制造业可能会采取这样一个选择方案，即将能力转移到劳动力成本较低的地区，这样可延长组织在该产品上的获利时间。

3. 全盘、系统的方法考虑能力变化

制订能力方案时，必须考虑系统各部分之间的相关性。例如，当决定增加汽车旅馆的房间时，必须同时考虑到停车场、娱乐设施、食物以及房间卫生需求的增加。此外，还要考虑供应商能否满足能力增加的需求。

能力变更不可避免地会影响到组织的供应链。供应商需要时间来调整其能力，所以，与供应链上其他企业在能力规划上的合作就显得非常必要。这些企业不仅包括供应商，还包括分销商和运输商等。

如果不采用全盘、系统的方法，系统将是不均衡的。不均衡系统的显著表现是存在瓶颈作业。瓶颈作业是能力低于其他作业对它的需求。结果，瓶颈作业的能力限制了系统的能力。系统的能力降低为瓶颈作业的能力。图 4-2 说明了这种情况：作业 1、2、3、4 完成后，第 5 项作业加工后才算完成整个工作。前 4 项每小时完成 10 个单位，4 项作业每小时完成 40 个单位，而第 5 项作业每小时完成 30 个单位。这样，整个业务的输出将是每小时 30 个单位。如果前 4 项作业都以最大能力生产，第 5 项的瓶颈作业将有 10 小时的等待时间。

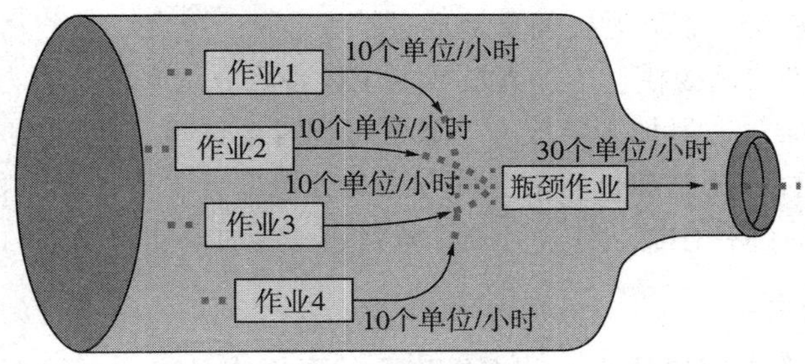

图 4-2　瓶颈作业

还有一个例子。下图是一个具有 3 道工序的加工过程。中间工序能力低，限制了系统的产出，每小时只能生产 10 个单位，因此它是瓶颈。为了改善整个过程能力，需要提高瓶颈工

序的能力。注意，只能每小时提高 5 个单位的能力，否则工序 3 将成为新的瓶颈。

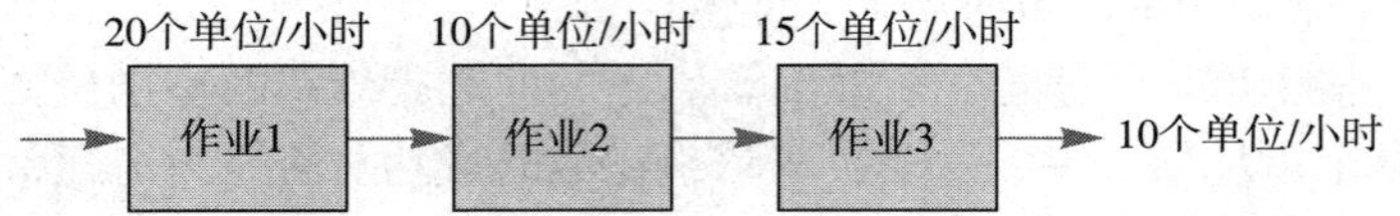

4. 准备处理“块状”能力

能力的增加通常是一段一段成块实现的，而不是平稳地增加，这就使得期望能力和可行能力难以匹配。比如，某一作业的期望能力是每小时 55 个单位，假设用于这一作业的机器每小时能加工 40 个单位，只使用一台机器将产生 15 个单位 / 小时的能力短缺，然而若使用两台机器，就会富余 25 个单位 / 小时的能力。更极端的例子是高炉或飞机数量的增加。

5. 均衡能力需求

能力要求的不均匀会导致某些问题的产生。例如，恶劣天气时，乘公交车的人数会比天气好的时候大大增加，这会导致系统经常处于利用不足和过度利用的交替之中。增加汽车或地铁的车次会减小需求旺盛时带来的压力，但在天气好的时候，将导致能力过剩，必然增加系统运营成本。

造成产品或服务需求不均衡的原因有多种。上面所说的乘车问题，一定程度上与天气有关，但是一部分需求是随机的，也就是说，需求因某些机会因素而变化。需求变化的另一个原因是季节性因素，季节性因素相比随机性变化来说，由于其可预测，因此相对容易处理。管理人员可以在计划、生产排程和存货上予以考虑。然而，由于其对系统需求的不均衡性，季节性因素仍然可能产生某些问题。某些时候系统会超负载，有些时候系统又会处于低负载。解决这一问题的可能方法是找到与需求互补的产品或服务，从而相互抵消。例如，滑雪的需求和冲浪的需求，在某种程度上是互补的。冲浪需求一般在春天和夏天，而滑雪的需求一般在秋天和冬天；相似的还有供热和空调设备。最理想的情况是互补需求的产品所用的是相同资源，只是处于不同生产时间，这样，总体能力要求就可能保持稳定，图 4-3 描述了互补需求的类型。

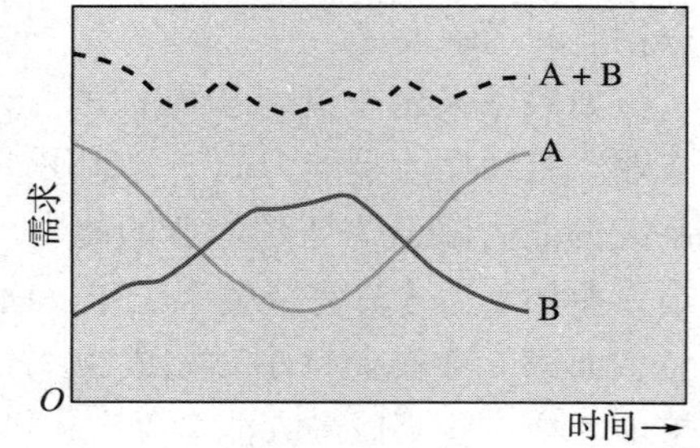

图 4-3　A 和 B 可以互补的需求模式

需求变化给管理者带来了问题，简单地通过扩大生产规模，如增加生产设施规模、增加人员或加工设备等方法来增加能力不一定是最佳办法，因为这将减小工厂的柔性，增加固定成本。通常管理者会选择其他方法来应对超出正常水平的高需求情况：第一种方法是加班；第二种方法是分包部分工作；第三种方法是在高需求时减小存货，在低需求时弥补存货。综合计划一章将进一步讨论能力决策问题。

6. 明确最优运行水平

各生产单位通常有以每单位产出成本所表示的理想或最优的运行水平。在理想水平上，每单位产出成本对于生产单位来说是最低的。如果产量尚未达到最优水平，增加产量可以降低单位产品的平均成本。这被称作**规模经济**。然而，当产量增加到最优水平之上时，平均单位成本将趋于增大，这叫**规模不经济**。图 4-4 描述了这一概念。

规模经济的原因包括以下几项。

- 固定成本分摊到更多的产品，结果单位产品的固定成本下降；
- 随着建造设施规模的扩大，建造成本的增长幅度下降；
- 当产量增加时，加工成本下降，因为操作变得更加标准化，降低了单位成本。

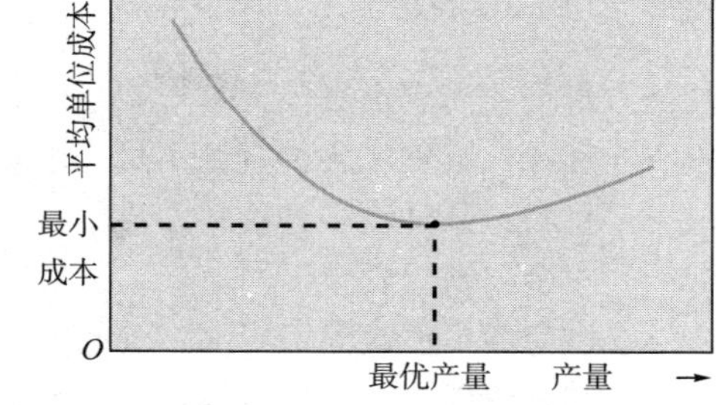

图 4-4　达到最低成本的生产单元的最优产量

规模不经济的原因包括：

- 由于交通堵塞，以及要从一个大的、集中的生产地运货，分销成本增加；
- 复杂性造成成本增加，控制和沟通更加困难；
- 非柔性问题；
- 增加了组织管理结构的层次，当情况变化时决策较慢。

对这种成本曲线的解释是：在低产出水平时，其生产厂房设施、机器设备成本由很少的产品所分摊，因而，单位成本很高。随着产量增加，设备的固定成本分摊到更多的产品上，单位成本因而会下降。然而，超过某一定点，单位成本水平又开始上升，这是因为虽然固定成本分摊到更多的产品上，使得单位成本趋于下降，但是其他因素促使了单位成本的上升，如工人的疲劳、设备故障、柔性损失导致容错余地的减小以及生产协调更加困难等。

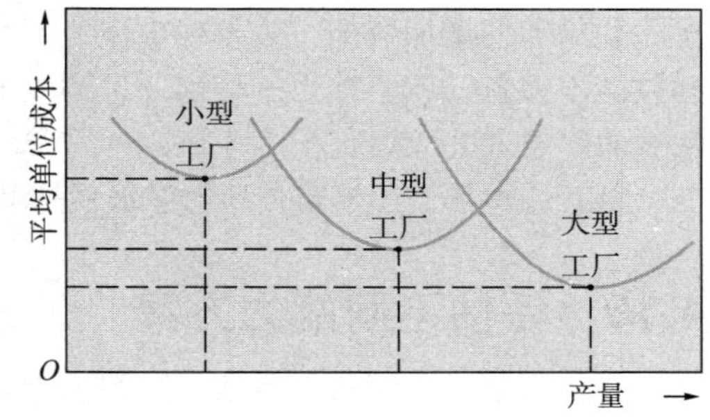

图 4-5　最低成本和最优运行水平是生产单元能力的函数

最优运行水平和最低成本都是运营单位总体能力的函数。例如，随着工厂总体能力增加，最优产量将增加，最优产出时的最低成本将下降。因此，工厂越大，最优产量越大，最小成本就越低，图 4-5 说明了这些情况。

在选择一个运营单元的能力时，管理者必须认真考虑财务以及其他资源的可获得性与预期需求的关系。要做到这点，就必须明确各种规模设施的优缺点。某些情况下，设施规模是给定的；另一些情况下，设施规模则是连续可变的，也就是说，规模可以选择。在后一种情况下，可以选择一个理想的工厂规模。然而，通常管理者只能是从给定的规模中做出选择，这些规模在达到期望的产量时没有一个能实现最低成本的运营。

7. 选择扩张战略

要考虑扩大发展或某一步骤是否合理，考虑的因素包括竞争压力、市场机会、成本、资金可获得性、作业分解以及运输要求。此外，还要考虑是领导竞争者还是跟随竞争者。领导竞争有风险，但也有潜在收益。

4.9　约束管理

约束就是限制流程或系统在实现其目标时要达到的绩效。约束管理通常以高德拉特的

《约束理论》以及斯拉根海默和德特默的《高速制造》为理论基础。一般有以下几个方面的约束。

- 市场：需求不足。
- 资源：某种或多种资源不足（如工人、设备、空间），如图 4-2 所示。
- 物料：某种或多种物料不足。
- 资金：缺乏资金。
- 供应商：供应商不可靠，提前期太长，质量不好。
- 知识或能力：必要的知识和技能缺失或不完备。
- 政策：法律或法规的干预。

有时可能仅有少数约束，有时却可能有众多约束。可按照以下几个步骤来解决约束问题。⊖

第一，确定最紧迫的约束。如果这一问题容易解决，就克服这一约束。返回第一步，检查另外的约束，否则执行第二步。

第二，在已有约束限制下，变更运营来实现最大的收益。这可能是权宜之计。

第三，确定流程的其他部分是约束的关键（例如瓶颈作业）。

第四，检查并评价克服约束的方法。这取决于约束的类型。例如，如果需求不足，广告或价格优惠就是合理的选项。如果能力存在问题，加班、采购新的设备和外包就是可选的方案。如果需要增加资金、改善现金流，借款以及发行股票和债券就是可选的方案。如果知识和技能不完备，就要致力于培训、咨询或外购。如果受到法律或法规的限制，就要与法律或法规的制定者进行协商。

第五，重复上述步骤直到约束水平是可以接受的。

4.10 评估不同能力方案

组织需要从不同角度评估不同能力方案。考虑最多的因素是经济上的：能力方案经济上是否可行？其成本是多少？实现需要多长时间？其运行和维护成本是多少？使用期是多长？能否与现有的员工和现有运行相匹配？

公众可能有不满情绪，虽然有时不那么明显，然而非常重要，公司不得不考虑。例如，建造一座新电厂，诸如使用火力、水力或核电力的问题，注定会激起公众的反应。任何打扰公众生活或侵犯私人财产的选择都注定会引起敌对行动。建造一家新工厂可能会导致一些员工不得不搬迁到新厂址；采用一项新技术有可能迫使一些员工重新接受培训和结束某些工作；工厂迁址可能会导致反对，特别是如果一座城市将失去一位大雇主时。相反，如果由于噪声、交通、污染等公司不受新迁入地的人们欢迎的话，迁新址就可能会面临社区压力。

从经济角度看，许多方法对评估能力方案是有用的。其中，普遍的方法是成本 – 产量分析、财务分析、决策理论、等候队列分析。

4.10.1 成本 – 产量分析

成本 – 产量分析主要是分析成本、收益和产量之间的关系。成本 – 产量分析的目的是估

⊖ Adapted from Eli Schragenheim and H. William Dettmer, *Manufacturing at Warp Speed* (Boca Raton: St. Lucie Press, 2000).

计不同运行条件下组织能取得的收益，它是评价能力方案极为有用的工具。

运用这种分析方法时，需要明确给定产品所涉及的所有成本。这些成本分为固定成本和可变成本两类。固定成本不随产量变动而变，包括房地租、财产税、设备成本、供热和制冷费用以及某些管理成本；可变成本与产量直接相关，可变成本的主要组成部分经常为物料和劳工费用（假定单位产品可变成本不随产量发生变动）。

表 4-4 归纳了成本 – 产量公式中所使用的一些符号。

表 4-4　成本 – 产量分析所用的符号

符号	含义	符号	含义	符号	含义
FC	固定成本	TC	总成本	Q	产量
VC	总可变成本	TR	总收益	Q_{BEP}	盈亏平衡产量
v	单位可变成本	R	每单位收益	P	利润

某一给定产量下总成本等于固定成本加上单位可变成本与产量乘积：

$$TC=FC+VC \tag{4-3}$$

$$VC=Q\times v \tag{4-4}$$

式中，v 是单位可变成本。图 4-6a 表示了产量、固定成本、总可变成本和总成本之间的关系。

假设产品每单位收益与可变成本一样，不随产量变化而变化，总收益将与产量呈线性关系，如图 4-6b 所示。假设所有产出都被售出，那么一定产量 Q 的总收益为：

$$TR=R\times Q \tag{4-5}$$

图 4-6c 描述了利润（总收益与总成本之间的差值）与产量之间的关系。总成本和总收益相等之处叫作**盈亏平衡点**，当产量小于盈亏平衡点时，生产实际上处于亏损状态；当产量大于盈亏平衡点时，生产处于盈利；偏离盈亏平衡点越远，亏损或盈利也越大。总利润可用以下公式计算：

$$P=TR-TC=R\times Q-(FC+v\times Q)$$

整理得

$$P=Q\times(R-v)-FC \tag{4-6}$$

单位收益与单位可变成本之差，$R-v$ 就是所谓的边际收益。

获得某一利润所需的产量为：

$$Q=\frac{P+FC}{R-v} \tag{4-7}$$

一种特殊情况，总收益与总成本相等之处的产量即盈亏平衡点的产量为：

$$Q_{BEP}=\frac{FC}{R-v} \tag{4-8}$$

可以通过画出不同方案利润曲线进行方案比较，如图 4-6e 所示。

图 4-6e 说明了无差异概念：对于两个对比方案，管理者在数量决策方面对方案没有影响。在此要说明，产量低于无差异点，选择方案 B 利润高；产量高于无差异点，选择方案 A 利润高。

例 4-3　老式果酱饼的老板西蒙计划增加一条果酱饼生产线，这条生产线每月租金为 6 000 美元，可变成本为 2 美元 / 块饼，每块果酱饼售价为 7 美元。

（1）要达到盈亏平衡需要售出多少饼?

（2）每月生产和售出 1 000 块饼是盈利还是亏损?

（3）要实现 4 000 美元利润需要卖出多少饼?

（4）如果卖出 2 000 块饼，目标利润是 5 000 美元，每块饼的售价是多少?

解：

FC=6 000 美元，v=2 美元 / 块，R=7 美元 / 块

（1）$Q_{\mathrm{BEP}}=\dfrac{FC}{R-v}=\dfrac{6\,000\text{ 美元}}{7\text{ 美元 / 块}-2\text{ 美元 / 块}}=1\,200$ 块

（2）当 Q=1 000 时，$P=Q(R-v)-FC$=1 000（7 美元 −2 美元）−6 000 美元 =−1 000 美元

（3）P=4 000 美元，由式（4-7）解得 $Q=\dfrac{4\,000\text{ 美元}+6\,000\text{ 美元}}{7\text{ 美元 / 块}-2\text{ 美元 / 块}}=2\,000$ 块

（4）$P=Q(R-v)-FC$

5 000 美元 =2 000（R−2 美元）−6 000 美元

R=7.5 美元 / 块

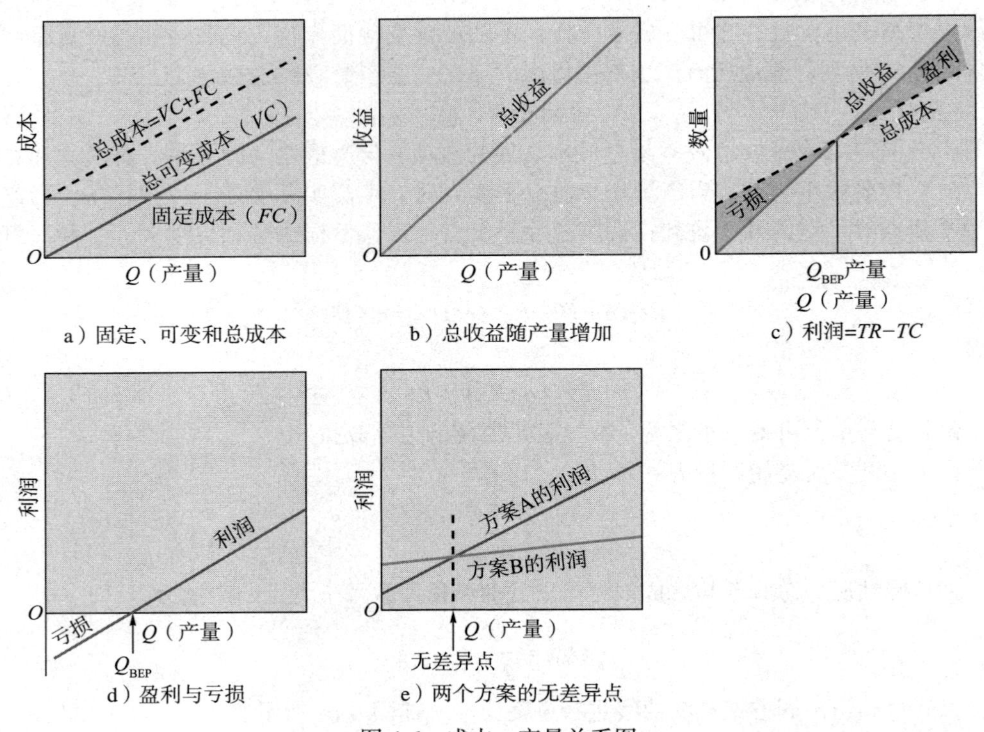

图 4-6 成本 – 产量关系图

能力方案可能涉及梯级成本，即成本随潜在产量的增加呈阶梯性增加。例如，公司选择购买 1、2 或 3 台机器时，每增加一台机器相应会增加其固定成本，这种固定成本的增加可能不是线性的（见图 4-7a）。因此，固定成本和潜在产量依赖于所购买的机器数量，这就意味着可能会出现多个盈亏平衡产量，甚至可能在每一值域范围都出现一个盈亏平衡点。然而需要指出的是，总收益线有可能在某一范围内并不与固定成本线相交，这意味在初始范围内可能

不存在盈亏平衡点，图 4-7b 描绘了总成本线的可能性。在图 4-7b 中，在第一值域范围内没有盈亏平衡点。要决定购买机器数目，管理者必须参照预计的年需求和多个盈亏平衡点的情况，选择最适合的机器数目，见例 4-4。

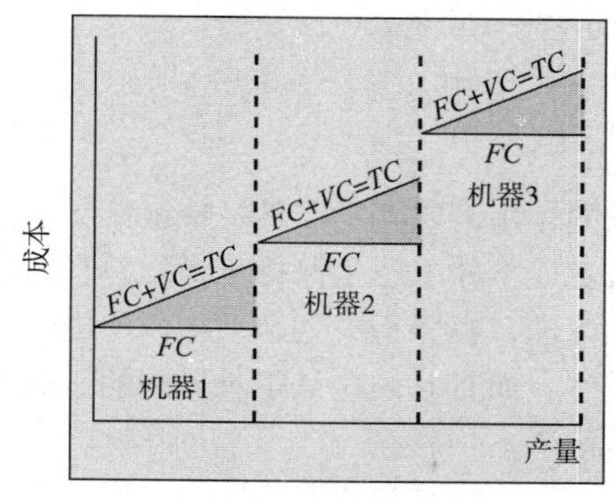

a）多级固定成本与可变成本　　b）多个盈亏平衡点

图 4-7　多级固定成本的盈亏平衡问题

例 4-4　假如管理者购买机器有三种选择方案：1 台、2 台、3 台，其固定成本和潜在产量如下。

机器数 / 台	年总固定成本 / 美元	本月产出范围 / 单位
1	9 600	0 ～ 300
2	15 000	301 ～ 600
3	20 000	601 ～ 900

可变成本为每单位 10 美元，每单位收益为 40 美元。

（1）确定每一产出范围的盈亏平衡点。

（2）如果年需求为 580 ～ 660 单位，需要购买多少台机器？

解：

（1）用 $Q_{BEP}=\dfrac{FC}{R-v}$ 计算每一产出范围的盈亏平衡点：

1 台机器时：$Q_{BEP}=\dfrac{9\,600\text{ 美元}}{40\text{ 美元 / 单位 }-10\text{ 美元 / 单位}}=320$ 单位（不在范围内，因此无盈亏平衡点）

2 台机器时：$Q_{BEP}=\dfrac{15\,000\text{ 美元}}{40\text{ 美元 / 单位 }-10\text{ 美元 / 单位}}=500$ 单位

3 台机器时：$Q_{BEP}=\dfrac{20\,000\text{ 美元}}{40\text{ 美元 / 单位 }-10\text{ 美元 / 单位}}=666.67$ 单位

（2）比较预计需求范围和两个盈亏平衡点发生的范围（见图 4-7b），可以看到盈亏平衡点应为 500，其产出范围是 301 ～ 600，这意味着即使当需求在范围最低点时，仍然超过盈亏平衡点而获得利润。相反，如果选择 601 ～ 900 的产出范围，即使需求在其预测最高点，仍然小于盈亏平衡点产量，从而处于亏损状态。因此，管理者应选择 2 台机器的方案。

当下列假设成立时，成本 – 产量分析法才能成为比较能力方案的一个重要工具：

- 仅涉及一种产品；
- 生产出来的产品都被售出；
- 单位产品可变成本不随产量变动；
- 固定成本不随产量变化而变化，或者固定成本不出现阶梯性变动；
- 单位收益不随产量变动；
- 单位收益超过单位可变成本。

与其他定量分析方法一样，成本 – 产量方法的运用，要确定在某一特定情况下其所隐含的假设是否得到满足。例如，单位收益或单位可变成本并不总是保持不变，并且固定成本在某一产出范围内也可能发生变动。如果需求随机变动，在分析中就必须加以考虑。另外，成本 – 产量分析还要求可以划分固定成本和可变成本，而有时候这是很难做到的。成本 – 产量分析最适用于一种或数种具有相同成本特性的产品。

成本 – 产量分析最大的价值在于它提供了将成本、收益和利润估计融入能力决策的一个概念框架。如果用成本 – 产量分析一个方案，表明该方案富有吸引力，下一步就需要用现金流模型考察方案在考虑时间以及更灵活的成本函数条件下的可行性。

4.10.2 财务分析

运营人员需要有财务分析能力。如何分配紧缺资金是所有管理人员都会遇到的问题。通常方法是考虑资金时间价值的财务分析，对投资项目排序。

现金流和现值是财务分析中的两个重要术语。

现金流是指从产品 / 服务的销售或其他来源（如出售旧设备）中获得的现金收入与工人工资、原材料费用、管理费用和税收等现金支出之间的差值。

现值是指一项投资项目所有未来现金流的当前值。

三种常用的财务分析手段为：回收期法、现值法和内部报酬率法。

回收期法是一种粗略但却广泛应用的方法，注重于一项投资收回其初始成本所需要的时间。例如，一项投资的初始成本为 6 000 美元，每月净现金流为 1 000 美元，则回收期为 6 个月。回收期忽略货币的时间价值，因此，它更适于短期而不是长期项目。

例 4–5 一台新机器的投资费用为 2 000 美元，每年的净现金流为 500 美元。回收期是多少？

解：

投资费用 = 2 000 美元，每年的净现金流 = 500 美元

投资回收期为投资费用除以每年的净现金流，那么

$$回收期=\frac{投资费用}{年净现金流}=\frac{2\,000}{500}=4\ (年)$$

现值法（PV）指考虑资金的时间价值（即利率），把预计年现金流和预计残值折算成现值并与初始投资额相比较的一种方法。

内部报酬率（IRR）是指用以对投资的现金流量进行贴现，使现金流入量的总现值与现金流出量的总现值相等，从而使净现值等于零的报酬率。内部报酬率法则是根据投资方案的内部报酬率的高低来评价投资方案优劣的一种方法。

以上分析技术在未来现金估计确定性很高时非常适用。许多情况下，运营管理人员和其他管理者所面临的环境被称为风险性或不确定性环境。在这种情况下，决策理论经常被应用。

4.10.3　决策理论

决策理论是在风险和不确定条件下不同方案财务比较的有用工具，适用于能力决策和管理者所必须做出的许多其他决策。决策问题包括确定未来可能影响决策结果的状态、一组可供选择的决策方案以及每一个方案在每一种状态下的收益。

4.11　排队论及其在服务能力规划中的应用

4.11.1　排队论概述

1. 排队论要解决的问题

排队论（queuing theory）是 1909 年由丹麦工程师爱尔朗（A. K. Erlang）在研究电话系统时创立的。几十年来排队论的应用领域越来越广泛，理论也日渐完善。特别是自 20 世纪 60 年代以来，由于计算机技术的飞速发展，更为排队论的应用开拓了广阔的前景。

排队论又称**随机服务系统理论**（random service system theory），是一门研究拥挤现象（排队、等待）的科学。具体来说，它是在研究各种排队系统概率规律性的基础上，解决相应排队系统的最优设计和最优控制问题。

排队是日常生活和运营中经常遇到的现象。例如，上下班搭乘公共汽车，顾客到商店购买物品，患者到医院看病，旅客到售票处购买车票，学生到食堂就餐等就常常出现排队和等待现象。除了上述有形的队列外，还有大量“无形”的队列，如若干顾客打电话到快餐公司要求送餐，如果快餐公司没有足够的送餐人员，顾客就只能等待。他们分散在不同的地方，形成一个看不见的队列。排队的不一定是人，也可以是物。例如，生产线上等待加工的原料或半成品、等待修理的机器、等待装卸货物的船只、等待着陆的飞机等。

2. 排队系统

一个完整的排队系统由顾客源、到达特性、排队规则和服务机构四部分组成。

这四部分之间的关系如图 4-8 所示。

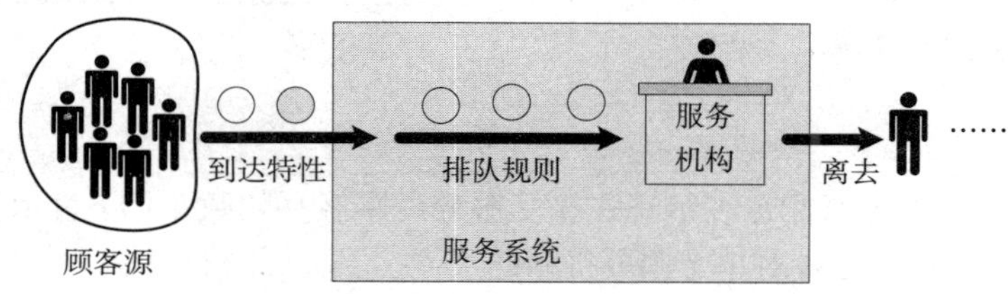

图 4-8　排队系统的组成部分

（1）顾客源。到达服务系统的顾客源分为有限总体和无限总体两类。有限总体是指顾客数量是有限的，其增减会影响为其他顾客提供服务。无限总体是指顾客数量足够大，其增减不会显著影响为其他顾客提供服务。

（2）到达特性。多数情况下，顾客到达是随机的。在排队系统中，最常见的随机分布是泊松分布。泊松分布满足以下三个条件。

- 平衡性，即在长度为 t 的时段内，恰好到达 k 个顾客的概率仅与时段长度有关，而与时段起点无关。
- 无后效性，即在任意几个不相交的时间区间内，各自到达的顾客数量是相互独立的。也就是说，以前到达的顾客情况对以后顾客的到来没有影响。
- 单个性，即在充分小的时段内最多到达一个顾客。

此外，顾客到达服务系统后的耐心程度也会对运营管理产生影响。假设顾客有足够耐心，即到达服务系统、等待、接受服务。有些顾客则没有足够的耐心：要么等待，如果时间过长，会失去耐心而离开；要么到达后，如果发现队列过长就不再加入。

（3）排队规则。排队规则是指决定顾客接受服务次序的准则。最常用的准则有先到先服务准则（FCFS）。对某些情况，则要遵守业务时间最短者优先准则。有时甚至要遵循后到先服务准则（LCFS），如后进入电梯的乘客总是先出来，最后放到料堆上的钢材总是先运出，刚刚到达的军事情报需要优先处理等。

（4）服务机构。描述服务机构特征的主要指标是服务时间分布。一般地，为每个顾客服务的时间是相互独立的，概率分布是负指数分布。

4.11.2 排队系统的主要数量指标及基本关系

以下只介绍最基本的排队模型，即泊松到达、负指数服务时间、一个服务机构、系统容量无限、顾客源无限、先到先服务排队准则。

为方便介绍排队系统的数量指标，首先列出一些常用符号，详见表 4-5。

表 4-5 排队模型常用符号及含义

符号	含义
λ	平均到达率
μ	平均服务率（其倒数即顾客接受服务的平均时间）
ρ	服务系统利用率
L_q	排队长
L_s	队长
W_q	等待时间
W_s	逗留时间
P_0	服务系统中没有顾客的概率
P_n	服务系统中有 n 个顾客的概率

1. 服务系统利用率（ρ）

服务系统利用率是服务能力利用的百分比，即平均到达率与平均服务率之比。虽然提高服务系统的利用率是运营管理的目标之一，但是，刻意地追求 100% 的利用率并不理智。利用率过高会导致服务强度、平均逗留时间和平均等待时间增加。

对单个服务机构的情况

$$\rho=\frac{\lambda}{\mu} \tag{4-9}$$

对单个服务机构，该指标也表示正在接受服务的顾客平均数，用 r 表示。本书有关排队人数及排队时间的讨论都是针对单个服务机构的。

对于多个服务机构的情况（设为 M 个），则利用率为

$$\rho=\frac{\lambda}{M\mu} \tag{4-10}$$

2. 排队长（L_q）和队长（L_s）

排队长是指系统中排队等候服务的顾客数。队长是指服务系统中的顾客数，包括正在接受服务的顾客数和排队等候服务的顾客数。排队长和队长的分布影响着服务系统的设计。如

果知道了排队长和队长的分布，就能确定排队长超过某个数的概率，从而确定合理的等待空间。平均排队长与平均队长是排队系统中的两个重要指标。平均排队长是任一时刻等待服务顾客数的期望值。平均队长是任一时刻所有顾客数的期望值。

对最基本的排队模型，由泊松分布的概率公式可得[⊖]

$$L_q = \frac{\lambda^2}{\mu(\mu-\lambda)} \tag{4-11}$$

$$L_s = L_q + r = \frac{\lambda^2}{\mu(\mu-\lambda)} + \frac{\lambda}{\mu} \tag{4-12}$$

3. 等待时间（W_q）和逗留时间（W_s）

等待时间是从顾客到达服务系统起到其开始接受服务止的时间间隔。逗留时间是从顾客到达服务系统起到其接受服务完成止的时间间隔。平均等待时间与平均逗留时间是排队系统的另外两个重要指标。平均等待时间是任意时刻进入服务系统的顾客等待时间的期望值。平均逗留时间是任意时刻进入服务系统的顾客逗留时间的期望值。

对最基本的排队模型

$$W_q = \frac{L_q}{\lambda} = \frac{\lambda}{\mu(\mu-\lambda)} \tag{4-13}$$

$$W_s = W_q + \frac{1}{\mu} = \frac{\lambda}{\mu(\mu-\lambda)} + \frac{1}{\mu} = \frac{1}{\mu-\lambda} \tag{4-14}$$

例 4-6　某航空公司在一家新开张的 5A 级写字楼里开办了售票处，由一名服务生负责预订机票。根据历史数据分析，订票请求服从泊松分布，且均值为每小时 15 次请求。服务时间服从指数分布，且均值为每次请求 3 分钟。试求：

（1）服务系统利用率。

（2）服务生的空闲时间比例。

（3）等待服务的平均顾客数。

（4）顾客花费在服务系统中的平均时间。

解：

$\lambda = 15$ 次 / 小时

$\mu = \dfrac{1}{\text{服务时间}} = \dfrac{1\text{次}}{3\text{分钟}} \times 60$ 分钟 / 小时 $= 20$ 次 / 小时

（1）$\rho = \dfrac{\lambda}{M\mu} = \dfrac{15}{1\times 20} = 0.75$

（2）服务生的空闲时间比例 $=1-\rho=1-0.75=0.25$，即服务生有 25% 的时间是空闲的。

（3）$L_q = \dfrac{\lambda^2}{\mu(\mu-\lambda)} = \dfrac{15^2}{20(20-15)} = 2.25$（位顾客）

（4）$W_s = \dfrac{1}{\mu-\lambda} = \dfrac{1}{20-15} = 0.2$（小时）

⊖ 参见《运筹学》有关排队论的内容。

4.11.3 基于排队系统经济分析的服务运营能力规划

1. 与排队有关的两类成本

与排队有关的成本可分为两类：与服务能力有关的成本及与等待服务有关的成本。与服务能力有关的成本包括服务人员的工资、服务设施（如收款台、售票窗口、交通工具等）的折旧费、维修费、管理费等。与等待服务有关的成本包括支付给等待服务员工（如等待工具的修理工、等待卸货的卡车司机等）的工资、与预设等待空间（如银行的大厅、机场的候机室等）有关的费用、因顾客在接受服务前离开队列甚至拒绝等待所导致的业务流失、商誉的降低、因排队对其他业务所造成的干扰。显然，与服务能力有关的成本是服务水平的增函数，而与等待服务有关的成本是服务水平的减函数，两者之和是一条U形曲线，如图4-9所示。

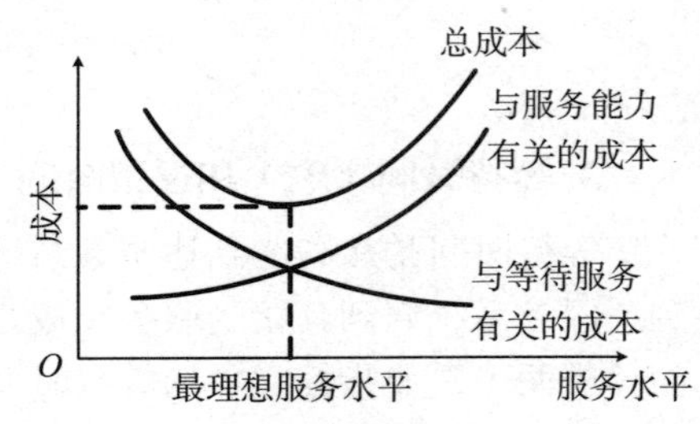

图4-9 服务水平与成本示意图

2. 最佳服务机构数

从图4-9可以看出，服务机构数越多，服务水平越高，与服务能力有关的成本越高，但与等待服务有关的成本越低；服务机构数越少，服务水平越低，与服务能力有关的成本越低，但与等待服务有关的成本越高。因此，总成本是服务机构数的函数，并且存在一个最佳服务机构数，此时总成本最低。

设目标函数为

$$C(M)=c_M M+c_W L(M) \tag{4-15}$$

式中，$C(M)$ 是排队系统平均总费用；c_M 是给定时间内与服务能力有关的平均单位成本，可根据服务人员、设施的投资和管理费用估算出来；M 是服务机构数；c_W 是给定时间内与等待服务有关的平均单位成本，可根据历史数据统计得到；$L(M)$ 是平均排队长，是关于服务机构数的函数。

要确定最佳服务机构数 M^*，可使

$$f(M^*)=\min f(M)=\min[c_M M+c_W L(M)]$$

实践中，一般通过仿真方法得到最佳服务机构数，进而确定服务运营能力。

4.12 运营战略

运营能力决策对组织的战略影响是巨大的，影响组织的所有方面。从运营管理的角度看，运营能力决策确立了发挥运营职能所要求的一系列条件。因此，在制定运营能力决策时，邀请运营管理人员加入是极其重要的。

柔性是运营能力决策中的一个关键问题，尽管有时未必选择柔性，尤其对资本密集型行业来说更是如此。然而，柔性可使组织对市场变化做出快速（敏捷）的反应。柔性还可以在一定程度上减少对长期需求要求精确预测的依赖性。柔性可以使组织更容易利用技术和其他创新。保持过剩的能力（能力缓冲）可以提供更大的柔性，当然也会增加成本。

一些组织采用保持超过缓冲能力的额外运营能力，目的是阻止新的竞争对手进入该市场。额外的运营能力可使其以低于竞争者加入时的成本生产产品。然而，这样的战略意味着较高的非必要成本，当需求下降时难以缩减运营能力，或者难以转移到新的产品或服务上去。

效率和利用率的改进可以提高运营能力。实践中，可以通过简化运营和降低成本来改进效率和利用率。第 13 章有关精益生产的内容说明了实现改进的途径。

瓶颈管理可以成为提高有效运营能力的方法。对无瓶颈运营部分做出合理的进度规划，可以实现瓶颈运营部分利用的最大化。

当组织进行运营能力扩张时，有两个战略可用来确定运营能力扩张的时间性和程度。一个是提前扩张战略（即在需求实现之前），其意图可能是取得规模经济、扩大市场份额或抢在竞争对手之前先发制人。这一战略的风险包括供给过剩造成的价格下降，以及设备不能充分利用而造成的单位成本增加。

另一个是“观望”战略（即只有当需求成为现实后再扩大运营能力，也许是逐步扩大）。它的优点包括因供给与需求匹配较好从而减少供给过剩的机会，以及运营能力的较高利用率。主要风险是会失去市场份额，同时，当扩大能力需要较长的时间时，还会有不能满足需求的风险。

当存在能力限制时，能力战略规划就成了重要的问题。这涉及用新设备来更换过时的设备，也涉及外包和缩小运营规模的问题。当计划实施这些方案时，就要考虑资产处置的成本或利益。

本章小结

能力是指某一特定时间段内系统生产产品或提供服务的潜在能力。能力决策的重要性在于能力是产出的上限，并且是决定运营成本的重要因素。

能力规划决策是管理者做出的重要决策之一。能力决策在本质上是战略性和长期性的，通常涉及巨大的初始资本投资。当未来收益在很长一段时期才能实现并且风险是主要考虑因素时，制定能力规划会显得尤其困难。

许多因素会影响有效能力的发挥，因此有效能力通常小于设计能力。这些因素包括厂房设施的设计、布局、人力因素、产品/服务设计、设备故障、生产进度安排出错以及质量因素等。

能力规划涉及长期和短期的考虑。长期考虑与能力总体水平有关；短期考虑与需求季节性、随机和不规则波动引起能力要求的波动有关。理想情况下，能力应与需求相适应。因此，需求预测和长期能力规划是紧密联系的，而在短期内，应将注意力转移到描述和处理需求的变动上。

可以通过以下方面考虑能力方案制订：采用系统规划方法；认识到能力的提高通常呈现“块状”性；设计柔性系统；考虑产品/服务的互补性作为应对各种需求类型的方法之一。

在评价能力方案时，管理者必须考虑定量和定性两方面。定量分析通常反映经济因素；定性分析包括舆论、管理者个人偏好等不可见因素。成本－产量分析是分析能力方案时的有用方法。

知识要点

1. 能力决策事关企业成败，因为能力是供应和需求平衡关系中供应的一个方面，能力不足与能力过剩都会带来额外的成本。

2. 与能力规划有关的关键问题是：需要何种能力？需要多少能力？什么时间需要这些能力？
3. 变化无常的需求和能力变更的长期性对管理者来说是一个挑战。
4. 某个或某些约束会为整个系统能力带来不利影响。能力的增加只有靠克服约束而不是增加其他资源才能实现。所以，重要的是确定约束所在并致力于克服这些约束。
5. 顾客到达人数、窗口接待顾客的人数（服务人员的业务能力）、设置窗口的成本以及因顾客等待给服务行业造成的损失是服务能力规划时所需要的最基本的信息。

例 题

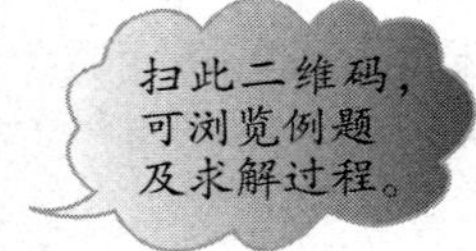

习 题

1. 确定下列每一种情况的利用率和效率：
   （1）某贷款办理业务人员，平均每天办理7笔贷款。该业务的设计能力为每天10笔贷款，有效能力为每天8笔贷款。
   （2）某采暖锅炉维修队，每天维修4台锅炉，而设计能力为每天维修6台锅炉，有效能力为每天维修5台锅炉。
   （3）如果一个系统的效率高于其他系统，那么该系统的利用率也一定高于其他系统吗？试解释。
2. 某作业车间的有效能力是设计能力的50%，实际产出为有效产出的80%。要达到每周8个作业的实际产出，需要多大的设计能力？
3. 某陶器生产商考虑建造一座新工厂以满足当前需求所引起的供应不足问题。基建投资为每月固定成本9 200美元，产品单位可变成本为每件70美分，每件产品卖给零售商的售价为90美分。
   （1）达到盈亏平衡每月需要多大产量？
   （2）每月产量分别为61 000件和87 000件时所能实现的利润是多少？
   （3）要实现每月16 000美元的利润的月产量是多少？
   （4）实现每月收入23 000美元的月产量是多少？
   （5）画出总成本和总收入图。
4. 一家小型企业欲购买一台新机器以增加瓶颈工序的生产能力。有A、B两种可选择的方案。方案A年固定成本为40 000美元，方案B年固定成本为30 000美元；A的单位可变成本为10美元/件，B的单位可变成本为11美元/件。每件能实现收入15美元。
   （1）计算两种方案的盈亏平衡点。
   （2）何种产量时，两种方案能实现相同的利润？
   （3）如果预计年需求量为12 000件，哪种方案能实现更高的利润？
5. 某感应笔尖钢笔生产商的市场销售部门预测未来一个月感应笔尖钢笔需求为30 000支，感应笔尖钢笔生产的固定成本为25 000美元，可变成本为每支37美分。
   （1）假如每支钢笔售价为1美元，试求盈

亏平衡产量。

（2）假如预测需求准确的话，要实现每月 15 000 美元的利润，每支钢笔的售价应为多少？

6. 某房地产代理商准备在她的汽车上安装一部蜂窝电话。有三种付款方式，每种方式每周都需付 20 美元的基本费。A 方案日话为 0.45 美元 / 分钟，夜话为 0.20 美元 / 分钟；B 方案日话为 0.55 美元 / 分钟，夜话为 0.15 美元 / 分钟；C 方案为每周付 80 美元，使用额度为 200 分钟，超出 200 分钟，不论夜话还是日话一律 0.4 美元 / 分钟。

（1）计算三种方案在下列情况下一周付费各是多少：120 分钟日话，40 分钟夜话。

（2）画出每种方案每月总成本与日话时间的关系图。

（3）如果代理商仅使用日话服务，每种方案各自最优的使用时间范围是多少？

（4）假设代理商同时使用日话和夜话服务，在哪一点上（也就是说日话的通话比例）A 方案和 B 方案是无差别的。

7. 某工厂计划生产一种新型小家电。经理需要决定是从外购买电机部件，还是自己生产该部件。从外购买部件为每件 7 美元，而自己生产有两种方案：一是年固定成本 160 000 美元和每件 5 美元的单位可变成本；二是年固定成本 190 000 美元和每件 4 美元的单位可变成本。试计算两种方案各自的最优年产量范围。

8. 某管理者试图决定是购买某一部件还是内部生产该部件。内部生产有两种加工方式：一种需要 17 美元 / 件的单位可变成本和每年 200 000 美元的固定成本；另一种需要 14 美元 / 件的单位可变成本和 240 000 美元的年固定成本。有三个销售商愿意提供该部件，销售商 A 愿意以每件 20 美元的价格提供至少 30 000 件需求的部件；销售商 B 愿以每件 22 美元的价格提供 1 000 件及以下需求的部件，以每件 18 美元的价格提供 1 000 件以上需求的部件；而销售商 C 愿意以每件 21 美元的价格提供初始 1 000 件以内的产品，超过 1 000 件，每件价格为 19 美元。

（1）如果经理预计年需求量为 10 000 件，从成本角度来看，何种选择是最佳方案？如果需求量为 20 000 件时又如何？

（2）试计算各种选择最优的需求范围。是否有某些选择永远不可能成为最优方案？是哪一个？

9. 某公司用两台机器生产某产品。每台机器的设计生产能力为 250 件 / 天，有效生产能力为 230 件 / 天，当前实际产出为 200 件 / 天。但是经理预计生产能力能迅速提高到 225 件 / 天。前年需求量为 50 000 件，预计两年内需求将翻三倍。公司需要多少台机器才能满足预计的需求？假定每年 240 个工作日。

10. 公司决定购买设备，在两种设备之间进行选型。每种设备的投资成本如下表所示。

类型	成本 / 美元
1	10 000
2	14 000

对两种设备的产品需求及作业时间见下表：

产品	年需求	单位加工时间 / 分钟	
		1	2
1	12 000	4	6
2	10 000	9	9
3	18 000	5	3

（1）如果设备每年工作 250 天、每天运行 8 个小时，为满足需求，每种类型的设备各需要多少台？每种设备每年的缓冲处理时间是多少？

（2）如果将需求作为重要的考虑方面，在高确定性的需求下，应选择哪种类型的设备？在低确定性的需求下，应选择哪种设备？

（3）如果把采购和运营成本考虑在内，选择哪种设备的总成本最低？类型1的运作成本为6美元/小时，类型2的运作成本为5美元/小时。

11. 某管理者必须在A、B和C三种机器类型中选购一种。它们的成本如下表所示。

机器	成本/美元
A	40 000
B	30 000
C	80 000

产品需求预测和机器加工时间如下表所示。

产品	年需求	单位加工时间/分钟		
		A	B	C
1	16 000	3	4	2
2	12 000	4	4	3
3	6 000	5	6	4
4	30 000	2	2	1

（1）假设仅需考虑机器购买成本，何种机器总成本最低？需要多少台该机器？假设机器每天开工10小时，每年250个工作日。

（2）考虑机器每小时运行成本不同：机器A每小时运行成本为10美元，机器B为11美元，机器C为12美元。为满足加工能力的需要和成本最小化，应选择何种机器？多少台？

12. 某管理者必须决定购买多少台某种类型的机器，每台机器每小时能处理100个顾客服务，1台机器每天的固定成本为2 000美元；2台机器每天固定成本为3 800美元。可变成本为每位顾客20美元，收入为45美元/顾客。

（1）计算各自的盈亏平衡点。

（2）如果预计需求为每小时90～120位顾客，应购买多少台机器？

13. 一家汽车清洗店老板必须决定购买1条还是2条清洗线。1条清洗线每月固定成本为6 000美元，2条清洗线为10 500美元。每条清洗线每小时能清洗汽车15辆，其可变成本为每辆3美元，每清洗一辆车收费5.95美元。预计平均需求每小时为14～18辆车。你建议购买1条还是2条清洗线？假设汽车清洗店每月开张300小时。

14. 下图表示有4道工序的加工过程，依次为工序1到工序4。每个方框上方标出了工序的有效能力。

（1）确定该加工过程能力；

（2）采取什么措施会增加过程能力？①工序1能力提高15%；②工序2能力提高10%；③工序3能力提高10%。

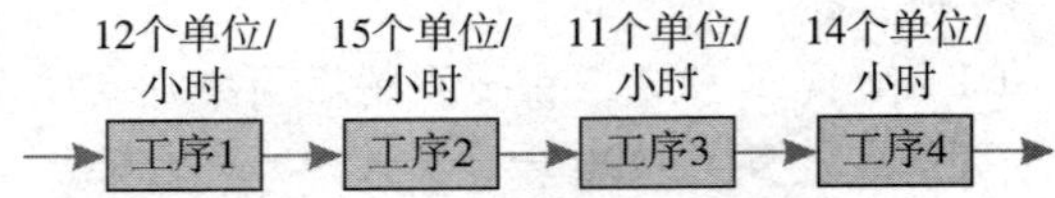

15. 参见下面的流程图。

（1）系统的能力是多少？

（2）如果可以通过增加某一作业的能力来增加系统的输出（能力），应该增加哪一作业的能力？能增加的能力是多少？

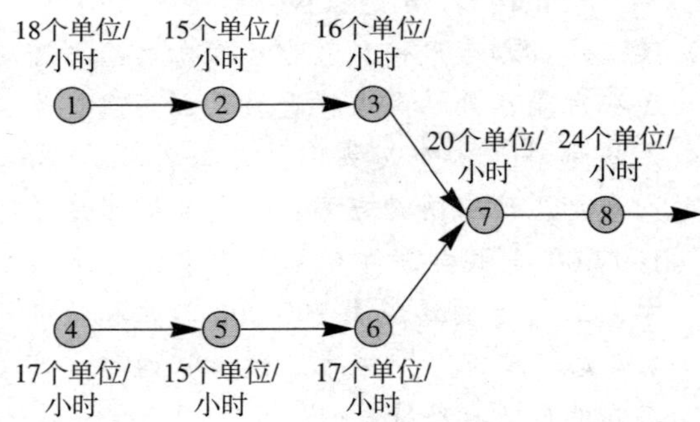

16. 计算下图所示系统的能力。

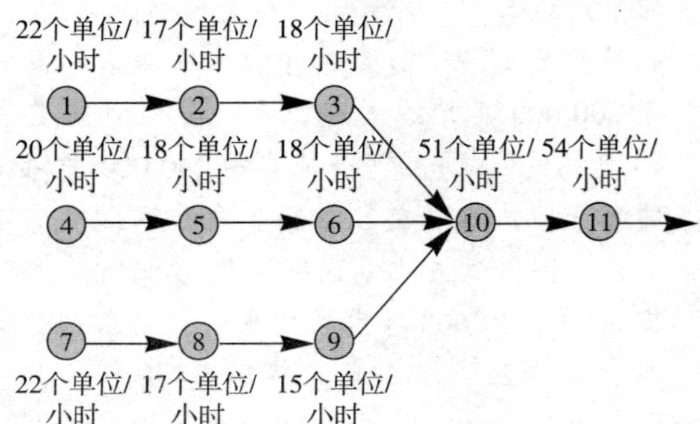

17. 下图描述了由 8 个服务步骤组成的业务。该业务首先经过 2 个分别包含 3 个步骤的并行过程，然后经过由 2 个步骤构成的串行过程。每一步骤的能力如下图所示。

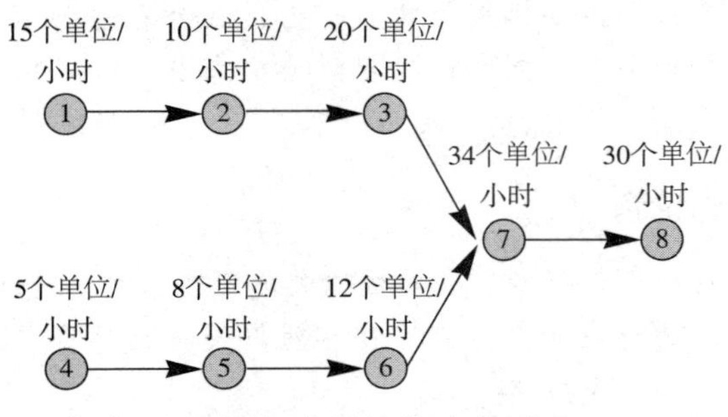

（1）目前整个过程的能力是多少？

（2）如果通过改善措施提高两道工序的能力，应该选择哪两道工序进行改善，应该增加多少能力，整个过程的能力将是多少？

18. 一台新设备的投资为 12 000 美元，每年所减少的运营成本为 1 500 美元。回收期是多少？

19. 一台新设备的投资为 18 000 美元，净现金流为 2 400 美元。回收期是多少？

20. 重新布置办公室花费 25 000 美元，但会带来成本的减少。第一年减少 4 000 美元，第二年减少 4 000 美元。以后每年会减少 5 000 美元。要收回最初的投资，需要多少年？

阅读材料　北汽新能源的运营管理：从战略到行动

北汽新能源的过往：十年磨一剑

北汽新能源是北京新能源汽车股份有限公司的简称。北汽新能源创立于 2009 年，是北京汽车集团有限公司控股子公司，是中国首家独立运营、首个获得新能源汽车生产资质的新能源汽车企业。公司拥有北京、山东青岛、江苏常州、河北黄骅等整车生产基地以及美国硅谷和底特律、德国亚琛、西班牙巴塞罗那等海外研发中心。

北汽新能源的主要业务板块包括新能源汽车整车及核心零部件研发、生产、销售和服务等。同时，北汽新能源已经布局智能制造、能源管理、智慧出行、互联网 + 等多个战略新兴产业。北汽新能源整车销售连续 5 年蝉联全国第一。截至 2018 年年初，北汽新能源的整车累计销量超过 18.3 万辆。

北汽新能源的未来：行稳致远

北汽新能源提出以开放式平台重塑产业结构，联合一切可以联合的力量，共同推进新能源汽车产业的可持续发展。值得关注的是，由北汽集团、北汽新能源牵头发起，会同全国乃至全球新能源汽车优质资源参与，共同打造了国家新能源汽车技术创新中心。该中心正在成为具有全球影响力的新能源汽车共性、前沿关键技术的集成创新中心，引领全球新能源汽车研发、制造、服务的技术、标准、模式的输出高地，新能源汽车高端创新人才集聚高地，国际一流的新能源汽车科研成果转化与产业化平台，面向全球新能源汽车学术交流、专业咨询、高端人才培养与交流平台，立足北京、面向全球的专注于新能源汽车科研转化的金融创投平台。

北汽新能源的运营管理：只有问题没有答案

是的，唯有管理与技术创新，企业才能行稳致远。那么，作为主要职能战略的技术创新战略，其定位是什么？为什么要如此定位？从顶层设计的角度来看，公司的发展战略是什么？价值观呢？最为神圣且至高无上的使命又是什么？这些都是当下北汽新能源高层必须回答的问题。此外，如何通过技术创新策略和方案让所制定的技术创新战略落地，是北汽新能源上下各级领导都要考虑的问题。

我们的确看到了北汽新能源这样的表述:"'十三五'期间，北汽新能源将秉持'开放共享'战略，坚持'一个卫蓝梦、两个世界级'品牌愿景和'新•无止境'品牌主张，以建成'世界级新能源汽车科技创新中心'和'世界级新能源汽车企业'为目标，致力将北汽新能源建设成为国内第一、全球前三的纯电动汽车品牌，为长期推动我国新能源汽车产业发展、打造新能源汽车国家名片、实现'中国制造2025'等一系列国家战略贡献力量。"

但是，从使命、价值观到愿景，再到发展战略，都未免有雾里看花水中望月的感觉。"闲品杯中月，笑看雾里花"，这是诗人才有的雅致。就公司运营来说，我们要的是真真切切的表述。再者，北汽新能源官网上有关"让你我共享绿色、便捷、智慧的出行生活"的品牌愿景与"一个卫蓝梦、两个世界级"的品牌愿景的表述为什么会有这么大的偏差？这对一个世界级公司来说是难以想象的。你说呢？

讨论题

1. 北汽新能源行稳致远的关键何在？
2. 为北汽新能源制定在相对较长一段时间内的发展战略。

应用案例　魔晶软件公司外包的风险管理

魔晶软件公司主要为中小企业定制软件系统。由于研发能力不足，又考虑到深圳地区的人力成本居高不下，魔晶软件公司的首席执行官李建林正在考虑将一些软件开发工作外包给别的公司。

事实上，在深圳地区，有许多像魔晶一样的软件开发公司。把软件开发任务外包出去应该是非常容易的事。

公司法律顾问谢律师却认为，软件开发任务的外包要慎之又慎。曾经发生过的专利产品信息被外包合同商的员工泄露给竞争对手的情况至今仍不能让谢律师释怀。除这种核心技术被泄露的风险之外，谢律师还列举了其他一些风险点，具体有：

（1）客户信息的泄露。

（2）不能履行交付时间的风险。

（3）外包商财务无法支撑软件开发的风险。

李建林非常同意谢律师的观点。但是，魔晶软件公司必须走外包这条路，这样才能破解研发能力不足和成本居高不下的困局。

讨论题

1. 列举通过软件研发外包来弥补研发能力不足可能遇到的风险。
2. 如何通过外包协议来规避可能遇到的风险？

第5章 CHAPTER5

流程选择与设施布置

学习目标

通过本章学习，读者应该能够：

（1）解释流程选择的战略意义及其对组织和供应链的影响；

（2）描述影响流程选择的两个主要因素；

（3）比较四种基本流程类型；

（4）解释技术管理的必要性；

（5）列举重新布置的原因；

（6）列举产品原则布置的主要优点及缺点；

（7）列举工艺原则布置的主要优点及缺点；

（8）解决简单的生产线平衡问题；

（9）对一些简单的工艺原则布置进行设计。

产品和服务选择、能力规划、流程选择以及设施布置是管理者所面临的最基本的选择，因为这些选择对组织有长期影响。

本章介绍流程选择和设施布置问题。加工过程将投入转换为产出，因此，它是运营管理的核心。但是流程选择的影响超出了运营管理的范围：它影响整个组织及组织使命的实现，影响组织的供应链。因此，流程选择常常具有战略意义。本章将对流程选择的影响及其原因进行解释。

流程选择和设施布置（即作业场地的安排）是紧密相连的。基于这一原因，这两部分内容放在单独的一章。本章首先阐述流程选择问题，接着讨论流程选择和设施布置的关系，最后介绍关于设施布置的设计问题。

引言

流程选择是指组织生产产品或提供服务的方式，对能力规划、设施与设备布置、工作系统设计都有重要的影响。新产品或服务规划过程涉及流程选择问题。然而，设备或产品的技术变化以及竞争压力也会带来流程选择问题。图 5-1 是与流程选择和能力规划与系统设计相适应的框架。预测、产品和服务

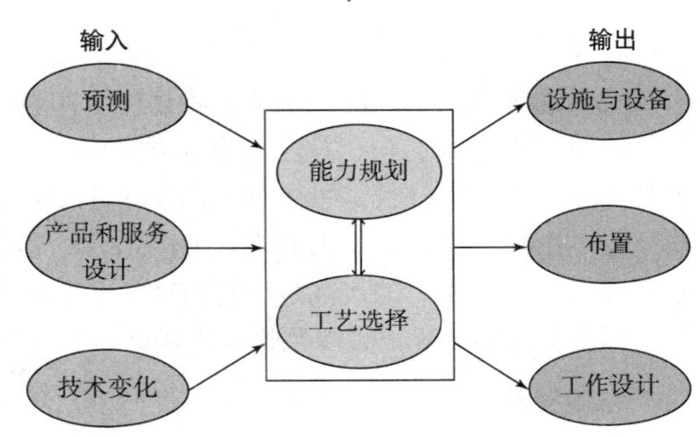

图 5-1 流程选择和能力规划影响系统设计

设计以及技术因素影响能力规划和流程选择。此外，能力和流程选择是相互联系的，两者通常是一致的，它们还影响设施与设备的选择、布置、工作设计。

组织如何进行流程选择取决于该组织的过程战略，主要包括：

- 资本密集度：组织主要通过机器和劳动力的组合实现正常的运营。
- 过程柔性：系统能够适应由产品服务设计、加工量以及技术变化等因素引起的过程变化的程度。

5.1 流程选择

流程选择是需要驱动的。流程选择要考虑的两个关键问题是：

- 流程需要处理多大程度的变化？
- 期望的产量是多少？

对上述两个问题的回答有助于选择合适的流程。通常地，数量和变化是负相关的。一个指标的水平越高，另一个指标的水平越低。但是，对人员和设备柔性的要求直接关系着流程变化的水平：变化水平越低，对柔性的要求越低；反之亦然。

变化的重要性还体现在另一方面。变化意味着对需求相对稳定的产品或服务要具有单独的运营，或者容忍存在闲置的时间，或者每当需要改变要提供的产品或服务时都已准备好了所需的设备。

5.1.1 流程类型

有五种基本的流程类型：单件小批量（任务车间）、批量、重复性、连续性和项目。前四种类型阐述如下。

1. 单件小批量

单件小批量通常应用于规模相对小的运营中。当产品或服务存在较大差异且产量低时，采用这种形式。加工是间歇性的，工作包括许多小的作业，每项作业都有不同的加工要求。高柔性的设备和技术熟练的工人是单件小批量的特征。单件小批量的制造例子是加工模具车间，它每次生产不同的工具。单件小批量的服务例子是兽医诊所，那里能够为许多动物诊治。

2. 批量

批量加工应用于产品或服务品种适中、产量为中等规模这一情形。所需设备的柔性没有单件小批量那么高，但仍属于间歇性的。对工人技术水平的要求也没有单件小批量那么高，因为作业的差异性较低。批量加工的例子包括：烘焙食品店，它们成批地制作面包、蛋糕或饼干；电影院，它们向成批的观众放映电影；客机，它们将成批的旅客从一个机场运送到另一个机场。成批生产的产品例子还有颜料、冰淇淋、软饮料、啤酒、杂志和书籍等。服务方面的例子有比赛、音乐会以及收音机和电视节目等。

3. 重复性

当企业提供的产品或服务要求的产量较大且标准化程度较高时，采用重复性加工方法。

标准化的产出意味着设备具有较低柔性，工人的技术一般不高。这种系统的例子包括生产线和装配线。事实上，这种类型有时是指装配线。大家熟知的产品如汽车、电话、铅笔和计算机都是通过这样的系统生产的。服务系统的一个例子是自动汽车清洗，其他例子包括快餐加工线、体育比赛和音乐会的检票员。

4. 连续性

连续性加工过程应用于生产高度标准化、产量大的产品和服务。在这种情况下，产出没有变化，不要求设备具有柔性。工人的技术要求高低取决于系统的复杂程度和专业人员的要求。一般来说，如果设备高度专门化，对工人的技术要求就不高。在连续系统中制造非离散的产品，如石油产品、钢、糖、面粉和食盐。连续性服务包括大气监测、向家庭和企业供电、互联网。

这些流程类型广泛存在于制造领域和服务领域。理想的情况是使过程能力与产品和服务要求相匹配。两者不能匹配会使系统失去效率和产生过高成本，从而使企业处于竞争劣势。

表 5-1 概括了各种类型流程的优缺点。图 5-2 以产品 – 过程矩阵的形式提供了四种流程类型的概况，每一种流程类型给出了一个产品或服务的例子。矩阵下方是对四种流程类型在四个关键方面的比较：作业种类、过程柔性、单位成本和产量。由图 5-2 可以看出，对于单件小批量类型，作业种类、过程柔性和单位成本最高，而从单件小批量至连续性加工类型，单位成本越来越低。相反，单件小批量的产量最低，而从该加工类型至连续性加工类型，产量越来越高。

表 5-1　流程类型

	单件小批量	批量	重复性 / 装配	连续性
描述	定制的产品和服务	半标准化的产品和服务	标准化的产品和服务	高度标准化的产品和服务
优点	能处理差异很大的工作	富有柔性	单位成本低、产量高、有效率	效率极高、产量极高
缺点	效率低、单位成本高、计划和进度安排复杂	单位成本一般、计划和进度安排复杂性一般	柔性低、停工成本很高	高刚性、缺少变化、改变成本高、停工成本极高

	高	中等	低	很低
产量很低	**单件小批量** 修理店 急诊室			
产量低		**批量生产** 面包房 讲座		
产量高			**重复生产** 装配线 自动洗车	
产量很高				**连续性** 石油精炼 水处理

图 5-2　运营过程的产量、变化与柔性

图 5-2 的例子沿矩阵的对角线摆放。对角线代表在一系列既定条件下加工系统的最佳选择。例如，如果工作目标是加工量少但加工种类很多的产品，那么单件小批量加工流程是最合适的。对于加工种类要求较少但产量较大的工作，批量系统将是最合适的，等等。由图 5-2 还可以看到，远离对角线的组合将不予考虑，例如采用单件小批量进行高产量、少品种生产，或者采用连续性加工类型进行低产量、多品种生产。

另一个要考虑的是产品和服务通常要经历一个生命周期，开始时，产品需求量较小，随着产品或服务逐渐被人们接受，其需求量逐渐增加。在这种情况下，管理者必须知道何时从一种流程类型（如单件小批量生产）转换到另一种类型（如批量生产）。当然，也有某些类型流程在整个生命周期内保持不变（如期刊出版），另一些则会随时间而增加（或当市场饱和时而减少）。另外，对管理者来说，考察其产品和服务，判断是否有必要随着时间的推移对流程进行一些改变，同样是很重要的。

以上四种流程类型（单件小批量、批量、重复性和连续性）通常都是持续运营过程。然而，在某些时候，运营过程却是有一定持续期的。在这种情况下，这些工作通常组成一个项目。

项目用于在一定期限内完成一系列特定目标的非常规性工作。例子有简单的，也有复杂的，如上演一个剧目、咨询、制作动画、开发一种新产品或服务、出版书籍、建一个水闸、建一座桥梁。这些项目对设备柔性和工人技术的要求高低不等。

组织采用的流程类型会对组织的许多活动有很大影响。表 5-2 简述了其中一些影响。

表 5-2　流程选择影响许多活动 / 职能

活动 / 职能	单件小批量	批量	重复性	连续性	项目
成本估计	困难	略带常规性	常规性的	常规性的	复杂
单位成本	高	中等	低	低	很高
使用的设备	一般用途	一般用途	专门用途	专门用途	多变
固定成本	低	中等	高	很高	多变
可变成本	高	中等	低	很低	高
工人技术	高	中等	低	低	低到高
营销	促销能力	促销能力 半标准化 产品 / 服务	促销标准化的产品 / 服务	促销标准化的产品 / 服务	促销能力
进度安排	复杂	中度复杂	常规性的	常规性的	复杂
在制品库存	高	高	低	低	多变

流程类型也影响供应链。重复的和连续的流程要求产品或服务的产出要稳定且数量大。配送质量和时间是最基本的。单件小批量流程意味着供应商必须有能力应对订货在数量和时间上的变化。在某些情况下，季节性是一个要考虑的因素，所以，供应商必须有能力满足短时期的大量需求。

前面讨论的流程并非总是以纯粹单一的形式出现，也有混合流程形式，即一种流程形式中掺杂其他工艺成分。例如，主要以重复性方式或连续性方式运营的公司，通常拥有修理间（即单件小批量）为出故障的设备安装或制造新零件。又如，开始时以单件小批量或批量方式运营的公司，随着一些物品产量的增加，该公司的运营可能演变成批量或重复性方式。这可能造成一些作业按照单件小批量或批量的方式完成，而另一些作业则采取重复性方式。

5.1.2　产品和服务描述

流程选择涉及大量的设备投资，对设施布置和投资要求有很大影响。此外，运营能力与市场需求、定价或成本战略之间不匹配会削弱组织的竞争力，影响政府机构为居民提供有效服务。因此，为了它们之间的合理匹配，在流程选择决策前，要评价不同类型流程选择与市场条件之间的一致程度。

产品或服务描述通过识别关键产品和服务特性，选择相应的流程，避免不一致的产生。与加工过程有关的产品或服务特性，除了订单规模外，还有定价策略、作业计划变化频度、赢得订单要素。

5.1.3　产品和服务的可持续生产

企业组织在资源的可持续生产方面面临着越来越大的压力，根据洛厄尔可持续生产中心的定义，可持续生产是创造商品和服务的过程和系统，包括：无污染、节约能源和自然资源、经济有效、安全和健康的工人、社区、消费者、社会和创造性奖励所有工作的人。为了达到上述要求，洛厄尔中心提出了设计和操作的方法：

- 减少、消除或定点回收废弃物和与生态不相容的副产品
- 淘汰危害人类健康的化学物质、物理因素或环境；
- 能源和材料的保护及使用形式，最适合所需的目的；
- 工作空间的目的是尽量减少或消除化学、工程学和物理危害。

为了达到这个目标，企业组织必须致力于提高能源使用效率，降低二氧化碳、有毒物质的排放，减少废弃物的产生，改善照明、加热、冷却、通风条件，降低噪声和振动，保障工人的健康和安全。

5.1.4　精益过程设计

精益过程设计的基本原则将在以后的章节中进行详细的讨论。此处，特别强调的一个原则是减少废弃物，其中涉及可持续目标。精益设计也侧重于减少整个的过程工作量来实现生产水平，从而提高工艺流程。成功的精益过程设计将降低库存水平，增加地面空间、快速反应和缩短提前期，减少缺陷、返工和废料，提高生产率。精益设计往往转化为实践中使用的单元布置，将在本章后面讨论。精益设计已广泛应用于不同领域，如卫生保健服务系统、制造业、建设项目、流程再造。

5.2　技术

技术和技术创新通常会对企业经营产生重要影响。**技术创新**是指新产品、改进产品、服务或过程的发现与开发。**技术**是指科学发现应用于产品生产和服务提供的开发与改进，其涉及的因素有：知识、材料、方法和设备。高技术是指最先进、最发达的设备与方法。

流程技术和信息技术对成本、生产率和竞争力具有重要影响。流程技术包括用于生产产品或提供服务的方法、工艺和设备。这不仅涉及组织内部过程，也扩展到供应链。信息技术

是利用计算机和其他电子设备进行存储、加工和发送信息的科学与应用。今天企业运营所用到的信息技术丰富多彩，具体包括：电子数据处理、条码和射频标签、数据传输、互联网、电子商务、电子信箱，等等。

利用射频标签，可以跟踪整个生产和储存过程。对外销产品，读取器在包装站就可以在产品运输到顾客或分销中心之前确认正确的项目和数据。在医疗站，无线射频标签也具有多种用途，其中之一是更容易准确地跟踪医院服装，使服装清洗和发放过程更具自动化。每个医院的员工都可以穿戴射频标签。当员工来到服务台领取服装时，可以扫描员工的标签，系统则会根据服装的类型、大小、位置以及是否可用来生成相关数据。这样，员工就可以从确切的储柜中领取服装。然后，由附近的扫描器读取射频标签，处理读取的信息，自动更新相关数据。

工艺技术的创新能给组织带来巨大收益，可以提高质量、降低成本、提高生产率、扩大加工能力，也可以带来竞争优势。例如激光技术在外科和激光检测仪器中的应用、先进的医学诊断设备、高速的互联网接入、高清晰电视、在线银行、信息跟踪系统、高速搜索引擎。组织通常从外部获得加工技术，而不是来自内部努力。

加工技术可以带来巨大收益，也存在巨大风险。所以，要完全了解特定技术，了解用技术做什么、不做什么。要从经济角度考虑，如初始成本、空间、现金流、维护、顾问；从整体考虑，如成本、时间、资源；从人力因素考虑，如培训、安全、失业。

5.2.1 自动化

过程设计中一个关键问题是决定是否采用自动化。**自动化**是拥有传感和控制设备，能够实现自动操作的机器。如果公司决定实行自动化，接下来的一个问题便是应实现多大程度的自动化。自动化程度可以从全厂完全自动化到单项作业自动化不等。

自动化服务也是一个选择。尽管自动化在服务领域中的应用没有制造业那么普遍，但自动化服务显得越来越重要。这方面的例子有自动取款机、自动空调、自动检查、自动储存和检索系统、包裹分拣、邮件处理、在线银行业务、电子杂志发送等。

自动化具有某些人工劳动所不具备的优点。自动化变异性低，而人很难以几乎相同的方式、相同的时间重复完成一项工作。在生产中，这种变异性决定着产品的质量和进度。再者，机器也不会像人那样感到厌倦或走神，不会罢工，不会要求增加工资或发泄不满。自动化的另一个优点是可以减少变动成本。自动加工要求作业标准化，几乎没有变化。

制造业和服务业越来越把自动化作为降低成本、提高生产率以及改进质量和稳定性的重要途径。

自动化常被吹嘘成实现竞争所必需的战略。然而自动化与人工相比也有一定的不利和缺陷。首先，因为技术价格昂贵，自动化成本很高，通常需要高产量来分摊其高成本；其次，自动化缺乏人力那样的柔性，一旦一个工艺过程实现了自动化，没有十分充足的理由是不能改变它的；最后，工人经常害怕自动化会使他们失去工作，自动化会给生产率和士气带来负面影响。

决策者应该仔细审视是否一定要实现自动化，以及实现多大程度的自动化，明确所产生的全部后果。此外，决策者还须仔细思考、详细计划使自动化与生产系统相融合，否则，会产生严重问题。对汽车公司而言，自动化不但严重影响成本和柔性，而且事关公司总体战略优势。如果决定在某一环节采取自动化，除考虑替换原来系统所减少的浪费外，还要考虑新系统带来的新浪费。表 5-3 列出了企业在采取自动化时需要思考的一些问题。

表 5-3 自动化问题列表

1. 多大程度的自动化水平是合适的？相比而言，有些操作更适合自动化，所以部分自动化可以作为选择
2. 自动化如何影响运作系统的灵活性
3. 自动化项目如何合理化
4. 如何改变管理
5. 自动化的风险是什么
6. 哪些因素可能影响实施自动化的市场份额、成本、质量、客户满意度、劳动关系和持续的行动

自动化通常有三种类型：固定型、可编程型和柔性型。

固定型自动化是三种类型中最具刚性的，通常指底特律汽车生产线。它采用专门化、高成本的设备以固定生产率进行生产。优势是低成本和高产量；局限性是少品种、高变化成本。

可编程自动化与此相反，它由计算机程序控制高成本的通用设备。计算机程序提供了每项作业的细节和作业顺序。这种类型的自动化能够经济地小批量生产较多品种的产品。数控机床（N/C）和一些机器人是这种可编程自动化的应用。

计算机辅助制造（CAM）指的是过程控制中的计算机应用，包括从机器人到自动质量控制等各种应用。数控机床是一种基于数字关系实施的一系列加工指令的可编程机器，数字关系包含所要实施作业的细节。指令储存在软盘、磁带或微处理器中。尽管数控机床已使用了多年，在生产的新设备中，它仍起到重要作用。单台机器也可能有自己的计算机，此时被称为计算机化数控机床，一台计算机也可以同时控制数台数控机器，此时被称为直接数控机床。

数控机床最适合于小批量、经常性加工、部件形状复杂、公差小、错误成本高和设计经常变动的产品。数控机床的主要缺陷是其需要很高的机器编程技术，并且它不能检测出工具的损耗和原料的变异。

有时在制造业中使用机器人。机器人由三部分组成：机器臂、动力源和控制装置。不像电影中与人类似的机器人，工业机器人并不那么富有魅力和机动性，多数机器人除机械臂外都是固定不动的。

机器人能够处理多种任务，包括焊接、装配，装载、卸载机器，喷漆和检测，它能减轻人的工作强度或完成枯燥的体力活。

机器人的应用有简单与复杂之分。最低级的是能执行一系列固定指令的机器人；更高一级的机器人是可编程机器人，这种机器人在完成一系列指令操作后能够重复执行操作，能够像录像机倒带一样返回机器操作顺序；再高一级的是可接受计算机指令的机器人；最先进的是能识别物体并做出简单决策的机器人。

柔性自动化是从可编程自动化转变而来的，它所用装备的通用性程度通常要比可编程自动化低。两者主要的区别在于柔性自动化需要更少的生产转换时间，几乎能允许设备的持续运转、产品的灵活变化，而无须满足生产的批量性要求。

实际中，会以不同方式来实施柔性自动化。

柔性制造系统由一组包括计算机监控装置、自动物料递送装置、机器人以及其他自动化加工设备在内的机器组成。可编程控制器使该系统能够生产不同的相似产品，该系统可有三四台到十几台机器不等。它被设计用来处理间断性加工要求，同时又保持自动化和单台机器设计灵活性的优势。柔性制造系统与传统加工方式相比，具有较低的劳动成本和一贯性质量的优点；与固定型自动化相比，具有较低的资本投资和更高的柔性以及能够根据时间转变生产的特点。柔性制造系统对于希望同时实现工艺专门化生产的柔性和重复性加工的生产效率的管理者来说，具有很大的吸引力。

尽管有许多明显的优势，柔性制造系统也有一些弊端：首先，这种系统所能加工的部件品种有限，因此只能用于需要相似机器加工的相似部件的生产；其次，柔性制造系统由于其复杂性和成本，相对于传统加工设备来说，需要更长的计划和发展时间；最后，公司有时需要逐渐地走向自动化，而柔性制造系统却是一个巨大的技术综合体。

计算机集成制造是运用集成的计算机系统将众多生产加工活动，包括工程设计、柔性制造系统和产品计划与设计等联系在一起的系统。当然并非所有的计算机集成制造系统都涉及这些因素。例如，简单的计算机集成制造系统可能用一台主机将两个或两个以上的柔性制造系统连接在一起；更复杂的综合性系统，则包括计划、购买、存货控制和销售。事实上，一个计算机集成制造系统通常需要整合其他生产组织领域的信息。

计算机集成制造的整体目标是连接组织的不同部门，以实现对顾客订单或产品改变的迅速响应和产品的快速生产以及减少间接劳动成本。

威斯康星州密尔沃基的 Allen-Bradley 公司的计算机集成制造加工是工艺选择影响企业竞争优势的一个显著例子。该公司将其工厂的一部分改装成完全自动化的“厂内厂”，用以生产电动汽车的接触器和继电器。某一订单一旦进入系统，尽管工厂是由一群技术员操作运行，但机器实际上承担了所有的工作，包括包装、装运和质量控制。任何有缺陷的产品会自动从生产线移开，而替代的部件将自动地列入生产计划以弥补缺陷产品，工人所要做的只是为机器编程、监督作业和解决警告灯系统发出的问题。

当订单进入工厂时，计算机将自动决定生产要求和生产计划，订购必要部件。包含加工指令的条码就会自动贴在每个部件上，当部件到达加工机器时，感应装置检测到条码并将指令传给机器。通过这种生产方式，工厂每小时能够生产 600 套产品。

公司通过该系统获得了巨大的竞争优势。订货能够在 24 小时内加工完成并启运，直接劳动成本和存货费用大大降低，质量也保持了很高的水平。

5.2.2 3D 打印

3D 打印实际上是一种由计算机辅助设计实施控制的工业机器人。3D 打印也称为增材制造，是通过逐层叠加材料的方式来制造三维物体。可以打印任何尺寸或形状的物体。3D 打印的工序不同于众多用“减法”加工技术来制造物体的工序。在那些传统的工序中，通过切割、研磨、砂纸打磨、钻孔、铣削等方法去除物体上的材料。利用 3D 打印技术来生产产品通常比在工厂里利用传统技术要花更多的时间。

在早期的应用中，材料被铺设在使用喷墨打印机头的粉末床上，从而得名 3D 打印。今天，3D 打印的术语更多地是指更大范围的技术应用，例如，挤出和烧结。其中，挤出是指金属或塑料在一个用于塑形的模具中借助压力作用产生形变；而烧结是指不通过液化，由粉末材料通过加热或加压来形成固体材料。

3D 打印技术可以在不使用模具的情况下应用各种材料。在那些制模比较复杂或昂贵以及铸模会破坏材料的成分的情况下，3D 打印的优越性就比较明显。

3D 物体可以通过已有物体的图片来产生。为了获得典型特征来重新制造物体，需要从各种不同的角度对已有物体拍摄一系列照片（通常为 20 张）。

从长远来看，3D 打印技术会对生产过程在哪里发生、如何发生产生显著影响，也会对供应链产生一定影响。

1. 应用

3D 打印在企业中的应用非常广泛，但在客户端的应用却有限。表 5-4 给出了一些说明。

表 5-4　3D 打印技术的一些应用实例

工业应用
大规模定制：顾客可以对标准化的产品提出自己个性化的设计（如手机外壳）
分布式制造：本地 3D 打印中心可以按需生产产品
机器人：机器人和机器人所用配件
快速成型：相似形状物理配件的快速制造
医疗设备：修复术
牙科：牙冠、植体
制药：药剂
食用品：糖果、巧克力、饼干、挂面
服饰：鞋类、眼镜框
空间探索：需要时，工具和零件可在空间站里制造出来，以减少从地球运送至空间站而产生的费用和时间
汽车：汽车配件、修理厂的配件、零件和备件，把多个配件连接成一体的配件
建筑：建筑标准模型
客户端应用
业余爱好者：模型（如无人机）、零件和配件
家电和工具：配件

2. 好处

尽管主要因其生产过程较慢，在可预见的将来，3D 打印无法替代适合大量生产的最通用的制造模式，但是，它确实是一种能够在很多应用领域带来价值的生产方式。在某些应用领域，制造商已经能够实质性地降低设计与制造产品的成本和时间。其中的例子之一是，在设备损坏而且又没有备件可用的情况下生产所需的产品，可能比从供应商处得到这种配件更快，从而避免了因延迟生产而带来的损失。另一个例子则是小批量产品的经济性生产，当配件供应商的地理位置较远时可节约运输成本。

通过在各个领域进行研究，3D 打印将会变得更加有用：打印机和打印方法、设计与打印的软件系统、在打印中所使用的材料。

5.2.3　无人机

无人机是通过远程控制的无人飞行器，无人机通常较小。无人机的最大优点是可以以鸟瞰的方式获得那些对人类有危害或人类无法到达的地方的可视化的细节。例如，无人机为评估风暴和地震灾害提供了强有力的帮助，这在因地形、泥石流致使车辆和步行无法到达或到达非常困难以及道路和桥梁无法通行的情况下尤其如此。无人机在评估农作物损失、监控森林火灾以及检测管道、信号发射塔、铁路轨道、电力线路方面也非常有用。在医疗设备和药物比较急需而地理位置又遥远的地方，无人机可用来运送医疗物资。尽管无人机应用有这些好处，某些问题还是需要考虑的。例如，存在与其他无人机、电力线路、鸟类或其他物体相撞的可能性。同时，还存在机械故障、操作者失误的可能性。这些都可能会导致附近的人员或财产受到损害。

5.3 流程战略

本书将柔性视为一种竞争性战略，强调了其重要性。然而，柔性在工艺选择中并不总是最好的选择。柔性的系统或装备通常价格更昂贵，而且生产效率不如柔性低的装备。在某些情况下，由于产品处于成熟期，设计变动较少，产量稳定，采取柔性是不必要的。这种情况下，需要的是专业加工设备而非考虑柔性，因此，其含义是明显的：柔性的采用必须非常谨慎，它的应用必须与明显存在的柔性要求相适应。

在实践中，决策者选择柔性系统有以下两个理由：需求多变或者需求存在不确定性。我们可以通过提高预测的准确性来减少需求的变化或不确定性。

5.4 设施布置

布置是指对业务部门、工作中心和设备进行布局，以确保系统中工作（顾客或材料）运行顺畅。本节讲述设施布置的主要类型以及布置方案评价模型。

正如系统设计的其他方面一样，布置决策也是重要的，原因有：①它们需要投入大量资金和精力；②它们具有长期性，难以改变；③它们对短期运营的费用和效率有很大影响。

在新设施设计和对现有设施再设计时，需要布置规划。重新设计现有设施的常见原因有：运营低下（例如，高成本、瓶颈）；意外事故或危险；产品或服务设计上的改变；推出新产品或服务；产量或产品组合的改变；方法或设备的改变；环境或法律要求的其他改变；情感问题（例如，缺乏面对面接触）。

布置设计不合理会对系统运转绩效产生不利影响。例如，Minneapolis-St. Paul 国际机场通过改进布置解决了一个令顾客烦恼的问题。在改进前，安全检查点设在乘机处。这就意味着那些仅仅是换乘飞机的旅客在上飞机前也必须与从此地启程的顾客一样通过这一检查点，使得两类旅客等待的时间都过多。经改进，安全检查点从乘机处移至售票处附近，这就避免了转乘飞机的旅客须通过检查才能上飞机这一问题，同时也大大减少了从此地启程的旅客的等待时间[⊖]。

设施布置的基本目标便于工作、物料和信息顺畅地通过运营系统。具体目标如下。

- 有助于达到产品和服务的质量水平；
- 有效利用空间和人力；
- 避免出现瓶颈；
- 搬运成本最低；
- 消除工人或物料的不必要搬运；
- 缩短生产和顾客服务时间；
- 实现安全生产。

⊖ 参见“Airport Checkpoints Moved to Help Speed Travelers on Their Way”, *Minneapolis-St. Paul Star Tribune*, January 13, 1995, p. 1B.

布置的三种基本类型为产品原则布置、工艺原则布置和固定位置布置。产品原则布置最适合重复加工，工艺原则布置适合间歇加工，而当项目需要布置时则采用固定位置布置。本节将探讨每一种布置类型的特征及优缺点，以及由三种类型形成的混合布置（包括单元布置和柔性布置）。

5.4.1　重复加工：产品原则布置

产品原则布置旨在使大量产品或顾客顺利且迅速地通过系统。标准化程度极高的产品或服务采用这种布置，因为它们需要标准化程度很高的、连续的加工作业。工作被分解成一系列标准化的作业，由专门的人力和设备去完成。由于这些系统完成的工作量大，将大笔资金投资于设备和工作设计是合算的。又因为系统仅涉及一种或少数几种极相似的加工对象，所以按产品或服务的技术加工要求对整个布置进行设计是可行的。例如，如果制造过程中的一部分工序要求按顺序切割、抛光、喷漆，那么就可以照此顺序安排相应的设备。考虑到每一加工对象都是按照同样的加工顺序，所以常常有可能使用固定路线的物料运输设备，例如，在工作地之间运送物料的传送带。这样安排的结果就形成了如图 5-3 所示的一条线。在制造业方面，这些线被称为生产线或装配线，具体视涉及的活动类型而定。在服务行业，有使用"线"一词的，但有些情况下不能用。尽管自助餐服务和汽车清洗从概念上讲几乎一样，但通常说自助餐服务线而不说汽车清洗线。图 5-4 对一个典型自助餐服务线的布置做了说明。在服务业这一布置的例子不多，原因是加工要求多变以致无法标准化。没有高标准化，也就不存在重复加工的许多好处。当采用流水线布置时，可能要做些折中。例如，汽车自动清洗对所有汽车提供相同的服务——同样多的肥皂、水和擦洗，尽管不同的汽车对清洗的需要程度不同。结果，很脏的汽车可能洗得不彻底，而相对不太脏的车也要通过同样的系统，耗去大量的肥皂、水和刷洗工作。

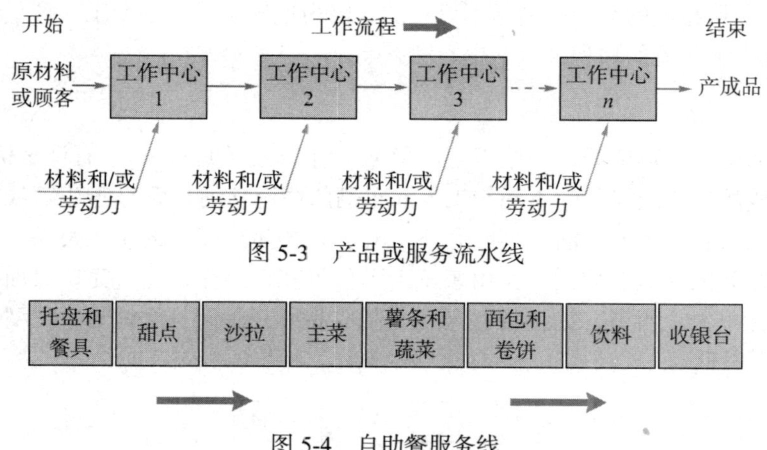

图 5-3　产品或服务流水线

图 5-4　自助餐服务线

产品原则布置使得人力和设备得到充分利用，这可抵消很高的设备费用。由于加工对象在工作地之间移动很快，所以在制品的数量通常是最少的。结果，工作地相互之间紧密连在一起，以致有时因一台设备出故障或一些工人缺席而导致整个生产线停工。这就要求有相应的维修程序。预防性维修——定期检查和更换旧的或故障率高的零件——会减少运转期间出故障的可能性。当然，预防活动并不能完全消除故障，所以管理部门必须采取措施以确保快速修理，包括保持一定的备用件库存和具有使设备迅速恢复到正常运转状态的专门维修人员。由于设备的专用性，出现问题较难判定及解决，备用件库存量可能很大，因此这方面费用会相当大。

重复加工可由机器节拍控制生产节奏，如汽车清洗；也可以由工人控制节拍，如麦当劳、汉堡王等快餐店；甚至由顾客控制节拍，如自助餐。

产品原则布置的主要优点有：

- 产量高。
- 由于产量高，因此单位费用低；很高的专用设备费用由许多加工对象来分摊。
- 劳动专门化减少了培训费用和时间，同时使监督跨度加大。
- 单位物料运输费用低；由于各加工对象都按照相同的加工顺序，物料运输大大简化。
- 工人和设备的利用率高。
- 工艺路线选择及进度安排都在系统的初步设计中确定下来；一旦系统运转，就无须过多地去考虑它们。
- 会计、采购及库存控制都实现程序化。

产品原则布置的主要缺点有：

- 分工过细使得工作重复单调，工人几乎没有发展的机会，而且可能导致情绪问题和由于连续的过度紧张而造成损伤。
- 技术水平低的工人可能对维持设备或提高质量缺乏兴趣。
- 系统对产量变化以及产品或工艺设计变化的适应性差。
- 个别设备出了故障或工人缺席率高对整个生产系统的影响极大。
- 预防性维修、迅速修理的能力和备用件库存都是必不可少的。
- 与个人产量相关的激励计划是不可行的，因为这样会导致各个工人产量不一致，从而对系统中工作流的顺利进行产生不利影响。

U 型布置

尽管笔直的生产线可能看起来很美观，但 U 型生产线（见图 5-5）有许多优点值得考虑。长且直的生产线的一个缺点是它不利于工人和车辆的往返移动。而 U 型生产线更紧凑，通常它要求的长度约为直的生产线的一半。另外，由于 U 型生产线上的工人是在一起的，所以有利于增进工人之间的交流和协同。又由于工人不仅可就近操作，还可完成对面的工作，因此工作分派的弹性很大。再者，如果物料入厂与制成品离开是同一个地点，U 型生产线可使物料的运输量减至最低。

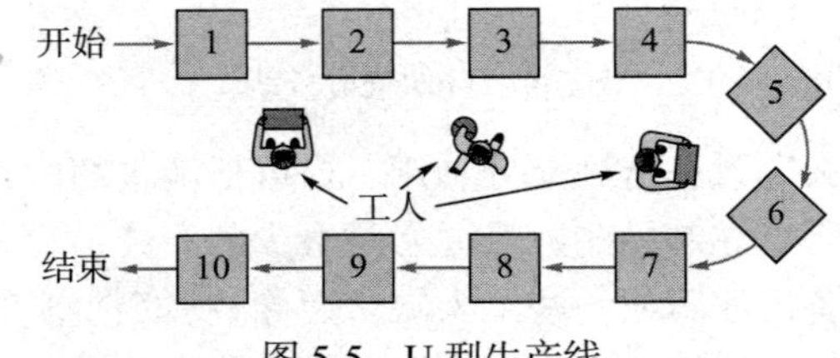

图 5-5　U 型生产线

当然，并非所有的情形都适于 U 型布置，下列情形则不适于 U 型布置：在自动化很高的生产线上较少需要协同工作和交流；进出点可能位于大楼的不同位置；由于噪声或污染因素也可能需要将一些操作分开。

5.4.2　非重复加工：工艺原则布置

工艺原则布置用于多品种产品加工或服务提供。加工作业的多样性要求频繁地调整设备，这造成工作流的不连续性，即所谓的间歇加工。工艺原则布置以把完成相似活动的部门或装置布置在一起为特征。制造业方面一个工艺原则布置的例子是机械加工车间（machine shop），有专门进行铣、磨、钻等的部门。需要这些操作的物件按特定的顺序成批地进入这些部门。不同的产品可能代表完全不同的工艺要求和操作顺序。结果，为适应多种工艺路线及加工对象，需要利用可变路线的物料运输设备（叉车、厢式货车）。多用途设备的使用保证了满足一系列工艺要求所必需的柔性。这类设备常常由技术较高或技术一般的工人来操作。图 5-6 左侧所示的布置就是典型的工艺原则布置。

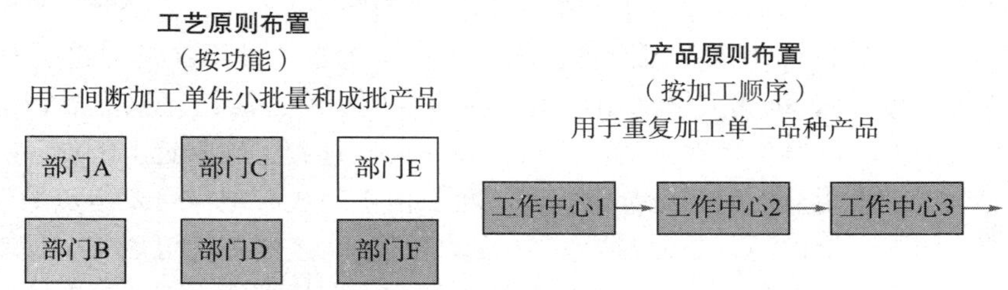

图 5-6　工艺原则布置与产品原则布置的比较

工艺原则布置在服务业也很常见，如医院、学院及大学、银行、汽车修理铺、航空公司和公共图书馆。例如，医院设有外科、产科、儿科、精神科、急诊科和老年护理科。大学设有集中某一学科如工商管理、工程学、自然科学或数学的学院或系。

由于在工艺原则布置中设备是按类型而非按加工顺序摆放的，所以个别设备出了故障或个别工人缺勤对整个生产系统的影响较小。特别是在制造业，闲置设备常可用来替换暂时不能运转的设备。再者，由于产品多是成批加工的，所以上下工序之间的相互依赖性远远没有产品原则布置中的强。由于此时设备的专用性也比产品原则布置中的低，设备按工艺划分使得修理人员可提高修理这类设备的技术水平，所以维修费用通常较低。同时，设备的相似性还减少了在备件上必要的投资。但这类布置也有缺点，诸如为适应多样的工艺要求，必须不断地进行工艺路线选择及进度安排，物料运输效率低，单位运输费用一般要比产品原则布置高得多。间歇加工使得在制品库存量很大；再者，工艺要求的多样性使得工艺路线选择及进度安排复杂化，因此这类系统中设备利用率不足 50% 的情况并不罕见。

总之，工艺原则布置既有优点也有缺点，优点包括：

- 系统能满足多样化的工艺要求；
- 系统受个别设备出故障的影响不大；
- 通用设备一般没有产品原则布置中使用的专用设备昂贵，而且维修起来较容易，费用也较低；
- 可采用个人激励制。

工艺原则布置的缺点包括：

- 如果在制造系统中采用批量加工，在制品库存量会很大；
- 要经常进行工艺路线选择及进度安排；
- 设备利用率低；
- 物料运输慢、效率低，单位运输费用比产品原则布置高；
- 工作复杂化常常使监督跨度减小，并导致监督费用较产品原则布置高；
- 对每一产品或顾客都需要特别关注（例如，工艺路线选择、进度安排、设备准备），而产量低又导致单位产品费用较高；
- 会计、库存控制及采购比产品原则布置要复杂得多。

5.4.3 固定位置布置

在固定位置布置中，加工对象保持不动，工人、材料和设备按需要移动，这与产品原则布置和工艺原则布置形成鲜明对比。这类布置几乎总是由产品本身特点决定：重量、体积或其他一些因素使得移动产品不现实或难度极大。固定位置布置被用在大型建设项目（大楼、发电厂、大坝）、船舶、飞机和火箭的制造上。在这些例子中，应把注意力放在对材料和设备运送时间的控制上，以避免堵塞工地而不得不将它们搬移到工地附近。例如，在城市密集地带的建设工地，一个明显的问题是存储空间不足。由于完成大型项目要担负的活动及对技术的要求都十分繁多，所以需要花大精力去协调这些活动，控制跨度可能很窄。基于这些原因，管理难度要比产品原则布置和工艺原则布置大得多。在许多情况下，根本不涉及有形产品（例如，设计一个计算机化的库存系统），这时不需考虑物料搬运。当涉及产品和物料时，通常利用通用物料运输设备。例如，项目的完成可能需要使用挖土设备和送物料的卡车出入工地。

固定位置布置广泛地用于农场、消防、筑路、住宅和钻探石油方面。在这些情况下，关键是工人、物料和设备要到达“产品”所在地。

5.4.4 混合布置

前面提到的三种基本的布置类型是从概念上讲的，现实中没这么绝对。实践中，经常可以发现由这三种类型产生的混合布置。例如，超市布置基本上属于工艺原则布置，但我们发现超市大多使用固定路线的物料运输装置，如在存货间使用轴承式传送带和在收银台处使用带式输送带。医院基本上采用的是工艺原则布置，但患者诊疗常采用固定位置布置，因为常需要护士、医生、药品和专门设备到达患者处。在产品原则布置中制造出的有缺陷的零部件可能需要线外返工，这涉及特定加工。再者，传送带在农场耕作和建筑活动中的使用随处可见。

工艺原则布置和产品原则布置代表从小批量到连续生产两个两端。与产品原则布置相比，工艺原则布置更适于多样的产品生产及服务提供，更有利于满足顾客对定制产品的需求。然而，工艺原则布置通常效率较低，单位生产费用较高。一些采用工艺原则布置的制造商正在采取改进措施以使系统具有产品原则布置的部分优点。一个理想的系统应富有柔性、效率高、单位生产费用低。单元制造、成组技术和柔性制造系统正是朝这一方向迈进所做的努力。

5.4.5　单元布置

1. 生产单元

生产单元是指将工作地分组，每组称为一个单元的布置类型。组的划分是由一系列相似零件所需要的运营决定的。相似零件，又称零件族，它们有着相似的工艺要求。这些单元可能没有传递装置在机器间移送零件，也可能有一个由传送带（自动输送）连成的流水线。在单元布置中，一组机器完成的是一组（族）相似零件所必需的工艺。因此，所有的零件按照相同的路线，尽管可能有一些较小的变动（例如，省去一道工艺）。与此相比，工艺原则布置有很多零件的路线，几乎不需要区分出零件族。

单元制造可以使公司以尽可能少的浪费来实现多种产品的生产。单元布置提供一个流畅的工作流，运输和延迟最少。单元制造模式的好处包括：更少的在制品、更小的空间要求、更短的提前期、更高的生产率，更高水平的质量和更大的柔性。

图 5-7 列出了传统布置（见图 5-7a）和单元布置（见图 5-7b），为了了解单元布置的优势，看一下一个订单在传统布置（见图 5-7a）中按箭线移动的过程。订单从左下端开始运输 / 接收，然后按箭线方向进入仓库，以备物料投入生产。这批物料按箭线形成的路径通过系统，然后运输 / 接收，交付顾客。再看图 5-7b，订单按简单的路径通过系统。

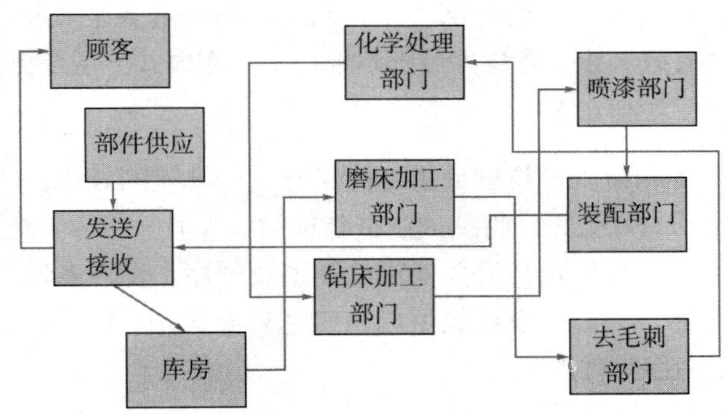

a）订单在传统工艺原则布置方案下进行加工的示例

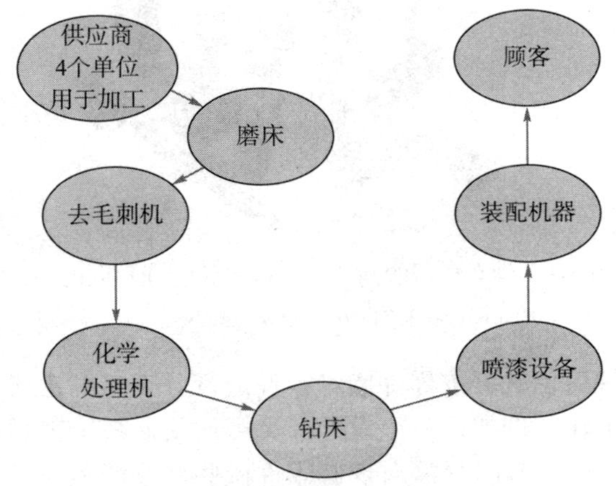

b）同样的订单在单元布置方案下进行加工的示例

图 5-7　工艺原则布置与单元布置比较

某些技术的应用可以实现单元布置，下面介绍其中两个应用。

单分钟换模技术可以使组织快速地更换设备或工艺来生产另一种相似的产品。这样，一个制造单元就可以在不需要更换设备的情况下生产另一类产品，增加了生产批量，使组织能够更快地响应顾客需求的变动。

恰当尺寸的设备通常比传统工艺原则布置方式下的设备小，因此，其能够快速地配置到不同位置的单元布置中。

表 5-5 列举了单元布置与工艺原则布置相比具有的优点。

表 5-5 工艺原则布置与单元布置的比较

方面	工艺原则布置	单元式布置
部门之间移动次数	很多	很少
移动距离	较长	较短
移动路线	变化	固定
加工等待时间	较长	较短
加工时间	较长	较短
在制品数量	较多	较少
管理难度	较大	较小
排程复杂性	较大	较小
设备利用率	较低	较高

实施单元布置的最大挑战包括设备和布置方面的，也包括人员和管理方面的。设备和布置方面涉及设计与成本。正如购置新设备或改造设备所带来的成本比较大一样，实施单元布置所造成的停工损失也可能会很大。必须比较实施单元制造所带来的成本和因实施单元布置可能减少的成本。另外，实施单元制造会要求培训员工和重新划定工作职责。每个单元中的任一工人都要能够胜任所在单元的全部工作。此外，单元更多地采取自管理模式，所以，工人必须以团队的形式有效工作，管理人员则不像传统工作模式下需要更多的介入。

2. 成组技术

只有将零件按零件相似工艺特征分组才能保证生产单元的效率，这种成组工艺被称作**成组技术**。它要求确定具有相似设计特征或制造特征的零件并分成零件族。设计特征包括尺寸、形状及功能；制造或工艺特征包括需要操作的类型及顺序。在许多情况下，设计和工艺特征是相关的，但也不尽然。因此，设计族可能与工艺族有区别。图 5-8 说明了具有相似工艺特征而设计特征不同的一组零件。

图 5-8 具有相似的制造工艺但设计特征不同的一组零件

资料来源：© McGraw-Hill Education/Mark Dierker，photographer.

一旦确定相似零件后，就可按零件族对零件进行分类，可建立一个便于数据库检索的系统来辅助设计及制造工作。例如，一个设计人员可使用该系统来判定现有零件中是否有与要设计的零件相似或一样的。有时只需对现有零件做些修改即是要设计的零件。这样就大大提高了设计效率。类似地，在安排制造新零件时，可将其与现有零件族中的某一个相比，由此可减轻许多具体工艺细节带来的负担。

实施成组技术和生产单元需要对零件进行系统分析以确定零件族，这常常是成组技术的一项主要工作。做好零件分组需要对大量资料进行分析，这又是一件费时的工作。完成这一工作有三种主要方法：目测、设计与生产资料审查和生产流程分析。

目测法是三种方法中最不精确但费用最低且最简单易行的方法。设计与生产资料审查较精确但花费时间也更多，它也许是最常用的分析方法。生产流程分析的范围是制造过程而非设计过程，通过对加工顺序及工艺路线进行分析找出相似性。这里的加工顺序及工艺路线被视为是既定的。事实上现有的流程可能远不是最理想的。

实施生产单元要求对设备重新组合，这将产生一定的费用。因而，管理者必须对由工艺原则布置转向生产单元布置所带来的利益与搬移设备的费用及零件分组所需要的费用和时间进行权衡。

柔性制造系统是自动化程度更高的生产单元。

5.4.6 服务布置

像制造业的情况一样，服务布置也可以归纳为产品原则布置、工艺原则布置和固定位置布置。在固定位置布置情况下（例如设备维修、屋顶修理、景观布置、家庭装饰、复印），要把物料、劳动力和设备带到顾客的住所或办公室。因为顾客所要求的业务具有很大的变动性，工艺原则布置在服务业更普遍。例如，医院、超市和百货商场、汽车维修中心、银行等都是工艺原则布置。如果像洗车和自助餐厅那样，服务过程是串行的，所有的顾客或业务都是以同样的顺序完成的，就采用产品原则布置。

可是，服务业的布置要求在一定程度上有别于制造业的布置。顾客接触服务系统的程度和服务的个性化程度是在服务布置时要考虑的两个主要因素。如果像医疗保健和个人护理那样，顾客接触程度和个性化程度都比较高，就把服务设计为单件小批模式。在这种情况下，使用劳动密集型的服务员和柔性化的设备。如果个性化程度比较高而接触程度比较低（如相框制作、裁缝等），可以采取类似的单元布置，以方便工人和设备。如果接触程度比较高而个性化程度比较低（例如超市、加气站等），就可以采取自助服务。这样，就把服务的便捷性和安全性统一考虑在了一起。如果接触程度和个性化程度都比较低，应把关键服务和重要顾客与一般服务和一般顾客分开，让重要顾客能够更容易、更有效地享受到个性化的服务。对高度标准化的服务，可引导完全自助服务（例如网络、在线银行、自动柜员机等）。

让我们来看一些布置形式。

1. 仓库和储备布置

储备设施的设计与工厂布置设计有许多不同之处。订货次数是要考虑的重要因素，频繁订购的物品应放在靠近储备设施的入口处，而订购次数不多的物品应放在储备设施后方。物品间的相关性也十分重要（例如，物品 A 通常与物品 B 一起被订购），把两类相关的物品靠近放置将减少挑选（取回）这些物品的费用和时间。其他要考虑的因素包括通道的数量和宽度、储备分隔间的高度、铁路或卡车装卸货以及定期对储存物品进行实物清点的必要性。

2. 零售店布置

通常，制造业布置追求的目标涉及费用最小化。然而，对诸如百货商店、超级市场和专卖店这样的零售布置，设计者必须考虑顾客的到来情况，及通过精心设计的布置来影响销售额和顾客态度。货物结构和货流是要考虑的重要因素。一些大的零售连锁店对其所有或大多数商店采用标准布置。这种布置的优点是：节省时间和资金；使顾客容易辨认这些商店。对于像干洗店、修鞋店和汽车服务中心这样的小型服务机构，布置设计要简单得多。

3. 办公室布置

随着电子通信逐渐取代文件传送，办公室布置正在发生变化。在布置中负责传送文件的办公职员少了。另一趋势是展现开放的形象，原办公墙正让位于低层的挡板，以方便员工交流。

4. 餐馆布置

餐馆的类型有多种，有的是快餐车，有的是豪华饭店。多数是连锁店，有些则是特许经营。这些餐馆多设在公司的一楼。独立的饭店和酒吧则有自己的大楼。有些餐馆装饰精美，有些则比较简约。位于艾奥瓦州迪比克的 MVP 服务公司给出了以下定位："最重要的是工作流。在储存、预制、烹调、留置、服务各个阶段，都要进行精细设计，让食品和非食品以最简捷的方式从接收处传递到顾客，从而使缺失达到最少。"

5. 医院布置

医院布置的关键因素是对患者的关怀和安全，让顾客安全、方便地使用 X 光、CAT 扫描、核磁共振。

5.5 对产品原则布置进行设计：生产线平衡

产品原则布置的目的是安排工人或机器到作业序列中，这个序列被称为生产线或装配线。装配线长短不一，短的仅有几个操作，长的有许多操作。汽车装配线就是长生产线的一个例子。在密歇根的迪尔伯恩，福特公司野马车的装配线从开始至完成总长约为 9 英里⊖。

产品原则布置的许多优点来自于可以将工作分解成由技术不高的工人或专用机器快速而机械地完成的一系列基本作业（例如，"装配零件 C 和零件 D"）。完成这些基本作业所需要的时间从几秒到 15 分钟或更多不等。由于时间太短，以至于每一工人只分派一个作业是不实际的。一方面原因是大多数工人很快会被有限的工作范围弄得厌烦，另一方面是即使完成很简单的产品或服务也需要庞大的工人队伍。相反，通常将作业分成可控制的"作业包"分配给各个工作地，每一工作地由一两个工人进行操作。

决定如何将作业分配到工作站的过程称为**生产线平衡**。生产线平衡的目标是分到各工作地的作业所需要的时间大致相等。这使得生产线上的闲置时间最少，从而提高了工人和设备的利用率。当各工作站的作业时间不等时就会出现闲置时间，一些工作站比其他工作站的产量高。那些"快"的工作站常常要等待加工或被迫闲置下来以免大量待加工对象堆积在"慢"的工作站上。从工人和设备未有效利用以及较慢的工作站上工人要不停地工作而可能会引起情绪来看，不平衡的生产线是不理想的。

在完全平衡的生产线上，各活动同步进行从而实现了工人和设备的最大利用，因此工作流十分顺畅。达到生产线完全平衡的主要问题在于具有同样加工时间的作业包的建立。这是由于对设备要求不同或一些活动不相容，把这些活动分到同一个作业包中是不可行的（例如，

⊖ 1 英里≈ 1.61 千米。——译者注

喷砂清理和上漆)。另一个原因是基本作业的时间差异无法通过作业分组解决。第三个原因是所要求的技术顺序也可能妨碍一些作业组合。考虑三个相连的操作，所需时间分别为 2 分钟、4 分钟和 2 分钟，如下图所示。把第一个和第三个操作分配到一个工作站时该工作站的时间正好等于第二个操作的时间，这似乎是完美的。然而，把第一个操作与第三个操作作为一个作业包也许是不行的。在汽车自动清洗一例中，擦污和烘干这两个操作实际上不可能放在一个工作地上，因为在这两个操作之间还需要冲洗汽车。

去污2分钟 → 冲洗4分钟 → 烘干2分钟

进行生产线平衡涉及把作业分配到工作站这一问题。虽然一个工作站可能有多个工人，但通常每一个工作站只有一个工人来完成所有的作业。为便于说明，此处所有例子和问题中涉及的每个工作站都只有一个工人。管理者可决定利用 1 ～ 5 个工作站来完成 5 个作业。当利用 1 个工作站时，所有的作业都在这一工作站完成；利用 5 个工作站时，每一工作站安排 1 个作业。当利用 2 个、3 个或 4 个工作站时，部分或全部的工作站将分配有多项作业。管理者如何决定利用多少个工作站呢？

主要的决定因素是生产线的节拍。节拍是指各工作站完成分配给它的作业直到工作可以往下进行所容许的最大时间。节拍确定了一条生产线一定时间内的产量。例如，如果节拍是 2 分钟，那么该生产线将每 2 分钟完成一件产品。

我们可通过一个简单的例子对作业分组和节拍做进一步的讨论。

假定要求做的工作是制造某件产品，该工作可分解成 5 个基本作业，每一作业所需时间及各作业顺序关系如下所示。

→ 0.1分钟 → 0.7分钟 → 1.0分钟 → 0.5分钟 → 0.2分钟 →

这些作业的时间决定了节拍的可能范围。可能最小的节拍等于最长的作业时间（1.0 分钟），可能最大的节拍等于各作业时间之和（0.1+0.7+1.0+0.5+0.2=2.5 分钟）。如果利用 5 个工作站，该节拍即是可能最小的节拍。如果所有的作业都在一个工作站完成，此时节拍就等于可能最大的节拍。最小和最大的节拍是重要的，因为它们确定了生产线可能的产量范围。我们有下面的公式

$$\text{产出率} = \frac{OT}{CT} \tag{5-1}$$

式中，OT 是每日运转时间；CT 是节拍。

假定一条生产线每天运转 8 小时（480 分钟）。其中节拍为 1.0 分钟，那么产量为：每天 480 分钟 / 每 1.0 分钟生产 1 个单位 = 每天 480 个单位

当节拍为 2.5 分钟时，产量为：每天 480 分钟 / 每 2.5 分钟生产 1 个单位 = 每天 192 个单位

假定没有平行的活动（例如，两条生产线），该生产线的产量必定介于每天 192 个单位和每天 480 个单位之间。

作为一般法则，节拍是由预期产出率决定的。即是说，若预期产出率确定后，就可计算出节拍。如果节拍没有处于最小和最大界限内，那么就必须对预期产出率做出修改。计算节拍的公式为

$$CT = \frac{OT}{D} \tag{5-2}$$

式中，D 是预期产出率。

例如，假定预期产出率是每天 480 个单位。利用公式（5-2），需要的节拍是：每天 480 分钟 / 每天 480 个单位 =1.0 分钟

需要的工作站数取决于预期产出率和把基本作业分配到工作站的情况。我们可用下面的公式求出工作站数的理论最小值

$$N_{\min} = \frac{\Sigma t}{CT} \tag{5-3}$$

式中，$N_{\min}$ 是工作站数的理论最小值；Σt 是各作业时间之和。

假设预期产出率是每天 480 个单位这一最大产量[⊖]（这就决定了节拍为 1.0 分钟）。那么为达到这一目标最少所需要的工作站为

$$N_{\min} = \frac{\text{完成单位产品需 2.5 分钟}}{\text{节拍为 1.0 分钟}} = 2.5\text{（个工作地）}$$

因为 2.5 个工作站不现实，所以必须取整数为 3 个工作站。因此，实际利用的工作站数将等于或大于 3，这取决于把作业分成作业包的成功程度。

生产线平衡的一个非常有用的工具是作业先后顺序图。图 5-9 是一个简单的作业先后顺序图，它表明了完成这些作业的顺序要求。作业先后顺序图代表的顺序是从左至右，因此，起始作业在左边，最后的作业在右边。例如图 5-9，根据顺序要求，作业 b 开始的唯一要求是作业 a 已完成。然而，要开始作业 d，必须在作业 b 和作业 c 都完成之后。注意，这里的作业指的就是由要做的工作分解成的基本作业。

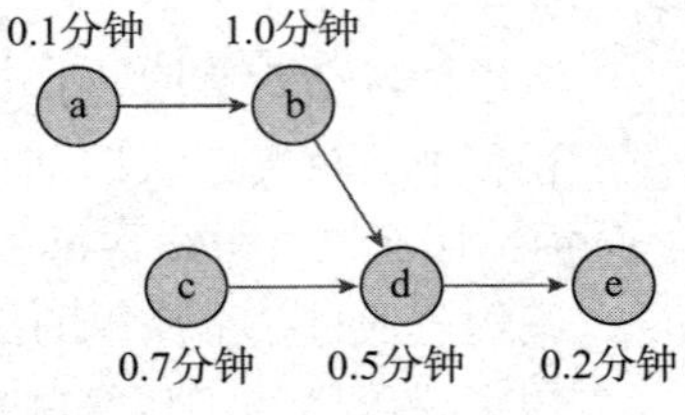

图 5-9 一个简单的作业先后顺序图

现在来看一下生产线平衡的问题，涉及如何把作业分配给各工作站。一般来说，还没有一种方法保证作业分配最佳。管理者多用启发式方法，以使作业分配较合理甚至有时是最佳的。目前用于生产线平衡的启发式方法有很多，这里介绍两个：

- 先分配后续作业数最多的作业。
- 先分配位置权数最大的作业。一个作业的位置权数等于该作业及其所有后续作业的时间总和。

例 5-1 将图 5-9 中的作业分配到 3 个工作站。已知节拍为 1.0 分钟，先分配后续作业数最多的作业。

解：

（1）首先分配作业 a，因为其后续作业数最多，把该作业分配到第 1 个工作站；

（2）接着，作业 b 和作业 c 的后续作业数都是 2，但是只有作业 c 满足工作站 1 的剩余时间，所以，把作业 c 分配到该工作站；

（3）作业 b 的后续作业数最多，但其不满足工作站 1 的条件，所以，把该作业分配到工作站 2；

（4）工作站 2 现在没有剩余时间，考虑工作站 3，把作业 d 和作业 e 分配到该工作站。

⊖ 乍一看，预期产出率似乎必然是可能最大的产量。然而，读者会明白为什么可能最大的产量并不总是最佳的选择。

工作站	剩余时间	够资格分配的作业	分配作业	修改后的剩余时间	工作站闲置时间
1	1.0	a，c	a	0.9	
	0.9	b，c	c	0.2	
	0.2	无	—		0.2
2	1.0	b	b	0.0	0.0
3	1.0	d	d	0.5	
	0.5	e	e	0.3	
	0.3	—	—		0.3
					0.5

注：各工作站最初的“剩余时间”等于节拍。作为一够资格分配的作业，其先行作业必须已被分配完，该作业时间不能超过该工作站的剩余时间。

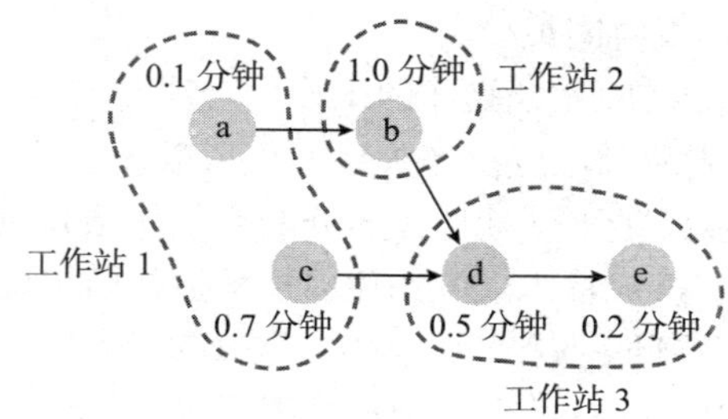

例 5-1 较简单，主要是用来说明生产线平衡的基本程序。后面的例子将说明如何使用“平局决胜”法、如何画作业先后顺序图以及如何确定位置权数。在考虑这些例子之前，先讨论一下用于评价作业分配的效率测量法。

两种普遍采用的效率测量法是：

（1）生产线闲置时间百分比，这一概念有时被称作平衡延迟。计算公式如下

$$\text{闲置时间百分比}=\frac{\text{每节拍内的闲置时间}}{N_{\text{实际的}}\times\text{节拍}}\times 100\% \qquad (5\text{-}4)$$

式中，$N_{\text{实际的}}$是实际工作站数。

对例 5-1 有：闲置时间百分比 =0.5/（3×1.0）×100%=16.7%

实际上，闲置时间百分比等于平均闲置时间除以节拍再乘以 100%。注意，这里的节拍是指实际的节拍。

（2）生产线效率，可按下列公式计算

$$\text{效率}=100\%-\text{闲置时间百分比} \qquad (5\text{-}5a)$$

例 5-1 的生产线效率 =100%−16.7%=83.3%

效率也可以用下面的公式来计算

$$\text{效率}=\frac{N_{\min}\times\text{节拍}-\text{闲置时间}}{N_{\min}\times\text{节拍}}\times 100\% \qquad (5\text{-}5b)$$

现在考虑所选的产量是否应等于可能最大的产量这一问题。最少所需工作站数是计划期产量的函数，所以也是节拍的函数。因此，较低的产量（有较长的节拍）将使所需工作站数较少。因而管理者必须考虑因使用较少工作站数带来的节约是否大于因产量较低而减少的利润。

前面的例子说明了生产线平衡的基本概念，它们十分简单，而在大多数现实情况下，部门和作业的数量要比这大得多，结果生产线平衡问题极其复杂。在许多情况下，作业分组的

方式相当多，要把所有方式都进行分析事实上是不可能的。正是由于这一原因，许多现实问题要利用启发式方法来解决。采用启发式方法的目的在于减少要考虑的作业分组方式的数目，但这并不能保证所得到的分组就是最佳的作业分组。

5.5.1 生产线平衡的指导原则

在平衡装配生产线的过程中，应从第一个工作地开始，一次将一个作业分配到生产线上。在分配每一工作站前，先检查一下未分配的作业，找出够资格分配的作业，然后在这些够资格分配的作业中找出适合的作业，接着用启发式方法从适合的作业中选出一个作业进行分配。重复这一过程直至够资格分配的作业中没有适合的作业为止。接下来对下一个工作站进行作业分配，直到所有的作业都已分配，这一平衡生产线过程才结束。要达到的目标是在技术及产量的约束下，使生产线的闲置时间最少。

技术约束告诉我们在生产线的某个具体的工作站上哪些基本作业够资格分配。造成技术约束的原因可能是作业间的先后顺序或次序关系。先后顺序关系决定了一些作业必须先于其他作业完成（因而，一些作业必须先于其他作业分配到工作站）。在汽车清洗一例中，冲洗操作必须在烘干操作之前完成。造成技术限制的原因也可能是两个操作“不相容”（例如，空间限制或操作的性质使其不能分到同一个工作中心）。譬如，用砂纸抛光和喷漆这两个操作不能分到同一工作中心，因为抛光时扬起的尘粒会把油漆弄脏。

另一方面，产量约束决定了管理者可向每一工作站分配的最大工作量，而这又决定了一个够资格的作业是否适合该工作站。预期产出率决定节拍，而分配到每一工作站的所有作业的时间之和不能大于节拍。如果一个够资格分配的作业的完成时间不大于该工作站的剩余时间，那么这一作业将适合该工作站。

一旦知道了哪些作业够资格分配且适合，管理者就可从中选出要分配的作业（如果要选的作业不止一个的话）。这时用启发式方法将大大有助于作业分配。

下面要澄清几个概念。一个作业的后续作业是指从该作业出发沿着作业先后顺序图上的所有路径前进直至终点遇到的所有作业。一个作业的先行作业是指从该作业出发逆路径方向而行直至起点遇到的所有作业。在下面的作业先后顺序图中，作业 b、d、e 和 f 都是作业 a 的后序作业。作业 a、b 和 c 均为作业 e 的先行作业。

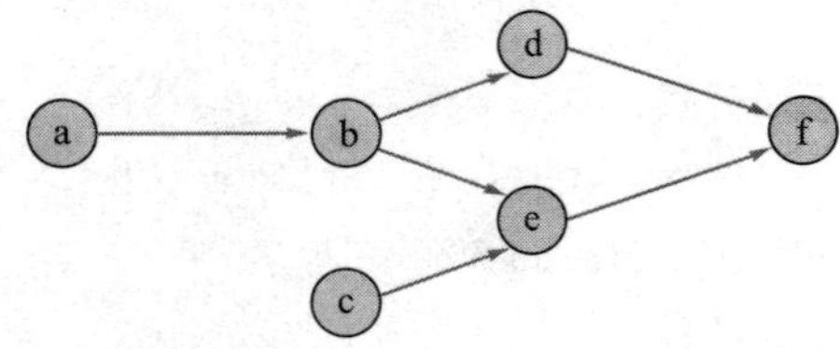

一个作业的位置权数等于该作业及其所有后续作业的时间总和。

没有一种启发式方法能保证所得到的生产线平衡问题的解决方案是最佳或者至少是好的。把不同的启发方法应用于同一个问题可能有助于找出最佳方案（闲置时间最少）。

例 5-2 利用下列资料，完成下列各项任务。

（1）画出作业先后顺序图。

（2）假定一天工作 8 小时，计算一天要达到产量为 400 个单位的节拍。

（3）求出最少需要的工作站数。

（4）利用下列原则将作业分配到各工作站：先分配后续作业数最多的作业。如果出现多个作业一样的情况，可采用先分配所需时间最长的作业这一“平局决胜”法。

作业	紧后作业	作业时间 / 分
a	b	0.2
b	e	0.2
c	d	0.8
d	f	0.6
e	f	0.3
f	g	1.0
g	h	0.4
h	结束	0.3
		总计：3.8

（5）计算该系统的效率。

解：（1）画作业先后顺序图相对来说较简单。从最初活动开始。由于表中紧后作业一列中没有作业 a 和作业 c，因此它们没有紧前作业。从这两个作业开始。

第 1 步：

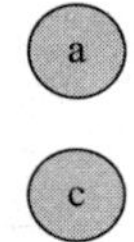

第 2 步：作业 b 紧随作业 a，作业 d 紧随作业 c

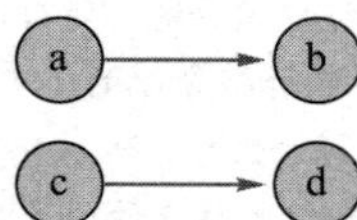

第 3 步：作业 e 紧随作业 b

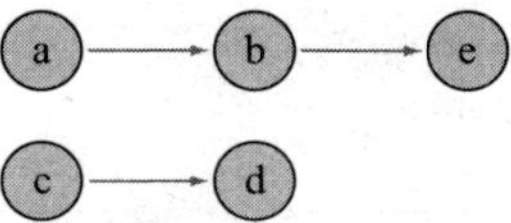

第 4 步：作业 f 紧随作业 e 和 d

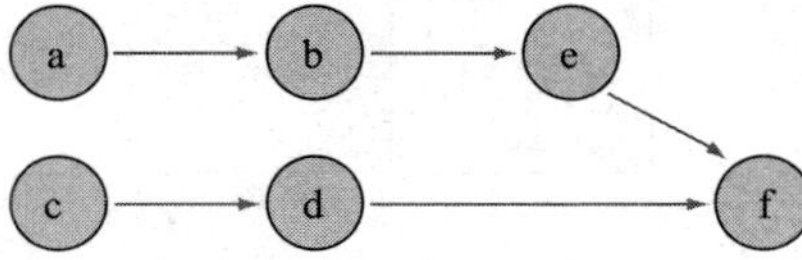

第 5 步：作业 g 紧随作业 f，作业 h 紧随作业 g

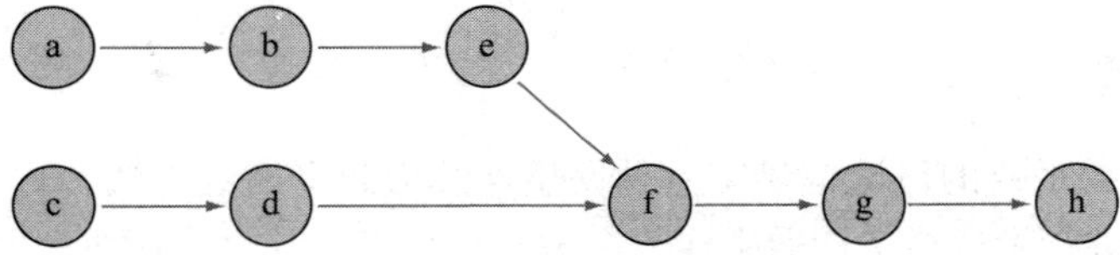

（2）$CT=\frac{OT}{D}=\frac{每天480分钟}{每天400个单位}=1.2$ 分钟

（3）因为完成一件产品总的作业时间是3.8分钟，而每一工作地最多只能完成1.2分钟的作业任务，所以 $N_{\min}=\frac{\Sigma t}{CT}=\frac{3.8分钟}{每工作站1.2分钟}=3.17$ 台（取整数为4）。

（4）从工作站1开始，按下列程序进行分配：从作业先后顺序图中确定哪些作业够资格分配，接着从中找出与该工作站剩余时间相适合的作业。必要时可利用“平局决胜”法。一旦一个作业被分配，就不再考虑。当一工作站不能再分配作业时，继续下一个工作地，一直到所有作业分配完为止。

工作站	剩余时间 / 分钟	够资格分配的作业	适合的作业	分配作业（作业时间）	闲置时间 / 分钟
1	1.2	a，c①	a，c①	a（0.2）	
	1.0	c，b②	c，b②	c（0.8）	
	0.2	b，d	b	b（0.2）	
	0	e，d	无	—	0.0
2	1.2	e，d	e，d	d（0.6）	
	0.6	e	e	e（0.3）	
	0.3③	f	无	—	0.3
3	1.2	f	f	f（1.0）	
	0.2	g	无	—	0.2
4	1.2	g	g	g（0.4）	
	0.8	h	h	h（0.3）	
	0.5	—	—	—	0.5
					1.0

① 作业a和作业c都没有先行作业，所以都够资格分配。因为作业a的后续作业较多，所以先分配a。

② 一旦作业a被分配，作业b和作业c都是够资格分配的。二者都适合1.0分钟的剩余时间。由于采用“后续作业数最多”这一方法出现了多个作业一样的情形，所以分配所需时间最长的作业。

③ 尽管作业f是够资格的，但它不适合，因此工作地2的闲置时间为0.3分钟。

这一分配过程可用下图说明。如果读者对这一分配方案留意观察，将不难发现可对其进行改进。因此，这一分配方案未必是最佳的。不要指望启发式方法总能得出最佳方案，它只不过提供了处理复杂问题的一个可行方法罢了。

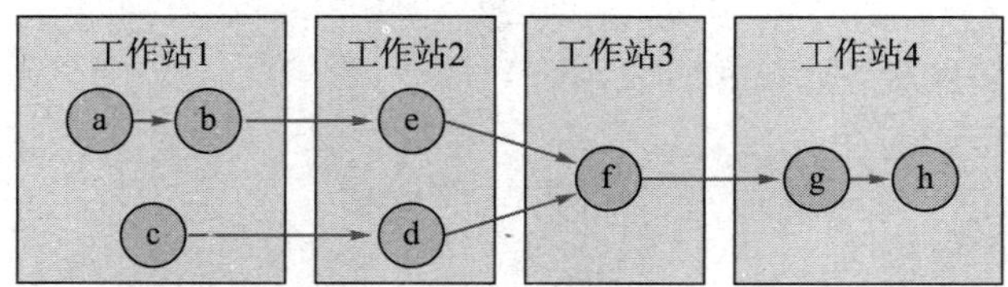

（5）效率 $=100\%-\frac{1.0分钟}{4\times1.2分钟}\times100\%=79.17\%$

5.5.2 其他因素

前面关于生产线平衡的讨论提供了一种使生产线大致平衡的方法，这一方法相对来说较简单。在现实中，进行生产线平衡通常还要考虑其他因素，其中包括技术方面的因素。

技术上的考虑包括不同作业的技术要求。如果作业的技术要求完全不同，将这些作业分配到同一个工作站是行不通的。类似地，如果作业之间不相容（例如，火与易燃液体的使用），即使把它们分配到相距很近的两个工作站也是不行的。

制订平衡生产线的可行计划还可能要考虑到人力因素以及设备和空间限制。

虽然为方便起见我们一直把装配操作速度视为一样，但现实情况是，只要作业有人参与，其完成时间将是个变数。变化的原因有很多，包括工人疲劳、厌倦及不能集中于手边的作业。缺席率也会影响生产线平衡。

基于这些原因，实际中涉及人力作业的生产线很少会完全平衡。然而，这不全是坏事。因为一定的不平衡意味着在生产线的某些地方存在着松弛现象，这可减少一些工作站出现短暂停工的影响。同时，有松弛现象的工作地可由“速度上不去”的新工人操作。

5.5.3　其他方法

企业还采用了许多其他方法，以确保有顺利的生产流，其中一个方法是使用平行工作站。这有利于解决影响产品在生产线上流动的瓶颈作业问题。造成瓶颈的原因可能是有些作业的加工难度大或所需的时间长。平行的工作站可使生产流顺利，提高生产线的柔性。

考虑如下例子⊖：一项工作包含 4 个作业，作业时间分别为 1 分钟、1 分钟、2 分钟和 1 分钟。该生产线的节拍为 2 分钟，每小时的产量是 30 个单位。

$$\frac{\text{每小时 60 分钟}}{\text{每 2 分钟生产 1 个单位}}=\text{每小时 30 个单位}$$

瓶颈

1分钟　30单位/小时　1分钟　30单位/小时　2分钟　30单位/小时　1分钟　→　30单位/小时

对第三个作业采用两个平行的工作站将使生产线的节拍降为 1 分钟，因为这两个平行工作站的产量与单独一个工作站的产量相等，结果该生产线的产量为每小时 60 个单位。

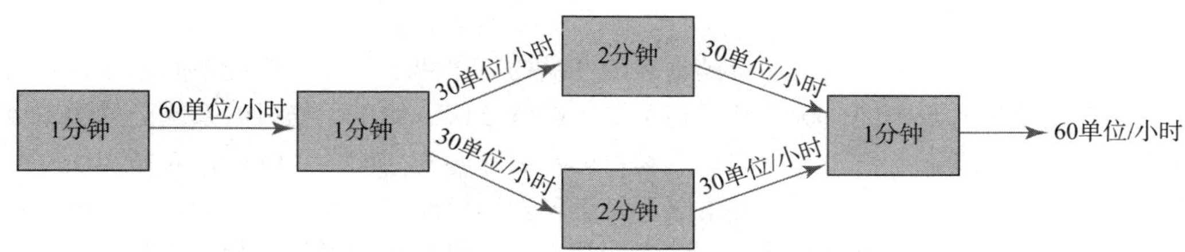

实现生产线平衡的另一种方法是交叉布置工人以便他们能完成多个作业。当瓶颈出现时，闲着的工人可帮助忙着的工人，从而保持生产线上有平稳的生产流。这一做法有时被称为动态的生产线平衡，在精益生产系统中最为常用。

还有一种方法是设计出一条生产线，在同一条生产线上生产出不同型号的产品。该生产线被称为混合型生产线。自然，这些产品必须十分相似，使得所进行的作业对所有的产品来说几乎相同。这一方法提高了生产线对产量变化的适应能力。

⊖ 摘自 Mikell P. Groover，*Automation*，*Production Systems*，*and Computer-Aided Manufacturing*，2nd. Englewood Cliffs，NJ：Prentice Hall，1987，Chapter 6.

5.6 对工艺原则布置的设计

工艺原则布置设计的主要问题是如何安排好工作部门的相对位置。如图 5-10 所示，必须把工作部门分配到一定的位置上。问题是要求设计出合理的布置，一些布置比其他的布置更理想。例如，一些部门位置接近有好处，而其他部门应相距远一点。有精密设备的实验室不能与有巨大震动设备的部门相距太近。相反，有一些相同设备的两个部门应距离近些。

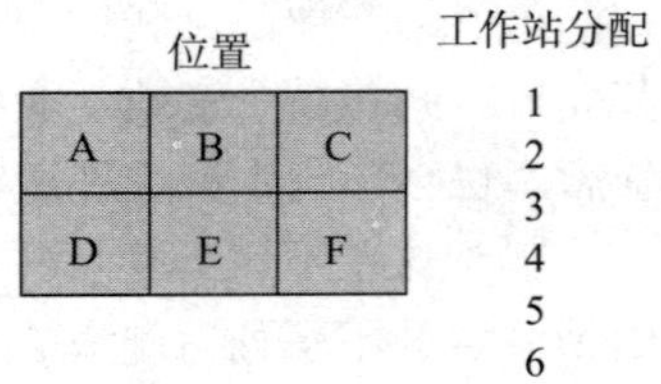

图 5-10 工作站必须分配到一定的位置上

布置也会受到外部因素如入口位置、装货点、电梯、窗口和室内坚硬地面面积的影响。噪声大小、安全性及休息室的大小和地点也是重要的因素。

在一些例子（例如，超市、加油站和快餐连锁店的布置）中，大量具有相似特征的布置证明了标准化布置设计的合理性。例如，麦当劳快餐店采用同样的基本布局有利于新店的开建和雇员的培训。整个连锁店按同样的方式备餐、接受订单及服务顾客。这一概念也被成功地应用到计算机软件产品中，例如微软 Windows、Macintosh 运行系统。具有一些基本共同特征的不同应用程序被设计出来，这样一来，熟悉一种应用程序的用户能够很容易地使用其他的应用程序。

大多数布置问题涉及的是单一而非多重的地点位置。特有的要素组合决定了对这类布置不能用标准化的方法。这些布置需要根据具体情况来设计。

设计出最有效率的部门布置的一个主要障碍是可能的布置方案太多。例如，把 14 个部门分配到分布为一条直线的 14 个位置上将有 870 多亿种不同的分配方式。不同的位置分布（例如，14 个部门分配到分布为 2×7 的 14 个位置上）常常减少可能的分配方式。特定的要求（例如，压模部门必须分配在室内地面坚硬的位置）也可减少分配的方式。剩下的可能的分配方式仍很多。可惜尚无办法确保找出的就是最佳布置方案，设计者通常要借助启发式方法找出一个满意的布置方案。

5.6.1 效率的测量

工艺原则布置的一个优点是它可满足多种产品的工艺要求。由于系统中的顾客或物料对加工及加工顺序的要求不同，所以其通过系统的路线不同。侧重于物料的系统必然使用可变路线的物料运输设备在工作中心之间运送物料。在以顾客为导向的系统中，人们必须穿行或被运送于各工作中心之间。在这两种情况下，运输费用可能很高或运输时间很长。由于这一原因，工艺原则布置的主要目标是运输的费用最少、距离最短或时间最少。因此，相互之间物料流量相对大的工作部门布置通常要尽可能接近。

在选择布置方案时还要考虑一开始花在布置上的费用、预期的运营费用、有效生产能力大小以及改进系统的难易。

在需要对现有的布置进行改进时，必须对各工作中心重新定位的费用与调整后可能带来的利益进行权衡。

5.6.2 信息要求

工艺原则布置设计需要考虑下列信息。

- 一系列要安排的工作部门或工作中心、其大致规模以及容纳这些工作部门的建筑物的大小。
- 各工作中心之间未来工作流的平面图。
- 位置间的距离及单位距离物料运输费用。
- 投资于该布置的资金额。
- 一系列需特别考虑的事项（例如，必须相互接近或必须隔开的操作）。
- 在现有建筑内关键设施的位置、进出点以及存货处等。

理想的情形是先构思出一个布置方案，然后再设计实物结构，这样可保证设计的最大柔性。通常建造一个新设施时按照这一程序。不过，许多布置设计针对的是现有的布置结构，室内场地大小、建筑物大小、入口和电梯位置及其他类似因素必须在布置设计过程中认真考虑。多层次结构也是布置设计者要面对的特定问题。

5.6.3　使运输费用最少或距离最短

在对工艺原则进行设计时最常见的目标是追求运输费用最少或距离最短。在这些情况下，将必要的资料绘成从至表是十分有用的。表 5-6 和表 5-7 即是两个从至表。表 5-6 表明了每两个位置间的距离，而表 5-5 表明每两个工作部门间实际的或预计的工作流量。例如，该距离表说明了从位置 A 至位置 B 的行程为 20 米（通常要测量两工作中心的距离）。大多数情况下，按不同的行程方向两位置间的行程大小可能不同，这是因为不同方向的行程其路线、电梯或其他因素将会不一样。为方便讨论，假定两位置间的距离相同，而不管方向如何。然而，假定工作部门之间的工作流量相等则是不现实的——没有理由推测部门 1 向部门 2 移送的工作流量与部门 2 向部门 1 移送的工作流量一样多。例如，几个部门可能将物品送至包装部门，而包装部门可能仅仅将包装好的物品送给发货部门。

表 5-6　位置间的距离

至 从	位置		
	A	B	C
A		20	40
B			30
C			

表 5-7　部门间工作流量（每天物料流量）

部门	部门		
	1	2	3
1		30	170
2			100
3			

我们也可按运输费用绘制从至表，但为避免复杂化，假定费用是距离的线性函数。

例 5-3　将表 5-7 中的三个部门分配到表 5-6 中的三个位置 A、B、C，要求标准是运输费用最低。注意表 5-7 给出的是双向的流量。采用如下启发式方法：先把相互间工作流量最大的两个部门分配至最近的两个位置。

行程	距离 / 米	部门配备	工作流量
A-B	20	1-3	170
B-C	30	2-3	100
A-C	40	1-2	30

解：为便于分配，按工作流量最大和距离最近分别对部门和位置排序。如果两位置间的

距离与流动方向无关，可将两部门间的工作流量加在一起，从而能更进一步看出对接近程度的要求。

从该表可以看出部门1和部门3之间的工作流量最大，位置A和B距离最近。因此，考虑将部门1和部门3分配到位置A和B看来是有道理的，尽管还不清楚哪一部门应具体分到哪一个位置。对工作流量这一列进一步观察可知，部门2和部门3的工作流量大于部门1和部门2的工作流量，所以部门2和部门3的位置也许应该比部门1和部门2更近些。因而，将部门3设置在部门1和部门2之间是合理的。分配结果如图5-11所示。

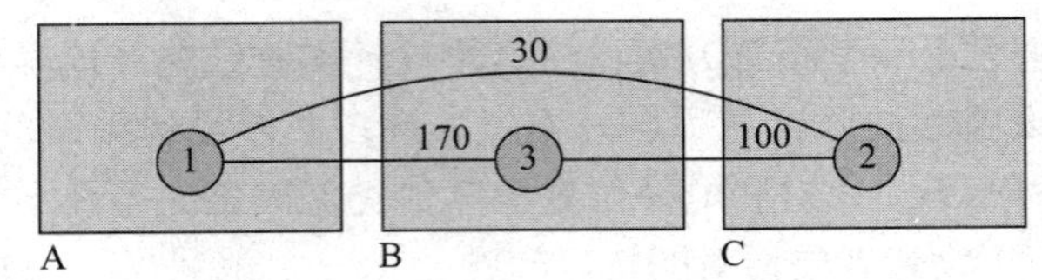

图 5-11 部门分配及两部门间的工作流量

如果运送单位物料每米的费用为1美元，可用每一部门发出的物料量乘以相应的运输距离，然后将这些乘积相加即得每天的总运输费用。

部门	其间的物料量	位置	两位置间距离	物料量 × 距离
1	2：30	A	C：40	30 × 40=1 200
	3：170		B：20	170 × 20=3 400
2	3：100	C	B：30	100 × 30=3 000
				7 600

当运送单位物料每米费用为1美元时，这一布置方式每天的费用为7 600美元。虽然这一布置运输费用有可能是最低的，但在没有实际计算出所有可能布置方式的费用并与其加以比较之前，无法确定这就是最低的。但是，根据上述的启发式方法可找出一个满意的布置方式（如果不是最佳的话）。

5.6.4 密切程度赋值法

尽管上述方法应用很广，但其局限性是考虑的目标单一，而许多情况下要求达到多个目标。默泽（Richard Muther）为此提出了一个更一般的方法——网格图法[⊖]，即通过对一些影响因素进行分析，确定出各部门间的关系和接近程度，然后将这一信息汇集在如图5-12所示的一个网格中，据此进行部门布置。两部门交叉处方块中的符号表示这两个部门接近程度的类别，其中A表示绝对必要，X代表不能接近。因此，在该图中把部门1和部门2靠近布置是“绝对必要”的，因为这两个部门交叉处的符号为A。另一方面，部门1和部门4不能靠近布置，因为它们的交叉处有一个X。实际的网格图中符号下还常标有数字，用来

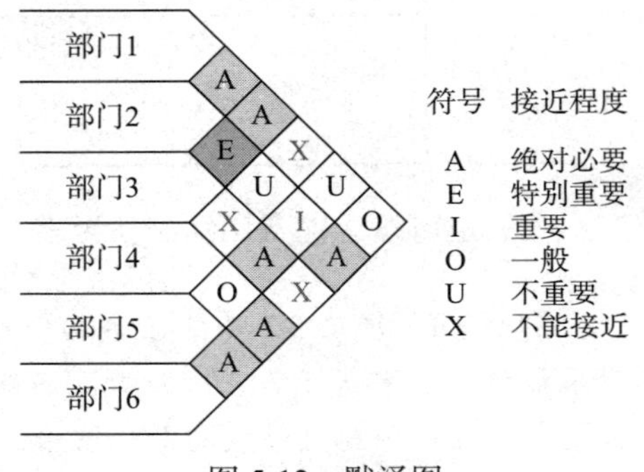

图 5-12 默泽图

⊖ Richard Muther and John Wheeler, “Simplified Systematic Layout Planning,” *Factory* 120, nos. 8, 9, and 10 (Augest, September, October, 1962) pp. 68-77, 111-19, 101-13.

代表影响这一程度类别的因素。为简便起见，这些数字在这里被略去了。

默泽提出了影响关系密切程度的因素：

- 使用同样的设备或设施；
- 具有同样的员工或记录；
- 生产流的连续性；
- 交流的容易程度；
- 不安全或令人不愉快的条件；
- 完成的工作相似。

例 5-4　把图 5-12 中的 6 个部门分配到分布为 2×3 的 6 个位置中去。要求利用启发式方法：先分配关键的两部门。

解：关键的两部门是指接近程度为 A 或 X 的两部门。根据图 5-12 可制成下表。

接近程度为 A 的两部门	接近程度为 X 的两部门
1-2	1-4
1-3	3-6
2-6	3-4
3-5	
4-6	
5-6	

接着，从在 A 列中出现次数最多的部门开始（本例中为部门 6），找出有类别 A 的一组部门。例如：

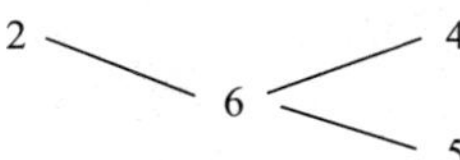

按次序选取 A 列中的剩余部门，将其与上面的主组相连，必要时对该组进行重新调整。对不能与主组相连的部门画出独立的组。在本例中，所有部门都与主组相连。

接下来，图示 X 列的部门。

不难发现，带 A 的部门组也满足 X 列中部门不能接近的要求。将该组的各部门分配到分布为 2×3 的 6 个位置中去相当简单。

1	2	6
3	5	4

注意，这一布置也满足了密切程度较低类别的要求，虽然没有明确考虑E和I类别。当然，并非所有的问题都得出同样的结果，所以进行某些调整看能否做出改进可能是必要的。但要牢记应把重点放在A类和X类部门的分配上。

要注意的是，在以上工作部门相对位置图中，边与边相接或角与角相接的两部门都应认为是接近的。

密切程度赋值法的价值在于确定部门间接近程度时考虑了多个目标和主观因素，其局限性总的看来与采用主观因素有关。主观因素缺乏准确性、不可靠。

本章小结

流程选择决策对企业组织来说往往具有战略意义。它会影响成本、质量、生产率、顾客满意度和竞争优势。流程类型包括单件小批量、批量加工、重复性加工、连续性加工和项目。流程类型决定工作的安排方式，对整个企业组织及其供应链产生影响。流程类型和布置密切相关。

布置决策是运营系统设计的重要方面，影响运营费用和效率。布置决策通常与流程选择决策密切相关。

产品原则布置与大量标准化产品的生产相适应。按照加工的产品或服务所需要的技术顺序来布置工人和设备。设计的重点放在系统内工作流的顺畅上。通常使用专用的加工及运输设备。采用产品原则布置时，个别设备出了故障对系统的影响极大。预防性维修可降低设备故障率。

工艺原则布置是指把同类的活动集中布置在一起，组成工作部门或工作中心。这类布置的系统可满足多品种生产对一系列加工的要求。个别设备出了故障对整个系统的影响较小。然而，加工要求的多样性也决定了要不断地进行工艺路线选择与进度安排以及利用可变路线的物料搬运设备，产量一般会大大低于产品原则布置系统的产量。

当体积大、易碎、费用高或其他一些因素使得在系统中搬移一件产品不适宜或不现实时，应采用固定位置布置。该布置要求工人、设备、物料均到达待加工的产品处。

产品原则布置设计的重点应放在把要做的工作分解成尽可能接近一致的一系列作业，其目标是实现工人和设备的充分利用。对工艺原则布置来说，设计的重点应放在确定工作部门的相对位置上，使得物料运输费用最少或满足部门之间接近程度的要求。

布置问题的备选方案通常很多，不可能对它们逐个进行分析。启发式方法有助于我们选择方案。这样得到的方案尽管未必最佳，但常常是令人满意的。利用计算机分析对选择布置方案大有帮助，但也离不开启发式方法的运用。

知识要点

1. 流程选择是由需求驱动的。
2. 流程类型及相关设施布置是根据需求量和所要求的定制化程度来确定的。
3. 每一种流程及相关设施布置都有其优点和局限性，这在流程选择和设施布置方案确定时应予以重视。
4. 在产品导向的运营系统中，流程设计至关重要，而在流程导向的运营系统中，管理至关重要。

例 题

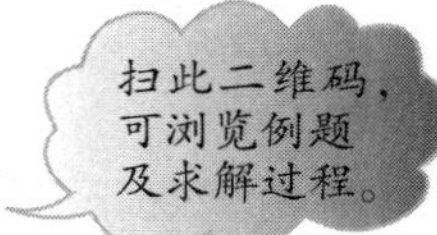

习 题

1. 尝试实现有 17 个作业的生产线平衡。作业时间最长的为 2.4 分钟，所有作业的时间之和为 18 分钟。该生产线每天运转 450 分钟。
   （1）可能的最小和最大的节拍分别是多少？
   （2）从理论上看该生产线的产量范围是多少？
   （3）如果要求达到最大产量，最少所需工作站数是多少？
   （4）保证每天产量为 125 个单位时的节拍是多少？
   （5）下列情况下产量各是多少：①节拍为 9 分钟；②节拍为 15 分钟。
2. 某管理者希望尽可能有效地把作业分配到各工作站，实现每小时产量为 $33^1/_3$ 个单位。假定该部门 1 小时工作 60 分钟，把下列作业先后顺序图中的作业（时间单位为分钟）分配到各工作站，要求利用的方法是：
   （1）先分配后序作业数最大的作业。若出现多个作业的后序作业数相等的情形，先分配位置权数最大的作业。
   （2）先分配位置权数最大的作业。
   （3）效率是多少？

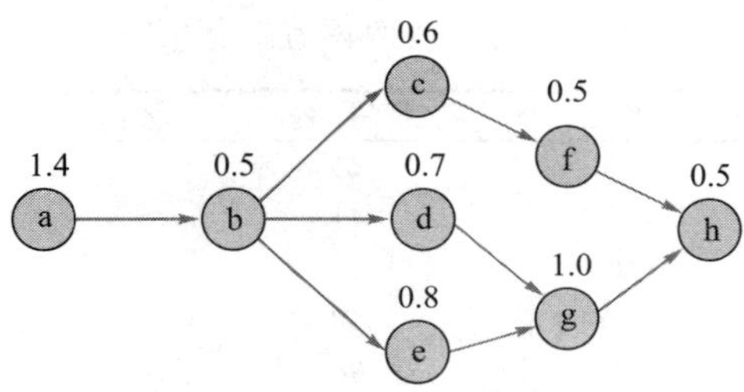

3. 某管理者希望尽可能有效地把作业分配到各工作站，实现每小时产量为 4 个单位。该部门每小时工作 56 分钟。将下列作业先后顺序图中的作业（时间单位为分钟）分配到各工作站，要求利用的启发式方法是：
   （1）先分配后序作业数最多的作业。若出现多个作业的后序作业数相等的情况，先分配位置权数最大的作业。
   （2）先分配位置权数最大的作业。
   （3）效率是多少？

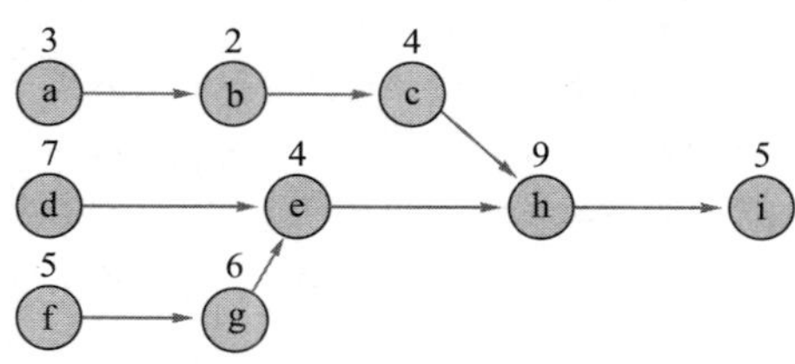

4. 一家喷墨打印机制造商正计划增加一条新的生产线，要求你对它进行平衡。工作时间和顺序关系如下表。假定节拍是可能最小的节拍。

作业	时间 / 分钟	紧后作业
a	0.2	–
b	0.4	a
c	0.3	–
d	1.3	b，c
e	0.1	–
f	0.8	e
g	0.3	d，f
h	1.2	g

（1）完成下列各项：

1）画出作业先后顺序图。

2）按先分配后续作业数最多的作业这一方法将作业分配到各工作站。

3）求出闲置时间百分比。

4）在假定一天工作420分钟的情况下计算可达到的产量。

（2）回答下列问题：

1）只能使用2个工作站时最小的节拍是多少？这一节拍可行吗？确定出向每一工作站分配的作业。

2）如果利用2个工作地时，求闲置时间百分比。

3）在这一布置下的日产量是多大？

4）求出在可能最大节拍时的相应产量。

5. 作为某工厂主要革新项目的一部分，要求工业工程部门对一条修改过的装配线进行平衡，以实现每天产量为240个单位。每天工作时间为8小时，各作业时间和作业先后顺序图如下。

作业	时间 / 分钟	紧后作业
a	0.2	–
b	0.4	a
c	0.2	b
d	0.4	–
e	1.2	d
f	1.2	c
g	1.0	e，f

试完成下列各项任务：

（1）画出作业先后顺序图。

（2）求出最大的节拍。

（3）求出最少所需工作站数。

（4）按先分配后续作业数最多的作业这一方法将作业分配到各工作站。如果出现多个作业其后续作业的个数相等，先分配加工时间最长的作业。如果仍然相等，可任选一个。

（5）计算问题（4）中这一分配方法的闲置时间百分比。

6. 12个作业，各作业工作时间及作业先后顺序图如下所示，要求将这些作业分配到各工作站。已知节拍为1.5分钟，分别采用两种启发式方法：①先分配位置权数最大的作业；②先分配后续作业数最多的作业。在每一种方法下，若出现多个作业一样的情形，先分配加工时间最长的作业。

作业	时间 / 分钟	紧前作业
a	0.1	—
b	0.2	a
c	0.9	b
d	0.6	c
e	0.1	—
f	0.2	d，e
g	0.4	f
h	0.1	g
i	0.2	h
j	0.7	i
k	0.3	j
l	0.2	k

（1）画出这一生产线的作业先后顺序图。

（2）分别按上述启发式方法分配作业。

（3）计算每一分配情况下的闲置时间百分比。

7. 根据下表资料，完成下列各项。

（1）画出作业先后顺序图。

（2）求出在计划产量为每天500个单位、一天工作7小时情形下的最大节拍（秒）。为什么管理者可采用50秒这一节拍？

（3）求出每天产量为500个单位时的最少工作站数。

（4）采用位置权数最大这一启发式方法平衡生产线。若出现多个作业一样的情形，采用后续作业数最多这一启发式方法。已知节拍为50秒。

（5）计算该生产线的闲置时间百分比。

作业	时间 / 秒	紧前作业
A	45	—
B	11	A
C	9	B
D	50	—
E	26	D

（续）

作业	时间 / 秒	紧前作业
F	11	E
G	12	C
H	10	C
I	9	F，G，H
J	10	I
	193	

8. 某部门每天工作 400 分钟。该部门的管理者希望每一条生产线日产量为 200 个单位。基本作业如下表所示。完成下列各项。
（1）画出作业先后顺序图。
（2）按后续作业个数最多这一启发式方法分配作业。
（3）按位置权数最大这一启发式方法分配作业。
（4）计算每一方法下的平衡延迟。本例中哪一种分配办法较好？

作业	紧前作业	作业时间
a	–	0.5
b	a	1.4
c	a	1.2
d	a	0.7
e	b，c	0.5
f	d	1.0
g	e	0.4
h	g	0.3
i	f	0.5
j	e，i	0.8
k	h，j	0.9
m	k	0.3

9. 将 6 个工作部门安排到分布为 2×3 的 6 个位置上，要求满足下列条件：部门 1 与部门 2 接近，部门 5 与部门 2 接近，部门 6 和部门 2 都与部门 5 接近，而部门 3 不能与部门 1 和部门 2 接近。

10. 利用第 9 题给定的资料，用符号 A、O 和 X 画出默泽网格图。假定未提到的两部门接近程度均为 O 类别。

11. 利用下列网格图判定给出的部门位置是否恰当。如果不恰当，试做出修改使之满足部门间接近程度的要求。

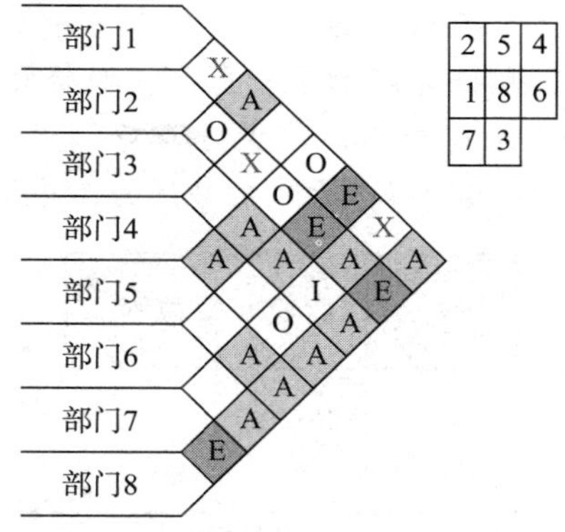

12. 将下列网格图中所示的 8 个部门安排到分布为 2×4 的 8 个位置上。注意，部门 1 必须在已确定的位置上。

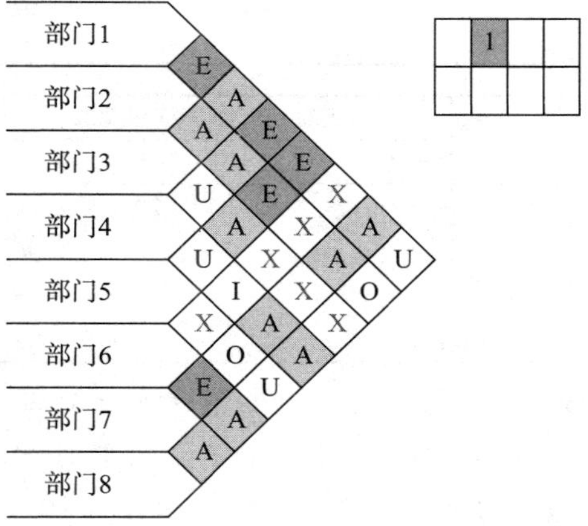

13. 将下图中的 9 个部门安排到分布为 3×3 的 9 个位置上，使之与下列默泽网格图中两部门间的接近程度相一致，要求把部门 5 放在左下角的位置上。

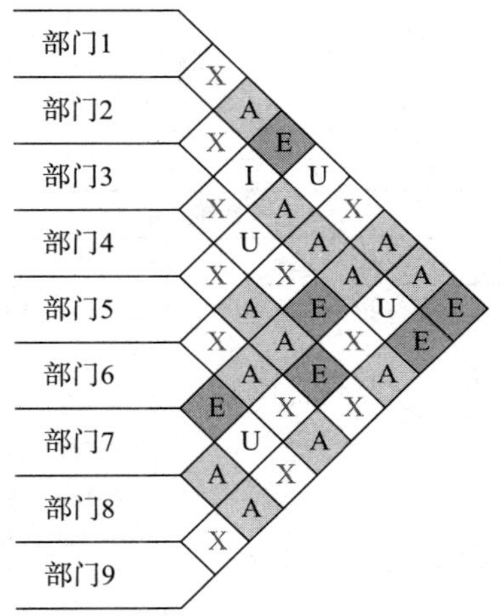

14. 试确定各部门的位置，要求运输费用最低。具体资料如下表所示。假定相反方向的距离相等，位置分布如下图所示。已知每移动单位距离的费用为1美元。

位置A	位置B	位置C
	位置D	

从＼至	两位置间的距离/码			
	A	B	C	D
A	—	40	80	70
B		—	40	50
C			—	60
D				—

从＼至	两部门间每天行程次数			
	1	2	3	4
1	—	10	20	80
2		—	40	90
3			—	55
4				—

15. 8个工作站必须安排到L型的建筑物中。工作站1和3的位置已定，如下图所示。假定每单位物料每米的运输费用为1美元，试利用给定的资料设计出一个使运输费用最低的布置，并计算总费用（假定相反的方向距离是一样的）。

A 1	B	
C	D	E 3
F	G	H

从＼至	距离/米							
	A	B	C	D	E	F	G	H
A	—	40	40	60	120	80	100	110
B		—	60	40	60	140	120	130
C			—	45	85	40	70	90
D				—	40	50	40	45
E					—	90	50	40
F						—	40	60
G							—	40
H								—

（续）

从＼至	每天物料用量							
	1	2	3	4	5	6	7	8
1	—	10	5	90	370	135	125	0
2		—	360	120	40	115	45	120
3			—	350	110	40	20	200
4				—	190	70	50	190
5					—	10	40	10
6						—	50	20
7							—	20
8								—

16. 试为某医疗诊所进行工艺原则布置，使患者在诊所内所走的总距离最短，预计患者到各部门的次数及各位置间的距离如下表所示。假定接待处到其他位置的距离都是35英尺，位置分布如下所示。

从＼至	位置间的距离/英尺					
	A	B	C	D	E	F
A	—	40	80	100	120	160
B		—	40	60	80	120
C			—	20	40	80
D				—	20	40
E					—	40
F						—

从＼至	部门间的行程次数（每天）						
	1	2	3	4	5	6	接待处
接待处	20	50	210	20	10	130	—
1	—	0	40	110	80	50	10
2		—	0	50	40	120	40
3			—	10	250	10	10
4				—	40	90	0
5					—	20	10
6						—	30

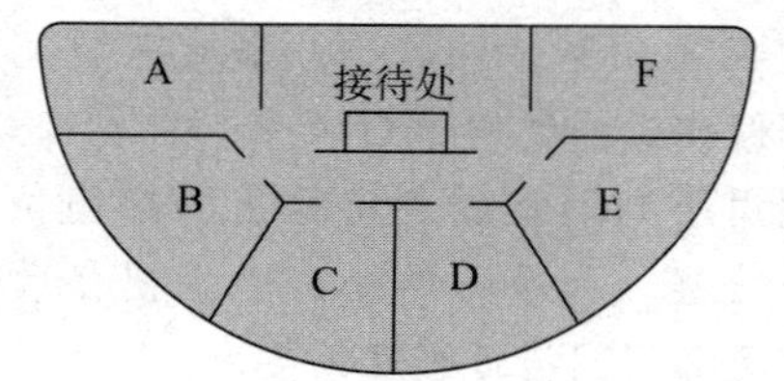

17. 将 10 个实验室布置成如下图所示的圆形。以前一个类似的布置使得大厅内十分拥挤，新的设计者要求布置后的实验室之间运输量最小。部门 1 在指定位置。另外，大厅内按逆时针方向的路线移动。根据以下信息设计出合适的布置。

至 从	部门间的行程次数（每天）									
	1	2	3	4	5	6	7	8	9	10
1	—	40	51	26	23	9	20	12	11	35
2		—	37	16	27	15	18	18	18	36
3			—	18	20	14	50	18	25	36
4				—	35	14	14	22	23	31
5					—	24	14	13	21	25
6						—	17	44	42	25
7							—	14	33	40
8								—	43	35
9									—	47
10										—

（续）

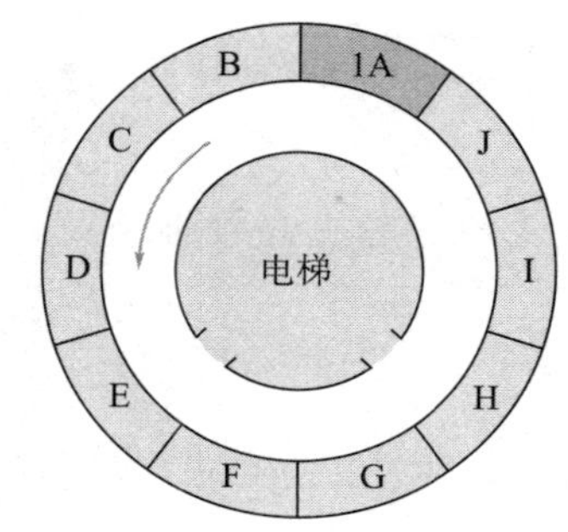

18. 重新对习题 7 的装配线进行平衡，这次要求采用按加工时间最长这一启发式方法。当出现多个作业一样的情况时，采用后续作业数最多这一启发式方法。平衡后的生产线闲置时间百分比是多少？

阅读材料　维达公司的设施布置

维达刚刚完成了一个成组技术项目的验收，这一项目的实施使加工流程时间减少了 20%。

项目实施前，一个零件在装配前通常需要移动 20 次，在制造车间的周转时间长达 12 周。这么长的前期准备时间就需要计划人员预测零件需求，从而造成大量的在制品库存。通过分析零件的设计、加工与制造方法，利用成组技术，建立起来一个单元，零件在 6 次移动和 2.5 周内就能制造完成。这对成本的影响很大，但最重要的是影响计划的制订。计划人员不再需要预测零件的需求，取而代之的是可以在保证装配的情况下，很快地在制造车间内生产出零件，而不会产生库存。

讨论题

1. 简述成组技术的主要内容。
2. 说明成组技术可能带来的经济效果。
3. 说明成组技术与设施布置之间的关系。

应用案例　自主驾驶汽车走进了人们的视线

自主驾驶汽车，有时也称自动驾驶汽车，很快就会大行其道。自动驾驶汽车装配有多个摄像头、传感器、GPS 和引导设备，从而具备在不需要人干预或很少人干预的情况下实现车辆操控的能力。它们能够与附近相似的车辆进行通信，这样就增强了其安全驾驶的能力。以下是自主驾驶汽车可预期的优点：能够与其他的车辆进行交互从而减少交通拥堵、减少交通事故和伤亡、为残疾人员提供出行服务。看来，自主驾驶卡车和其他车辆的运用将不需要驾驶员就能实现货物配送或人员运输。

但是，在自主驾驶汽车得到广泛应用之前，有几个问题需要解决。例如，如何在有尘土的路面和下雪的时候保持传感器的清洁？如何在雪和尘土覆盖交通标识的情况下操纵车辆？如何在下雪、下大雨、有雾的时候操纵车辆？如何在与有人驾驶汽车发生冲突时解决补偿问题？

讨论题

1. 通过无人机运输已经被证明是一种可行的为顾客配送包裹的途径。与无人机相比，利用自主驾驶汽车来配送包裹有哪些优点？
2. 设想一下，在与有人驾驶汽车同时存在的情况下，自主驾驶汽车与有人驾驶汽车之间的冲突有哪些？

第6章 CHAPTER6

工作系统设计

学习目标

通过本章学习，读者应该能够：

（1）解释工作设计的重要性；

（2）简要描述两种基本工作设计方法；

（3）讨论专门化的优缺点；

（4）解释基于知识的付酬；

（5）解释方法分析的目的，并描述如何进行方法研究；

（6）描述四种常用的动作研究技术；

（7）讨论工作条件对工作设计的影响；

（8）定义时间标准；

（9）描述和比较时间研究方法并进行计算；

（10）描述工作采样并进行计算；

（11）比较秒表时间研究和工作采样；

（12）比较计时工资制和计件工资制。

本章主要包括四部分内容：工作生活质量、工作设计、方法分析、作业测定。

学完本章时，读者应注意其他设计领域决策对工作系统的影响和工作设计决策对其他领域的影响。比如，产品服务设计决策（例如，经营煤矿、提供计算机数据服务、销售运动器材）在很大范围内决定了工人的各种行为。同样，布置决策经常影响工作设计，工艺原则布置比产品原则布置更倾向于扩大工作容量。这些相互关系表明了采用系统方法进行设计的重要性，某个领域的决策必须与整个系统相联系。

引言

组织依赖于通过人的努力（如工作）来达到目标，从而强调了工作设计的重要性。工作设计是运营管理最古老的方面之一。本章主要内容对组织提高生产效率和持续改进是非常必要的。

6.1 工作设计

工作设计涉及工作内容、工作方法的具体化和详细化。工作设计者要考虑由谁来做这项工作、工作将如何进行以及在何处开展。总的来讲，工作设计的目的是提高生产率、增加安全性、提升工作生活质量。

目前，工作设计的实践包含两个基本学派，一个学派强调工作设计的系统化、逻辑化，被称为效率学派；另一个学派强调需要的满足，被称为行为学派。

效率方法是 F. W. 泰勒的科学管理概念的改进，在过去受到了相当程度的重视。行为科学方法是继工作研究之后才出现的，但现在正影响着工作研究的诸多方面。它提醒管理者人性的复杂，效率方法在许多例子中也许并不合适。值得注意的是，专门化是效率方法和行为方法不一致的基本问题。

6.1.1 专门化

专门化描述业务范围非常窄的工作，从生产线到医学专家都有这方面的例子。大学教授常常专门教授某些课程；某些汽车技工专门研究传送系统的维修；某些面包师专门制作婚庆蛋糕。专门化的主要原则是集中注意力，从而精通特定类型的工作。

有时，专家具备的特定知识或教育以及工作的复杂性表明，选择这类工作的人对他们的工作感到非常满意。这对"专门职业"（例如，医生、律师、教授）尤其适合。与这些高技术知识专家对应的天平的另一端是装配线工人，其实他们也是专家，尽管人们通常并不这样认为。这些高度专门化工作的优点是高产出、低消耗，专门化正大量地为现存工业社会中的高标准生活提供服务。

不幸的是，许多工作被认为简单、单调和乏味，这也是目前许多工人不满情绪的根源。尽管这样，推断所有的工人都反对这种类型的工作是错误的。毫无疑问，有些工人喜欢这种对技术和决策责任要求有限的工作，有些人则是由于能力限制不能处理更大范围的工作而适合这样的工作。然而这种工作使得许多工人产生受挫感，并在许多方面表现出来，如高跳槽率和缺勤率。例如，有一家汽车工厂，缺勤率高达 20%。尽管并不是所有缺勤者均是生产装配线上的受挫者，但这至少体现了它的严重性。另外，工人也通过破坏性活动、故意降低生产率和忽视产品质量来表现其受挫感。

这些问题的严重性引发了工作设计者努力寻找消除矛盾的方法。其中有些方法将在后面章节中介绍。在介绍以前，我们在表 6-1 中总结了专门化的优缺点。

表 6-1 企业中专门化的主要优缺点

优点	
对管理者来说	对劳动者来说
1. 简化培训	1. 教育和技能要求低
2. 提高生产效率	2. 少负责任
3. 降低工资成本	3. 需要的脑力劳动少
缺点	
对管理者来说	对劳动者来说
1. 难以提高质量激励	1. 工作单调
2. 工人的不满情绪可能引起工人的缺勤、跳槽、破坏活动和对质量的忽视	2. 缺少晋升机会
	3. 缺少对工作的控制
	4. 难以自我实现

6.1.2 工作设计中的行为方法

为使工作更加富有趣味性和意义，工作设计者经常考虑采用工作扩大、工种轮换、工作丰富化和提高机械化的使用等措施。

工作扩大意味着将总任务中很大一部分分派给工人。这构成了水平负载，即将处于相同技能水平的工作附加给原工人，目的是通过提高工作所需技能的多样性和对工人的最终产出给予更多的承认，来提高工人对工作的兴趣。例如，扩展生产工人的工作使其对一系列活动而不是单一活动负责。

工种轮换意味着让工人定期交换工作。公司可以采用这种方法来避免让某个或某些雇员拴在单调的工作岗位上。这种方法在工人转到其更有兴趣的工作岗位时，效果最好。如果工人只是从一个单调工作转到另一个单调工作岗位，其效果甚微。工种轮换能够扩大工人的经验知识，使其能在别人缺勤或生病时顶替他人。

工作丰富化涉及计划和协调任务方面责任水平的提高，有时也指垂直负载。例如，让超市里的理货员负责补充缺货，从而提高他们的责任。增强工作责任方法，集中于提高工人可能的满足感。

工作扩大和工作丰富化常被运用于精益运营中（见第 13 章），工人接受交叉训练以便进行各类任务，同时授予其更多权力去管理他们的工作。

这些方法对于工作设计者的重要性在于，它们有可能通过提高工人生活质量进而提高工人的满足感来增强其工作的动力。现在，许多公司正在积极采取措施来提高工作生活质量。

6.1.3　激励

激励是工作生活的诸多方面中的一个关键因素。激励不仅能影响质量和效率而且有助于改善工作环境。人们工作的目的有很多，薪资通常是一个主要因素，但不是唯一因素。其他动因包括社会化、自我价值、地位、精神享受以及自我实现。认识这些动因，有助于管理人员设计激励体系，以鼓励职员采取正确的工作方式，进而实现组织目标。有关激励更详尽的讨论超出了本书的范围，但其对工作设计的重要性是显而易见的。

影响生产率和劳资关系的另一个因素是信任。在理想的工作环境中，职员和管理人员彼此完全信任。当管理人员信任职员时，职员的责任心就强；当职员信任管理人员时，职员就以积极主动的方式行事。相反，当职员不信任管理人员时，他们就表现得不尽人意。

6.1.4　工作团队

为使企业组织变得更加富有生产力、竞争力和顾客导向而做出的努力，使得企业组织开始重新思考工作是如何完成的。一些工作环境的结构变化，特别是精益生产，提高了工作团队的应用，改变了工人工作的付酬方式。

过去，诸如处理顾客抱怨或改进工作过程等非程序性工作安排通常是分派给由同一位管理者负责的一个人或几个人。现在，更多非程序性的工作安排分派给从事开发和实施问题解决方案的团队。任务分配的责任由团队成员共同承担。

团队的类型多种多样。常见的一种是临时性团队，这种团队多半用来解决某一具体问题，如质量改进、产品或服务设计或其他管理问题。根据所要解决问题的性质，团队成员可来自同一部门也可来自不同部门或领域。相应地，另一种团队则是中长期的。其中越来越普遍的一种形式是自引导团队，这种团队主要负责敏捷制造方面的工作。

自引导团队，有时也称自我管理团队，它是为提高协同工作水平和达到更多员工参与的目的而设计的。尽管这些团队并未被赋予制定所有决策的绝对权力，但其通常被授以对其控制下的工作过程进行必要改变的权力。它所强调的概念是，最接近工作流程、对流程最了解的工人，要比管理人员更适合做出最有效的改变以提高流程效率。此外，由于流程改变与他们的切身利益挂钩且亲自参与，因此他们会比管理人员更加努力，以确保达到预期结果。为使团队良好运转，团队成员必须在质量、流程改进和协同工作方面接受培训。自引导团队具有许多优点：其一，需要的管理人员少，一个管理人员可以领导几个团队；其二，自引导团队能提高工人对问题的反应，因为流程工作中涉及其个人利益，因而进行流程改进需要的时间更短。

一般来说，团队生产的好处包括：更好的产品质量、更高的劳动生产率以及更多的员工满足感。而且，高水平的员工满足使得员工跳槽和缺勤现象减少，从而降低了培训新员工和替补缺勤的费用。然而，所有这些并不意味着组织在应用团队生产理念时毫无困难，当团队承担了某些管理人员，特别是中层管理人员的大多数传统职能时，这些管理人员有可能会感到其权力被侵犯。

说到团队所存在的问题，最主要的可能是团队成员之间的冲突。团队之间的不和谐可以降低团队效率。

罗伯特·巴克沃列出了成功组建和运作团队的一些主要因素㊀：

- 确定明确的指导思想，制定一致的目标；
- 具备为实现目标所必需的技能；
- 非常清楚地理解团队成员的作用和功能；
- 切实地理解团队行动的程序和标准，并且让每个人都知道这些程序和标准；
- 具备处理人际关系的技能；
- 建立一个持续改进的体系；
- 清楚地理解团队与所在组织的关系。

6.1.5 人类工程学

人类工程学是研究人与系统的其他要素相互作用的科学，是把有关理论、原理、数据和方法应用到工作设计中以提高人的幸福感和系统总体绩效的科学。"人类工程学有助于设计和评价任务、工作、产品、环境和系统，实现其与人的需要、能力和局限性协调一致"。㊁人类工程学用于工作环境的设计时，有助于减少不适和疲劳，从而提高生产率。

国际人类工程学协会将人类工程学分为三个领域：物质上的（例如，重复性运动、流程布置、健康、安全）、认知上的（例如，精神负荷、决策制定、人机交互、工作压力）、组织上的（例如，交流、团队协作、工作设计、远程工作）。㊂

可以找到很多人类工程学在运营管理中的应用。20 世纪初期，被称为科学管理之父的泰勒发现，通过减轻铲子的尺寸和重量可以提高工人的装煤数量。吉尔布雷斯夫妇扩展了泰勒的研究，为提高工人的效率和减轻伤害及疲劳开发了一系列动作研究的原则。经过多年的发

㊀ Robert Bacal，"The Six Deadly Sins of Team-Building，" www.performance-appraisals.org.

㊁ The International Ergonomics Association (www.iea.cc).

㊂ Ibid.

展，技术变革已经延伸到了人类工程学的范围，手眼协调系统和决策制定在工作场所变得越来越重要。现在，人机交互系统在工作设计和电子产品设计中的应用再次拓宽了人类工程学的研究。

不良坐姿使人产生疲惫、低效率，伤害人的背部、肩部和胳膊。良好的坐姿有助于避免或减少这些问题。图 6-1 说明了使用计算机时的良好姿势。

图 6-1　舒适工作站组成

6.2　工作生活质量

人们为了各种原因而工作，普遍来说人是为了生存而工作。同样，人们也可能为了自我实现、提升地位、物质或精神需求及社会化需求而工作。工作生活质量不仅影响工人的健康和满意度，而且影响其效率的发挥。工作生活质量有几个关键因素，与团队合作愉快、有个优秀的管理者在很大程度上影响工作生活质量。领导风格尤其重要，另外，工作条件和报酬方式也至关重要，下面对其进行研究。

6.2.1　工作条件

工作条件是工作设计中很重要的一方面。工作环境的温度、湿度、通风、照明、噪声等物理因素对工人在生产率、产品质量和事故上表现出来的工作绩效有重大影响。在很多情况下，政府会颁布工作条件方面的法规。

1. 温度和湿度

尽管人能在相当宽的温度范围内发挥职能，但是如果温度超出了一个非常窄的舒适范围，工人的工作绩效将受到不利影响。舒适范围取决于工作的紧张程度，工作越紧张，舒适范围就越小。

2. 通风

令人厌恶的气体和有毒的气味可以引起工人的分心，甚至危害工人的身体健康。如果烟灰不定期抽走，空气将会迅速变得陈腐和令人不舒服。

3. 照明

所需照明的亮度在很大程度上取决于工作的类型。工作越细致，为确保工作能够正常进行所需的照明强度就越高。另外一个重要考虑因素就是光的灰度和对比度。从安全角度来看，大厅、楼道以及其他危险地段，良好的光照是很重要的，然而，因为照明成本昂贵，在所有地方都采取同样高的照明度总的说来是不可取的。

4. 噪声和振动

噪声是不受欢迎的声音，是由机器设备的振动或人造成的。噪声既令人心烦，又使人分心，而且容易使人产生错误或导致事故的发生。如果噪声非常大，还可能造成工人听力的损伤，图 6-2 说明了一些典型声音的强度水平。

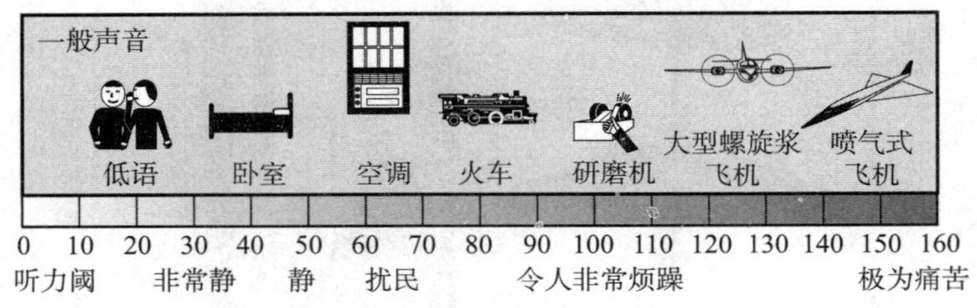

图 6-2 典型声音的分贝值

资料来源：From Benjamin W. Niebel，*Motion and Time Study*，8th ed. Copyright © 1988 Richard D. Irwin，Inc. Used by permission of McGraw-Hill Companies，Inc.，p. 248.

即使没有噪声，振动也是工作设计中的一个重要因素。在任何情况下，只消除声音是不够的。振动可能来自于工具、机器、交通工具、人的行为、空调装置、水泵和其他设备。正确的方法是使用缓冲器、振动吸收器、填塞材料、垫圈、橡皮承载物等消除振动的材料与设备。

5. 工作间歇

合理的、灵活的工作时间能够给工人一种自由控制其工作的感觉。对于需要尽快完成工作或者尽快达到业绩目标而不是在某个时间段完成某些“责任”的情况，这是适用的，如大多数零售及制造业务。

工作间歇是非常重要的，长时间工作容易产生疲倦和厌烦，效率和质量都无法得到保证。而周期性假期可以给工人带来一些期望和节奏的变化，并有机会自我充电。

6. 职业保健

工人身体健康有助于提高生产率、减少医疗费用、增加工人幸福感。很多公司实行健康饮食项目，以改善或维持工人的体格或整体健康水平。

7. 安全

工人的安全是工作设计中最基本的问题，管理层、工人和工作设计者在任何情况下都不可掉以轻心。如果工人感受到身体处于危险中，他们是不可能被有效地激励的。

从雇主的角度来看，是不期望发生事故的，因为其代价（保险和赔偿）高昂。事故的发生通常涉及产品和设备的损坏，需要重新雇人、培训和弥补工作；此外，事故通常还会打断工作的进行。从雇员的角度来看，事故意味着遭受痛苦、精神折磨、收入的潜在损失和正常工作的中断。

引起事故的两个基本原因是工人的粗心大意和事故的随机性。粗心容易产生不安全的行为，比如驾驶员酒后高速开车，工作不使用保护性装备，忽视安全控制（例如，按下控制按钮），不注意安全程序（例如，工作场合随意奔跑、乱扔东西、直接穿行、不注意单行标志）以及工具、设备的不正确使用，在危险区未使用合理警告。不安全的工作条件包括未保护的滑轮、链条、原料处理设备、机器等。另外，阴暗的过道、楼梯和暗藏危险的装卸码头也是不安全的工作条件。此外，有毒的废物、气体、液体、放射性物质也应包含在不安全工作条件内。在许多情况下，没有特殊的设备，这些危险是检测不出来的，因此经常被工人和急救人员忽视。预防灾难事故的措施包括：使用合适的照明，清楚标识危险区域，使用保护装置（安全帽、护目镜、耳套、手套、鞋和衣服）、安全设备（机器保护及要求操作员同时使用双手操作的双重控制开关）、急救器材（应急喷淋装置、灭火器、安全门、安全程序）以及指导员工如何使用正常和急救设备。房间的整理（打扫地板、打开通道、清扫垃圾）也是确保安全的另一个重要因素。

一个有效的安全事故控制方案的实施，需要工人和管理层双方的协作。工人必须就正确的工作程序和态度接受培训；同时，工人也能在灾难发生之前，向管理人员指出危害所在，从而为减少损失做出贡献。管理层必须努力贯彻实施安全工作程序，使用安全设备。如果监督人员允许工人忽视安全程序，看到工人违反安全条例而无动于衷，工人就不可能采取合理的谨慎态度。有些公司通过开展部门间安全比赛和推行安全意识来减少事故发生，然而即便如此，事故也不能完全消除。一个非常偶然的事故就有可能严重影响工人的士气，甚至可能酿成附加事故。采用安全告示能够有效地减少事故，特别是如果告示用明确的语句告诉人们如何避免事故就更为有效。例如，泛泛警告“小心”远不如“戴安全帽”“走，别跑”“抓住栏杆”等语句有效。

《1970年职业安全和健康法案》（OSHA）的颁布及安全和健康部的成立，强调了系统设计中安全考虑的重要性。该项法令致力于确保所有组织和企业中的工人有健康、安全的工作条件。法令提供了详尽的安全规则，并由检察官监督执行。检察人员既可随机检查企业的法令执行情况，也可就工人对某一工作条件不安全的控诉进行调查。OSHA官员有权发出警告，处以罚金，甚至以不安全工作条件为由，让法庭发出工厂强制关闭令。

OSHA被认为是在与工人安全有关的各个领域里，对运营管理决策最具有影响力的法案。OSHA作为催化剂，促进了工人福利和安全，促使公司做出一些它们知道有必要但却还未打算进行的改变。

8. 职业伦理

职业伦理涉及工作方法、工作条件和职员的安全性、准确无误的记录、公平的评价、合理的福利待遇以及升迁机会。职业伦理同样影响运营效率。

6.2.2 员工报酬

报酬是工作系统设计中一个重要的问题，对企业来说为员工实施合理的工资报酬计划是非常重要的。如果工资太低，组织会发现很难吸引和留住能干的工人和管理人员；如果工资过高，过高的费用会导致利润下降，或者可能促使企业提价，这将对公司的产品或服务需求带来不利影响。

企业有两种基本的员工报酬方式：计时工资制和计件工资制。计时工资制，即众所周知的按时或按日计酬方法，按工人在带薪期间工作的时间来补偿员工，薪金工人体现了计时工资制。计件工资制（效率工资）是根据工人在有偿期间产出的数量多少来补偿员工，是一种直接根据工作绩效计酬的方式。

计时工资制比计件工资制使用更为广泛，尤其是在办公室、行政部门、管理层雇员中，即使在蓝领工人中也是这样。原因之一是这种工资计算方式很直接，管理者能容易地预计某一时期的劳工费用，雇员常喜欢计时工资制，因为这种报酬非常稳定，而且能够清楚知道每个工酬期能收到多少报酬。此外，雇员也可能不满计件工资制带来的压力。

采用计时方式的另一原因是许多工作不适于使用激励计划。在某些情况下，计量产出可能很困难甚至是不可能的。例如，要求有创造性或脑力劳动的工作，不可能很容易地计量产出。其他工作可能包括一些不规则动作或者有许多不同的产出形式，以至于计量产出或计算报酬相当复杂。在装配线的情况下，个人激励的使用可能会打乱工作流程的均衡。然而，在这些例子中，群体激励有时却得到了成功的运用。最后一个原因是，质量因素可能同数量因素一样重要，比如，在卫生保健中，通常同时强调患者护理的质量和数量。

另一方面，确实存在激励计划发挥作用的情况，按照产出给予工人激励报酬，可使一些工人比在计时方式下产出更多。这种做法的优点是，某些费用（固定费用）不随产出的增加而改变，如果产出增加，每单位摊销的费用就会减少。工人也可能更喜欢激励报酬方式，因为他们明白自己的努力和报酬之间的关系，激励报酬方式为他们挣取更多的金钱提供了机会。

激励报酬方式消极的一面是，它产生了大量的文书工作，其工资计算比计时方法更为复杂，必须对产出进行计量并制定相应标准。生活费用的增加也难以在激励报酬计划中得到体现。并且，这种方式还需要制定临时性的安排，以应对由于某些不可避免的原因造成的工作延迟。

表 6-2 列举了计时工资制和计件工资制的一些主要优缺点。

表 6-2 计时工资制和计件工资制的比较

	管理层	工人
计时工资制		
优点	1. 劳工费用稳定	1. 报酬稳定
	2. 易于管理	2. 生产压力少于定产机制下的压力
	3. 简化报酬的计算	
	4. 产出稳定	
缺点	没有让工人提高产出的激励	额外的付出无报酬
计件工资制		
优点	1. 低单位成本	1. 报酬与付出相关
	2. 更高产出	2. 有挣更多钱的机会
缺点	1. 工资计算复杂	1. 报酬波动
	2. 需要计算产出	2. 工人因为不可控因素而受到处罚（例如，机器故障）

（续）

管理层	工人
3. 质量可能受影响：被罚款	
4. 难以考虑工资的上涨因素	
5. 与进度安排有关的问题增多	

为从工资报酬计划中获得最大收益，薪酬方案应做到：准确、易于应用、一致性、易于理解、公平。此外，劳动和报酬之间应有明显的联系，而且无收入上的限制。

报酬激励机制应集中于每个人或者集体的产出上。

1. 个人激励方案

个人激励方案有不同的形式，最简单的是直接计件工资。在这种方案下，工人的报酬是其产出的直接线性函数。过去，计件工资方案相当普遍，现在，最少工资的法律规定使这种方案有点不切实际。尽管如此，目前采用的许多种方案都反映了直接计件工资方案的变形。通常方案包含一个基本比率作为最低工资，无论工人产出多少，给予其一个最低工资保证。基本比率与产出标准相联系，工人的产出低于标准，将按基本比率付酬，这使得个人避免由于延迟、故障等类似问题而遭受意外报酬损失。在大多情况下，对于超过标准的产出给予激励，这部分报酬即奖金。

2. 群体激励计划

当前有多种强调与雇员进行增产收益分红的群体激励计划正广为使用。有些仅仅集中在产出上，而另一些根据产出和材料、成本费用的减少相结合来奖励工人。

团队生产方法是群体激励的一种形式，许多公司使用它来解决问题，获得了持续进步。这种方法强调的是团队绩效，而不是某个人的绩效。

3. 基于知识的报酬方式

随着公司向精益生产的转换，一些变化对工作环境产生了直接影响：其一，企业以前存在的许多缓冲器消失了；其二，现在的管理人员更少了；其三，更加强调质量、生产率、柔性了。因此，能够执行多种工作的工人变得特别有用武之地，公司日益认识到这一点，因此制定了付酬方式来奖励那些参加培训以提高技术水平的工人，这就是所谓的基于知识的报酬。它以工人所掌握的知识和技能为基础，是工人工资报酬的一部分。基于知识的报酬体现了三个方面：反映工人从事不同工作任务的水平技能；反映工人从事生产管理任务的垂直技能；反映质量和生产率的深层技能。

4. 管理者的报酬

许多传统上以产出为基础来激励经理和高层管理者的公司现在开始重新严肃地审视这种方法。随着对顾客服务和质量的不断重视，公司正重新设置报酬方法来更准确地反映绩效。此外，许多公司决策者的报酬越来越与公司或者所负责部门的成功密切相关。即便如此，类似工人被解雇、公司遭受大量亏损而公司高层管理者的报酬却越来越高的事例仍时有报道。这可倒应了那句老话：“富了方丈穷了庙！”

5. 新趋势

很多组织正在朝着补偿制度发展，补偿制度强调灵活性和绩效目标，基于绩效给予各种补偿。有些组织实施利润分享计划、按照利润或成本目标的实现程度给予奖励。员工健康福利成本的增加使得组织重新考虑其补偿方案。一些组织把重点放在工作生活质量上。平衡激励、盈利能力和员工的持续力之间的关系则是更加理想的补偿方案。

6.3 方法分析

自引导团队使用的技术之一是**方法分析**，这也是工作分析的常用方法之一。该方法研究某项工作如何去做。工作设计时常从总体操作的方法分析开始，然后从总体到具体细节，最后集中在工作位置的安排和原材料、员工的移动上。方法分析是提高生产率的一种好办法。

采用方法分析的原因有以下五个方面。

- 工具设备的改变；
- 产品设计的改变或新产品的出现；
- 材料、加工程序的改变；
- 政府条令或合同协议；
- 其他因素（例如，意外事故、质量问题）。

方法分析既针对现有工作，也针对新工作。对一项新工作，需要为其建立一套新的方法；对于现有的工作，一般的程序是当工作目前还在执行时，首先由分析员进行观察，然后进行改进设计。对于新工作，分析员必须依赖工作描述和对操作的想象能力。

方法分析的基本过程如下。

（1）确认所要研究的操作，收集所有有关工具、设备、材料等的相关因素。

（2）对于现存工作，与操作工人和监督技术人员进行讨论，得到他们的信息输入。

（3）利用流程图研究并将现存工作的既有方法文档化，对于新工作，基于涉及活动的有关信息设计流程图表。

（4）分析工作。

（5）提出新方案。

（6）实施新方案。

（7）重复检查方案的实施，确保改进的实现。

1. 选择要研究的操作

有时对某一操作进行研究是应领班或监督人员的要求而进行的。然而多数时候，方法分析是作为提高生产率、降低成本和费用努力的总计划的一部分。进行工作研究，选择工作的总体原则是：

- 工作是劳动密集型的；
- 工作是经常性进行的；
- 工作危险，令人疲劳、不舒适，工作环境吵闹；
- 被明确为问题的工作（例如，有质量问题的工作、加工瓶颈的作业）。

2. 记录现有方法

利用图、表和文字，记录原有工作实施中所采用的方法，这有助于对工作的理解，并可作为工作改进评估的比较基础。

3. 分析工作，提出新方法

方法分析要求对工作的内容（what）、原因（why）、时间（when）、地点（where）、工作涉及人员（who）进行仔细分析。通常只要对这几个问题简单地进行描述，并鼓励分析人员对现有和将要采用的方法采取一种唱反调的态度，便能使工作分析过程简明化。

通过利用各种图表，比如流程图和人－机图，能够使工作分析和方法改进变得更加简便。

流程图是通过集中操作人员的运动和原材料的流动，回顾和批判性检查某项操作的整个加工顺序。这些图表有助于明确过程中那些没有生产率的部分（例如，延迟、暂时库存、远距离运输）。图 6-3 描述了绘制流程图所使用的符号，图 6-4 举例说明了一个流程图。

图 6-3　流程图使用的符号

资料来源：Adapted from Benjamin W. Niebel，*Motion and Time Study*，8th ed. Copyright © 1988 Richard D. Irwin，Inc. Used by permission of McGraw-Hill Companies，Inc.，p. 35.

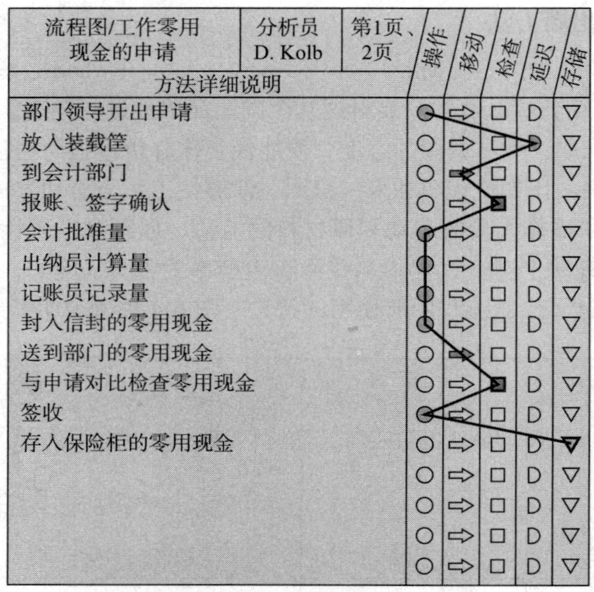

图 6-4　流程图格式

资料来源：Elias M. Awad，*Systems Analysis and Design*，4th ed. Copyright © 1985 by Richard D. Irwin，Inc. Used by permission of McGraw-Hill Companies，Inc.，p. 113.

流程图的应用，包括分析部门的材料流动，研究公司文件表格的传送顺序，分析外科患者的移动和护理，部门、商店的布置，邮件的处理等。

有经验的分析员经常列出一个清单，自己向自己提问题，以形成工作改进的一些想法。下面是一些有代表性的问题。

- 在这点为什么会有延迟或储存？
- 如何缩短或避免传输距离？
- 能减少原料的处理吗？
- 工作位置的重新安排会带来更高的效率吗？
- 相同的行为可归纳在一起吗？
- 附加或改进的设施有益吗？
- 工人对于改进有自己的想法吗？

人－机图有助于在工作周期内将操作人员、机器处于空闲或忙碌的部分可视化。通过人－机图，分析人员能容易地发现何时操作员和机器在独立地工作，何时他们的工作是交叉或相互依赖的。人－机图的用处之一是能决定一个操作员应操作多少台设备或机器。图 6-5 展示了人－机图的一个例子，在其他例子中，人－机图能加强对工人和机器的利用。

4. 实施改进的方案

为了成功实施提出的改进方案，需要对新方法的合理性做出分析，并得到工人的协助。如果在改进的全过程中，保持与工人的协商并且采纳工人提出的建议，那么，比起由分析员独自承担方案开发的全部责任，这部分工作将变得容易得多。

如果提出的工作方法包含对过去操作方法的重大改变，工人就可能需要进行一定的再培训，方案的彻底实施将需要一定的时间。

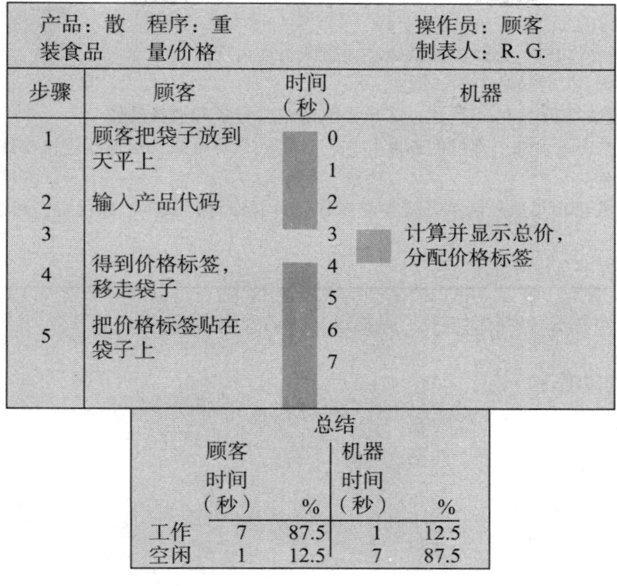

图 6-5　人 – 机图

5. 重复检查

为确保改进的实现，保证提出的方法如期地发挥作用，分析员在经过一段合理时间后，应再次检查工作的运作，并向实地操作人员咨询。

6.4　动作研究

动作研究是对工人在执行一项操作任务时所涉及动作的系统研究，其目的是减少不必要的动作，确认最好的操作顺序以取得最大的效率。因此，动作研究是提高生产率的最重要方法之一。当前动作研究的惯例，都源于 20 世纪初在砌砖过程中吉尔布雷斯所做的一些工作。尽管吉尔布雷斯不是一个砖匠。通过运用动作研究技术，他把每小时砌砖的平均数提高了 3 倍，从而享有盛誉。如果读者知道砌砖这种工作已持续了好几个世纪，就会意识到吉尔布雷斯的成就是多么引人注目了。

动作分析员采用许多不同的技巧来开发有效的工作程序，最常用的技巧有：

- 动作研究原则；
- 基本动作分析；
- 微动作研究；
- 图表法。

吉尔布雷斯的工作奠定了**动作研究原则**的基础，这些原则是设计高效的工作动作程序的指导。这些原则分为三部分：身体运用原则、工作位置安排原则、工具设备的设计原则，表 6-3 列出了这些原则的一些例子。

表 6-3 动作研究原则

A. 身体的运用原则，例如：
  1. 双手应同时开始和结束某件任务的基本分工，双手不应同时闲着，休息期间除外
  2. 双手的动作应该是对称的
  3. 涉及方向的突然和急剧变化时，连续的曲线运动比直线运动可取

B. 工作位置的布置和条件原则，例如：
  1. 所有工具和材料应按最好的顺序固定放置，尽量消除或减少寻找和选择动作
  2. 重力箱和降落传送装置应减少加工部件的够取和移动时间，只要可能，推顶器应自动移开完工部件

C. 工具设备的设计原则，例如：
  1. 所有的杠杆、把手、机轮和其他控制装备应容易操作，并且设计得最具机械优势，可以利用操作工人最强壮的肌肉群
  2. 部件应被固定装置安置于适当位置

在开发工作方法使得动作有效时，分析人员应尽力做到：

- 减少不必要的动作；
- 合并相关动作；
- 减少工作的疲劳程度；
- 改善工作位置的布置；
- 改善工具、设备的设计。

动素是指一些基本的动作。术语动素是 Gilberth 从后往前的拼写（th 两个字母除外）。这种方法是把工作分解成为细小的单元，把工作的改进建立在对这些基本动作单元的减少、组合和重新安排的基础上。

尽管对基本动作的完整描述超出了本书的范围，但列出一些常用的基本动作，仍能够帮助说明这些基本动作的性质。

- 寻找：表明用手或眼寻找一件物品。
- 选择：意味着从一组目标中挑选一件东西。
- 抓取：意味着去抓一件物品。
- 握住：指抓住一个物品后保持它。
- 运输负载：意味着握住一件物品后移动。
- 释放负载：指放置一件物品。

其他的基本动作有检查、定位、计划、休息和延迟。

利用基本动作来描述一件工作常常需要相当大的工作量，然而，对于那些短而重复性的工作，应用基本动作分析是合理的。

吉尔布雷斯和他作为工业心理学家的妻子莉莲，引进了电影胶片来进行动作研究，这一做法被称为**微动作研究**。这种方法不仅应用于工业领域中，在人类某些行为例如运动和健康护理等方面也得到广泛运用。照相机和慢动作的运用，使得分析人员能对那些快得看不见的动作进行研究。此外，动作研究的胶卷，不仅为正在培训的工人和动作研究的分析人员提供了可以参照的永久性记录，也为涉及工作方法的争执解决提供了手段。

因为微动作研究的费用高昂，使得它仅限于重复性工作的应用。对于那些重复性工作，由于操作的重复次数极大，即使微小的改进也能带来相当可观的节约。此外，微动作研究也能够带来其他方面的改观（例如，外科手术的改进）。

动作研究分析人员经常利用图表工具来分析和记录动作研究结果。前文描述的行为图和流程图是一种有用的工具。除此之外，分析人员还用西蒙图（Simon Chart）（见图 6-6）来研究双手并用的动作（有趣的是，尽管通常人们总是趋向于要么使用左手，要么使用右手，然而使用双手进行工作对他们来说都是毫无障碍的）。这些图表在研究诸如数据输入、缝纫、外科手术和牙科手术程序以及某些装配之类的操作时，非常有价值。

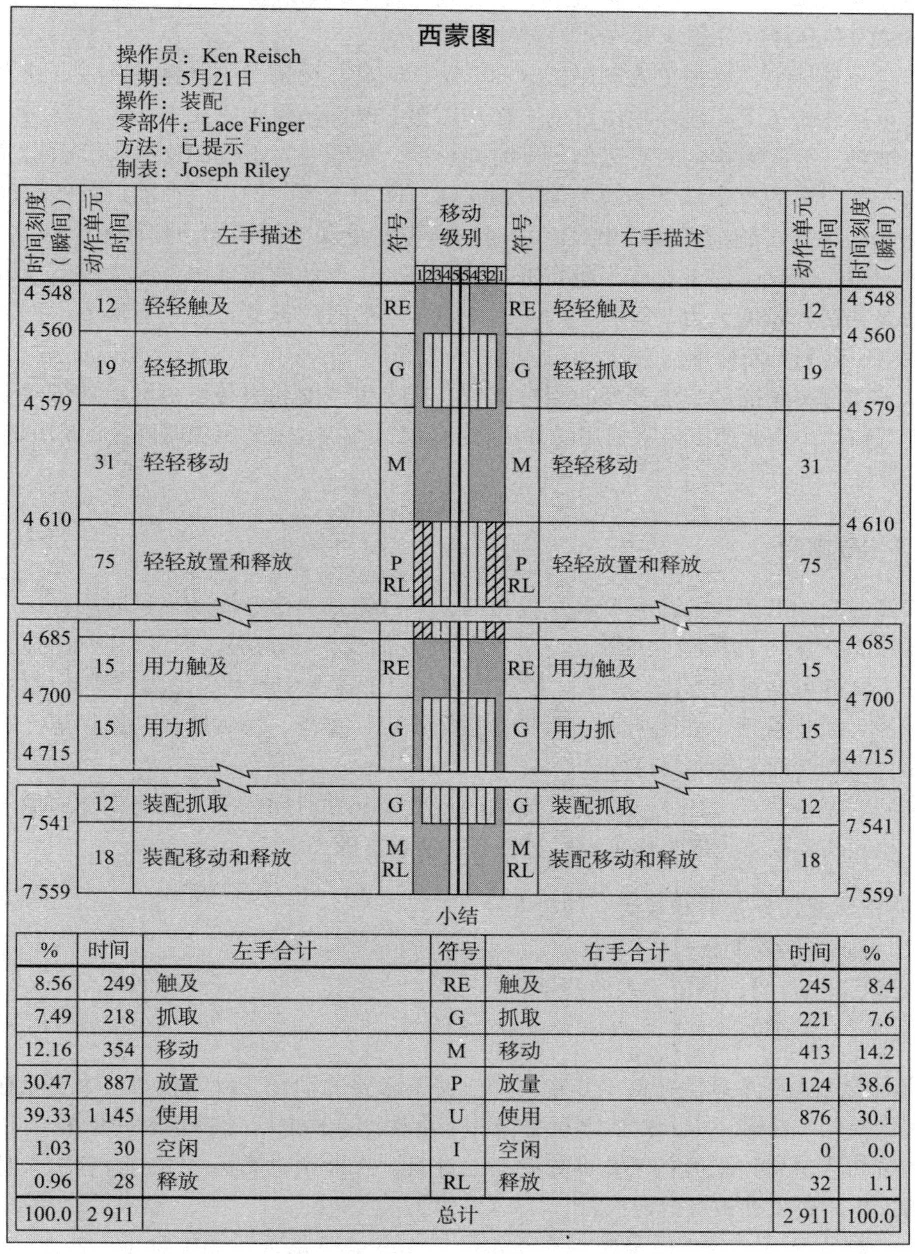

西蒙图

操作员：Ken Reisch
日期：5月21日
操作：装配
零部件：Lace Finger
方法：已提示
制表：Joseph Riley

时间刻度（瞬间）	动作单元时间	左手描述	符号	移动级别 12345 54321	符号	右手描述	动作单元时间	时间刻度（瞬间）
4 548	12	轻轻触及	RE		RE	轻轻触及	12	4 548
4 560	19	轻轻抓取	G		G	轻轻抓取	19	4 560
4 579	31	轻轻移动	M		M	轻轻移动	31	4 579
4 610	75	轻轻放置和释放	P RL		P RL	轻轻放置和释放	75	4 610
4 685	15	用力触及	RE		RE	用力触及	15	4 685
4 700	15	用力抓	G		G	用力抓	15	4 700
4 715								4 715
	12	装配抓取	G		G	装配抓取	12	
7 541	18	装配移动和释放	M RL		M RL	装配移动和释放	18	7 541
7 559								7 559

小结

%	时间	左手合计	符号	右手合计	时间	%
8.56	249	触及	RE	触及	245	8.4
7.49	218	抓取	G	抓取	221	7.6
12.16	354	移动	M	移动	413	14.2
30.47	887	放置	P	放量	1 124	38.6
39.33	1 145	使用	U	使用	876	30.1
1.03	30	空闲	I	空闲	0	0.0
0.96	28	释放	RL	释放	32	1.1
100.0	2 911	总计			2 911	100.0

图 6-6　西蒙图

资料来源：From Benjamin W. Niebel，*Motion and Time Study*，8th ed. Copyright © 1988 Richard D. Irwin，Inc. Used by permission of McGraw-Hill Companies，Inc.，p. 229.

6.5 作业测定

工作设计决定了工作的内容，方法分析决定工作如何执行，而作业测定决定了完成工作所需的时间长度。工作时间是制订人力计划、估计劳动成本、安排工作进程、预算和设计员工报酬等决策的关键性输入。另外，从工人的角度来看，时间标准为预计产出提供了一个指标。时间标准反映了一个工人在典型条件下完成一件工作平均所花费的时间。这个标准包括预期动作时间和允许的可能延迟。

标准时间是一个合格的工人利用给定的方法、工具、设备、原材料以及一定的工作位置布置，按可持续的速度完成一项给定的工作所需要的时间。由于完成工作的实际时间对所有因素都很敏感，因此无论何时对工作设立时间标准，都需要对工作的这些参数做出完整的描述，任何一个因素的改变都可能极大地影响实际时间的需要。例如，产品设计的改变或由方法研究引起的工作实施的改变将触发新的时间研究并更新时间标准。然而就实际问题而言，偶尔发生的微小变化，并不能作为重新进行时间研究工作的充足理由，因为重新进行一项时间研究需要花费大量的人力、财力。因此，许多工作的时间标准可能稍有误差，需要通过定期采用时间研究来更新标准。

组织采用许多不同的方法开发时间标准，一些小生产商和服务机构则通常依赖于对工作时间的主观估计。作业测定最常采用的方法有：①秒表测时法；②历史时间法；③预定数据法；④工作抽样法。

6.5.1 秒表测时

秒表测时是100多年前由泰勒最早提出的，其目的是为建造活动提供时间标准。他的研究遇到了来自工人方面的很大的阻力：工人认为他们受到了剥削。不过，随着时间的推移，人们认可了这种可测量的方法。今天，秒表测时在以下业务中得到了最为广泛的应用：分销、仓储、保洁、废物管理、呼叫中心、医院、数据处理、零售、售后服务、维护等。这种方法对耗时短、重复性的工作尤为有效。

秒表测时基于对某个工人多个工作周期的观察来开发时间标准，然后将之应用于机构中其他执行相同任务的工人的工作中。时间研究的基本步骤如下：

- 明确研究任务，通知被研究的工人；
- 决定观察的周期数；
- 记录工作时间，评估工人的绩效；
- 计算标准时间。

被研究的工人经常试图在其工作中添加一些不必要的动作，以期获得一个更宽松的每件产品的标准时间（这样，工人就能够以更慢的节奏生产，同时又能满足时间标准），因此，工作研究的分析人员应对研究的工作非常熟悉。并且，在设定时间标准之前，分析人员应检查所研究的工作是否正在被有效地执行。

在大多数情况下，分析员经常将非常短的工作分解成基本的动作单元（例如，够、抓），从而获得每一动作单元的时间。这种做法有几个原因：第一，有些动作单元并不是在每一周期都会执行，对其进行分解可以使分析人员更好地认识它们；第二，工人对工作中各个动作单元的熟练程度可能不尽相同；第三，这样可以建立一个动作单元的时间档案，从而应用于其他工作的时间设定，这一用途后面还将介绍。

为避免怀疑和误解，通知被观察的工人有关研究事宜是很重要的。工人有时会对被研究感到不安并害怕由此可能引起工作的某些变化。为减轻工人的疑虑，分析员应在研究操作之前，尽量同工人讨论，以获得工人的合作。

时间记录的周期数是以下三方面的函数：①观察到的时间的变化幅度；②期望的精确度；③工作时间估计的合理置信水平。期望的精确度经常表示为观察时间均值的一个百分数。例如，某一时间研究的目标是要达到一个估计值，使其在实际均值 10% 的误差内。达到这个目标所需要的样本量可用以下公式确定

$$n=\left(\frac{zs}{a\bar{x}}\right)^2 \tag{6-1}$$

式中，z 是期望置信度所需的正态标准差值；s 是样本的标准差；a 是期望精确度的百分比值；$\bar{x}$是样本均值。

计算中典型使用到的 z 值为[⊖]：

期望的置信度（%）	z 值
90	1.65
95	1.96
95.5	2.00
98	2.33
99	2.58

当然，任意期望置信度对应的 z 值可从本书附录 B 的正态分布表中获得。

当期望的精确度被表达成一个总量（例如，一分钟内的实际均值）而不是百分比时，可使用替换公式

$$n=\left(\frac{zs}{e}\right)^2 \tag{6-2}$$

式中，e 是可接受误差的最大值或精确值。

对样本大小做一个预先的估计，通常的做法是先取少量（10 ～ 20 次）观察值计算$\bar{x}$和 s 的值，然后利用公式计算 n。在研究的最后，分析员可利用积累起来的可用数据再修正$\bar{x}$和 s 的估计值，重新计算 n。

注意，这些公式在实际中是否可用取决于时间研究人员的个人判断，一个有经验的分析员通常依靠其个人的判断来决定记录的周期数。

例 6-1　某时间研究分析员想估计执行某一任务所需的时间，预先研究得出了 6.4 分钟的均值和 2.1 分钟的标准差，期望的置信度为 95%。如果期望的最大误差如下，他需要进行多少次观察（包括那些已经进行过的观察）？

（1）样本均值 ±10%？

（2）0.5 分钟？

解：（1）$s=2.1$ 分钟　$z=1.96$

⊖ 理论上，由于样本标准差未知，应使用 t 值而不是 z 值。然而，当观察次数在 30 以上时，使用 z 值更为简单，其结果也在合理范围内。实际上，人们通常只使用 z 值。

$\overline{x} = 6.4$ 分钟　$a = 10\%$

$$n = \left(\frac{zs}{a\overline{x}}\right)^2 = \left(\frac{1.96 \times 2.1}{0.10 \times 6.4}\right)^2 = 41.36 \text{（取整为 42）}$$

（2）$e = 0.5$

$$n = \left(\frac{zs}{e}\right)^2 = \left(\frac{1.96 \times 2.1}{0.5}\right)^2 = 67.77 \text{（取整为 68）}$$

时间标准研究涉及三种时间的计算：观察时间（OT）、正常时间（NT）和标准时间（ST）。观察时间是记录时间的简单平均值，因此

$$OT = \frac{\Sigma x_i}{n} \tag{6-3}$$

式中，OT 是观察时间；Σx_i 是记录时间之和；n 是观察次数。

注意，如果一个动作单元并不是在每个周期中都出现，那么，平均时间应分别计算，该值应包含在观察时间中。

正常时间是考虑工人绩效，对观察时间的调整值，通过用观察时间乘以绩效等级来计算，即

$$NT = OT \times PR \tag{6-4}$$

式中，NT 是正常时间；PR 是绩效等级。

这里我们假设为整个工作制定单一绩效等级，如果等级是基于每一动作单元而制定的，则正常时间应通过用每一动作单元的正常时间乘以其绩效等级求和得到

$$NT = \Sigma\left(\overline{x}_i \times PR_i\right) \tag{6-5}$$

式中，$\overline{x}_i$是动作单元 i 的平均时间；PR_i 是动作单元 i 的绩效等级。

包含绩效等级这个调整因子的原因是，正被观测的工人可能以不同于正常的速率进行工作，或者是故意降低速率，或者是因为其自然能力不同于一般水平。基于这些，观察者应采用绩效等级把观察次数调整到一个平均节奏。假设正常等级为 1，0.9 的绩效等级意味着其节奏是正常水平的 90%，而 1.05 的等级表明了一个比正常稍快的工作节奏。对于长任务，每一动作单元都需要给定等级；对于短工作，则可仅为整个周期制定一个单一的等级。对于一项工作，由机器完成的那部分工作的绩效等级定为 1。

评估工作绩效时，分析员必须把观测的绩效同工人正常的工作绩效相比较。显然，关于正常绩效应由什么组成尚有争论的余地，并且绩效等级的评定有时是工人和管理人员产生冲突的源泉。然而尽管无人能提出一种客观评估的方法，由分析员采用培训胶片进行足够的培训和定期重新测定，还是可以使不同分析员的等级评判达到高度的一致性。为避免误差，会由另一个分析员来完成同样的分析。事实上，联盟店会提出这一要求。

标准时间是一个工人在不存在延迟和中断时完成任务所需的时间长度。它不包括个人延迟（喝水、休息）、不可避免的延迟（机器调整和修理、同监督员谈话、等待材料）和休息间歇之类的因素。一个工作的标准时间是正常时间加上这些延迟的宽放值。

因此，标准时间为

$$ST = NT \times AF \tag{6-6}$$

式中，ST 是标准时间；AF 是宽放因子。

宽放量可以基于完成某项工作的时间或工人工作时间来决定，如果宽放量以完成工作的时间为基础，则宽放因子必须用下式计算

$$AF_{job} = 1 + A \tag{6-7}$$

式中，A 是以完成工作时间为准的宽放量百分数。

当不同的工作具有不同的宽放量时可用这一公式。如果宽放量以工人工作时间（即工作日）为基础，则应使用以下公式

$$AF_{day} = \frac{1}{1 - A} \tag{6-8}$$

式中，A 是以工作日为基础的宽放量百分数。

当工作相同或近似，并且具有相同的宽放因子时，可用这个公式。

例 6-2　计算下列两种情况下的宽放因子：

（1）宽放量是某项工作时间的 20%。

（2）宽放量是工人工作时间的 20%。

$A = 0.02$

解：（1）$AF = 1 + A = 1.20$，即 120%。

（2）$AF = \frac{1}{1 - A} = \frac{1}{1 - 0.20} = 1.25$，即 125%。

表 6-4 列举了一些典型的宽放量，在实践中，宽放量可以根据时间研究分析员的判断、工作采样（在以后章节中描述）或员工和管理管之间的协商来确定。

表 6-4　工作条件下典型的宽放量百分数

宽放量	百分数	宽放量	百分数
A. 固定宽放量		70	22
1. 个人的宽放量	5	4. 光线不好	
2. 基本的疲劳宽放量	4	a. 略低于推荐值	0
B. 变动宽放量		b. 很低	2
1. 备用宽放量	2	c. 非常不足	5
2. 异常工作位置下的宽放量		5. 空气条件（热和湿度）——变量	0 ～ 10
a. 轻微的不便	0	6. 密切的注意力	
b. 不便（转弯）	2	a. 较好	0
c. 非常不便（放、拉）	7	b. 好或准确	2
3. 用力或肌力（举、推、拖）		c. 非常好或非常准确	5
举的重量（磅）		7. 噪声水平	
5	0	a. 持续性	0
10	1	b. 间歇性——大	2
15	2	c. 间歇性——很大	5
20	3	d. 高音——大	5
25	4	8. 精神压力	
30	5	a. 一般复杂加工	1
35	7	b. 复杂或需要非常注意	4
40	9	c. 非常复杂	8
45	11	9. 单调性	
50	13	a. 低	0
60	17	b. 中等	1

（续）

宽放量	百分数	宽放量	百分数
c. 高	4	b. 乏味	2
10. 乏味性		c. 非常乏味	5
a. 有点乏味	0		

资料来源：From Benjamin W. Niebel，*Motion and Time Study*，8th ed. Copyright © 1988 by Richard D. Irwin，Inc. Used by permission of McGraw-Hill Companies，Inc.，p. 416.

例 6-3 举例说明了从观测时间到标准时间的时间研究过程。

例 6-3 对某装配操作的时间研究得到了以下动作单元的观测时间，分析员给定 1.13 的绩效等级，利用完成工作的工作时间的 20% 作为宽放量，计算这一操作合适的标准时间。

i 观察	x 时间 / 分钟	i 观察	x 时间 / 分钟
1	1.12	6	1.18
2	1.12	7	1.14
3	1.16	8	1.14
4	1.12	9	1.19
5	1.15	总计	10.35

解：$n = 9 \quad PR = 1.13 \quad A = 0.20$

1. $OT = \dfrac{\sum x_i}{n} = \dfrac{10.35}{9} = 1.15$（分钟）

2. $NT = OT \times PR = 1.15 \times 1.13 = 1.30$（分钟）

3. $ST = NT \times (1 + A) = 1.30 \times 1.20 = 1.56$（分钟）

注意，如果观察记录了一个异常的短时间值，通常被假定为观察错误，不应被列入计算。例如，如果例 6-3 中某个观测值为 0.10，则其应被抛弃。然而，如果观察记录了一个异常的长时间值，分析员应对这一观察值进行研究，确定在任务中是否有异常事件的存在（例如，取落下的工具或零件），在这种情况下，该值应被列入工作时间的观察样本中。

尽管利用时间研究可从作业测定中获益，然而其也存在一些局限。首先，只有可以观察的工作才能被研究，这就排除了大量的管理和创造性的工作。因为这些工作既涉及体力，也涉及脑力的运用。其次，时间研究的费用排除了它对于非规则性操作和不经常发生的工作的应用。最后，它打乱了人们的例行工作，并且许多情况下会引起工人对这项工作的反感。

6.5.2 标准动作单元时间

标准动作单元时间源于公司的自有历史时间研究数据，经过多年时间，时间研究部门可能收集了许多工作中很普遍的动作单元时间的档案，从某时点以后，许多动作单元时间可直接从档案中读取，使得分析员不必进行完整的时间研究去获得。

利用标准动作单元时间的程序由以下步骤组成。

- 分析工作以确认标准动作单元。

- 检查档案中具有历史时间的动作单元，并记录它们。如果有必要，利用时间研究获得其他数据。
- 如有必要修改档案中的时间（将在后面解释）。
- 将动作单元时间加总得到正常时间，考虑宽放因子求得标准时间。

在某些情况下，档案中的时间不可能准确地与某一特定任务相对应。比如，在档案中的标准动作单元时间可能是“移动工具 3 厘米”和“移动工具 9 厘米”的时间，而问题中的任务是“移动 6 厘米”，粗略的情况下，通常可以通过插值法推出期望的估计时间。

标准动作单元时间明显的优点之一是，不用对每一工作进行完整的时间研究，从而节约了费用和劳动；第二个优点是分析员不必占用工人时间，从而减少了工作暂停；第三个优点是不需要进行绩效等级评定，它们通常已包含在时间的均值中。这种方法最主要的缺点是不存在足够多的动作单元时间使之随手可取，并且这些档案时间可能存在某些偏见或不精确的地方。

后面章节中描述的方法是这种方法的变形，有助于避免其中的某些问题。

6.5.3　预定时间标准

预定时间标准涉及利用与标准动作单元时间有关的公布数据。一个普遍应用的系统是 20 世纪 40 年代由操作工程委员会开发的操作时间测量系统（MTM）。MTM 表以基本动作单元的动作和时间的广泛研究为基础。采用这种方法，分析员必须把工作分解成基本动作单元（够拿、移动、返回、分开），测量所涉及的距离（如果可行），评估动作单元的难度，然后参照合适的数据表获得动作单元时间。最后，将所有的基本动作时间求和得出工作的标准时间。一分钟的任务可包括大量的基本动作单元，一项工作可能涉及成百上千的基本动作单元。完备地描述操作并做出现实合理的时间估计，需要分析员有一定的技巧。分析员需要参加培训或认证课程来培养必需的技能才能完成这类工作。

以下是预定时间标准的一些优点：

- 以受控条件下大量的工人为基础；
- 分析员在研究标准时无需对绩效进行评估；
- 无须中断操作；
- 在工作之前就可建立时间标准。

尽管预定时间标准的倡议者认为这种方法比秒表测时提供了更好的精确性，但并不是所有的人都同意这种说法。一些人认为许多动作时间太特殊以致对于给定操作不能从公布的数据中获得；另一些人认为不同的分析员用不同的方法对基本动作进行分解，会严重影响时间的确定，从而不同分析员会产生不同的时间估计；还有一些人认为由于分析人员分配给指定的任务的难度系数不同，因而会产生不同的时间标准。

6.5.4　工作抽样

工作抽样是估计一个工人或机器在做不同动作时所花时间比例的一门技术。

与时间研究不同，工作抽样无须对动作时间进行记录，也不涉及动作的连续观察。相反，观测者只需随机地对工人或机器进行短暂性地观测并对动作特性做简单记录。例如，一台机器可能处于忙碌或空闲状态；一名秘书可能在打字、整理文件、接电话等；一个木工可能在运货、测量、锯木头等。结果数据是对被观测的每一类动作的有无进行次数统计。

工作抽样只是偶尔用于制定时间标准，其两个基本应用是：①用于延迟比率的研究，其关注由于不可避免的延迟或机器空闲造成的时间浪费占工人工作时间的百分比情况；②非重复性工作分析。在延迟比率研究中，比如某医院管理员想估计某台X射线设备处于空闲状态的时间比例；在非重复性工作分析中，比如秘书的工作或机器维修。工作抽样对于建立一个员工执行不同任务所需时间的百分数很重要。

非重复性工作比重复性工作涉及更宽范围的技能，从事这种工作的工人经常根据其技能水平付酬，因此计算用于高技术水平的工作时间比例很重要。例如，某秘书的工作可能包括记录口述、进行文字处理、整理文件、接电话、安排会议以及其他日常性办公室工作。如果这位秘书花大量的时间用于整理文件，而不是进行文字处理或速记，则前者的报酬通常低于后者。工作抽样可用于核对这些工作的时间百分比，因而其是进行工作描述研究的重要工具。此外，工作抽样也是说明一项工作内容需要“真正的职业资格”的途径，即招聘要求应聘者具有广告上所明确的技能。

工作抽样预测存在一定的出错率，因此把工作抽样预测值看作给定任务的实际时间比例的一个近似值是很重要的。工作抽样的目标是获得一个估计值，这一估计值提供了一个特定的与真实值的偏差不超过一定误差值的置信水平。比如，医院管理员可能需要X射线机空闲时间的估计值，工作抽样能提供在实际值4%的误差内的95%的置信度。因此，设计工作抽样产生一个值，在允许的差错范围e内，对实际比例值p进行估计：$\hat{p}\pm e$。对于大样本，p的样本估计值的偏差趋向于服从正态分布。最大可能误差量是样本量和期望置信水平的函数。

对于大样本，最大可能误差e可用下式计算

$$e=z\sqrt{\frac{\hat{p}(1-\hat{p})}{n}} \tag{6-9}$$

式中，z是达到期望的置信度所需的标准偏差量；$\hat{p}$是样本比值（用样本量除以发生的次数）；n是样本量。

大多数情况下，通常由管理人员来明确期望的置信水平和允许的误差量，然后由分析员根据这些要求计算出要获得这些结果所需的足够的样本量，n值可通过式（6-9）求解，即

$$n=\left(\frac{z}{e}\right)^2\hat{p}(1-\hat{p}) \tag{6-10}$$

例6-4 某小型连锁超市的经理想估计理货员对以前产品的标价变更所花的时间比例，经理需要98%的置信度，结果估计值在真实值5%的误差范围内，应使用多大的样本量？

解：$e=0.05$　$z=2.33$　$\hat{p}$未知

当p的样本估计值未知时，可用$\hat{p}=0.50$获得初步的样本量估计值，当进行了20次左右的观察后，可从这些观察值中获得$\hat{p}$的新估计值，并用新的$\hat{p}$值计算修订n值。在研究过程中，为获得一个更好的必要样本量值，谨慎的做法是进行2或3次n值重新计算。本题n的初始估计值为$n=\left(\frac{2.33}{0.50}\right)^2\times0.50\times(1-0.50)=542.89$，即543次观察。

假定在最初的20次观察中，发现理货员变价2次，则$P=2/20=0.10$，在这点的n的修

订值为$n=\left(\frac{2.33}{0.50}\right)^2\times0.10\times(1-0.10)=195.44$，即 196。

假定在进行了 100 次观察后，又进行了一次检查，在这点 $P=0.11$（包括初始的 20 次），重新计算 n，得$n=\left(\frac{2.33}{0.50}\right)^2\times0.11\times(1-0.11)=212.60$，即 213。

经理可能做更多的检查以确定最终的 n 值，如果计算出的 n 值少于已经进行的观测次数，抽样应在这点终止。

注意，如果 n 的结果不是整数，应向上取整。

计算样本容量仅是工作抽样的一部分，全部程序包括以下步骤。

- 明确要研究的工人或机器。
- 告知工人和监督员研究的目的，以免引起怀疑。
- 如果 p 可得（例如，来自分析员的经验或历史数据），则利用初始 p 的估计值计算初始样本容量的估计值，否则令$\hat{p}=0.50$。
- 制定随机观察时间表。
- 开始观察，在研究中重新计算需要的样本量，重复数次。
- 计算用于给定行为项目的估计时间比例。

对问题进行仔细描述可以防止出错，例如，研究的工人对象错误或研究的动作不对。获得随机观察值以取得有效结果同样重要。

观察必须在一定时期内开展，以便获得变量的真实值。如果观察时间距离很近，在这段时间内观察到的行为将不能真正反映该操作的正常状态。观察开展的范围依赖于研究动作的性质，该决定通常最好由分析员做出。

在制定随机观察方案时，需借助随机数表（见表 6-5）。顾名思义，随机数表由一系列无序数组成。使用随机数表可使观察者更有效地把随机性整合到观察方案中。随机数表中的数据可用于规定某一次时间分析的观察时刻。可从随机数表中得到任一量值（要求把不同位数的数码作为一个数值处理），表中位数是 4 只是为了方便起见。其基本思想是从随机数表中获得随机数，然后将其作为观察时刻。为此，有多种实现方法。就本书所介绍的方法，对每一次观察，我们将从随机数表中得到 3 组数：第 1 组用于表示日期；第 2 组用于表示小时；第 3 组用于表示分钟，以此来确定一次完整的观察方案。显然，随机数的位数应与时间分析的日历数、每天的小时数和每小时的分钟数相对应。例如，如果某一次研究包括 47 天的时间，那么就需为日历准备两位数；如果每天观察的时间为 8 小时，那么只需为小时准备 1 位数；因为每小时有 60 分钟，所以，必须为分钟准备 2 位数的随机数。再如，对某一日工作 9 个小时的行政工作进行为期 1 周的观察，那么，日历所需位数为 1，小时所需位数为 1，分钟所需位数为 2。

表 6-5　随机数表的一部分

	1	2	3	4	5	6
1	6912	7264	2801	8901	4627	8387
2	3491	1192	0575	7547	2093	4617
3	4715	2486	2776	2664	3856	0064

（续）

	1	2	3	4	5	6
4	1632	1546	1950	1844	1123	1908
5	8510	7209	0938	2376	0120	4237
6	3950	1328	7343	6083	2108	2044
7	7871	7752	0521	8511	3956	3957
8	2716	1396	7354	0249	7728	8818
9	2935	8259	9912	3761	4028	9207
10	8533	9957	9585	1039	2159	2438
11	0508	1640	2768	4666	9530	3352
12	2951	0131	4359	3095	4421	3018

现在假设在后一个例子（即 7 天、9 小时、60 分钟）中，需做 3 次观察分析。我们可以利用随机数表依次确定所需的日历、小时和分钟。首先，从表 7-5 的第 1 行随机数开始。第 1 个数是 6，代表第 6 天；第 2 个数是 9，因为 9 超过了所要研究的日历数（8），所以跳过该数；第 3 个数是 1，表示第 1 天，而紧接着的是 2，表示第 2 天。这样，观察应在第 6 天、第 1 天和第 2 天进行。然后，确定观察的小时。假设我们记取第 2 行第 1 列的随机数，同样提取 1 位数，结果是：

3（代表第 3 个小时）、4（代表第 4 个小时）、9（代表第 9 个小时）

接下来，移到下一行，读取 2 位数，结果是：

47（代表第 47 分钟）、15（代表第 15 分钟）、24（代表第 24 分钟）

把上述检索结果汇总在一起，得到：

日期	小时	分钟
6	3	47
1	4	15
2	9	24

该方案意味着，在第 6 天，观察应在第 3 个小时的第 47 分钟、第 1 天的第 4 个小时的第 15 分钟和第 2 天的第 9 个小时的第 24 分钟进行。为方便起见，按时序排列如下。

日期	小时	分钟
1	4	15
2	9	24
6	3	47

假设观察 2 天，每天 10 次，那么，在所有的随机数确定以后，经按时序排列，一个完整的观察方案应如下表所示。

第 1 天

观察次数	时间	工作（√）	空闲（√）
1	8:15		
2	9:24		
3	9:02		
4	9:31		
5	9:48		

（续）

观察次数	时间	工作（√）	空闲（√）
6	10:05		
7	10:20		
8	11:02		
9	1:13		
10	3:55		

第 2 天

观察次数	时间	工作（√）	空闲（√）
1	8:04		
2	9:15		
3	9:24		
4	9:35		
5	10:12		
6	10:27		
7	10:38		
8	10:58		
9	11:50		
10	1:14		

为保持随机性特性，使用随机数表的一般程序是按照某一顺序读取随机数，如按行或列顺序读取，尤其重要的是当为不同观察确定随机数时应改变第 1 次观察的时刻，否则，操作者会很快掌握被观察的时间规律，从而导致随机性缺失。确定起始观察点的一个常用办法是使用支票上的序号。

总之，在进行工作抽样分析时，按照以下步骤来确定观察的随机时刻。

- 确定观察天数及每天的观察时间（几点），据此确定日历和小时所需的随机数位数。
- 给出具体观察的具体天数组序。读取时，跳过超过规定天数的随机数。
- 为确定小时所对应的随机数，重复第 2 步。
- 为确定分钟所对应的随机数，重复第 2 步。
- 把日历、小时和分钟放在一组。
- 按时序对观察组排序。

表 6-6 对工作抽样和时间研究进行了比较，从中可以看出，工作抽样方法对于确定工作时间不太正式、不太具体，其对非重复性的工作最为适用。

表 6-6　工作抽样与秒表测时研究的比较

优　点
1. 观察在一段时间内持续进行，受短期波动影响少
2. 很少或不干扰工作
3. 很少引起工人不满
4. 研究花费的成本和时间少，对于分析的技术要求少
5. 研究可以中断而不影响结果
6. 不同研究可以同时进行
7. 无须时间记录装置
8. 很适合非重复性工作

（续）

优　点
1. 缺少关于工作基本动作的详细资料
2. 工人见到观察者时有可能改变其工作模式，从而影响结果
3. 在很多情况下，缺少相关操作的记录
4. 观察者也可能没有遵守随机性安排
5. 不适合短而重复性的工作
6. 在一个工作地和另一个工作地之间转移以满足随机性要求需要更多的时间

6.6 运营战略

对管理机构而言，将工作系统的设计作为经营战略的关键因素是很重要的。尽管计算机技术和生产工艺有了很大改进，人仍是企业的核心。他们可以无视所使用的工艺，左右企业的成败。当然，这并不是说工艺不重要，但仅凭工艺技术是不够的。

本章所描述的课题都对生产率有很大影响。虽然它们缺乏高科技的魅力，然而却是工作改进中最基础的基础。

因为工人实际承担着工作任务，他们最接近工作中产生的问题，所以工人是洞察力和创造力的宝贵来源。更为常见的是，管理者忽视了员工的贡献和潜在贡献，有时是出于无知，有时出于错误的自豪感；合资企业的管理差异也是一个因素。然而，越来越多的公司正试图在员工和管理者之间建立一种协作精神，这部分源自于本公司的成功经验。

基于同样的心理，越来越多的公司把精力集中在提高工作质量、灌输自豪感和员工之间相互尊重上。许多组织通过给工人授权、给工人以更多的对其工作的发言权而收效甚佳。

本章小结

工作系统设计包括对工作生活质量方面的设计，也包括工作设计、方法分析、作业测定。

工作生活质量包括劳资关系、工作条件、薪酬。工作设计事关工作范围和作业方法。过去，工作设计往往集中在效率上。但现在，对工作行为和工人满意度的认识和考虑越来越多。目前对生产率的关注使得工作设计异常重要。然而，与高生产率相联系的工作常常是工人产生不满意的最大来源，这给工作设计者带来了某些相互矛盾的地方。

分析人员常利用方法和动作研究技术来研究工作效率方面的因素，并不直接涉及行为方面的因素。然而，行为方面的因素是工作设计中非常重要的一部分。工作条件也是工作设计中值得注意的一方面，因为它不仅涉及行为和效率因素，而且关系到工人的健康和安全。

作业测定用于确定完成特定工作所需的时间。这些信息对员工计划、费用估计、预算、生产进程安排和工人报酬都是至关重要的。作业测定一般采用秒表测时和预定时间的方法。相关的技术还有工作抽样，它也可用于获得一些动作时间的数据。工作抽样一般用来估计一个工人完成工作的某一方面所占用的时间比例。表 6-7 提供了一些用于时间研究和工作研究的公式。

表 6-7 公式一览表

时间研究		工作研究	
A. 样本量		A. 最大误差	
$n=\left(\dfrac{zs}{a\bar{x}}\right)^2$	（6-1）	$e=z\sqrt{\dfrac{\hat{p}(1-\hat{p})}{n}}$	（6-9）
$n=\left(\dfrac{zs}{e}\right)^2$	（6-2）	B. 样本量	
B. 观察时间		$n=\left(\dfrac{z}{e}\right)^2\hat{p}(1-\hat{p})$	（6-10）
$OT=\dfrac{\sum x_i}{n}$	（6-3）	式中	
C. 正常时间		a——以平均时间百分比表示的允许误差	
$NT=OT\times PR$	（6-4）	A——宽放量百分比	
$NT=\sum(\bar{x}_i\times PR_i)$	（6-5）	AF——宽放系数	
D. 标准时间		e——最大允许误差	
$ST=NT\times AF$	（6-6）	n——所需观测次数	
E. 宽放因子		NT——正常时间	
$AF_{\text{job}}=1+A$	（6-7）	OT——观察或平均时间	
$AF_{\text{day}}=\dfrac{1}{1-A}$	（6-8）	$\hat{p}$——样本比率	
		PR——绩效等级	
		s——观察时间和标准偏差	
		ST——标准时间	
		x——样本均值	
		x_i——第 i 次观察时间（$i=1, 2, \cdots, n$）	
		z——为达到期望信度所需的标准偏差数量	

组织可从各种工资报酬方案中进行选择，因为工资报酬对于工人和企业来说都很重要，并且一旦采用，就难以进行重大改变，因此，仔细选择非常重要。

知识要点

1. 工作设计是运营管理的核心内容之一。
2. 工作设计确定了工作的范围；方法研究和动作研究确定了如何执行一项工作，而工作测时确定了完成某项工作所需要的时间。
3. 有关工作研究、方法研究、动作研究以及时间标准方面的信息对流程改进和提高生产率有很大的价值。
4. 工作生活质量是保持高效劳动力的一个主要因素。

例　题

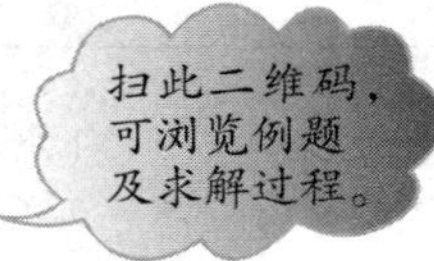

习 题

1. 某分析员对一金属切割操作进行了50个周期的观察记录，每周期的平均操作时间为10.40分钟，一个有125%绩效水平的工人，其标准差为1.20分钟。假设宽放16%的工作富余时间，计算这项操作的标准时间。
2. 某工作记录了60个周期，每周期平均时间为1.2分钟，绩效水平为95%，工作日富余为10%，计算以下时间：
   （1）观察时间。
   （2）正常时间。
   （3）标准时间。
3. 对一包含4个基本动作单元的工作进行时间研究，6个周期的观察时间和绩效水平如下表所示：

基本动作单元	绩效水平（%）	观察时间 /（秒 / 周期）					
		1	2	3	4	5	6
1	90	0.44	0.50	0.43	0.45	0.48	0.46
2	85	1.50	1.54	1.47	1.51	1.49	1.52
3	110	0.84	0.89	0.77	0.83	0.85	0.80
4	100	1.10	1.14	1.08	1.20	1.16	1.26

（1）计算每一基本动作单元的平均周期时间。
（2）计算每一基本动作单元的正常时间。
（3）假设工作时间富余因子为15%，计算工作的标准时间。

4. 给定某一具有4个基本动作单元的工作的观察时间（分钟），计算每一基本动作单元的观察时间（*OT*）。注意，第2个基本动作单元仅在间隔周期中出现。

动作单元	周期					
	1	2	3	4	5	6
1	4.1	4.0	4.2	4.1	4.1	4.1
2	—	1.5	—	1.6	—	1.4
3	3.2	3.2	3.3	3.2	3.3	3.3
4	2.7	2.8	2.7	2.8	2.8	2.8

5. 给定具有5个基本动作单元的工作的观察时间（分钟），计算每一动作单元的观察时间（*OT*）。注意，有些动作单元仅定期出现。

动作单元	周期					
	1	2	3	4	5	6
1	2.1	2.0	2.2	2.1	2.1	—
2	—	1.1	—	1.0	—	1.2
3	3.4	3.5	3.3	3.5	3.4	3.3
4	4.0	—	—	4.2	—	—
5	1.4	1.4	1.5	1.5	1.5	1.4

6. 利用表6-4，为工人进行以下条件的操作确定一个基本动作单元（举起一个10磅重的物体）的时间富余百分数：①站在一个有点不便的位置；②灯光略低于推荐标准；③ 断断续续的噪声。基本动作单元非常乏味，包括5%的个人宽放量和4%的基本疲劳宽放量。
7. 在一个40周期的测表研究过程中，发现人–机操作每周期需3.3分钟的机器工时，每周期工人的时间平均为1.9分钟，工人的绩效水平为120%（机器绩效等级为100%），在研究过程中，工人休息了10分钟，假设时间宽放因子为12%，计算这项工作的标准时间。
8. 新达成的工会合同允许货运部门的工人有24分钟的休息时间，10分钟的个人时间宽放量，每4小时有14分钟的工作延迟。某时间研究分析员对一持续工作进行观察，发现工人每周期的平均工作时间为6分钟，这项操作合适的标准时间为多少？
9. 下表的数据通过观察一名财务经理助理的工作得到，这项工作由3步组成。

基本动作单元	绩效水平（%）	观察结果 /（分钟 / 周期）				
		1	2	3	4	5
A	90	1.40	1.42	1.39	1.38	1.41
B	120	2.10	2.05	2.00	1.85	1.80
C	110	1.60	1.40	1.50	1.45	1.55

（1）利用表中数据和10%的宽放因子，计算标准作业时间。

（2）确定满足4%的误差和95%的置信度要求的观察次数。

（3）为满足0.1分钟的误差和90%的置信度的要求，需要观察多少次基本动作单元C。

10. 下表中的数据反映了对一木工操作进行时间研究的观察资料。

基本动作单元	绩效水平（%）	观察结果 /（秒 / 周期）					
		1	2	3	4	5	6
1	110	1.20	1.17	1.16	1.22	1.24	1.15
2	115	0.83	0.87	0.78	0.82	0.85	1.32①
3	105	0.58	0.53	0.52	0.59	0.60	0.54

① 特殊延迟。

（1）以观察资料为依据，假定时间富余宽放量为15%，计算操作的标准时间。

（2）对基本动作单元2进行平均时间估计，要达到误差在真实值1%以内、置信度为95.5%的估计，需要进行多少次观察？

（3）对基本动作单元2进行平均时间估计，要达到误差为0.01分钟、置信度为95.5%的估计，需要进行多少次观察？

11. 某时间研究分析员对一操作进行研究，此操作每件有1.5分钟的标准差，在95.5%的置信度下，要使每件平均时间估计值误差在0.4分钟以内，应进行多少次观察？

12. 对一工作的操作时间进行初步研究，得出如下结果：5.2，5.5，5.8，5.3，5.5，5.1（均为分钟）。要达到工作的平均工作时间误差在其样本均值的2%以内、置信度为99%的估计，应定多少个作业测定周期？

13. 在对航空特快货运飞机处于空闲时间的百分比估计的初步调查中，分析员发现，60次观察中货运飞机有6次处于闲置。

（1）闲置时间百分比的估计值是多少？

（2）基于初始的观察，要达到闲置时间实际百分比误差不超过5%、置信度为95%的估计，大约需要进行多少次观察？

14. 分析员观察客服人员处于繁忙状态（B）还是空闲状态（I），相关数据如下表所示：

（1）闲置时间百分比的估计值是多少？

（2）基于初始的观察，要达到闲置时间实际百分比误差不超过6%、置信度为90%的估计，大约需要进行多少次观察？

观察	1	2	3	4	5	6	7	8	9	10	11	12	13	14	15	16	17	18	19	20
繁忙或空闲	B	B	I	B	I	B	B	B	I	B	B	B	B	I	B	B	B	B	B	I

15. 保险公司的其中一项工作是与投保人进行电话交谈。保险公司经理要估计其雇员用于电话交谈的时间。在一次工作抽样调查中，要实现估计时间在实际时间6%的误差内、置信水平为98%，需要进行多少次观察。

16. 一家医院管理员认为X射线设备的利用率只有20%。为了达到误差不超过5%、置信度为98%的要求，大约需要进行多少次观察？

17. 设计一个工作抽样方案，要求每天观察8次，一天8小时。利用表6-5，按照自上而下的顺序读取第4列的最后一位数来表示小时序数（例如1 7 4 4 6等），自左至右的顺序依次读取第3行的两位数表示分钟（例如47 15 24 86等），把这些数组按照时序数排列。

18. 一家规模较大的行政办公室的经理准备执行一项有关职员用在电话通话上的时间的调查分析。调查的时间范围确定在

50个工作日内。办公的法定时间为每周5天，每天8小时。如果每天都要进行观察，那么就需要进行40次，现在只要求在50个工作日内进行11次观察。请使用表6-5：

（1）确定11次观察的具体时间。对日期，自左向右读取第4行，2位数一组（如16　32　15　46等），按同样的方法读取第5行。

（2）对小时，自上而下读取第1列，1位数一组（如6　4　3　1等）。

（3）对分钟，自下而上读取第4列的前两位数（如30　46　10等），按同样的方法读取第4列的后两位数（如95　66　39等）。

（4）根据日历时序排列所读取的方案（日历、小时和分钟所组成的数组）。

（5）假设3月1日是星期一，而且在3、4和5月均没有法定假日。把所确定的日期转换成3、4、5三个月的日历数。

19. 某一项工作抽样意在分析下午4～7点的交通堵塞情况，每周5天，持续40天的时间。采取以下步骤确定10次观察所对应的天、小时和分钟。

（1）对日期，自上而下读取第5列的前2位数（如46　20　38等），按同样的方法读取第5列的后两位数（如27　93　56等）。

（2）对小时，自左向右读取第1行，1位数一组，然后按同样的方法读取第2行（规则为只读取4、5或6后面的数）。

（3）对分钟，自上而下读取第6列，2位数一组，首先读取后两位数（如87　17　64等），当后两位数用完后，按同样的方法读取第6列的前两位数（如83　46　00　19等）。

根据日历时序排列所读取的方案（日历、小时和分钟所组成的数组）。

阅读材料　NG集团公司的卓越绩效管理

一切从质量培训开始

NG集团公司（简称NG集团）中心会议室里坐满了来自集团技术质量部的主要负责人和各个分厂主管质量的厂长。这是一次定制化的培训，主题是“日本的质量管理”。NG集团几乎每个月都会有一次与质量有关的培训。有的是面向集团领导的，有的是面向技术质量部领导与业务骨干的，有的是面向车间主任和作业长的，有的则直接面向车间质检员。

NG集团之所以如此重视质量管理培训，是因为它认识到，只有通过培训才能达到各级管理人员在思想认识上的统一。

质量管理大讲堂

NG集团自前年开始，开启了质量管理大讲堂活动。每月邀请公司内部的一位质量管理专家做讲座，介绍本公司质量管理的经验和国内外同行业质量管理的最新发展动态。这一活动取得了巨大的成功。介绍公司在质量管理方面的经验与戴明奖中质量管理闪光点的总结不谋而合。当然，总结出本公司的质量管理经验对每位参加大讲堂的质量管理专家来说也是一大考验。自从公司开办质量管理大讲堂以来，引起了同行业其他企业的广泛关注，每次都会有其他企业的人员参加质量管理大讲堂。如何将本公司有效的质量管理经验介绍出去是每位登上讲堂的专家最费心思的事情。

质量论坛

NG集团充分利用移动互联网的优势，建立了质量论坛。每位员工都可以把工作中遇到的与质量有关的管理和技术问题放在论坛上，并展开讨论。论坛社长在公司的支持下设置了奖励机制，根据员工对质量论坛的贡献给予物质奖励。这极大地提高了员工关心质量工作、提出质量问题、给出质量问题解决方案的积极性。

质量培训、质量管理大讲堂、质量论坛是 NG 集团实施卓越绩效管理的重要内容。NG 集团已在卓越绩效管理方面取得了突出的成效。各大类产品的质量在同行业均处于领先水平，去年还获得了全国质量奖。但公司并没有因此而自满，而是已经把目光瞄准世界上同行业质量管理做得最好的企业。

讨论题

1. NG 集团实施质量培训以及举办质量管理大讲堂、质量论坛的意义何在？
2. NG 集团想要实现真正的卓越绩效管理，并致力于在质量管理上达到世界级水平。请为该公司设计一个可行的规划。

应用案例　生产电炉

10 人小组负责组装用于医院和药物实验室的电炉（一种将溶液加热到指定温度的装置），他们生产的电炉有许多不同的类型。有的带有振动装置，以便加热时溶液能混合均匀；有的仅用于加热试管；还有的用于加热不同容器里的溶液。

工厂每个工人都运用一些恰当的小工具组装电炉的一部分。完成的电炉部件由传送带送至下一工序。当电炉完全组装好后，由一个质检人员检查整个电炉以确保生产合格。检查好的电炉由工人放到早已准备好的特制纸盒箱中以备装运。

整条组装线由进行时间和动作研究的工业工程师来协调平衡。他将整个组装工作分解成若干个恰好 3 分钟能够完成的子任务，这些子任务都是经过精心计算平衡的，以便每个工人完成组装任务所用的时间几乎相等。这些工人的工资直接用其工作时间来计量。

然而，这种组装工作方式出现了许多问题：工人的士气很低，质检员检查出来的不合格电炉的比例很高，由于操作原因而不是配件原因引起的可控废品率高达 23%。

经过讨论，管理人员决定对生产采取某些革新措施。管理人员将工人召集起来，询问他们是否愿意自己单独组装电炉。工人同意尝试这种新方法，条件是如果这种方法不能奏效，他们可以回到原来的工作方式。经过数天的培训，每个工人都能开始独立组装整个电炉。

到了年中，情况就开始有了改观。工人的劳动生产率迅速上升，生产率比上半年超出 84%；尽管没有任何人事或其他方面的改变，期间可控废品率从原来的 23% 降低到 1%；工人的缺勤率也从 8% 降低到不足 1%。工人对工作变化反应积极，士气很高，正如其中一个工人指出的“现在可以说这是由我生产的电炉了”。最终，由于废品率降低到如此之低，以至于原先由质检员所担任的检查工作改成由组装工人自己来承担，全职质检员工转到企业的其他部门去了。

资料来源：Reproduced by permission from “Making Hotplates”, from THE MODERN MANAGER, by Edgar F. Huse, copyright a 1979 by West Publishing Company.

讨论题

1. 哪些改变导致了生产率的提高和可控废品率的降低？
2. 什么导致了员工缺勤率的减少和士气的增加？
3. 工作状况的主要改变是什么？哪些改变在管理人员控制之下，哪些是由工人所控制的？
4. 如果工人回到原来的工作方式会发生什么情况？

CHAPTER7 第7章

选址规划与分析

学习目标

通过本章学习，读者应该能够：

（1）列举一些组织部门必须进行选址决策的主要原因；

（2）说明选址的重要性；

（3）讨论选址决策的可行性；

（4）描述影响选址的主要因素；

（5）列出制定这些决策的过程；

（6）说明影响服务和零售业选址决策的一些主要因素；

（7）运用所列技术解决典型问题。

引言

当一位著名的房地产经纪人被问及决定房产的三个最重要因素时，他说："这很简单，那就是位置、位置、位置。"

在住宅房地产市场，位置是重要因素。虽然房屋的风格、卧室和浴室的间数、维修水平和厨房的现代化程度毫无疑问是被考虑的因素，但一些位置因素却更引人注目。

在很多方面，商业组织的选址与住房选址一样重要，尽管理由不同。

选址决策事实上是每个组织的战略计划流程中不可分割的一部分。尽管选址似乎是新组织的一时性问题，但现有组织在此类决策上的风险通常比新组织要大一些。

本章研究了选址分析，简要介绍了企业必须做出选址决策的种种原因、决策的本质及制定和评估选址方案的常用程序。

7.1 选址的必要性

现有组织需要进行选址决策的原因各有不同。银行、快餐连锁店、超级市场和零售商店等将位置视为其营销战略的一部分，它们寻求的是有助于扩大市场的位置。这些情况下的选址决策基本上反映出一个现有系统所要增加的地点。

当一个组织即使扩充现有地点也不能满足产品和服务需求的增长时也会出现同样的情况。为完善现有系统而增加新地点通常是一个现实的选择。

一些企业由于基本投入的消耗而面临选址决策。例如，渔业和伐木业经常会由于原有区域资源的暂时耗尽而需要重新选址。采矿和石油业也会面临同样的情况，尽管这个问题通常在更长时间后才会显现出来。

对其他企业而言，当市场变动或者某一特定地区的经营费用很高从而使别的地区更具吸引力时，也会导致它们重新考虑选址。

7.2　选址决策的本质

选址决策对很多类型的企业来说都不会是频繁的，但它会对组织造成重要影响。本节将着眼于选址决策的重要性、管理者进行选址时的一般目的及适合企业的一些选择方案。

7.2.1　选址决策的重要性

选址决策与组织的总体战略密切相关。例如，低成本战略通常会导致组织在进行选址决策时把厂址选在劳动力或原料价格低廉、靠近原料供应地或顾客群的地方（以降低运输费用）。如果组织确定了通过增加市场份额来增加利润的战略，那么，就应当把厂址或店面选在人员流动比较密集的地方；而侧重于为顾客提供便利的营销策略则应当把厂址或店面选在顾客能够便利地处理事务或购物的地方（例如，银行的网点、ATM、服务站或快餐店附近等）。

选址决策之所以重要，还有其他方面的原因。第一，事关长远，一旦出错，就很难克服。第二，选址决策经常会影响投资需要、运作成本、税收及运作。错误的选址将会导致运输成本过高、劳动力缺乏、竞争优势丧失、原材料供应不足，以及与此类似的、不利于运作的其他情况。对服务业而言，不好的位置将导致顾客流失和（或）较高的运作成本。对制造业和服务业而言，选址对竞争优势将会产生重要影响。第三，在进行选址决策时，企业的供应链在战略上具有重要意义。

7.2.2　选址决策的目的

按照一般规律，营利性组织以潜在利润的多少作为其决策的基础，而非营利性组织则力求使成本和它们提供给顾客的服务水平达到平衡。从中似乎可以推断：所有的组织都试图得到它们所能得到的“最佳”位置。但是，事实并非如此。

在许多情况下，并不存在一个绝对好于其他地点的地点。在所提供的地点中，总有许多可能的地点可以让成功的组织去选择，而且，这种可能性地点的数量很大，以至于很难从中找出一个非它不可的地点来。因此，大多数组织并不打算从中找出最好的地点，它们宁可找到一些可以接受的地点并从中选择。

选址标准取决于企业在供应链中的位置。例如，处于供应链末端的企业，即零售企业，在选址时主要考虑便利性，更多地关注顾客的人口统计数据（人口密度、年龄分布、平均可支配收入）、交通模式和当地习俗等。而位于供应链起始位置的企业，并且主要供应原料，那么，这类企业必将厂址选在离原材料近的地方。位于供应链中部的企业，即作为分销商或批发商的企业，将根据其业务特点选择离其供应商或目标市场近的地方。例如，从事商品储存或分销的企业通常选择在某个区域的中心位置以降低分销成本。

基于互联网的零售企业则不太关心选址问题，因为它们可选择在任何地方。

7.2.3　供应链方面的考虑

供应链管理需要确定供应链结构，包括确定供应商、生产设施、仓库、配送中心的数量和位置。这些设施的定位是一种长期商业约定，因此需要慎重考虑利弊。与此相关的问题是采用集中式分布还是分散式分布。集中式分布通常易产生规模经济且较分散式分布易控制，但是有时会产生高昂的运输成本。分散式分布对于本地需求来说更灵活。

上述决策至关重要，因为其影响获取消费者市场的基本策略，而且对成本、税收和响应性有很大影响。

本章的定量分析方法对于评价供应链结构颇有帮助，第 14 章供应链管理将做进一步介绍。

7.2.4 选址方案

管理者在选址规划时通常会考虑四种选择方案。

第一种选择是扩展现有的工厂。如果有足够的空间可供扩展，特别是这个地点有着其他地点少有的诱人的优点时，这种选择更有吸引力，扩展费用常常要少于其他几种选择。

第二种选择是保持现有的地点并增加新地点，零售业经常这样运作。在这种情况下，有必要考虑新增地点对整个系统的影响。在一条商业街增开新店，仅仅是吸引那些本来就经常光顾已有的连锁店的老顾客，而不是扩展市场；增加新地点能作为一种保护性策略以维持市场份额或防止竞争对手进入市场。

第三种选择是放弃现有地点迁至新地点。组织必须对迁移成本及由此获得的利润与留在原地所得到的成本和利润进行衡量比较。市场的转移、原材料的消耗及运作成本经常促使公司慎重地考虑这一选择。

第四种选择是组织也可以选择什么都不做。如果通过对备选地点的细致分析不能确定上述三种选择中的哪一种更具吸引力，那么组织可能会决定至少目前仍保持原有的状态不变。

7.3 全球性选址

全球化意味着增加了制造业和服务业扩散的范围，为企业开辟了新市场。另外，许多公司从国外其他企业外购产品。过去，公司大都倾向于在位于某一国家的总部进行运作。现在，企业正在寻找战略和策略原因，使其运作全球化。正如它们所做的，一些公司正在从它们的努力中获利，而其他一些公司发现这个过程很困难，所有公司都必须应对全球化所带来的问题。

本节讨论全球化的原因、优势、劣势、风险以及管理全球运作时所涉及的问题。

7.3.1 促进因素

一些因素使得全球化对于商业组织来说更具吸引力和更加可行。其中两个关键的因素是贸易协定和技术进步。

（1）贸易协定。随着《北美自由贸易协议》《关贸总协定》等贸易法案的签署，国际贸易的障碍，例如关税和限额已经减少或者消失。而且，欧盟也已经减少了很多贸易障碍，世界贸易组织也有助于促进自由贸易。

（2）技术。在交流和信息共享方面的技术进步也是非常有益的，这些技术包括传真、电子邮件、手机、电视会议和互联网。

7.3.2　优势

公司在其全球化运作的过程中发现了大量的优势。下面列举了一些优势，不过并非所有优势在每种情况下都会发生，意识到这一点很重要。

（1）市场。公司经常为其产品和服务寻求扩展市场的机会，以及结合当地需求提高现有顾客的服务水平，加快出现问题时的响应速度。

（2）成本节约。潜在的成本节约包括运输成本、劳动力成本、原材料成本和税收。在德国，高额生产成本使得许多公司将工厂设在低成本国家，其中包括工业产品巨头西门子公司（在英国的一家半成品工厂）、贝尔制药公司（在美国得克萨斯设厂）、赫希斯特股份公司（在中国设厂）、梅赛德斯汽车公司（在西班牙、法国和美国亚拉巴马州设厂）和宝马公司（位于美国南卡罗来纳州的斯帕坦堡）。

（3）法律和法规。可能会有更宽松的责任和劳动法，以及更少限制性的环境和其他法规。

（4）金融。公司可以避免货币兑换带来的冲击，当产品在某一国家生产，而在其他国家销售时经常会发生问题。而且，国家、地方或当地政府都会提供一系列激励措施来吸引商机，这些商机可以提供就业机会和促进当地经济的发展。例如，国家的激励措施、劳动力、土地可用性、成本等促进了尼桑在广州、密西西比建立了大型装配工厂。梅赛德斯在亚拉巴马州的 Vance 建立了大型装配厂。一个附加优势就是这些工厂的供应商也在这些地区建厂。

（5）其他。产品和服务的新构想，运作和解决问题的新视角。

7.3.3　劣势

全球化运作的一些劣势如下。

（1）运输成本。基础设施的不完备或远距离运输会造成高运输成本，随之产生的成本抵消了在劳动力和原材料上节约的成本。

（2）安全成本。安全风险和偷窃行为增加了成本。而且，国际边界的安全措施减缓了载运速度。

（3）不熟练的劳动力。不熟练的劳动技巧会影响质量和生产率，工作的行为准则也会有所不同，因此需要额外的雇员培训。

（4）进口限制。一些国家限制制成品的进口，拥有当地的供应商可以避免这些问题。

（5）批评。批评家认为成本的节约是由不公平的行为造成的，例如血汗工厂。在血汗工厂里，雇员工资低并且要在恶劣的工作环境中工作，使用童工，并且在没有严格环境要求的国家开设工厂。

（6）生产率。生产率低可能会抵消低劳动力成本或其他优势。

7.3.4　风险

（1）政治。政治的不稳定和动荡为个人安全和财产安全带来了风险。而且，政府可能将其国有化并进行接管。

（2）恐怖主义。在世界很多地方仍然存在恐怖主义威胁，使个人和财产安全都处于危险之中，并且降低了国民旅游或去某些地区工作的机会。

（3）经济。经济不稳定可能会产生通货膨胀或通货紧缩，这二者都会影响收益率。

（4）法律。法律和法规可能会改变，从而减少或消除企业的主要收益。

（5）文化。文化差异更加明显，沃尔玛进驻日本时发现了这个问题。虽然沃尔玛在很多国家以其低成本声誉做得非常成功，但是日本的消费者将低成本和劣质联系在了一起，因此沃尔玛不得不重新考虑其日本市场的战略。

（6）质量。质量控制不严格可能会导致招回和产品责任问题。

7.3.5 管理全球化运作

虽然全球化运作有很多优点，但是这些运作经常会产生一些新的管理问题。例如，语言和文化差异增加了错误地传达信息的风险，还可能会影响商业关系中很重要的信任。管理类型可以千差万别，在某一国家运作良好的策略可能在其他国家没有效果。旅途距离和时间、成本的增加会导致面对面会议机会和到公司视察机会的减少，而且长距离的协调更加困难。管理人员必须处理贪污、受贿和道德规范等不同方面的问题。技术水平可能较低，技术创新的阻力可能会比预想的要大，整合新技术更加困难。国内员工可能会抵制迁移，即使这种迁移是暂时的。

7.3.6 自动化

自动化对在何处生产产品有很大影响，当主要市场在国内时更是如此。国外的低劳动力成本一直以来是境外建厂的主要考虑因素。但是，在一些发展中国家呈现出来的劳动力成本的增加和不良的安全记录，让人们把注意力更多地集中在本土建厂所带来的运输时间短以及自动化应用上。

7.4 选址决策的一般程序

组织进行选址的方法经常取决于其规模和运作的性质或范围。新组织或小型组织易采用非正式方法。新公司定址在某地仅仅是因为其所有者住在此地。与此相似，小型公司的管理者常常希望在居住地附近进行运作，因此，他们倾向于在当地选择公司地址。而一些大型公司，特别是那些跨地域运营的公司，则更愿意采用正式方法。而且，它们经常考虑更广泛范围的地理位置。这里主要讨论进行选址决策的正式方法。

选址决策通常包括以下几个步骤。

（1）决定评估地点好坏的标准，例如收益的增加、成本的降低或社区服务。

（2）识别重要因素，比如市场或原材料的位置。因素的重要性因行业类型而异。例如，零售、制造、分销、保健和运输各有不同的因素影响其选址。

（3）找出可供选择的地点。

- 确定选址的一般地区。
- 确定较少数量的可供选择的社区。
- 从供选择的社区中找出几个可供选择的地点。

（4）评估这几项选择并做出选择。

步骤（1）仅仅是一种管理行为，步骤（2）到步骤（4）则需要周密考虑。

7.5　国家、地区、社区、具体地点的选择

许多因素会影响选址决策，但是，经常只有一个或几个最重要的因素对该决策起决定作用。例如，在制造业中，潜在的决定性因素通常包括丰富能源的可得性、水的供应、与原材料的邻近程度。例如，核反应堆需要大量的水来制冷，而像钢铁和铝生产之类的重工业则需要大量电力，等等。运输成本也可能成为一个重要因素。在服务行业，潜在的决定因素则与市场有关，包括交通方式、便利性、竞争者所处的位置及与市场的邻近程度。例如，汽车租赁公司一般设在顾客较多的机场和市中心等附近。注意，所考虑的很多因素对供应链设施和运营设施同样适用。

一旦组织确定了影响选址决策的最重要的因素，就能把可选方案限定在一定的区域范围内。接下来，通过详细分析，就可以确定数量更少的社区和具体地址方案。人的因素在选址决策中非常重要，这些因素可能包括“文化冲击”，这种冲击通常发生在员工迁移到与之前工作环境截然不同的环境中时。例如，从大都市迁移到乡下，或由乡下迁入大都市，或迁入气候条件截然不同的地方。

7.5.1　国家因素

每个国家均有其潜在的风险和优势，决策制定者需要清楚其具有哪些风险和优势及发生的可能性，以便确定是否在该国选址。一些重要的问题已在全球性选址部分提及，表 7-1 显示了影响海外选址的因素。

表 7-1　影响海外选址的因素

外国政府	A. 对外国生产设施所有者的政策 当地的要求 进口限制 货币限制 环保法规 当地的产品标准 责任法 B. 稳定性
文化差异	外国工人及其家属的居住环境 宗教节日和传统
顾客偏好	当地的审美标准
劳动力	工人的教育及培训水平 工作实践 限制外国雇员数量的可能规定 语言差别
资源	原材料、能源和交通质量及可得性
金融	金融激励、税率、通货膨胀率、利率
技术	技术变革的速度、创新速度
市场	市场潜能、竞争力
安全	犯罪、恐怖主义

竞争力委员会和德勤调查了全球 400 位 CEO 对制造业竞争力的观点，这份报告显示，确定制造业在何处选址的最重要的三个因素是人才、劳动力成本和能源成本[⊖]。事实上，很多公司将运营外包给国外供应商就是利用国外低工资率的优势。一些美国制造业公司在国外开设子公司不仅是利用低劳动力成本，而且为了避免或延期交税。利用国外子公司，制造业公司将产品运输到美国并交付较低的关税。此外，可以通过计入海外利润且不退还盈余给美国而完全避免税收。可以通过转让定价规则，允许美国公司建立价格转移，把大部分的利润留在国外子公司。这些收益不收美国税，直到通过股息返回美国母公司。

考虑劳动力成本时要综合各种因素，其他成本可能会在一定程度上削弱这种优势。比如，低工资率或许伴随着低劳动生产率，从而导致单位净成本反而超过在本国生产的成本。另一

⊖ *Newsweek*, July 19, 2010, p.15.

个需要考虑的成本是运输成本，运输成本随距离的延长而增加。运输成本还可以抵消部分或全部的低工资福利。最后，长时间运输导致供应链库存的压力，从而降低了供应链的灵活性。

当公司在一个国家生产而在另一个国家采购或出售时，另一个需要考虑的因素是货币和汇率风险。公司必须按照其所在国家的货币政策处理业务，成本和利润的转换会受货币波动和汇率波动的影响。

公司可以从多种途径获得有关国家的信息。以下是两个有用的网站：

CIA——https://www.cia.gov/library/publications/the-world-factbook/index.html

World Bank——http://www.doingbusiness.org/data/exploreeconomies/? economyid=2

7.5.2 区域因素

最主要的区域因素包括原材料、市场和劳动力等因素。

1. 原材料的位置

公司距原材料产地很近或就在其产地出于三个主要原因：必要性、易损坏性及运输成本。采矿业、农场、林业和渔业属于必要性范围。显而易见，这类运作必须紧邻原料产地。从事新鲜水果或蔬菜的制冷保鲜和罐头生产、奶制品加工、烘烤等行业的公司在选址时必须考虑易腐烂性。对于那些原材料在加工过程中会缩减从而导致加工后的产品或材料的运输成本减少的工业而言，运输成本非常重要，例子包括铝精炼、乳酪制造和造纸业。当投入来源于不同位置时，有些公司选择离地理中心较近的位置。比如，炼钢需要大量的煤和铁矿，因此，许多钢厂将厂址选在阿巴拉契煤田和铁矿之间。运输成本经常是供应商选择靠近顾客的原因。而且，地区性仓库常被超市或其他零售店用作批发商店。对新地点的选择和仓库的增加经常能反映出现有仓库或零售店的位置。

2. 市场的位置

营利性组织通常会选择坐落在作为其竞争战略一部分的市场附近，而非营利性组织则选择在需要其服务的用户附近。其他因素包括分销成本或成品的易腐烂性。

竞争压力是零售运作的极其重要的因素，在某些情况下，特定地区的服务市场可能太小，不能容纳两个或更多的竞争者（比如，每个街区有一个汉堡店），因此，这时的选择会侧重于一个没有竞争者的地点。与之相反的情况同样可能发生——有时靠近竞争对手似乎更可取。大百货公司经常毗邻而居，小店则愿意设在购物中心，从而以大百货公司作为后盾。这些大百货公司吸引来的大量顾客也能成为邻近小店或其他大店潜在的顾客。

有些公司因其产品的易腐烂性而必须紧邻市场，比如面包店、鲜花店、海鲜店。对于另一类公司，分销成本是促使其紧临市场的主要原因。比如，沙砾经销商通常只服务于某一特定地区，就是因其商品的分销成本很高。还有一类公司因需要与顾客保持紧密的联系，而常常选择它们预期要服务的地区。这方面典型的例子有裁缝店、家庭维修服务机构、家具木工、地毯清洁工以及草坪及园艺服务机构。

许多政府服务机构的位置靠近其需要服务的地区。因此，邮局明显散布于大都市的各区。警察局和急救中心的选址常以当事人的需要为基础。例如，警察巡逻队常集中在犯罪率高的地区，急救中心常常位于市中心以便为四面八方的患者提供及时的服务。

许多外国制造公司已经把制造工厂设在美国，因为美国是其产品的主要市场。它们之中主要是汽车制造厂，其中最引人注目的是日本厂家，其他国家也都有代表。日本厂家决定在美国建厂的另一个可能的原因是为了抵消美国工人失业可能带来的不利于消费的情绪。成千上万的美国汽车制造工人如今就业于日本驻美工厂和其他外国公司。

3. 劳动力因素

主要的劳动力因素有：劳动力的成本和可得性、一个地区的薪资水平、劳动力的生产率及其对待工作的态度以及工会是否是一个严重的潜在问题。

劳动力成本对劳动密集型行业非常重要。纺织业从新英格兰转移到南方各州的部分原因就是出于劳动力成本的考虑。

未来雇员的技能可能成为一个因素，尽管有些公司宁愿培训新雇员而不是仅仅依靠他们以前的经验。许多产业中知识专业化程度的增加使得这种可能性比过去更大了。虽然大多数公司很看重蓝领工人的供给量，但有些公司则对可能成为雇员的科技人员更感兴趣，它们专门寻找这类人员高度集中的地区。

工人对营业额、出勤率及类似因素的态度可能因地而异，大都市中心的工人表现出的态度与同一个地区的小城镇或乡村的工人不同。而且，一个国家的不同地区或不同国家之间的工人的态度可能显著不同。

有些公司为去异地发展的现雇员提供工作，但是，在许多情况下，雇员不愿迁移，特别是当这意味着离开家庭和朋友时。而且，如果一个家庭有两个人工作，那么其中一个人调动工作后就需要另一个人放弃原来的工作而到新地方寻找一份新的工作。

4. 其他因素

气候和税收有时会在选址决策中扮演一定的角色。比如，在北方各州连续几年异常寒冷的冬天会促使有些公司慎重考虑搬到更暖和的地方去，特别是由于工人无法工作而导致货物投递被耽搁或工作中断的情况经常出现时更是如此。同样，某些州的商业税和个人所得税会降低这些州对正在选择新址的公司的吸引力。许多公司已被吸引到号称“阳光地带”的各州，因为那里有充足的低价能源和劳动力，气候宜人并且税收适度。另外，税收和货币激励也是设立专业体育专卖店要考虑的重要因素。

7.5.3　社区因素

许多社区通过提供财政或其他方面的激励来积极吸引新公司，因为它们被视为未来税收和新就业机会的潜在源泉。但是，一般而言，社区不希望新公司会带来污染问题或者降低社区生活质量。当地社区对这类公司可能会极力排斥，因此一家公司可能不得不花大力气使当地官员相信它是“负责的公民”。而且，有些组织还发现，即使整个社区对它们持欢迎态度，仍然会有某一特定地点附近的居民持反对意见，他们反对可能因此增加的噪声、交通或人口等问题。这类事例包括社区居民反对机场扩建、邮区的改变、核电站和高速公路的建设等。

从公司的角度看，许多因素决定了社区作为其工人和管理者居住地的期望。这些因素包括用于教育、购物、休闲、交通、宗教信仰和娱乐等方面的设施；警察、消防和医疗服务质量；当地对公司的态度和社区的规模等。如果公司将成为社区的主要雇主，那么社区的规模就非常重要，因为将来在当地终止或减少运营规模可能会对一个小社区的经济产生重要影响。

另一些与社区有关的因素是公共设施的成本和便利性、环境法规、税收（州和当地的、直接的和间接的）以及经常由州政府或当地政府提供的优惠条件，包括债券发行、税收减免、低息贷款、特许权和工人培训。

另一个趋势是准时生产技术（见第13章），它促使供应商和消费者毗邻而居，以此减少供应商的提前期。鉴于此，一些美国公司正在重新考虑海外选址决策。而且，在轻工业（如电子业）中，廉价劳动力因素与邻近市场因素相比变得不那么重要；电子元件的用户希望供应商与其制造工厂相邻。这种可能性将来会发展成一种趋势，即工厂都缩小规模而靠近市场，在某些产业中，着重于生产特定产品的小而自动化的微型工厂将会靠近主要市场以减少交货时间。

信息技术的发展将会增强制造企业搜集、追踪和传递信息的能力，这些信息将采购、市场、分销和设计、工程、制造连接起来。这些措施会减少将这些功能部门放置在一起的必要性，因此，应该准许将生产设施定位在邻近其主要市场的战略。

选址时可能涉及道德问题，因此对于政府和企业来说要防患于未然，协商优惠待遇时切忌触犯道德界线。例如，政府为了鼓励公司落户本地可能提供一系列优惠方案，并从公司获得约定的利益。公司应该谨慎约定，避免过多（比如，就业机会、时期）或过少（噪声、交通）承诺。同样，政府也应该致力于达成利于纳税人的协议，制定长期协议时尤其要慎重，以免让纳税人自掏腰包。

7.5.4 与地点相关的因素

与地点有关的主要因素有：土地、交通、区域或其他限制因素。

对备选地点的评估需要与工程师或建筑师一起商讨，特别是重工业制造、大型建筑或有特殊要求的设施。土壤条件、荷载力及排水率可能是至关重要的因素，在评估中经常必须请专家评定。

因为土地通常需要长期使用，因此土地费用可能是与地点相关的第二重要的因素。如将来扩展的空间、现有设施和排水能力及任何其他可能阻碍将来发展的限制因素，还应有足够的停车场地供员工和顾客使用。另外，对很多公司而言，有通往汽车站或铁路站点的道路很重要。

工业园区对从事轻工业制造或装配、仓储业和服务业的公司而言是有价值的选择。园区的土地通常已被开发，电、水、下水道都已经接通，分区限制也不需要特别注意。从消极方面看，工业园区可能限制公司某些方面的活动，从而限制公司产品、服务及其工艺程序将来的发展。有时园区控制建筑物的规模、外形、建筑风格的严格规章会限制管理者的选择余地。园区也可能没有足够的空地以备公司将来的发展。

对经常出差的高级主管来说，虽然日程安排和联络方式处于不断变化中，但机场或火车站的规模、远近以及旅行联系都很重要。

表7-2对影响选址决策的因素进行了归纳。

表7-2 影响选址决策的因素

层次	因素	考虑事项
区域	原材料或物料的位置	邻近程度、运输的方式和成本、可获取的数量
	市场位置	邻近程度、分销成本、目标市场、交易惯例及限制
	劳动力	可得性（普通的和有特长的）、员工的年龄分布、工作态度、有无工会、生产能力、薪资水平、失业救济法律
社区	生活质量	学校、教堂、购物、住房、交通、娱乐、休闲、生活费用

（续）

层次	因素	考虑事项
社区	服务	医疗、消防、治安
	态度	积极 / 消极
	税收	国家 / 地方、直接 / 间接
	环保法规	国家 / 地方
	公共设施	成本及可用性
	发展支持	发行债券、税收减免、低息贷款、授权
地址	土地	成本、发展要求的等级、土壤特性及排水、扩展空间、停车
	运输	类型（公路、铁路、空运）
	环境 / 法律	分区限制

7.5.5 多工厂制造策略

当公司有许多生产设施时，能通过以下几种方式组织运作：第一种是对不同的工厂安排不同的生产线；第二种是对不同的工厂安排不同的市场区域；第三种是对不同的工厂安排不同的工序。每种策略对应着相应的成本和管理方式以及竞争优势。

1. 产品工厂策略

在这种策略下，某一产品或整条生产线都在独立的工厂里制造，每个工厂通常向整个市场供给该产品。这实质上是一种分散办法，每个工厂集中一系列严格的要求，包括特定的劳动力、材料和整条生产线的设备。与多功能工厂相比，工厂专业化经常会带来规模经济和降低运作成本。各工厂之间可以分散分布也可以相对集中。

2. 市场区域工厂策略

在这种策略下，不同工厂服务于特定地理区域的市场（例如西海岸、东北）。各单个工厂生产公司全部产品或大部分产品并只供应给一定区域。虽然这种策略的运作成本比产品工厂策略的成本高一些，但却节省了大量的运输成本。这种安排特别适用于因体积、重量或其他因素而使运输成本增加的商品。并且，因其传递迅速、能及时满足当地需要而产生额外利润。这种方法需要对各工厂决策进行集中协调，根据市场情况的变化来增加或减少工厂、扩展或缩小现有工厂。

3. 工序工厂策略

在这种策略下，不同工厂侧重于生产流程的不同工序。汽车制造业经常采用这种方法，各个工厂分别生产发动机、传动系统、车身冲压甚至水箱。这种方法最适合有大量部件的产品。将各部件分开生产可以比全部产品在同一地方生产减少混乱。

当组织采用这种方法时，贯穿整个体系的生产协调就变得极其重要，并且需要有掌握全面信息的集中管理来实现高效运作。这种方法的一个关键优点就是每一个工厂都是高度专业化的并能批量生产，从而产生规模经济效益。但是，这会造成额外的运输成本。

7.5.6 地理信息系统

地理信息系统（geographic information system，GIS）是一种搜集、储存、检索、展示地

图统计数据的计算机工具。地理信息系统依赖于一种集成系统，包括计算机软硬件、数据和专门人才提供的多种相关信息。用来获取旅行方向的互联网地图程序是地理信息系统的一个应用。

许多国家有丰富的地理信息系统数据可以访问。地理信息系统为选址分析提供了极大的便利，使其更容易获得相关信息，比如人口密度、年龄、收入、种族、交通方式、竞争者位置、教育机构、购物中心、犯罪统计、交通资源、公共设施、娱乐设施、地图和图像以及其他相关信息。地方政府利用地理信息系统来组织、分析、计划、传达社区信息。求职者利用地理信息系统来进行搜索。

下面列出一些利用地理信息系统的例子。

- 物流公司利用 GIS 提供的关于顾客位置的数据来安排车队的路线和日程。
- 杂志和报纸出版商利用 GIS 分析发行量和广告客户。
- 房地产公司严重依赖于 GIS 制图在线提供潜在的家庭和企业买家。
- 银行利用 GIS 确定在何处设置分行，并了解不同市场的需求。
- 保险公司根据 GIS 提供的人口分布、犯罪数量、自然灾害（比如洪水）的概率来确定保险费。
- 零售商可以将销售、客户、人口信息进行链接，也可用 GIS 发展营销策略、映射顾客位置、选择地点、销售预测、促销和其他商店的投资组合管理应用。
- 公共事业公司利用 GIS 平衡供需，确定有问题的区域。
- 应急部门利用 GIS 分配资源，保证资源覆盖所需范围。

7.6 服务业及零售业选址

在进行选址时，服务业和零售业与制造业相比，很明显它们考虑的重点不同。对前两个行业来说，与原材料的邻近程度通常不是考虑因素，也不考虑加工要求，方便顾客通常是其首要考虑因素，例如银行和超级市场，但这并不是呼叫中心、目录式销售和在线服务类公司的考虑因素。制造企业更多地考虑成本，所以比较关心劳动力、能源和原料的成本及其可获得性，同时也关心分销成本。服务和零售企业则更多地考虑营业收入，所以比较关心诸如年龄、收入、教育、人口 / 规划区域、竞争性、交通便利性 / 方式、接近顾客的程度 / 车位等人口统计学数据。

零售和服务总是在其所服务市场的中心位置。例如，快餐店、加油站、干洗店和超市等。当他们的产品（或服务）与竞争对手非常相似时，就需要靠便利性来吸引顾客。所以，他们的营业网点都分布在人口密集或交通流量大的地方。竞争和便利性因素也是银行、酒店和旅馆、汽车维修站、药店、报刊亭、购物中心选址时要考虑的重要因素。同样地，诊所、牙医、律师事务所、理发店、美容店总是为一定区域的顾客提供服务。

零售和服务组织一般把交通流量和便利性作为最先考虑的因素。特别类型的零售或服务公司可能会更注重由公司或顾客的性质所决定的特定因素。如果公司是独一无二的，并且有自己的吸引力，那么即使邻近竞争对手也无所谓。但是，零售公司常会为了更大的交通流量和方便顾客而宁愿与别的零售商毗邻而居（虽然不一定是对手）。因此，汽车经销商经常彼此毗邻，饭店和专卖店经常位于商业区之中或其附近，从较高的交通流量中受益。当相似的行业聚集在一起时，通常称作行业集群。

医疗服务机构为方便患者常位于医院附近，医生的诊所可能在医院附近，也可能与其他医生的诊所集中在某个区域。便利的公共交通是其经常考虑的因素。

便利的交通或停车场所对零售公司而言是至关重要的。因为这一点，路边商店就比市中心的商店更能吸引顾客，因为它可以免费停车并接近居民区。

对需要顾客前往服务地的公共服务行业（与诸如家庭维修和清洁之类的家庭服务相对）而言，顾客的安全和保障是关键因素，尤其是在城镇居民区。

很多零售企业有多个地址。在这种情况下，必须考虑以下问题：

- 在选址时如何才能实现销售额、市场份额和利润的最优化？应该把提升现有设施的水平、扩充新店址、增加新店、关闭或改变某些店址的布局等结合起来一并考虑。
- 在可能的措施中，哪些措施可为公司带来实际利益？
- 为使市场份额、销售额和利润最大化，而不对其他商店造成不利影响，应把店址选在哪里？这是造成赋予特许经营权的公司和特许经营者之间摩擦的主要原因。
- 如果附近有竞争对手，将会对商店的市场份额、销售额和利润造成什么影响？

对在线零售而言，一个发展趋势是把仓库建在目标市场附近，以便快速配送。这对在网上下单的服装尤其如此。

表 7-3 简要地比较了服务业和零售业选址与制造业选址的区别。

表 7-3　服务 / 零售业与制造业选址要考虑的因素比较

制造业 / 批发商	服务业 / 零售业
关注成本	关注收入
运输模式 / 成本	人口统计数据：年龄、收入、教育
能源的可得性 / 成本	人口 / 规划区域
劳动力成本 / 可得性 / 技能	竞争性
建筑 / 租赁成本	交通的便利性 / 方式
	接近顾客的程度 / 车位

7.7　选址方案评估

在评估供选择的地点时有一些实用的方法，包括量 – 本 – 利选址分析、因素评分和重心法。

7.7.1　量 – 本 – 利选址分析

量 – 本 – 利选址分析有利于对备选地点在经济上进行对比。这种比较可以用数字，也可以用图表来表现。图表方法更能清楚地说明情况，因为它增强了对概念的理解，并能指出一种选择优于其他选择的程度。

量 – 本 – 利分析的过程包括以下步骤。

（1）确定每一备选地点的固定成本和可变成本。

（2）在同一张图表上绘出各地点的总成本线。

（3）确定在某一预期的产量水平上，哪一地点的总成本最少或者哪一地点的利润最高。这种方法需要建立以下几点假设。

- 产出在一定范围时，固定成本不变；
- 可变成本与一定范围内的产出呈线性关系；
- 所需的产出水平能近似估计；
- 只包括一种产品。

在成本分析中，要计算每一地点的总成本

$$总成本 = FC + v \times Q \tag{7-1}$$

式中，FC 是固定成本；v 是单位可变成本；Q 是产品的数量或体积。

例 7-1 下表列出了四个可能成为工厂所在地的地点的固定成本和可变成本。

地址	每年的固定成本 / 美元	每单位的可变成本 / 美元
A	250 000	11
B	100 000	30
C	150 000	20
D	200 000	35

（1）在一张图上绘出各地点的总成本线。

（2）指出使每个备选地点产出最优的区间（即总成本最低）。

（3）如果要选择的地点预期每年产量为 8 000 个单位，哪一地点的总成本最低？

解：

（1）绘出各地点总成本线，选择最接近预期产量的产出（如每年 10 000 个单位）。计算在这个水平上每个地点的总成本。

地址	固定成本 / 美元	+	可变成本 / 美元	= 总成本 / 美元
A	250 000	+	11（10 000）	= 360 000
B	100 000	+	30（10 000）	= 400 000
C	150 000	+	20（10 000）	= 350 000
D	200 000	+	35（10 000）	= 550 000

绘出每一地址的固定成本（在产出为 0 时）及产出为 10 000 个单位时的总成本，并用一条直线把两点连起来（见下图）。

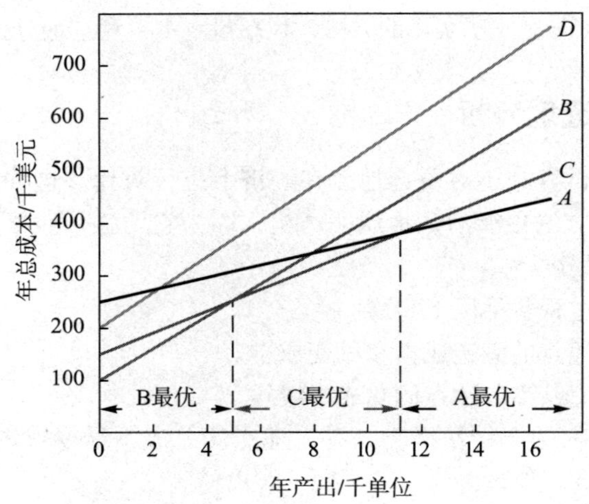

（2）图中显示出了各个备选地点的总成本最低时的区间。请注意 D 地从未优于其他任何一个地点。因此，可以从 *B* 线和 *C* 线的交点以及 *A* 线和 *C* 线的交点所得到的产出水平求出确切的区间。为了得到这点，使它们的总成本公式相等，求 Q，即得到它们最优产出水平的界限。于是，对于地点 B 和 C 来说

$$\underset{(B)}{100\,000 + 30Q} = \underset{(C)}{150\,000 + 20Q}$$

解得 $Q = 5\,000$ 单位 / 年

对于地点 C 和 A 来说

$$\underset{(C)}{150\,000 + 20Q} = \underset{(A)}{250\,000 + 11Q}$$

解得 $Q = 11\,111$ 单位 / 年

（3）从这张图中可以看出，每年产出 8 000 单位，地点 C 的总成本最低。

在利润分析中，计算每一地点的总利润

$$\text{总利润} = Q(R-v)-FC \tag{7-2}$$

式中，R 是每单位收益。

当预期产出水平接近某一备选地最优产出区间的中间时，选择就很简单明了。当预期产出水平靠近某一区间的边缘时，就意味着两种不同选择的年成本相似。因此，这时管理者就不会以总成本作为选择依据。但是，认识到这一点很重要，即在很多情况下，成本以外的其他因素也应考虑在内。在本节的后面，我们将列出这些考虑因素。但现在，首先考虑另一个在选址决策中经常要考虑的因素：运输成本。

7.7.2　运输模型

运输成本有时在选址决策中扮演非常重要的角色，这是因为在原料运输或成品运输中均会产生运输成本。如果一个工厂是一项运输的唯一起始地或终点，那么公司可以通过将每单位的运输成本合并到每单位的可变成本中，把运输成本算进成本利润选址分析（如果已包含原材料，那么运输成本必须换算为每单位产出的成本，以便与其他可变成本相对应）。

如果商品从不同的发出点运输到不同的接收点，并且在整个体系中增加了新地点（发出点或接收点），公司应该对运输做独立分析。在这种情况下，运输线性规划模型非常有用。如果有一个新地点增加到现有体系中，就必须用特别的算法来测定最低的运输成本。如果增加了许多新工厂或整个新体系要发展，也可以用这种特别的算法。这种模型被用来分析各种配置方案，它能显示各个方案的最低成本。这些信息可以用于选址方案的评估。例 7-1 说明了如何综合应用运输分析结果与量 – 本 – 利分析结果。

7.7.3　因素评分法

因素评分是一项决策技术，该技术应用广泛，从个人做出某一项决定（如购车、决定居住地等）到职业规划（如选择一种职业，在某些职业之间进行选择等）。这里介绍其在选址规划中的应用。

典型的选址决策包括质和量的输入，这些质和量的输入随每个组织的需要不同而变化。因素评分是一种普遍的方法，对于给定地点的评估和备选地点的比较非常有用。因素评分的价值在于，通过为每个备选地点建立归纳各种相关因素的综合得分，从而为评估提供了合理的基础并方便对备选地点进行比较。因素评分使决策者得以把他们的个人意愿与大量的信息引入决策过程。

因素评分一般有以下几个步骤。

- 选择有关因素（如市场位置、水源供应、停车场、潜在收入等）。
- 赋予每个因素一个权重，以显示其与所有其他因素相比的相对重要性。各因素权重总和一般为 1.00。
- 为所有因素确定一个统一的数值范围（如 0 ～ 100），如有必要可设置最小可接受分数的范围。
- 为每一备选地点打分。
- 把每一因素的得分与其所占的比重值相乘，再把各因素乘积值相加就得到了备选地点的总分。
- 选择其中综合得分最高的地点，除非其不满足最小可接受分数的条件。

下面再举一例来说明以上步骤。

例 7-2 一家摄影公司打算开一家分店，下表是两个备选地点的信息。

解：

因素	比重	得分（总分 100）		加权得分	
		地点 1	地点 2	地点 1	地点 2
邻近已有商店	0.10	100	60	0.10（100）= 10.0	0.10（60）= 6.0
交通繁华	0.05	80	80	0.05（80）= 4.0	0.05（80）= 4.0
租金	0.40	70	90	0.40（70）= 28.0	0.40（90）= 36.0
大小	0.10	86	92	0.10（86）= 8.6	0.10（92）= 9.2
布局	0.20	40	70	0.20（40）= 8.0	0.20（70）= 14.0
运营成本	0.15	80	90	0.15（80）= 12.0	0.15（90）= 13.5
	1.00			70.6	82.7

地点 2 综合得分高，是较好的选择。

有些情况下管理者更愿意对综合得分设定最低临界值。如果备选地点不满足最低临界值，管理者就无须再进一步考虑它。如果没有地点达到最低临界值，那将意味着需要对增加的备选地进行确认和评估或者必须重新考虑最低临界值。

7.7.4 重心法

重心法是一种选择分销中心的位置，从而使运输成本或运输时间降至最低的方法。例如，社区规划者应用重心法来确定火警和其他公共安全中心、学校、社区服务中心的位置，以及诸如医院的位置、老年活动中心、公路、机场和零售商的位置等。公安机关和消防机构选址的目标通常是确保在最短的时间内应对突发事件。销售中心选址规划也会经常用到重心法，目标是使销售成本最低。重心法把销售成本看作距离和运输数量的线性函数。假设运输到每个目的地的商品数量是固定的（即不会随时间而改变）。可以接受的变化是商品的总量，只要它们的相对数目保持不变（如季节性变化）。

这种方案要利用地图来显示目的地的位置。地图必须精确并且满足比例尺要求。将一个坐标系与地图重叠来确定各点的相应位置。坐标系的（0，0）点位置及其刻度并不重要。一旦坐标系确定，就能看出每个目的地的坐标点（见图 7-1a 和图 7-1b）。

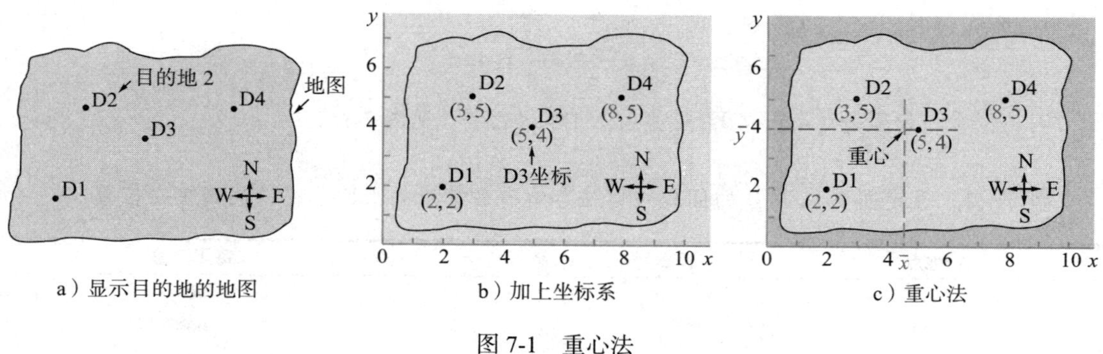

图 7-1　重心法

如果运往各地的产品数量是一样的，就能通过计算 x 轴与 y 轴的平均值得到重心（即销售中心的位置）的坐标值（见图 7-1）。平均值可以通过以下公式求得

$$\bar{x}=\frac{\Sigma x_i}{n}$$
$$\bar{y}=\frac{\Sigma y_i}{n} \tag{7-3}$$

式中，x_i 是目的地 i 在 x 轴上的位置；y_i 是目的地 i 在 y 轴上的位置；n 是目的地的数目。

当运往各地的商品数量不一样时（这是常有的情况），必须以运往各地的商品数量作为权重，用加权平均法来求重心。

其近似计算公式为

$$\bar{x}=\frac{\Sigma x_i Q_i}{\Sigma Q_i}$$
$$\bar{y}=\frac{\Sigma y_i Q_i}{\Sigma Q_i} \tag{7-4}$$

式中，Q_i 是运往目的地的商品数量；x_i 是目的地 i 在 x 轴上的坐标位置；y_i 是目的地 i 在 y 轴上的坐标位置。

例 7-3　求图 7-1c 问题中的重心坐标位置。假定从重心运往四个目的地的商品数量都是一样的。

解：从图 7-1b 中可以得出目的地的坐标。

目的地	x，y
D1	2，2
D2	3，5

（续）

目的地	x，y
D3	5，4
D4	8，5
	18，16

$$\overline{x}=\frac{\Sigma x_i}{n}=\frac{18}{4}=4.5$$

$$\overline{y}=\frac{\Sigma y_i}{n}=\frac{16}{4}=4$$

因此，中心位置是（4.5，4），正好位于 D3 的西侧（见图 7-1c）。

例 7-4 假定图 7-1a 描述的问题中运往各地商品数量如下所示，请确定重心位置。

地点	x，y	每周数量
D1	2，2	800
D2	3，5	900
D3	5，4	200
D4	8，5	100
		2 000

解：

因为运往各目的地的商品数量不同，因此必须用加权平均公式

$$\overline{x}=\frac{\Sigma x_i Q_i}{\Sigma Q_i}=\frac{2(800)+3(900)+5(200)+8(100)}{2\,000}=\frac{6\,100}{2\,000}=3.05\approx 3$$

$$\overline{y}=\frac{\Sigma y_i Q_i}{\Sigma Q_i}=\frac{2(800)+5(900)+4(200)+5(100)}{2\,000}=\frac{7\,400}{2\,000}=3.70$$

所以，重心的坐标大约是（3，3.7），这个点在 D2 点（3，5）的南侧（见图 7-2）。图 7-3 表示例 7-4 的结果，这一问题也可以应用 Excel 表近似求得。

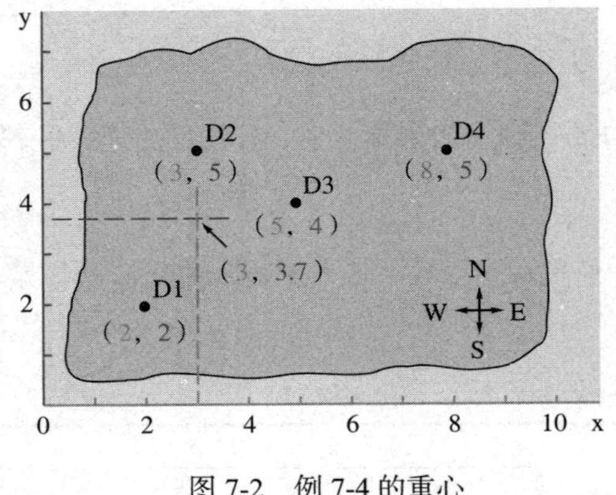

图 7-2 例 7-4 的重心

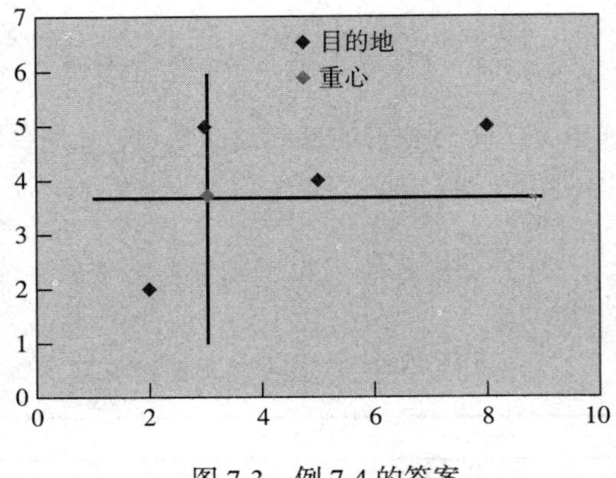

图 7-3 例 7-4 的答案

本章小结

选址决策问题是新组织与现有组织共同面临的问题。组织发展、市场转换、原料消耗、新产品和服务的引进等都是影响组织选址决策的因素。选址决策的重要性通过其包含的长期责任和对运营系统的潜在影响而得到强化。

现有组织可以采取的选址方案有：扩展现有地点、迁到新地点、在保留现有工厂的同时在新地点增加新厂，或什么也不做。

在实践中，影响选址决策的主要因素是原材料的位置、劳动力供给、市场因素、社区相关因素、地点相关因素和气候等。就劳动力价格、丰富的原料、公司潜在的市场或服务而言，国外地区有很大的吸引力。组织在国外有时会遇到的问题包括语言不同、文化差异、偏见和政治的不稳定性等。

缩小选址范围常用的方法是：先确定一个能满足总体要求的国家或地区，然后确定一些可选择的社区以便进行更深入的分析。本章描述了一些选址评估的方法，包括量–本–利分析、因素评分法和重心法。此外，还简要提及了运输模型。

有许多商业软件包适用于选址分析。除了以上描述的模型外，许多软件包还采用线性规划或混合整数程序设计算法。另外，有些软件包运用启发式方法得到选址问题的合理解答。

知识要点

1. 选址规划是战略层面的决策，对企业的成败影响重大。
2. 通常来说，选址决策事关长远，涉及大量资金的投入，所以，重要的是要付出精力选择一个合理的位置。
3. 决策者绝不能受个别因素干扰，从而影响决策过程。在选择选址方案时，要考虑的因素很多。重要的是要确定关键影响因素并确定其权重，进而综合评价各个选址方案。
4. 同样重要的是，还要注意选址方案的因素对供应链所生产的影响。

例　题

扫此二维码，可浏览例题及求解过程。

习　题

1. 一家新成立的公司必须决定其建厂的地点，现有两个可供选择的地点，将工厂建在离主要原材料产地近的地方，或将工厂建在离主要顾客近的地方。若将工厂建在离主要原材料产地近的地点，其固定成本和可变成本要比将工厂建在离主要顾客近的地方低一些，但业主认为由于顾客更乐意与本地供应商打交道，因而会造成销售额的损失。每种方案的单位营业收入均为185美元。如已知以下信息，请确定哪个地点产生的利润更大？

	奥马哈	堪萨斯城
年固定成本 / 百万美元	1.2	1.4
每单位可变成本 / 美元	36	47
预计年需求量 / 单位	8 000	12 000

2. Genuine Subs公司的老板希望借新开一家商店之机扩大其现有运作范围。她对三个地区进行了研究。各地区每片三明治劳动力及材料成本（食品、服务费、餐巾纸等）相同，均为1.76美元。所有地区每个三明治售价均为2.65美元。在A地，平均每个月的房租和设备成本为5 000美元，在B地每月为5 500美元，在C地每月为5 800美元。
   （1）求出每个地区每月实现盈利10 000美元时所需的销售量。
   （2）若预计A、B、C三地每月分别售出21 000、22 000、23 000个三明治，哪个地区盈利最多？
3. 某机器工具制造商意欲迁址，并确定了两个地区以供选择。A地的年固定成本为800 000美元，可变成本为14 000美元/单位；B地的年固定成本为920 000美元，可变成本为13 000美元/单位。产品最后售价为17 000美元/单位。
   （1）当产量为多少时，两地的总成本相等？
   （2）当产量处于什么范围时，A地优于B地？当产量处于什么范围时，B地优于A地？
4. 一家制造游艇的公司决定扩大其生产线。但目前的设备不足，不能满足荷载量的增加。公司正在考虑三种方案以解决这个问题：A（增加新地点）、B（转包）、C（扩大现有工厂）。

   方法A的固定成本较高，但可变成本较低：固定成本为250 000美元/年，可变成本为500美元/艘。转包平均每艘的成本是2 500美元，扩大现有工厂则耗费50 000美元的年固定成本和1 000美元/艘的可变成本。
   （1）当产量处于什么范围时，各实施方案的总成本最低？
   （2）当年预期产量为150艘时，实施哪种方案总成本最低？
   （3）在转包和扩大生产设备之间做出选择时，还应考虑哪些因素？
5. 加上以下附加条件再做第4题：扩大工厂将导致每年运输成本增加70 000美元，转包则使运输成本增加25 000美元/年，增加一个新地点则使运输成本增加4 000美元/年。
6. 一家最近正飞速发展的公司意欲在几个城市之一租用一家小型工厂，这几个城市是：田纳西州的孟菲斯、密西西比州的比洛克西和亚拉巴马州的伯明翰。已知以下信息，要求对这三个地区做出经济分析：在孟菲斯，厂房、设备和管理的年成本为40 000美元，在比洛克西为60 000美元，在伯明翰为100 000美元。预计劳动力和原材料成本在孟菲斯为8美元/单位，在比洛克西为4美元/单位，在伯明翰为5美元/单位。孟菲斯将使系统运输成本增加50 000美元/年，在比洛克西为60 000美元/年，在伯明翰为25 000美元/年，预计工厂年产量为10 000个单位。
7. 一位退休汽车机械工打算开一家汽车防锈店，顾客主要是新车购买者。有两个地点可供考虑：市中心和郊区。在市中心，月固定成本为7 000美元，劳动力、材料和运输成本为30美元/辆；在郊区，月固定成本为4 700美元，劳动力、材料和运输成本为40美元/辆。两地交易价格均为90美元/辆。
   （1）当月需求量分别为200辆和300辆车时，哪个地区获得的利润最大？
   （2）当销售量处于什么范围时，这两个地区的月利润额相等？
8. 对于以下四个组织，从选址决策角度出发，求各因素的重要性，用L、M、H表示。L＝低等重要性，M＝中等重要性，H＝高等重要性。

因素	本地银行	钢铁厂	食品仓库	公立学校
顾客便利性	____	____	____	____
建筑物吸引力	____	____	____	____
原材料产地距离	____	____	____	____
能源数量	____	____	____	____
污染治理	____	____	____	____
劳动力成本和可得性	____	____	____	____
运输成本	____	____	____	____
建设成本	____	____	____	____

9. 利用以下因素评分，以最大综合得分为基础，选择地点A、B、C中哪一个？

因素（每项总分100分）	权重	位置 A	B	C
便利设施	0.15	80	70	60
停车场	0.20	72	76	92
显示区域	0.18	88	90	90
顾客交通	0.27	94	86	80
运营成本	0.10	98	90	82
邻近	0.10	96	85	75
	1.00			

10. 根据最大综合得分选择地点。

因素	权重	A	B	C
初始成本	8	100	150	140
交通	10	40	40	30
维修便利	6	20	25	18
停车空间	6	25	10	12
邻近	4	12	8	15

11. 一位管理者收到一份有关在几个城市择地设立办事处的分析报告，具体数据（最大值为10）如下。

因素	位置 A	B	C
商业服务	9	5	5
社区服务	7	6	7
不动产成本	3	8	7
建造成本	5	6	5
生活费用	4	7	8

（续）

因素	位置 A	B	C
税收	5	5	4
运输	6	7	8

（1）如果管理者对各因素按相同权重衡量，这些地点将如何排列？

（2）如果已知商业服务和建造成本的权重为其他因素权重的两倍，这些地点将如何排列？

12. 一家玩具制造商在全国的五个地区生产玩具，原材料（主要是塑料粉桶）将从一个新的中心仓库运出，而此仓库的地点还有待确定。运至各地的原材料数量相同。已建立一个坐标系统，各地的坐标位置如下所示。请确定中心仓库的坐标位置。

地点	(x, y)	地点	(x, y)
A	3, 7	D	4, 1
B	8, 2	E	6, 4
C	4, 6		

13. 某服装商在墨西哥的四个地点生产女装。这些地点已确定，如下表所示。现在必须求出向各地装运布匹的装运中心地点，每周运往各地的布匹数量如下，求使分销成本最低的地点坐标。

地点	(x, y)	每周数量	地点	(x, y)	每周数量
A	5, 7	15	C	3, 9	25
B	6, 9	20	D	9, 4	30

14. 一家处理危险垃圾的公司意欲降低其将垃圾从五个接收站运至处理中心所耗的运输费用，已知接收站的地点和日运输量，求处理中心的坐标位置。

接收站 (x, y)	日运输量/吨	接收站 (x, y)	日运输量/吨
10, 5	26	2, 6	30
4, 1	9	8, 7	40
4, 7	25		

15. 从下图所列的目的地中找出重心位置。

各目的地的每月到货数量如下表所示。

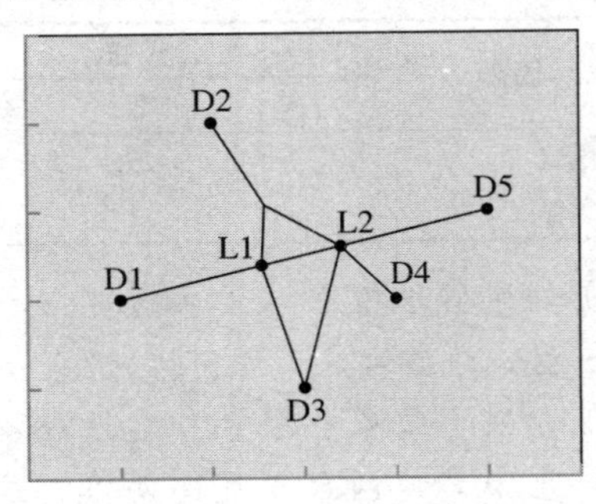

目的地	数量
D1	900
D2	300
D3	700
D4	600
D5	1 200

阅读材料 快捷宝的选址规划

一个月以来，一个令人不安的消息一直困惑着快捷宝的王老板。据可靠消息，快捷宝 USTB 分站目前所在的位置要建一个高分子材料研究基地。这个项目一旦落地，快捷宝 USTB 就必须搬迁。

凡事预则立，不预则废。近来，王老板时不时会在校园里东转转西看看，琢磨着哪个地方更适合放置智能柜。

经过一段时间的考察，王老板看中了两个地方，一个是位于学校宿舍区中央的小花园。这个小花园近似呈圆形，大约有 900 平方米。如果把快捷宝建在这里，最大的好处是学生在发送或提取快件时比较方便。当然，花园里有一些有年头的柏树，是绝对不可以砍伐或移走的。如果把快捷宝建在这里，只能把智能柜设置在小花园四周。这无疑会破坏景观。但是，如果在智能柜的设计上下点功夫，多投点钱把智能柜做成近似艺术品，也是一个不错的选择。

王老板看中的另一个地方是留学生楼北面的一块空地。这块地方目前没有其他用途，处于闲置状态。把快捷宝设在这个地方肯定会得到学校的支持，同时，这离学生宿舍也不是太远，应该是一个不错的选择。但美中不足的是，这个空地面积不够大，总共才有 600 平方米。这将制约着以后的业务扩展。当然，可以通过增加智能柜的高度来解决面积小的问题。

讨论题

1. 对于解决快件配送最后 100 米的快捷宝，在选址时要考虑哪些影响因素？
2. 如何确定各个影响因素的权重？
3. 用什么方法可以使选址规划更科学、更合理？

应用案例 沃尔玛的海外选址

沃尔玛在全球的扩张可谓如日中天，例如，其在中国的会员店已超过 100 家，员工超过 3 万人。但在德国和韩国却遭遇败绩，其中的原因何在？

1. 与德国和韩国的文化习俗格格不入

微笑并非必胜法宝：在德国，一些男子认为微笑有调情之嫌；班前高颂公司歌曲令当地居民不悦。虽然沃尔玛已不再要求员工微笑服务，班前也停止了颂歌，但似乎为时已晚。

沃尔玛的小包装鲜肉带来的不是滚滚利润，而是库存积压。与沃尔玛市场部人员想象不同的是：德国人更多地去肉食店购买鲜肉。

选址远离市中心给部分不开车的德国人

带来了不便。

韩国人在购物时不习惯攀登高高的梯子或踮着脚尖拿取货物，与沃尔玛比起来，韩国本地超市低矮的货架使顾客购物更舒心。

德国也好，韩国也好，人们购物时更愿意去专业店，购买食品去食品专业店，购买药品去药房，沃尔玛的“一周购物一次”的设想只是一厢情愿，顾客并不买账。

2. 没有充分利用当地的管理人员

“一切以顾客为出发点”。时至今日，任何一家公司都知道这一理念的利害关系。你可以塑造自己特有的品牌，但如果试图花大力气去改变顾客的消费习惯，只能事倍功半！

3. 没有形成规模经营

以韩国为例，有很多人对沃尔玛并不知晓，想象一下，在韩国首尔，竟然只有一家沃尔玛！这样的经营规模难以为沃尔玛赢得更多的利润。更何况没有一家当地的超市会坐以待毙。

讨论题

1. 当一家公司在海外选址时，一般要考虑哪些因素？
2. 沃尔玛在德国和韩国的海外选址遭遇失败的根本原因是什么？

CHAPTER8 第8章

质量管理概论

学习目标

通过本章学习，读者应该能够：

（1）讨论质量管理大师的思路；

（2）定义与产品和服务有关的质量术语；

（3）确认决定质量的因素；

（4）说明质量重要的原因以及不良质量的后果；

（5）列举并描述与质量有关的各种成本；

（6）讨论在质量管理中坚守道德底线的重要性；

（7）比较质量大奖的要求；

（8）论文质量认证及其重要性；

（9）阐述全面质量管理；

（10）评述质量问题的解决方案；

（11）评述过程改进；

（12）说明六西格玛管理方法；

（13）说明各种质量管理工具及其应用。

本章是有关质量管理的两章中的第一章。在本章中，读者将学到质量管理发展的历史、质量管理的概念、质量成本和不良质量带来的后果。同时，读者将了解到已设立的一些质量奖项、质量认证、全面质量管理和质量管理工具。

质量管理的重要性无论如何强调都不过分，每一次做出购买决定都涉及价格与质量。相应地，把管理重点集中在质量和质量改进应该是每个企业组织的一部分。不管组织的业务是制造汽车、销售电子产品、提供金融服务、提供医疗服务或烹调业务，都是如此。

引言

从广义上讲，**质量**是指一种产品或服务持续地满足或超过顾客需要的能力。不同的顾客有不同的需求，因此，质量的定义是与顾客有关的。

10年来，质量是企业一个非常重要的关注点。后来，对质量的关注反而降低了，质量的位置变得不那么重要了。然而，质量问题越来越成为热点问题，主要原因是近年来汽车、肉馅、玩具、农产品、狗粮、药品等大规模召回事件对公众所造成的负面影响越来越突出。

8.1 质量管理的发展简史

在工业革命之前，手工艺者参与工艺品生产的全过程。对自己制作的工艺品的自豪感和看重自己的名声是手工艺者仔细检查工艺品以确保工艺品制作精良的动机。漫长的学徒期使这样一种观念得以传承给继承人。此外，一件完整的产品的质量由一个人或少数几个人负责。

伴随着工业革命，劳动分工产生了。这样，每个工人仅对每件产品的一小部分负责。因为只是由少数工人来检查最终产品，所以，对工艺品的自豪感就变得没有多大意义。质量控制的责任交由工头来承担。尽管在某些情况下要实行逐件检查，但在那个时期检查实际上是不存在的，或者没有什么计划。

泰勒被誉为“科学管理之父”。他引入了产品检验的概念，并在其生产管理基本原理的三个标准中确立了产品检验的地位。质量管理的重要性得到了进一步强调。雷德福（G. S. Radford）发展了泰勒的理论，他的两个最重要的贡献是在产品的设计阶段就开始考虑产品质量的观点，以及把提高产品质量和生产率同降低成本结合起来的思想。

1924 年，来自贝尔实验室的美国统计数理专家休哈特制定了可用于监控生产的统计控制表。大约在 1930 年，同样来自贝尔实验室的道奇和罗米格编制了抽样数表。不过，直到第二次世界大战，统计质量控制方法才得到广泛应用。自此以后，美国政府要求供应商都要采用这些方法。

第二次世界大战引起了戏剧性变化，使得质量控制在人们心目中越来越重要。美国军方利用改进的抽样方法处理来自众多供应商的军需品运输问题。截止到 20 世纪 40 年代，美国军方、贝尔实验室和主要院校都在培养管理工程师以便在其他工业领域推广应用统计抽样方法。几乎同时，专业质量管理组织在全国范围内出现。其中之一便是美国质量控制协会（ASQC，即现在的 ASQ）。若干年来，该协会已通过其出版物、研讨班和会议以及培训项目使美国产品的质量得到了提高。

20 世纪 50 年代，质量管理发展到了质量保证阶段。50 年代中期，质量管理的重点从早期集中于生产过程扩展到了产品设计和原材料的采购。该理论的一个重要特征就是要求高层领导更多地参与到质量管理中来。

20 世纪 60 年代，“零缺陷”概念得以流行。这种方法由质量管理专家菲利普 B. 克罗斯比（Philip B. Crosby）得出。该方法侧重于提高职员的工作动机和报酬，提高来自职员自身的使产品尽善尽美的愿望。这种方法是从马丁公司为美国军队生产出一枚“完美”导弹的成功中发展起来的。

20 世纪 70 年代，在包括政府行政管理、保健、银行和旅游业在内的服务性行业中，人们进一步认识到质量保证的重要性。

在 20 世纪 70 年代还发生了一些对产品质量造成全球性影响的事件。由石油输出国组织发起的石油禁运事件导致了能源成本的增加，所以，汽车购买商更加关注低耗、低成本的汽车。由于在戴明和朱兰的指导下改善了其产品质量，日本汽车制造商抓住这一契机，从而抢占了更多的汽车市场份额。日本汽车制造商因其产品质量而享誉全球，并且开启了日本制造的产品通向世界的大门。

美国汽车制造商对其市场份额的丧失感到震惊，在 20 世纪 70 年代后期和 80 年代花费了大量精力，在降低其产品成本的同时极力提高产品质量。

20 世纪 70 年代末期，质量管理发生了重大变化，开始从质量保证向质量管理战略方法转变。实际上，之前的质量管理一直致力于在产品送到市场之前发现并处理质量问题。这无疑是一种消极被动的方法。而质量管理战略方法是积极主动的方法，强调从开始阶段就预防错误的发生。它的思想是将质量设计到产品中，而不是等到出现质量问题时发现和改正错误。这种方法已经扩展到了生产过程和服务业中。质量和利润得以更紧密地结合在一起。这种方法也非常重视提高顾客的满意度。质量管理战略方法要求包括一线工人在内的各个管理层都要致力于改进产品质量。

8.2 现代质量管理的奠基人：质量管理大师

正是质量管理的先驱者给我们指明了质量管理的前进方向并指导我们的实践。本节讨论这些质量管理大师的卓著成就。

1. 休哈特

休哈特是质量控制领域真正的先驱者，被称为“统计过程控制之父”。他提出了分析工序产品质量的方法，利用这些方法可以判断何时才有必要对工序采取纠正措施。休哈特对另外两位质量管理大师戴明和朱兰有很大的影响。

2. 戴明

戴明是资深质量管理专家。20 世纪 40 年代，戴明是纽约大学统计学教授。第二次世界大战以后，他前往日本以帮助日本公司改善它们的产品质量，提高生产率。戴明给日本公司带来深远影响，以至于在听取了戴明所做的一系列讲座之后，日本于 1951 年设立了戴明奖。戴明奖每年颁发一次，以奖励那些在质量管理工作方面取得重大成就的公司。

尽管日本人尊敬戴明，但美国大部分公司的领导者却不熟悉这位质量管理专家。事实上，在得到自己国家的认可之前，戴明已与日本人一块工作近 30 年。1993 年他去世前夕，美国的公司才注意到了戴明，开始接受他的基本理论，请求他帮助建立质量改进计划。

戴明总结出了 14 条质量管理原则（见表 8-1）。他认为一家公司要想使其产品达到规定的质量水平必须遵循这些原则。他的主要观点是引起效率低下和不良质量的原因在于公司的管理系统而不在于职员。部门经理的责任就是要不断调整管理系统以取得预期的结果。除了这 14 条原则之外，戴明还强调了减少质量变动（与一定标准之间的偏差）的必要性。要减少质量波动，就需要辨别引起波动的特殊原因（即可纠正的原因）和共同原因（即随机原因）。

表 8-1 戴明的质量管理 14 条原则

1. 确定一个倾向于改善产品和服务的持久不变的目标，制订一个使公司具有竞争实力、永久生存的计划，决定高层管理的负责对象
2. 采纳新的原理。我们处于新经济时代，如果延迟、错误、材料不合格以及工艺水平欠佳却不能改善，我们便不能继续生存
3. 不是依靠大量检验，而是要提供质量得以确认的统计证据（防止不合格而不是检查不合格）
4. 停止依据价格差异奖励公司的行为，转而依靠有实际意义的质量测定并参考价格水平来实施奖励。把不能提供有关质量统计证据的公司淘汰掉
5. 发现问题。管理工作就是持续地对公司施加影响（设计、采购、材质、维护和更新设备、培训、监督、再培训）
6. 采取现代方法培训职员

（续）

7. 工头的责任必须得到增强，不能回避质量问题，好的质量可提高生产率，工头应对经常出现不合格品、设备没有得到维修、工具不适用和操作步骤不清楚等情况做出反应，必须对类似的反映采取立即行动
8. 力避恐吓，以便每个人都能为公司有效工作
9. 扫除部门间的障碍。调研、设计、营销和运作部门人员必须协同作战，以便预见可能与材料和技术要求有关的生产问题
10. 去掉针对工人的数字目标、标语、口号，即使在没有提供新方法的情况下，也要不断追求新的生产率目标
11. 去掉数量定额的工作标准
12. 消除临时工的自卑感，增强他们参与部分工作的自豪感
13. 实施强有力的教育和培训工程
14. 在高层管理中采取措施，以促进每天的工作都符合以上 13 条原则

资料来源：Adapted from W. Edwards Deming, *Out of the Crisis*, pp. 23 and 24. Copyright © 2000 MIT Press. Used with permission.

戴明知识渊博的概念使得指导日本成为世界经济强国的好学信念和价值观具体化了。

3. 朱兰

和戴明一样，朱兰指导日本的厂商提高产品质量，而他也被认为是日本质量管理取得成功的主要贡献者之一。

朱兰视质量为适用性，他认为通过管理可以控制大约 80% 的质量缺陷的发生。因而，管理的职责之一就是纠正质量缺陷。他用包含质量计划、质量控制和质量改进的质量三部曲的思想来描述质量管理。根据朱兰的观点，为建立能够满足质量标准的工作程序，质量计划是必要的。为了掌握何时采取必要措施纠正质量问题就必须实施质量控制。质量改进有助于发现更好的管理工作方式。持续改进的管理理念是朱兰理论的核心之一。

朱兰被认为是第一个提出计算质量成本的质量管理专家。他解释了如果不良质量的成本可以降低的话，就有可能增加公司利润。

4. 费根鲍姆

费根鲍姆在推行“缺陷成本”方法方面起到重要作用。根据这一方法，管理应服从于质量。他认为质量不仅仅是工具和技术的集合，而且是公司各方面各环节的集成。根据费根鲍姆的观点，质量要由用户来定义。

5. 克劳斯比

克劳斯比提出了“零缺陷”概念，并以名言“开头就做好”而闻名。他强调预防，并对“总会存在一定程度的缺陷”的说法提出相反的看法。1979 年，他的《质量是免费的》(*Quality Is Free*) 出版发行。“质量是免费的”是指不良质量所造成的成本远远大于传统定义的成本。根据克劳斯比的观点，这些成本太高了，以至于公司不应把提高质量所做的努力视为成本，而应该把这种努力视为降低成本的一种途径。之所以这样看，是因为公司通过提高质量水平所得到的将超过所付出的。

克劳斯比坚信，达到高质量水平并不难。他的《质量不相信眼泪：和睦相处的艺术》(*Quality without Tears: The Art of Hassle-Free Management*) 于 1984 年出版发行。

6. 石川馨

石川馨对质量管理做出了突出贡献。作为后来的日本质量管理专家，石川馨深受戴明和朱兰的影响。用于解决问题和实施包括质量改进工作在内的质量循环的因果图（也称作鱼刺图）是石川馨的主要贡献之一。他是第一个注重内部顾客的人，他把内部顾客视为质量循环中的一个客体。他强烈倡导公司领导者必须有相当的远见以便把公司里的每一个人都统一到一个共同的目标上来。

7. 田口玄一

田口玄一最有名的贡献是建立了田口函数，这一函数中有一个决定不良质量损失的公式。公式的含义是与标准相比，某一部件偏差能造成一定的损失。而且，所有部件的偏差造成的影响加起来将会引起很大的影响，不管各个部件的偏差是多么小。作为其哲学的重要组成部分，他认为不良质量会带来社会损失。

8. 大野耐一和新乡重夫

丰田汽车的大野耐一和新乡重夫发展了 Kaizen 的哲学和方法，kaizen 是关于持续改进（本章后面将给出详细定义）的一个日本术语，持续改进是成功质量管理的特征之一。

表 8-2 总结了质量管理专家对现代质量管理所做出的重要贡献。

表 8-2　质量管理专家对质量管理的重要贡献

专家	主要贡献
休哈特	控制图、散差控制
戴明	14 条原则、特殊的与共同的差异原因
朱兰	质量就是适用性、质量三部曲
费根鲍姆	质量涉及各环节、用户决定质量
克劳斯比	质量是免费的、零缺陷
石川馨	因果分析图、质量循环
田口玄一	田口损失函数
大野耐一与新乡重夫	持续改进

8.3　质量管理的含义

成功的质量管理有赖于管理人员对质量有全面、深刻的认识，具体包括：给出质量的确切含义、对质量成本和效益有深刻的理解、认识到不良质量的后果以及认识到质量管理是作为公民和组织的义务所在。下面首先分析质量的含义。

8.3.1　质量定义：质量属性

认识质量含义的一个着重点是产品或服务的特性在多大程度上满足或超过顾客的期望。质量本身的特性和顾客的期望之间的差异是我们应该给予充分关注的。如果两者相等，差异就为零，顾客的期望就得到了满足；如果差异为负，那么顾客的期望就没有得到满足；如果差异为正，那么质量特性就超过了顾客的期望。

顾客的期望可以分解为许多不同的方面或属性，顾客就是根据这些属性来判断产品或服务的质量水平的。理解这些属性有助于组织通过努力来满足或超过顾客的期望。当然，产品的属性与服务的属性在一定程度上有所不同。

1. 产品质量

通常地，根据以下 9 种质量属性来判断产品的质量水平[⊖]：

- 性能——产品或服务的主要特性。
- 美学性——外观、感觉、嗅觉和味觉。
- 特殊性能——附加特性。
- 符合性——一件产品或一项服务满足设计规范的程度。
- 可靠性——产品所具备性能的稳定性。
- 耐用性——产品或服务正常发挥功能的持续时间。
- 感知质量——对产品质量的间接评价（例如，声誉）。
- 售后服务——顾客抱怨的解决并核实顾客已经满意。
- 一致性——质量指标是一致的。

表 8-3 以具体例子说明了这些属性。当涉及一件产品时，顾客有时仅就前 4 个属性来判断产品是否适用。

注意，价格不是质量的一个属性。

表 8-3　汽车的质量属性举例

属性	示例
1. 性能	每个部件正常工作且相互匹配，经过试驾、正常驾驶和加速行驶考验
2. 美学性	外部和内部设计
3. 特殊性能	便利：校准和控制的设置 高科技：GPS 系统 安全：防滑系统、气囊
4. 符合性	成品符合制造规范
5. 可靠性	修理次数少
6. 耐用性	里程数、防锈蚀
7. 感知质量	极品车
8. 售后服务	售后服务
9. 一致性	每辆车的质量都是一致的

2. 服务质量

产品质量属性并不适用于描述服务质量。我们通常采用以下属性来说明服务质量水平[⊜]：

- 便利性——服务的可接近性和可达性。
- 可靠性——独立地、一致地和准确地执行服务发生的能力。
- 责任心——服务人员自愿帮助顾客处理异常情况的责任感。
- 响应——提供服务的快捷性。

⊖ Adapted from David Garvin, "Competing on the Eight Dimensions of Quality", *Harvard Business Review* 65, no. 6(1987), pp. 100-109. Reprinted by permission of *Harvard Business Review*, Copyright © 1987 by The Harvard Business School Publishing Corp. All rights reserved.

⊜ Adapted from Valerie A. Zeithhaml, A. Parasuraman, and Leonard L. Berry, *Delivering Quality Service and Balancing Customer Expectations* (New York: The Free Press, 1990), and J. R. Evans and W. M. Lindsey, *The Management and Control of Quality*, 3rd ed. (St. Paul, MN: West Publishing, 1996).

- 准确性——接待顾客的服务人员在该服务领域所具备的知识和提供可靠服务的技能。
- 周到——接待顾客的工作人员对待顾客的方式。
- 视觉上的感受——设施、设备、人员和用于沟通的硬件的直观表现。
- 一致性——持续提供相同质量水平的能力。
- 实效性——满足或超过顾客的期望。

表 8-4 以汽车修理服务为例说明了上述属性的含义。

表 8-4 汽车修理服务的质量属性举例

属性	示例
1. 便利性	服务中心的位置是否便利
2. 可靠性	出现问题能否及时得到解决
3. 责任心	服务人员是否愿意且有能力回答顾客所提出的问题
4. 响应	顾客等待时间的长短
5. 准确性	服务人员的修理技能如何
6. 周到	服务人员是否想顾客之所想
7. 视觉上的感受	设施是否清洁、人员是否整洁
8. 一致性	服务质量是否好，是否与以前的水平保持一致
9. 实效性	顾客的愿望是否得到实现

上述产品或服务质量属性只是给出了考虑质量的一个大致框架，它们还是太过抽象而不能用于实际的产品设计，或用于产品生产或服务提供。这些属性必然应转换为具体的可度量的规范或标准。以购车为例，顾客关心车辆的性能。但是，这又意味着什么呢？如果用车辆质量规范的术语来说，就是公里油耗、加速到 60 公里/小时所需的时间或在 60 公里/小时行驶状态下制动后所滑行的距离等。这些指标均可度量（例如，就每加仑油耗所行驶的英里数：城市，25；高速公路，30）。对其他产品或服务项目来说，这种定量化的指标可用于更具体地描述质量水平，在产品或服务设计中所需要的正是这类信息。

对服务来说，有关顾客要求的信息很难把握，这就对服务系统设计和服务管理提出了挑战。试想，顾客可能会使用“友好”“入微”或“个性化”来描述他们对服务人员的要求。这些表述很难转换成服务规范。另外，顾客有时会对服务提出类似对工业产品的要求。例如，顾客对健康的期望可能仅仅从干燥或清洁的角度来提出。进一步，顾客对服务系统的不满可能源于其他一些无关的因素（如顾客的情绪或健康状况或气候）。

服务质量还面临着其他方面的挑战，即顾客的期望经常发生改变而且不同的顾客有不同的期望。因此，一个顾客认为优秀的服务质量，其他顾客可能觉得一点都不满意。同时，每一次接触顾客服务质量都会被立刻评价，此时便能理解持续改进服务质量所面临的挑战。

如果顾客参与到服务系统之中，会增加其对服务质量的消极看法。必须小心谨慎以使顾客感觉简单和安全，尤其是那些对企业比较陌生的顾客。因此，预防错误的措施必须要设计到服务系统中。

值得注意的是，在多数情况下，某些质量属性与另一些质量属性相比可能更为重要。所以，识别顾客要求的重要性特别关键。产品生产者或服务提供者在设计和生产的不同关键点做出权衡利弊尤其重要。质量功能展开（见第 3 章）是识别顾客要求重要性的一种非常有用的技术。

8.3.2 评价服务质量

评价服务质量的一个广泛应用的工具是 SERVQUAL[⊖]，它是对组织向顾客提供服务质量的能力进行反馈的工具，强调前面提到的影响顾客感知的五种服务属性：视觉上的感受、可靠性、责任心、准确、周到。服务质量的评价有助于管理层确定服务优势和劣势。尤为重要的是，服务质量中可能会存在一些偏差和矛盾。偏差有可能存在于以下方面：

- 实际的顾客期望和管理者对期望的感知之间；
- 管理者对顾客期望的感知和服务质量的规范之间；
- 服务质量和实际传递的服务之间；
- 实际传递的服务和向顾客所承诺的服务之间；
- 顾客对服务提供者的期望和服务提供者所传递的服务之间。

如果发现了差距，这些差距可能与视觉上的感受或其他服务质量特性有关。

8.3.3 质量的决定因素

一件产品或一项服务能否成功地完成其预定的使命取决于四个主要因素，它们是：

- 设计质量；
- 质量符合设计的程度；
- 是否便于使用；
- 售后服务。

设计阶段是达到最终质量水平的起点。设计就是规定一件产品或一项服务诸如大小、形状和位置等的特殊性能。**质量设计**是指设计人员对产品或服务的一些性能所做出的接受或拒绝的选择。例如，现在市场上有很多不同式样的汽车，其在大小、外观、宽敞程度、油耗、舒适性和材料使用上互不相同。这些不同反映了质量设计人员的意图。最终设计必须把顾客的要求、生产和服务的能力、安全性和可靠性（两者贯穿于制造和交货后的使用两个阶段）、成本以及其他类似的因素考虑在内。

设计人员可能会通过参考市场信息、使用顾客调查表或其他市场调查方法来判断顾客的需求。市场部可能会组织顾客中的典型调查群体来表达顾客对产品或服务的看法（他们喜欢什么及不喜欢什么，他们希望得到什么）。

设计人员必须与生产运作部门的有关人员密切合作，以确保设计的产品是可制造的，即确保有相应的设备、生产能力和必要的技能来生产所设计出的产品或提供预定的服务。

低劣的设计可能导致产品难以生产和服务难以提供的后果。例如，原材料可能难以得到，难以达到要求的规范或者制造过程难以实现。此外，如果一项设计有缺陷或对于特定环境不适应，那么，即使用世界上最先进的工艺来生产，也无法达到期望的质量。如果提供的工具和工艺不合适，也不能奢望工人能够生产出满意的产品。同样，先进的设计往往不能弥补拙劣的工艺。

⊖ Valarie A. Zeithaml，A.Parasuraman, and Leonard L. Berry，*Delivering Quality Service：Balancing Customer Perceptions and Expectations*.（New York：The Free Press，1990），p. 26.

质量符合设计程度是指产品或服务符合（即实现）设计人员意图的程度。这一程度受到所用设备的能力、工人的技能、培训和激励、设计所考虑到的生产过程的范围（程度）、确保产品质量符合设计的监控过程以及必要时所采取的纠正措施（例如解决出现的问题）等因素的影响。质量管理中的一个重要方面是减少工艺产品的散差（即降低一件产品或一项服务与另一件产品或另一项服务之间的差异）。这将在第 9 章进行更详细的讨论。

产品或服务提供给顾客以后，仍要继续关注质量问题，使用户使用起来感到方便并提供用户使用指南都是重要的。通过这些措施不但可以保证产品得以正确使用，同时增加了在正确使用产品的前提下安全地持续发挥其功能的机会（卷入质量责任诉讼案件中的公司常提出伤害和损害是由用户错误使用产品造成的）。服务等行业的情况与此类似。顾客、患者、商户或其他用户应被明确地告知他们应该做什么或不应该做什么，否则，他们的某些做法可能会影响产品或服务的质量。有一些关于医生和律师的例子。医生可能会疏忽而忘记告诉患者药品应该在饭前吃且不能与橘汁一同服用；律师可能会由于疏忽而忘记告知客户提出赔偿要求的时效。

实际中，一般采用书面说明书和标签的形式告知顾客应知应会。因此，制造商必须确保有关拆包、安装、使用、维护和调整产品的说明书清晰可见，且容易理解。这里所说的调整产品是指如果出现故障应采取什么措施（例如，眼睛进入异物时用水冲洗，造成身体重大伤害时呼叫医生，误食有害物品时服用催吐剂，出现噪声时立即断开发声装置等）。

有许多原因导致产品不能如希望的那样发挥功能或者顾客不能得到优良的服务。无论什么原因，从质量观点来看，重要的是要予以补救，即采取一切必要的措施使产品或服务达到规定的标准。补救措施包括收回并修理产品、调整、更换或回购。对服务来说，补救就是改善服务。

8.3.4 产品质量责任

虽然组织的每一个成员都要对质量负责，但是，某些部门却要承担主要责任。这些部门或人员有：

（1）高层管理人员。高层管理人员对质量负有最终责任。在制定有关质量改进的战略时，高层管理人员必须确立质量项目；指导、激励职员；组织与质量改进有关的活动，包括质量培训、质量信息定期报告的发布、参加有关质量的会议等。

（2）设计部门。产品或服务的质量始于设计。不但质量特性是设计出来的，而且形成质量的过程也是设计出来的，而这一过程是生产产品或提供服务的基础。

（3）采购部门。采购部门对实现产品和服务的质量负有不可推卸的责任。

（4）生产和运作部门。生产和运作部门的责任是确保工艺能够生产或提供符合设计标准的产品。其中，监控和查出存在产品质量的根源是生产与运作管理的重要职责。

（5）质量保证部门。质量保证部门的责任是收集并分析有关质量问题的数据，同时还负责与运作部门一起解决质量问题。

（6）储运部门。储运部门必须保证包装和运输的完好，标签粘贴正确无误，说明书、配件齐备以及装运及时。

（7）市场营销部门。市场营销部门的职责是确定顾客的需求并把这些需求传达到组织的相关部门。此外，还负责报告质量问题。

（8）售后服务部门。售后服务部门总是最先了解到质量问题，其职责是把有关质量问题反映到有关部门，以一种合理的方式解决顾客所提出的质量问题，并确保所存在的问题得到有效解决。

不良质量必然导致组织的成本增加，以下将详细讨论质量成本。

8.3.5　优质产品带来的收益

优质产品和服务为企业带来的收益表现在很多方面：声誉提高；市场份额增加；顾客忠诚度增加；责任成本降低以及极少的产品和服务问题。总之，优质产品和服务带来了更高的生产率水平、更少的顾客报怨，更低的产品成本和更多利益。美国国家标准局的年度调查报告指出，鲍德里奇奖的得主可极大地提高其标准普尔 500 指数[⊖]。

8.3.6　劣质产品带来的后果

重要的是要认识到公司的产品或服务质量的好坏在哪些方面对公司产生影响。在建立和完善一个质量保证项目时要把这些影响因素考虑在内。质量好坏对公司产生的影响主要表现在以下一些方面：

- 公司亏损；
- 产品质量责任；
- 生产率下降；
- 成本。

不良的设计或有缺陷的产品或服务会导致公司亏损。未能充分重视质量会损害以利润为导向的公司的形象，并导致其市场份额的减少，或者会受到政府或非营利性组织更多的批评和限制。

在零售业，管理者可能不了解劣质的产品或服务，因为顾客未必把其不满全部宣泄出来。但是，不满意的顾客倾向于将其不满意之处告诉朋友或亲属，这将会对企业产生负面影响，进而影响企业的未来发展。

公司必须对损害或伤害可能导致的产品质量责任给予足够重视，这里所指的损害或伤害是由于错误设计或低劣工艺所造成的。对产品和服务来说都是如此。显然，设计不良的汽车转向节可能会导致司机失去对汽车的控制，而转向节安装不当也会导致同样的后果。最后的结果是一样的，厂商要承担质量责任。一个园艺师被叫来给一棵树的树枝安上钢索。后来这棵树枝掉了下来，砸坏了邻居的一辆汽车。事故的原因可能是钢索设计不良，也可能是该钢索制造工艺不符合要求。出现产品质量责任时一般由法院进行认定。公司为产品质量责任付出的代价通常很高，尤其是当大量的产品被认定有质量问题时代价更高。这种情况出现在汽车工业中或者当潜在的扩散性损伤或损害发生时（例如，一座核电站发生了泄漏事故）。只要使用得当，明示书面担保和默示担保一般都能保证产品的安全性。尽管生产厂商并没有打算使自己的产品具有医疗保健用途，但是，如果用户把产品用于医疗保健，并导致了伤害，那么法院同样要追究厂商的产品质量责任。在医疗保健领域，有关药品疗法失当的索赔和保险

⊖ "Baldrige Index' Outperforms S&P 500 by Almost 5 to 1." Press release available at www.quality.nist.gov/.

支出已成天价，并且成了全美国范围内的主要问题。据估计，每年美国因医疗事故所导致的死亡人数高达 98 000 例。

生产率和质量常常紧密联系在一起。在产品制造过程中，不良的质量将导致生产率下降。零部件有缺陷致使不得不重新进行加工。安装工人在找到一个适用于安装的零部件之前，不得不试用一批零部件。当这些情况发生时，显而易见，是质量问题导致了生产率的下降。同样地，工艺装备和设备质量欠佳也会导致损伤和废品。这些废品必须进行返工或小修小补后用于下道工序。因而，会降低投入产出比。同样，低劣的服务就意味着必须重新提供该项服务，因而降低了服务的效率。相反，改善和保持良好的产品能够提高生产率。

质量成本分析是质量管理中的一个重要方面。毫无疑问，越早发现质量问题，解决该问题的代价就越小。据估计，当质量问题在交付顾客后才发现所导致的费用是质量问题在设计或生产阶段就发现所导致的费用的 5 倍之多。

8.3.7 质量成本

要认真地处理质量问题，就必须考虑与质量有关的成本。质量成本可分为三类：鉴定成本、预防成本和损失成本。

鉴定成本是指为发现不合格产品或服务或确保没有质量问题而进行的与检查、试验和其他活动有关的费用。这些费用包括检查人员、试验、测试设备、实验室、质量审计、实地测试等的费用。

预防成本是指与防止出现质量问题有关的费用。这些费用包括计划和管理系统、采购业务、培训、质量控制过程中所发生的与预防质量问题有关的管理费用，以及为减少工艺质量问题而在设计和生产阶段所发生的额外管理费用。

损失成本是指由于产品或零部件的缺陷或者错误的服务所造成的损失。内部损失是指产品在生产过程中被发现不合格而造成的损失。外部损失是指产品售出后发现不合格所造成的损失。内部损失成本的发生有多种原因，其中包括从供应商那里采购到不合格的原材料、机器没有得到正确安装、设备有缺陷、制造方法不正确、工艺有问题、操作不仔细以及错误的或不合适的材料加工过程。内部损失成本包括加工时间的浪费、修复和返工损失、调查质量事故所发生的费用，以及可能发生的设备损坏和操作人员的伤害。返工损失包括工人工资和进行返工所需的额外资源（例如，设备、能源、原材料）支出。除此之外，还有返工零部件所导致的仓库中配件和材料的额外管理费用，记录、管理返工产品直到其能够投入生产所需的图纸、文档的额外支出。外部损失指由于产品没有达到规定质量标准但没有被产品生产者或服务项目提供者发现而引起的公司损失。外部损失成本包括担保费用、处理抱怨、调换产品或重新给用户提供服务所导致的损失，有关产品质量责任 / 诉讼赔偿或者有关残次品的折扣、顾客信任的丧失、与销售量下降有关的机会成本等的损失。

一般地，单位产品外部损失成本高于单位产品内部损失成本。表 8-5 对质量成本进行了总结。

表 8-5　质量成本总结

类别	描述	举例
鉴定成本	核算、评价和审核原材料、产品和服务确保与产品质量标准相一致所发生的成本	检验设备、测试、试验、检验人员以及为取样而导致的生产中断

（续）

类别	描述	举例
预防成本	与减少潜在质量问题有关的成本	质量改善项目、培训、监测、数据收集和分析及设计费用
内部损失成本	与低劣产品或服务有关的到达用户前的损失	返工费、解决质量问题、原材料和产品的损失、修理和停工
外部损失成本	与为用户提供不合格产品或服务有关的损失	退货、返工费、担保费、信誉降低、产品质量责任索赔及罚金

内部和外部损失成本代表因劣质产品而导致的损失，鉴定与预防成本则是为获得优质产品而进行的投资。

质量管理的一个重要方面是评价预防性投资所带来的收益。对此有两种观点。一种观点认为预防成本要小于鉴定和损失成本，这是克劳斯比和朱兰所倡导的。这意味着什么呢？如果这一结论正确，就意味着投资回报一定高于总成本，即克劳斯比所说的质量是免费的。另一种观点则认为，存在这样的一个坐标点，当预防性投资超过这一点时，所带来的收益将无法弥补鉴定和损失成本。即超过这一点时，应考虑把资金用于减少产品开发时间或更新技术等其他用途上。**质量投资回报**（return on quality，ROQ）方法更多地关注质量管理活动的经济性。当从这一角度看待质量问题时，就把质量管理活动看成了某种投资，当评价质量管理活动时，则使用类似投资收益率（ROI）这样的指标。

8.3.8　道德和质量管理

组织的每一个成员都有义务在道义上提高产品质量。在许多涉及质量的情境中，道义行为都在发挥作用。其中有一类是不符合标准的工作，如有缺陷的产品和不良的服务、拙劣的设计、落后的工艺及不良零部件和原材料等。了解到这一点却没能及时纠正和报告所出现的质量问题都是不道德的，必将导致不良后果。这些后果包括因生产率降低而导致的成本增加、员工事故率的增加、对顾客所造成的不便和损害、责任成本的增加等。

一个相关的问题是，组织为了解决业已存在的产品和服务质量问题应采取什么措施。汽车和轮胎制造商近年来就因隐瞒现实的和潜在的质量问题而被起诉，他们没有召回问题产品，没有公布质量问题信息，而是孤立地处理某些顾客报怨。

8.4　质量大奖

为提高人们对质量的认识和兴趣，美国设立了一些质量奖项。其中，马尔科姆·鲍德里奇奖（Malcolm Baldrige Award）、欧洲质量管理基金会卓越奖和戴明奖是非常著名的质量奖。这三项大奖每年颁发一次，以奖励那些已经在其生产经营管理中建立了完整质量管理体系的公司。

8.4.1　马尔科姆·鲍德里奇奖

该奖以已故的马尔科姆·鲍德里奇命名。马尔科姆·鲍德里奇是一位工业家，也是美国前商务部秘书。每年的马尔科姆·鲍德里奇奖由国家标准与技术研究院管理。设立这项质量奖的目的是激励美国公司努力改进其质量水平、确认美国公司在质量管理方面取得的成就以及公布成功的质量管理项目。

马尔科姆·鲍德里奇奖首次颁发是在1988年，最初只颁发给制造商和小型商业企业。几年后增加了服务行业，随后几年教育和健康产业也被囊括其中。早期获得奖励的公司有Motorola、Globe Metallurgical、Xerox Corporation、Milliken & Company。从此以后，很多公司获得了这一奖项。详细的获奖者列表见www.quality.nist.gov/Award_Recipients。

该奖在七个方面对申请者进行评价：组织领导、信息及其分析、战略计划、人才资源管理、顾客和对市场的关注、流程管理和经营业绩。

检查人员核实高层管理者把质量价值纳入日常管理的程度；产品或服务质量水平是否至少同那些竞争者一样高；员工是否在质量管理方法方面得到了培训；企业是否同其供应商一道致力于改善质量；公司的用户是否满意。即使组织没有赢得奖项，也能通过申请过程获得众多收益：所有的申请者都会得到一份书面的有关其质量管理优缺点的总结意见及质量改进建议。

值得注意的是，许多州都参照鲍德里奇奖的标准制定了自己的质量奖项。各州的质量奖项用于在州的范围内评奖，获奖的组织可以此为基础申请国家奖。

更多的信息请访问网站：www.quality.nist.gov。

8.4.2 欧洲质量管理基金会卓越奖

欧洲质量管理基金会卓越奖是欧洲最负盛名的、为在质量管理方面取得最大成就的组织所设立的奖项。欧洲质量管理基金会卓越奖高于地区或国家质量奖。为申请该大奖，申请者通常已经获得了一项或数项地区或国家质量奖项。

8.4.3 戴明奖

戴明奖以已故美国统计学家戴明的名字命名。戴明奖每年颁奖一次，用于奖励那些在质量管理方面取得巨大成就的公司。尽管该奖主要用于奖励日本公司，但1989年佛罗里达热电公司成为第一家赢得该奖项的美国公司。

戴明奖的主要判断标准是公司统计质量控制实施的好坏。这使其与主要考虑顾客满意度的马尔科姆·鲍德里奇奖相比，奖励范围太狭窄。赢得戴明奖的公司必须具有详细的、在全公司范围内得到贯彻执行的质量管理程序。得奖公司的质量改进工作要有公司高层领导和一般员工的参与。同时，顾客的要求是否得到了满足，是否考虑了对员工的培训也要在质量改进工作中得到反映。

8.5 质量认证

很多从事国际化经营的公司认识到了质量认证的重要性。

ISO 9000、ISO 14000和ISO 24700

为了提高质量水平、生产率及运营管理的有效性，国际标准化组织（ISO）推行世界范围内适用的标准。这一目的是通过发布系列标准和相应的指南来实现的。通过工业组织、商业组织、管理机构、政府和贸易组织的使用，这些标准已经产生了重要的经济和社会效益。它们不但对设计者、制造者、供应者、服务提供者和顾客有巨大的影响，而且对社会产生了巨大的影响。这些标准增加了质量和可靠性的级别，提高了生产率和安全性。该标准促进了国际贸易的发展，为政府的健康、安全和环境立法提供了基础，并且有助于向发展中国家转让技术。

两个著名的标准是 ISO 9000 和 ISO 14000。ISO 9000 适用于质量管理，用于保证组织的产品或服务满足顾客需求。ISO 14000 适用于环境管理，用于保证组织最大限度地降低其运营活动对环境所造成的负面影响。ISO 9000 和 ISO 140000 均强调对组织运营过程的管理，而不是具体的产品或服务标准，并强调持续改进的管理理念。这些系列标准是通用的，对任何类型的组织（营利性的或非营利性的）均适用。如果组织欲建立质量管理体系或环境管理体系，那么其所建立的管理体系中必须包括相应标准（ISO 9000 或 ISO 14000）所要求的基本要素。ISO 9000 系列标准对在国际范围内，特别是在欧洲地区从事生产经营活动的组织至关重要。要获得认证，组织必须通过包括质量管理软件和现场两项评估在内的审核。审核过程往往要持续 12 ～ 18 个月。获得质量证书的公司由 ISO 登记在册，从中可以查阅到通过认证的公司，作为供方评价和选择的重要参考。毫无疑问，通过认证的公司比没有通过认证的公司更容易博得用户的青睐。世界上已有 4 万多家公司通过了 ISO 认证，其中 3/4 的公司位于欧洲。

认证的一个基本要求是公司要对过程控制、检查、采购、培训、包装、交付使用等业务活动进行检查、优化并做出计划。与鲍德里奇奖评选相似，检查程序包括大量的自我评价以及最后的问题确认和改进。与鲍德里奇奖评选不同的是，通过认证的公司面临着后来一系列的检查，并且每三年要重新进行一次认证。

获得 ISO 9000 证书和认证过程本身都可以为那些欲在欧盟市场上有所作为的公司带来直接或间接的利益。同时，对那些目前还没有建立质量管理体系的公司来说，这套标准有助于其建立完善的质量管理体系并有效运行。

八项质量管理原则构成了最新版 ISO 9000 的基础：

- 以顾客为关注焦点；
- 领导作用；
- 全员参与；
- 过程方法；
- 管理的系统方法；
- 持续改进；
- 基于事实的决策；
- 与供应商互利的关系。

ISO 14000 认证标准对以下三个主要方面提出要求。

- 管理体系——管理体系致力于承担环境保护责任，并把这一责任融入公司的经营管理计划之中。
- 组织运营——自然资源和能源的消耗。
- 环境保护体系——测量、评价和控制放射性物质、废水和其他废弃物的排放。

ISO 24700 规定了含有重复使用零部件的办公设备的质量特性。ISO/IEC 24700 规定了产品在最初设备制造商或经授权的第三方那里必须具备的特性。这里的特性主要是指投入市场的产品包含可再利用的零部件；这里的可用性要求再利用的零部件与新的零部件达到同样的规范，具备同样的性能。该标准与投入市场的产品有关，这些产品的制造和修复过程的结果是可再利用的零部件。

如果想更多地了解 ISO 系列标准，请访问国际标准化组织的网站：www.ISO.org/en/ISOonline.frontpage，或者美国质量管理协会的网站：www.asq.org。

8.6 质量与供应链

企业的领导者日益重视供应链在实现质量管理目标中的重要作用。为取得成功，就需要掌握顾客对质量的感受，明确存在问题之处，采取措施解决这些问题。

当公司在全球供应链中处理质量问题时，发现会涉及非常复杂的质量保证问题。尽管发达国家通常有很高的质量管理水平，但是在一些欠发达国家，现代质量实践却非常欠缺。这就对那些外包到这些地区的企业提出了重要的产品责任问题。

一个有趣的问题存在于制药行业的外包。离岸供应商提供比本地生产者低得多的价格。可是，离岸制造商的成本优势不完全是劳动力成本更低，更大的“优势”是他们不需要随时承受法律规定的严格而昂贵的质量验证，而本地制造商却要承受这些质量验证。这降低了进口商的成本，然而却增加了产品责任方面的风险。

随着对供应链质量管理的加强，外包的风险减少了，而且变化和管理费用也减少了。风险来自低标准的材料和工作方法的使用，导致了低劣的产品质量和潜在的产品责任。对卖方更严格的控制和工人培训可以减少这些风险。变化来自失控的流程，可以采取统计质量控制方法来减少变化。减少管理费用的途径是让卖方承担质量保证责任，实行顾客质量审计以及监控卖方质量控制行为。

供应链质量管理可得益于与供应商相互协作，包括帮助供应商实施质量保证以及分享质量管理方面的信息。理想的情况是改进供应链质量可以成为组织持续改进的有机组成部分。

8.7 全面质量管理

管理的主要任务是指导组织的日常运作以及在组织的未来发展中保持生命力。质量管理已成为实现上述目标的重要影响因素。

全面质量管理（total quality management，TQM）是指对公司上下都要关注质量。这一质量管理方法有三个核心：第一是永无止境地推进质量改进，也就是人们所说的持续改进；第二是全员参与；第三是追求顾客满意度，要不断地满足或超出顾客的期望。全面质量管理改变了原来的质量管理观念，引入了新的理念，即从原来检查最终产品或服务转变为监控产品或服务全过程。全面质量管理的出发点就是预防产品质量问题的发生。

我们可以这样来描述全面质量管理方法：

（1）明确用户的需要。为此，要采取用户调查、特殊用户群体调查访问或一些别的方法，同时，把用户的想法纳入公司的决策过程之中。一定要做到将内部用户（下道工序）与外部用户（顾客）同等对待。

（2）开发新产品或提供新服务以满足或超出用户的需求。使新产品便于使用，易于生产；使新服务项目快捷有效。

（3）设计生产过程，确保一次成功。判断有无差错发生，并努力防止其发生。当发生差错时，找出并消除原因，以便以后不再发生或很少发生。在产品设计过程中各种因素交叉在一起，这就使得员工或顾客在制造或使用过程中不犯错误是不可能的。因此要努力把生产过程设计为“可以防止差错”发生。有时人们称之为“防差错设计”。在日语中，这一术语叫作 pokayoke。这种设计有许多实例，如在组装机器时，只有正确的方法才能进行下去，家用插座只有正确地安装在墙上才有效。这种设计方法还有一种叫法，即傻瓜型设计。但是，使用这种叫法会有认为员工或顾客是傻瓜的嫌疑。

（4）跟踪记录生产结果，并利用这些结果指导系统的改善。永不停止地改善工作。

（5）把这些概念扩展到供应商和经销商。

很多公司成功地实施了全面质量管理项目。成功的全面质量管理工程是通过公司内部每个人的无私奉献和通力合作才建立起来的。正像定义中所说，高层管理者必须起到保证作用并积极介入。否则，全面质量管理将仅仅是一种时尚，昙花一现。

前面的描述介绍了全面质量管理的精髓，但这些不是全面质量管理的全部内容。全面质量管理还有一些重要的含义，其中包括：

（1）持续改进。持续改进就是谋求在投入产出转换过程中所有因素持续不断地改善。转换过程中的因素包括设备、方法、原材料和人员。在持续改进这一概念影响下，“如果它没有损坏，就不要修理它”这一古老的信条转变成了“仅仅从它没有损坏这一点不能说它没有改进的余地”。

持续改进这一概念并不新颖。但是，直到近年来，美国的公司才对它产生极大的兴趣。有意思的是，这一概念最初是由美国人提出的。日本公司已把这一概念应用到了质量管理中，并且已经成为日本公司生产管理的基石。日本人使用术语“kaizen”来表示持续改进。日本公司所取得的成功，已促使其他国家的公司重新认识其所采用的许多质量管理方法，并导致它们对持续改进这一方法产生了浓厚的兴趣。

（2）标杆法（竞争对手法）。这包括确认在某一方面做得最好的公司或其他组织并学习掌握它们的做法来改进自己的经营管理，所树立的榜样不一定与你的公司同属一个行业。例如，施乐公司选择了 L. L. Bean 邮寄公司作为榜样，规范其订单处理业务。

（3）员工授权。让工人承担一定的质量改进责任，并赋予其为完成改进任务采取必要行动的权力，以此来极大地激发员工在质量改进方面的积极性。这样做就是把决策权力交给一线员工以及对问题及其解决方案有深刻认识的员工。

（4）发扬团队协作精神。解决问题时发挥团队的作用，实现意见及行动的一致，让大家都积极参与质量管理，并发扬协作精神。在员工中树立公司的价值观。

（5）依据事实而不是个人主观判断做出决策。管理的任务之一，就是收集和分析数据，并依此做出决策。

（6）掌握质量管理工具，对员工和管理者进行应用质量管理工具的技术培训。

（7）供应商的质量保证。供应商必须建立并实行质量保证制度，并努力实现质量改进，以确保其生产过程能够及时交付所要求的零部件和原材料。

（8）宣传发动，就是在全公司内部宣传全面质量管理的重要性和原则。

（9）强调“源头质量”概念，就是要让每一位工人对他的工作负责，这体现了“第一次就做对”的理念。寄希望于工人能够制造出满足质量标准的产品或服务，同时，能够发现并纠正出现的差错。实际上，每个工人都是他的工作的质量检查员。当他所完成的工作成果传递到整个流程的下一道工序（内部用户），或者作为整个流程的最后一步传递到最终顾客时，工人要保证它能够满足质量标准。

通过对全体员工灌输“源头质量”这一概念，就可完成以下目标任务：①可使对质量造成直接影响的员工负起质量改进的责任；②可消除经常发生在质量控制检查员与工人之间的敌对情绪；③可通过对工人的工作进行控制和自我控制以及使他们为自己的工作而骄傲这些方式来激励工人保证并改进质量。

（10）供应商是公司整个生产过程中的合作伙伴，应提倡与其建立一种长期的友好合作伙伴关系。这实际上是一种有价值的重要投资。通过这种方式，可促使它们供应高品质的产品和服务。同时，希望供应商也要通过贯彻“源头质量”这一观念来保证并改进质量。这样就很少或完全没有必要检验它们提供的货物。

如果认为全面质量管理就是质量管理方法的简单汇集，那就错了。实际上，全面质量管理反映了人们对质量的一种全新看法。它是一家公司的文化，要想真正地从全面质量管理中得到好处，必须改变一家公司的文化氛围。

表 8-6 说明了一家贯彻全面质量管理的公司和一家坚持比较传统的质量管理的公司两者文化之间的差异。

表 8-6　贯彻全面质量管理的公司和坚持传统质量管理的公司的比较

项目	传统的质量管理	全面质量管理
总使命	使投资得到最大的回报	达到或超过用户的期望
目标	强调短期效益	在长期效益和短期效益之间求得平衡
管理	不常公开，有时与目标不一致	公开，鼓励职员参与，与目标一致
管理者的作用	发布命令，强制推行	指导，消除障碍，建立信任用户
用户需求	并非至高无上，可能不清晰	至高无上，识别和理解的重要性
问题	责备、处罚	识别并解决
问题的解决	缺乏系统性，个人行为	具有系统性，团队精神
改进	时断时续	持续不断
供应商	抵触	合作伙伴
工作	狭窄，过于专业化，个人努力	广泛，更全面，更着重发挥团队作用
定位	产品取向	流程取向

8.7.1 实施全面质量管理的障碍

同样是实施全面质量管理，所取得的成效却不大相同。有些公司取得了显著的成效，而另一些公司虽经各种努力，却成效甚微。收获不大的原因在于实施全面质量管理的过程，而不是这种管理方法本身。综合一些文献成果，以下因素都是实施全面质量管理的障碍。

- 缺少在全公司范围内对质量概念的理解：不能共同努力，各自为政，对成功的标准的理解也不同。
- 缺乏改进规划：成功的机会少；不能强调改进规划的战略意义。
- 不能以顾客为关注点：增加了顾客不满的概率。
- 公司内部的交流不够，彼此不沟通；有矛盾、浪费并导致混乱。

- 授权不够：不相信了解问题本身的员工能解决所遇到的问题；官僚作风严重，推诿扯皮。
- 急功近利：认识不到提高质量水平的长期性和持续性。
- 过于看重因改善产品质量所发生的费用："头痛医头，脚痛医脚""今天少花一分钱，明天多花一元钱！"
- 表面文章做得多，实际操作少，结果是劳民伤财。
- 激励不够：管理者不能采取各种手段激发员工提高质量的热情。
- 不愿花时间实施质量改进计划：增加工作以增加额外的资源为代价。
- 领导作用不够[⊖]：管理者必须是领导人员。

上述所列无论对想要实施全面质量管理的公司还是在实施过程中遇到问题的公司都是克服障碍的指南。

8.7.2　实施全面质量管理的误区

全面质量管理工程被推崇为美国公司重新获得竞争地位的一种手段。重新获得竞争地位是美国公司一直努力追求的目标。不过如果不纠正某些错误做法，全面质量管理工程就不会成功。错误做法主要有：

- 盲目追求全面质量管理工程。尽管可能会有更为重要的需优先解决的问题（例如，对竞争对手的行动采取快速反应），但过于热心的全面质量管理支持者，可能会把注意力集中在质量问题上。
- 未能以有效的方式把全面质量管理项目与公司的战略联系在一起。
- 在做出与质量有关的决策时没有考虑市场作用。例如，顾客期望可能得到了超常满足，致使所发生的与质量保证和质量改进有关的成本远远超过了从中获得的直接或间接的利益。
- 由于没能在实施全面质量管理工程之前对其做出缜密计划，从而导致失败的开始、员工的迷惑不解以及毫无意义的结果。
- 当需要进行突破性改进时，组织却追求持续改进（即增量性改进）。
- 质量的效果并不是与结果密不可分的。

值得注意的是，全面质量管理本身没有任何毛病，只是有些个人或公司误用了它。让我们把注意力转移到解决质量问题和改进工序上来。

8.8　改进流程以解决质量问题

解决出现的质量问题是全面质量管理的一个基本步骤。为了成功解决问题必须遵循一定的步骤。表 8-7 概述了全面质量管理解决质量问题的基本步骤。

表 8-7　解决质量问题的基本步骤

第一步	确定问题并明确改进目标
	经过仔细研究，确定所要解决的问题。不要越过这一步，因为它可为你努力解决问题指明方向

⊖ Gray Salegna and Farzaneh Fazel, " Obstacles to Implementing Quality," *Quality Progress*, July 2000, p. 53. Copyright © 2000 American Society for Quality. Reprinted with permission from *Quality Progress* magazine.

（续）

第二步	收集数据 依据事实。可用的工具包括检查表、散点图、直方图、趋势图、控制图
第三步	分析问题 可利用的工具包括帕累托图、因果分析图
第四步	获得可能的解决方案 方法包括头脑风暴法、访问和调查
第五步	选择一个解决方案 评价方案的标准（参考第一步中的目标确定）。根据确立的标准，制订解决方案并选择最优方案
第六步	解决质量问题 让涉及的每个人都知道质量问题已得到解决
第七步	检查解决方案并说明是否实现了目标 如果没有达到目标，就换一个解决方案或返回到第一步。可利用的工具包括控制图和趋向图

在全面质量管理方法中，解决问题的一个重要方面是消除导致质量问题的根源，防止问题再次发生。这就是为什么在采用全面质量管理方法时，总是把问题看成“改进的机会”。

8.8.1 计划–实施–分析–处理循环

计划–实施–分析–处理（plan-do-study-act，PDSA）循环也指休哈特循环或戴明环。PDSA 循环是持续改进质量活动的基本概念。图 8-1 说明了这一循环，用圆周来代表改进过程，强调了质量改进的连续性特征。

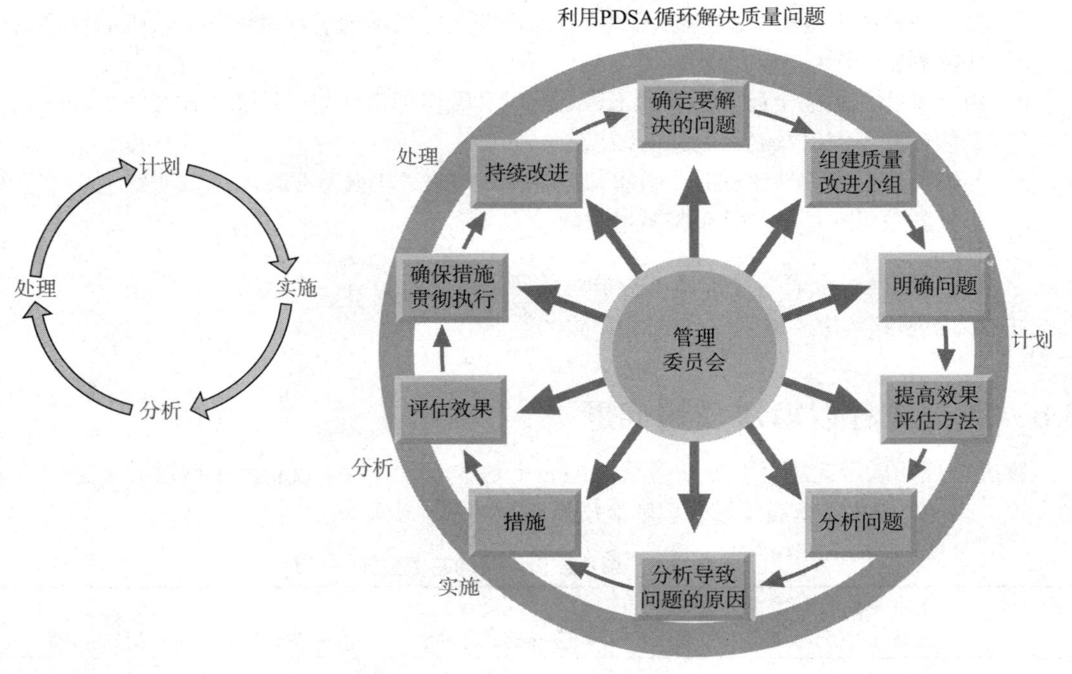

图 8-1 PDSA 循环

PDSA 循环有四个基本步骤。

- 计划。首先，对现有工序进行研究并以书面形式描述工序，搜集数据以明确所要解决的问题；其次，分析数据并制订改进计划；最后，详细说明如何评价计划。
- 实施。如果可能的话，在一个小范围内实施计划。书面描述在这个阶段所发生的所有变化。全面收集数据，对计划实施效果做出评价。
- 分析。分析在实施阶段所收集到的数据。检查计划实施结果是否符合在计划阶段所制定的最初目标。
- 处理。如果结果达到预期目标，质量改进项目就取得了成功。将新方法予以标准化，并在与该工序有关的所有人员中贯彻新方法，就新方法开展培训工作。如果质量改进项目未取得成功，就要修订计划并重复上面的步骤或者中断这一项目。

采用这一系列相继的步骤为持续改进质量提供了一种系统方法。

改进流程是一个系统工程，包括文档建立、计量以及流程功能改进目的分析。改进流程的主要目的包括提高顾客满意度、提高质量水平、减少浪费、降低成本、提高生产率以及缩短加工时间。

表 8-8 给出了流程改进的一般看法。

表 8-8　对流程改进的一般看法

A. 工序描述

1. 收集有关工序的数据；识别工序中的每一步骤。对每一步，确定：
   - 投入与产出
   - 涉及的人员
   - 要做出的决策

   正确地记载诸如时间、成本、作业空间、废物处理、员工精神状况和员工流动率、事故和 / 或安全事故、工作条件、收入和 / 或利润、质量和顾客满意度文档
2. 绘制能够准确描述工序的流程图。注意，为进行有实际意义的分析，流程图不能过于笼统，但是流程图太详细又会使分析人员不知所措而起到反作用；确信对关键活动和决策进行了描述

B. 工序分析

1. 提出有关工序的以下问题
   - 工序合理吗
   - 漏掉了一些步骤或活动吗
   - 有任何重复吗
2. 就每一步提出以下问题
   - 这一步是否必须，能把它去掉吗
   - 这一步增加了产品价值吗
   - 在这一步中有无浪费发生
   - 时间还能再缩短吗
   - 完成这一步的成本能降低吗
   - 能否把两个（或更多）的步骤进行合并

C. 流程再造

利用分析结果，实现流程再造。记录改进情况，记录的事项可能包括：时间、费用、浪费情况、人员补充、事故、安全事故的减少、员工的精神状况、工作条件、收入 / 利润、质量和用户满意度的提高 / 改善

8.8.2　六西格玛

可从几个方面来理解六西格玛（6σ）管理的含义。从统计学意义上看，六西格玛意味着

对工艺、产品或服务的某一特性值而言，不合格率不超过百万分之三点四。从概念上理解其含义更加广泛：通过六西格玛项目管理降低缺陷率，进而达到降低成本和提高顾客满意度的目的。六西格玛项目通过一系列的质量管理技术或方法来实现组织的战略目标。在营利性组织中，六西格玛项目已经成为改进产品质量、节省时间和降低成本的重要途径。六西格玛项目广泛地应用于设计、生产、服务、库存管理和货物运输。重要的是六西格玛项目要与组织战略保持一致。

摩托罗拉公司是六西格玛项目管理的先行者，早在 20 世纪 80 年代就提出了六西格玛的概念。今天，企业、政府、咨询机构、军方都把六西格玛作为改进其绩效的方法。

六西格玛项目包括管理和技术两方面。管理方面包括：领导应给予大力支持，应对经营业绩规定一个可度量的标准，选择那些能够带来效益的项目以及选择和培训相关人员等。技术方面则包括：改进工序能力、降低变差、统计方法的应用、改善战略的制定与实施。从另一个角度看，技术方面包括定义、测量、分析、改进和控制。

要想使六西格玛项目获得成功，高层领导者必须给予强有力的支持。高层领导者必须提出公司的总体目标，在全公司内传达这一目标，并领导项目的展开和实施。除了高层领导者，六西格玛项目成功与否还依赖于六西格玛的发起者和实践者，即“黑带大师”“黑带”和“绿带”。这些主要成员的作用是遴选潜在的项目、帮助选择和评价入选项目、管理项目资源、宣传发动项目实施。黑带大师经过统计学和质量管理工具的强化培训，他们是黑带的培训师。黑带是项目组的领导，负责实施过程改进工作。他们一般要经过 4 周的培训并通过考试，以及成功管理一个或几个实际项目来证明其确实掌握了六西格玛管理的专门知识和技能。绿带是六西格玛项目组的成员。

黑带对六西格玛项目的成功起着关键作用。他们促进变革使团队工作得以顺利开展，指导使用质量管理工具和技术，传授有关的知识和技能。黑带候选人在技术或业务上要得到强化训练。此外，候选者还必须具备较强的组织管理能力并能促进组织变革。他们必须精通持续改进和统计学工具。黑带不但要对工序改进有深刻的理解，还要对经营业绩（时间、费用、质量改进）有深刻的理解。

六西格玛基于以下原则。

- 减少变异是主要目标。
- 基于数据的方法；要求有效的测量。
- 根据输入确定输出；把精力集中在改变或控制输入上以提高输出。
- 只有少数关键的输入对输出造成重要影响（帕累托效应）；把精力集中于少数关键输入。

在推行六西格玛时，DMAIC（define-measure-analyze-improve-control）是一套解决质量问题的规范的方法。这套方法通过 5 个步骤来实施有效的流程改进。

- 定义：确定改进的范围和目标。
- 测量：明确基线和工序能力。
- 分析：利用数据和工具分析流程的因果关系。
- 改进：实施改进方案，达到流程的有效改进。
- 控制：制订计划和程序确保改进得以保持。

8.9 质量管理工具

有一些质量管理工具可供公司用来解决质量问题及实现工序的改进，本节说明其中的 8 种工具。这些工具有助于收集和分析数据以便为决策提供依据。

前 7 种工具常被称为 7 种质量管理基本工具。图 8-2 简要概括了这 7 种质量管理工具。

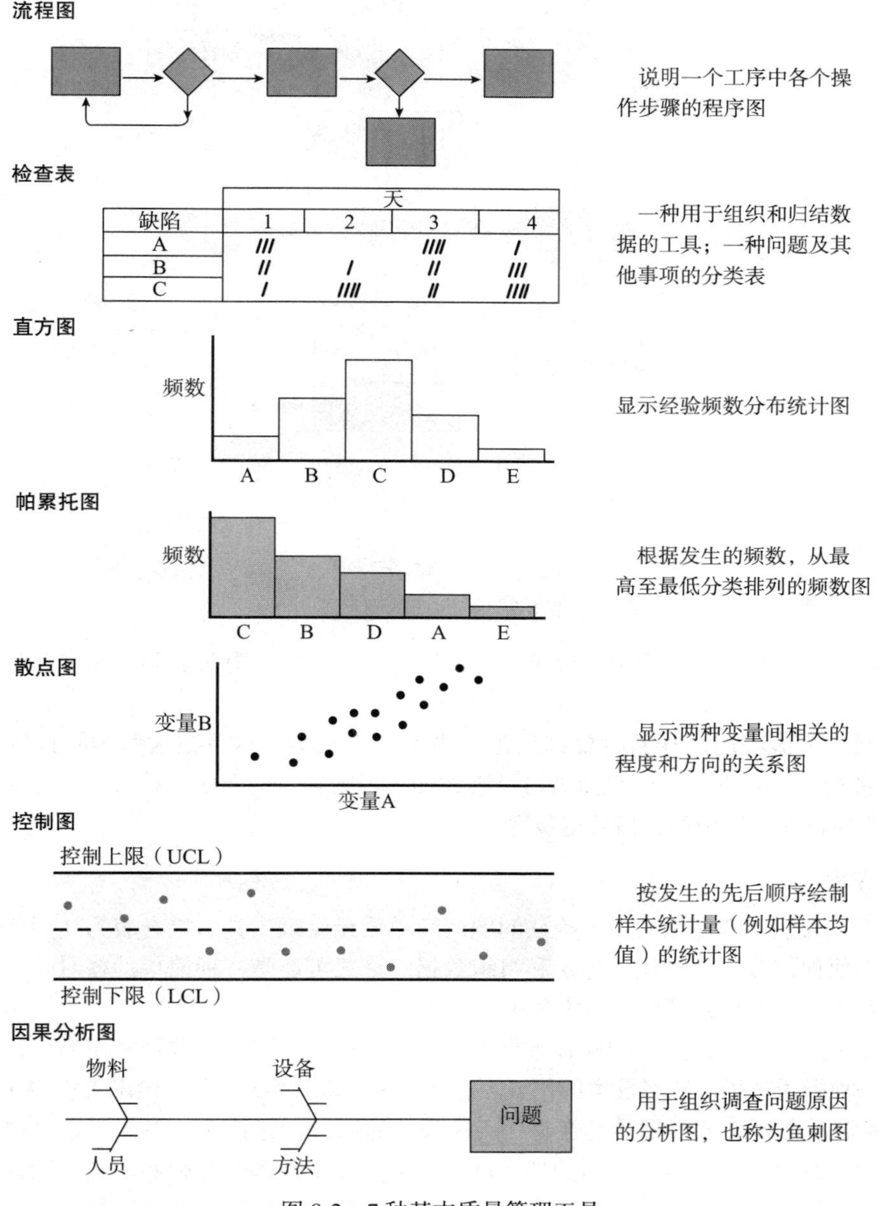

图 8-2 7 种基本质量管理工具

1. 流程图

流程图是对一道工序的直观描述。作为一种解决问题的工具，流程图能够帮助调查人员确定工序中哪些点可能出现问题。图 8-3 所示是电话订货的流程图，其中可能出现问题的关键点已在图中特别标出。

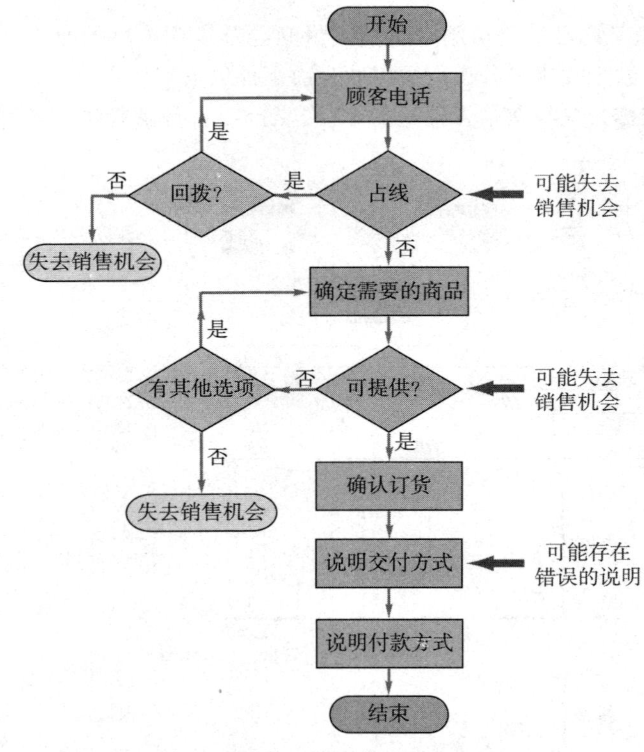

图 8-3　电话订货流程图

流程图中的菱形代表工序中的决策点，而矩形代表操作。箭头表明工序中各步骤发生的先后顺序。

为绘制一个流程图，开始时要列出工序中的各个步骤，然后把这些步骤按操作或决策（检查）点进行分类。不要把流程图画得过于详细，否则它可能会使分析人员不知所措。但是要注意，不能遗漏工序中的任何关键步骤。

2. 检查表

检查表是人们经常使用的用来确认问题的简单质量管理工具。检查表为使用者提供了一种格式，以便他们收集、整理、记录和组织数据。格式可能是一种简单的核对符号表。一般根据使用者通过收集数据想要了解什么问题来设计检查表。

检查表种类很多，且同一种检查表也有多种不同格式，其中一种经常用来分析缺陷的类型，还有一种则用来指明缺陷发生的位置。这在图 8-4 和图 8-5 中分别给出了说明。

图 8-4 显示了缺陷的类型及其在每一天中发生时间的记录情况。遗漏标签这样的问题似乎总是发生在每天的早些时候，而油墨污迹则更易于发生在每天的晚些时候，贴偏标签这样的问题在全天任何时候都可能会出现。确认缺陷的类型以及缺陷在什么时候发生有助于找到缺陷发生的原因。

从图 8-5 中我们可以更容易地看出缺陷发生在产品的什么位置。在本例中，缺陷似乎总是发生在拇指和食指的指尖、手指缝（尤其是虎口处）以及手套的手心和手背。看来，利用这种检查表的确可以帮助确定缺陷发生的原因并帮助解决出现的质量问题。

天　时间	缺陷类型					总计
	遗漏标签	贴偏标签	油墨污染	脱落和卷曲	其他	
星期一 8-9	IIII	II				6
9-10		III				3
10-11	I	III	I			5
11-12		I		I	I破裂	3
1-2		I				1
2-3		II	III	I		6
3-4		II	卌I			8
总计	5	14	10	2	1	32

图 8-4　检查表示例

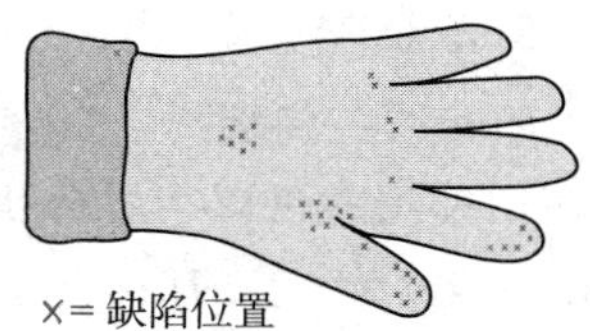

图 8-5　特殊用途检查表

3. 直方图

直方图在掌握观测值的分布方面很有用。另外，通过直方图可以看出分布是否对称、数值的变化范围是什么以及是否有异常的数值。图 8-6 说明了直方图的概念。注意，在本例中有两个峰值，这表明研究对象可能存在中心值不同的两个分布。导致这种情况的原因可能是有两个不同的工人参与操作或所从事的是两种不同类型的工作。

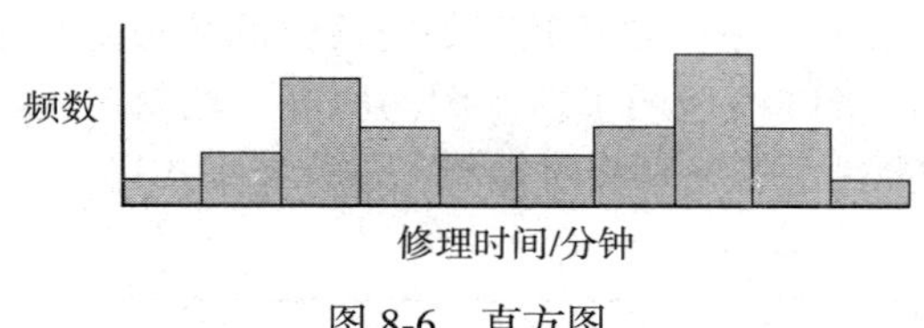

图 8-6　直方图

4. 帕累托图

帕累托分析是把注意力集中在最重要问题上的一种方法。帕累托分析方法以 19 世纪意大利经济学家帕累托（Vilfredo Pareto）的名字命名。帕累托的概念说明了少数几个因素对整个问题（例如抱怨、不合格品及其他问题）造成的影响一般占绝对优势。其思想是根据问题的重要程度对其进行分类，并集中解决最重要的问题，适当考虑次要的问题。根据帕累托概念，即通常所说的 80/20 原则，大约 80% 的问题是由占总原因数 20% 的原因造成的。例如，80% 的机器故障发生在占机器总数 20% 的零部件上，20% 的引起不合格品的原因导致了 80% 的不合格品。

我们一般根据原因发生的次数对其进行分类，并按频数大小重新排列这些原因，以此来绘制帕累托图，这样做有助于我们抓住主要矛盾。图 8-7 说明了与图 8-4 显示的检查表相对应的帕累托图。很明显，主要问题是贴偏标签。完全可以这样推断，管理者及员工将集中主要精力解决这一问题。一旦第一重要的问题解决以后，就会把原来第二重要的问题提到第一位。本例中即为“油墨污染”。就是这样按照问题的

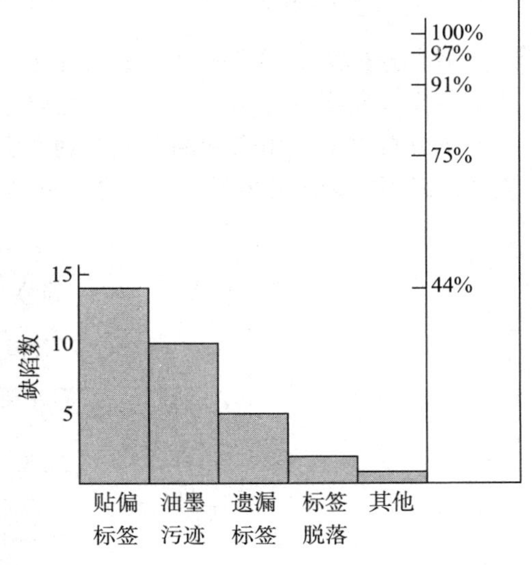

图 8-7　根据图 8-4 中的数据绘制的帕累托图

重要程度，依次解决它们。实践中每解决一个问题，就要重新收集数据，并确认原来最重要的问题已经消除或基本得到解决。然后，根据这些信息，制作一张新的帕累托图。因此，在第二次制作的帕累托图中，像“贴偏标签”这类问题仍可能存在，只是已变成次要问题。

5. 散点图

散布图在判别两个变量之间是否存在相关关系方面很有用。存在相关关系可以帮助分析产生某个问题的原因。图 8-8 是一个散点图的例子。在这一具体的散点图中，空气湿度和每小时所出现的差错之间存在正（向上倾斜）相关关系，湿度大与差错数多相对应；反之亦然。相反，负（向下倾斜）相关关系就意味着当一种变量变小时，另一种变量增大；反之亦然。

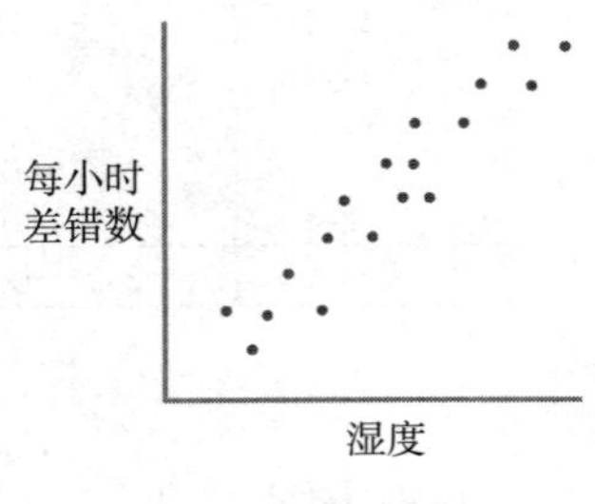

图 8-8 散点图

两种变量间的相互关联性越高，图中的点越不分散，点趋于集中在一条直线附近。相反，如果两种变量间很少或没有相关性，那么点将完全散布开来。在图 8-8 中，湿度和差错数之间的关联性显得很强，因为点分布在一条虚拟直线附近。

6. 控制图

控制图可被用来检验某一工序以判断其产品特性值的分布是否是随机的。它能帮助检测可纠正的引起变异的原因。图 8-9 说明了控制图的原理。控制图还能用来确定某一问题发生的时间并揭示引起问题的原因。第 9 章将对控制图进行详细描述。

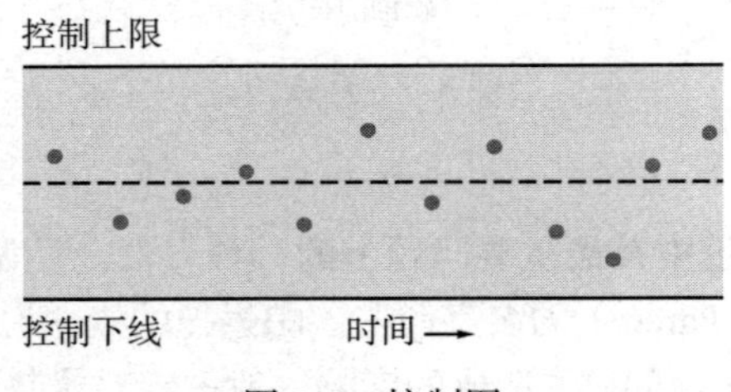

图 8-9 控制图

7. 因果分析图

因果分析图提供了一种判断引起某一问题的原因的系统方法。因为它的形状像鱼刺，因此也叫作鱼刺图或石川图。石川图是以一位日本教授石川馨的名字命名的。正是他发明了这一因果分析方法，用来帮助工人找到产生问题的真正原因。通常在头脑风暴法之后使用这种工具，以便整理所分析的问题。图 8-10 是因果分析图的一种形式。

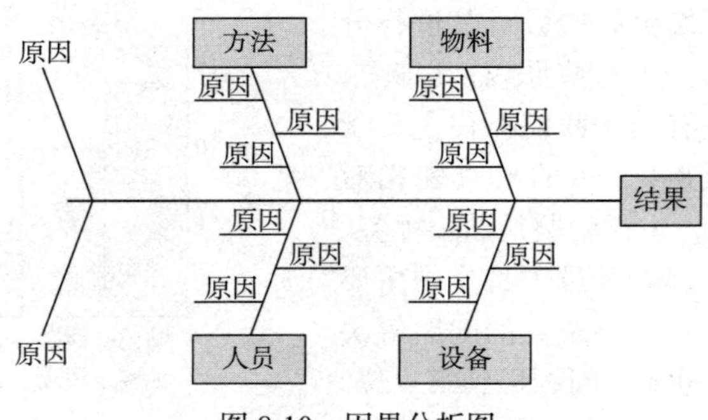

图 8-10 因果分析图

根据所致差错的特点，一些因素可能是引起差错的原因，而另一些因素可能就不是。如果在某一方面，原因仍不清楚，就有必要对根本原因做进一步深入细致的调查分析。一般地，我们可以对很可能成为问题原因的有关因素提出 5W1H 问题，即 Who、What、Where、When、Why 以及 How 来得到更详细的信息。

8. 趋势图

趋势图可用来跟踪一段时间内变量的变化，有助于确认可能发生的趋势或其他分布。图 8-11 给出了趋势图的一个例子，从图中可以看出，随着时间的推移，事故发生率呈下降趋势。趋势图的主要优点是便于绘制，易于理解。

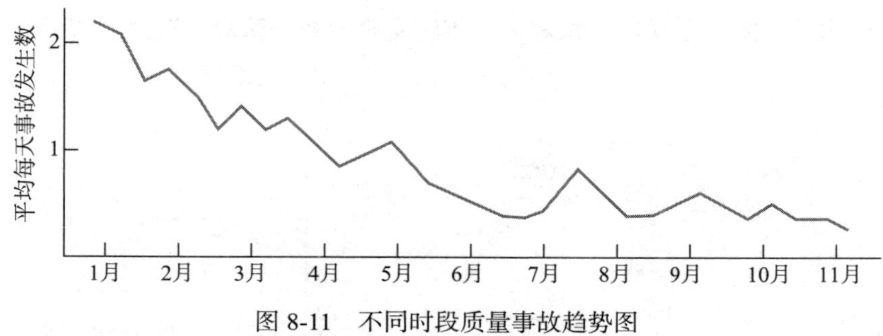

图 8-11　不同时段质量事故趋势图

8.9.1　质量管理图形工具的一些说明

本小节要对使用图形工具改进工序和产品质量做出一些说明。图 8-12 首先绘制的是检查表。根据检查表我们可以绘制体现差错重要性的帕累托图，差错 A 发生的频数最高。进而，我们再做出有关差错 A 的帕累托图，据此来分析确定引起差错 A 的各种原因的重要程度。在该帕累托图的右边是差错 A 的因果分析图。此外，还可以画出差错位置的因果分析图。

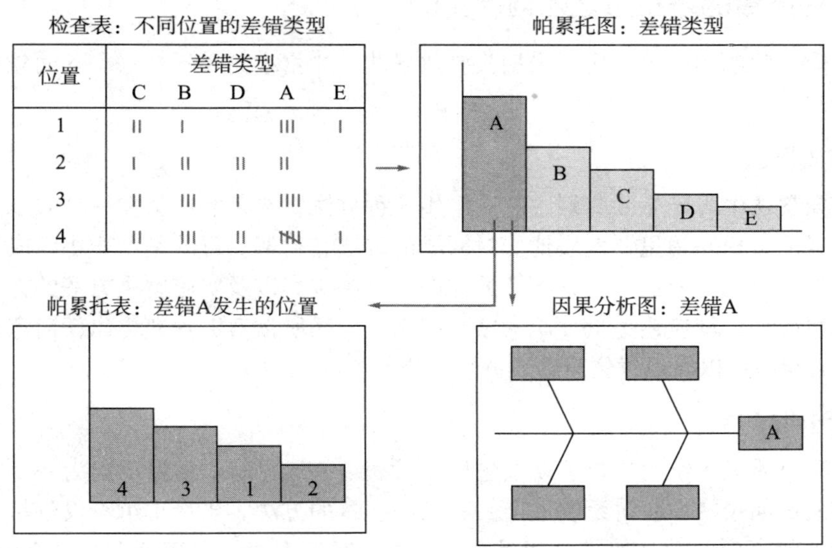

图 8-12　利用图形工具解决质量问题

图 8-13 表明帕累托图可用于计量差错更正前后的差错情况及通过纠正差错所实现的改进

效果。

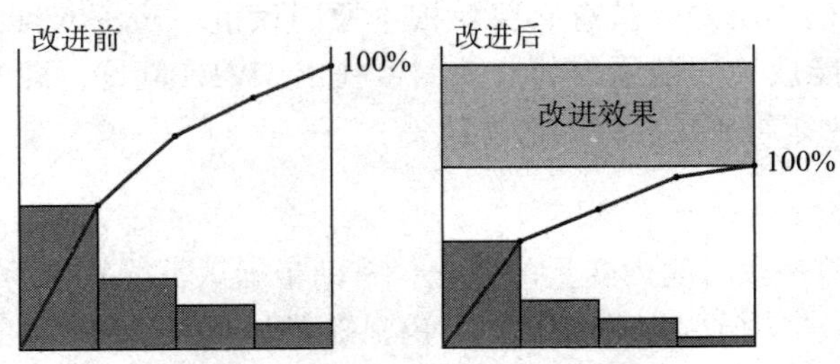

图 8-13 使用帕累托图前后的比较

图 8-14 说明了控制图是如何跟踪对工序相继实施的两个阶段的改进过程的。工序最初处于失控状态。

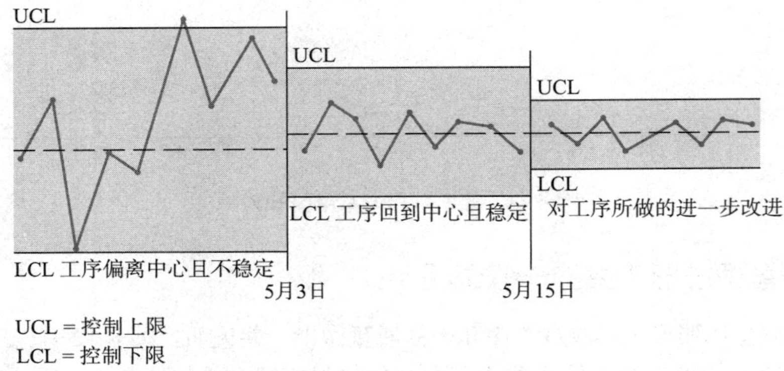

图 8-14 利用控制图跟踪改进情况

8.9.2 改进质量的好主意是如何产生的

为解决质量问题和改进工序可采用头脑风暴法、质量小组和标杆法。下面先从头脑风暴法开始讨论。

1. 头脑风暴法

从**头脑风暴法**中可产生一些好主意。采用这种方法，专家组成员在一个鼓励无拘无束地进行共同思考的宽松环境里，发表他们对问题的看法和见解。目的是希望小组成员就已明确的问题各自发表自己的看法，找到问题的原因、解决方案以及实施解决方案的方式。要使头脑风暴法取得成功，就应避免批评。大家平起平坐、畅所欲言，欢迎提出任何意见。头脑风暴法经过精心组织可以保证每位与会人员的充分参与。

2. 质量小组

公司可通过质量小组引导员工就改进质量发表他们的见解。**质量小组**由一定数量的工人组成。这些人定期聚在一起讨论改进产品和工序质量的方法。质量小组不仅仅是工厂投入生产中的有价值的资源，而且如果处理得当，通过说明工人意见在管理上所具有的重大意义，还能激励工人奋发工作。比起负责持续改进质量的正式组织，质量小组通常组织不甚严密，也不太正式。但是，在有些公司，质量小组已融入质量改进正式组织。也许，质量小组和质量改进正式组织之间的最大区别是后者的权限更大。质量小组的权限一般很有限，只能实施一些小的改革，而质量改进正式组织的权限则很大。因此，后者因额外的授权而具有强大的动力。

3. 标杆法

标杆法是为努力改进质量注入新活力的一种方法。正像表 8-9 所总结的那样，标杆法就是在与同行业或其他行业中最好的公司对比的情况下，衡量自身在满足用户需求方面所作所为的过程。标杆法的目的就是确定可判断自身行为的标准以及确立改进质量的模式。参照所树立的榜样，就可了解其他公司的用户所获得的满足程度。一旦榜样树立起来就要制定目标：通过实施相应的改进措施来达到或超过所树立的榜样。

表 8-9 标杆法

1. 榜样公司在哪些方面做得最好
2. 它们是如何做的
3. 我们目前是如何做的
4. 为赶上最好的公司，我们要做哪些变革

标杆法的实施一般包括以下几个步骤。

- 明确需改进的关键业务（例如，订单登记、分销、售后服务）。
- 确认该项业务做得很好的一家公司，最好能找到最好的公司。
- 与榜样公司取得联系，参观并学习它的经验。
- 分析调查结果，写出调查报告。
- 在你自己的公司实施关键业务的改进。

选择世界上同行业最优秀的公司并对其进行调查研究，可以深入了解竞争对手正在做什么。但是，竞争对手一般不情愿提供有实用价值的信息。一些公司通过主动引导参观学习活动来向参观者提供一些表面信息并避免暴露真实的数据资料。

还可以把世界上其他行业最优秀的公司作为自己的榜样。例如，施乐公司在不同方面树立了不同的榜样：对员工参与，选择了宝洁公司；对质量改进过程，选择了佛罗里达热电公司、丰田公司；对大批量生产线，选择柯达和佳能公司；对收账业务，选择了美国运通公司；在研究和开发方面，选择 AT&T 和惠普公司；对分销业务与 L. L. Bean 和好时食品公司看齐；对生产调度，把 Cummins 工程公司作为榜样。

8.10 运营战略

所有的顾客都关注其消费的产品或服务的质量。仅从这一点看，企业组织有极大的热情来获得并保持高标准的质量水平。此外，质量与生产率呈现正相关，这就更加促进企业获得高质量，以便在现有和潜在的顾客面前保持良好的形象。

最优秀的企业组织把质量看作没有终止的旅程，即它们有一个信念：无论企业做到了多好，仍要致力于持续改进。只有更好，没有最好，不断改进总能带来收益。

要使全面质量管理取得成功，在与质量有关的主要环节中灌输新观念是必需的。否则，就不一定能够发挥科学管理方法的最大效用。所以，重要的是足够重视全面质量管理并确信在实施全面质量管理项目之前，企业内部各方面各环节在认识上高度一致。对管理人员和工人进行管理的概念、工具和程序方面的培训教育也很重要。如果没有进行培训教育，全面质量管理就未必能为公司带来期望利益。

需要注意的是，尽管顾客保持率对企业利润有巨大的影响，但是顾客满意并不总能保证顾客忠诚。相应地，组织可能需要制定顾客保持策略来避免这种情况的发生。

仅仅把质量管理纳入组织的运营管理远远不够，还必须把整个供应链考虑进去。诸如采购的零部件的缺陷问题、过长的提前期以及货物的延迟或未发送均会对提高顾客满意度产生负面影响。所以，必须在整个供应链中加强质量管理工作。

本章小结

本章介绍了用来实现高质量和持续改进质量的工具。质量是整个组织及其供应链所努力追求的最高点。质量始于详细了解顾客需求，然后将其转化成产品或服务必须符合的技术规范。这些技术规范指导产品和服务设计、过程设计、产品的生产和服务的传递以及售后服务。

不良质量所带来的后果包括市场份额的下降、产品质量责任、赔偿、生产率下降以及成本增加。质量成本包括与预防、鉴定和故障相关的成本，质量的决定因素为设计、质量符合设计的程度、便于使用和售后服务。

现代质量管理倾向于预防缺陷而不是事后检查缺陷。目前，公司在改进质量和提高竞争力方面表现出了广泛的兴趣。

本章还介绍了对质量管理做出了杰出贡献的专家，同时概述了ISO 9000、ISO 14000和ISO 24700国际质量标准。

三项不同的质量奖项：鲍德里奇奖、欧洲质量管理基金会卓越奖和戴明奖均是每年颁发一次，用于奖励那些在质量管理上取得巨大成就的公司。

全面质量管理是永无止境、全员参与的质量追求。驱动力量是顾客满意度，关键思想是持续改进。对管理者和员工进行质量概念、工具和程序方面的培训是这种方法的一个重要方面。团队是全面质量管理的一个组成部分。

全面质量管理方法的两个主要内容是：解决质量问题和改进工序质量。六西格玛质量管理项目是全面质量管理的一种形式，强调统计技术和管理科学工具的应用，旨在确保所确定的质量管理项目能够取得预期的效果。

知识要点

1. 价格和质量是在每一次购买行为中要考虑的两个主要因素，所以质量极其重要。
2. 质量管理大师在企业组织如何认识质量及如何达到预期质量水平方面做出了重要贡献。
3. 质量认证和质量大奖是重要的，因为两者为顾客提供了一定程度的质量保证。
4. 解决质量问题以及改进流程的方法很多，可供管理者选择使用。

例　题

扫此二维码，
可浏览例题
及求解过程。

习 题

1. 对下表所给汽车修理店的营业数据，绘制检查表，然后再绘制帕累托图。

任务单编号	任务	任务单编号	任务
1	轮胎	11	制动
2	润滑及加油	12	润滑及加油
3	轮胎	13	蓄电池
4	蓄电池	14	润滑及加油
5	润滑及加油	15	润滑及加油
6	润滑及加油	16	轮胎
7	润滑及加油	17	润滑及加油
8	制动	18	制动
9	润滑及加油	19	轮胎
10	轮胎	20	制动

（续）

任务单编号	任务	任务单编号	任务
21	润滑及加油	26	蓄电池
22	制动	27	润滑及加油
23	变速器	28	蓄电池
24	制动	29	制动
25	润滑及加油	30	轮胎

2. 空调修理部门的经理收集了上周空调主要故障情况，共41起，汇总结果如下表所示。利用这些数据，对故障类型和每种用户类型，分别绘制检查表，然后对每种用户类型绘制帕累托图。

工作单号	故障 / 用户类型	工作单号	故障 / 用户类型	工作单号	故障 / 用户类型
301	F/R	315	F/C	329	O/C
302	O/R	316	O/C	330	N/R
303	N/C	317	W/C	331	N/R
304	N/R	318	N/R	332	W/R
305	W/C	319	O/C	333	O/R
306	N/R	320	F/R	334	O/C
307	F/R	321	F/R	335	N/R
308	N/C	322	O/R	336	W/R
309	W/R	323	F/R	337	O/C
310	N/R	324	N/C	338	O/R
311	N/R	325	F/R	339	F/R
312	F/C	326	O/R	340	N/R
313	N/R	327	W/C	341	O/C
314	W/C	328	O/C		

示例：

N——噪声　　C——商业用户

F——不制冷　　R——居民

W——发热

O——异味

3. 根据下表所给数据绘制有关不合格计算机监视器的趋势图。表中数据是质量分析员从制造监视器的生产过程中取得的。工人们在上午10：15～10：30和下午3：15～3：30有两次工间休息。午餐在正午12：00开始。从趋势图中，你可得出什么结论？

间隔起始时间	不合格品数	间隔起始时间	不合格品数
8:00	1	10:30	1
8:15	0	10:45	0
8:30	0	11:00	0
8:45	1	11:15	0
9:00	0	11:30	1
9:15	1	11:45	3
9:30	1	1:00	1
9:45	2	1:15	0
10:00	3	1:30	0

（续）

间隔起始时间	不合格品数	间隔起始时间	不合格品数
1:45	1	3:30	0
2:00	1	3:45	1
2:15	0	4:00	0
2:30	2	4:15	0
2:45	2	4:30	1
3:00	3	4:45	3

4. 对所给的紧急电话呼叫情况绘制趋势图。采用5分钟时间间隔（即计算每5分钟间隔内接到的呼叫次数，使用间隔0–4，5–9等）。注意，在同一分钟内，可能有两次或更多的呼叫。当夜有两个值班接线员。从所绘制的趋势图中，你可得出什么结论？

呼叫次数	时间	呼叫次数	时间	呼叫次数	时间
1	1:03	6	1:17	11	1:31
2	1:06	7	1:21	12	1:36
3	1:09	8	1:27	13	1:39
4	1:11	9	1:28	14	1:42
5	1:12	10	1:29	15	1:43

（续）

呼叫次数	时间	呼叫次数	时间	呼叫次数	时间
16	1:44	25	2:00	34	2:08
17	1:47	26	2:01	35	2:11
18	1:48	27	2:02	36	2:12
19	1:50	28	2:03	37	2:12
20	1:52	29	2:03	38	2:13
21	1:53	30	2:04	39	2:14
22	1:56	31	2:06	40	2:14
23	1:56	32	2:07	41	2:16
24	2:00	33	2:08	42	2:19

5. 假设一台灯在打开开关后不亮，绘制一个简单的因果分析图分析可能的原因。
6. 绘制因果分析图分析订购的零部件不能如期到达的可能原因。
7. 绘制因果分析图分析为什么一台机器生产了大量废品。
8. 就下面的每组数据，分别绘制一个散布图。然后，以文字形式分析说明各组中两种变量之间存在的明显关系。把第一个变量标在横轴上，把第二个变量标在纵轴上。

年龄	24	30	22	25	33	27	36	58	37	47	54	28	42	55
旷工率	6	5	7	6	4	5	4	1	3	2	2	5	3	1

温度	65	63	72	66	82	58	75	86	77	65	79
差错率	1	2	0	0	3	3	1	5	2	1	3

9. 绘制流程图用来描述为考试而去图书馆复习的过程。流程图应包括以下步骤：在图书馆找到一个座位；检查是否携带了书、纸、应急灯等；走向图书馆；如果所选择的地方已开始变得拥挤就去别的地方。
10. 大学生在选课时会遇到所选课已结课的问题。试利用因果分析图分析这一问题的原因。
11. 县级交通管理部门统计发现近几个月来高速公路的出入口附近所发生的交通事故异常增多，试利用因果分析图分析导致这一问题的原因。
12. 假设你将接受一个药房为你填制处方。对每一个可能的服务质量属性，举出具体例子，并据此判断药房的服务质量。

阅读材料　惠达餐饮服务有限公司的质量文化建设

下午两点半，二层会议室里的气氛紧张到了极点。总经理办公室、采购中心、配销中心、膳食部、品控部的领导悉数到会。这次紧急会议是总经理办公室组织召集的，所有与会者都猜到了这次开会的事由：中午给工程造价沙盘模拟大赛师生的送餐迟到了整整 20 分钟，大赛组织者投诉说，午餐时间的推迟已经影响到了下午比赛的正常进行，他们将保留索赔的权利。

总经理办公室首先通报了团餐配送迟到 20 分钟这一重大质量事故的情况。然后，总经理逐一点名批评了各有关部门的负责人，并翻出一年来的一些老账，如食材采购品种出错、某次演出活动用餐后多个演职人员反映肠胃不适、后厨卫生不达标、搭配的水果有霉变等。

各有关部门的负责人逐一分析了自己应该承担的责任，并提出了以后的预防措施。

会议由总经理做总结发言，他先是抬起头看了一眼墙上那幅醒目的标语，上面是请某书法家书写的 10 个大字：“我们的使命是追求卓越。”然后，他又自言自语：“连续出现重大的质量事故，难道说质量管理在公司顶层设计上出现了什么问题？”最后，总经理要求每个部门 2 天内就本次质量事故向总经理办公室提交一份分析报告，并要求总经理办公室撰写详细的质量分析总结报告，在全公司进行通报。

讨论题

1. 根据你的判断，可能是哪些部门的原因导致团餐配送迟到？可能的原因是什么？
2. 如何定位餐饮公司的使命？
3. 你对惠达餐饮服务有限公司的质量文化建设有哪些建议？

应用案例　鸡汁快餐生产线

生产冷冻午餐的公司运营部经理接到了大量来自超市的对公司鸡汁午餐的不满和抱怨。之后，经理要求他的助手 Ann 调查此事并提交建议报告。

Ann 的第一个任务是判断是什么原因导致了这么多抱怨。调查结果表明，大量的抱怨集中在五个方面：装量不足、漏装配料、撒出 / 混合配料、味道不正以及封装不合适。

接下来，Ann 从两条生产线上抽取午餐样品，并逐个检查，对所发现的缺陷做出记录，结果如下表所示。这些数据是通过对 820 个午餐样本进行检查得到的。那么，Ann 该向经理建议些什么呢？

			发现的缺陷数据				
日期	时间	生产线	装量不足	漏装配料	撒出 / 混料	味道不正	封装不合适
5/12	09:00	1		✓✓	✓	✓✓✓	
5/12	13:30	2			✓✓		✓✓
5/13	10:00	2				✓	✓✓✓
5/13	13:45	1	✓✓		✓✓		
5/13	15:30	2		✓✓	✓✓✓		✓
5/14	08:30	1		✓✓✓		✓✓✓	
5/14	11:00	2	✓		✓		✓✓
5/14	14:00	1			✓		✓
5/15	10:30	1		✓✓✓		✓✓✓✓✓	
5/15	11:45	2			✓		✓✓
5/15	15:00	1	✓		✓		
5/16	08:45	2				✓✓	✓✓
5/16	10:30	1		✓✓✓	✓	✓✓✓	

（续）

			发现的缺陷数据				
日期	时间	生产线	装量不足	漏装配料	撒出 / 混料	味道不正	封装不合适
5/16	14:00	1					
5/16	15:45	2	✓	✓✓✓✓✓	✓	✓	✓✓

讨论题

1. 根据所给出的检查表，绘制相应的帕累托图。
2. 针对所发现的主要质量问题，利用因果分析图分析其背后的原因。
3. 为提升鸡汁快餐生产线质量水平提出一些建议。

第9章 CHAPTER9

质量控制

学习目标

通过本章学习，读者应该能够：

（1）说明质量控制的必要性；

（2）说明检验要解决的基本问题；

（3）列举和简要说明控制生产过程质量的要素；

（4）解释如何把控制图用于检验一个生产过程，并说明应用控制图的一些基本要求；

（5）应用和解释控制图；

（6）利用随机性检验方法来检验工序产品中的非随机性；

（7）评价工序能力。

本章分析质量控制。质量控制的目的是确保生产过程以一种可被接受的方式进行。采用统计方法，可以检验生产过程中的产品，以此来实现质量控制。质量控制就是根据质量标准，对产品质量进行监控，当出现不合格品时，采取措施予以解决。如果产品或服务不能满足需求，就要采取纠正措施。

任何过程都会带来存在随机变异的结果。随机变异是固有的、无法纠正的。但是，如果过程的结果中存在非随机性变异，则是可以纠正的。质量控制工具用于决定在什么情况下采取纠正方案。

引言

主要依靠产品完工后检验的质量保证方法是指抽样验收。在生产过程中努力实行质量控制是指统计过程控制。我们将对此进行研究。

最优秀的公司都强调要把质量设计到生产过程中去，从而极大地降低了进行检验或控制的必要性。正如可预料的那样，不同的公司处于这一演变过程的不同阶段。质量改进工作做得最差的公司主要靠产品质量检验。很多公司处于中间水平，它们实行一些检验和大量的生产过程质量控制。质量改进工作做得最好的公司，其产品维持在一个相当高的质量水平上。它们的产品质量水平非常高，因此可以省去大量的检验和生产过程控制。这是最终目标。图 9-1 说明了质量保证的不同阶段。

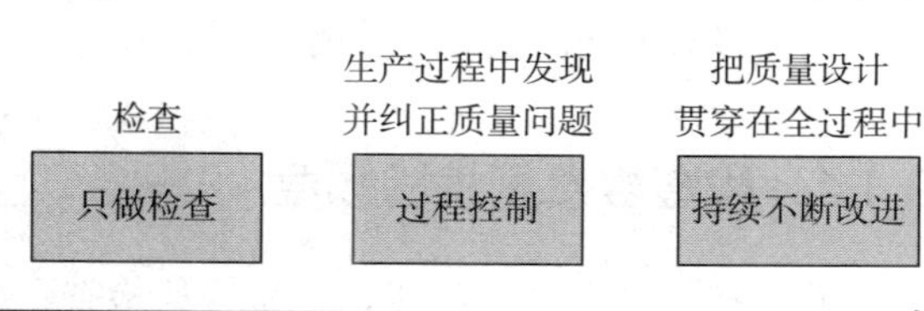

图 9-1　不同阶段的质量保证方法

9.1 检验

检验就是评价产品或服务符合标准的程度。检验是极其重要的，但在质量控制中却经常被忽视。尽管对设计良好的流程不需要太多的检验，但是，检验不能完全省略。而且，随着产品和服务的外包，企业更加重视检验。与一般的组织相比，精益型组织的检验不是重点工作，因为精益型组织特别强调产品和流程的设计质量。此外，在精益运营系统中，工人承担质量控制责任（即质量控制在源头）。但是，很多组织并未实施精益运营模式，所以，检验在这样的组织中就比较重要，对服务运营来说尤其如此。服务质量控制对管理而言始终是一个挑战。

检验产品是否符合质量标准有三个检测点：生产前、生产中和生产后。在生产前检验是否符合标准就是要保证投入的原料符合质量要求；在生产过程中检验产品是否符合标准就是要确保投入产出转换过程以规定的方式进行；在产品完工后检验产品是否符合标准，就是在产品提交用户之前，就其是否符合标准做出最后的确认。

生产前和生产结束后的检验是指抽样验收，在生产过程中的检验是指生产过程控制。图 9-2 概括了抽样验收和生产过程质量控制这两种检验方法分别应用于哪一阶段。

图 9-2　抽样验收和过程控制

我们需要判断一道工序是否处于设想的状态，还要核实装运的原材料和最终的缺陷率是否不超过规定的标准。这些都要求对某些项目实施物理检验以确保其没有质量问题。检验的目的就是要提供有关检验项目符合质量要求程度的信息。涉及的基本问题有：

- 检查数量和检验频度；
- 检查点的确定；
- 是实行集中检验还是实行现场检验；
- 是进行品质测定还是进行变量测试。

例如，考虑在计算机制造过程中对其进行检验。因为检验费用通常很高，所以问题是检验每一台计算机和检验一些样本哪一种更经济。此外，尽管生产过程有很多检测点，但是逐点检验一般不具备成本效率。因而，随之而来的问题是在哪些检测点进行检验。一旦确定了检测点，管理者就必须做出是进行集中检验还是进行现场检验的决定。即把计算机从生产线上取走带到试验室，利用特定的检测设备进行检验，还是在生产不中断的情况下实行在线检验？我们将对上述问题做出分析。

9.1.1 检查数量和检验频度

就检查数量来说，可能是不做任何检查，也可能是频繁地对每件产品进行检查。量大成本低的产品如回形针、瓦楞钉和木制铅笔通常只需进行小量检验，这是因为因漏掉不合格品所造成的损失非常低，生产这些产品的过程通常很可靠以至于废品很少。相反，量小价值高的产品由于漏掉不合格品会导致重大损失，所以常常要求实行大范围的检查。毫无疑问，对人造飞船的每个关键部件都要经过仔细检查，因为这些部件失效不但会导致任务不能完成，造成惊人的损失，还会给人类安全带来极大的危险。在批量大的生产系统中，可选择自动检验。

在实际质量控制中，检查数量介于不做任何检查和全数检查两个极端之间，有时少一些，有时多一些。大多数项目需要检查，但是为了进行质量控制，对一件产品的每个部件或一项服务的每个环节都要做严格的检查，既不可能，也不符合经济性。百分之百检查所发生的费用必然会超过由此所带来的利润。全数检查本身及所采用的检验方法会导致生产过程的中断或延误。值得注意的是，对手工检验来说，即使百分之百的检验也不能保证所有的缺陷产品都能被发现并剔除。厌倦和疲劳是发生误检的主要原因。但是，由于漏检不合格品所造成的损失相当高，所以不能完全忽略检查。检查数量根据检查费用和预期的漏检不合格品所产生的费用来决定。如图 9-3 所示，如果检查数量增加，检查费用就增加，而因漏检不合格品所产生的费用就减少。通常的目标是追求两者费用之和最小。换句话说，着意发现每个不合格品可能是不经济的，尤其是当检查费用超过与漏检不合格品有关的损失时，就应该减少检查数量。目前的看法则是只要减少不合格品，就会降低成本。

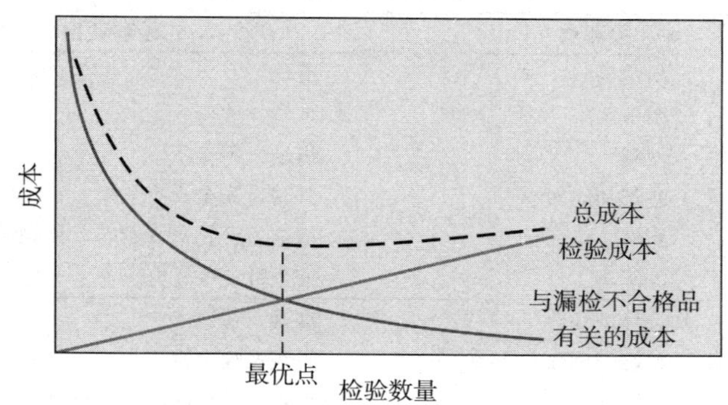

图 9-3　传统的观点：当检验成本和与漏检不合格品有关的成本之和最小时，检验数量最优

与更多地依靠机器操作的生产过程相比，当作业过程中手工操作占有较高比例时，就需要增加检查数量。这是一个基本原则。主要依靠机器操作的生产过程可靠性较高。

检查的频度主要依赖于生产过程处于非控制状态的比例或拟检查批量的大小。对一个稳定的生产过程，就不需要重复地进行检查，而对一个非稳定的或近期有质量问题的生产过程，就要加大检查频度。与一些大批量生产过程相比，对小批量的生产过程需要抽取大量样本，因为必须从每批产品中得到样本数据。对大批量、重复性的作业，在关键控制点采取由计算机自动控制的检查既经济又高效。

9.1.2　检测点的确定

一个操作过程的检测点可能很多。因为每一项检验都会增加产品或服务的成本，所以，重要的是在最容易出现质量问题的地方进行检验。在制造业，典型的检测点如下。

（1）原材料和外购件。花钱购买不能满足标准的物资是不明智的，一开始就花费时间和精力去处理低劣的原材料同样是不明智的。对供应商进行认证可以减少或取消检查。

（2）成品。用户是否满意以及公司的形象如何都要在成品中见分晓。通常情况下，在现场修理或更换产品比在工厂里进行成本要高得多。同时，卖方通常要承担退货运输费用，而买方可能会因为没有得到合格的产品而拒绝付款。设计良好的流程、产品和服务，实现了质量控制在源头，就可以减少对流程和最终产品的监控和检验。

（3）在高附加值操作之前。其含义是不要浪费高水平的劳动力（工资高）和机器设备（折旧费用高）去加工那些已经存在质量问题的产品。

（4）在一道不可逆的工序之前。很多情况下，在某一工艺加工点之前，产品能够被重新加工，一旦超过这一点，就不能再对其进行修复了。例如，陶器在烧制之前可返工，一旦烧结，不合格品只能被丢弃掉或作为次品降价处理。

（5）在一道覆盖性工序之前。油漆、电镀和安装往往掩盖了产品的缺陷。

检验可以用来提高工序的产出。测量产出的一种方法是合格产品的数量与全部产品的数量的比率。在关键点进行检验可以完善工序、降低次品率、提高工序产出、减少或消除需要检验的机会。

在服务领域，检查点是采购的材料和物资的入库点、服务人员服务窗口（例如，服务台）和已完成的服务项目（例如，已修理好的设备、汽车）。表 9-1 说明了一些具体例子。

表 9-1 服务行业质量监测点举例

业务类型	检测点	检验项目或标准
快餐	出纳员	准确
	服务区	外观、效率
	就餐区	清洁、不杂乱
	建筑和地面	外观、安全没有危险
	厨房	清洁、食物富含营养、食物储存、健康条例
	停车场	安全性、采光好
旅馆 / 汽车旅馆	会计 / 开票	准确、快捷
	建筑和地面	外观和安全性
	主服务台	外观、等待时间、票据准确
	服务人员	业务完成情况、效率
	工作人员	外表、待人接物、效率
	预订 / 住宿	过度预订 / 预订不足、住宿率
	饭店	厨房、菜单、膳食、账单
	房间服务	等待时间、食物质量
	供应免费用品	订货、验收、入库
超级市场	出纳员	准确、礼貌、效率
	提货	质量、数量
	商品	新鲜、货物充足
	走廊和仓库	安排不杂乱
	库存控制	库存短缺
	储存架	供应充足、易腐货物的周转
	展示架	外观
	付款检出	等待时间
	购物小车	运行良好、数量充分、偷窃 / 损坏
	停车场	安全、采光好
	工作人员	外表、工作效率
医生办公室	接待员	外表、工作效率
	候诊室	外观、舒适性
	检查室	清洁、温度控制
	医生	整洁、友好、热心、熟练、知识渊博

（续）

业务类型	检测点	检验项目或标准
	医生助手	整洁、友好、热心、熟练
	病历	准确、最新
	账单	准确
	其他	最短等待时间、有充分的时间与医生交流

9.1.3 集中检验还是现场检验

有些情况要进行现场检验。例如，当检查船身的裂缝情况时，就要求检查人员到船上检查。在其他情况下，可在试验室里进行一些特殊试验（例如，药品试验、食物样品分析、金属强度测试、润滑剂、流动黏性测试等）。

在决定进行集中检验还是现场检验时，要对试验室检验的优缺点进行比较。优点是可在试验室里进行特殊检验；缺点是得到结果的时间长，以及在结果出来之前生产可能要中断一段时间。倾向于采用现场检验的人认为，现场检验决策迅速并可避免外来因素的影响（例如，损坏或样品在带到实验室的过程中所发生变化）。相反，独特的设备和优良的测试环境（低噪声、良好的程序、无振动、无粉尘以及训练有素的化验员）使有些人认为采用集中试验室检验更好。

如果问题可追溯，那么就可由操作人员对质量进行自检。这样做的目的是把质量问题控制在源头。

9.2 统计过程控制

质量控制要解决的是生产过程中质量符合设计的程度，即制造出来的产品与设计规定标准的一致性问题。过程控制的基础是在产品特性方面所表现出来的变异。统计过程控制用于测评过程结果以确定过程是否处于控制状态以及是否需要采取纠正措施。

9.2.1 过程变异

所有的过程都会带来结果，而结果总会有一定程度的变异。问题是结果的变异是否在可接受的范围之内。可以通过回答以下有关过程变异的两个基本问题来处理变异问题。

（1）变异是不是随机的？如果存在非随机性变异，就可认为过程是不稳定的，有必要采取纠正措施来改进过程，具体途径是消除非随机性的原因，达到过程的稳定。

（2）对于一个稳定的过程，过程结果的变异是否在给定的范围内，即是否符合质量规范？这就涉及对过程能力的测评，即判定其是否满足标准要求。如果过程能力不够，就需要予以解决。

过程结果所呈现出的固有或内在的变异被称为偶然性或**随机性变异**。这样的变异是由无数微小的原因累积起来所造成的。每一个微小的原因都不重要，即使可以消除，其对过程变异所造成的影响也可以忽略不计。按戴明的说法，这种变异叫作共同性变异。固有变异数量随生产过程的不同而不同。例如，旧机器总是比新机器表现出更多的自然变异，一部分原因是旧机器有磨损的零部件以及新机器考虑了设计改进从而减少了变异的产生。

生产过程中产生的第二种变异叫作**必然性变异**。按戴明的说法，这种变异叫作特殊变异。与自然变异不同，人们一般能够识别并消除产生不可忽视的变异的原因（即一种特殊的原因）。工具的磨损、需调整的设备、不合格的原材料、人的因素（粗心、疲劳、噪声和涣散或没按正确的规程操作等）以及测量设备所出现的问题，都是引起不可忽视的变异的原因。

9.2.2 样本和样本分布

在统计过程控制中，随机抽取过程结果的样本。然后，确定样本均值或某类特征出现次数这样的样本统计量。可通过样本统计量来推断过程变异的随机性。正像过程表现出变异一样，样本统计量也表现出一定的变异。样本统计量的变异性可通过样本分布来描述，理论分布则描述了样本统计量的随机性分布。因多方面因素的影响，最常见的分布是正态分布。

图 9-4a 显示了样本分布和总体分布（即过程变异的分布）。注意，图 9-4 中三个要点：①两个分布具有同样的均值；②样本分布的变异性比总体分布的变异性要小；③样本分布是正态分布，即使生产过程分布不是正态分布，这个结论也是成立的。

对样本均值，中心极限定理指出：不管样品分布的形态如何，随着样本容量的增加，样本均值的分布近似于正态分布。即使在小样本情况下也表现出这种现象。对于其他样本统计量，正态分布则作为实际样本分布的较为近似的表达。

图 9-4b 说明了随着样本容量的变化，样本分布曲线的变化情况。样本容量越大，样本分布的标准差越小。这意味着相比小样本容量，大样本容量情况下样本统计量更接近样品实际值。

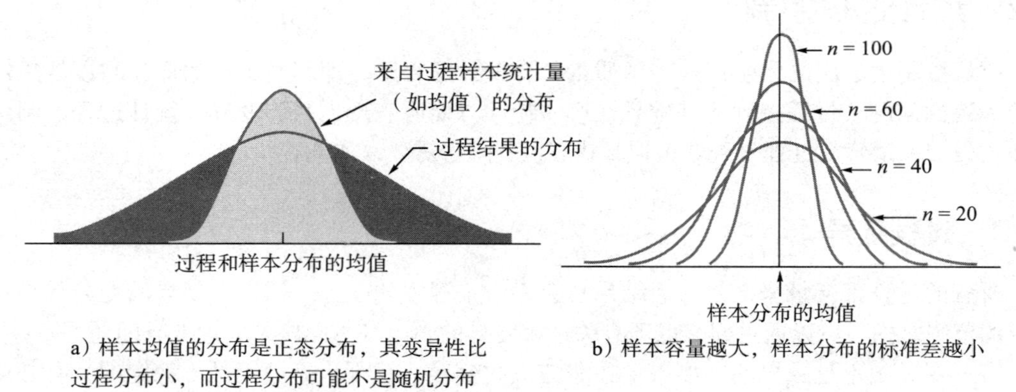

a）样本均值的分布是正态分布，其变异性比过程分布小，而过程分布可能不是随机分布

b）样本容量越大，样本分布的标准差越小

图 9-4

样本分布可用于估计样本统计量的随机值与非随机值的理论偏差。容易理解，控制界限的选择原则是：在变异是随机的情况下，使得绝大部分样本统计量落在控制界限之内。控制界限是根据标准差的一定倍数来确定的。通常采取 ±2 倍或 ±3 倍的标准差作为控制界限。图 9-5 说明了只有随机性变异的情况下，不同控制界限内样本统计量落在控制界限之内的概率。控制界限越大，相应地，样本统计量落在控制界限之外的概率就小。例如，对 ±3 倍标准差控制的概率就是 1−99.74 = 0.002 6，对 ±2 倍标准差控制的概率就是 1−95.44 = 0.045 6。这个结果反映了数据的随机性。相反，不符合这个规律时，就存在非随机性。

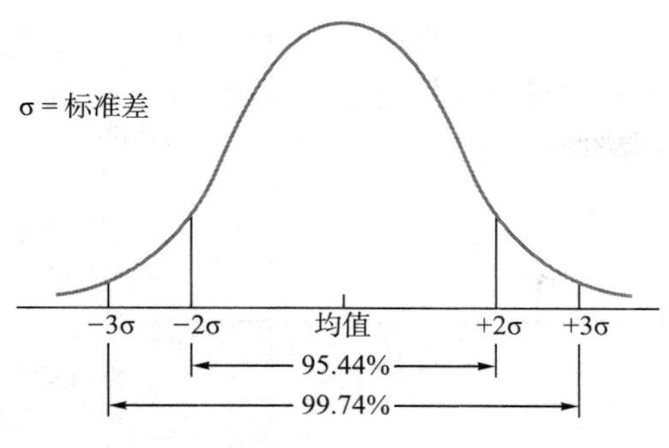

图 9-5　正态分布中给定区间的概率

9.2.3　过程控制

抽样和纠正措施只是过程控制的一部分。有效的控制包含以下几个步骤。

（1）定义。第一步是指详尽地定义要控制的项目。例如，对油漆来说，只是简单地说油漆表面是不充分的。油漆有一些重要特征，如黏稠度、强度和防褪色或防剥落。为了更好地实施控制，对不同的特性要用不同的方法予以说明。

（2）测量。只有那些可计数或可测量的特性，才能作为控制项目（不是把所有可计数或可测量的特性都当作控制项目），因此，重要的是要考虑怎样进行测量。

（3）与标准相比较。总能找到一个用于评价测量结果的标准，该标准与所要达到的质量水平有关。

（4）评价。质量管理的任务之一是明确“失去控制”这一概念。即使是一个功能十分完备的生产过程，其产品也不可能完全与规定标准相一致。理由很简单，任何一个生产过程都存在自然的（随机的）变异。有一些变异，例如一些由人或机器引起的变异是不可避免的。质量控制的主要任务是从随机性变异中把非随机性变异辨别出来。非随机性变异意味着生产过程脱离了统计控制状态。

（5）必要时采取纠正措施。当生产过程被判定脱离了统计控制状态时，必须采取纠正措施。措施包括分析引起非随机性变异的原因（例如，设备的损坏、不正确的方法或没有按规定的程序操作）并消除这些原因以便纠正变异。

（6）评价纠正措施的效果。为保证纠正措施有效，必须对产品观测相当长一段时间以证实质量问题确实得到了解决。

概括地说，过程控制就是通过检验一部分产品或服务，比较结果与预定的标准，评估与标准的偏离程度，必要时采取纠正措施，跟踪调查所采取的纠正措施的效果以确保问题已得到解决。

9.2.4　控制图：过程的状态

统计过程控制的重要工具是**控制图**，这一工具最早由休哈特提出。控制图就是按时间顺序描绘出的样本统计量图形。控制图可用来分辨随机性变异和非随机性变异。控制图包括控制上限和控制下限，称为控制界限。控制界限定义了样本统计量可接受的变异范围。控制图如图 9-6 所示。绘制控制图的目的是监控过程结果以确定其分布是否是随机的。过程被认为是受控的或稳定的必要条件（不是充分条件）是所有的数据点均落在控制界限之内。相反，当数据点落在控制界限之外被认为过程结果是非随机的，因而处于失控状态。当这种情况发生时，就应停止该过程，并采取纠正措施修正非随机性变异。统计过程控制的必要性在于确保过程结果是随机的，而且未来的结果也是随机的。

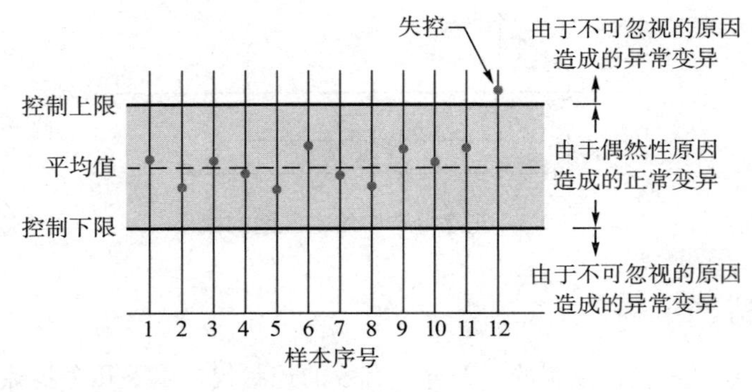

图 9-6 控制图示例

控制图的原理是抽样分布。抽样分布主要用来描述随机性变异。但是，在使用正态抽样分布时，有一个小问题。理论上，分布可以向两个相反的方向扩展至无穷。所以，任何值在理论上都是合理的。当然，偏离分布均值很大距离的值也是合理的。但在实践中我们知道，99.7% 的值将在 ±3 倍分布均值标准差以内。所以，在代表 ±3 个标准差（以均值为标准基准值）的地方画一条线，作为界限。可以推断，在这一界限以外的值都属于非随机性变异。事实上，这些界限就是控制界限，即分布均值的随机性偏差与分布均值的非随机性偏差之间的分界线。

实际上，这些界限就是分界线，即划分偏离分布均值的视为随机分布的范围和偏离分布均值的视为非随机分布的范围的界线。图 9-7 说明了如何根据抽样分布原理来确定控制界限。

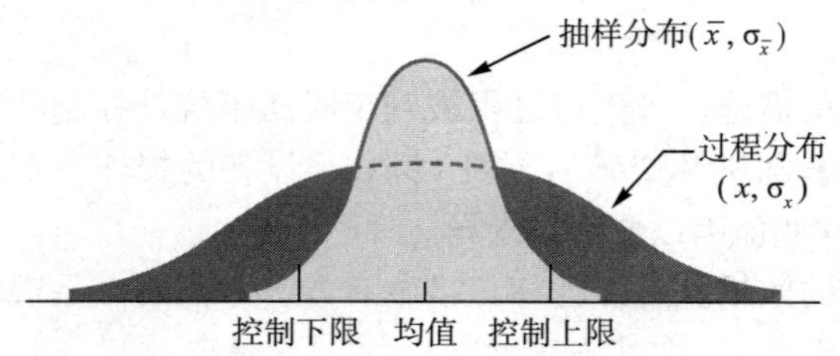

图 9-7 根据抽样分布确定的控制界限

控制图有两个将随机性变异和非随机性变异分开的界限。数值大的是控制上限（UCL），而数值小的是控制下限（LCL）。在这两个控制界限之间的样本统计量是（但并不一定是）随机性变异，而样本统计值位于控制界限以外或在任一条控制界限上说明（但并不一定说明）其是非随机性变异。

重要的是应明白，因为范围再大的界限也会留下一定区域的“尾部”分布，所以，就会出现这样的可能性（虽然很小）：尽管只有随机性变异存在，有些值还是落在了界限以外。例如，如果采用 $\pm 2\sigma$ 标准差作为界限，该界限将包含 95.5% 的数值。因而，互补的那一部分（100%−95.5% = 4.5%）就不包括在内。这一百分比（或可能性）有时指犯**类型 I 错误**的可能性，该错误是当只呈现随机性变异时误认为有非随机性变异存在。类型 I 错误有时被称为生产者的风险，因为它给生产者增加了不必要的负担，生产者不得不寻找一些并不存在的问题。它也被称为阿尔法（α）错误，阿尔法（α）是数值落在两个尾巴区域的可能性之和。图 9-8 解释了这一概念。

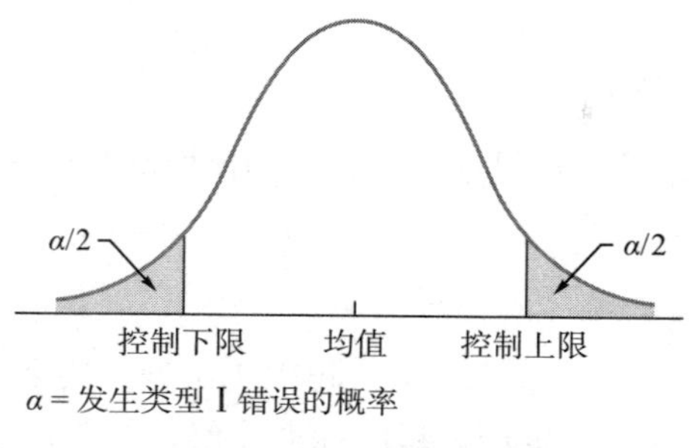

图 9-8 犯第 I 类错误的可能性

采用范围更大的界限（例如 $\pm 3\sigma$ 界限）可减少“尾巴”区域，从而降低犯类型 I 错误的可能性。但是，当界限的范围增大时，难以检验到可能出现的非随机性变异。例如，生产过程的均值可能会变为利用 2σ 界限控制图可以检验到，但利用 3σ 界限控制图却不能检验到。这里的均值变化是一种不可忽略的变异。如果出现这种情况就会导致第二类错误（即所谓的类型 Ⅱ 错误）的发生。这种错误是指当工序脱离控制状态时，却推断过程处在控制状态（即非随机性变异存在但没有表现出来）。类型 Ⅱ 错误有时被称为顾客的风险，因为生产者并没有意识到某些地方出现了问题并且将其传递给了顾客。理论上，对任何一种错误来说其可能性越大，犯这种错误所造成的损失越大。但是，实践中人们根据具体情况来选择 2σ 界限或 3σ 界限，而不偏重使用 3σ 界限以增加犯第二类错误的可能性。

表 9-2 说明了第一类错误与第二类错误是如何发生的。

表 9-2 类型 I 和类型 II 错误

	在控	失控
在控	无错误	类型 I 错误（生产者的风险）
失控	类型 II 错误（顾客的风险）	无错误

在控制图中，每个样本由一个单一值（即样本均值）来代表。此外，把每个值与抽样分布的极限（控制界限）做比较，以判断它是否落在可接受（随机）范围内。图 9-9 说明了这一比较过程。

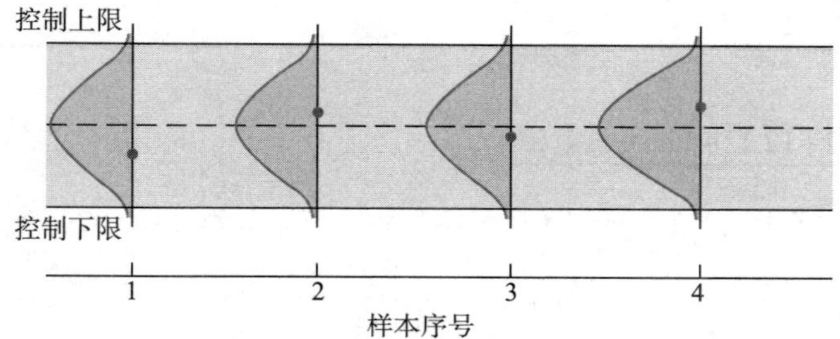

图 9-9 每次观测值与选定的抽样分布界限的对比

一般地，可划分分两大类控制图。第一类是计量特性值控制图，其中又可分为两种。而第二类是计数特性值控制图，也可分为两种。计数特性变量是可计数的（例如，样本中有缺陷产品零部件的个数，每天电话的呼叫次数等）。而计量特性变量是可计量的，通常在一个连续区间内（例如，完成某项任务所需的时间、一个零部件的长度和宽度等）来描述计量特性变量。

下面两小节分别说明两种计量特性值控制图和两种计数特性值控制图。

9.2.5 计量特性值控制图

均值和极差控制图被用来检查计量值的变化。均值控制图检查生产过程的中心变动趋势，而极差控制图检查生产过程的散差。

1. 均值控制图

均值控制图有时叫作$\bar{x}$图，基于正态分布。可以用两种方法来绘制此图，具体采用哪种画法取决于可得到的数据。尽管一个生产过程的标准差值 σ 一般是未知的，但是，如果可以求得它的合理估计值，我们就可利用下面这些公式来计算控制界限

$$\text{控制上限（UCL）} = \bar{\bar{x}} + z\sigma_{\bar{x}}$$
$$\text{控制下限（LCL）} = \bar{\bar{x}} - z\sigma_{\bar{x}} \tag{9-1}$$

式中，$\sigma_{\bar{x}} = \sigma / \sqrt{n}$；$\sigma_{\bar{x}}$是样本均值分布的标准差；$\sigma$ 是过程标准差；n 是样本数；z 是标准正态偏差；$\bar{\bar{x}}$是样本均值的平均值。

从下面的例子可以说明这些公式的应用。

例 9-1 质量检查员对处理某项业务所用时间进行取样分析。共取出 5 组样本，每组 4 个样本观察值。检查员计算了各组样本的平均值，然后求出总平均值。所有的值都以分钟为单位。利用这些已知条件计算未来所需时间的 3σ（即 $z = 3$）控制界限。从以前的经验知道该过程的标准差是 0.02 分钟。

	样本				
观察值	1	2	3	4	5
1	12.11	12.15	12.09	12.12	12.09
2	12.10	12.12	12.09	12.10	12.14
3	12.11	12.10	12.11	12.11	12.13
4	12.08	12.11	12.15	12.15	12.12
均值	12.10	12.12	12.11	12.10	12.12

解：

$$\bar{\bar{x}} = \frac{12.10 + 12.12 + 12.11 + 12.10 + 12.12}{5} = 12.11$$

利用式（9-1）。已知 $z = 3$，$n = 4$（每组样本的观察值）和 $\sigma = 0.02$。我们便得到

$$\text{UCL} = 12.11 + 3\left(\frac{0.22}{\sqrt{4}}\right) = 12.14$$

$$\text{LCL} = 12.11 - 3\left(\frac{0.22}{\sqrt{4}}\right) = 12.08$$

注意，如果读者把这些控制界限用于分析所计算出来的均值，就会判定业务过程处于控制状态之下，因为所有的样本均值都落在了控制界限内。这与某些单个计量值落在控制界限外（例如，第 2 组样本中第一个观察值和第 3 组样本中最后一个观察值）的事实并不矛盾。这

样，参考图9-7，读者就会明白为什么在这种情况下，当全体值由过程分布来代替时，过程分布就有比较大的部分落在控制界限以外。

本题及类似问题可用Excel表来解决。利用这种方法得到的答案如下图所示。

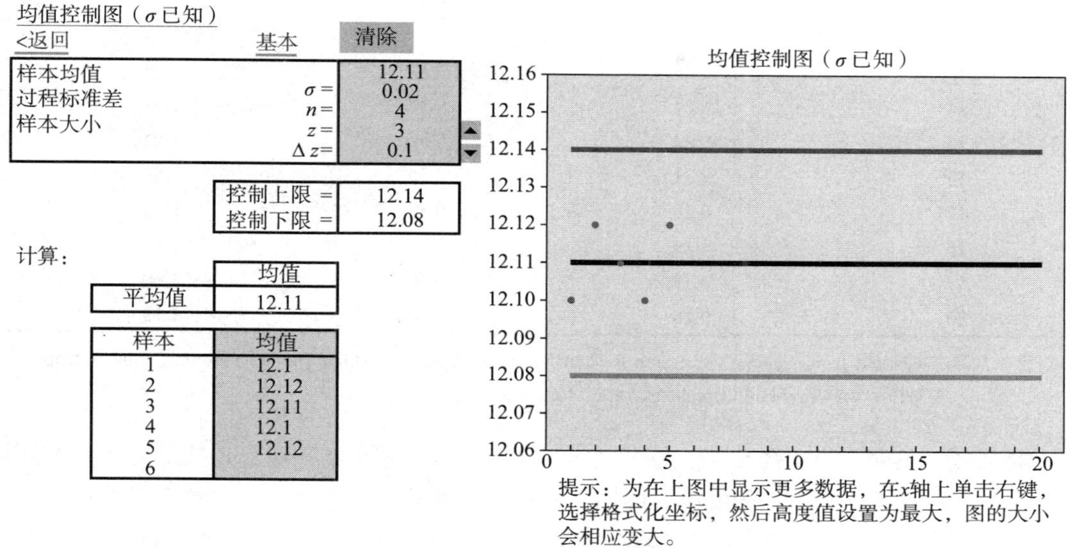

如果观察到有样本点落在控制界限之上或之外，就应该终止过程，调查引起这一结果的原因。可能的原因有操作失误、机器缺乏维修等。如果没有发现错误，这一现象可被认为是偶然性原因造成的，可以重新启动该过程。此时，应该对该过程进行监控，增加样本数据观察是否仍然出现这一现象。如果仍然出现这一现象，就应该进行彻底的调查来发现造成这一问题的原因，进而纠正问题。

如果过程的标准差是未知的，可用第二种方法来确定过程的差异性，即使用样本极差来确定过程的差异性。相应的控制界限计算公式是

$$\begin{aligned} UCL &= \bar{\bar{x}} + A_2\bar{R} \\ LCL &= \bar{\bar{x}} - A_2\bar{R} \end{aligned} \tag{9-2}$$

式中，A_2是如表9-3中的参数；$\bar{R}$是样本极差的平均值。

表9-3 $\bar{x}$和R控制图的3σ控制界限系数表

小组观察值	$\bar{x}$控制图	R控制图的系数	
数目（n）	系数A_2	下控制界限D_3	上控制界限D_4
2	1.88	0	3.27
3	1.02	0	2.57
4	0.73	0	2.28
5	0.58	0	2.11
6	0.48	0	2.00
7	0.42	0.08	1.92
8	0.37	0.14	1.86
9	0.34	0.18	1.82
10	0.31	0.22	1.78

（续）

小组观察值数目（n）	$\bar{x}$控制图系数 A_2	R控制图的系数	
		下控制界限 D_3	上控制界限 D_4
11	0.29	0.26	1.74
12	0.27	0.28	1.72
13	0.25	0.31	1.69
14	0.24	0.33	1.67
15	0.22	0.35	1.65
16	0.21	0.36	1.64
17	0.20	0.38	1.62
18	0.19	0.39	1.61
19	0.19	0.40	1.60
20	0.18	0.41	1.59

资料来源：Adapted from Eugene Grant and Richard Leavenworth，*Statistical Quality Control*，5th ed. Copyright © 1980 McGraw-Hill Companies，Inc. Used with permission.

例 9-2 参考例 9-1 的数据。为了应用式（9-2），需要计算数据的总平均值和样本极差的平均值。在例 9-1 中，总平均值为 12.11。每一个样本的极差是该样本中最大的数据减最小的数据。对第 1 个样本，最大值为 12.11，最小值为 12.08。极差是两者之差，即 12.11−12.08 = 0.03。对样本 2，极差为 12.15−12.10 = 0.05。其他样本的极差可用同样的方法计算得到。极差的平均值为

$\bar{R}$ =（0.03 + 0.05 + 0.06 + 0.04 + 0.05）/ 5 = 0.046

解：

$\bar{\bar{x}}$ = 12.11，$\bar{\bar{R}}$ = 0.046，当 n = 4 时，A_2 = 0.73（查表 9-3）。利用式（9-2），可计算出均值控制图的控制界限

UCL = 12.11 + 0.73（0.046）= 12.14（分钟）

LCL = 12.11 − 0.73（0.046）= 12.08（分钟）

四舍五入以后，结果与例 9-1 相同。多数情况下，用两种方法计算的结果是一样的。

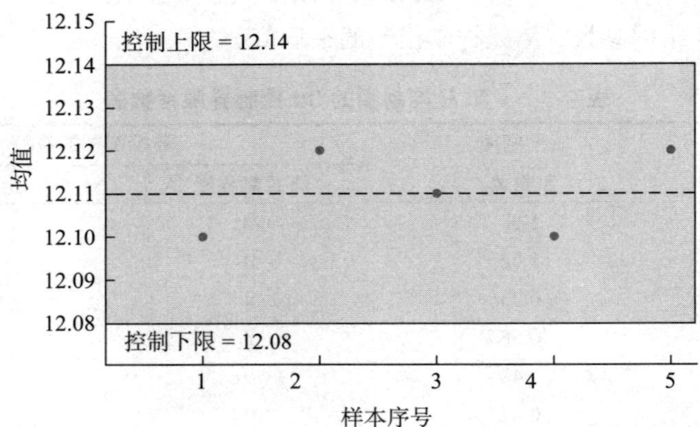

2. 极差控制图

极差控制图（range control chart，R 控制图）可用于检查生产过程的散差。极差控制图对

生产过程的散差所发生的变化非常敏感。尽管基本抽样分布不是正态分布，但极差控制图的应用原理与均值控制图的应用原理相同。应用样本极差平均值并结合下面这些公式即可计算极差控制图的控制界限。

$$\begin{aligned} \mathrm{UCL}_R &= D_4\overline{R} \\ \mathrm{LCL}_R &= D_3\overline{R} \end{aligned} \tag{9-3}$$

式中，D_3 和 D_4 的值可从表 9-3 中查到⊖。

例 9-3　利用在例 9-2 中计算的极差平均值和式（9-3），就可以计算极差控制图的控制界限。

解：

从表 9-3 中查得，当 $n=4$ 时，$D_4=2.28$，$D_3=0$，所以

$$\mathrm{UCL} = 2.28\times(0.046) = 0.105\text{（分钟）}$$

$$\mathrm{LCL} = 0\times(0.046) = 0\text{（分钟）}$$

注意，例 9-2 中的 5 个样本点的极差处于受控状态。

3. 均值控制图和极差控制图的应用

均值控制图和极差控制图对生产过程控制的侧重点不同。我们已经知道，均值控制图对过程均值的偏移敏感，而极差控制图对工序散差的变化敏感。因为侧重点不同，可把这两种控制图用在同一生产过程中。图 9-10 分析说明了如何在同一生产过程中使用不同的控制图。在图 9-10a 中，均值控制图可以发现过程均值的偏移，但是由于散差没有变化，极差控制图未能指出这一问题。相反，在图 9-10b 中，由于均值没有变化，利用极差控制图检查出了过程散差的变化，而利用均值控制图却没能发现这一问题。比起单独使用某一种控制图，联合使用这两种控制图可提供更为全面的信息。即使如此，在某些情况下，只使用一种控制图就足够了。例如，某一生产过程更容易受到过程均值偏移的影响，而散差的变化对其影响较小，那么，就没有必要检查散差。因为制作控制图、收集必要的数据以及分析评价结果会浪费大量的时间和财力，所以只对生产过程中更容易造成质量问题的方面进行检查。

控制图制作完以后，就可用其来判断何时对生产过程实施干预，何时要调查引起差异的必然性原因。为确定最初的控制界限，可以采取以下步骤：

- 取 20 ～ 25 组样本，计算每组样本相应的样本统计量（如均值）。
- 利用公式计算初始控制界限并画图。
- 观察有无数据点落在控制界限以外。
- 在控制图上描点作图，并检验失控的信息。
- 如果没有发现脱离控制的信号，就可判定生产过程处于控制状态。否则，调查并纠正引起变异的必然性原因，然后再返回生产过程中，收集另外一组观测值，据此再计算控制界限。

⊖ 如果工序的标准差已知，那么极差控制图的控制界限可以利用表 9-3 的参数计算得到。

$$\mathrm{LCL}=\frac{3D_3\sigma}{A_2\sqrt{n}},\ \mathrm{UCL}=\frac{3D_4\sigma}{A_2\sqrt{n}}$$

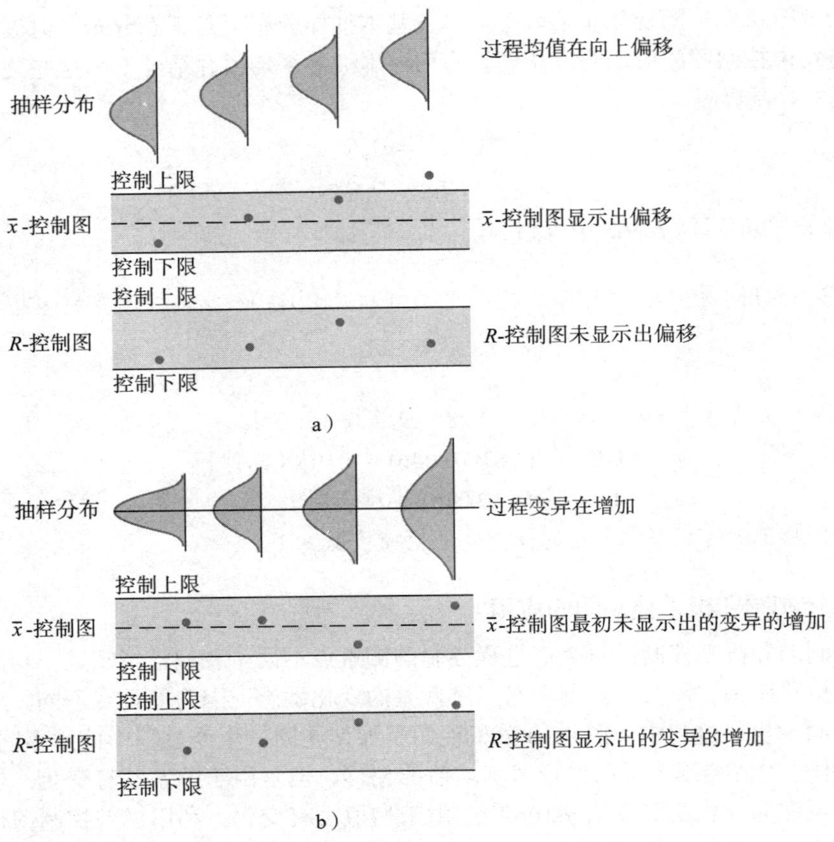

图 9-10　联合使用均值控制图与极差控制图

9.2.6　计数特性值控制图

当过程的特性是可计数而不可计量时，采用计数特性值控制图。例如，在一个样本中，不合格品的个数是可计数的，而每件产品的长度是可计量的。有两种类型的计数特性值控制图：一种用于检测样本中不合格品所占的比例（p 控制图）；另一种用于检测一定计量单位下的缺陷数（c 控制图）。当可以区分数据中的合格品与不合格品时，我们就使用 p 控制图。例如，当检查玻璃瓶的破碎和裂缝情况时，合格的和不合格的玻璃瓶数都能被数出来。但是，人们只能计数给定时间内发生的事故，但不能计数没有发生的事故。同样，人们可以计数光滑表面的划痕，水样品中的细菌，8 月份发生的刑事案件，但是人们却无法计数不存在的事件。在这种情况下，适宜采用 c 控制图。具体参见表 9-4。

表 9-4　选择 p 控制图和 c 控制图的原则

以下提示有助于读者选择适于特殊应用的 p 控制图或 c 控制图	
应用 p 控制图的场合	**应用 c 控制图的场合**
1. 当观测值可被归入非此即彼的特性之一时，例子包括可被归为以下特性的产品（或观测对象）： • 好与坏 • 成功或失败 • 操作或不操作	当每计量单位某事件发生的次数可被计数，而未发生的次数不可计数时。每计量单位发生事件的例子有： • 单位产品划痕、碎裂、凹陷 • 单位距离（例如，米、英里）的断裂、破损 • 单位面积（例如，平方码、平方米）的断裂、破损

（续）

2. 当数据组成了 n 次观测的多样本时（例如，20 个观测值中的 15 个样本）	• 单位体积（例如，加仑、立方码）的细菌、污染物 • 单位时间（例如，小时、天、月、年）的呼叫、抱怨、失败、设备停机或刑事案件

1. p 控制图

p 控制图用于检测在生产过程中产生的不合格品所占的百分数。虽然对大样本事件来说，正态分布可以给出二项分布的近似值，但是 p 控制图的理论依据是二项分布。从概念上说，p 控制图的绘制和应用在很多方面与均值控制图相同。

p 控制图的中心线是总体不合格率的平均数，当 p 已知时，抽样分布的标准差为

$$\sigma_p = \sqrt{\frac{p(1-p)}{n}}$$

利用以下公式可计算控制界限

$$\begin{aligned} \text{UCL}_p &= p + z\sigma_p \\ \text{LCL}_p &= p - z\sigma_p \end{aligned} \tag{9-4}$$

如果 p 未知，可从样本中对其进行估计，然后用估计值 $\bar{p}$ 代替前面公式中的 p，用$\hat{\sigma}_p$代替 σ_p。例 9-4 给出了应用说明。

注意，因为公式是近似公式，所以有时计算出来的 LCL 是负值。在这种情况下，就用 0 来代替下限。

例 9-4 检查人员在 20 个样本中分别统计了电话公司每月账单出现的错误数。利用下面所给条件，绘制能够描述过程中 99.74% 变异变动的控制图。本例中流程处于受控状态，每组样本包含 100 个账单。

样本组序数	不合格品数	样本组序数	不合格品数
1	7	11	8
2	10	12	12
3	12	13	9
4	4	14	10
5	9	15	16
6	11	16	10
7	10	17	8
8	18	18	12
9	13	19	10
10	10	20	21
			220

解：

对应于 99.74% 的 z 值是 3.00

$$\bar{p}_p = \frac{\text{不合格品总数}}{\text{观测值总数}} = \frac{220}{20(100)} = 0.11$$

$$\hat{\sigma}_p = \sqrt{\frac{p(1-p)}{n}} = \sqrt{\frac{0.11(1-0.11)}{100}} = 0.0313$$

控制界限是

$$\text{UCL}_p = p + z\hat{\sigma}_p = 0.11 + 3.00\,(0.03) = 0.203\,9$$
$$\text{LCL}_p = p - z\hat{\sigma}_p = 0.11 - 3.00\,(0.03) = 0.016\,1$$

求出控制界限和样本不合格率，读者会发现最后的数据超出了控制上限。此时，应该检查这些样本点，找到出现问题的原因并纠正所出现的错误。然后，获得新的数据，以此计算新的控制界限。如果没有发现异常，可以认为这些问题是偶然的。沿用新的的控制界限，并对未来的业务进行监控，以保证业务处于受控状态。

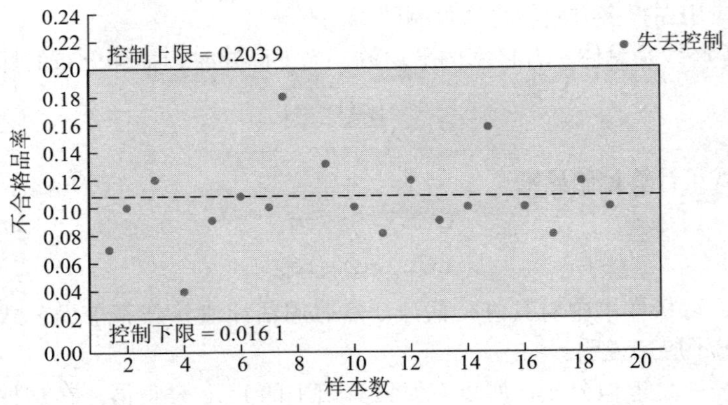

2. *c* 控制图

为控制每计量单位的缺陷数，可使用 ***c* 控制图**。这里涉及的对象可以是汽车辆数、旅馆的房间数、打印纸张数、地毯卷数等。基本的抽样分布是泊松分布。应用泊松分布的前提是缺陷发生在一段连续的区间内，而且在某一特定点的缺陷数超过 1 的可能性几乎为零。每计量单位的缺陷数为 c，而标准差为$\sqrt{c}$。为实用起见，常用正态分布来逼近泊松分布。控制界限是

$$\begin{aligned} \text{UCL}_c &= c + z\sqrt{c} \\ \text{LCL}_c &= c - z\sqrt{c} \end{aligned} \tag{9-5}$$

大多数情况下，c 值未知，此时我们就用样本值$\bar{c}$来代替 c，$\bar{c}$ = 缺陷数 / 样本数。

例 9-5 利用 c 控制图来检查线圈的质量。共检查了 18 卷，每卷线圈的缺陷数记录在下表中。过程是否在受控状态？在控制界限为 3 个标准差的控制图中描出缺陷数。

样本	缺陷数	样本	缺陷数
1	3	10	1
2	2	11	3
3	4	12	4
4	5	13	2
5	1	14	4
6	2	15	2
7	4	16	1
8	1	17	3
9	2	18	1
			45

解：

$\bar{c}=45/18=2.5=$单位线圈上的平均缺陷数

$\text{UCL}_c=c+3\sqrt{\bar{c}}=2.5+3\sqrt{2.5}=7.24$

$\text{LCL}_c=c-3\sqrt{\bar{c}}=2.5-3\sqrt{2.5}=-2.24\rightarrow 0$

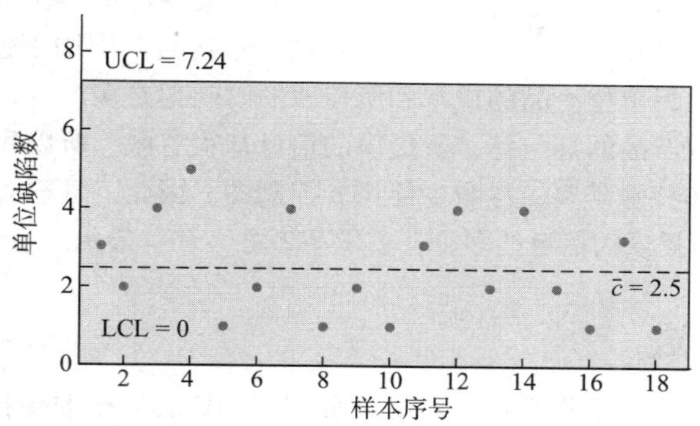

当计算出来的控制下限是负值时，有效的下限值是0。由于利用正态分布去逼近泊松分布，当c接近于零时，正态分布是对称的，而泊松分布不是对称的。所以，有时得出的下限是负值。

注意，如果某一观察值落在p控制图或c控制图的控制下限以下，就要调查引起这一现象的原因。即使从该点可以断定工序产品的质量好于预期的质量水平也要调查原因，因为该图代表的是均值或极差控制图。其结果可能是资源的过度使用，相反的方面则说明了改善质量水平的潜在机会。

9.2.7　从管理角度考虑如何使用控制图

使用控制图增加了为得到合格产品所需的财力和时间。理想情况下，生产过程处于良好的控制状态之下，不需使用任何控制图就可达到预期的质量水平。最优秀的公司经过努力，达到了这一水平。但是很多公司还没有达到这一水平，它们在生产过程中的不同质量控制点应用质量控制图。在应用控制图时，这些公司的管理人员必须做出一些重要的决定：

- 在生产过程中的哪些监测点使用控制图。
- 抽取多大的样本。
- 使用哪种类型的控制图（是计量特性值控制图，还是计数特性值控制图）。

为决定在生产工序的哪些监测点使用控制图，要考虑以下两个因素：① 应在那些已有迹象表明产品已脱离控制的监测点使用控制图；② 对成功地制造产品和提供优质服务至关重要的监测点使用控制图（即监控影响产品或服务特性的变异）。

可从两个方面来说明样本大小的重要性。其一，费用和时间是样本大小的函数。样本越大，检查这些样本的费用就越高（如果进行破坏性检查，产品的损失就更大），而为等待抽样结果导致的生产过程中断的时间就越长。其二，小样本比大样本更能反映出生产过程发生的变化。在大样本中，像样本均值这样的样本统计量是把变化前的观测和变化后的观测联系在一起计算得来的。而在两个小样本之间，第一个样本能够反映观测前发生的变化，而第二个则反映了观测后发生的变化，所以在小样本之间能够更容易观察到发生的变化。

在某些情况下，管理者可以选择使用计量特性值控制图（均值控制图）和计数特性值控制图（*p* 控制图）。如果管理者检测一个驱动杆的直径，那么就可以通过直接测量其直径，然后利用均值控制图来实现控制目的。他还可以引入一个“运转，不运转”这样的判断原则，根据这一原则，无须提供精确的尺寸度量就可简单地判别某一特定的驱动杆是否符合一定的规格。所以，此时也可以使用 *p* 控制图。与在“运转，不运转”原则下使用“是 / 否”检查方法相比，测量所导致的每单位产品的成本和所花费的时间都要多。但是，因为测量可提供更多的信息，而仅仅计数产品的好与坏，所提供的信息却很有限，所以我们往往抽取小样本来制作均值控制图。除非特殊需要，尽量少使用 *p* 控制图。因此，管理者必须权衡抽样所花费的财力和时间与抽样所提供的信息的多少，追求两者之“和”最优。

9.2.8 趋向检验方法

利用控制图检验法可以根据数据点的极端分布来判定其处于非受控状态（例如，数据点的散差超过 3 个标准差）。但是，即使所有的数据点都落在控制界限以内，也不能说明工序处于受控状态。事实上，数据所呈现出的任何分布都可能是一种非随机工序。图 9-11 说明了可能呈现的一些分布。

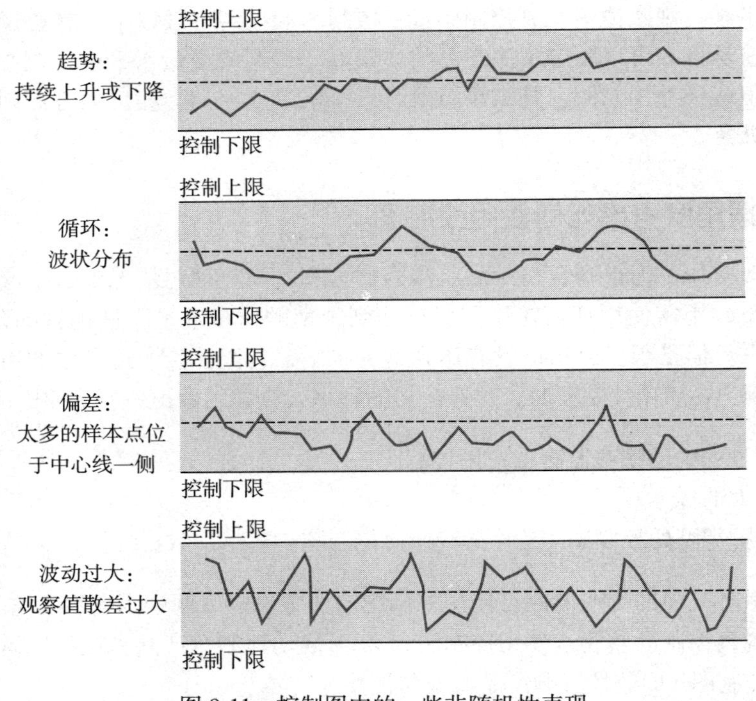

图 9-11　控制图中的一些非随机性表现

分析人员常用趋向检验方法来弥补控制图的不足。**趋向检验**是检验随机性的另一种方法。利用这种方法可使分析人员更好地检验生产过程中出现的异常情况，并对脱离控制状态的生产工序采取纠正措施。有多种趋向检验方法可供选择，本节说明两种应用广泛的方法。

当生产过程是稳定的或处于统计质量控制状态时，其产品将在一段时间里表现出随机性变动。出现了特殊分布（例如，长期趋势变动、循环变动或产生偏差）表明存在必然的或称为非随机性的变异原因。因而，如果产品的某些特性具有上述特殊分布就表明生产过程脱离了统计质量控制状态。因为即使所有的点都位于质量控制图的控制界限以内，上述情况仍有可能发生。所以，最好的办法是用趋向检验方法分析控制图中的数据，以确定能否对特殊分布实行检验。

趋向定义为一些特性的观测值序列，这一序列后面还有一个或更多的与前面特性不同的质量特性值。特性可以是所有能被观测的对象。例如，在序列 AAAB 中有两个趋向：一个包含三个 A 的趋向和紧随其后的只包含一个 B 的趋向。在每个趋向下面画线，有助于计数。在序列 AA BBB A 中，下划线表明有三个趋向。

有两种趋向检验方法：一种涉及检查上升和下降趋向的数目；另一种涉及检查在中间线以上和以下的趋向数目[⊖]。为了计算这些趋向数，把数据转换成以符号 U 和 D 为代表的序列（U 代表上升，D 代表下降）以及以符号 A 和 B 为代表的序列（A 代表在中心值以上，B 代表在中心值以下）。试考虑下面的序列，该序列的中心值为 36.5。前两个值位于中心线以下，接着的两个值位于中心值以上，倒数第二个在中心值以下，而最后一个在中心值以上。这样就有了四个趋向：

25	29	42	40	35	38
B	B	A	A	B	A

从上升和下降的角度看，在同样的数据组中有三个趋向。第二个值与第一个值相比，在上升。第三个值与第二个值相比，也在上升。而第四个值与第三个值相比在下降，等等。

25	29	42	40	35	38
—	U	U	D	D	U

（第一个值既未得到 U，也未得到 D，因为在它之前没有数值）

如果已描出数据点，直接从数据点中可容易地数出趋向的个数，图 9-12 和图 9-13 说明了这一点。

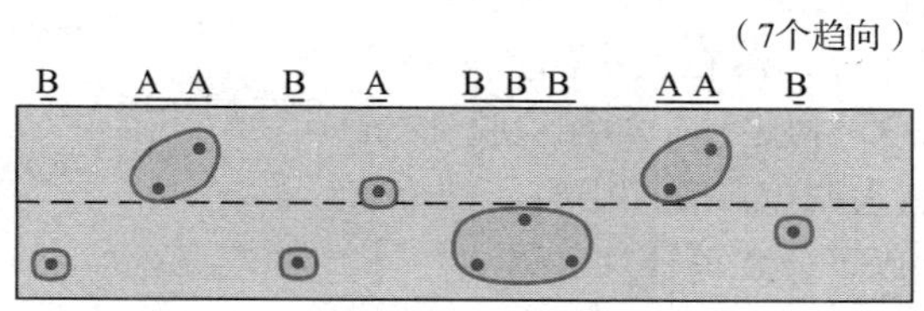

图 9-12 统计在中心线以上 / 下的趋向个数

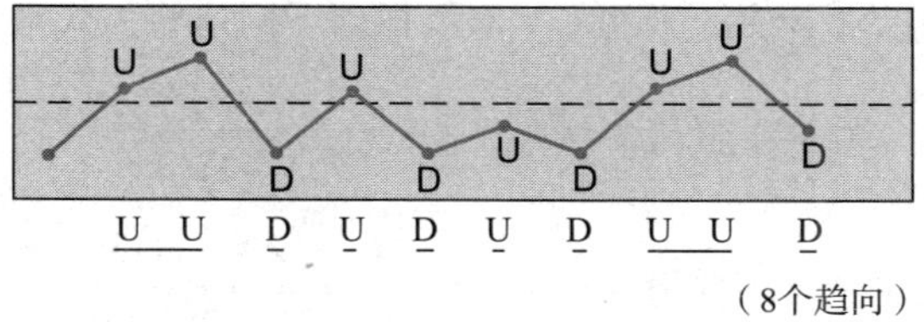

图 9-13 统计上升 / 下降的趋向个数

⊖ 中心值和均值在控制图中近似相等。是否使用中心值取决于计算它的难易程度。如果均值已知，就用均值来代替中间值。

为判断控制图的数据是否有特殊的分布出现，必须把这些数转换成 A 和 B 数据序列或者 U 和 D 数据序列，并计数每种情况下的趋向数目。然后，把这些趋向数目与在一个完全随机序列中预期的数目相比较。对中心值和上升 / 下降两种趋向检验法来说，预期的趋向数是数据序列观测次数的函数，计算公式是

$$E(r)_{中心}=\frac{N}{2+1} \tag{9-6a}$$

$$E(r)_{U/D}=\frac{2N-1}{3} \tag{9-7a}$$

式中，N 是观测次数。

任意一组观测值的实际趋向数将与预期的趋向数有所差异，导致差异的原因在于生产过程中出现了偶然性变异以及特殊分布。偶然性变异可以根据趋向的标准差来计算。公式为

$$\sigma_{中心}=\sqrt{\frac{N-1}{4}} \tag{9-6b}$$

$$\sigma_{U/D}=\sqrt{\frac{16N-29}{90}} \tag{9-7b}$$

为从特殊分布中分辨出偶然性变异，需要采用中心值趋向抽样分布和上升 / 下降趋向抽样分布。这两种分布都近似于正态分布。举例来说，一个呈现正态分布的生产过程，所观察的 99.5% 的趋向数将落在预期趋向数的 2 个标准差范围之内。如果观测到的趋向数都在上述范围之内，就意味着生产过程中没有非随机性分布；相反，当观测到趋向数落在上述界限之外，我们就推断生产过程中有特殊分布。另外，太少或太多的趋向都是非随机性变异的信号。

实践中，计算标准差 z 常常最为简单。根据 z，我们可以判断趋向的观测数与预期数的变异程度。计算出 z 值后，我们将 z 值与 ±2（该范围内数值占总数的 95.5%）或其他的值（例如，落在其中的数值占总数的 95% 的范围为 ±1.96，落在其中的数值占总数的 98% 的范围为 ±2.33）相比较。如果检验到的 z 值超过了相应的界限，就表明生产工序中有特殊分布存在（见图 9-14）。利用以下公式可计算 z 值

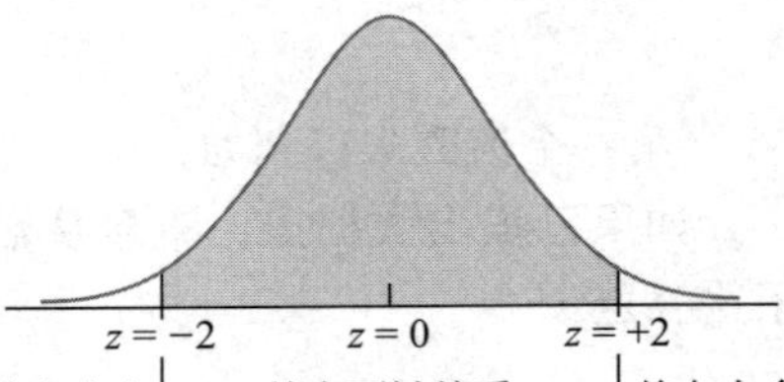

$z=-2$　　$z=0$　　$z=+2$
趋向太少 ← 趋向可被接受 → 趋向太多

图 9-14　利用趋向抽样分布辨别过程分布中的随机性分布

$$z_{检验}=\frac{趋向的检测数-趋向的预期数}{趋向数的标准偏差}$$

对于中心值以及上升 / 下降趋向检验，z 值可根据下面这些公式来计算

$$对中心值趋向检验：z=\frac{r-\left[(N/2)+1\right]}{\sqrt{(N-1)/4}} \tag{9-8}$$

$$对上升/下降趋向检验：z=\frac{r-\left[(2N-1)/3\right]}{\sqrt{(16N-29)/90}} \tag{9-9}$$

式中，N 是观测总数；r 是根据使用的是 A / B 趋向检验还是 U / D 趋向检验，所观测到的相应趋向数。

因为按照不同的趋向标准所能检查到的分布的类型不同，所以，对任意给定的一组观测

值，需要应用两种趋向检测方法。有时两种方法都能检查出一些分布。但是，有时只有一种方法能检查出非随机性分布，另一种却不能。在这种情况下，就意味着数据中有某种非随机性存在。

例 9-6 从生产过程中抽取 20 个均值，如下表所示，分别使用 z=2 的中心值趋向检验和上升 / 下降趋向检验来判断生产过程中是否存在不可忽视的引起变异的原因。假设中心值是 11.0。

解：所有的均值都根据其在中心值以上 / 下以及上升 / 下降做了标记。实线代表趋向。

样本	A/B	均值	U/D	样本	A/B	均值	U/D
1	B	10.0	—	11	B	10.7	D
2	B	10.4	U	12	A	11.3	U
3	B	10.2	D	13	B	10.8	D
4	A	11.5	U	14	A	11.8	U
5	B	10.8	D	15	A	11.2	D
6	A	11.6	U	16	A	11.6	U
7	A	11.1	D	17	A	11.2	D
8	A	11.2	U	18	B	10.6	D
9	B	10.6	D	19	B	10.7	U
10	B	10.9	U	20	A	11.9	U

A/B:10 个趋向　　U/D:17 个趋向

对每一种趋向检验预期的趋向数为

$$E(r)_{中心}=\frac{N}{2}+1=\frac{20}{2}+1=11$$

$$E(r)_{U/D}=\frac{2N-1}{3}=\frac{[2(20)-1]}{3}=13$$

标准差是

$$\sigma_{中心}=\sqrt{\frac{N-1}{4}}=\sqrt{\frac{20-1}{4}}=2.18$$

$$\sigma_{U/D}=\sqrt{\frac{16N-29}{90}}=\sqrt{\frac{16(20)-29}{90}}=1.80$$

$z_{检验}$的值是

$$z_{中心}=\frac{10-11}{2.18}=-0.46$$

$$z_{U/D}=\frac{17-13}{1.80}=+2.22$$

读者可以看到，因为 $-2<z_{中心}<2$，所以中心值趋向检验方法没有检查出任何分布。但是上升 / 下降检验方法检查出了特殊分布，因为它的值超过了 +2，据此，我们可推断数据中有非随机性变异存在。因而生产过程脱离了受控状态。

如果在任一趋向检验方法中出现了均势（例如，有一个值等于中心值或一列数据中有两个值相同）就尽可能大地重新分配 A/B 趋向检验法和 U/D 趋向检验法的 $z_{检验}$值。如果 $z_{检验}$值仍然没有超出 ±2（±1.96 等），就有充分理由确信生产过程中只存在随机性变异。

9.2.9 联合使用控制图与趋向检验方法

从教学目的出发，书中的多数示例、例题、习题是集中对控制图或趋向检验方法的说明。实践中，应该应用一系列数据，把这两种方法结合在一起使用，以便分析过程的结果，具体包括以下三个步骤。

（1）计算过程输出的控制界限。

- 确定应用哪种控制图合适。
- 应用合适的公式计算控制界限。如果概率未知，就取 z=2.0 来计算控制界限。
- 如果样本点没有全部落入控制界限内，过程就是失控的。如果样本点全部落入控制界限内，转向第 2 步。

（2）进行中心值和 U/D 趋向检验。利用 $z=\pm 2.00$ 来比较检验值。如果单一的或两种检验值都没有落在 $z=\pm 2.00$ 的范围之内，结果可能就不是随机的。如果两种检验值都落在 $z=\pm 2.00$ 的范围之内，转向第 3 步。

（3）注意，如果进行到这一步，并不意味着过程结果是非随机的。描绘样本点，观察其分布形态。如果分布形态有规律（如循环），那么过程结果就不是随机的。否则，就可得出结论：结果是随机的，过程处于受控状态。

9.2.10 过程存在非随机性变异时所揭示的问题

当观测数据点超出了控制界限或趋向检验产生了较大的 z 值（例如，z 超出 ± 1.96）时表明过程中存在非随机性变异。此时，管理者应该制订计划调查其原因。有可能是假警报（即类型 I 错误）或者表明过程存在变异。如果是一个假警报，就要重新开始过程并实施监控来进行证实。如果发现了变异，则需要进行纠正。如果是个好结果（例如，低于 p 控制图、c 控制图、极差控制图的控制下限，表明不寻常的高质量），则要在现有的基础上改变过程以取得相似的结果。更为典型的情况是存在需要纠正的问题。训练操作员处理简单的问题，团队处理较为复杂的问题。解决问题需要应用多种工具，这些工具已在第 8 章中描述过，用它们来发现问题的根本原因。一旦发现了原因，就可以做出改变来减少错误重新出现的机会。

9.3 工序能力

一旦工序（即过程，在说明能力时，按流行的说法，通常用工序能力）达到了稳定性，即没有呈现出随机性，就要确定工序是否有能力使其产品达到可接受的规范水平。工序的变异就成了分析的焦点。

可用三个常用的术语来描述工序产品的差异。这些术语相互间差别不大，但侧重点有所不同，所以，读者要能够鉴别这些术语。

规范或公差是根据工程设计或用户需要确定的。公差是指产品某些特性可接受的数值范围，单个产品的量值必须落在这一范围之内。

控制界限是指统计界限，反映了产品某一特性的变化范围。当只有随机性原因时，像均值和极差这样的样本统计量也在这一范围内变化。

工序变异反映了工序的自然或固有（即随机性）的变化，可根据工序标准差来计算。

控制界限和工序变异有直接关系：控制界限是根据样本变异来确定的，而样本变异是工序变异的函数。另外，公差和控制界限或工序变异之间没有直接联系，它们根据一件产品或一项服务来指定，而不是由生产出产品的过程来指定。因而，对于给定的情况，虽然工序在统计质量控制状态之下，其生产出的产品或提供的服务可能符合标准规格，也可能不符合标准规格。这就是我们还要考察分析工序能力的原因。**工序能力**是指工序产品固有的变异，而不是指设计规定标准所允许的变异。下面将分析说明工序能力。

9.3.1 工序能力分析

工序能力分析是指判断工序产品固有变异是否落在可被接受的变异范围之内，这里的变异是指工序产品的设计规定标准。如果工序固有的变异在所规定的标准变异以内，就可以说工序是可被接受的，否则管理者必须决定如何来纠正这一问题。

请读者观察图 9-15 所描述的三种情况。在第一种情况下，工序能力和产品标准非常吻合。所以，几乎所有的产品都能够满足标准。在第二种情况下，工序变异远大于标准所要求的变异，所以实际上 100% 的产品变异都应在公差之内。但是，在第三种情况下，标准比工序能力要求严格，因此，在这种情况下，即使工序能力得到充分发挥，仍会有相当比例的产品不能达到规定标准。换句话说，处于控制状态的工序，仍会产生不合格产品。因而，我们不能盲目下结论：处于控制状态的工序就能生产出满足要求的产品。相反，我们必须检查工序是否有能力满足标准而不仅仅是制作控制图来对其进行检查。实质上，在投产之前，必须保证工序处于控制状态且满足规定标准的要求。“在开始之前，就把烤炉建好。不要等面包烤煳后，再去调整烤炉！”

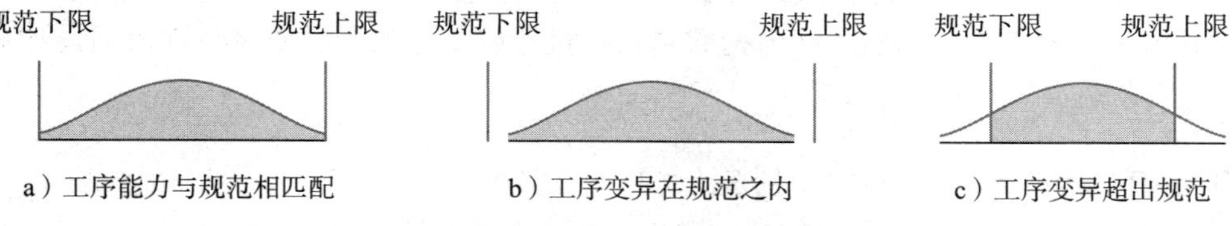

a）工序能力与规范相匹配　　b）工序变异在规范之内　　c）工序变异超出规范

图 9-15　工序能力是否与标准相匹配的三种情况

在图 9-15c 的情况下，管理者可以考虑以下几种可能的解决方案：①重新设计工序以便它能够生产出满足要求的产品；②使用备选工序来生产规定的产品；③保留目前的工序而致力于通过 100% 检查，剔除不合格产品；④检查规定的标准是否必须或在不对用户满意造成负面影响的前提下放宽质量标准。

很明显，在保证工序能力上，工序变异是一个关键因素。工序变异可根据工序标准差来计算。工序能力一般被指定为偏离工序均值的 ±3 个标准差。判断工序是否有能力，就把 ±3 个标准差的值与规定的值相比较。规定标准即为所允许的理想偏差。例如，完成一项服务项目的理想时间是 10 分钟，而可被接受的在这一时间左右变动的变异范围是 ±1 分钟。假设“工序”标准差为 0.5 分钟，因为 ±3 个标准差是 ±1.5 分钟，超过了 ±1 分钟，所以这一“工序”不满足要求。

例 9-7　管理者可以选择三台机器中的任意一台来完成一项加工任务。机器及其标准差在下表中列出。如果标准范围为 10.00 ～ 10.80mm，试判断哪一台机器符合要求。

机器	标准差 /mm
A	0.13
B	0.08
C	0.16

解：计算每台机器的工序幅度（即 6 个标准差），然后把它与公差 ±0.80mm 相比较。

机器	标准差 /mm	机器工序幅度
A	0.13	0.78
B	0.08	0.48
C	0.16	0.96

9.3.2 C_p

为了描述一台机器或一道工序的能力，常采用标准规格（公差幅度）与工序能力的比值，即**能力指数**。这一比值可用如下公式表示

$$\text{工序能力指数 } C_p=\frac{\text{公差幅度}}{\text{工序能力}}=\frac{\text{标准规格上限}-\text{标准规格下限}}{6\sigma} \tag{9-10}$$

对一个被认定为能力充足的工序，其能力指数至少应为 1.00。但是，1.00 也仅仅意味着工序是有能力的。当今趋势是追求至少 1.33 的比率，1.33 留有一定的余地。设想驾驶一辆汽车进入一个门的宽度仅比车宽 1 英寸的车库和进入一个门的宽度比车宽 20 英寸的车库，你就可以理解为什么本书以及许多公司采用 1.33 作为判断工序能力的标准而不采用 1.00。所以，1.33 是判定工序具有能力的标准。

1.00 意味着每百万件产品中大约有 2 700 件产品超过了公差范围，而 1.33 意味着仅有 30 件产品超过了公差范围。当然，能力指数越大，机器或工序的产品质量特性落在设计规范之内的可能性就越高。

例 9-8 计算例 9-7 中所列举机器的工序能力指数。

解：例 9-7 中公差幅度是 0.80mm，因而，为计算每台机器的能力指数，可以用每台机器的工序能力（即 6 个标准差）除 0.80。计算结果如下表所示。

机器	标准差 /mm	机器工序幅度	C_p
A	0.13	0.78	0.80/0.78=1.03
B	0.08	0.48	0.80/0.48=1.67
C	0.16	0.96	0.80/0.96=0.83

我们可以看到，只有机器 B 是能力充足的，因为其能力指数大于 1.33，图 9-15 表现得更为直观。

对能力不够的工序，可以考虑以下几个措施：执行 100% 的检验，以剔除不合格品；改进工序以降低变异；由能力富余的工序加工产品；外包。

摩托罗拉公司以其使用六西格玛标准而著名。六西格玛标准是指它所追求的工序变异指标是如此之小，以至于设计标准就代表了工序的 6 个标准差。这也意味着工序能力指数等于 2.00。采用这一标准就意味着产品不在设计标准范围之内的可能性极小。这可从图 9-16 中得

到说明。

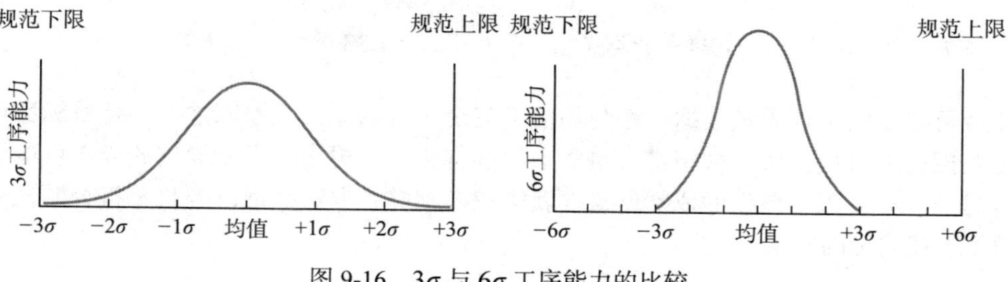

图 9-16 3σ 与 6σ 工序能力的比较

为理解工序能力指数为 2.00 与 1.00 的区别，以美国邮政服务为例说明。如果这一服务系统的能力指数为 1.00，那么每天的误投邮件数为 10 000 件；如果能力指数为 2.00，那么误投数就降到 1 000 件 / 天。

因为在计算能力指数 C_p 时没有考虑工序均值，所以对能力指数进行说明时必须多加小心。除非目标值集中在上下质量规范以内，否则能力指数 C_p 可能会起到误导作用。例如，假设质量公差幅度为 10 ～ 11，而工序的标准差为 0.10。根据计算，可以看出能力指数 C_p 非常理想。

$$\frac{11-10}{6\times(0.10)}=1.67$$

但是，假设工序均值为 12，标准差为 0.10；±3σ 将是 11.70 ～ 12.30，所以任何产品的质量特性值均落在 10 ～ 11 的公差幅度内是不可能的！

存在另外一种情况，目标值与均值不完全一致。在这种情况下，就要利用 C_{pk} 来计算工序能力指数。

9.3.3 C_{pk}

如果质量数据中心与均值不完全一致，那么就要对计算公式进行修正，此时，我们用 C_{pk} 来表示能力指数。具体方法是分别计算上、下界限与规格中心的差（绝对值），然后取其中较小的数值，用 3σ 去除。这样 C_{pk} 就等于下面两式中较小的一个。

$$\frac{\text{规范上限}-\text{均值}}{3\sigma}$$
$$\frac{\text{均值}-\text{规范下限}}{3\sigma} \quad (9\text{-}11)$$

例 9-9 某工序均值为 9.20 克，标准差为 0.30。标准规格下限和上限分别为 7.50 克和 10.50 克，计算 C_{pk}。

解：

1. 计算标准差下限的比率

$$\frac{\text{均值}-\text{标准规格下限}}{3\sigma}=\frac{9.20-7.50}{3(0.30)}=\frac{1.70}{0.90}=1.89$$

2. 计算标准差上限的比率

$$\frac{\text{标准规格上限}-\text{均值}}{3\sigma}=\frac{10.50-9.20}{3(0.30)}=\frac{1.30}{0.90}=1.44$$

比较 1 与 2，较少者为 1.44，此即 C_{pk}。因为 $C_{pk}>1.33$，所以工序能力充足。

读者可能要问出现质量数据中心与均值不完全一致的原因。原因之一不是目标数值而只是一定范围内的可接受数值被指定。事实上，不符合某一规格界限所导致的成本可能会高于不符合另一规格界限而导致的成本。这样就需权衡利弊，方法是乘以各自不符合的概率。这就导致了上述情况的发生。

9.3.4 工序能力的改善

改善工序能力可以通过两个途径来实现：其一是改变工序的质量特性目标值；其二是降低工序中所固有的变异。具体措施包括：简化、标准化、防差错设计、提高设备的精度或采用自动化。相关例子参见表 9-5。

表 9-5 工序能力改善

措施	示例
简化	减少操作步骤、减少所用零件的数量、采用模块化设计
标准化	采用标准部件和标准化的流程
防差错设计	设计只能以正确方式安装部件、进行简单的检验以确保过程的正确性
提高设备的精度	更换陈旧的设备、进行技术改造或更新
采用自动化	手工作业的自动化改造

改善工序能力意味着减少检查次数、降低担保成本、减少服务投诉和提高效率。实现工序控制就意味着控制界限更窄。

9.3.5 田口成本函数

田口玄一是一位日本质量管理专家。他打破传统的有关不良产品的成本观念，提出不良产品的成本损失函数。传统观点认为，只要产品质量特性值在公差范围之内，就没有成本损失。田口玄一认为任何偏离目标值的现象都代表了一定的劣质产品，这种偏差越大，损失就越大。图 9-17 说明了这两种观点。田口损失函数的含义是，降低工序中固有的偏差会减少因劣质产品所造成的损失，进而减少为社会带来的损失。

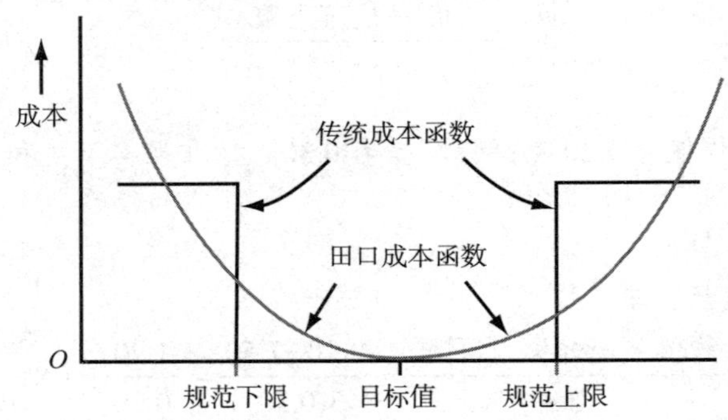

图 9-17 分别从田口成本函数和传统观点看有关劣质产品的成本损失

9.3.6 工序能力指数的局限性

使用工序能力指数会有一些风险，具体包括以下内容。

- 工序可能是不稳定的，在这种情况下使用工序能力指数就丧失了其意义。
- 过程可能不是正态分布，因而根据不合格品率判断产品不可接受就是错误的。
- 在质量数据中心与均值不重合的情况下，使用 C_p 导致了错误的结论。

9.4 运营战略

质量是所有顾客的主要关注点。所以，对所有的企业来说，提供并维持高水平的质量是组织的重要战略之一。质量保证以及产品和服务设计是工序控制过程中相互联系的至关重要的两个方面。组织应当把质量管理工作的重心转移到提高生产产品的工序能力上，而不是通常的靠质量检查或主要使用控制图来得到预期的质量水平。只有这样，才能以更小的代价保证产品质量。作为是否具有非随机性或是否有能力的根源，过程控制是持续改进的机会所在。

本章小结

本章分析说明了检验和统计生产过程控制。检验意味着检查生产过程的产品，以判断它是否可被接受。质量检验要处理的主要问题包括：在生产过程中的哪些观测点进行检验、检验的频度是多大以及是进行现场检验还是在试验中集中检验。

统计过程控制着眼于从生产过程的随机性变异中检验出非随机性变异。两种基本的过程控制工具是控制图和趋向检验。图 9-18 是质量控制的总结。原理和四种控制图——两种用于控制计量特性，另两种用于控制计数特性——以及两类趋向检验方法。在本章最后，我们讨论了工序能力。工序能力分析用于确定工序产品与质量标准的符合性。工序能力分析可为管理人员提供有价值的信息，以便降低成本，避免工序产品不符合质量标准。表 9-6 汇总了本章中介绍的公式。

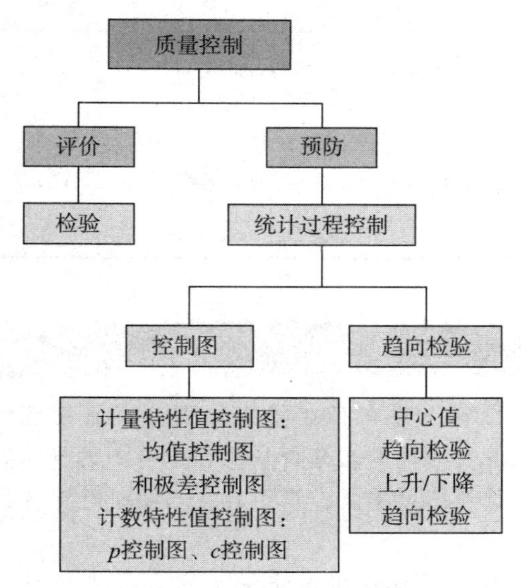

图 9-18 质量控制概述

表 9-6 公式汇总

控制图		
名称	符号	控制界限
均值	$\bar{x}$	$\bar{\bar{x}} \pm z\frac{\sigma}{\sqrt{n}}$ 或 $\bar{\bar{x}} \pm A_2\bar{R}$
极差	R	$UCL = D_4\bar{R}$，$LCL = D_3\bar{R}$

（续）

控制图

名称	符号	控制界限
不合格品率	p	$\bar{p} \pm z\sqrt{\frac{\bar{p}(1-\bar{p})}{n}}$
单位缺陷数	c	$\bar{c} = z\sqrt{\bar{c}}$

趋向检验

名称	趋向数		标准差	z
	观测值	预期值		
中心值	r	$\frac{N}{2}+1$	$\sqrt{\frac{N-1}{4}}$	$\frac{r-\left[\left(\frac{N}{2}\right)+1\right]}{\sqrt{\frac{(N-1)}{4}}}$
上升 / 下降	r	$\frac{2N-1}{3}$	$\sqrt{\frac{16N-29}{90}}$	$\frac{r-\left[\frac{(2N-1)}{3}\right]}{\sqrt{\frac{(16N-29)}{90}}}$

工序能力

名称	符号	公式
μ 与 M 重合时的工序能力指数	C_p	$\frac{\text{公差幅度}}{6\sigma}$
μ 与 M 不重合时的工序能力指数	C_{pk}	$\begin{cases} \frac{\text{均值} - \text{规范下限}}{3\sigma} \\ \frac{\text{规范上限} - \text{均值}}{3\sigma} \end{cases}$

知识要点

1. 所有流程都存在随机性变异。质量控制的目的就是在分析从流程中得到的样本统计量的基础上，识别存在非随机性变异的流程。
2. 控制图与趋向图能用于发现样本统计量中所呈现出的非随机性变异，也可用于绘制样本点，从而给出直观的样本点的分布形式。
3. 如果流程中不存在非随机性分布，该流程就能生产出满足规范要求的产品。

例 题

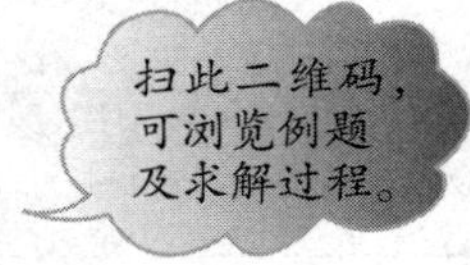

习 题

1. 规定DVD播放器的标准重量为24～25磅。制造某零件工序的均值是24.5磅，标准差是0.2磅。产品的分布是正态分布。
   （1）有多大比例的配件将不能满足重量标准？
   （2）如果采用n=16的抽样方案且工序处于控制状态（随机状态），对该工序而言，95.44%的样本均值将落在哪一个范围内？
2. 一种自动灌装机用于灌装1升瓶装可乐。灌装的饮料近似于正态分布。均值是1.0升，标准差是0.01升。使用观测数为25的样本均值来检验饮料重量。
   （1）计算控制上限和控制下限。当工序处于受控状态时，使所求的控制界限范围大致包含97%的样本均值。
   （2）画出质量控制图，并把以下各点描绘在控制图中：1.005，1.001，0.998，1.002，0.995和0.999。试问工序处于控制状态吗？
3. 使用均值控制图和极差控制图对超市的检出流程进行检验。已抽取了观测数为20的6组样本且已计算出样本的均值和极差，见下表。

样本	均值	极差
1	3.06	0.42
2	3.15	0.50
3	3.11	0.41
4	3.13	0.46
5	3.06	0.46
6	3.09	0.45

   （1）查阅表9-3中的有关系数，计算均值控制图和极差控制图的控制上限和控制下限。
   （2）该流程处于控制状态吗？
4. 计算机升级所需时间为80分钟。已抽取了一批观测数为5的样本，结果如下表所列。查阅表9-3中的有关系数，计算均值控制图和极差控制图的控制上限和控制下限，并判断工序是否处于控制状态。

样本					
1	2	3	4	5	6
79.2	80.5	79.6	78.9	80.5	79.7
78.8	78.7	79.6	79.4	79.6	80.6
80.0	81.0	80.4	79.7	80.4	80.5
78.4	80.4	80.3	79.4	80.8	80.0
81.0	80.1	80.8	80.6	78.8	81.1

5. 每200个观测值作为一个样本。质量检验员发现以下结果。

样本序号	1	2	3	4
不合格品数	4	2	5	9

   （1）计算每个样本的不合格品率。
   （2）如果这一工序实际不合格品率未知，试对其做出估计。
   （3）你对本题中样本不合格率抽样分布的均值和标准差的估计值是多少？
   （4）控制界限范围为多少，这一工序的α风险是0.03？
   （5）在控制界限为0.003和0.047范围内的风险是多少？
   （6）使用控制界限0.003和0.047，试判断工序是否处于控制状态。
   （7）假设工序的长期不合格品率已知，为2%，抽样分布的均值和标准差分别是多少？
   （8）假设不合格品率为2%，使用2σ控制界限，绘制工序质量控制图。此时工序处于控制状态吗？
6. 一家药厂生产治疗运动损伤的药物MRI，当疗效不显著时，就需重复进行药理试验。利用下列样本数据及n=200，采用2σ控制界限，计算控制上限与控制下限，此时工序处于控制状态吗？

	样本												
	1	2	3	4	5	6	7	8	9	10	11	12	13
不合格品数	1	2	2	0	2	1	2	0	2	7	3	2	1

7. 西部小城的邮局每天都接到一些有关邮件投递的抱怨。假设每天抱怨的分布是泊松分布，利用下表中的数据绘制控制界限为 3σ 的质量控制图。投递业务处于控制状态吗？

	样本													
	1	2	3	4	5	6	7	8	9	10	11	12	13	14
不合格品数	4	10	14	8	9	6	5	12	13	7	6	4	2	10

8. 给定下表中的数据，绘制控制界限为 3σ 的质量控制图，用于检验每卷电缆的缺陷数。工序处于控制状态吗？

观测序数	缺陷数	观测数	缺陷数
1	2	8	0
2	3	9	2
3	1	10	1
4	0	11	3
5	1	12	1
6	3	13	2
7	2	14	0

9. 因近来对某一电话公司的经理助理有一些抱怨，该公司就对呼叫业务进行抽样检验，以确定错误的频度。每个样本包括 100 次呼叫，如下表所示。确定 95% 的控制界限。业务是否处于受控状态？给出解释。

样本	不合格品数	样本	不合格品数
1	5	9	5
2	3	10	9
3	5	11	3
4	7	12	4
5	4	13	5
6	6	14	6
7	8	15	6
8	4	16	7

10. 一种金属柄的公差比以往机器制造的金属柄的公差要大得多。因而，决定在更换刀具之前让它产生一些磨损。刀具的磨损速度为每件产品 0.004 厘米。工序的自然变异 $\sigma=0.01$，符合正态分布。公差为 15.0 ～ 15.2cm，n=1。对于 3σ 控制界限，试确定在刀具必须更换之前，工序还能生产多少金属柄（参见下图）？

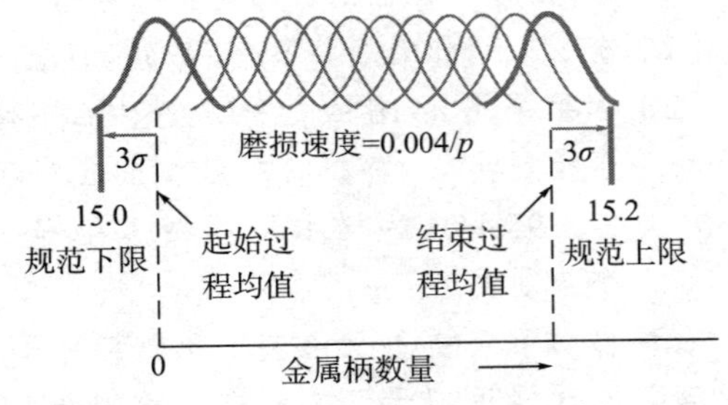

11. 第 4 题中所提到的样本数据的公差是 78 ～ 81 厘米。根据所给数据，判断公差是否符合要求？并估计预期落在公差范围内的产品的百分数。

12. 对一家宾馆的记账情况进行调查。历史数据表明，工序的标准差为 0.146。n=14 的 39 组样本均值如下所示。

样本	均值	样本	均值	样本	均值
1	3.86	14	3.81	27	3.81
2	3.90	15	3.83	28	3.86
3	3.83	16	3.86	29	3.98
4	3.81	17	3.82	30	3.96
5	3.84	18	3.86	31	3.88
6	3.83	19	3.84	32	3.76
7	3.87	20	3.87	33	3.83
8	3.88	21	3.84	34	3.77
9	3.84	22	3.82	35	3.86
10	3.80	23	3.89	36	3.80
11	3.88	24	3.86	37	3.84
12	3.86	25	3.88	38	3.79
13	3.88	26	3.90	39	3.85

（1）绘制控制界限为 3σ 的 $\bar{x}$ 图，工序是否处于控制状态？

（2）利用中心值趋向检验方法和上升 / 下降趋向检验方法分析所给数据，从中能得出什么结论？

13. 就本题所附的每个控制图，利用控制界限为 ±1.96 的中心值趋向控制图和上升 / 下降趋向检验方法来分析所给的数据点。

判断是否存在非随机性变异。假设中心线是一长期中心线。

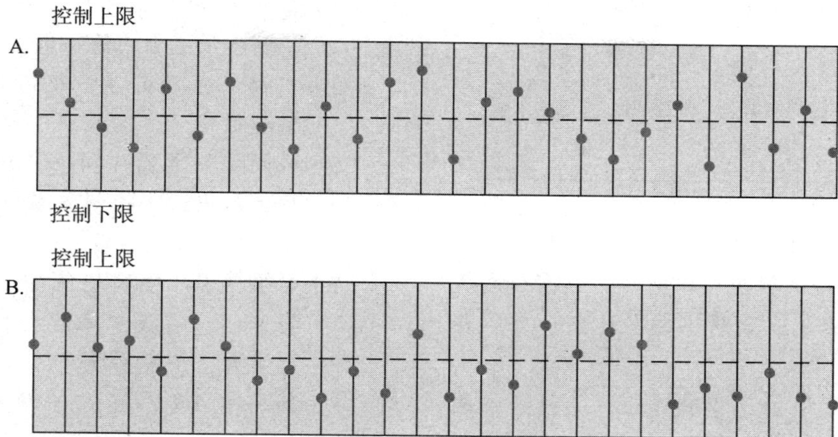

14. 就给定的数据，利用 $z=\pm2$ 的中心值趋向和上升/下降趋向检验方法分析质量问题。

（1）过程结果的趋向检验数据如下表所示，从趋向检验分析中能够得出什么结论？

检验	z 值
中心值	+1.37
上升/下降	+1.05

（2）在控制图上描绘了 20 个均值，分析员计算出 14 个高出/低于中心值的趋向和 8 个上升/下降趋向。就此过程，从中可得出什么结论？

（3）使用习题 8 中的数据。

（4）使用习题 7 中的数据。

15. 使用两种趋向检验方法分析下表所列的每天的担保费支出。假设中心值是 31 美元。

（单位：美元）

天	金额	天	金额	天	金额
1	27.69	8	35.09	15	24.46
2	28.13	9	33.39	16	29.65
3	33.02	10	32.51	17	31.08
4	30.31	11	27.98	18	33.03
5	31.59	12	31.25	19	29.10
6	33.64	13	33.98	20	25.19
7	34.73	14	25.56	21	28.60

天	金额	天	金额	天	金额
22	20.02	35	31.96	48	29.84
23	26.67	36	32.03	49	31.75
24	36.40	37	34.40	50	29.14
25	32.07	38	25.67	51	37.78
26	44.10	39	35.80	52	34.16
27	41.44	40	32.23	53	38.28
28	29.62	41	26.76	54	29.49
29	30.12	42	30.51	55	30.81
30	26.39	43	29.35	56	34.46
31	40.54	44	24.09	57	35.10
32	36.31	45	22.45	58	31.76
33	27.14	46	25.16	59	31.76
34	30.38	47	26.11	60	34.90

16. 某公司刚刚签下了一份合同，合同要求其为另一家公司生产一种零件。在制造这种零件的过程中，随着车床的刀具磨损，后面零件的内径变得越来越小。但是，相对于机器的能力来说，标准较宽。在开始加工零件时，可把零件内径设置得大一些。以便在更换刀具之前，可以让工序持续一段时间。

内径减少的速率为平均每加工一个零件减少 0.001cm，标准差为 0.05cm。变异是近似的正态分布。假定使用 3σ 控制界限，工序公差为 3 ～ 3.5cm，多久需要更换一次工具？

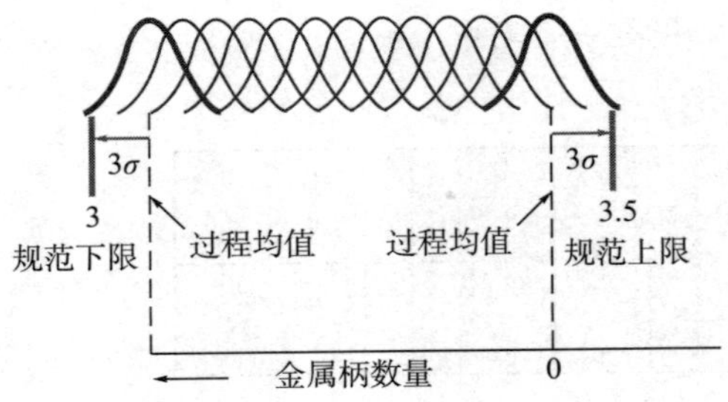

17. 参考例题 2，假设工序公差为 9.65 ～ 10.35 分钟。根据所给数据，判断公差能否得到满足。如果不能，可能会有哪些原因？

18. 某生产工序由三步操作组成。第一步的废品率为 10%，后两步的废品率为 6%。
   （1）如果每天该产品的需求量是 450 个单位，考虑到废品造成的损耗，需投入多少单位才能满足要求？
   （2）如果每步操作的废品率可降低一半，那么通过改进将节约多少产品？
   （3）如果废品所代表的损失为每件废品 10 美元，那么在原来的废品率下，因为废品的产生，每天公司的损失是多少？

19. 参考例 9-5 中的数据，除原来的观测值外，又增加了 2 组观测值。第 1 次发现了 3 件废品，第 2 次发现了 4 件废品。利用所给的 20 组观测值，根据数据进行趋向检验。从中可得出什么结论？

20. 对 20 个随机顾客，一位银行出纳员提供服务的时间如下所示。

样本			
1	2	3	4
4.5	4.6	4.5	4.7
4.2	4.5	4.6	4.6
4.2	4.4	4.4	4.8
4.3	4.7	4.4	4.5
4.3	4.3	4.6	4.9

   （1）计算每个样本的均值。
   （2）如果工序参数（统计量）未知，试估计其均值和标准差。
   （3）估计抽样分布的均值和标准差。
   （4）工序的 3σ 控制界限是多少？在这一控制界限范围内的 α 风险是多少？
   （5）在控制界限 4.14 ～ 4.86 范围内的 α 风险是多少？
   （6）采用控制界限 4.14 ～ 4.86，有样本均值超出这一控制界限吗？如果有，是哪些样本均值？
   （7）参阅表 9-3 绘制均值控制图和极差控制图。有无样本超出控制界限？如果有，是哪些样本？
   （8）解释在（4）和（7）两种情况下，为什么控制界限不同。
   （9）如果工序均值和标准差已知，分别为 4.4 和 0.18，那么均值控制图的 3σ 控制界限是多少？是否有均值超出控制界限，如果有，是哪些均值？

21. 有一生产计算机芯片的工序，其不合格芯片的均值为 0.03，标准差为 0.003，标准规定的变异为 0.03 ～ 0.05 件不合格品。
   （1）试计算工序能力指数。
   （2）工序能力充足吗？

22. 给定几台机器（001 号～ 005 号）、各自的标准差以及工件在各台机器上加工的公差。试判断哪些机器能完成指定的工件加工任务？

机器	标准差 / 克	工件偏差 /± 克
001	0.02	0.05
002	0.04	0.07
003	0.10	0.18
004	0.05	0.15
005	0.01	0.04

23. 假设经理给了你以下有关能够完成某一加工任务的机器信息。经理还要求你提出有关选择机器的建议。公差幅度是 0.48mm。在这种情况下，你可以缩小选择范围，但是，如果没有附加信息，你便不能给经理一个确切的建议，为什么？

机器	单位产品成本 / 美元	标准差 /mm
A	20	0.059
B	12	0.060
C	11	0.063
D	10	0.061

24. 工序H、K、T的质量数据中心值均与均值不重合。计算各自的工序能力指数，并判断工序能力是否充足。

工序	均值	标准差	标准下限	标准上限
H	15.0	0.32	14.1	16.0
K	33.0	1.00	30.0	36.5
T	18.5	0.40	16.5	20.1

25. 某家庭用具制造商想与一维修店签订专营合同，地点选在印第安纳波利斯，维修时间限定在50～90分钟。已有两家公司投标。经测试，两家公司维修时间的均值分别为74分钟和72分钟，标准差分别为4.0分钟和5.1分钟。试问，你选择哪家公司？说明理由。

26. 作为一家保险公司培训计划的一部分，受训者要掌握如何分析客户的保金的支付能力。业务处理时间限定在30～45分钟。对3名参加者的测试结果如下：Armand，均值38分钟，标准差3分钟；Jerry，均值37分钟，标准差2.5分钟；Melissa，均值37.5分钟，标准差1.8分钟。试判断：

（1）哪位参加者能力充足？说明理由。

（2）对一给定参加者，$C_{pk} > C_p$是否成立？说明理由。

27. Good巧克力公司制作各种巧克力糖果，包括12盎司（1盎司约为28.35克）的巧克力棒（340克重）和6联装（170克）盒装巧克力（每个巧克力棒1盎司）。

（1）12盎司的巧克力棒的质量规范为330～350克。如果充填机器的平均值为340克，为达到质量规范要求，充填机器的标准差最大值可以设置为多少？

（2）充填机器充填6盎司巧克力棒的标准差为0.08克，所设定的充填机器平均值为1.01盎司/个，6联装盒装巧克力的质量规范为160～180克。工序能力是否足够？提示：盒装巧克力的质量变异等于6倍的每个巧克力棒的质量变异。

（3）对6联装盒式巧克力而言，在能力充足的条件下，充填机器的平均值最小值可以设置为多少？

28. 以下控制图描述了在22次服务报告中出现的监控错误的平均值。从这些数据中你能得出什么结论？请给出你的理由。

控制上限

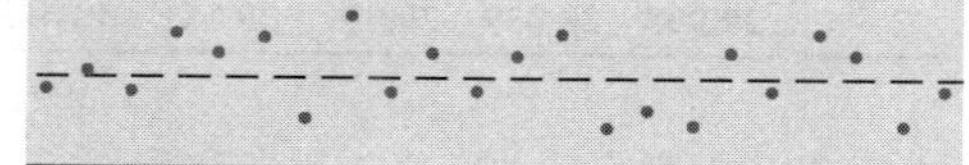

控制下限

29. 利用控制图与趋向检验图组合方法的基本步骤（3步），判定以下观测值所描述的过程是否处于受控状态？

观测序号	1	2	3	4	5	6	7	8	9	10	11	12
错误数	1	0	3	2	0	1	3	2	1	0	2	3

阅读材料　润通管件有限公司将从根本上解决质量问题

润通管件有限公司（简称润通公司）生产一种房屋装饰高档管件。润通公司作为供应商同东方家园签署了一项合同。东方家园是一家大型建材批发零售商，服务定位于北京地区的写字楼和高档住宅区。

近来，润通公司在向东方家园配送这种管件不久后，收到了一些关于内丝公差太大的投诉。这让润通公司有点震惊，正是由于它拥有优质管件生产商的良好信誉，才被选为东方家园的A级供应商。由于拥有训练有素、尽职尽责的优秀员工，润通公司对其制造能力一向很有自信。因近期的投诉，公司总裁王林回忆起两年前曾接到过建筑公司的类似的投诉。当时，公司并未予以足够的重视。

在总经理的建议下，王林聘请了一名质量顾问来帮助查找引起这类质量问题的根本原因。质量顾问以内切螺纹加工为突破口进行调查分析。切割操作的理想指标是 30.000mm，公差是 0.125mm。因此，规范上限是 T_U=30.125 5mm，规范下限是 T_L=29.875mm。顾问建议在近期随机抽取每天生产的 5 个产品，并记录实际尺寸。表 9-7 汇总了采集到的数据。

表 9-7　润通公司某管件统计数据

轮班	样本	观测值（mm）				
		1	2	3	4	5
1	1	29.970	30.017	29.898	29.937	29.992
2	2	29.947	30.013	29.993	29.997	30.079
3	3	30.050	30.031	29.999	29.963	30.045
1	4	30.064	30.061	30.016	30.041	30.006
2	5	29.948	30.009	29.962	29.990	29.979
3	6	29.995	29.989	29.939	29.981	30.017

（续）

轮班	样本	观测值（mm）				
		1	2	3	4	5
1	7	29.946	30.057	29.992	29.973	29.955
2	8	29.981	30.023	29.992	29.992	29.941
3	9	30.043	29.985	30.014	29.986	30.000
1	10	30.013	30.046	30.096	29.975	30.019
2	11	30.043	30.003	30.062	30.025	30.023
3	12	29.994	30.056	30.033	30.011	29.948
1	13	29.995	30.014	30.018	29.966	30.000
2	14	30.018	29.982	30.028	30.029	30.044
3	15	30.018	29.994	29.995	30.029	30.034
1	16	30.025	29.951	30.038	30.009	30.019
2	17	30.048	30.046	29.995	30.053	30.043
3	18	30.030	30.054	29.997	29.993	30.010
1	19	29.991	30.001	30.041	30.036	29.992
2	20	30.022	30.021	30.022	30.008	30.019

讨论题

1. 根据表中的数据，绘制质量控制图，生产过程是否受控？如果过程失控，可能的原因是什么？
2. 润通公司螺纹加工的过程能力如何？该公司如何从根本上解决这类质量问题？

应用案例　虎牌工具

作为 Drillmore 工业总公司的分公司，虎牌工具厂将投入一种新产品。生产部经理 Michelle York 要求她的助手 Jim Peterson 检查工序中用到炉子的能力。Jim 抽取了 18 个随机样本，每个样本有 20 件产品，这些样本的统计量结果如下所示（单位：cm）。在分析这些数据以后，Jim 得出结论：根据 1.14cm 的公差幅度，工序能力不足。

样本	均值	极差
1	45.01	0.85
2	44.99	0.89
3	45.02	0.86
4	45.00	0.91
5	45.04	0.87

（续）

样本	均值	极差
6	44.98	0.90
7	44.91	0.86
8	45.04	0.89
9	45.00	0.85
10	44.97	0.91
11	45.11	0.84
12	44.96	0.87
13	45.00	0.86
14	44.92	0.89
15	45.06	0.87
16	45.94	0.86
17	45.00	0.85
18	45.03	0.88

听到这一消息后，Michelle非常失望。她本希望随着新产品的投入，她的生产能够达到最大能力，并能夺回工具厂失去的一些荣誉。总公司已冻结了超过1 000美元的支出项目。而更换炉子将花费好几万美元，Jim与他的同事一块研究，希望改变安装方法来生产出满足标准的产品。但是，却没有实现任何有意义的改进。

由于仍然不打算轻易放弃，Michelle就与她以前的一位教授取得联系，并向他说明了遇到的问题。这位教授建议抽取另外一组样本，并采取"小观测数多样本组"方案。Michelle与Jim商议，最后取得一致意见，共抽样27组样本，每组包含5个观测值。结果如下表所示。试考虑下列的讨论题，然后给Michelle写一份简要的报告来总结你的结论。

样本	均值	极差	样本	均值	极差
1	44.96	0.42	7	45.04	0.39
2	44.98	0.39	8	45.02	0.42
3	44.96	0.41	9	45.08	0.38
4	44.97	0.37	10	45.12	0.40
5	45.02	0.39	11	45.07	0.41
6	45.03	0.40	12	45.02	0.38

（续）

样本	均值	极差	样本	均值	极差
13	45.01	0.41	21	44.93	0.39
14	44.98	0.40	22	44.96	0.41
15	45.00	0.39	23	44.99	0.40
16	44.95	0.41	24	45.00	0.44
17	44.94	0.43	25	45.03	0.42
18	44.94	0.40	26	45.04	0.38
19	44.87	0.38	27	45.03	0.40
20	44.95	0.41			

讨论题

1. Jim是如何根据第一次抽样检验的结果来判断工序能力不足的（提示：利用 $A_2R \approx 3\frac{\sigma}{\sqrt{n}}$ 来估计工序的标准偏差 σ）？
2. 从第二次抽样中我们得到了从第一组抽样中未能得到的结论吗？这些结论是什么？给出你的理由。
3. 假设问题能够被发现并得到纠正，你认为这将会给工序能力带来什么影响？计算可能的工序能力。
4. 如果小样本能够提供大样本不能提供的某些信息，为什么不在任何情况下都采用小样本方案？

CHAPTER10 第10章

综合计划与主生产计划

学习目标

通过本章学习，读者应该能够：

（1）阐明综合计划的定义，并说明其用途；

（2）识别决策者在制订综合计划时所涉及的变量和为满足不稳定需求所使用的策略；

（3）描述计划者常用的各种图形和数量工具；

（4）制订综合计划并计算成本；

（5）讨论服务业的综合计划；

（6）对综合计划进行分解；

（7）描述主生产计划过程并说明其重要性。

在生产计划的系列中，**综合计划**是一种中期生产能力的计划，典型的综合计划时间跨度约为2～12个月，尽管有些公司甚至会延长到18个月。组织在对季节性或其他波动性因素进行分析的过程中，制定综合计划是一种极其有用的方法。综合计划的目标是制订一个能够满足预期需求且能有效使用组织资源的生产计划。计划者必须对产出率、员工人数及其变化、库存水平及其变化、待发货订单和转包合同等一一制定决策。其在生产产品时是分组分类（即综合）进行生产的，而不是单独生产某种产品。例如，一家生产割草机的公司可能有多种款式的割草机，如推式割草机、自推进式（机动式）割草机、坐骑式割草机。公司将对这三条生产线综合制订生产计划。

分类	型号
推式	2
自推进式	6
坐骑式	3

在空调、燃油、公共事业、警察和火警以及旅游这样的产业和公共服务事业中，需求的季节性变化是很常见的。另外，还有一些需求并不均衡的产业和公共服务事业的例子。一般来说，企业并不能在几个月以前精确地预测顾客在对这些特殊产品或服务需求的数量和时间。尽管如此，为了能够满足需求，它们也必须在几个月以前在一定程度上对自身生产能力需求（如劳动力、库存）和成本进行评估。

有些组织使用术语“销售和运营计划”代替中期综合计划。类似地，**销售和运营计划**可以定义为制定中期的决策以平衡供应与需求，整合财务与运营计划。因为这种计划会影响企业的各种职能，它通常需要的输入要素来自于销售（需求预测）、财务（财务约束）和运营（生产能力约束）。注意，销售和运营计划是重要的计划信息，它将影响到整个供应链，而且供应链伙伴也可能输入有价值的信息。

引言

合理的中期计划

组织在三个层次上制定生产能力决策：长期、中期和短期。长期决策与产品和服务选择（比如，决定向市场推出哪一种产品或提供什么服务）、设施规模和选址、设备决策以及设施布置有关，其实质是定义了对中期计划执行的生产能力限制。如上所述，中期计划与员工数量、产出、库存的一般水平有关，并转而对短期生产能力决策的制定定义了边界。因此，短期决策实质上是在长、中期决策限定的范围内，为达到期望结果而决定最佳的方式，包括对工作、工人、设备和其他方面的进度安排。生产能力决策的这三个层次如表 10-1 所示。长期能力决策在第 4 章已介绍，排程及其相关问题将在第 15 章讨论，本章主要讨论中期生产能力决策。

表 10-1　计划层次概览

长期计划	中期计划	短期计划
长期能力｝5	（本章）	详细计划：
选址规划｝8	一般水平的：	生产批量｝13
设施布置｝6	员工	订货批量｝13
产品设计｝4	产出	机器负荷｝16
工作系统设计｝7	产成品库存	工作分配｝16
	分包	工作排序
	延迟交货	工作进度｝16

许多企业组织在进行企业计划制订的同时覆盖了长期和中期计划的内容。企业计划根据组织战略和政策为组织建立指导方针，为组织的产品或服务预测市场的需求，并为组织创建经济、竞争及政治等方面的有利条件。除此之外，企业计划还有一个关键性目标，即协调诸如营销、运营和财务等各组织职能的中期计划之间的关系。在制造业，关系协调还应包括工艺和物料管理。因此，所有这些职能部门必须共同工作来制订综合计划。综合计划决策是一个策略计划，规定了运营计划制订的框架结构。综合计划决策是生产进度安排和生产控制系统制定的出发点，为财务计划提供信息，涉及对投入要素的预测和需求管理，可能还要求在员工规模方面做出变化。此外，如果企业的竞争是以时间为基础的，那么在综合计划中加入一些柔性也是非常重要的。除此以外，各项计划务必要与企业建立的长期目标和长期战略框架相一致，不超出长期生产能力决策和资金预算决策的限定范围。综合计划用于指导制订更为细致的生产计划，并最终得出主生产计划。计划的制订顺序如图 10-1 所示。

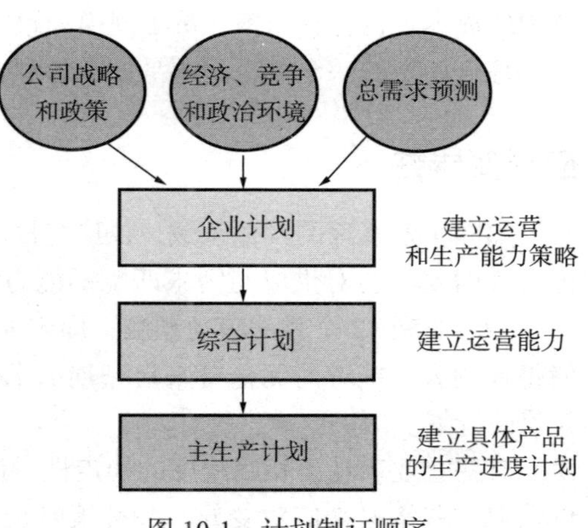

图 10-1　计划制订顺序

综合计划同样可以作为其他决策的重要参考。例如，当提高临时生产能力的方案成本太高时（如加班生产和转包合同等），管理层可能会决定增加过程生产能力。

"综合"的概念

综合计划实质上是将一种具有"宏观视角"的方法用于审视计划。计划人员通常试图避免关注单一的产品或服务，除非组织只有一种主要的产品或服务，否则，他们应关注一组相似的产品或服务，或有些情况下是整条产品线或服务线。例如，一家电视机生产公司的计划人员不会单独考虑 40 英寸、46 英寸或 55 英寸型号电视机的计划，而是将各种型号归到一起，并将它们视为单一产品进行计划，所以称为综合计划。因此，当快餐企业如麦当劳、汉堡王或温迪对雇员规模和产出水平进行计划时，计划人员不会决定他们如何将需求分解为所提供的菜单上的具体食品，而是关注综合需求以及其想提供的综合运营能力。

现在分析一个大型商场如何考虑综合计划。场地的分配通常是一个综合的决策。管理者可能要决定将服装销售区域 20% 的可用场地分给女士运动服装，30% 分给儿童服装等，而不区分将销售什么品牌或儿童服装中有多少是牛仔服等。综合测量指标可能是服装货架场地的平方米数等。

为达到制订综合计划的目的，根据每个时期的人工小时数、机器小时数或产出率（每期的装桶数、每期的单位产量）衡量生产能力往往更为便利，这样就不必过多考虑实际投入了多少特定项目。这种方法使计划人员能够自由地运用现有资源制定总体决策，而不必陷入个别产品或服务需求所造成的复杂问题中。产品分组使得获取可接受的总量变得更容易，因为产品分组也能够使其以总量方式进行测量。

组织为什么需要制订综合计划呢？答案有两部分。其中一部分是关于计划的，执行计划需要时间。比如，如果计划要求扩大生产设施规模或聘用（以及培训）新工人，就需要花费时间。第二部分是策略性的，"综合"很重要，因为对个别产品需求的时间和数量进行任何准确的预测都不大可能。因此，如果哪一家组织想要"锁定"在个别产品上，它就不能对市场变化做出灵活的反应。

一般来说，综合计划要与预算过程相联结。大多数组织的财务需求计划通常是以部门为基础的。

最后，综合计划很重要，因为它有助于整个供应链流动的同步性。综合计划会影响供应链中的成本、设备利用率、员工规模和顾客满意度等。

综合计划的一个关键问题是如何管理变异性。

应对变异性

如同企业管理的其他领域，供应与需求都会存在变异性。较小的变异通常不会带来问题，但是大的变异会对供应与需求匹配的能力产生重要影响，因此必须认真应对。大多数企业采用 3、6、9 和 12 个月的滚动预测，即定期更新的预测，而不是只依赖于为期一年的预测。这使得计划人员能够对无论是来自预期需求还是预期供应的任何变化都给予认真的考虑，并制订修改计划。

有些企业表现出相当程度的稳定性，而对另一些企业而言变异则是常态。在这种情况下，可采取一些策略来应对变异。一种策略是保持一定的超额运营能力以应对需求的增长。在丧失收益的机会损失大大超过保持超额运营能力的成本等情况下，这一策略是有意义的。另一种策略是保持一定程度的柔性以应对变化，这可能涉及雇用临时工或需要时采用加班加点。对于有季节性需求的企业来说这是一种典型的做法。在第 3 章中所提到的一些有关设计的策略，如延迟差异和模块化设计等也是可能的选择。还有一种策略是尽可能等到具有特定的供应能力时再交货。这可能涉及事先已经知道需求的产品或服务，其生产进度计划允许一定的时间延长；缩短时间长度；降低其他产品或服务需求的不确定性。

综合计划概述

综合计划始于对中期总需求的预测，随后则是为满足需求而制定产出、员工和成品库存水平的全面计划。管理者会考虑许多计划，对每一个计划都要用可行性和成本来检验。如果一个计划已相当好但还有些小问题，也许就得返工。相反，不好的计划则会被抛弃，管理者会转而考虑其他方案，直到找到一种可行的方案。生产计划实际上就是综合计划的产出。

综合计划每隔一段时间就要更新一次，通常是每个月更新一次，计划的更新要考虑预测的更新和其他变化。这就形成了滚动计划间隔期（即综合计划通常包括未来 12 ～ 18 个月的时间）。

（1）需求与供应。综合计划与预期需求的数量和时间有关。如果计划期间的预期需求总量和同一期间的可利用生产能力差别很大，计划人员的主要工作内容就是改变生产能力或需求，或同时改变二者，以尽力达到匹配。另一方面，即使生产能力和需求在整个计划执行期间内基本相等，计划人员仍然可能面临应对计划期间非均匀需求的问题。预期需求有时会超过有时会达不到计划生产能力，另外还有一些时期二者相等。综合计划制定者的任务是使整个计划期间内的需求和生产能力达到大致的匹配。另外，虽然成本不是唯一的考虑因素，但计划人员还要使生产计划的成本最小化。

（2）综合计划的投入。有效的综合计划要求许多重要的信息。首先，计划者必须要弄清楚计划期间的可利用资源；其次，需求的预测必须是有效的；最后，计划人员务必要重视有关雇员规模改变的政策法规（比如，有些企业的员工把临时解雇视为严重伤害，他们会以相关法规作为最后的保护手段）。

综合计划的主要投入如表 10-2 所示。

表 10-2　综合计划投入产出列表

投入	产出	投入	产出
资源	计划总成本	延迟交货	
劳动力 / 生产率	计划库存水平	成本	
设备设施	产成品	库存持有成本	
需求预测	聘用	待发货订单	
劳动力变化的政策状况报告	转包合同	聘用 / 解雇	
转包合同	延迟交货	加班	
加班		库存变化	
库存水平 / 变化		转包合同	

旅游行业和一些其他行业中的公司经常面临顾客发来的重复预订，但最后顾客只确认一个订单，这使得生产能力计划变得更加困难。

综合计划与供应链

在制订综合计划时，应该将供应链的能力考虑进去，以保证没有质量或交货时间问题需要解决。特别是对新的或改进的产品或服务来说尤为如此，甚至对没有变化的产品或服务计划也是如此。供应链伙伴在计划阶段应该提供咨询，以使任何问题和建议都能够得到关注，而且计划最终确定后应该通知这些伙伴。

需求和生产能力选择

综合计划策略是关于需求、能力或者二者关系的策略。需求策略是改变需求以与能力相匹配；能力策略是改变能力以与需求相匹配；混合策略包含了这两种方法。

1. 需求选项

需求选项包括定价、促销、延迟交货、开发新的需求。

（1）定价。在产品需求从高峰期转向非高峰期时，差别定价极为常见。例如，一些饭店为周末旅客提供较低的客房报价，而有的航空公司则向夜间旅行的乘客提供低价服务，电影院的日场票价通常也较低。有些餐馆实行“早来的鸟吃独食”措施，把就餐高峰期的需求稍稍提前一点儿，这样一来，最高峰时间的客流压力就会减小。还有些餐馆提供低于全价的半份饭，大部分餐馆都为儿童准备了较少的分量和较低的价格。虽然机会成本的形成代表特定期间内的生产能力不足以满足需求带来的利润损失，但从某种程度上来说，定价选项是有效的，需求被转移了，使得它与生产能力更加接近。

在此需要注意的一个重要因素是产品或服务的价格弹性大小。弹性越大，定价策略对需求状况的影响越有效。

（2）促销。广告和其他形式的促销，如展览和直销等，有时可能会对需求的改变产生非常有效的影响，因此也就会使需求和生产能力更为一致。显然，为了达到预期效果，需要对这些方法的时机选择以及对回应率和回应形态等方面的知识有所了解。与定价策略不同，这种方法对适时需求的控制能力较弱，同时还要冒促销可能恶化原本打算改善的市场条件的风险。如果在错误的时间增加需求，将会进一步带来生产能力的压力。

（3）延迟交货。通过待发货订单，组织能够把需求转移到其他时期。也就是说，订单在某一时期取得，并许诺将在以后的某个时期交货。这种方法能否成功依赖于顾客对等待产品的意愿程度。另外，与待发货订单相关的成本难以计量，因为这会涉及到销售损失，与烦躁或失望的顾客沟通，额外的文书工作等。

（4）新需求。在一些需求分布极其不均匀的时期，许多企业都面临着必须要为高峰需求提供产品或服务的问题。例如，在每天清晨和下午晚些时候的高峰期，公共交通需求都比平时高，而在其他时间，此类需求却相对少得多。在其他时间为公共交通创造新需求（比如，学校、俱乐部、老年人团体的短途线路），将可以较为充分地利用在这段时间里闲置的生产能力。同样，许多快餐厅经营早餐也能够更为充分地利用它们的生产能力，有些北方的景观美化公司则利用其设备在冬季除雪。而需求季节性变化、生产某些特定产品（如吹雪机）的制造业企业，可以利用同样的生产过程，适时开发互补性产品（如割草机、花园专用设备等）的需求。这样，就能更加平稳地利用其人力、设备和设施等。另一种选择是可以将生产能力“出租”给其他企业。

2. 供应选项

供应选项包括聘用或解聘工人、加班或松弛时间、兼职或临时工人、库存以及分包合同。

（1）聘用和解聘工人。如果企业运营的类型是劳动密集型，需要确定员工规模的改变对运营能力的影响程度。每名工人的资源需求也是一个重要的因素。比如，如果一家超级市场有 14 个收款台，通常只运行 10 个，可能还需要另外增加 4 名收银员。因此，在有些情况下，能否增加工人可能受到所增加工人是否需要其他资源支持的限制。相反，为维持变动的作业的要求，可能需要保持一个最低规模的工人人数（如骨干队伍）。

工会协议会对公司聘用和解聘的员工数量有所限制。另外，由于解雇给工人带来的问题可能非常严重，有的企业明文规定禁止或限制向下调整劳动力规模。另一方面，聘用的假设前提是劳动力供应充足。因此，随着时间的推移，情况会有所不同。在供给不足时，采用这种方法的企业的生产能力会受到冲击。

另一个要考虑的因素是工人的技术水平。与低技能工人相比，高技能工人更难找到，而且雇用他们也需要更高的成本。因此，这一点的有效性受到对高技能工人需求的限制。

聘用和解聘都会带来一定的成本。聘用成本包括招聘、筛选和培训，如此方能把新工人“带上道”，同时弥补由于质量问题所造成的损失。如果新近被解雇的工人重新上岗，可以节约一定的成本。解雇成本包括违约费、整合其余员工的费用、公司中遭遇过解雇的那部分工人的潜在的恶劣情绪，以及留下的工人的士气损失（比如，尽管公司做了保证，有的工人还是担心总有一天他们也会被解雇）。

越来越多的企业把工人看作资产而不是可变成本，不再考虑使用这种方法了。它们开始出于其他方面的考虑使用松弛时间法。

（2）加班 / 松弛时间。与聘用和解聘工人相比，利用加班或松弛时间方法改变生产能力显得没有那么苛刻，而且它既可以运用于公司全体成员，也可以根据需要有选择地运用于部分员工。此外，这种方法的执行也比聘用和解聘快得多，它允许公司维持一个稳定的员工数量。在应对季节性高峰期需求时，使用加班工作方法具有格外的吸引力，因为这样一来既不必聘用和培训新员工，也不必在淡季到来时解雇他们。加班工作不但为公司维持熟练工人，还为员工增加收入。而且，在通常情况下，从全体工作人员的角度来看，使用一套完整的工作人员班子比聘用一两个额外工作人员更为必要。因此，让整个工作班子加班比聘用额外工作人员更为可取。

值得注意的是，有的工会协议允许工人拒绝加班。在这种情况下，就很难号召全体工作人员超时工作，或者让整条生产线在正常工作时间之外继续运行。尽管工人一般都喜欢获得加班工作带来的额外收入，但他们也许不会对不得不临时加班或由此带来的收入波动心存感激。还有一点需要考虑，就是超时工作往往会导致低下的劳动生产率、低劣的质量、更多的意外事故以及增长的应付工资成本等，而空闲时间往往会导致机器和其他固定资产的使用效率降低。

当需求小于生产能力时，松弛时间的使用将是一项重要的考虑事由。有些企业利用这段时间对工人进行培训，使得工人有时间组织解决问题小组活动和流程改进，在这个过程中使得技术工人得到再培训。

（3）兼职工人。在一些特定的场合，聘用兼职工人是一项可行的选择方案——主要取决于工作性质、培训和技术要求，以及工会协定等。需要中等以下工作技能的季节性工作可以聘用兼职工人，在计时工资和额外福利方面他们一般都比正式职工成本低廉。然而，工会却不太喜欢这类员工，因为他们不向工会交会费，而且还可能减弱工会的势力。百货公司、餐馆和超级市场都可以使用兼职工人，公园和娱乐场所、度假胜地、旅行社、旅馆和其他具有季节性需求的服务性企业也可以使用他们。为了赢得市场获取成功，这些企业必须在需要的时候雇用兼职员工。

一些公司使用签约工人（也称为独立签约人）来满足特定的需求。尽管不是正式员工，但是他们常常和正式员工一起工作。除了不同的工资水平和没有福利外，同正式员工相比，签约工人可以更容易加入雇员中或从中去除，这也给公司在调整雇员规模方面带来更大的灵活性。

（4）库存。产成品库存能够使工厂在某一时期生产，而在另一个时期售出或运出产品，尽管这样会使工厂把产品当作库存持有和运输，直到市场有需要。这种方法的成本不仅包括持有成本和占用资金的投资成本，还包括保险费、过时、变质、磨损、损坏成本等。事实上，当产品的生产能力超过需求时库存增加，需求超过生产能力时库存减少。

这种方法在制造业比在服务业更为有用，因为制造业产出的产品能够被储存而服务业则通常不行。然而，服务业有一种类似方法，那就是努力形成流水线式服务（如标准化形式），或者在松弛时间提供部分服务内容（如企业工作场所）。尽管有这些可能性存在，但服务业还是不可能过多地运用库存改变生产能力需求。

（5）分包合同。分包合同能使计划人员获得临时性的生产能力，尽管它使本企业对产出的控制能力变小，并有可能引发高昂的成本和质量问题。解决自制还是外购（如制造业企业）、自己提供服务还是雇用他人来提供服务等问题主要依赖于诸如可使用生产能力、相关专门技术、质量、成本、需求数量和稳定性等因素。

相反，在生产能力过剩时期，一个企业可能会接受另一个企业的分包工作。作为分包合同的一种选择，一个企业可能考虑外包：与另一个企业在正常情况下签订合同来提供部分产品或服务。

10.1 应对不稳定需求的基本策略

正如你所见，管理者在为达成供需平衡而制订综合计划的过程中，有着广阔的决策空间。由于最能影响需求状况的决策选项更应归于营销职能（订单除外），这里重点关注归属于运营职能范围内的、与生产能力有关的决策选项，除此之外，延迟交货也在研究范围之中。

综合计划制订者可以采用多种策略，其中较为重要的有：

- 维持稳定的员工总人数；
- 维持稳定的产出率；
- 逐期地匹配市场需求；
- 采用决策变量组合。

与所讨论的其他策略一起，这些策略将会给你一种充分的感性认识，使你了解在无数企业中，综合计划是怎样运作的。前三个策略是“纯粹的”策略，因为其中每一个都有一个独立的聚焦点；最后一个则是“混合型的”，因为它没有单一的侧重点。**平稳生产能力策略**是运用某种由库存、加班、兼职工人、转包合同和延迟发货等构成的组合应对市场需求的变动。**追逐需求策略**是另外一种企业策略，它为市场需求匹配相应的生产能力，在这种策略下，每一期计划的产出都应该与当期的预期需求相匹配。

许多企业都认为保持稳定的员工人数颇具吸引力。由于通过聘用和解聘改变劳动力水平对员工的生活和士气影响极大，还会在管理层产生分歧，企业通常都更愿意以其他方式应对不稳定的市场需求。而且，企业改变员工总数的成本极其昂贵，通常还要冒在需要的时候没有足够的具有相应技能的工人储备的风险。除了这些考虑因素之外，这种改变还将涉及数量巨大的文书工作。工会往往喜欢稳定的员工人数是因为随便聘用和解聘工人削弱了它的力量。

为了在满足市场需求的同时保持稳定的产出水平，企业必须综合运用转包合同、延迟交货和使用库存手段，来平抑需求波动。转包合同需要在供应来源和可能增加成本的估价上做出投资，而且公司对产出以及质量的控制也会有所减弱。延迟交货的后果可能是丧失一定的销售额，记录工作量的增加，顾客服务水平的降低。运用库存平抑需求波动带来的影响，会使现金占用在库存上直接形成持有成本，持有相关大型存储设施和库存引发的其他相关费用也会构成成本。此外，对于服务导向型企业来说，库存通常不是一种可行的选择。然而，它确实可以为企业带来一些好处，如招聘和培训的成本最小、加班和空闲时间的成本降低、士气问题较少、设备设施的使用相对稳定等。

追逐需求策略预示着管理者有很大的能力和意愿对生产能力进行灵活调整以适应需求。这种方法的一个主要优点是库存水平相对较低，确实为企业节约了成本。主要缺点则是缺乏运营的稳定性——整个气氛就是根据需求的曲调决定跳什么舞。还有，当预测和实际不一致时，士气会受到损害，因为工人和管理者很快都会意识到努力白费了。这两种策略的比较如图 10-2 所示，通过比较变化的需求形态来突出两种方法的不同。每种方法所使用的需求方式都是相同的。图 10-2 的上半部分表明了需求方式。注意，主要是分成三种情况：①需求同生产能力相同；②需求低于生产能力；③需求高于生产能力。

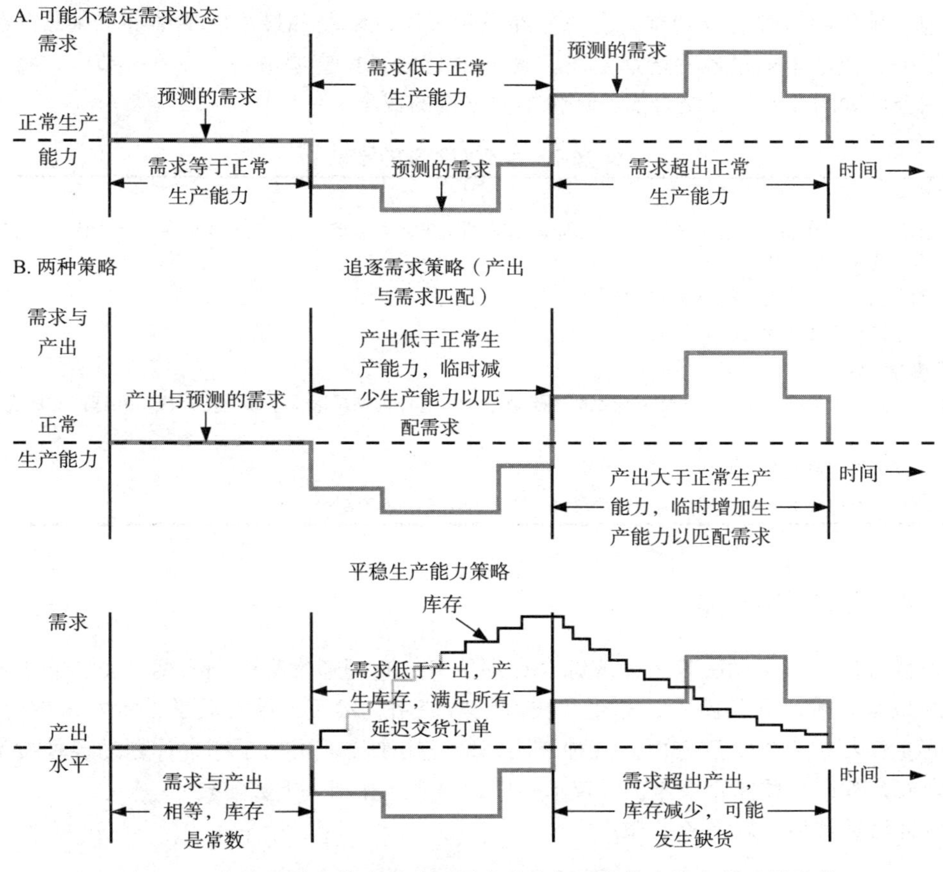

图 10-2 变动的需求模式及追逐需求策略与平稳生产能力策略的比较

图 10-2 的中部说明了使用追逐需求策略后所发生的情况。当正常的生产能力超过需求时，生产能力会减少以与需求相匹配。当需求超过正常的生产能力时，追逐需求策略会暂时提高生产能力来匹配需求。

图 10-2 的下部说明了平稳生产能力策略。当需求低于生产能力时，产出继续以正常生产能力进行，过多的产成品变成库存以供需求超过生产能力时使用。当需求超过生产能力时，库存就被用来弥补产出短缺的部分。

组织可以选择由纯粹策略构成的某种组合策略，这样可使管理者更灵活地应对不稳定需求，也许还会创造出更加多种多样的策略组合。然而，缺乏明确的侧重点可能产生反复无常的方法，会在部分员工中引起混乱。

策略选择

无论组织选择哪一种策略，要考虑的三个重要因素是公司政策、柔性和成本。公司政策有可能对可供选择的选项或其使用范围产生约束，比如，公司政策阻止临时解聘的发生，除非在极其特殊的条件下。由于渴望对产品制造过程的某些方面保密（如秘密配方或秘密的合成过程），转包合同未必是一种可行的选择。工会协议总是强加种种限制条款。比如，一份工会合同会详细指明使用兼职工人的最小和最大工作小时数。采用追逐策略的柔性问题对于产量高且稳定的公司是不存在的，如炼油厂和汽车组装厂。

作为一种规则，综合计划制订者总是在政策、协议限制和最小成本中寻求供需匹配。他们一般根据总成本来衡量各种选择方案。表 10-3 比较了反应型策略。在下一节中，将介绍一些用于综合计划的技术，并结合实例评价不同方案的成本。

表 10-3 反应型策略的比较

追逐需求策略
在计划期内，通过调整生产能力（劳动力规模、产出率等）来匹配需求。追逐需求策略最适合于库存持有成本高且生产能力改变成本低的情况
优点：库存投资小；劳动力利用率保持高水平
缺点：调整产出率和劳动力成本高
平稳生产能力策略
生产能力（劳动力、产出率等）在整个计划期内保持稳定。这种策略最适合于库存持有成本和延迟交货成本相对较低的情况
优点：稳定的产出率和劳动力
缺点：较高的库存成本；加班和空闲时间的增加；资源利用水平不均衡

10.2 综合计划技术

有无数方法可以帮助决策者完成综合计划任务，它们通常都能归入两大类：非正式的试错技术和数学技术。在实践中，非正式技术较常使用。然而，尽管数学技术并未广泛使用，大量研究工作却投入到了这方面。这种方法一般是用来比较可用于综合计划的各种技术的有效性。因此，我们在此像介绍非正式技术一样，简要地介绍一下数学技术。

综合计划通常包括以下各步骤：

- 确定各期需求；

- 确定各期生产能力（正常时间、加班时间和转包合同）；
- 明确相关的公司或部门政策（如保持占需求 5% 的安全库存，保持稳定合理的劳动力水平等）；
- 为正常时间、加班时间、转包合同、持有库存、延迟交货和临时解聘确定单位成本和其他相关成本；
- 规划可供选择的计划方案，并计算出各自成本；
- 如果出现满意的计划，选择其中最为中意的，否则回到上一步。

使用表 10-4 所示的工作表，对每个计划总结需求、生产能力和成本很有帮助。另外，图表的使用能够用来产生各种可能的方案。

表 10-4 工作表

计划期	1	2	3	4	5		合计
需求预测							
产出							
正常时间							
加班							
转包							
预期库存							
库存							
期初							
期末							
平均							
延迟交货							
成本							
产出							
正常生产							
加班生产							
转包							
招聘 / 解聘							
库存							
延迟交货							
合计							

10.2.1 非正式试错法

试错法包括绘制简单的表格或图形，这些图形使计划人员能够对计划需求和现有生产能力进行直观的比较。各种可选方案一般都是基于其总成本进行评价的。这类方法的主要缺点就是不一定能够找到最佳综合计划。

本书为综合计划的制订和比较提供两个实例。在第一个例子中，保持正常情况下的稳定产出，用库存平抑需求波动；第二个例子的常规产出率较低，并以加班作为辅助手段。两个例子都允许延迟交货。

这两个例子与本章中其他例子和问题一起，均基于以下假定。

（1）各期正常产出能力相等。不考虑假期，也不考虑每个月有不同的工作天数，等等。

这一假定将使计算简化。

（2）成本（延迟交货、库存、转包合同等）是单位成本和数量的线性函数。它通常是对现实的合理近似，尽管只在很窄的范围内是真实的。有时，成本更像是一种阶梯形函数。

（3）计划是可行的，也就是说为适应计划需要，企业具备充分的库存能力。同时，转包商也具有相近的质量水平和生产能力，当需要时产出量也能够适时进行调整。

（4）各决策选项的成本都能用总量或独立于数量的单位成本表示。我们再强调一遍，阶梯形函数更为现实，但为了说明和简化，暂采纳此假定。

（5）成本数值能够被合理估计，在计划期内为常数。

（6）库存增减比率一致，各期的产出率也始终如一。然而，假设延迟交货存在于整个计划期内，有时它们出现于期初，然后一直累积到期末。因此，这一假定对于某些期间不太现实，但它简化了计算。

在本章的实例和问题中，我们运用以下关系式决定工人数量、库存量和特定计划成本。

各期可利用的工人数量是

$$\text{某期工人数量} = \text{前期期末工人数量} + \text{本期期初新工人数} - \text{本期期初解聘工人数}$$

注意，一个企业不会同时聘用和解聘工人，因此上式后两项中至少有一项为零。

各期期末库存量是

$$\text{期末库存} = \text{前期期末库存} + \text{本期产量} - \text{本期产品需求量}$$

某期平均库存等于

$$\frac{\text{期初库存} + \text{期末库存}}{2}$$

某特定计划在给定期间内的成本是其相关成本的总和

$$\text{期间成本} = \frac{\text{产出成本（正常} + \text{加班} + \text{转包合同）} + \text{聘用}}{\text{解聘成本} + \text{库存成本} + \text{延迟交货成本}}$$

相关成本的计算如下：

成本种类	如何计算
产出	
正常	每单位产品正常成本 × 正常产出数量
加班	每单位产品加班成本 × 加班数量
转包合同	每单位产品转包成本 × 转包数量
聘用／解聘	
聘用	单位聘用成本 × 聘用数量
解聘	单位解聘成本 × 解聘数量
库存	单位持有成本 × 平均库存量
延迟交货	单位延迟交货成本 × 延迟交货量

例 10-1 只是许多可能选项中的两个，也许还存在其他成本更低的选项。运用试错法，除非每一种可能选项都被试过，否则你永远也不可能完全肯定自己找到了成本最低的方法。当然，举这些例子的目的在于说明综合计划的制订和评价过程，而不是找出成本最低的计划。本章末的习题还涵盖了其他可选方案。

在实践中，制订一个成功的计划取决于计划人员的足智多谋和毅力。像 Excel 这样的计算机软件可以减少在试错法计算中的工作量。

例 10-1　制订综合计划

某公司制造几种不同型号的滑板，其计划人员正在忙于制订历时六期的综合计划。他们收集了以下信息：

时期	1	2	3	4	5	6	总计
需求预测	200	200	300	400	500	200	1 800
成本							
产出							
正常时间 =2 美元 / 滑板							
加班时间 =3 美元 / 滑板							
转包合同 =6 美元 / 滑板							
库存 =1 美元 / 滑板 / 期（平均库存水平）							
延迟交货 =5 美元 / 滑板 / 期							

他们现在想要对其中的一个计划做出评价，该计划提倡在正常时间内保持稳定的产出率，主要依赖库存平抑需求波动，并且允许使用延迟交货。他们打算在第一期持有零库存，制订综合计划，并利用上述信息计算出成本。假定正常情况下的稳定产出率为每期生产 300 个滑板（即 1 800/6 = 300）。注意，计划中的期末库存为零，共有 15 名工人，每位工人每期可以加工 20 个滑板。

解：

时期	1	2	3	4	5	6	总计
需求预测	200	200	300	400	500	200	1 800
产出							
正常时间	300	300	300	300	300	300	1 800
加班时间	—	—	—	—	—	—	
转包合同	—	—	—	—	—	—	
预期库存	100	100	0	（100）	（200）	100	0
库存							
期初	0	100	200	200	100	0	
期末	100	200	200	100	0	0	
平均	50	150	200	150	50	0	600
延迟交货	0	0	0	0	100	0	100
成本							
产出							
正常时间 / 美元	600	600	600	600	600	600	3 600
加班时间	—	—	—	—	—	—	
转包合同	—	—	—	—	—	—	
聘用 / 解聘	—	—	—	—	—	—	
库存 / 美元	50	150	200	150	50	0	600
延迟交货 / 美元	0	0	0	0	500	0	500
总计 / 美元	650	750	800	750	1 150	600	4 700

需要注意的是，正常情况下的总产出恰好等于预期总需求，即 1 800 单位。期末库存等于期初库存加上或减去本期产量减去预测值。如果产量 – 预测值为负，则此负值与该期库存

的降低额相等。如果库存不足，则延迟交货量等于短缺量，正如第5期所展现的一样，正好满足超出第6期产出的需要。

成本的计算如下：每期正常情况下的成本为300单位 ×2美元/单位，即600美元。库存成本等于平均库存 ×1美元/单位，延迟交货成本为5美元/单位，该计划总成本为4 700美元。

注意，每列的前两个数均为给定值，表中上半部分的其他值则从第一列开始，逐列计算而得。成本的计算基于表中上半部分的数据。

更多情况下，图形能够用来指导可选方案的规划。有些计划人员喜欢看累积式图形，而另一些则更愿意看各期明细计划表。例如，如图10-3所示，累积式计划图表明了稳定的产出（虚线斜率代表生产率）和平抑需求波动的库存量。图10-3是一个各期图表实例。明显可见，图形的优点在于对计划进行了直观的刻画。计划人员的喜好决定了对这两种图形的选择。

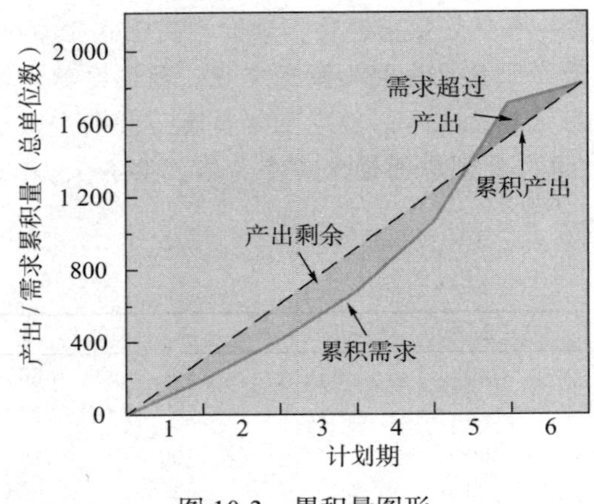

图10-3 累积量图形

例10-2 制订和比较综合计划

考虑上例所列的计划后，计划人员决定重新制订一份可选方案。他们认识到公司员工总有一天会退休，离开公司。与其换别人顶替空出来的职位，还不如保持较小的职工队伍，利用加班工作来弥补产出不足。下降后的正常情况下的产出是每期280单位，加班工作的最大产出则是每期40单位。列出以下计划，试与例10-1做比较。

解：

时期	1	2	3	4	5	6	总计
需求预测	200	200	300	400	500	200	1 800
产出							
正常时间	280	280	280	280	280	280	1 680
加班时间	0	0	40	40	40	0	120
转包合同	—	—	—	—	—	—	
预期库存	80	80	20	（80）	（180）	80	0
库存							
期初	0	80	160	180	100	0	
期末	80	160	180	100	0	0	

（续）

时期	1	2	3	4	5	6	总计
平均	40	120	170	140	50	0	520
延迟交货	0	0	0	0	80	0	80
成本							
产出							
正常时间 / 美元	560	560	560	560	560	560	3 360
加班时间	0	0	120	120	120	0	360
转包合同	—	—	—	—	—	—	
聘用 / 解聘	—	—	—	—	—	—	
库存 / 美元	40	120	170	140	50	0	520
延迟交货 / 美元	0	0	0	0	400	0	400
总计 / 美元	600	680	850	820	1 130	560	4 640

为弥补每期 20 单位共 6 期，即 120 单位的产出不足，务必要把加班工作量列入时间安排计划之中。它们被安排在整个计划期的中段时间，因为这时正好是大量需求发生期。时间安排的早会增加库存持有成本，而安排的晚又会增加延迟交货成本。

总的来说，本计划的总成本是 4 640 美元，比前一个计划少 60 美元。正常情况下的生产成本和库存成本降低了，同时又产生了加班成本。然而，本计划在延迟交货成本方面有所节省，使得总成本比例 10-1 略有减少。

10.2.2　数学方法

综合计划用到了许多数学技术，从数学规划模型到启发式和计算机模拟模型，种类繁多。在本小节中，我们简要地介绍一些较为普遍的技术。

1. 线性规划

线性规划模型是根据成本最小化或利润最大化原则，分配有限资源，以获得最优问题解决方案的方法。一般情况下，综合计划的目标是使总成本最小，总成本包括正常工作时间、加班时间、转包、库存持有成本以及与改变劳动力水平等相关的成本，限制条件则是劳动力生产、库存和转包能力。

问题可以用运输模型来表示，该模型是获得能使生产能力和需求匹配并且成本最小的综合计划的方法之一。为使用这种方法，计划人员必须明确各期正常时间、加班时间、转包合同和库存等方面的生产（供应）能力，以及各变量的相关成本。

运输表的符号和样式如表 10-5 所示。注意，这是一种系统方法，随着从左向右依次移动，成本在不断变化。如果产出在生产当期已被消耗（如交付等）掉，正常成本、加班成本和转包成本都会居于最低水平（第一期行与列的交点是正常成本，第二期行与列的交点是正常成本，依次类推）。如果产品在某个时期已经完全制作好，但却在以后时期交付使用（也就是越过了一列），持有成本就会以每期 h 的比率发生。于是，持有两期产品将导致每单位增加 $2h$ 的成本，无论这些产品是来自于正常生产、加班生产还是转包。相反，如果采用延迟交货，当从右向左穿越各列时，从同一期（也就是第三期）行与列的交点处开始，单位成本递增。比如，如果第三期生产出产品，为满足来自第二期的延迟交货需求，则每单位发生延迟交货成

本 b。而如果第三期的产品是用来满足前两期（比如从第一期开始）的延迟交货需求，每单位就会发生 $2b$ 的成本。不使用的生产能力通常被给定为 0 单位成本，如果有相关的实际成本产生，可以再添加进去。最后，期初库存被给定为 0 单位成本，如果它是被用于满足第一期需求的话。然而，如果库存被持有用于以后时期，那么相关各期都应再为每单位添加 h 的成本。如果库存在整个计划期都被持有，那么将会发生 h 乘以期间数 n 的总单位成本。

表 10-5 编制综合计划的运输表

		第 1 期	第 2 期	第 3 期	…	第 n 期期末库存	未使用生产能力	生产能力
计划期	期初库存	0	h	$2h$		$(n-1)h$	0	I_0
1	正常	r	$r+h$	$r+2h$	…	$r+(n-1)h$	0	R_1
	加班	t	$t+h$	$t+2h$	…	$t+(n-1)h$	0	O_1
	转包	s	$s+h$	$s+2h$	…	$s+(n-1)h$	0	S_1
2	正常	$r+b$	r	$r+h$	…	$r+(n-2)h$	0	R_2
	加班	$t+b$	t	$t+h$	…	$t+(n-2)h$	0	O_2
	转包	$s+b$	s	$s+h$	…	$s+(n-2)h$	0	S_2
3	正常	$r+2b$	$r+b$	r	…	$r+(n-3)h$	0	R_3
	加班	$t+2b$	$t+b$	t	…	$t+(n-3)h$	0	O_3
	转包	$s+2b$	$s+b$	s	…	$s+(n-3)h$	0	S_3
	需求				…			合计

注：r = 每单位正常成本；t = 每单位加班成本；s = 每单位转包成本；h = 每期每单位持有成本；b = 每期每单位延迟交货成本；n = 计划期数量。

例 10-3 描述了一个运用运输模型的综合计划问题的建立和最终解答。

例 10-3 运输表的建立和求解

利用以下给定信息建立问题的运输表（见表 10-6），并求解使成本最小化的综合计划。

	时期		
	1	2	3
需求	550	700	750
生产能力			
正常时间	500	500	500
加班时间	50	50	50
转包合同	120	120	120
期初库存	100		
成本			

（续）

	时期		
	1	2	3
正常时间	60 美元 / 单位		
加班时间	80 美元 / 单位		
转包合同	90 美元 / 单位		
库存持有成本	1 美元 / 单位 / 月		
延迟交货成本	3 美元 / 单位 / 月		

解：

运输表和运输方案如表 10-6 所示，其中有几条附加说明如下。

（1）此例中，库存持有成本为每单位每期 1 美元（成本值位于表中每个单元格的右上角）。因此，当期生产以后运送的产品将会发生一定的持有成本，它是关于时间长短的线性函数。

（2）这种线性规划模型要求供给（生产能力）和需求相等。为满足这个条件，表中添加了一个空列（未使用生产能力）。在本例中由于未使用生产能力没有额外“成本”，各单元成本都被赋值 0 美元。

（3）此例无须延迟交货。

（4）表中数字（如第一列中的 100 和 450）指用于满足需求的产出或库存量。因此，第一期中 550 单位的需求由 100 单位的库存和 450 单位的正常产出来满足。

表 10-6　运输法的解

供给		需求				总可用生产能力（供给）
		第 1 期	第 2 期	第 3 期	未使用生产能力	
计划期	期初库存	0 100	1	2	0	100
1	正常	60 450	61 50	62	0	500
1	加班	80	81 50	82	0	50
1	转包	90	91 30	92	0 90	120
2	正常	63	60 500	61	0	500
2	加班	83	80 50	81	0	50
2	转包	93	90 20	91 100	0	120
3	正常	66	63	60 500	0	500
3	加班	86	83	80 50	0	50
3	转包	96	93	90 100	0	100
需求		550	700	750	90	2 090

由于不允许延迟交货，延迟交货位置的单元成本就被设置得很高，于是方案中看不到延迟交货。

线性规划模型的主要约束在于假定变量之间呈线性关系，无法持续调整产出率，以及必须指定单个目标（如最小成本）而不是多目标（如在固定职工规模的同时使成本最小）。

2. 模拟模型

已有无数的模拟模型用来制订综合计划了。模拟的实质是建立计算机模型，这种模型能够经过实验中的多种条件测试，识别出解决问题最合理的可行方案（虽然不一定是最优的）。

各种数学技术的总结如表 10-7 所示。

表 10-7 计划技术小结

技术	解决方法	特点
图表法	试错法	直观、易于理解、解决方案不必最优
线性规划	最优化方法	计算机化、线性假设不总有效
模拟	试错法	计算机模型能在多种条件下得以检验

除了试错法之外，综合计划技术看起来并没有被广泛运用。在大多数企业中，综合计划的制订似乎更多的是基于经验遵循试错法完成。很难确切说明为什么此处提及的一些数学技术没有被更为广泛地应用到实践中。也许是由于数学太抽象使人望而却步，或者特定模型需要的假定条件不够现实，再或者模型的适用范围太窄。无论什么原因，迄今为止尚无一种技术在更为广阔的空间里获得综合计划人员的青睐，虽然模拟技术似乎比较受人喜欢。改进综合计划方法的研究工作仍在继续。

10.3 服务业的综合计划

服务业的综合计划要考虑目标顾客的需求、设备的生产能力以及劳动力的生产能力。由此产生的计划是一个以时间为基础的服务员工需求计划。

下面是不同服务系统综合计划的例子。

- 医院：医院应用综合计划来分配资金、人员和供应品以满足患者对医疗服务的需求。例如，计划病床接受能力，药物、外科供应品和人员需求都要依据对患者负荷的预测来确定。
- 航空公司：航空公司综合计划的制订非常复杂，主要是由于需要考虑很多因素，如飞机、空勤人员、地勤人员，以及多重的路线和降落 / 起飞地点等。而且，服务能力的决策还必须考虑一定比例的座位要分配给不同类型的旅客，以使利润或收益最大化。
- 餐馆：对于提高高价值产品的服务企业，如餐馆，其综合计划的主要目标就是平滑服务比率、确定员工规模和管理需求以与固定的服务能力相匹配。一般的方法通常涉及在松弛时间建立库存，而在繁忙时消耗这些库存。由于这类餐馆与制造业非常类似，因此传统的综合计划方法可以适用。但是需要考虑两个方面的不同。一是在餐馆中，库存是容易腐烂的：加工好的食品只能存放很短的时间；二是（特别是）在快餐馆中，空闲和高峰期经常发生，而且周期相对较短。

- 其他类型的服务：金融、运输和娱乐等行业提供数量大且不可见的产出。对这类系统的综合计划涉及管理需求和计划对人力资源的需求。主要目标是调和高峰期的需求，并在需求低迷时期找到有效利用劳动力资源的方法。

综合计划在制造业和服务业中虽然有某些近似之处，但也有一些重要差异，通常与制造业和服务业的差异有关：

（1）服务需求难以预计。服务需求的变动很大，有些情况下顾客需要即时服务（如警察、消防、医疗急诊等），而其他时间顾客只是想要即时服务罢了，如果需要得不到满足他们就会去别的地方。这些因素为服务提供者预料需求带来了更加沉重的负担。因而，服务提供者必须特别注意计划服务能力水平。

（2）可提供服务的能力难以预计。与单件小批量生产的工作变动相似，有时服务过程需求的变动也很大。另外，与单件小批量生产的任务变异相似，需要服务者的任务变异性可能很大。然而，服务业的变异种类比制造业普遍得多，这使得建立简单的服务能力测量指标更加困难。比如，一个房屋内部粉刷工人的服务能力应该是多少？是以每天粉刷的房间数量还是以每小时粉刷的平方英尺数测量？房间有许多种规格，而且由于细节（因而还有所使用的工具）差异极大，找到一种用于计划目标的合适的测量指标非常困难。同样，银行出纳员也被要求从事多种多样的交易和信息请求，为他们的服务能力建立恰当的测量指标一样非常困难。

（3）在服务业，劳动柔性可作为一种优势。与制造业相比，劳动通常在服务中占据了很大的成分。它和服务提供者总能处理多种服务要求这一事实联系在一起，意味着在一定范围内，服务业做计划比制造业容易。当然，制造商也认识到了这种优势，很多企业对自己的员工进行交叉技能培训来达到同样的柔性。另外，无论制造业还是服务业，使用兼职工人都是一个重要选项。注意，在自助式服务系统中，劳动力（顾客）自动调整了需求。

（4）服务只在提供时发生。与制造业的产出不同，大多数服务都是不能储存的。诸如财务计划、税务咨询和换油等服务不能储存，使得在需求淡季为预期旺季建立库存的选择方案不能成为现实。另一方面，未使用服务能力实质上是一种浪费，因而使服务能力与需求相匹配很重要。

由于服务能力是易失性的（如一个航班上的空座位不能用于另一个航班），在决定如何匹配供给与需求时，综合计划人员需要考虑服务能力的这种特点。**收益管理**是应用价格策略来寻求达到收益最大化的方法，价格由相对可供使用的生产能力来设定。因此，在需求低迷时，提供价格折扣来吸引更多的顾客。反之，对高峰期需求，提高价格来抑制需求对供应能力的影响。收益管理的使用者包括航空公司、餐馆、剧场、宾馆、旅游、航游线路和停车场等。

10.4　分解综合计划

为把生产计划转换成有意义的生产术语，必须要对综合计划进行分解。这意味着要把综合计划分解成特定的产品要求，以确定对劳动力的要求（技术、劳动力规模）、材料和库存需求。

将产品单位进行综合有利于中期计划的制订。然而，付诸实施的生产计划必须对那些综合的产品单位进行转化，或分解成能够被生产或提供的实际的产品或服务单位。比如，一家割草机生产商列了一个综合计划，要在 1 月生产 200 台、2 月生产 300 台、3 月生产 400 台割草机。这家公司可以生产推式割草机、自动推进式割草机和骑式割草机，尽管所有割草机也许都装有一些相同的部件，涉及一些类似的或同样的构造和装配过程，但每一种机器在材料、部件和运作上都会有所区别。因此，要在 3 个月内生产的 200、300 和 400 台割草机总数必须在购买相关材料和部件、列出生产运作时间表和规划库存需求之前，转换成每种割草机的具体数目。

分解综合计划的结果是主生产计划，它展示了预定时期内各个具体的最终产品的数量和时间安排，通常要覆盖提前 6 ～ 8 周的时期。**主生产计划**（master production schedule，MPS）显示了个别产品而不是整个产品组的计划产出以及生产时间安排。主生产计划包含重要的营销和生产信息，清楚地展示出订单何时列入生产计划和已完成订单何时发货等信息。

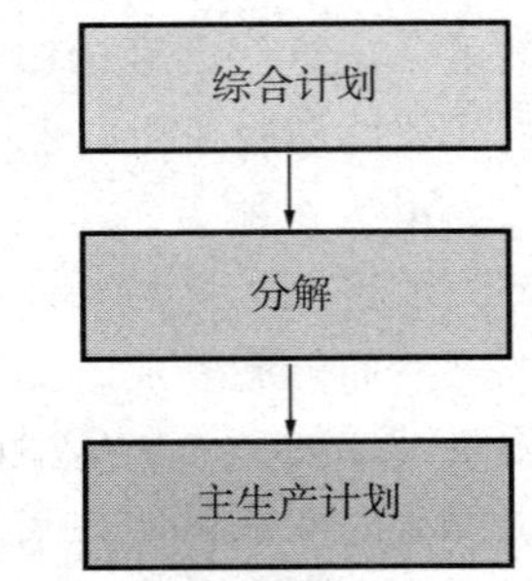

图 10-4　从综合计划到主生产计划

图 10-4 概括了分解的过程。

图 10-5 说明了综合计划的分解。为了清楚地展示分解的概念，该图做了一个简单假设：综合计划的总数同分解后的单位数量相等。实际上，这个假设常常不能成立。因此，分解综合计划需要做出很大的努力。

图 10-5 显示了根据单位来分解综合计划的过程。但是，它也可以用来显示根据不同产品或产品家族的百分比来分解综合计划。

综合计划	月计划产出	1 月	2 月	3 月
		200	300	400

* 总单位数

主生产计划	月计划产出	1 月	2 月	3 月
	推式割草机	100	100	100
	自推进式割草机	75	150	200
	坐骑式割草机	25	50	100
	总计	200	300	400

* 实际单位数

图 10-5　分解综合计划

10.5　主生产计划

主生产计划是生产计划和控制的核心。它不仅确定需要满足来自各个来源的需求的数量，而且管理整个企业的关键决策和活动。

主生产计划作为营销、生产能力计划、生产计划和分销计划的界面，能够使营销部门向仓储部门和最终顾客做出有效的交货承诺；能够使生产部门评估生产能力需求；能够提供必要的信息，使得当顾客提出生产能力不能满足的要求时，生产和营销部门可以有效地与顾客进行沟通；向高层管理者提供机会，使他们能够决定企业计划和战略目标能否实现。主生产计划又驱动着物料需求计划（MRP）系统，我们将在下一章进行讨论。

用于主生产计划的能力是基于综合计划决策的制定。注意，在制订综合计划和确定主生产计划之间存在时间差。因此，可能会出现主生产计划的产出量与综合计划不完全一致的情况，一个直观的原因是主生产计划需要考虑可获得的更新的需求信息。

编制主生产计划的责任人员是负责主生产计划的专业人员。

制订主生产计划的专业人员

大多数制造企业有（或者应该有）制订主生产计划的专业人员。他们的职责通常包括：

（1）评价新订单的影响；

（2）提供订单的交货日期；

（3）处理下面问题：

- 评价生产延迟或采购物品延迟交货的影响；
- 由于没有充足的供应或生产能力而需要对主生产计划进行调整；
- 将生产能力不足的信息通知给生产或营销部门的人员，以便他们能够参与解决有关冲突。

10.6　主生产计划制订过程

主生产计划表示一种产品或一组产品的生产数量和时间安排（也就是交付时间等），但并不显示计划生产量。比如，主生产计划要求 5 月 1 日按时交付 50 箱酸果汁，但它可能对生产没有任何要求，库存里可能还有 200 箱。在另外的情况下，它也许会有一些生产要求：假如库存里只有 40 箱，为达到特定交货量需要再额外生产 10 箱。此外，它还可能涉及生产 50 箱及以上的情形：有时大量生产比少量生产更为经济，多生产出来的产品在需要之前先暂时入库。因此，生产批量也许会是 70 箱，于是一旦有额外需求（如 50 箱），就得一次生产 70 箱。

如图 10-6 所示，主生产计划方案是制订主生产计划过程中的主要输出之一。

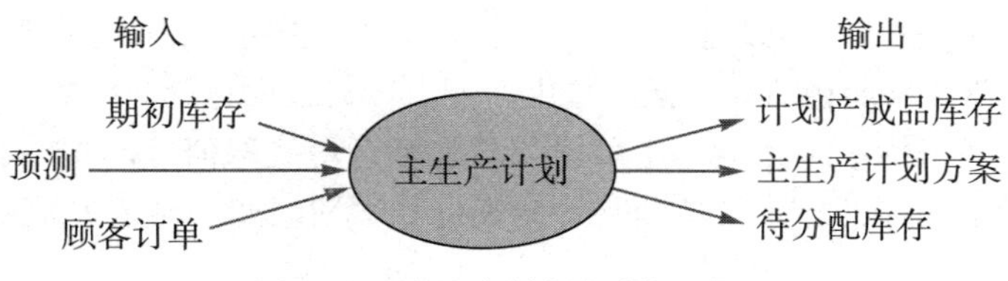

图 10-6　主生产计划的制订过程

一旦制订出了初始的主生产计划，就必须对该计划进行确认。这是非常重要的一步。确认的主生产计划就是**粗生产能力计划**（rough-cut capacity planning，RCCP）。其中包括检验主生产计划相对于可用生产能力的可行性，并以此来确认不存在明显的生产能力制约。这就意味着要检查生产和仓库设施、劳动力以及供应商以确保没有会导致主生产计划无法工作的不足。接着，将主生产计划作为制订短期计划的基础。应当注意的是，综合计划可能的时间跨度是 12 个月，但是主生产计划只包括其中的一部分。换句话说，综合计划按照阶段或层次进行分解，可能包括两三个星期，或者两三个月。另外，尽管主生产计划的时间跨度为 2 ～ 3 个月，仍然可能要每个月进行更新。比如，在 1 月底对割草机的主生产计划进行更新，可能包括对 2 月和 3 月的计划产出的修改，以及 4 月计划产出的有关新信息。

10.6.1 时间围栏

主生产计划的变更可能具有破坏性，尤其是早期或近期的变更和计划中某些部分的变更。发生变化的未来时期离现在越远，发生问题的可能性就越小。

高绩效的企业具有一个高效的主生产计划过程。高效的进度计划的关键部分是使用时间围栏来帮助订单承诺和促进订单进入生产系统。**时间围栏**将进度计划的时间坐标划分为三个时期或阶段，即冻结阶段、半冻结阶段和流动（开放）阶段，以此来表示进度计划的稳固程度（见图 10-7）。

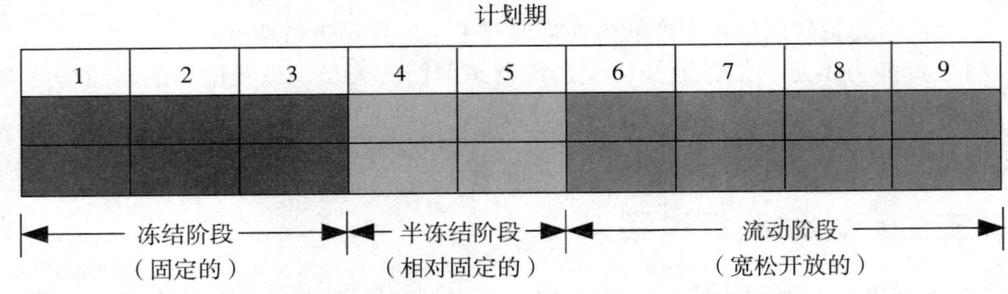

图 10-7　主生产计划中的时间围栏

在冻结阶段，往往就是进度安排的最初几期，该阶段增加新订单是不可能的，或需要付出极大的成本，或采取极端的选择如延迟其他订单的交货。因此一旦确定下来，这部分进度安排通常就冻结了，没有生产副总裁的批准不许加入任何新订单。冻结阶段的长度通常取决于产品生产的总时间，包括从获取原材料到订单发货。这一阶段承诺的订单交货期基本是有保证的。

接下来是半冻结阶段，也许是冻结阶段后的少数几期，这一阶段进入的订单仍需一定的付出，但成本和破坏性相对于冻结阶段较小。增加订单的决定可以由主生产计划制定者做出。这一阶段承诺的订单交货期相对有保证，且生产能力计划也变得相对明确。

流动阶段是时间坐标中最远的一个阶段，增加新订单或取消订单相对容易。这一阶段承诺的订单交货期只是初步的，当订单处在计划期的稳固阶段时，随着时间的推移订单将被固定下来。

10.6.2 输入

主生产计划有三个输入：期初库存，即来自上一期的实际持有库存量；计划期间内的各期预测；顾客订单，即已经对顾客做出承诺的产品数量。其他因素也需要考虑，包括人力资源部门所要求的雇用和解雇员工的要求；技能水平；库存的限制条件，如可用空间；产品是否易腐；市场生命周期的考虑（如季节性或过时）。

10.6.3　输出

主生产计划制订过程在逐期输入的信息基础上确定预期库存、生产需求和最终未授权库存（即待分配库存）。待分配库存信息可使营销部门对顾客新订单的交货做出现实承诺。

主生产计划制订过程始于对计划持有库存的预先计算，它显示出何时需要补充额外库存（也就是生产）。一家生产工业用泵的公司想做一份 6 ～ 7 月的主生产计划。营销部门预测的需求是 6 月 120 台泵，7 月 160 台泵。它们被均匀地分配到每个月的四个星期中：6 月每星期 30 台，7 月每星期 40 台，如图 10-8a 所示。

现在，假设已有 64 台泵的库存（即期初库存为 64 台），已承诺（已预订）和必须执行的顾客订单和需求如图 10-8b 所示。

	6月				7月			
	1	2	3	4	5	6	7	8
需求预测	30	30	30	30	40	40	40	40

a）工业用泵的周需求预测

期初库存 64	6月				7月			
	1	2	3	4	5	6	7	8
需求预测	30	30	30	30	40	40	40	40
顾客订单（已提交）	33	20	10	4	2			

b）关于预测、顾客订单和期初库存的八周时间安排

图　10-8

图 10-8b 包括主生产计划制订过程的三种主要输入要素：期初库存、预测和已预订或已承诺的顾客订单。这些信息对三个量的决定极其重要：计划持有库存、主生产计划和待分配库存。第一步是每周一次地计算计划持有库存，直到它降到特定数值以下。此例的特定数值 0，因此，我们可以一直计算到计划持有库存成为负值。

计划持有库存的计算如下

$$\text{计划持有库存} = \text{来自上周的库存} - \text{本周需求} \tag{10-1}$$

本周需求为预测值和顾客订单量（已承诺的）中的较大者。

第一周，计划持有库存等于期初库存减去预测值和顾客订单量中的较大者。由于顾客订单（33）大于预测值（30），我们就选用顾客订单数。因此，关于第一周，我们得到

$$\text{计划持有库存} = 64-33=31$$

前三周（即直到计划持有库存数值为负时）的计划持有库存如图 10-9 所示。

期初库存 64	6月				7月			
	1	2	3	4	5	6	7	8
需求预测	30	30	30	30	40	40	40	40
顾客订单（已提交）	33	20	10	4	2			
计划持有库存	31	1	−29					

第1周顾客订单大于预测值，预期库存为64−33=31

第2周顾客订单小于预测值，预期库存为31−30=1

第3周顾客订单小于预测值，预期库存为1−30=−29

图 10-9 逐周计算计划持有库存量，直至其为负值

当计划持有库存变为负值时，就表明需要进行生产补充库存了。因此，负的计划持有库存值意味着对生产计划的需求。假设我们用 70 作为生产批量大小，那么无论什么时候，一旦需要生产，就生产 70 台泵。因此，第三周的负计划持有库存表示需要生产 70 台泵，以满足 29 台的预期不足并为未来的顾客需求留下 41（即 70−29 = 41）台。

这些计算将在整个计划期间持续下去，每当计划持有库存为负时，另一个生产 70 台泵的批量就添加到进度表中。计算说明过程如图 10-10 所示，其结果是进度表中各星期的主生产计划安排和计划持有库存数。现在它们可以被添加到主生产计划中了，如图 10-11 所示。

周	来自上周的库存	需求①	主生产计划前的净库存		(70) MPS		计划库存
1	64	33	31				31
2	31	30	1				1
3	1	30	−29	+	70	=	41
4	41	30	11				11
5	11	40	−29	+	70	=	41
6	41	40	1				1
7	1	40	−39	+	70	=	31
8	31	40	−9	+	70	=	61

图 10-10 主生产计划和计划持有库存量的确定

① 需求等于每周预测值和顾客订单二者之中较大者。

64	6月 1	2	3	4	7月 5	6	7	8
需求预测	30	30	30	30	40	40	40	40
顾客订单（已提交）	33	20	10	4	2			
计划持有库存	31	1	41	11	41	1	31	61
MPS			70		70		70	70

图 10-11　将计划持有库存和各星期的主生产计划添加到主生产计划中

现在，对待分配库存量的决定成为可能，于是可以承诺新需求。实践中有几种常用方法，此处使用的方法包括“预见”过程：逐月合计已预订的顾客订单数，直到（但是不包括）产生主生产计划量的那个星期。比如，在第一个星期，合计的顾客订单为 33（第一周）加 20（第二周），即 53。则在第一周可以做出承诺的数量就是期初库存 64 台泵，加入主生产计划量（此例中为 0），再减去 53。即

$$64+0-(33+20)=11$$

这些库存是未交付的，可以在第一周也可以在第二周交付，还可以一部分在第一周另一部分在第二周交付。注意，只计算第 1 周和安排了主生产计划那些周次的待分配库存。因此有关它的计算只在第 1、3、5、7、8 周出现，如图 10-12 所示。

64	6月 1	2	3	4	7月 5	6	7	8
需求预测	30	30	30	30	40	40	40	40
顾客订单（已提交）	33	20	10	4	2			
预期持有库存	31	1	41	11	41	1	31	61
MPS			70		70		70	70
待分配库存（未授权）	11		56		68		70	70

图 10-12　将可承诺库存量添加到主生产计划中

在除第一周以外的其他期，期初库存退出计算过程。同时，可承诺库存作为预见量，被主生产计划量减去。

因此，第三周的已承诺量为 10+4=14，待分配库存为 70−14=56。

第五周顾客订单为 2（尚未预订的未来订单），待分配库存为 70−2=68。

在第七周和第八周，没有顾客订单，此时所有的主生产计划量都可用于承诺新订单。

一旦额外订单被预订，就会进入时间进度表，待分配库存也被更新，以反映那些订单。营销部门根据待分配库存向顾客提供现实的交货期。

本章小结

综合计划为 2 ～ 12 个月的计划期建立员工数量、产出和库存的一般水平。在各类计划形式中，它介于宽泛的长期计划决策和具体与详细的短期计划决策之间。它从对计划期间的全面预测开始，到准备好可用于特定产品和服务的计划为止。

综合计划的实质是把一系列产品或服务综合成一件“产品”或一项“服务”，使计划人员摆脱特定细节，考虑劳动力和库存的总体水平，而那些细节则会在短期计划中被作为重点考虑。计划人员总是喜欢使用非正式的图表技术进行规划，尽管还有许多数学技术方法可供他们选择，看起来似乎是这些技术的复杂性和局限性假定限制了它们在实践中的广泛应用。

综合计划的规划工作完毕以后，就应被分解或拆分为特定的产品需求。就此引出主生产计划，它表明了特定产出的计划数量和时间安排。主生产计划的输入是持有库存量、需求预测和顾客订单；输出则是计划生产量和库存需求，以及计划的未承诺库存（即待分配库存）。

知识要点

1. 综合计划是对一类产品或服务所做出的中期计划，该计划是安排短期计划的基础。表 10-8 对综合计划进行了总结。

表 10-8　综合计划总结

目的
根据以下组合进行确定
产出率
员工人数 / 雇用水平
现有库存水平
目标
成本最小
其他，可能包括
保持顾客期望的服务水平
最小化雇用水平的浮动
可能的策略
（1）供应管理（反应型的）
平稳生产能力策略
允许通过库存吸收需求的变化
在需求高峰时运用订单延迟策略
追逐需求策略
为匹配需求，通过招聘或解聘员工改变工人数量，以此改变产出量
通过使用加班或停工改变产出量
使用兼职工人增加产量
使用转包方法补充产量
（2）需求管理（主动的）
通过促销、定价等影响需求
在互补需求模式下生产产品或提供服务
综合计划管理的重要性
对以下方面有影响
成本
设施利用
顾客满意
雇用水平
供应链中各种流的同步

2. 主生产计划把综合计划分解为更短时间内对每一个品种的产量与进度安排。
   （1）粗能力计划用于从能力的角度判断主生产计划的可行性。
   （2）时间围栏确定了不同时间段主生产计划可能变化的状态，时间越近，可变化性越小；反之，可变化性越大。
3. 当制订综合计划时，应从整个供应链的角度去思考问题。

例　题

习　题

1. 应用以下成本信息为综合计划计算总成本：
   正常产出 =40 美元
   加班 =50 美元
   转包 =60 美元
   平均持有库存 =10 美元
   （1）

月份	1	2	3	4	5	6
预计产出	300	320	320	340	320	320
正常	300	300	300	300	300	300
加班	20	20	20	20	20	20
转包	0	0	0	0	0	0
预期库存						
库存						
期初						
期末						
平均						

（2）

月份	7	8	9	10	11	12
预计产出	320	340	360	380	400	400
正常	300	300	300	300	300	300
加班	20	20	20	20	30	30
转包	20	30	40	40	60	70
预期库存						
库存						
期初						
期末						
平均						

（3）由于前半年有些工人抱怨每月的加班多，经理现在考虑为下半年增加临时工（参考本题的（2）），这将使正常产出稳定在每月 350 个单位，不使用加班，而只在需要时应用转包补充所需产量。试确定该计划的总成本。

2. 某经理想了解与下表预测相匹配的追逐需求策略的总成本，其中每月的正常产出率为 200 单位，每月的最大加班产出为 20 单位，为弥补缺货可以使用转包。单位成本如下：
   正常生产 =35 美元
   加班 =70 美元
   转包 =80 美元

月份	1	2	3	4	5	6
预测	230	200	240	240	250	240

3. 给定以下预测，确定计划的总成本。

月份	1	2	3	4	5	6
预测	380	400	420	440	460	480

假设每月正常产出 400 单位，需要时可加班，加班的上限为每月 40 单位，为与预测匹配，需要时可使用转包补充产量。单位成本如下：
正常产出 =25 美元
加班 =40 美元
转包 =60 美元
平均持有库存 =15 美元

4.（1）给定以下预测信息，以及每月的正常产出为 550 单位，如果每月加班的上限为 40 单位，转包的最大值为 10 单位，问总成本为多少？单位成本如下：

正常产出 =20 美元
加班 =30 美元
转包 =25 美元
平均持有库存 =10 美元
延迟交货 =18 美元

月份	1	2	3	4	5	6
预测	540	540	570	590	600	580

（2）假设允许延迟交货。根据新的条件，改变（1）中的计划，使成本尽可能低。关于加班和转包的限制不变。

5. 割草机和树叶鼓风机的制造商 Plum 机器公司的经理 T.C.Downs 根据如下表所示的给定的机器需求预测数据，制订一个综合计划。部门的正常生产能力是每个月 130 台机器，每台机器的正常产出成本是 60 美元，期初库存为 0，每台机器的加班成本是 90 美元。

（1）制订一个满足需求的追逐需求策略计划，并计算出相应的成本。

（2）比较用库存来平抑需求波动的平稳生产策略的成本。库存的持有成本是每月每台机器 5 美元。延迟交货成本是每月每台机器 90 美元。

月份	1	2	3	4	5	6	7	8	总数
预测	120	135	140	120	125	125	140	135	1 040

6. Fabric Mills 有限公司的经理 Chris Channings 制定了一份关于布料卷数的预测报告，如下表所示。数字都以百为单位。部门的正常生产能力是每个月 275（百卷），除了第 7 个月的生产能力是 250（百卷）。一般的成本是每百卷 40 美元。如果生产比正常情况少，那么工人可以安排做其他工作。期初库存为 0。

（1）制订一个“追逐需求”计划，并且计算出计划的总成本。加班成本是每百卷 60 美元。

（2）如果正常生产不加班，但是用转包合同来处理超过正常生产能力的部分，成本是每百卷 50 美元，总成本是不是会减少？不允许延迟交货，库存持有成本是每百卷 2 美元。

月份	1	2	3	4	5	6	7	总数
预测	250	300	250	300	280	275	270	1 925

7. 夏季娱乐公司生产多种娱乐和休闲产品，生产经理做了一份综合预测：

月份	3	4	5	6	7	8	9	总计
预测	50	44	55	60	50	40	51	350

并用以下信息制订综合计划：

正常生产成本　80 美元 / 单位；
加班生产成本　120 美元 / 单位；
正常生产能力　40 单位 / 月；
加班生产能力　8 单位 / 月；
转包成本　140 美元 / 单位；
转包生产能力　12 单位 / 月；
持有成本　10 美元 / 单位 / 月；
延迟交货成本　20 美元 / 单位；
期初库存　0 单位。

遵循以下各方针制订综合计划，并为每个计划计算总成本。哪一个计划的总成本最低？提示：你需要在 4 月和 8 月增加额外的产出以满足后续月份的需求。

（1）正常生产。需要时辅以库存、加班和转包。不允许延迟交货。

（2）采用平稳生产策略。针对需求变化综合运用延迟交货、转包和库存，在最后一期不允许延迟交货。

8. Nowjuice 公司生产果汁。计划人员对以后 6 个月的需求做出了综合预测（以箱为单位）：

月份	5	6	7	8	9	10
预测	4 000	4 800	5 600	7 200	6 400	5 000

并用以下信息制订综合计划：

正常生产成本　10 美元 / 箱；
正常生产能力　5 000 箱；
加班生产成本　16 美元 / 箱；
转包成本　20 美元 / 箱；
持有成本　1 美元 / 箱 / 月；
期初库存　0 单位

遵循以下各方针制订综合计划，并为每个计划计算总成本。哪一个计划的总成本最低？

（1）平稳生产，需要时辅以加班和转包。

（2）针对需求变化综合运用加班（每期最大为 500 箱）、库存和转包（每期最大为 500 箱）。

（3）用每期不超过 750 箱的加班和库存应对需求变化。

9. Wormwood 有限公司生产多种家具产品。计划委员会成员准备用下列信息来为以后 6 个月制订一个综合计划：

	月份					
	1	2	3	4	5	6
需求	160	150	160	180	170	140
生产能力						
正常	150	150	150	150	160	160
加班	10	10	0	10	10	10

每单位成本	
正常工作时间	50 美元
加班	75 美元
转包合同	80 美元
每期库存	4 美元

每个月转包的最大处理量是 10 个单位。期初库存为 0，不允许延迟交货。制订一个成本最小的综合计划（正常能力 = 正常生产量）。

10. 参照例题 1 及解答，制订两个其他的综合计划。在此把例题 1 及解答中的计划称作 A。至于计划 B，以 200 美元 / 期的成本多聘一个工人，以 8 美元 / 单位的成本实行转包，以弥补生产不足，每期最多转包 20 单位（即当预测超过正常产出时，为减少延迟交货使用转包）。注意，第 9 期期末库存应为 0。因此，总预测 − 总产出 = 转包量。另外还有一个附加限制条件：每期延迟交货不能超过 80 单位。对于计划 C，假定不另聘工人（所以正常产出是每期 200 单位，而不是计划 B 中的 210 单位）；需要时转包，但每期不超过 20 单位。计算每个计划的总成本，哪一个计划的成本最低？假设每月的正常产出量 = 正常生产能力。

11. 参照例题 1 及解答，假设另一个选项是在高峰期使用兼职工人帮忙。包括聘用和培训的每单位成本为 11 美元，所有工人的产出率是每人每期 10 单位。最多可用 10 名兼职工人，而且各期兼职工人人数相等。第 9 期期末库存应为 10 单位，每期的延迟交货限制是 20 单位。尽可能地补足延迟交货。计算该计划的总成本，并与例题 1 及解答中的计划总成本进行比较。假设有 20 位全职工人，每月正常产量 = 正常生产能力。

12. 参照例题 1 及解答制订一个综合计划，使用加班（每单位 9 美元，每期最大产出为 25 单位）和库存变动。尽量减少延迟交货。第 9 期期末库存为 0，延迟交货限制是每期 60 单位。计算该计划的总成本，并与例题 1 及解答中的计划总成本进行比较。假设使用 20 位全职工人。

13. 参照例 10-2，制订一个综合计划，使其总成本比例 2 中计划的总成本低。该计划当需要时可应用转包而不用加班，且每期转包的最大额度是 50 单位。此外，还要满足在第 6 期库存为 0。正常产出量可小于正常生产能力。

14. 求解例 10-3 中的运输方案。

15. 参照例 10-3，假设仓库成本和其他成本的增加使库存持有成本增加到了每月每单位 2 美元，其余成本和数量不变。试求解此运输问题。通过修改表 10-6 来解决。

16. 参照例 10-3，假设第 3 期为配合全公司范围内的设备安全检测，正常生产能力降为 440 单位。试问最优计划的附加成本是多少？并与例 10-3 所示结果做比较。假定除第 3 期的正常生产能力外，其余成本和数量都与例 10-3 给定的一样。通过修改表 10-6 来解决。

17. 使用每期每单位库存持有成本为 2 美元，再来解答上题（16 题）。

18. 伊利诺伊州 Dundas 自行车配件有限公司为 Big 自行车公司生产两种不同规格的车轮。公司经理 David Dundas 收到了 Big 自行车公司未来 6 个月的订单。

月份	11	12	1	2	3	4
20 英尺车轮	1 000	900	600	700	1 100	1 100
24 英尺车轮	500	500	300	500	400	600

（1）在什么情况下对 David 来说只制订一个综合计划而不是两个（每种规格的车轮一个）是可能的？用两三句话来解释，不用计算。

（2）目前，Dundas 公司雇用了 28 位全职的熟练技术工人，每人每月可生产 50 个车轮。由于当地缺少熟练技术工人，所以 David 只能制订一个纯粹的平稳产出计划。目前，没有产成品车轮的库存，但是 David 希望在 4 月底有 300 件库存。Big 自行车公司允许延迟交货的最大限度是每月 200 单位。用列表说明你的平稳产出计划。

（3）使用下列成本来计算总的年成本：

正常时间	5.00 美元	聘用	300 美元
加班	7.50 美元	解雇	400 美元
临时工人	NA	库存	1.00 美元
转包合同	NA	延迟交货	6.00 美元

19. 根据图 10-11 的生产模式为工业泵生产制订主生产计划。使用同例子一样的输入信息，批量为 70，但是将主生产计划规则由“当计划持有库存数为负数的时候安排生产”改为“当计划持有库存数少于 10 个单位时安排生产”。

20. 将图 10-11 的主生产计划按照下列数据进行更新：现在是第 1 周周末，第 2 周顾客订单是 25，第 3 周是 16，第 4 周是 11，第 5 周是 8，第 6 周是 3。使用的主生产计划规则是“当计划持有库存量出现负数时计划生产”。试制订 2 ～ 8 周的主生产计划。

21. 应用下列信息，参照图 10-11 制订一个主生产计划：在 8 周计划期中每周的预计需求是 50 单位。主生产计划规则是：当计划持有库存数成为负数的时候安排生产。顾客订单（已承诺）数如下：

周数	顾客订单
1	52
2	35
3	20
4	12

假设生产批量为 75 单位且没有期初库存。

22. 求习题 21 中每期的待分配库存数量。

23. 根据图 10-12 为下列情况制订一个进度计划：前两周的预测是每周 80 单位，后三周的预测是每周 60 单位。期初库存是 20 单位。公司用追逐需求策略来决定生产批量，生产批量的最大上限是 70 单位。同样，希望安全库存是 10 单位。

注意：待分配库存（ATP）数量基于允许的最大生产量。

注意：允许出现负的计划持有库存。

顾客订单如下：

期	顾客订单
1	82
2	80
3	60
4	40
5	20

阅读材料　重复订单可能导致产能过剩

我们听说过某人在两条航线上都订了机票，或者订了两个宾馆的房间，他这样做通常因为旅行计划没有安排妥当，而又不想错过这次旅行。之后，这个人会取消其中一组订单。这类重复的订单不仅仅局限于旅游业。麻烦的是，公司是根据需求估计来确定其能力计划的，当有大量的重复订单时，公司很容易高估需求，结果使其能力过剩。在某些情况下，这会导致公司在需求趋于平稳甚至增长的时候扩张。如果公司认为取消订单反映出客户不愿意等待，并通过增加容量进行回应，而实际上，订单取消可能反映了重复订单，这使问题变得更加复杂。

一些半导体公司由于很难区分重复订单和实际需求，因而淡化了订单数据。

但是，弄清楚重复订单非常重要，否则，将重复订单作为实际需求，就会高估需求；将取消的订单作为丢失的销售量，就会高估顾客对延迟的敏感度，然后导致产能过剩。

“最优的能力水平应随顾客对延迟敏感度的提高而增加，所以估计顾客对延迟的敏感度是解决难题的非常重要的部分。”

重复订单使制订能力计划变得非常困难，关键是要仔细估计重复订单率以及由重复订单而导致的订单取消程度。

资料来源：Based on Mor Armony and Erica L. Plambeck, “The impact of Duplicate Orders on Demand Estimation and Capacity Investment.” GSB Research Paper #1740, Graduate School of Business, Stanford University, June 2002.

讨论题

1. 说明顾客的重复订单给公司带来的不利影响。
2. 请给出利用大数据分析技术管理重复订单的思路。

应用案例 EGAD 公司

EGAD 灌装公司最近增加了瓶装矿泉水的品种，其中包括了几种新口味。市场营销经理 Georgianna Mercer 以新产品以及公众对多喝水有益健康的意识增强为基础，预测需求会有上升趋势。她对未来6个月做出了综合预测，如下图所示（单位为箱）：

月份	5	6	7	8	9	10	总计
预测	50	60	70	90	80	70	420

生产经理 Mark Mercer（同 Georgianna 无关）提供了以下信息（成本：千美元）：

正常生产成本	1 美元 / 箱
正常生产能力	60 箱
加班生产成本	1.6 美元 / 箱
转包合同成本	1.8 美元 / 箱
持有成本	2 美元 / 箱
延迟交货成本	不允许
期初库存	0 箱

考虑下列战略：

（1）平稳生产策略，每月加班生产最多10箱。

（2）应用加班、库存以及转包合同组合策略。

（3）每月加班生产最多15箱，并同时用库存来抑制需求的变动。每个月的正常产出相同。

讨论题

1. 目标是选择成本最小的计划。你推荐哪个计划？
2. 如果有关新生产线的信息需要与供应链伙伴共享，请解释与不同的伙伴需要分享什么信息，为什么分享这些信息是重要的？

CHAPTER11 第11章

物料需求计划与企业资源计划

学习目标

通过本章学习，读者应该能够：

（1）描述物料需求计划最适用的条件；

（2）描述物料需求计划过程的输入、输出与性质；

（3）解释主生产进度计划转变为底层细项的物料需求的所需条件；

（4）说明物料需求计划的优点以及所需条件；

（5）描述使用物料需求计划所面临的困难；

（6）描述制造资源计划及其优点；

（7）说明物料需求计划在能力需求计划中的作用；

（8）描述企业资源计划及其作用和隐藏成本。

本章主要描述 MRP（物料需求计划）、MRP Ⅱ（制造资源计划）和 ERP（企业资源计划）。物料需求计划是为组装细项的批量生产制订生产计划和进度安排的技术。本章的前半部分主要讲解物料需求计划，剩余部分主要讲解制造资源计划和企业资源计划，包括在整个组织以及供应链中如何广泛使用软件将数据记录和信息集成起来。

引言

库存管理方式的主要区别在于存储细项的需求性质。当细项需求可根据特定产品制造计划推导得到时，涉及的原材料、零部件、用于生产产成品的组件等细项就会被认为具备**非独立需求**。装入汽车产品的零部件与物料属于非独立需求，因为任一时刻所需零部件与原材料的总量都是汽车生产数目的函数。相反，产成品汽车的需求是独立需求——汽车并非其他任何东西的组成部分。

11.1 物料需求计划概述

物料需求计划（material requirements planning, MRP）是一种为组装产品（如手机、汽车、餐桌以及其他组装产品的主机）制订计划的方法。一些产品是重复生产，而另一些是批量生产的。流程起始于主生产计划。主生产计划确定组装产品（往往指最终产成品）的数量及完成时间。物料需求计划为最终产品制订生

主进度计划：最终细项的数量和完成时间
↓
物料需求计划：获得主进度计划所要求的组件零件和原材料的数量和时间

图 11-1 确定物料需求计划中的数量和时间需获得主进度计划

产计划，该计划用于确定为组装成品而需要的部件、组件，以及原材料的数量和时间。主进度计划和物料需求计划的顺序如图 11-1 所示。

物料需求计划始于最终产品的进度安排，再由它转换为生产成品所需部件、组件以及原材料的进度安排。因此，MRP 用来回答 3 个问题：需要什么、需要多少、何时需要。

MRP 的主要输入内容是一份物料清单，表明了某产成品的主要组成部分；一份总进度安排，表明产成品的需要数量与时间；一份库存记录文件，表明持有多少库存，还需要订多少货等。计划者对这些信息进行加工，以确定计划期间各个时点的净需求。

该过程的输出包括订货计划时间安排、订货免除、变更、绩效控制报告、计划报告、例外报告等。这些专题将在随后章节中细述。MRP 系统概览如图 11-2 所示。

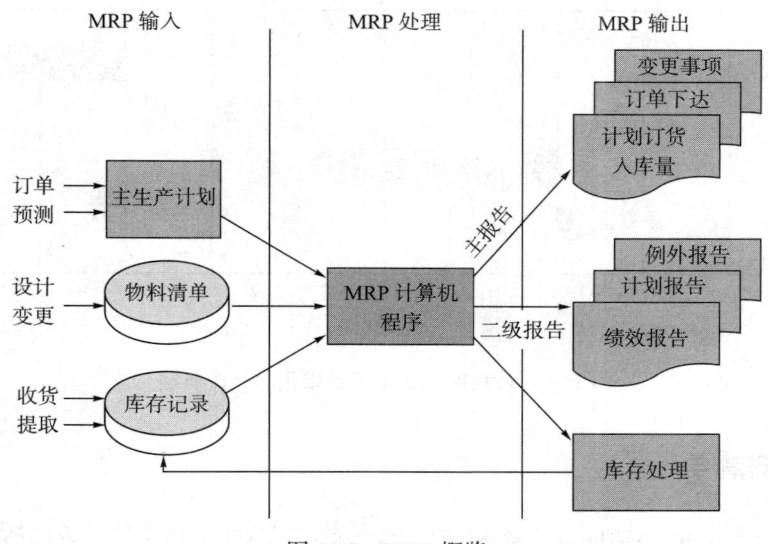

图 11-2　MRP 概览

11.2　物料需求计划的输入

物料需求计划（MRP）系统有 3 个重要信息来源：主生产计划、物料清单与库存记录文件（见图 11-2）。下面分别说明这 3 项输入。

11.2.1　主生产计划

主生产计划，也称主进度计划，主要表明生产哪些最终产品、何时需要以及需要多少数量等。图 11-3 所示的就是在计划期间内最终细项 X 的计划产出的主进度计划的一部分。进度表说明，第 4 周和第 8 周开始时各需要（例如，送货给顾客）100 单位和 150 单位的 X 产品。

周数

细项：X	1	2	3	4	5	6	7	8
数量				100				150

图 11-3　最终细项 X 的主生产计划

主生产计划的数据来源有多个方面，包括客户订单、预测以及仓库信息。

主生产计划将计划期分割成一系列往往用周表示的时间期间或时间单元。然而，时间单元无须等长。事实上，主生产计划的近期往往以周表示，而远期则以月或季表示。通常，远期计划比近期需求更不准确。

尽管主生产计划没有设置其必须要覆盖的期间，许多管理者还是喜欢把计划期间做得远到足以能响应近期的需求变化。生产最终细项主生产进度计划必须覆盖累积生产提前期这一点很重要。连续生产或装配过程所必需的提前期总量如图 11-4 所示，从订购零部件与原材料到最后完成组装过程共需 9 周的生产提前期。注意，提前期除了组装和运行时间外，还包括移动和等待时间。

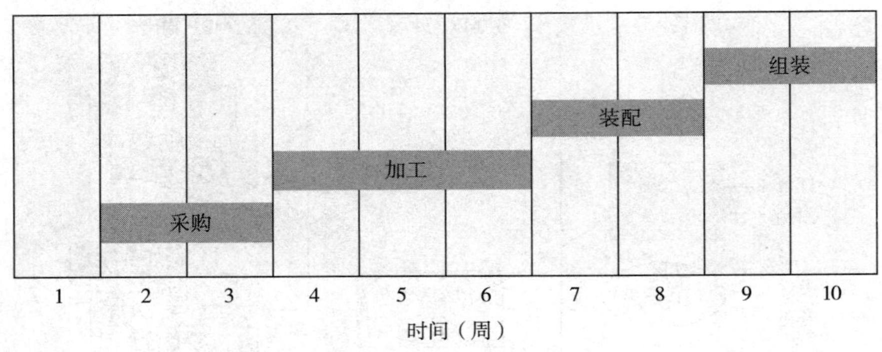

图 11-4　计划期间必须覆盖累积生产提前期

11.2.2　物料清单

物料清单（bill of materials，BOM）是一张列表，包含生产每单位产成品所需要的所有部件、组件、零件与原材料等。因此，每件产成品都有自己的物料清单。

物料清单文件列表是层次结构的，显示每完成一单位下一层次的项目所需各细项的数量。如果你把物料清单想象成一棵能够把产品装配过程所需组件与构件形象地视觉化的产品结构树，它的这种性质就显而易见了。一把椅子的装配图及其产品结构树如图 11-5 所示。椅子的产品结构树图很简单。最终产品（这里的产成品是椅子）在树梢位置，下边就是各个组件或主要构件，只有把它们拼凑在一起才能形成最终产品。在主要构件之下，则是必需的较小构件。沿树向下，显示制作每单位上层细项所需的构件（零部件、材料等）。

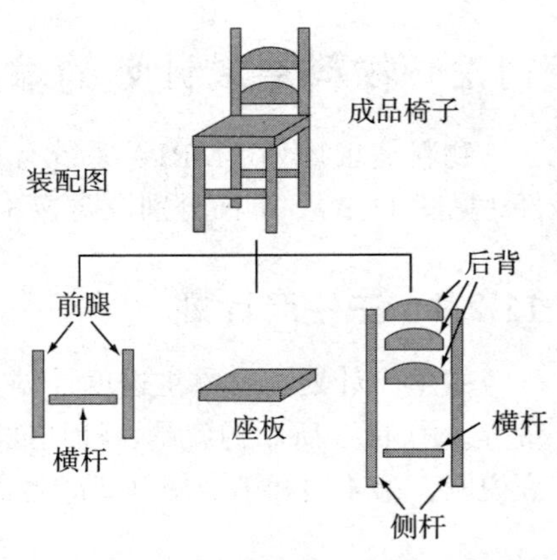

图 11-5　椅子装配图与产品结构树

产品结构树作为一种很有用的工具，说明了物料清单是怎样用来确定为获得期望数量的最终产品所需各成分（必需品）数量的。在结构树的最低层往往是原材料或采购的零件，而位于较高层的项目往往是典型的组件或部件。产品结构树的最低层是供应商所关心的。

现在让我们来看一下如图11-6所示的产品结构树。最终产品X由两个B和一个C组成。此外，每个B需要3个D和1个E，每个D又需要4个E。同样地，每个C又由2个E和2个F组成。这些必备条件分层列示，从最终产品0层开始，然后是1层，依次类推。每一层都是组成上层细项的构件，就像家族树一样，上层是各构件的双亲。注意，产品结构树各细项数量只是完成紧邻上层组件所需的数量。

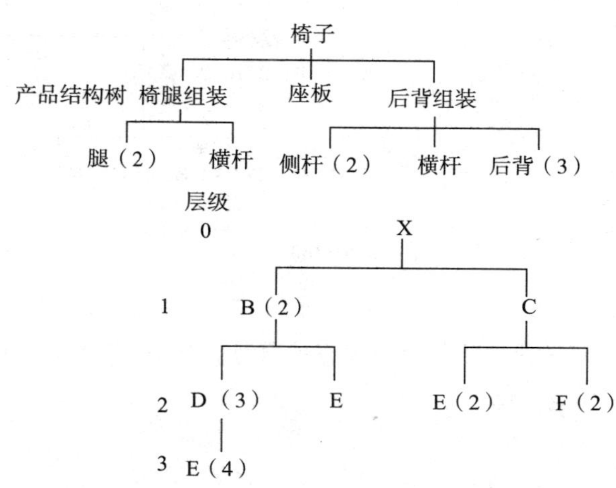

图11-6　最终产品X的产品结构树

例11–1　利用图11-6中的信息求解：

（1）组装一个X需要B、C、D、E、F的数量；

（2）在考虑各种构件的持有（库存）数量的基础上，组装10个X所需这些构件的数量。

组件	现有库存
B	4
C	10
D	8
E	60

解：

（1）

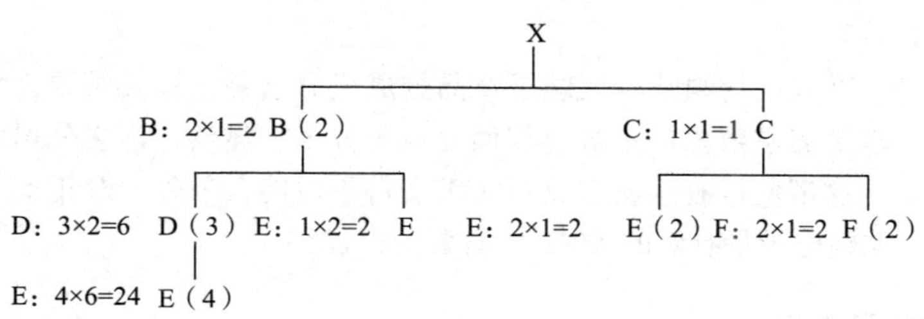

因此，一单位X需要

B：2

C：1

D：6

E：28（注意，E出现在三个地方。我们需要将各数量加总求解出总需要量，即24+2+2=28）

F：2

（2）

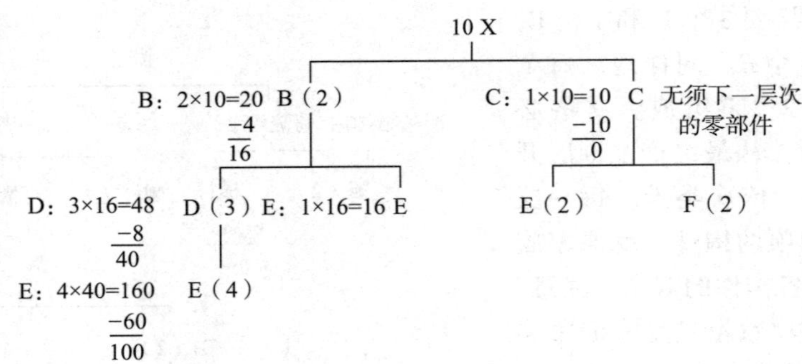

因此，根据持有库存的数量，10 单位的 X 需要

B：16

C：0

D：40

E：116

F：0

求解总需求通常都会比例 11-1 复杂。一方面，许多产品都包含相当多的构件；另一方面，时间的安排问题（即构件必须订货或生产的时间）很关键，必须在分析过程中加以考虑。最后，由于各种原因，还持有（即目前的库存）某些构件 / 组件，因此在求总需求时，务必要除去（例如，从显性需求中减去）持有量方能得到真实需求，正如例 11-1 所描述。

当利用 MRP 系统计算需求时，计算机会逐层展开 BOM，当同一个构件，比如图 11-6 中的 E 出现在不同的层次上时，就要利用**低位码**，这样使得当其他层级出现此构件时都显示在该构件所在的最低层（低位码表示某一构件出现在所有参与 MRP 运算的产品结构中的最低层次）。在图 11-6 中，就相当于将表示在第二层出现的 2 个 E 的竖线拉长到第三层，和本来就在第三层出现的 E 并列。

需要说明的是，准确的物料清单反映了产品构成成分这一点极其重要，特别是某一个层次的失误会因用来求解需求数量的乘数过程而变得十分大。显然，许多公司发现自己在使用不正确的物料清单。这都使得有效决定物料需求变得不可能，另外，改正这些数据的工作也变得复杂和耗时。准确记录是有效的 MRP 的必要前提。

11.2.3 库存记录文件

库存记录文件按照时间周期存储各细项的状态信息，包括需求总额、预期收货量以及期望持有量，还包含各细项的其他细节，诸如供应商、生产提前期、订货批量等。由于收发形成的库存变化、订单取消以及类似事件都记录在此文件中。

与物料清单一样，库存记录文件也务必准确。当持有数量不正确，或期望送货时间不恰当时，这些关于需求或提前期的错误信息都会对 MRP 造成有害影响，产生混乱。

11.3 物料需求计划的处理逻辑

MRP 流程先用主生产计划确定最终产品需求量，再利用组件、部件、原材料的物料清单并考虑提前期，确定各时期需求。如图 11-7 所示，你会在装配时间表上发现各时期的需求。例如，原材料 D、F、I 必须在第 2 周开始时订货，部件 C 在第 4 周开始时订货，部件 H 在第 5 周开始时订货，才能按计划进行送货。

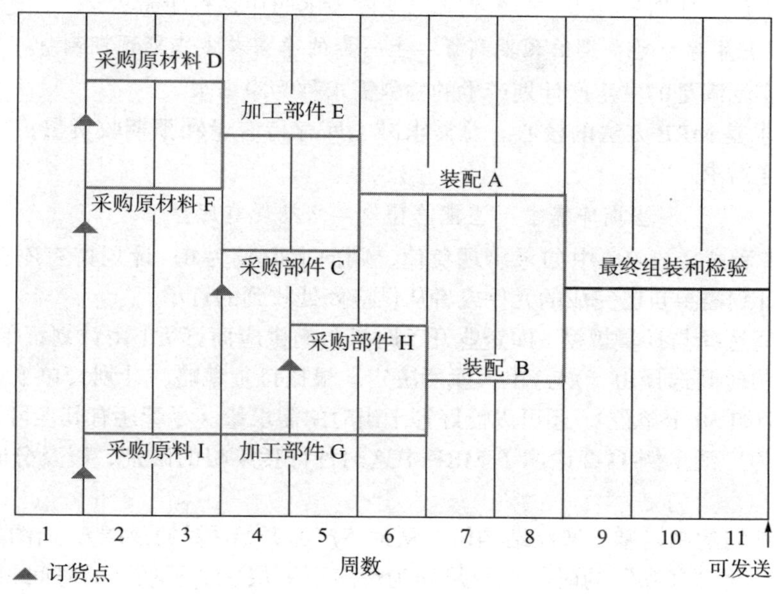

图 11-7　装配时间表显示了满足最终产品进度安排的物料订货点

MRP 处理的结果是将时间与展开项相结合，并转化成一个计划表，其形式如下表所示。

周数	期初库存	1	2	3	4	5	6	7	8
细项									
总需求									
预期到货									
预期库存									
净需求									
计划订单入库									
计划订单下达									

表中各术语定义如下。

总需求：不考虑持有库存量时，某细项或原材料在各周期的期望总需求。最终产品的总需求量可以在主进度计划上找到，各组件的总需求量则源于其直接“父项”的计划订单下达数量。

预期到货：已经向供应商发出的，并计划在各期期初收到的在途订货。

预期库存：各期初始期望的库存持有量，即预期到货量加上期期末库存。

净需求：各期实际需求量。

计划订单入库：各期初始期望收到的订货量。在配套订货条件下，它等于净需求。在批量订货条件下，它比净需求大。超出部分被加到下期库存中，表示其在下期可供使用。

计划订单下达：各期计划发出的订货量，它等于考虑提前期的提前量后计划收到的订货量。此数将产生装配链或生产链下一层次的总需求。订货结束，就从“计划订单下达”中移出，进入“预期到货”。

按物料清单展开得出的数量是总需求，它尚未考虑库存持有量与即将收到的订货量等因素。厂商根据主进度计划生成的、必须满足的实际需求叫作物料净需求。

$$当期现有库存 = 前一期的预期到货 - 上一期的净需求 + 当期预期到货 \quad (11\text{-}1)$$

公司必须实际满足的主生产计划产生的物料需求称为净需求。

确定净需求是 MRP 方法的核心。总需求减去库存持有量和预期收货量，再加上安全库存，就可求得净需求。

$$当期净需求 = 当期总需求 - 当期现有库存 \quad (11\text{-}2)$$

式（11-1）和式（11-2）中如果出现负值，则向上取整为 0。计划持有库存包括预期到货，也就是按计划需要自己完成的元件或者从供应商处收到的订单。

订货的时间选择与批量规模（即企业开工时机与向供应商订货）由计划订单下达所决定。接收特定货物的时间选择由计划订单入库所决定。根据订货策略，计划订单下达可以是指定数量的倍数（例如 50 个单位），还可以恰好等于当时的需求量。尽管还有其他可能性，但这两种似乎运用最为广泛。例 11-2 说明了 MRP 中这两种订货策略的区别，以及分时物料需求的基本概念。

物料需求计划的制订基于产品结构树。从最终产品开始（树的顶端），向图的下端一层一层地确定需求。将“父项”的时间和数量作为确定下一层次“子项”的时间和数量的基础。然后，此层次子项又成为下一层次的父项，等等。

例 11-2 生产木制百叶窗和书架的某厂商收到两份百叶窗订单：一份要 100 个百叶窗，另一份要 150 个百叶窗。在当前时间进度安排中，100 单位的订单应于第 4 周开始时运送，150 单位的订单则于第 8 周开始时运送。每个百叶窗包括 4 个木制板条和 2 个框架。木制部分是工厂自制的，制作过程耗时 1 周。框架需要订购，订货提前期是 2 周。组装百叶窗需要 1 周。第 1 周（即初始时）的预期到货数量是 70 个木制板条。为使送货满足如下条件，求解计划订单下达的订货规模与订货时间：

（1）按需订货（即计划订单下达等于净需求）；

（2）订货批量为 320 个框架与 70 个木制板条的生产批量订货。

解：

（1）制订主进度计划：

周数	1	2	3	4	5	6	7	8
数量				100				150

（2）确定产品结构树：

百叶窗
- 框架（2）
- 木制板条（4）

（3）利用主进度计划，求解百叶窗总需求，然后再计算净需求。假设在按需订货条件下，求解满足主进度计划的时间安排的计划订单入库与计划订单下达数量（见图 11-8）。

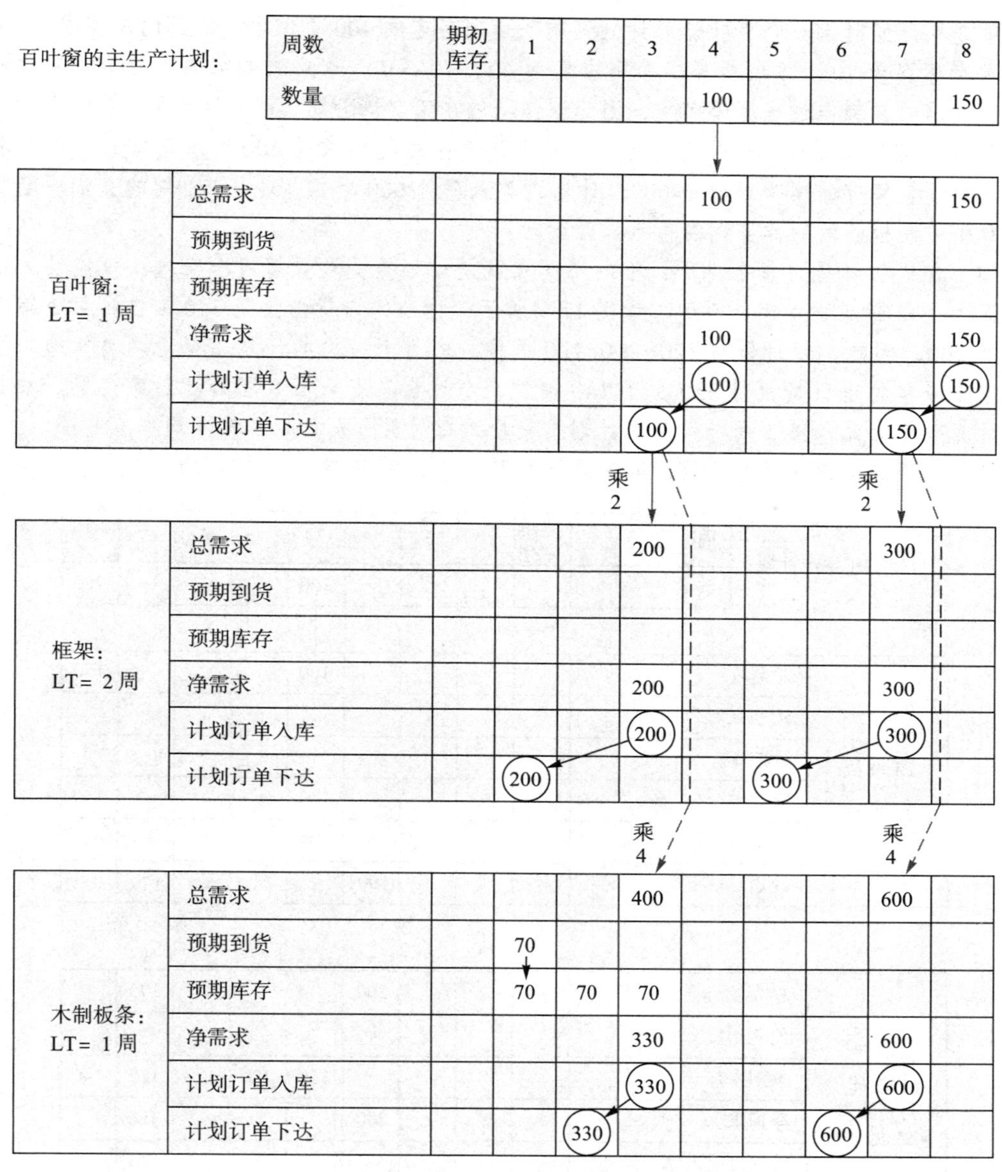

百叶窗的主生产计划：

周数	期初库存	1	2	3	4	5	6	7	8
数量					100				150

		期初库存	1	2	3	4	5	6	7	8
百叶窗：LT= 1 周	总需求					100				150
	预期到货									
	预期库存									
	净需求					100				150
	计划订单入库					100				150
	计划订单下达				100				150	
框架：LT= 2 周	总需求				200				300	
	预期到货									
	预期库存									
	净需求				200				300	
	计划订单入库				200				300	
	计划订单下达		200				300			
木制板条：LT= 1 周	总需求				400				600	
	预期到货		70							
	预期库存		70	70	70					
	净需求				330				600	
	计划订单入库				330				600	
	计划订单下达			330				600		

图 11-8　按需订货下的 MRP 时间进度安排

主进度计划显示需要运送 100 个百叶窗，在第 4 周开始时没有预期库存，因此净需求也是 100 单位。于是，第 4 周的计划接受数量等于 100 个百叶窗。由于装配百叶窗耗时 1 周，这就意味着计划订单下达在第 3 周开始时。运用同样的逻辑，150 个百叶窗必须在第 7 周组装，这样才能在第 8 周运送出去。

在第 3 周开始时 100 个百叶窗的计划订单下达，指的是那时必须得到 200 个框架（总需求）。因为没有预期持有量，净需求就是第 3 周开始时的 200 个框架，以及必备条件：200 个框架的计划订单入库。交货周期为 2 周意味着厂商必须在第 1 周开始时订购 200 个框架。同样，第 7 周时 150 个百叶窗的计划订单下达产生第 7 周的总需求与净需求：300 个框架，以及当时的计划订单入库。2 周的交货周期表示厂商必须在第 5 周开始时订购框架。

第 3 周开始时 100 个百叶窗的计划订单下达同时生成 400 单位木制板条的总需求。然而，由于预期库存为 70 个木制板条，净需求即为 400−70=330。这意味着第 3 周开始时的计划接受为 330 单位。制作过程历时 1 周，因此制作必须在第 2 周开始（计划订单下达）时进行。

同样，第 7 周 150 个百叶窗的计划订单下达产生的总需求是 600 个木制板条。由于木制部分没有预期库存，净需求也是 600，计划订单入库是 600 单位。此外，1 周的交货周期意味着 600 个木制板条的制作安排在第 6 周开始时。

（4）在进货批量订货条件下，唯一不同点就是计划接受数量超过净需求的可能性。超过部分记为下一期计划库存。例如，如图 11-9 所示，框架的订货批量是 320 单位，第 3 周的净需求是 200，因此，超过量为 320−200=120 单位，成为下一周的计划库存量。类似地，框架净需求 180 单位比订货批量 320 少了 140 单位，超过量又变为第 8 周的计划库存量。木制板条的计算也是如此，第 3 周与第 7 周计划接受量的超过量分别加到了第 4 周和第 8 周。注意，订货批量必须是批量规模的倍数，第 3 周是 5 乘以 70，第 7 周是 9 乘以 70。

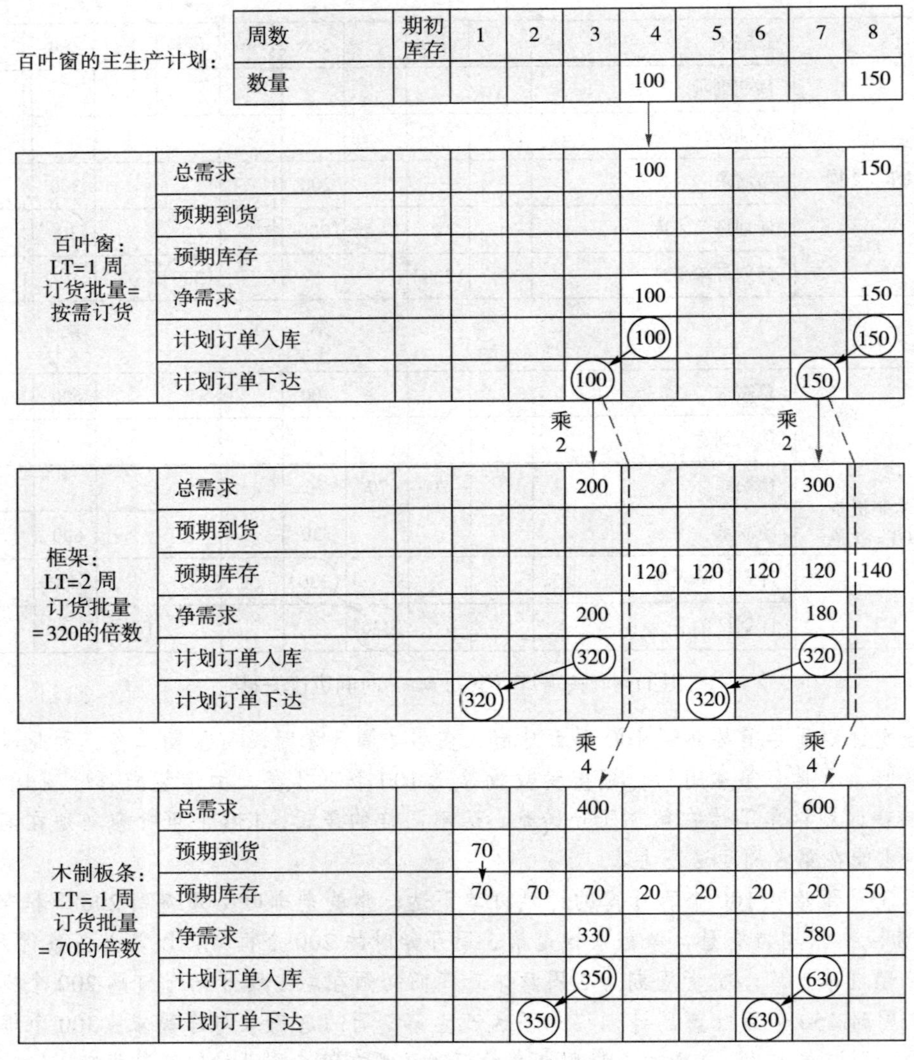

图 11-9 进货批量下各部件的时间进度安排

MRP 为最终产品及其各组件、部件做出了计划。从概念上说，其数值可以用图 11-10 描述出来。但实际上，即便是比较简单的产品的部件数量，也足以生成宽度令人无法控制的表格。因而，如前例所示，计划是由个别部件堆砌起来的。正因如此，产品树对于追踪各部件之间的关系来说显得极为重要。

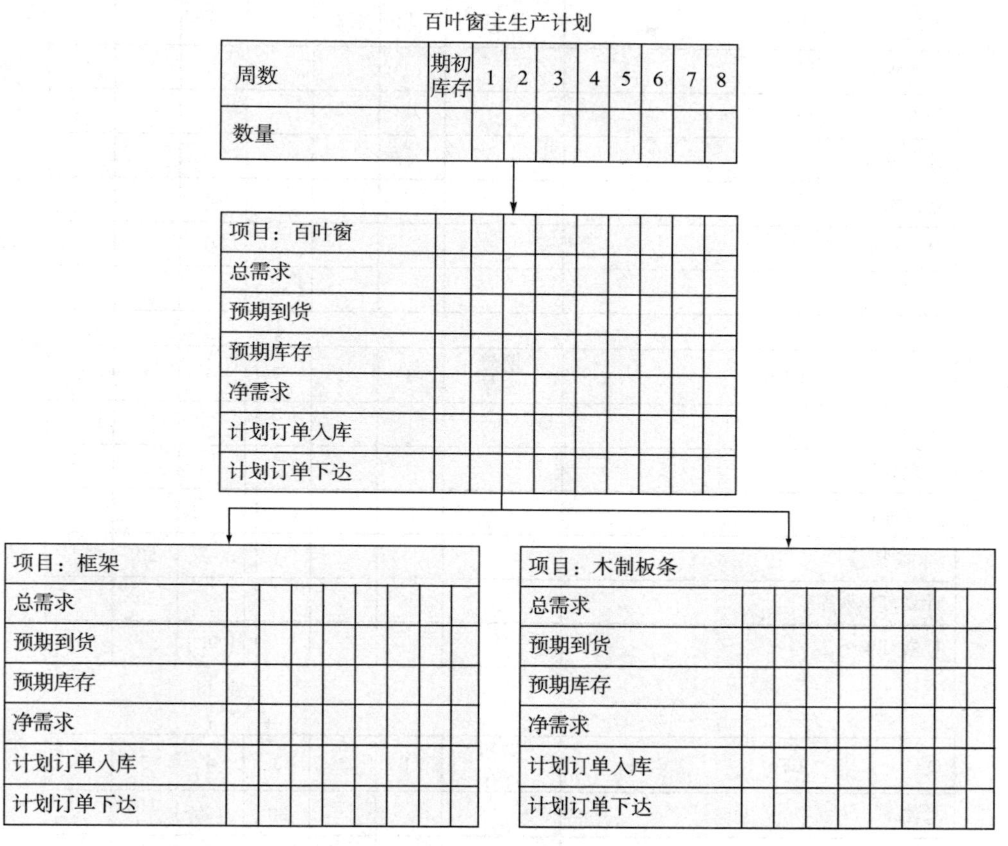

图 11-10　各层净需求决定下一层的总需求

例 11-2 对描述 MRP 过程的主要特性非常有用，而对追踪物料需求，尤其是同一种组件、部件、原材料用于许多不同产品的情形时的庞大任务量只是轻轻带过而已。需求时间、需要量的不同、延迟送货导致的计划修正、高的废品率、取消订单等都将对 MRP 过程有所影响。

我们来考虑一下图 11-11 所示的产品树。注意，两种产品都有 D 组件。设想一下，我们根据下列附加信息来为 D 制订一个物料需求计划：在期初有 110 单位 D 的持有库存，所有细项的生产提前期都是一周。计划如图 11-12 所示。还需要注意的是，由于 B 和 F 都与 D 无关（既不是"父项"也不是"子项"），所以没有表示出 D 对 B 和 F 的需求。

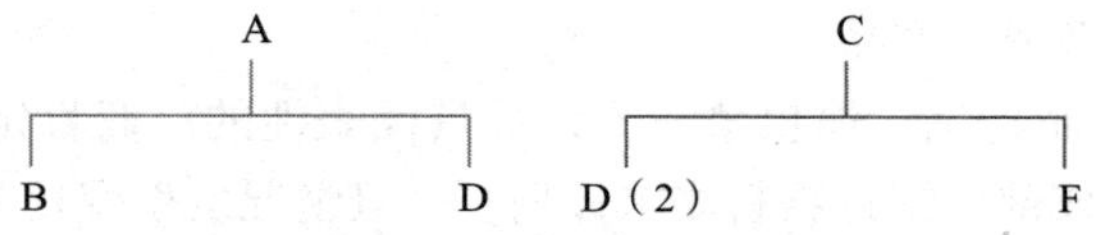

图 11-11　都有 D 组件的两种不同产品

主生产计划

周数	1	2	3	4	5	6
A的数量				80		
C的数量					50	

A　LT = 1	期初库存	1	2	3	4	5	6
总需求					80		
预期到货							
预期库存							
净需求					80		
计划订单入库					80		
计划订单下达				80			

C　LT = 1	期初库存	1	2	3	4	5	6
总需求						50	
预期到货							
预期库存							
净需求						50	
计划订单入库						50	
计划订单下达					50		

乘2

D　LT = 1	期初库存	1	2	3	4	5	6
总需求				80	100		
预期到货							
预期库存	110	110	110	110	30		
净需求					70		
计划订单入库					70		
计划订单下达				70			

图 11-12　D 组件的物料需求计划

术语**“追溯”**（pegging）表示该流程的反向运行，即识别像 D 这样已经生成了一系列物料需求的双亲细项。尽管该过程在本章所示的产品树与时间进度表上看来很简单，但涉及产品越多，过程就会越复杂。追溯可以告诉管理者当因延迟送货、质量或其他问题而使订货不能按时进行时影响将会波及哪些产品。

计算机的重要性显而易见，你想象一下，最具代表性的厂商肯定有不止一种最终产品，为此它需要为每一个组成部件制订物料需求计划。一旦情况发生变化或者进度做了重新安排，就必须修正持有库存与订购、进度安排、订货发布等。没有计算机的辅助，绝对完不成这些任务；有了计算机，计划编制者就能不那么费劲地达到这些目标。

MRP 系统的更新

物料需求计划不是静态的文档。随着时间的推移，有的订货已经完成，有的接近于完成，新订单又马上要进入。另外，订单本身可能发生变化，比如部件或原材料的数量变化、延迟或没有送货等。因此，物料需求计划是一个"活的"文件，随时间变化而变化。我们所指的"第一期"（即当期）始终在向前移动，现在的第二期很快就会变成第一期。时间进度安排呈滚动式，这意味着计划是不断更新与修正的，只有这样它们才能反映以后各期的情况。

有两个基本系统是用来更新 MRP 记录的，分别是**再生系统**（regenerative system）与**净变化系统**（net-change system）。前者定期更新；后者则是不断更新。

再生系统实质上是一个批类型系统，它将发生于某时间间隔（如周）的所有变化（如新订单、货物接受等）编辑在一起，然后定期更新系统。这样运用信息，修订后的生产计划与最初计划的生成方式（如一层层地剖析物料清单）就完全一样了。

在净变化系统中，生产计划的修正反映的是刚发生的变化。如果必须要把某些有缺陷的零部件退还给供应商，管理者就要在知道这件事时将其记入系统。只有一层一层地剖析整个系统的所有变化，整个计划才不必再生。

再生系统适用于相对稳定的系统，而净变化系统则适于经常变化的系统。再生系统的明显缺陷是，在得知信息与将其并入物料需求计划之间，有着潜在的时滞。而在另一方面，再生系统处理成本较低，特定时期内的各项变化最终可能相互抵消，从而避免对修改的计划再修改。净变化系统的缺陷与计算机不断更新系统的处理成本有关，许多小的变化使系统始终保持动态。有一种解决方法就是定期记录小变化，立刻记录大变化。净变化系统的主要优点是管理者能够获得用于制订计划和控制目的的最新计划信息。

11.4　物料需求计划的输出

MRP 系统能够向管理者提供相当多的输出信息，通常分为主报告与二级报告，前者是主要报告，后者则是可选输出。

1. 主报告

生产、库存的计划与控制是主报告的重要组成成分，这些报告通常包括以下内容。

- 计划订单，指明了未来订单的数量与时间的进度安排。
- 订单发布，授权执行计划订单。
- 计划订单的变化，包括预计日期、订货数量的改变与取消订单等。

2. 二级报告

绩效控制、计划和例外情况都属于二级报告。

- 绩效控制报告评价系统运作状况，帮助管理者衡量实际偏离计划的程度，包括送货遗漏与缺货；此外还提供用于评定成本绩效的信息。

- 计划报告有助于预测未来库存需求，包括采购协定以及其他用于评价未来物料需求的信息。
- 例外报告引起人们对重大差异的注意，重大差异包括最新订单与到货延迟、过多的残次品、报告失误、对不存在的部件的需求等。

大量的输出往往能满足 MRP 使用者的各种需要。

11.5 使用物料需求计划时需要考虑的其他事项

除输入、输出、制作过程之外，管理者还需要了解 MRP 许多其他方面的内容，包括安全库存、批量规模选择、MRP 关于产品的可能应用等。

11.5.1 安全库存

从理论上说，非独立需求的库存系统不需要在最终产品层次设置安全库存，这是 MRP 方法的主要优点之一。想象一下，一旦主进度计划确定下来，管理者就能够对耗用量做出计划，因此无须设置安全库存。然而，实际上仍然有例外发生。例如，瓶颈工序或残次品率剧增会使后续工序缺货。进一步来讲，如果发生到货延迟、制造或装配时间超过预期时间等情况，都会产生缺货。从表面上看，在这些情况下使用安全库存有助于维持正常生产，但要应对细项会出现的各种情况（诸如组装产品的多层次情况），问题就变得复杂得多，因为任一组成部件的缺货都将妨碍最终产品的制造。因此，由于持有所有底层细项的安全库存，MRP 失去了一个主要优点。

MRP 系统处理这些问题的方法有好几种。管理者首先识别可能发生变化的活动或业务，确定变化范围。如果交货周期可变，安全时间的概念就代替了常用的安全库存概念。这样的结果是为了消除（实质上是减小）等待细项的概率，在需要之前就充分地考虑和安排好订货的到达与完成。当数量趋于可变时，保持一些安全库存确有必要，但管理者必须仔细权衡需求与持有额外库存的成本之间的利害关系。管理者往往选择持有最终产品的安全库存，以防随机需求。此外，当安全时间不可行时，他们还为一些底层作业准备安全库存。

精确的生产提前期往往很重要，尤其当计划目标恰好在需要零部件与物料之前的很短时间内到货时。过早到货增加库存持有量和持有成本，但延期到货又会造成严重的破坏性后果，可能使所有后续作业都延期。了解这一点，管理者就可以扩展使用交货周期（即使用安全时间），尽量早到货，但这与生产进度安排中准时到达订货的目标相抵触。

如果需要安全库存，计划订单下达数量就会由于指定项目的安全库存量而有所增加。

11.5.2 批量规模

确定订货或生产的批量规模，是独立与非独立需求细项库存管理的一个重要问题，这就叫作批量规模。对于独立需求细项，管理者经常使用经济订货量和经济生产量。而对于非独立需求细项，则有许多种计划可以用来确定批量规模，主要是因为没有一种计划比其他计划的优点更显著。下文将介绍几种最常用的批量规模计划方法。

独立与非独立需求系统库存管理的主要目标都是使订货成本（或备货成本）与持有成本之

和最小。独立需求细项的需求在计划期（如 6 个月）内往往呈均匀分布；而非独立需求细项的需求则更显块状，计划周期也更短（如 3 个月），因此经济订货批量也更难确定。这种情况如图 11-13 所示，期间需求从 1 到 80 单位变化，并且没有一个需求批量在给定期间内有所重复。

	时期				
	1	2	3	4	5
需求	70	50	1	80	4
累积需求	70	120	121	201	205

图 11-13　部件 K 的需求

管理者通过成组订货可以更加经济，如果之前一直持有额外库存而发生额外成本，将会节约备货或订货成本。出于种种原因，做决定有时很复杂。第一，把期间需求合并为单个订单，特别是中层或最终细项，就会沿产品树向下产生重重影响；也就是说，为了成组，必须聚合树底层的细项，将它们的备货与持有成本也考虑进来。第二，不平滑的期间需求与较短的计划期需要不断地重算和更新订货规模。不必惊讶，安排订货规模的方法有非常复杂的，可能包括所有的相关成本，但也有相当简单的，极易使用和理解。某些情况下，简单方法似乎更接近于成本最小，尽管普遍的应用很难达到。现在让我们来看一看这些模型。

1. 按需订货

所有方法中，最简单的也许就是按需订货模型了。各期订货或运作规模与当期需求相当。例 11-2 说明的便是这种方法。不仅订货规模明显可得，实质上还消除了跨期持有库存的持有成本。因此，按需订货方法的库存投资最小。它有两个主要缺点，即各期订货规模都有所不同，因此无法使用比较经济的固定订货批量（如标准货柜或其他标准过程），每期都需设置新的订货规模。如果备货成本能够大大降低，那这种方法就不失为一种成本最小的订货批量确定方法。

2. 经济订货量模型

有时我们也用经济订货量模型（EOQ）。如果耗用量比较均衡，它也能使成本最小。这种情况往往发生在普遍适用于多个不同双亲的底层细项或原材料。然而，需求越呈块状，这种方法就越不适用。由于最终细项层次需求的块状趋势最明显，EOQ 模型对最终细项的适用性比对更低层次的细项与物料的适用性更差。

3. 固定间隔订货

这种订货方法覆盖部分预订期间（如两或三期）。有时，时间跨度只是随机产生的，而另外一些时候，对历史需求的回顾会使固定期间长度的确定更为合理。一个简单原则是，间隔两期订货。一旦有更好的想法，该原则便相应修正。如图 11-13 中所示需求，利用两期原则，120 单位的订货批量将覆盖最初两期，而后两期的订货批量是 81 单位。然而，第 3 期、第 5 期需求太小，根据常识将它们合并为 80 单位，即订购 85 单位。

4. 其他模型

还有其他模型，如部分周期模型和 Wagner-Whitin 模型，用于确定批量规模，这超出了本书的范围。

11.6　服务行业中的物料需求计划

MRP 既可应用在制造行业中，也可应用在服务行业中，如涉及部分产品和原料的产品 –

服务包，或服务。

产品 – 服务包的一个例子就是公共饮食服务，特别是要求为很多人准备和提供饮食的情况。要想估计订单的数量和成本，经理不得不确定菜单上每个菜的成分数量（即物料清单），这些成分与要准备的每个菜的数量结合起来就可以得到为该订单制订的物料需求计划。

同样的例子出现在大规模项目中，例如体育馆或酒店。为了成本预算和进度安排的目的，很多重复的动作和相关原料必须考虑到成本中。

11.7 物料需求计划的优点与实现条件

11.7.1 优点

对于典型的制造型或装配型运作过程来说，MRP 有许多优点，包括：

- 在制品库存水平低；
- 能够追溯物料需求；
- 能够根据给定的主进度计划估计生产能力需求；
- 更容易分配生产时间；
- 用反冲很容易决定库存的使用。

反冲就是周期性地将一个产成品的 BOM 展开，以计算为生产此成品所需各个构件的数量，而无须在生产车间收集诸多的构件使用信息。

典型的制造业公司里有不少人都是 MRP 系统所提供信息的重要用户，生产计划者显然更是 MRP 的用户了。生产经理必须使各部门工作负荷保持平衡，确定作业进度；车间领班负责下达工作订单，保证生产进度，他们都严重依赖 MRP 的输出。MRP 的其他用户，包括客户服务代表，必须按照预订交货期向客户供货，还有采购经理以及库存经理。MRP 的优点在很大程度上有赖于计算机的使用，因为只有这样才能保证最新的物料需求信息。

11.7.2 实现条件

为了贯彻实施高效的 MRP 系统，必须有：

（1）计算机及必备软件，用来计算和维护记录。

（2）准确及时的：

- 主进度计划；
- 物料清单；
- 库存记录。

（3）完整的文件数据。

准确的数据对 MRP 系统来说非常重要，库存记录或者 BOM 的错误会导致诸如缺件、部分构件订购过多而另外一些则订购过少、构件不能按时到货等问题，所有这些问题都可能导致资源利用不充分，错过交货期，从而导致不能达到期望的客户服务水准。企业应当有一套标准的流程来维护和更新 BOM 数据。

其他常见的问题包括提前期的不确定，不按照 BOM 来生产，以及在按客户需求定制产品时没有相应地变更 BOM 等。

同样，不准确的预测会带来严重的后果，如果预测过于乐观，则库存的持有成本相对增加，这些库存要么是成品，要么是原材料。相反，如果预测数量过低，则导致缺货，因而为了组装产品来降低缺货，获得所需要的零部件就需要长的提前期。

11.8　制造资源计划

物料需求计划是为了制造企业更精确地计算生产一件产品需要什么原料，以及所需原材料的时间和数量而发展起来的。**制造资源计划**（manufacturing resources planning，MRP Ⅱ）是在 20 世纪 80 年代，由于制造企业有了更多的需要而从物料需求计划中衍生发展出来的。它并没有替换 MRP，也不是其改进版本。然而，它将资源计划范围扩展到包括能力需求计划，以及诸如营销和财物这样包含在计划流程中的其他企业职能。

物料需求计划是整个过程的核心，如图 11-14 所示。整个过程始于各个需求的集成（如公司订单、预测、安全库存等）。生产、营销与财务人员的工作都按照主生产计划进行。尽管制造人员在确定进度计划时是一项重要的输入内容，在执行时负主要责任，也不能排除营销与财务也是重要的输入内容，也负很大责任。把这些职能合并在一起，增加了制订计划并使计划适合于其间每一个人的可能性。另外，由于每一职能区域都牵涉到计划的明确叙述，他们对计划便有着合情合理的了解，也更有理由去实现它。

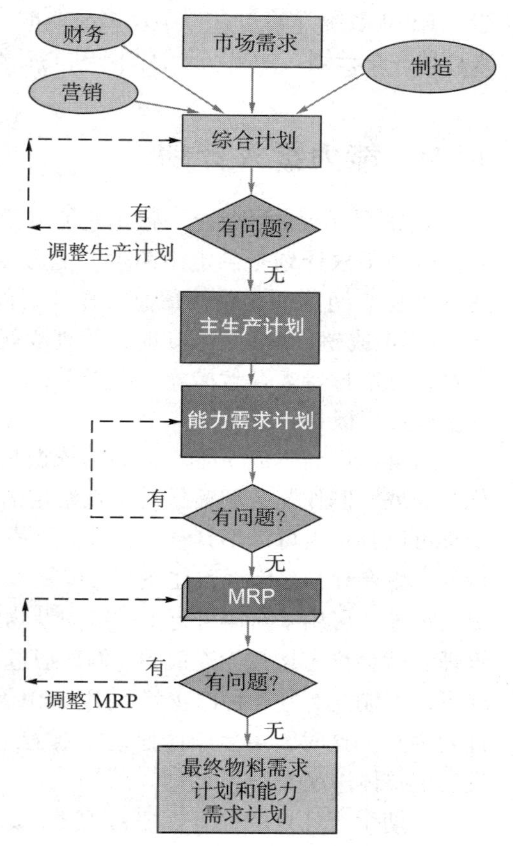

图 11-14　制造资源计划概览

除了制造资源显然需要用来支持计划之外，财务资源也需要并且必须用于计划，无论是在数量上还是时间上。同样，在整个过程中，营销资源也会被不同程度地利用。为使计划可行，公司必须在需要时获取所有必需资源。通常，都会在评估各种资源可用性的基础上对最初的计划进行修订。只要把它们确定下来，主生产计划就能确定。

这时，物料需求计划就可以运行生成物料与进度需求了。然后，管理者必须制订更加详细的能力需求计划，以确定这些特定的生产能力需求是否能够得到满足。也可能需要对主生产计划进行再一次调整。

当计划下达，实际工作开始进行后，会有各种各样的报告来帮助管理者监控整个过程，采取必要的调整措施保证生产正常进行。

实际上这是一个连续的过程，为达到公司目标，必须时常更新与修正主生产计划。控制整个过程的商业计划通常也要经受变化，尽管它们比底层（即主生产计划）变化少得多。

多数制造资源计划系统能够进行仿真模拟，使管理者明确各种假定方案的结果，这样他们就能对各种可选方案及其后果进行更好、更正确的评价。

闭环 MRP

MRP 在最初提出的时候，还没有能力评估一个建议的计划的可行性（即是否在每个层级上面都有足够的能力来完成计划）。因此，既没有办法在计划执行之前知道是否可以完成计划，也没有办法在计划执行之后知道计划是否已经完成。因此，每周必须制订一个新的计划。当 MRP Ⅱ 系统开始包含一个反馈机制时，就被称为闭环 MRP。该系统可以参考可用的产能来评估一个计划。如果一个计划不可行，则需要重新修订，这种评估也被称为能力需求计划。

11.9 能力需求计划

MRP 最重要的特性之一便是它能够帮助管理者进行能力需求计划的制定。

能力需求计划是确定短期生产能力需求的过程。其中，必须输入项有 MRP 计划订单下达、当前车间负荷、路线信息、作业时间等。输出则包括各工作中心的负荷报告。当变化（负荷不足或超负荷）可预期时，管理者就会考虑诸如选择路线、改变或消除批量规模或安全库存、分割批量等补救措施。由于存在优先需求与构成部件可获得量的限制，向前或向后移动生产过程极具挑战性。

通常，厂商生成主生产计划的依据是“需要的”而不是“可能的”细项。当最终细项转化为获取、制作与装配需求时，在给定的运作系统限制与物料的可获得条件下，最初的进度安排可以具备也可以不具备可行性。不幸的是，MRP 系统无法区分可行的主生产计划与不可行的主生产计划。因而，往往有必要在 MRP 系统中全程运行一个建议版主生产计划，以获得更为清晰并可用来对比可行生产能力及物料的实际需求。如果发现现有的主生产计划不可行，管理者就会决定增加生产能力（例如通过加班或分包等），或者修正主生产计划。在第二种情况下，可能会有好几种修正版，用 MRP 系统全程运作每一个版本，直到获得最可行的主生产计划为止。这时，主生产计划就冻结了，至少在短期之内如此。然后管理者从主生产计划出发确定整体进度安排。

短期生产计划的稳定性非常重要，如果没有它，订货数量或时间的种种变化将使物料需求计划丧失作用。术语“系统紧张”（system nervousness）描述的是系统对变化的反应方式。有时，反应可能会比最初的变化大得多。例如，靠近产品树顶端的一个小变化波及的将是许多底层部件，导致订货数量与许多组成部件的生产进度变化。反过来，这种情况还会在系统的许多部分形成排队等候，最终导致订货延迟、在制品增加以及增加持有成本等。

为避免发生此类问题，许多厂商建立了一系列时间间隔，即前面介绍过的时间围栏，在此期间变化可以转化为订货。例如，某厂商规定的时间围栏是第 4、8、12 周，靠得最近的围栏限制条件最多，最远的则限制最少。超过 12 周以后，变化是被允许的；从第 8 周到第 12 周，允许用一种最终细项代替另外一种最终细项，但是生产计划绝不做任何妥协；从第 4 周到第 8 周，计划是冻结的，只允许很小的变化存在。4 周之内，计划就冻结了。

有些公司用的是两个围栏：一个是短期需求围栏，另一个则是长期计划围栏。例如，需求围栏可能是从现在算起的 4 周，而计划围栏可能在 10 周以后。短期内，客户订单的接受优于远期预测。在超越计划围栏的时间里，可以在主生产计划中插入新订单。在需求围栏与计划围栏之间，一旦发生变化，管理者就必须交替使用两者，除非有望获得剩余生产能力。

在建立时间围栏的过程中，管理者必须权衡生产计划的稳定性与快速回应新订单的竞争优势可能产生的负面影响之间的利弊。

生产能力计划过程始于必须进行的可行性测试，并且可能会在真正执行之前有修正的或暂定的主生产计划。用 MRP 处理建议时间表，以证实其所生成的物料需求。然后再将它们转化为资源（例如生产能力）需求，通常以各部门或作业中心的一系列**负荷报告**的形式，利用它们比较已知与预期的未来生产能力需求，和预计可获得生产能力。负荷报告如图 11-15 所示，显示了现有作业的预期资源需求（即耗用量）、计划订单以及计划期内的预期订单。此类信息给定之后，管理者就更容易确定生产能力是否足以满足这些需求了。如果生产能力充足，他就可以冻结主生产计划中生成这些需求的部分。在图 11-15 中，第 4 期的计划订单下达将引起超负荷运作。然而，似乎可以通过稍微转移一些订单到相邻期间来适应需求。类似地，超负荷好像还会出现在第 11 期，并且似乎也可以通过转移少量订单到相邻期间来进行处理。在生产能力欠缺的情况下，一旦可能且划算，管理者也许会增加生产能力（通过安排加班、从其他地方调人或分包某些工作等），或者修正主生产计划，并重复刚才的过程，直到获得一份可行的生产计划。

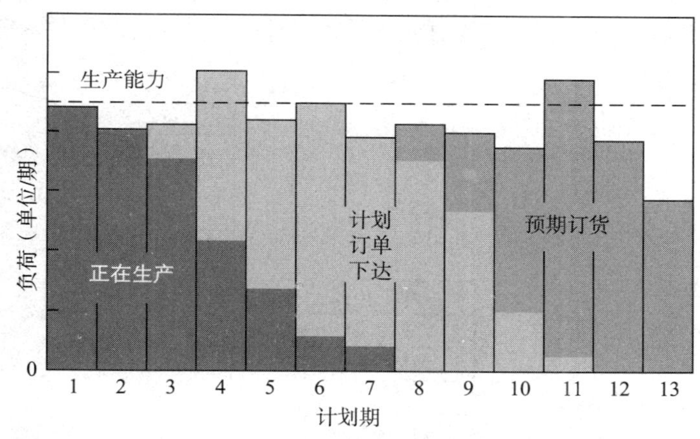

图 11-15　某假定部门的负荷报告

如果必须修正主生产计划，就意味着管理者必须指派订单优先级，因为有些订单将会比最初计划结束得晚。

关于生产能力负荷报告有一点需要注意。负荷报告通常描述的是大致情况，无法完全展现出生产中的真实一面，因为负荷不考虑进度安排与排队阻塞等情况。因此，即使在负荷报告表明生产能力足以应对计划负荷的情况下，对系统进行备份也是有可能的。

能力需求计划的一个重要方面是把数量需求转化为人工与机器需求。为得到此值，需要将各期数量需求乘以每单位标准人工与 / 或机器需求。比如，假设进度安排中有 100 单位的 A 产品在制作部门，每单位的人工标准时间为 2 小时，机器标准时间为 1.5 小时，那么 100 单位的 A 转化成的生产能力需求就是

人工：100 单位 ×2 小时 / 单位 = 200 人工小时

机器：100 单位 ×1.5 小时 / 单位 = 150 机器小时

然后用求得的生产能力需求对比可用于各部门的生产能力，以确定该产品利用生产能力的程度。比如，假设该部门可用 200 个人工小时与 200 个机器小时，那么人工利用率达到了 100%，因为该产品需要全部的人工生产能力。然而，机器生产能力未充分利用。

$$\frac{\text{需要的}}{\text{可用的}}\times 100=\frac{150\text{ 小时}}{200\text{ 小时}}\times 100=75\%$$

未充分利用意味着未用的生产能力还能用于其他产品；过度利用则指可以使用的生产能力不足以应对需求。为弥补不足，必须重新安排生产或者延长工作时间。

供应链的配送资源计划

配送资源计划（distribution resource planning，DRP）是用来对供应链中的订单进行计划的一种方法。它是 MRP 概念的延伸，能使计划人员对供应链中库存需求的时间安排进行计算，目的是取得整个供应链的供应与需求平衡。

DRP 首先对供应链终端的需求进行预测，并加上实际接到的订货量。所需其他信息包括供应链不同节点的在途已发出的订单量和时间，以及预期库存和安全库存。有些版本的 DRP 还包括劳动力的预期需求、物料搬运设备以及存储空间的需求信息。

与 MRP 的流程相似，供应链中每一层次计划发出订单成为后一层次的总需求，如图 11-16 所示。实际上，这一过程中库存是根据需求被拉动并经过整个供应链的。

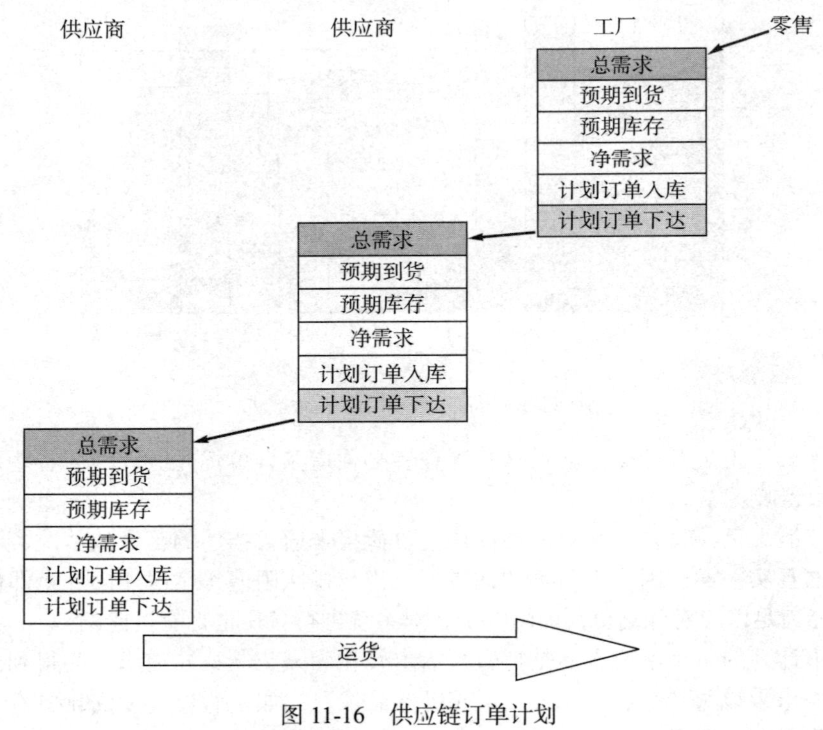

图 11-16 供应链订单计划

11.10 企业资源计划

企业是一个复杂的系统，其中各个功能部门诸如采购、生产、销售和分销、财务会计、人力资源必须合作行事才能完成组织的目标。然而，某些业务组织所采用的组织结构，其信息能够在各职能部门内流动和共享，但是在部门之间的信息流动却不通畅。为改变这种部门之间的信息共享问题，新的系统应运而生。

企业资源计划（enterprise resource planning，ERP）是一种计算机系统，用于将企业的各个部分及其供应链的关键节点连接到单独的数据库，以实现数据共享。ERP 的关键连接点如图 11-17 所示。尽管还有许多其他供应商，但是 SAP 与 PeopleSoft 是主要的供应商。

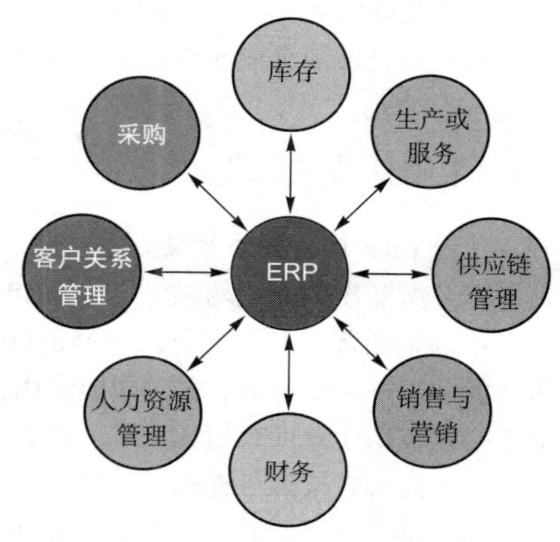

图 11-17　ERP 系统的关键连接点

ERP 软件为组织提供了一个系统，用来捕获数据并且能够实时地将数据呈现给组织的决策者，以及组织内的其他成员，同时也提供了一套工具用以计划并监督各种业务流程以达到组织设定的目标。ERP 系统由一系列集成的模块组成，有诸多模块可供选择，不同的软件供应商有大同小异的模块列表。某些是行业专用的，而另外的模块则在不同行业中可以通用。广泛使用的模块包括会计和财务（总账、应付、应收）、制造（主生产计划、MRP、能力需求计划）、销售（订单管理）、供应链（采购、库存管理）、人力资源以及工厂维护。表 11-1 给出了一些广泛使用的模块。

表 11-1　ERP 软件模块一览

会计 / 财务	ERP 系统的核心组成部分。它提供一系列的财务报告，包括总账、应付账款、应收账款、工资、利润表和资产负债表
营销	支持顾客开发流程、目标营销、直接邮寄广告
人力资源	完整雇员信息数据库的维护，如聘用日期、工资、合同信息、绩效评估和其他相关的信息
采购	帮助选择供应商，价格谈判，采购决策和付账单
生产计划	预测、订单、生产能力、持有库存量、产品结构清单、在制品库存、作业计划和生产提前期
库存管理	识别库存需求、库存可利用性、补充规则和库存跟踪
配送	第三方物流提供商的约束信息，货运和交货计划，交货跟踪
销售	有关订单、货单、订单跟踪和货运的信息
供应链管理	帮助进行供应商和客户管理，供应链可视化，以及事件管理
顾客关系管理	联系信息、购买行为、送货偏好、合同、付款条件、信用历史

模块的一个重要特性是在某个模块输入的数据会自动进入其他模块，所有数据会马上更新并供所有功能领域使用。

值得注意的是，ERP 系统的实施昂贵且费时，建设和完善经常要持续几年，并且需要在整个组织内部进行广泛的培训。

服务业中的 ERP

尽管 ERP 最初是为制造而开发的，但是目前已广泛应用到服务业，包括专业服务、邮政服务、零售、银行、健康、高等教育、工程和建筑、物流以及地产。

在制造业中，ERP 系统主要的功能有生产计划、排程、库存管理、成本核算、销售分销。

而在服务业，功能则因组织而异，比如，大学也用ERP，典型的应用包括集成学生信息、课程安排、教室安排、人力资源、会计和财务信息。在医院，则包括患者记录、药品数据、治疗计划以及设备调度等。

ERP现在涉及企业应用系统的集成，通常这是由于采用新技术而导致的问题。

11.11 运营战略

建设ERP具有战略意义。这些考虑包括昂贵的初始成本、昂贵的维护成本、未来升级的需要以及所要求的大量培训。一个ERP团队是一个跨职能团队的良好例子。典型的是，最终下订单的采购部门并没有可以选择最好供应商的技术专家。信息技术可以评价不同的技术需求，但是却不是使用者。很多职能使用者（营销、运营和会计）能最好地评价输入和输出，而财务必须评估企业能投资的底线。同样，在开始进行有关购买ERP技术谈判的时候应当使一些采购方面的人员参与进来，因为这些谈判对采购有主要影响。

ERP的实时特点使其成为有价值的战略规划的工具。例如，它可以改进供应链，使企业与其顾客和供应商连接更加紧密，并使企业更有能力适应变化的顾客需求。

由于ERP可以跟踪一个公司的信息流和物料流，因此提供了收集浪费和环境成本的信息的机会，从而提供了过程改进的机会。

本章小结

物料需求计划（MRP）是基于固定的制造提前期而产生的物料清单中所有非独立需求细项的订货进度的计划技术。最终产品依物料清单展开，生成的物料需求计划表明了订购或生产组件的数量与时间。

MRP的主要特色在于对需求进行时间分段、计算构件需求、计划订单下达等。为了成功，MRP需要准确的主生产计划、物料清单和库存数据。没有合理准确的记录或进度安排，公司就会在执行MRP时遇到很大困难。MRP潜在的问题是其假设提前期是不变的。

MRP为大多数的MRP Ⅱ和ERP系统所利用。MRP Ⅱ增加了应用软件，用来更好地管理整个制造过程，包括财务和营销，以及生产能力计划。ERP是第三代的制造资源软件，它涵盖了企业的所有职能，包括订单输入和财务管理的选择，它整合了财务、制造和人力资源系统之间，以及供应链管理等更深层次的联结。

知识要点

1. 各个零部件需求多少取决于最终装配的产品的需求量、每件产品需求零部件的数量。这就是相关需求的概念。
2. MRP是计算相关的零部件的需求的一种方法。在已有库存信息的基础上，可以确定每种零部件订购多少、什么时间订购。
3. MRP Ⅱ强化了MRP的作用，可以使管理者把财务和其他职能整合到物料需求计划中。
4. ERP是一种为企业所广泛应用的基于软件平台的资源计划，可用于生产、销售、会计、库存、供应链信息的整合。

例　题

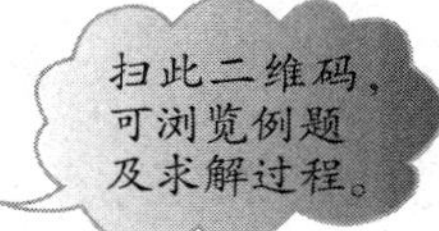

习　题

1.（1）某产品结构图如下，求解组装 1 单位产成品所需各构件的数量。

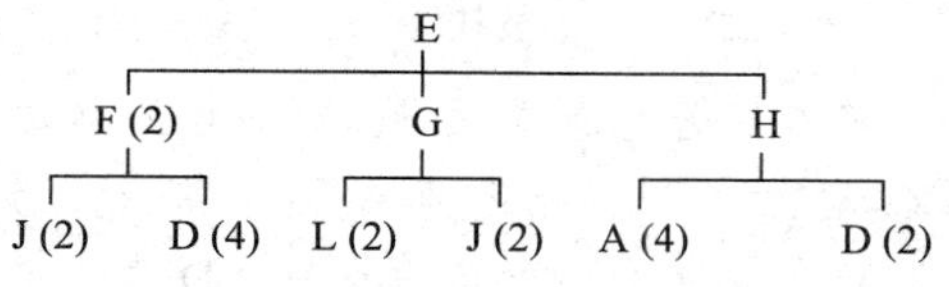

（2）为订书机画一个树形图：

细项	组件
订书机	上盖组装、底座组装
上盖组装	盖、弹簧和滑轨组装
盖	
弹簧	
滑轨组装	滑轨、弹簧
滑轨	
弹簧	
底座组装	底座、撞击板、橡胶垫（2）
底座	
撞击板	
橡胶垫（2）	

2. 下表列出的是组装一个最终细项所需的构件、提前期和持有量。

细项	最终产品	B	C	D	E	F	G	H
提前期 / 周	1	2	3	3	1	2	1	2
持有量	0	10	10	25	12	30	5	0

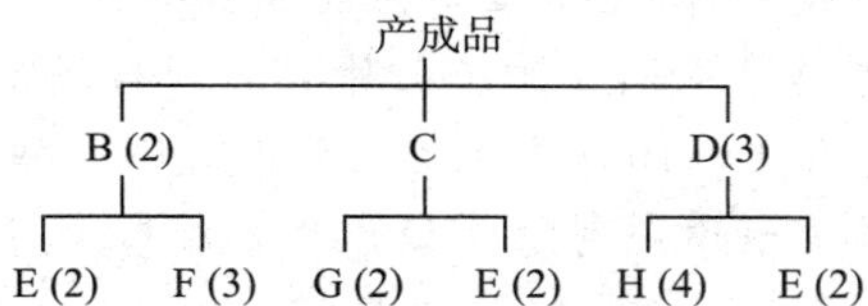

（1）如果组装 20 单位最终细项，额外需要多少单位的 E？（提示：求解过程无须做 MRP 计划）

（2）根据进度安排，第 11 周开始时有一份运送最终细项的订单。该订单最迟应该什么时候开始才能按时准备好？（提示：此处也无须做 MRP 计划）

3. 下表列出的是组装 1 个最终细项所需的构件、提前期（以周为单位）以及持有量。

细项	提前期	持有量	组件
最终	1	—	L（2）、C（1）、K（3）
L	2	10	B（2）、J（3）
C	3	15	G（2）、B（2）
K	3	20	H（4）、B（2）
B	2	30	
J	3	30	
G	3	5	
H	2	—	

（1）如果组装 40 单位最终细项，额外需要多少单位的 B？（提示：无须做 MRP 计划）

（2）第 8 周开始时安排了一份运送最终细项的订单，订单最晚从第几周开始才能按时准备好？（提示：无须做 MRP 计划）

4. 在第 6 周开始时需要 80 个单位的最终产品 E。有 3 批（每批 30 个单位）已经预订的 J，一批计划在第 3 周运到，一批在第 4 周，一批在第 5 周。注意：J 必须按批次订货，B 必须按 120 个单位一批次生产。目前持有量是 60 单位 B 和 100 单位 J。E 和 B 的生产提前期都是 2 周，J 是 1 周。

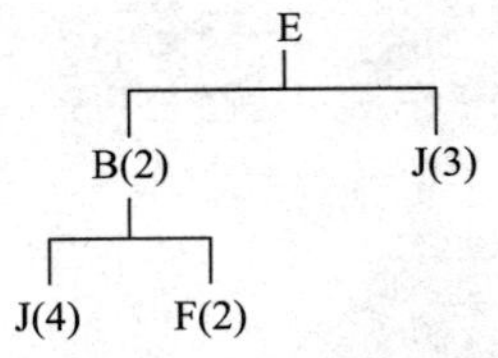

（1）为J制订一个物料需求计划。

（2）假设在第4周E的需求数量从80变为70。第3周的计划发出库存已经执行，那么在第6周会有多少多出的B和J？

5.（1）在第7周开始时需要120个单位的最终细项Z，试为组件C制订物料需求计划。现有库存40单位Z，70单位A，100单位B，30单位C。而且在第4周组件C预期到货20个单位，Z和B的提前期为2周，其他组件的提前期为1周。所有细项采取按需订货。

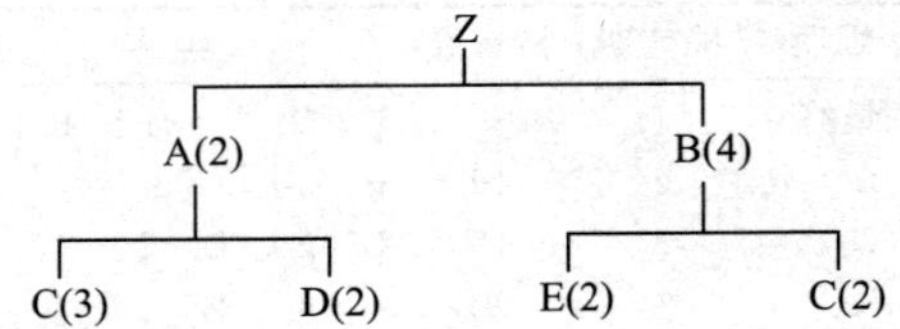

（2）在第7周开始时需要95个单位的最终细项E，试为其组件D制订物料需求计划。当前E的现有库存为5个单位，其他组件现有库存如下：50单位B，100单位C，80单位D。而且C有30个外包将在第4周预期到达。E和C的提前期为2周，其他组件的提前期为1周，假设除D外其他组件都采用按需订货，而D采用批量为40单位的批量订货方法。

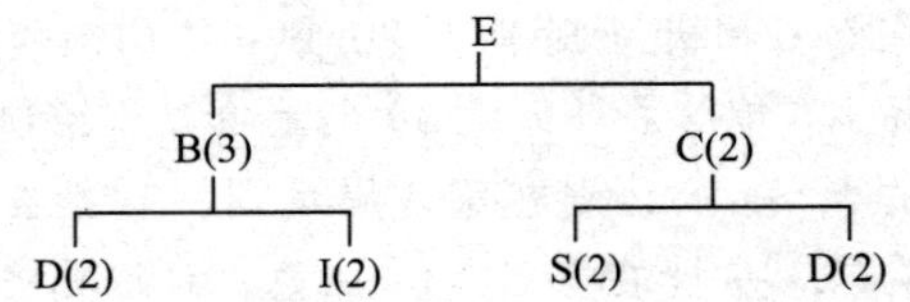

6. 桌子由3个构件组装而成，如下列产品结构树所示。桌子制造公司想在第4天一早发送100张，第5天一早发送150张，第7天一早发送200张桌子。按照进度安排，第2天一早将接收100个木面。目前持有120条桌腿。桌腿的订货批量中有10%是安全库存。目前持有的支柱数是60个，无须安全库存。全部细项的交货周期（以天为单位）如下表所示。用按需订货方法制订物料需求计划。

数量	提前期
1～200	1
201～550	2
551～999	3

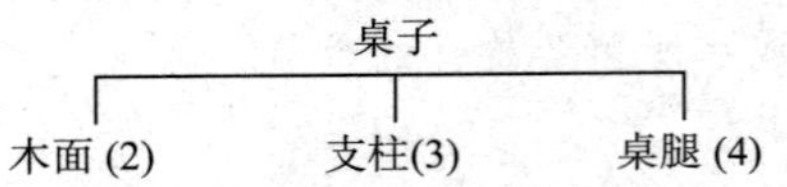

7. 在第6周开始时需要80单位的最终细项X，在第8周开始还需要30个单位。为组件D制订一个物料需求计划。D只能采取批量订货（每批50单位）。从第1周开始，每隔一周（即第1、3、5、7周）都会自动收到一批D。另外还持有30单位B和20单位D。所有细项的生产提前期都是产量的函数：0～100一周，101～200两周，201～300三周，301以上是四周。

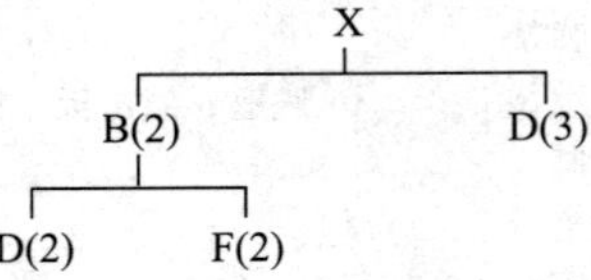

8. Oh, No! 公司销售三种雷达探测器。公司从一个日本制造商那里购买三种基本模具（E、F和G），再分别加上1、2或4个指示灯（组件D）得到三种不同型号的产品。D是从一个国内生产商那里购买的。

除了C以外的所有细项的生产提前期都是1周，C是2周。现在持有充足的基本模具（E、F和G）库存。同样还有10单位B、10单位C和25单位D的库存。批次规模规定除了D以外采用按需订货，D只能以100为单位进行批次订货。在第1周计划收到100单位的D。

主生产计划要求在第4周生产40单

位A，在第5周生产50单位B，在第6周生产30单位C。为D和相关产品制订一份物料需求计划。

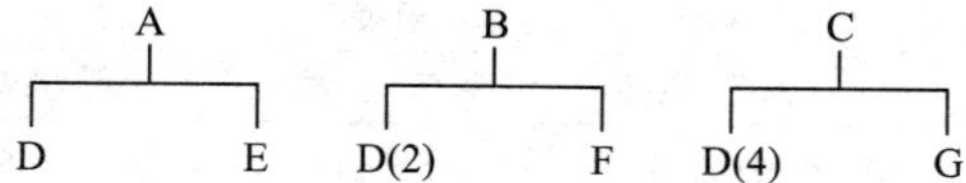

9. 假设你是组装电力工具商店的经理。你刚好收到一份50单位电力链条锯的订单，应该在第8周初发货。有关电锯的信息如下：

细项	提前期/周	持有量	组件
电锯	2	15	A（2）、B（1）、C（4）
A	1	10	E（3）、D（1）
B	2	5	D（2）、F（3）
C	2	65	E（2）、D（2）
D	1	20	
E	1	10	
F	2	30	

（1）绘制产品结构树、组装时间表和主生产计划。

（2）应用按需订货方法，为组件E制订一个物料需求计划。

10. 假设你是装配公司的经理，刚收到一份40个工业机器人的订单，应于第7周初发货。利用以下信息，求解组件G的订货量与订货时间，假定G的订单只能是80的倍数，其他构件均为按需订货。假设各构件只用于这种机器人。

细项	提前期	持有量	组件
机器人	2	10	B、G、C（3）
B	1	5	E、F
C	1	20	G（2）、H
E	2	4	—
F	3	8	—
G	2	15	—
H	1	10	—

11. 求解组件N、V与组件I（见例题3）的物料需求计划。

（1）假设N的持有量为100，第3周初计划接收40个I与10个V。E目前无库存，第5周初需要120个E。

（2）持有情况与预期到货情况同（1）。假设第5周初需要100个E，第7周初需要50个E。批量规模必须是下列数字的倍数：N，800；V，200。I采用按需订货方法。

（3）利用你在（2）中获得的答案，更新V的物料需求计划，并附加下列信息：①1周过去了（从第2周初开始）；②3周过去了（从第4周初开始）。

在第一种情况下，更新后的时间进度总表在第9周已有了100个E的订货。计划应该覆盖（1）中的第2周到第9周，（2）中的第4周到第11周。假设所有订单都按计划发布与接收。

12. 一家生产电动高尔夫车的公司刚好收到一份200辆车的订单。要在第8周初就发货。下表列出了有关产品结构树、生产提前期和持有数量的相关信息。运用这些信息来决定下列各项：

（1）绘制产品树。

（2）做出组装时间表。

（3）制订一份物料需求计划以保证在第8周能按照按需订货提供200辆高尔夫车。

电动高尔夫车的组件	提前期	持有量
电动高尔夫车	1	0
顶部	1	40
支撑（4）	1	200
覆盖物	1	0
底盘	1	20
发动机	2	300
车身	3	50
车架	1	35
控制系统	1	0
组装车轮（4）	1	240
座椅（2）	2	120

13. 回到第12题，假设不寻常的好天气使得高尔夫车的订货数量和时间都产生了变化。修改过的计划要求在第6周开始提供100辆高尔夫车，第8周开始100辆，第9周开始100辆。

（1）为修改后的计划制订一个主生产计划。

（2）确定顶部和底盘的订货数量和时间。

（3）假设由于设备问题，公司组装底盘的能力下降为50单位/周。修改底盘的物料需求计划来反映这个变化，但仍然要满足送货日期。

14. 使用下图，完成下列问题：

（1）为剪刀绘制一个产品结构树图。

（2）为剪刀制订一个物料需求计划。每种零部件和最终剪刀装配的提前期为1天，但是塑料把手的提前期为2天。在第6天需要600套剪刀。注意，已经有了200个直刀片和350个弯刀片，还有40个顶级刀片套件。所有细项订货时应用按需订货方法。

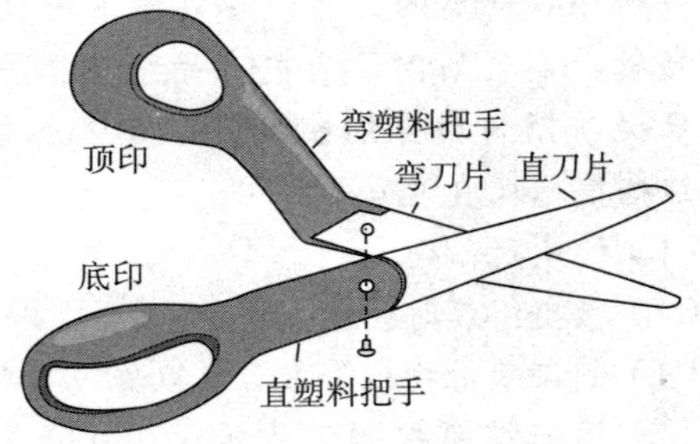

15. 一家为车道和停车场铺设制造原料的公司希望未来4周产品的需求如下：

周数	1	2	3	4
原料/吨	40	80	60	70

公司人力和机械的标准及可获得的生产能力是：

	人力	机械
生产标准（吨/小时）	4	3
每周生产能力/小时	300	200

（1）计算每周人力和机械生产能力的利用率。

（2）你预测在哪一周会有问题？为解决这些问题你提出什么建议？在决定选择方案时要考虑哪些相关成本？

16. 一家公司生产两种很相似的产品，生产都要经过三个步骤：制作、组装和包装。每一步要求用一天的时间完成一个批次然后送到下一个部门。对部门的流程要求（单位/小时）如下：

产品	制作		组装		包装	
	人工	机器	人工	机器	人工	机器
A	2	1	1.5	1	1	0.5
B	1	1	1	1	1.5	0.5

部门的生产能力是总人工为700小时，机器时间为500小时，除了星期五以外（那天的人力和机器时间都是200小时）。下一周的生产进度安排是：

产品	星期一	星期二	星期三	星期四	星期五
A	200	400	100	300	100
B	300	200	200	200	200

（1）为每一个部门制订生产进度安排表，说明每种产品的生产能力要求，以及每天的总负荷。不考虑换产时间。

（2）估计下一周前三天的计划符合量。生产进度安排可行吗？为平衡负荷你提出什么建议？

17. 物料需求计划部门有一个问题。部门的计算机在输出下列信息后“死机”了：第二周计划运出订单是细项J27=640单位。公司能够重建其所丢失的所有数据，除了最终产品565的主生产计划。幸运的是，J27只用于产品565中。在给出了下列产品结构树和有关库存的记录信息的条件下，制订已经输入死机了的计算机里的565物料需求计划的主生产计划。

部件编号	持有量	批量规则	提前期
565	0	按需订货	1周
X43	60	120的倍数	1周
N78	0	按需订货	2周
Y36	200	按需订货	1周
J27	0	按需订货	2周

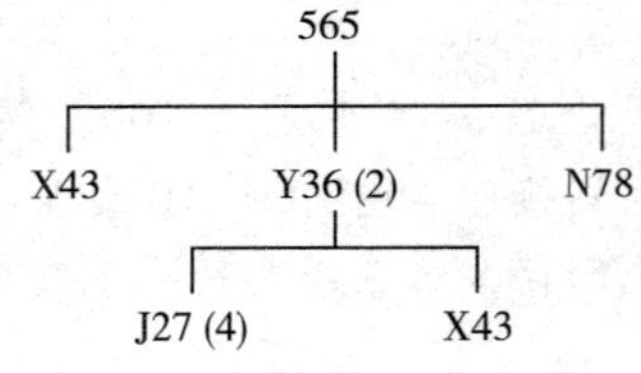

18. 为组件 H 制订一个物料需求计划。最终产品和除了组件 B 之外的其他组件的提前期均为 1 周，组件 B 的提前期为 3 周。在第 8 周开始时需要 60 件 A。现有库存为 15 件 B 和 130 件 E，有 50 件 H 正在生产中，并将于第 2 周开始时完成。所有细项应用按需订货。

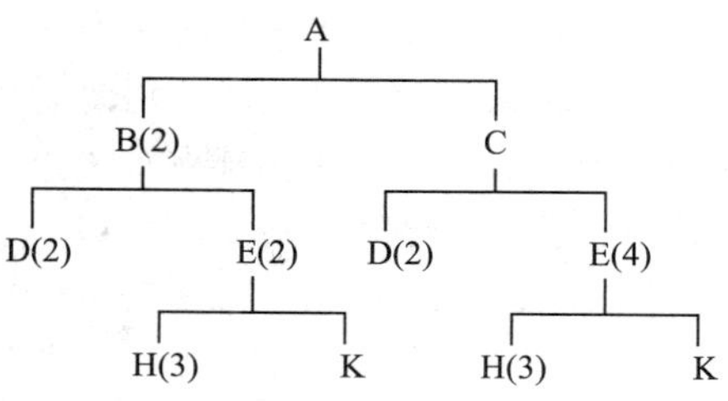

阅读材料 ERP 的基础知识

选自 Christopher Koch、Derek Slater 和 E. Baatz 的报告。

- 什么是 ERP ?
- ERP 如何提高公司的经营绩效?
- ERP 项目一般持续多长时间?
- ERP 将如何帮助我的业务?
- ERP 是否适合我做业务的方式?
- ERP 真正的花费在什么地方?
- 何时能从 ERP 中获得回报——回报将会是多少?
- ERP 的潜在风险?
- 如何评价 ERP 软件?
- 公司如何组织其 ERP 项目?
- ERP 如何适应电子商务?

什么是 ERP

单单使用企业资源计划软件（ERP）并不能达到落实 ERP 的目的。忘掉计划——不要那样做——忘掉资源，那只是一次性的术语。 但是请记住企业的那部分，这是 ERP 真正追求的目标：它试图将一家公司的所有部门和职能集成在一个计算机系统中，该系统可以为公司所有不同部门的特殊需求服务。

建立一套唯一的软件程序为财务人员、人力资源及仓库服务，那是一种苛求。 每一个部门都有各自的计算机系统，它们的选择标准是使自己部门工作的特定方式为最优。但是 ERP 将这些部门的系统都整合在一起，集成为一个唯一的、整合的软件系统，创建单一数据库，以便各个部门更加容易地共享信息及互相交流。

如果公司正确地安装软件，这种集成的方法可能获得巨大回报。例如，接受顾客订单。典型地，当顾客下达订单，则订单围绕公司开始了从“文件筐到文件筐”的纸质旅行，沿着线路在不同部门的计算机系统之间不停地输入和更新。所有被闲置在文件筐中的订单导致延迟和订单丢失，所有被输入不同计算机系统的订单也会引起错误。同时，公司中无人真正了解在给定节点处订单的真实状态，例如，财务部门不能进入仓库的计算机系统去查看物品是否已发货。“你将不得不给仓库打电话”，这是沮丧的顾客所提到的最多的抱怨。

ERP 如何提高公司的经营绩效

ERP 可以将商业流程中的任务自动化，例如，订单履行涉及从客户接收订单、发货及开支票等。应用 ERP，客服代表在接到顾客下的订单后，就可以获得完成订单所需要的所有信息（顾客信用评级和订单历史、公司的库存水平、运货码头的运输计划）。公司中的其他人能查看相同的系统页面，也能进入这个有顾客新订单的唯一的数据库。当一个部门完成了订单后，就会自动地通过 ERP 系统传输到下一个部门。为了发现订单位于什么节点，工作人员只需要登录 ERP 系统并搜索它。如果幸运，订单过程可能快得像闪电一样通过组织，顾客将会更快地收到订货，而且比以往的错误更少。ERP 对于其他主要的业务过程，如员工福利或者财务报告，也能够展现同样的魔力。

至少，那是 ERP 的梦想。但现实却很严峻。

让我们暂时回到收件箱。这个过程可能无效，但却很简单。财务做其本职工作，仓库也做自己的本职工作，如果各部门之外出现了什么问题，那将是其他人的问题，不是自己部门的问题。如果有了 ERP，客服代表将不再仅仅将某人的名字录入计算机并按下回车键。ERP 屏幕使每个人都可以成为业务人员，他们可以从财务部门得到客户的信用等级，并能从仓库获得产品的库存水平。客户会按时付款吗？我们能够准时发货吗？这些是以前的客服代表不需要做的决定，而这些决策会影响顾客以及其他部门的工作。但这不仅仅是客服代表不得不重视的问题，其他人员也需要重视。仓库管理人员过去是在自己头脑中保持库存记录或者草草记录在纸上，而现在则需要将这些信息上传至网上。如果他们不上网公布，客服将会在其屏幕上看到该商品较低的库存水平，只好告诉客户他们所要买的商品缺货。在这之前，从来没有像现在这样对职责、义务和沟通有如此高的要求。

ERP 项目一般持续多长时间

公司安装 ERP 并不是件轻松的事情。当 ERP 供应商告诉你平均需要 3 ～ 6 个月的安装时间，那你就上当了。那些安装时间短的（也就是 6 个月甚至更短）可能属于以下两种情况：公司规模很小，或者安装局限在公司的一个小的领域，或者公司仅仅应用了 ERP 系统的财务模块（这种情况下 ERP 系统只不过是个昂贵的会计系统）。为了使 ERP 系统有效运行，你做业务的方式需要改变，其他人做自己工作的方式也需要改变。而这种改变不会是没有阵痛就能实现的。当然，除非你做业务的方式效果非常好（总是按时发货，生产率比其他竞争者高，顾客完全满意），在那种情形下甚至没有理由考虑 ERP。

重要的不是关注于需要花费多长时间——ERP 转型真正的努力，运行往往需要平均 1 ～ 3 年的时间，而为了提升业务，需要理解为什么需要它以及如何使用它。

ERP 将如何帮助我的业务

公司实施 ERP 主要有三个方面的原因。

（1）整合财务数据。由于 CEO 要努力了解公司的整体业绩，他 / 她可能会发现真相有不同的表现形式。财务有其自己的一套收入数据，销售有另一套版本，几乎每一个不同的业务单元都有其对收入如何贡献的版本。ERP 创建了一套唯一的不被质疑的版本，因为每个人都使用同样的系统。

（2）标准化制造流程。制造型企业，尤其那些渴望兼并和收购的企业，经常会发现公司内多个业务单元使用不同的方法和计算机系统来制作相同的小部件。将这些流程标准化并使用单一的、整合的计算机系统能够节省时间、提高生产率、减少员工人数。

（3）标准化 HR 信息。尤其对于有多个业务单元的公司而言，HR 可能没有一个统一的、简单的方法来监管员工，并与他们关于福利和服务进行沟通。但是 ERP 能够做到。

在解决这些问题的竞赛中，公司经常忽视这样的事实：ERP 软件包不仅仅是典型的企业处理业务的方式。每个行业都有其独特之处，大部分软件包是详尽、全面的。大多数 ERP 系统设计用于离散型制造业公司（制造能够被单个计数的实物），这立即让所有的过程制造商（石油、化工、公用事业公司，它们的产品测量是流量而非单个数量）遭到了冷落。这些行业中的每家企业为了满足需求必须改进其核心 ERP 计划，因此都在与不同的 ERP 供应商抗争。

ERP 是否适合我做业务的方式

对企业而言，在合同签收并实施之前，

明确自己的业务模式是否符合标准的 ERP 软件包非常关键。公司放弃价值数百万美元的 ERP 项目，最常见的原因是它们发现软件不支持它们的一个重要业务流程。在这一点上，它们可以做两件事。改变业务流程以适应软件，这意味着做业务长期建立的模式要深刻地改变（这往往能提高竞争优势），并且能够彻底调整重要人物的角色和职责（很少有公司愿意做这样的事）。或者改变软件以适应流程，这将会减弱项目的作用，可能使系统产生危险的错误，并使供应商以后升级 ERP 软件变得非常困难，因为定制化需要被分裂并改写以适应新版本。

当然，运作 ERP 将是一项惊人的工程，即使最镇定的首席财务官也为前期的标价而紧张。除了为软件成本做预算外，首席财务官应该在 ERP 开始发挥作用之前为涵盖咨询、过程中的返工、集成测试以及其他费用的长长的清单做计划：需要写多少支票。低估培训用户新工作流程可能会导致整个生产线产生巨大的震动。考虑到数据库整合的要求以及额外的成本而复制旧报表格式，也会导致失败。在预算和计划阶段的一些疏忽，可能使 ERP 系统的成本增长呈现出螺旋状的失控速度，快过采用其他信息系统的成本失控速度。

ERP 真正的花费在什么地方

最近 Meta 小组做了一项研究，研究 ERP 的总体拥有成本，包括硬件、软件、专业服务、内部员工成本。总体拥有成本的数目包括安装软件以及两年之后的成本，因为那时为业务进行系统维护、升级、优化所付出的成本是可观的。所调查的 63 家公司分布在不同的行业中，包括小型、中型和大型公司，平均总体拥有成本为 1 500 万美元（最高 3 亿美元，最低 40 万美元）。但是，从这些不同行业的公司的 ERP 尝试中很难得到一个确切的数值。Meta 提出了一项统计数据，证明不管什么类型的公司使用 ERP，成本都是很高的。那时一个“中等开销”的用户，其总体拥有成本也达到了 53 320 美元。

何时能从 ERP 中获得回报——回报将会是多少

不要期望应用 ERP 变革你的业务，它只是一项纸上谈兵的运动，聚焦于企业内部做事的方式，而不是关注顾客、供应商或合作伙伴。然而，如果愿意等待，这种纸上谈兵有相当好的回报——来自 Meta 小组的研究报告，对 63 家公司研究发现，在新系统使用约 8 个月（在这之前从安装到调试、优化总共 31 个月）后可以见到利润。但是 ERP 系统的应用平均每年可为公司节省 160 万美元。

ERP 的潜在风险

尽管不同的公司在预算过程中将发现不同的“地雷”，但是那些已经实施 ERP 软件包的公司都承认，通常有某些成本相比于其他成本被高估或低估了。凭借来自商业的洞察力，ERP 实践者指出以下领域最可能导致预算泛滥。

1. 培训

有经验的 ERP 实践者几乎一致认为，培训是最难以估量的预算。培训花费如此之高，但此成本常被完全忽视，因为它总是被低估。培训的花费高是因为工人总是不得不学习一套新的流程，而不仅仅是一个新的软件界面。

2. 集成与测试

测试 ERP 软件包和其他必须建立在具体分析基础上的公司软件之间的联系，是另一项被低估的成本。一家典型的制造企业可能会有附加的应用：物流、税务、生产计划及条形码编码方法。如果细目清单包括 ERP 核心包的顾客定制化，则系统的集成、测试、维护成本预期会暴涨。

随着培训的进行，从面向过程的角度来说，ERP 集成测试就已经完成了。不用插入虚拟数据，也不需要从一个应用移动到另一个应用，经验丰富的管理者建议通过系统运行一个实际的订单，从订单输入到发货、收货及支付——从销售订单到收款的整个过程——由于有最终做那些工作的员工参与，这个过程将更好。

3. 数据转换

将公司信息，如客户和供应商记录、产品设计数据等，从旧系统导入新的 ERP 系统将花费很高的费用。尽管极少数首席信息官承认，在多数原有系统中的大部分数据是没有用的，但这却是事实。公司常常否认它们的数据是无效的，除非它们确实将这些数据移动到普遍的 ERP 软件包所要求的新客户/服务器中。因此，那些公司更可能低估移动数据的成本。但是在 ERP 实施过程中，为了与更改后的流程相匹配，要求某些流程必须进行更改，即使清除数据也可能要求检修。

4. 数据分析

通常，为了进行分析，ERP 系统中的数据必须与外部系统的数据合并。需要进行大量分析的企业用户在 ERP 预算中应该包括数据库成本，同时为了运行流畅它们也必须做相当多的工作。此时企业深陷困境：在大型公司的数据库中每天更新所有的 ERP 数据是非常困难的，而 ERP 系统标示了哪些信息每天都更新，使得选择仓库变得困难，看起来 ERP 做的是糟糕的工作。一种昂贵的解决方案是定制编程。结果是明智的人在预算上签字之前将会查验所需要的所有数据的分析情况。

5. 无休止的咨询

当公司没有成功地脱离原计划时，咨询费用可能会疯涨。为避免此类情况发生，当培训内部员工时，公司应该为每一位咨询合作伙伴确定适当的目标。包括咨询合同的度量，例如，为了通过 ERP 的实施，要求一定数目的客户公司职员应该能够通过项目管理领导素质测试——类似于咨询顾问必须通过的大五人格模型。

6. 替换你最好的和最聪明的

ERP 的成功依赖于项目拥有从业务到信息系统的最好、最聪明的员工。软件太复杂而商业变化太戏剧性，因此并非人人都相信 ERP 项目。令人沮丧的消息是，当项目结束时，公司必须准备替换其中的许多人。尽管 ERP 市场已经不像当初那么热，咨询公司及其他流失了最好员工的公司仍会不停地猎寻优秀人才，提供更高的薪水和公司所能承受的（或人力政策所允许的）奖金与福利。为了设计一套留任奖金计划，并为经验丰富的 ERP 实施人员建立新的工资标准，人力资源部门的人员挤在一起进行讨论。如果让他们离开，你将再也不会招聘到他们这样的人才，这些咨询顾问的薪水已经是你所支付给他们的两倍了。

7. 实施团队永远不能解散

大多数公司试图像对待其他软件项目那样对待 ERP 项目。一旦软件开始安装，它们就断定团队将解散，每个人将回到各自的日常工作岗位上。但是在实施 ERP 之后，你的团队成员不能再回到原岗位，因为他们太有价值了！他们熟悉 ERP，比销售人员更了解销售流程，比生产人员更了解制造流程。公司不能承受将这些项目管理人员送回业务部门的损失，因为在 ERP 软件安装后有如此多的事务要做。仅仅是写报告将新的 ERP 系统的信息导出就会使项目成员至少忙一年。而且据分析，人们希望公司通过实施 ERP 将其投入的资金赚回来。不幸的是，几乎没有信息系统部门能够为 ERP 安装后的忙乱活动进行计划，而更少有公司会在 ERP 项目开始时对此进行预算。在 ERP 正式投入使用之前，许多公司被迫尽其所能快速得到更多的资金和人员，而这距离 ERP 真正获得利润回报还有相当长的时间。

8. 等待投资回报率（ROI）

传统软件项目管理最误导人的方面是公司期望从项目安装开始，就能从应用中获得收益；项目团队期望能休假，或者受到表彰。这两种期望都不适用于 ERP 项目。大多数 ERP 项目没有表现出其价值，直到公司运行一段时间并能集中于业务流程的改造，而这些流程都受到系统的影响。项目团队在他们的努力得到回报之前，将不会得到表彰。

9. 后 ERP 的消沉

ERP 系统可能会对安装 ERP 的公司造成严重破坏。在德勤咨询公司最近对财富 500 强公司中的 64 家进行的调查报告中，1/4 的公司承认，当 ERP 系统启动时，它们承受了绩效的下滑。毋庸置疑，实际的百分比会更高。绩效下滑最通常的原因是所有事情看起来、做起来都与以前的方式不同。当人们不能用熟悉的方式工作，而且还没有掌握新的做事方式时，公司业务将不能继续开展。

如何评价 ERP 软件

即使一家公司由于所谓的正确原因而安装 ERP 软件，且有每个人都同意的最理想客户，实施诸如 ERP 这类复杂软件的内在困难，也像教大象跳肚皮舞那样难。软件包建立在成千上万的数据表的基础上，信息系统编程人员和最终用户必须设计得与其业务流程相匹配；每一张表都有决策“开关 / 转换”功能，引导软件确定走哪一条决策路径。通过为公司确定做每项任务的路径，或者在一个统一的系统下，公司确定运行或关闭——公司单个的运行单元与其他部门整合起来。但是，要准确地解决如何设置数据表中的所有开关的问题，要求深入理解用于业务运作的现有流程。因为数据表已经设定，这些业务流程就需要重新设计，按照 ERP 的方式设计。大多数 ERP 系统并不能像框架系统那样，在框架系统中顾客必须在细节层面确定所有功能程序如何设置，制定成千上万个决策，这些决策与公司的业务活动相一致，而且影响之后的系统如何行动。多数 ERP 系统要事先配置，仅仅允许数百个而不是数千个客户定义的程序环境。

公司如何组织其 ERP 项目

基于我们的观察，安装 ERP 通常有三种方式。

（1）重大变革。这种方式是实施 ERP 的最艰巨、最困难的方法，公司一次性丢弃其旧系统，在全公司范围内实施唯一的 ERP 系统。

虽然这种方法在早期 ERP 实践中占主流，但是之后极少有公司敢于尝试，因为这要求整个公司一次性进行彻底的改变。听到 20 世纪 90 年代后期使用这一战略的公司的警告，大多数的 ERP 实践者感到非常惊恐。由于新系统可能不会有支持者，所以要使每个人同意合作并同时接受新的软件系统需要付出巨大的努力。公司内没有人对此有任何经验，所以没有人能确定它是否能起作用。ERP 也不可避免地需要降低要求。许多部门有已经训练得与其工作方式相匹配的计算机系统，多数情况下，ERP 供应商既不提供功能范围，也不提供所熟悉的、定制的旧系统的适应性。在很多情形下，新系统可能会遭受速度变慢的困境，因为它是为整个公司服务的，而不是单个的部门。ERP 实施要求 CEO 直接授权。

（2）特许专营战略。这种方式适合大型或多元化公司，且业务单元之间很多普遍的流程不进行共享。在企业中，每个单元建立独立的 ERP 系统，用于链接普遍的如财务簿记这样的流程。

这成为实施 ERP 的最普遍的方式。在大多数情形下，每个业务单元都有其自己的

ERP“要求”，即一个独立的系统和数据库。为了在那些流程改变不大的业务单元之间或者在所有跨业务单元（如业务部门收入）之间获得全局高绩效，分享公司所需要的信息成为必须，而系统可以将各业务单元进行连接。通常，这开始于在特定开放的、不紧要的业务单元中进行软件安装演示或试运行，因此可确保公司的核心业务单元不会由于某些方面出错而中断。一旦项目团队成功地安装并调试软件、找出并解决所有的错误，团队就可以使用刚建立的系统将企业的部门作为内部客户，在 ERP 上销售其他业务。这种战略计划要花费一段很长的时间。

（3）制胜利器。应用这一方法，ERP 规定的流程设计仅有几个关键流程，如包含在 ERP 系统中的财务模块。此制胜利器一般用于期望应用 ERP 的小型公司。

这里的目标是使 ERP 逐渐扩大应用、运行更快，为了支持 ERP 系统的“封闭 / 罐装”过程而抛弃之前昂贵的再造。通过这种方式实施 ERP 的公司，几乎没有一家承认可以从新系统中获得回报。大多数公司将这种制胜利器作为一种基础设施，它可以支撑更多的应用设备，使公司沿着 ERP 实施的方向发展。然而，许多公司发现，ERP 系统中的这种利器仅仅比旧系统好一点点，因为它没有强迫员工改变其旧习惯。实际上，在安装新系统后进行流程改造的工作很难，甚至比当时重新安装系统更具有挑战性，因为公司中几乎没有人认为这样做有好处。

ERP 如何适应电子商务

在 ERP 发明、完善并销售之后，主要的 ERP 供应商经历了一段艰难的时间：从专注于公司内部简化业务流程的应用转换为面对复杂的外部世界的应用。

现在，开放型（如互联网）后 ERP 领域最热门的当属电子商务，如计划与管理供应链、追踪与服务客户。大多数 ERP 供应商已经在这些领域发展落后了，并面临专业供应商的激烈竞争。ERP 供应商在以下方面具有很大优势：在后端管理系统安装大型的客户数据和虚拟控制，如订单履行等方面。近年来，ERP 供应商已经开始缩减目标范围，聚焦于作为支撑电子商务的后台办公系统引擎，而不是努力开发好的电子商务网站需要的所有软件。实际上，作为专业供应商，应该使软件更易于电子商务网站的应用；作为中介软件供应商，应该使信息部门易于将不同供应商的软件挂接在一起。很多人想知道 ERP 还要多久才可以成为《财富》500 强企业的主要平台。

资料来源：Christopher Koch，“ABC：An Introduction to ERP，” Cio.com，Copyright © 2008 CXO Media. Used with Permission.

讨论题

1. 什么是 ERP？
2. 公司采用 ERP 的三种主要原因是什么？
3. ERP 的潜在风险有哪些？
4. ERP 如何适应电子商务和供应链管理？

应用案例　DMD 公司

在互联网业务之后，戴维“马蒂”道金斯试图开始探索，决定追寻他童年时的梦想——拥有自己的自行车工厂。经过几次失败的尝试后，他终于拥有了一家小型公司并正常运转起来。公司现在组装两种马蒂设计的模型：箭型和飞镖型。公司现在还没有盈利，但是马蒂感觉一旦解决好一些与库存和排程相关的问题，他就能够提高生产率、降低成本。

起初，他订购了足够多的自行车部件，并完成了四个月的产量中的一部分组装工序。部件堆得到处都是，严重地挤占了工作空间，阻碍了工人和物料的搬运。没有人确切地知道什么物料放在什么地方。用马蒂的话说，“工厂里乱七八糟！”

最后，他和他的两个合作伙伴设法处理掉绝大部分库存。他们希望将来通过应用更有序的方法来避免类似事件的发生。马蒂优先考虑的是为即将到来的周期制订物料需求计划。他希望每周组装 15 辆箭型和 10 辆飞镖型自行车，为了按时生产出来，他需要在第 4 周初到第 8 周准备好。两种自行车的结构树如下图所示。

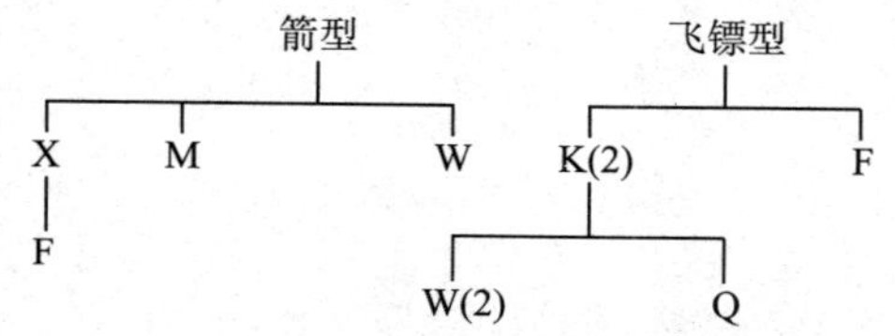

马蒂的一位合作伙伴安已经收集了关于提前期、现有库存、订货批量规则（由供应商建立）的信息，如下表所示。

细项	提前期 / 周	现有库存	订货规则
箭型	2	5	按需订货
飞镖型	2	2	按需订货
X	1	5	25 的倍数
W	2[①]	2	12 的倍数
F	1	10	30 的倍数
K	1	3	按需订货
Q	1	15	30 的倍数
M	1	0	按需订货

① LT（提前期）= 3 周（当该细项订货 36 单位或更多时）。

预期到货：

部件 1：20 单位的箭型和 18 单位的 W；

部件 2：20 单位的飞镖型和 15 单位的 F。

讨论题

为 DMD 公司两个型号的自行车编制物料需求计划。

CHAPTER12 第12章

库存管理

学习目标

通过本章学习，读者应该能够：

（1）定义术语库存；

（2）列举不同类型的库存；

（3）描述库存的主要作用；

（4）讨论有效库存管理的主要要求；

（5）阐述定期和永续盘存系统；

（6）描述库存管理相关的成本；

（7）描述 A-B-C 分类法并说明其用途；

（8）描述基本的经济订货批量模型及其假定，解决典型问题；

（9）描述经济生产批量模型，解决典型问题；

（10）描述数量折扣模型，解决典型问题；

（11）描述再订货点模型，解决典型问题；

（12）描述固定订货间隔模型适用条件，解决典型问题；

（13）描述单周期库存模型适用条件，解决典型问题。

库存管理是运营管理活动的核心之一。有效的库存管理是绝大多数企业和其供应链成功运营的关键。库存管理会影响运营、营销和财务职能。低水平的库存管理会阻碍运营，影响顾客满意度，还会增加运作成本。

有些企业的库存管理非常出色，很多企业的库存管理令人满意。然而，太多企业的库存管理不能令人满意，它们或者持有太少或太多的库存，不准确的库存记录，或者不合适的库存策略。问题是它们对需要做什么和怎样做缺乏理解。本章将介绍有效库存管理的概念和知识。

引言

库存是指存货或物品的储备。企业一般都会储备成百甚至上千件物品的库存，小到铅笔、纸张、螺钉和螺母等物品，大到机器、卡车、建筑设备和飞机等。当然，企业库存中所持有的大多数物品与其所从事的业务有关。因此，制造型企业持有原材料的供应品、采购的部件、半成品和产成品，同时也持有机器、工具和其他补给品的备用件。百货公司持有服装、家具、地毯、文具、化妆品、礼品、卡片和玩具，有些还持有运动商品、油漆、工具等。医院储存药剂、外科器械、人体检测设备、被褥枕套等。超级市场则存储新鲜和罐装的食物、包装好的和冷冻的食物、家居用品、杂志、焙烤食物、日常用品、农产品及其他物品。

本章中所描述的库存模型主要是相对于独立性需求的产品，也就是最终将被出售或使用的产品。第 11 章描述的是相对于相关性需求的物料模型，这些物料是构成最终产品的组件，而它们本身并不是最终产品。例如，计算机是一种独立性需求的产品，而用于组装计算机的部件是相关性需求的物料，这些部件的需求取决于一台计算机每种部件需要多少，以及要组装多少台计算机。

12.1 库存的性质和重要性

库存对企业而言至关重要。它不仅对生产运营很重要，而且还有助于使顾客满意。为了对库存的重要性有所了解，想象如下情形：一些规模较大的公司持有数量众多的库存。例如，通用汽车公司曾在报告中说明在公司的供应链上有多达 400 亿美元的原材料、零部件、轿车和卡车等库存！尽管不同类别的企业持有的库存数量和价值量有很大不同，一家典型的公司也许会持有其流动资产的 30%，使其营运资金的 90% 投资于库存。一个被广泛应用来衡量管理业绩的测量指标是投资回报率（ROI），即税后利润比总资产。由于库存是总资产的一个重要组成部分，尽管有必要考虑为顾客服务带来的风险，但减少库存无疑能使投资收益率明显提高。更进一步，库存与销售额的比率作为制造业、批发和零售业的一个测量指标，可以用来测量一个国家的经济健康水平。

服务型企业中的库存决策可能特别重要。以医院为例，医院持有大量的药品和血浆制品以备需要，其中任何短缺都可能影响患者的健康。然而，很多药品只有很短的有效期，这意味着过多持有这些药品将导致过期作废而造成浪费。对于计算机、打印机、复印机和传真机这类商品的维修服务店也必须认真考虑哪些部件需要保持库存以避免为获取它们而付出额外的努力。入户进行维修的电工、家电维修工和水管工也面临同样的问题。

对零售商和批发商来说，收入的主要来源是商品（如，商品库存）的销售。实际上，根据资金，为销售而持有的库存是销售企业拥有资产中所占比例最大的。零售商店服装的销售要进行的决策包括：需要持有什么款式的服装，每种款式需要保持多少库存，掌握哪些服装销售较快。这些决策是为了获取更大的利润和减少过季降价的损失。

下面列举的是不同类型的库存：

- 原材料和采购部件；
- 半成品，或称为在制品（WIP）；
- 产成品库存（制造业企业）或商品（零售店）；
- 工具和供应品；
- 维护和维修用品（MRO）库存；
- 运往仓库、配送中心或顾客的在途商品（渠道库存）。

无论制造业还是服务业都必须考虑持有库存对空间的需求。有些情况下，有限的空间限制了库存的存放能力，因此，这也成为库存决策的另一个要考虑的因素。

为了理解企业持有库存的原因，需要了解库存的不同作用。

12.1.1 库存的作用

库存有许多作用，其中最重要的如下。

（1）满足预期顾客需求。顾客可能是从街上走进来买一套立体声音响设备的人，也可能是一名机工，他的工具箱或制造过程作业需要工具。这些库存就涉及预期库存，因为持有这些库存是为了满足期望（即平均）需求。

（2）平滑生产需求。经历季节性需求模式的企业总是在淡季积累库存，来满足特定季节的过高需求。这种库存被命名为季节性库存。加工新鲜水果、蔬菜的公司会涉及季节性库存，出售贺卡、滑雪板、雪上汽车或圣诞树的商店也一样。

（3）作业缓冲。过去的制造型企业用库存作为连续运作之间的缓冲，以保持生产的连续性，否则就会由于设备故障而陷于混乱，并促使部分作业临时中止。缓冲使得在解决问题时其他作业不必临时中断。同样，使用原材料库存可以使公司的生产过程和来自供应商供货的中断问题隔离开来，产成品库存使销售过程和制造过程割裂开来。最近，有些公司对库存缓冲进行了进一步的研究，发现其占用成本和空间。此外，他们还认识到，发现和消除故障源会大大减少由于中断作业而对库存的依赖。

缓冲库存对供应链也很重要。经过认真分析，可以揭示无论是使用最多的缓冲库存水平，还是只增加成本而不增加价值的临界缓冲库存水平，缓冲库存都很重要。

（4）降低缺货风险。延迟送货和意料之外的需求增长增加了缺货风险。延迟的发生可能由于气候条件、供应商缺货、运错货物、质量问题等。持有安全库存能够降低缺货风险。安全库存是指为应对需求和交付时间的多变性而持有的超过平均需求的库存。

（5）利用订货周期的好处。为使采购和库存成本最小，公司往往一次性地购买超过当前需求的数量。这导致购买品中的一部分或全部需要储备起来以备将来使用。同样，大量生产往往比小批量生产经济，这也导致过量产成品必须入库以备将来使用。因此，保存库存能够使公司以经济批量采购和生产，无须为短期需求与购买或生产的匹配而费尽心机。这就导致了定期订单，或订货周期。

（6）避免价格上涨。有时公司怀疑实际物价要上涨，为避免增加成本它们就会以超过平时正常水平的数量进行采购。储存多余商品的能力也允许公司利用更大的订单来获取价格折扣。

（7）生产运营上的考虑。生产作业过程需要花费一定时间（即生产的非即时性），这意味着公司通常都持有一定的在制品库存。另外，物品的中间库存（包括生产现场的原材料、半成品和产成品，以及存在仓库里的商品）会产生经由生产－销售系统的渠道库存。**利特尔法则**（Little's Law）可以用来确定渠道库存的数量。它表示系统中的平均库存量等于系统的平均产出率（例如平均需求比例）与一个单位在系统中的平均时间的乘积。因此，如果一个单位在系统中的平均时间为 10 天，需求比例为每天 5 个单位，则平均库存量为 50 个单位：5 单位 / 天 ×10 天 = 50 单位。

（8）利用数量折扣。供应商会对批量大的订单给予折扣。

12.1.2 库存管理目标

对库存的不良控制会导致库存不足或过剩。库存不足将错过交货、失去销售额、使顾客不满、产生生产瓶颈等；库存过剩则会占用空间和资金，影响在其他方面的投资。尽管库存过剩看起来是这两种不良危害中较小的一个，但因库存过剩太多而引起的价格上涨会令人吃惊，当库存持有成本较高时，局面容易失控。

库存管理的总目标是：在库存成本的合理范围内达到满意的顾客服务水平。为达该目标，决策者务必尽量使库存平衡。他必须做出两项基本决策：订货时机与订货量（即何时订货与订多少货）。本章大部分篇幅都是用来描述此类决策的辅助模型的。

管理者有多种用来判断库存管理有效性的绩效测量指标。最显而易见的，当然是顾客满意度，它可以用订货不足数量或顾客抱怨数量来测量。而使用广泛的方法则是**库存周转率**，即商品销售年成本与平均库存投资的比率。周转率表示一年之内库存被卖掉了多少次。通常，比率越高越好，因为它说明库存使用得越有效。但是，期望的周转率取决于企业所处的行业和边际利润。边际利润越高，可接受的库存周转率就越低，反之亦然。同样，产品的生产时间和销售时间越长，库存周转率就越低。这种情况通常出现在高端零售业（边际利润也很高）。而相反的是，超市（边际利润低）有普遍较高的周转率。需要注意的是，尽管如此，在库存投资和保持高顾客服务水平之间要进行平衡。管理者常常要使用库存周转率来衡量库存管理的绩效；对该指标长期的监测可以掌握绩效变化。

另外一个有用的测量方法是库存天数，它表示现有库存补充销售的期望天数。这里需要保持一种平衡，天数过多表示库存过度，而天数过少则可能暗示着库存耗尽的危险。

12.2 有效库存管理的必要条件

有两项库存管理的基本职能。一项是建立系统来跟踪库存项目；另一项则是对订货数量与时间进行决策。为了库存管理的有效性，必须具备下列条件：

- 一个系统用于跟踪现有库存和在途的订货；
- 可靠的需求预测，其中包括对可能预测失误的说明；
- 对提前期与提前期变异性的了解；
- 对库存持有成本、订货成本与缺货成本的合理估计；
- 库存细项的分类系统。

下面对各项必要条件加以详述。

12.2.1 库存盘点系统

库存盘点系统可以是定期的或永续的。在**定期盘点系统**中，定期（例如每周、每月）盘点库存项目的实际数量，以确定各个项目的订货数量。许多小杂货店就用这种方法：管理者定期检查货架和储藏室，掌握库存持有情况，然后再对下一个交付期间的需求进行估计，并据此确定订货数量。这种系统的优点是许多项目同时订货，使订货处理成本与运送成本更经济。定期盘点也有一些缺点，一是各次检查之间缺乏控制；二是为防止检查期间缺货情况的发生，需要持有额外库存。

永续盘点系统（也叫连续盘点系统）则持续追踪库存变化，使系统能够提供各个项目的当前库存水平信息。当库存持有量达到预先确定的最低水平时，就按固定数量Q订货。这种系统的一个明显优点是，持续监控库存的提存有利于控制，另一个优点则是固定订货量，同时管理部门还能调整经济订货批量（本章后部分将会加以详述）。缺点是为保持记录增加了成本。另外，库存实际数量仍然需要定期检查，看是否与记录相符，因为失误、偷窃、损坏及其他因素都能够减少库存的有效数量。银行事务，如用户存取款等，就是持续记录库存变化的典型例子。

永续盘点系统既可以非常简单又可以非常复杂。一个非常基本的系统——**两仓系统**，用两个容器存放库存。取用库存时先从第一个容器进行，直到把它用完，就到了再订货的时刻。有时则把订单放在第一个容器的底部。第二个容器容纳着订货到达之前满足期望需求的足够的库存，再加上额外缓冲库存，以减少由于订货延迟或需求大于期望而产生的缺货的可能。这种系统的优点是不必记录每一笔库存取用；缺点则是再订货订单可能由于许多原因（例如放错地方，负责人忘了把它放进去等）而发错。

超级市场、折扣商店与百货商店通常都是定期盘存系统的用户。今天，大多数已经转换为计算机盘存系统的应用，使用一种激光扫描设备读取印刷在物品标签或包装上的**通用产品代码**（UPC），或称条形码。典型杂货店的产品代码如图所示。

条形码左侧的零可以识别该标识为杂货物品，前五位数（14800）表示制造商（Mott's），后五位（23208）则代表具体项目（自然型苹果酱）。小包装项目，如糖果与口香糖等，使用六位数。

销售点系统（POS）电子化实时记录所销售货物的信息。了解实时销售可很大程度改进预测和库存管理：通过传递实时的实际需求信息，可以使管理人员做出必要调整的再进货决策。这种系统越来越得到重视，因为这些实时信息作为有效供应链的一种重要的输入，为供应商所使用。

UPC 扫描仪为超市带来巨大的收益。除了在速度与精确度方面的提高外，该系统为管理者持续提供库存的即时信息，减少了定期盘点与确定订货量的需求，并且还改进了顾客服务水平，用户收条上各项目的价格、数量一目了然。

条形码对零售业以外的其他商业部门来说也非常重要。制造业与服务业也从它所提供的简易生产与库存控制中受益匪浅。在制造业，被附在零件、部件与成品上的条形码使计数与监控活动变得便利。利用条形码，还可以自动完成选择路径、安排日程、检索与包装等活动。在医院，应用条形码可以减少药品分发的差错。

射频识别技术（RFID）标签在一些特定环境中也被用来跟踪库存。

12.2.2 需求预测和提前期信息

库存是用于满足需求的，因此可靠地预测需求数量与时机非常关键。同样，了解送货需要多长时间也很重要。另外，管理者还需要掌握需求与提前期（从订货到收货的时间）可能会有所变化；潜在变异性越大，就越需要额外库存，以降低运货间隔期内发生的缺货风险。因此，在预测与库存管理之间进行联结相当重要。

12.2.3 库存成本

与库存相关的四种基本成本是：采购费用、持有成本、交易（订货）成本与缺货成本。

采购费用是为购买库存品所要支付给供应商的费用，通常占库存成本的大部分比重。

持有成本是与实际拥有库存品有关的费用，包括利息、保险、税（在某些国家）、折旧、退化、变质、损坏、偷窃、损耗与仓库成本（供热、供电、租金、保安），还包括库存所占资金可能投资于其他方面的机会损失。注意，这些成本是有关库存成本中的可变部分。

持有成本中各种内容的重要程度取决于库存项目的类型，虽然税、利息与保险等总是以库存的价值额为基础。易于携带品（例如袖珍照相机、晶体管收音机、计算器）或相当贵重（小汽车、电视机）的物品容易遭偷窃。新鲜海味、鲜肉、家禽、农产品与烘焙食物容易变质腐烂。日用品、色拉味调料、药品、电池与胶卷等也都有保质期的限制。

持有成本可以用两种方式表达：单位价格的百分比或每单位元数。典型的年持有成本占物品价值的 20% ～ 40%，换言之，100 元的物品持有 1 年，会发生 20 ～ 40 元的持有成本。

订货成本是发出订单与收到订货有关的成本。成本额因具体订货的不同而有所不同，除了发运成本以外，订货成本还包括确定所需订货量、准备发货单、商品抵达时检查数量与质量，以及把商品转移到临时存储地点等费用。不管订货批量大小，订货成本通常以单位订单的固定金额表示。

当某公司自己生产库存，而不是从外部供应商订货，机器设备的调整准备成本（例如，通过调整机器为特定的工作准备设备、改变切割工具等）类似于订货成本，即无论批量大小，成本都以每次运转的固定金额表示。

当需求大于现有的库存供应量时，就会发生**缺货成本**。这种成本包括未实现销售的机会成本、丧失顾客信誉、延迟装料及其他类似成本。另外，如果短缺发生在内部使用的物品（如装配流水线上的供应品）上，错过生产与停工的成本就会被视为短缺成本。这种成本能够在 1 秒钟之内达到上百美元甚至更多。有时缺货成本很难度量，只能进行主观估计。

12.2.4 分类系统

库存管理的一个重要方面是，不同库存在价值额、潜在利润、销售或使用量、缺货损失等方面的重要程度不同。例如，电气设备生产者会持有发电机、金属线圈、各种螺钉螺母等库存。对每个项目给予同等程度的关注似乎不太现实，更加现实的方法应该是根据各种库存项目的相对重要性进行控制。

A-B-C 分类法根据某些重要性度量标准划分库存项目，通常是年价值额（即单位价格乘以年使用量），然后再据此进行不同程度的控制。有三种典型的项目分类：A（非常重要）、B（适度重要）、C（最不重要）。然而，实际类别数因组织而异，取决于公司想对控制工作加以区分的程度。在三种项目类别中，A 细项往往占库存项目数量的 10% ～ 20%，占价值额的 60% ～ 70%。而位居另一端的 C 细项却占库存项目数量的 50% ～ 60% 和价值额的 10% ～ 15%。在不同公司之间这些百分比各有不同，但多数情况下数目很少的项目会占据很大比重的价值或与库存有关的成本，同时这类项目会受到相当严格的控制。例如，A 细项会通过经常盘点持有数量而受到密切关注，同时一旦确信已达到满意的顾客服务水平，就收回控制。C 细项只会受到松散的控制（两仓系统、大批量订货），而 B 项目得到的控制水平则介于这两种极端情形之间。

注意，C 项目未必不重要，用于装配产成品的螺钉、螺母等 C 细项的短缺会导致成本高昂的装配生产线停工。然而，由于 C 项目较低的价值额，对某些项目进行大批量订货，或提前一点订货，不会产生多少附加成本。

A-B-C 概念如图 12-1 所示。

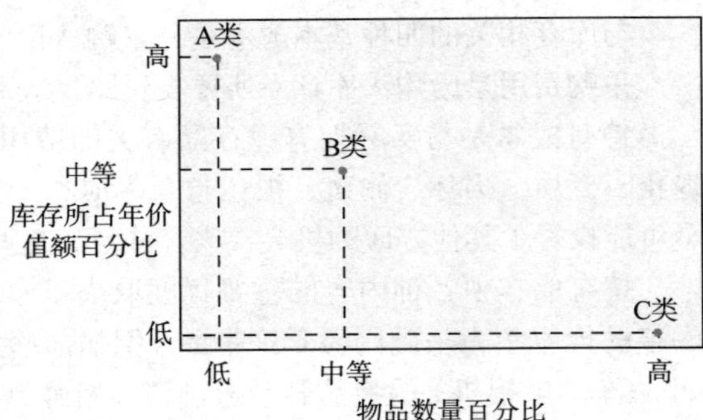

图 12-1 有关库存细项年美元数与分类细项数的典型 A-B-C 分类

为了求解 A-B-C 问题，可遵循下列步骤：

- 对每一库存项目，用年使用量乘以单位价格得到年价值额；
- 以递减的形式对年价值额进行排序；
- 数量较少（10% ～ 15%）但具有最高价值额的项目定位 A 类项目。数量最多（大约 50%）但具有最低价值额的项目定为 C 类项目。介于两者之间的（大约 35%）项目定为 B 类项目。

例 12-1 管理者获得了 10 种库存品单位成本和估计的年需求量的数据，并希望对库存品进行 A-B-C 分类。对每一库存项目，用年使用量乘以单位价格得到年价值额如下：

项目	年需求	×	单位成本（美元）	=	年价值额（美元）
1	2 500		360		900 000
2	1 000		70		70 000
3	2 400		500		1 200 000
4	1 500		100		150 000
5	700		70		49 000
6	1 000		1 000		1 000 000
7	200		210		42 000
8	1 000		4 000		4 000 000
9	8 000		10		80 000
10	500		200		100 000
					7 591 000

以递减的形式对年价值额进行排序，然后进行分类：

项目编号	年价值额（美元）	分类	数量占百分比	年价值占百分比
8	40 000	A	10	52.7
3	12 000	B	30	40.8
6	10 000	B		
1	9 000	B		
4	1 500	C	60	6.5
10	1 000	C		
9	800	C		
2	700	C		
5	490	C		
7	420	C		
	75 910		100	100

注意，A 类项目具有较少的数量，但是占年价值额的比重最大。而 C 类项目具有最多的数量，但占价值额的比重较小。

尽管年价值额是对库存项目进行分类的主要因素，但管理者还应当把某些因素考虑到一些项目的例外情况中（例如，将 B 类中的某个项目改变而划分为 A 类项目）。这些因素包括退化风险、脱销风险、供应商距离等。

管理者在许多方面都可以运用 A-B-C 分类方法改进运营。其中一个重要的应用就发生在顾客服务上，管理者把服务的各方面内容按照非常重要、重要与不太重要进行分类，然后集中注意力于最重要的方面，决不能以重要方面为代价而过分关注不太重要的方面的顾客服务。

A-B-C 概念的另一个应用是用于指导**周期盘点**，即对库存项目的实际盘点。周期盘点的目的是减少库存记录与实际持有量之间的差异。精确度很重要，因为不准确的记录会导致生产中断、糟糕的顾客服务，以及不必要的高昂的库存持有成本。盘点的频率通常要多于每年一次，这样可以通过研究和纠正产生偏差的原因来降低由于每年一次盘点而产生的误差成本。

管理者进行周期计算时面临的主要问题有：

- 需要多大程度的准确度？
- 应于何时进行周期盘点？
- 由谁去做？

美国生产与库存控制协会（APICS）的建议是，库存记录精确度为 A 项目 ±0.2%，B 项目 ±1%，C 项目 ±5%。

有些公司用特定事件触发周期盘点，还有些公司则以周期（预定的）为基础。触发实际周期盘点库存数量的事件包括：仓库记录表示库存项目现货告罄，库存项目记录表示库存过低或为零，以及某种特定行为（如每销售 2 000 个单位）。

有些公司在工作不紧张时期，让正规的仓库职员进行周期盘点，还有些公司则与外部公司签约定期做这项工作。使用外部公司可以使库存检查独立化，还可以减少不诚实职员带来问题的风险。另外，还有些公司保持全职工作人员专门做周期盘点工作。

12.3 库存订货策略

库存订货策略主要考虑库存管理的两个基本决策问题，一个是订多少货，另一个是什么时候订货。在下面几节中所描述的各种模型就是这些问题的解答。

为满足期望需求的库存称为**周期库存**，而为了减小由于需求或提前期的变异性造成缺货而保持的库存称为**安全库存**。

下面首先讨论订多少货的问题。

12.4 订多少货：经济订货批量模型

订多少货的问题常常通过**经济订货批量**（EOQ）模型得以解决。EOQ 模型按照不同订货批量中，使年总成本最小化估计出最优订货量。此处列出了三个订货批量模型：

- 基本经济订货批量模型；
- 经济生产批量模型；
- 数量折扣模型。

12.4.1 基本经济订货批量模型

基本经济订货批量模型是三个模型中最简单的一个，用来识别库存的年持有成本与年订货成本之和最小的固定的订货批量。库存项目的单位购买价格往往不包含在总成本中，因为单位成本不受订货批量影响，除了数量折扣情形之外。如果持有成本以单位成本百分比表示，那么单位成本就作为持有成本的一部分，间接包含在总成本中。

表 12-1 基本经济订货批量模型的假定

1. 只涉及一种产品
2. 年需求量已知
3. 需求全年发生，且需求比例是一个常数
4. 提前期不变
5. 各批量单独运送接收
6. 没有数量折扣

基本模型涉及许多假定，如表 12-1 所示。

库存的订购与使用循环发生，几个库存循环如图 12-2 所示。其中一个循环始于收到 Q 单位的订货量，随着时间的推移以固定速率渐渐消耗。当持有量只够满足提前期的需求时，Q 单位的订货单就下达到供应商。由于假定使用速度与提前期不变，订货就会在库存持有量变为零时及时地收到。因此，订货时机的合理安排既避免了库存过量又避免了缺货。

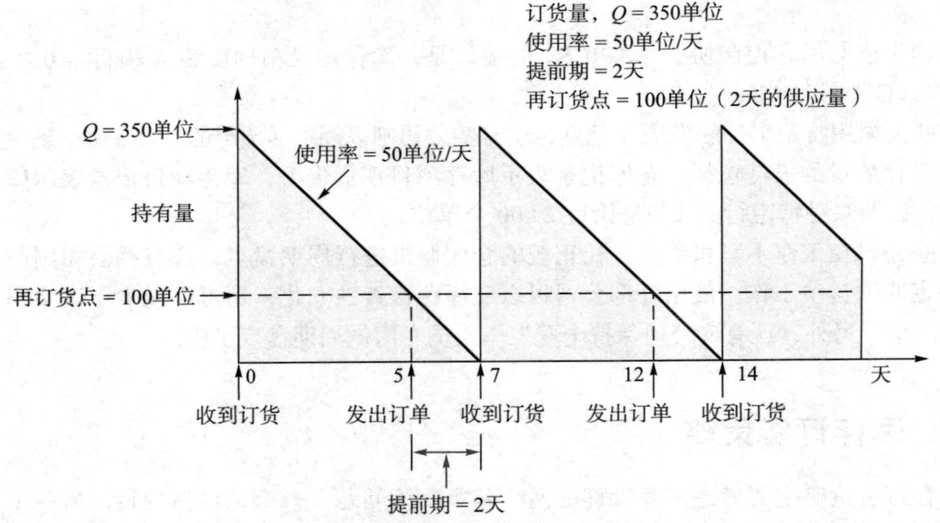

图 12-2 库存循环：库存水平随时间变动情况

最优订货量反映了持有成本与订货成本之间的平衡：当订货量变化时，一种成本会上升同时另一种成本会下降。比如，假如订货量比较小，平均库存就会比较低，持有成本也相应较低。但是，小订货量必然导致经常性的订货，这又迫使年持有成本上升。相反，偶尔发生的大量订货使年订货成本缩减，但也会导致较高的平均库存水平，从而使持有成本上升。这两个极端如图 12-3 所示。

因此，理想的解决方案是订货量既不能使订货次数太多又不能使订货次数太少，只能位于二者之间。具体订货量取决于持有成本与订货成本的大小。

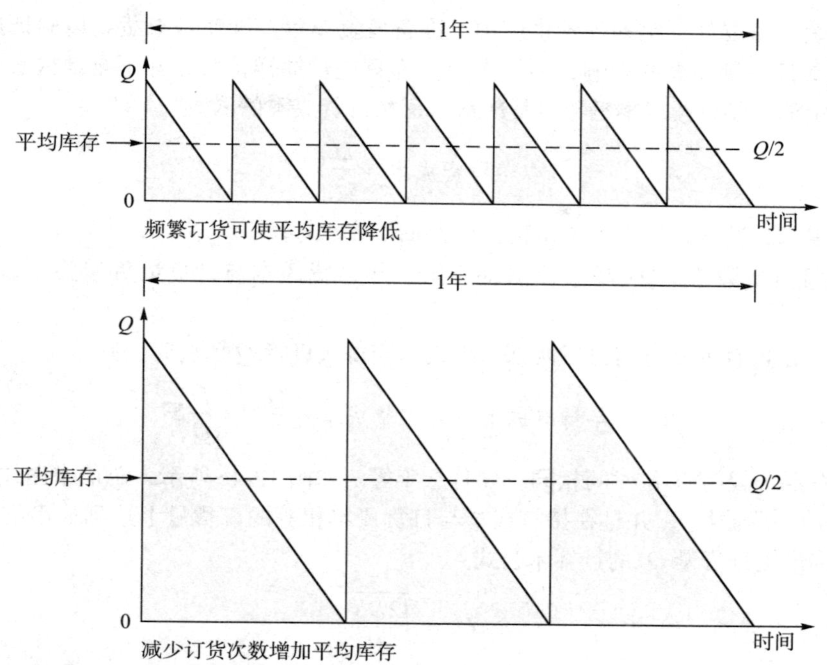

图 12-3 平均库存水平与年订货次数负相关：一个升高另一个降低

年持有成本等于库存平均持有量与单位年持有成本的乘积，即使有些指定单位并没有被持有 1 年。平均库存是订货量的 1/2：库存持有量平稳地从 Q 单位降至 0 单位，因此平均数便是（$Q+0$）/ 2，即 $Q/2$。用字母 H 代表每单位的年平均持有成本，那么总持有成本为

$$\text{年持有成本}=\frac{Q}{2}H$$

式中，Q 是订货量；H 是每年每单位持有成本。

持有成本是一个关于 Q 的线性函数：持有成本的增减与订货量 Q 的变化成正比，如图 12-4a 所示。

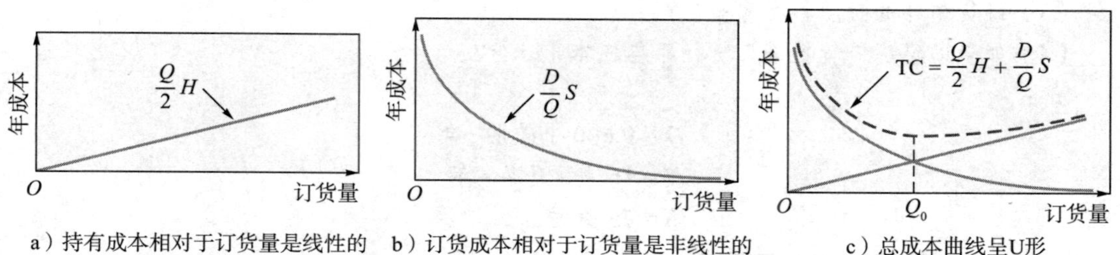

a）持有成本相对于订货量是线性的　b）订货成本相对于订货量是非线性的　c）总成本曲线呈U形

图 12-4 持有成本、订货成本和总成本

另一方面，一旦订货量增大，年订货成本就会下降，因为对于给定的年总需求来说，订货量越大，所需订货次数就越少。比如，假如年总需求是 12 000 单位，订货量是每批 1 000 单位，则 1 年必须订货 12 次。但如果 $Q=2\ 000$ 单位，就只需要订货 6 次；如果 $Q=3\ 000$ 单位，只需要订货 4 次。一般情况下，年订货次数等于 D/Q，其中 D 为年总需求，Q 为订货量。订货成本不像持有成本，对订货量的反应比较迟钝；无论订货量是多少，特定活动都得照样

进行，比如确定需要量、定期评价供应源、准备发货单等。即使检查货物以验证质量与数量特性，也不受订货量多大的影响，因为大量货物只进行抽样检验，并不全部检查。因此，订货成本是固定的，年订货成本是年订货次数与每次订货成本的函数。

$$\text{年订货成本} = \frac{D}{Q}S$$

式中，D 是需求，通常是年需求单位数；S 是每次订货成本。

由于年订货次数（D/Q）随 Q 上升而下降，年订货成本与订货量负相关，如图 12-4b 所示。

年总成本由库存的持有与订货两部分组成，当每次订货 Q 单位时，则

$$\text{TC} = \text{年持有成本} + \text{年订货成本} = \frac{Q}{2}H + \frac{D}{Q}S \tag{12-1}$$

注意，D 与 H 必须单位时间相同，如月、年等。如图 12-4c 所示，总成本曲线呈 U 形（即有一个最小值的凹曲线），并且在持有成本与订货成本相等的订货量上达到最小值。运用微积分⊖可以得到最优订货量 Q_0 的计算术公式

$$Q_0 = \sqrt{\frac{2DS}{H}} \tag{12-2}$$

因此，给定年总需求、每批订货成本和每单位年持有成本，就能算出最优（经济）订货量。Q_0 代替式（12-1）中的 Q 成为最小总成本。

订货循环的时间长度（即订货时间间隔）为

$$\text{订货循环的时间长度} = \frac{Q}{D} \tag{12-3}$$

例 12-2 一家轮胎公司的地区分销商每年大约售出 9 600 个某种型号的钢带子午线轮胎。年持有成本是每个轮胎 16 美元，订货成本是 75 美元。分销商每年工作 288 天。

（1）经济订货批量是多少？

（2）每年订货几次？

（3）订货循环的时间长度为多少？

（4）如果以经济订货批量订货，年总成本是多少？

解：

$$D = 9\,600 \text{ 个轮胎 / 年}$$
$$H = 16 \text{ 美元 / 条 / 年}$$
$$S = 75 \text{ 美元}$$

（1）$Q_0 = \sqrt{\frac{2DS}{H}} = \sqrt{\frac{2(9\,600)75}{16}} = 300\text{个轮胎}$

⊖ 我们用 Q 对 TC 求导就可以得出总成本曲线的最低点，使其为 0，便可求解 Q。因此

1. $\frac{\mathrm{d}TC}{\mathrm{d}Q} = \frac{\mathrm{d}Q}{2}H + \mathrm{d}(D/Q)S = H/2 - DS/Q^2$

2. $0 = H/2 - DS/Q^2$，于是 $Q^2 = \frac{2DS}{H}$，$Q = \sqrt{\frac{2DS}{H}}$

注意，当二次导数为正数时才能得到最小值。

（2）年订货次数 $\frac{D}{Q}=\frac{9\ 600\text{ 个轮胎}}{300\text{ 个轮胎}}=32$

（3）订货循环的时间长度 $\frac{Q}{D}=\frac{300\text{ 个轮胎}}{9\ 600\text{ 个轮胎 / 年}}=\frac{1}{32}$年，即 288 天 × $\frac{1}{32}$=9 个工作日。

（4）TC = 年持有成本 + 年订货成本

$$=(\frac{Q}{2})H+(\frac{D}{Q})S$$

$$=(\frac{300}{2})16+(\frac{9\ 600}{300})75$$

$$=2\ 400+2\ 400$$

$$=4\ 800\text{ 美元}$$

注意，经济订货批量时的订货成本与持有成本相等，如图 12-4c 所示。

持有成本有时以细项购买价格的百分比而非单位价值额表示。但是，只要把百分比转换为单位价值额，经济订货批量公式就仍然适用。

例 12-3 Piddling 制造公司组装安全监视器。每年以 180 美元的单价购买 3 600 个监视器镜头。订货成本是 50 美元，年持有成本占购买价格的 20%。计算最佳订货量，以及订货与持有库存的年总成本。

解：

$$D=3\ 600\text{ 个监视镜头 / 年}$$

$$S=50\text{ 美元}$$

$$H=0.2\times 180=36\text{ 美元}$$

$$Q_0=\sqrt{\frac{2DS}{H}}=\sqrt{\frac{2\times 3\ 600\times 50}{36}}=100\text{ 个监视镜头}$$

$$\text{TC}=\text{持有成本}+\text{订货成本}$$

$$=(\frac{Q_0}{2})H+(\frac{D}{Q_0})S$$

$$=(\frac{100}{2})36+(\frac{3\ 600}{100})50$$

$$=1\ 800\text{ 美元}+1\ 800\text{ 美元}=3\ 600\text{ 美元}$$

注释：持有成本与订货成本，以及年总需求都是估算出来的，而不是那些能准确确定的，即来自账簿记录的数据。持有成本有时是被管理者指定而非计算出来的。因而，经济订货批量也应被视为近似量而非精确量。于是，将计算结果凑整完全可以接受，为确保精度而把值取到小数点后几位不切合实际。这样就产生了一个显而易见的问题：根据最小成本计算出来的“近似”经济订货批量有多好？答案是，经济订货批量相当可靠，总成本曲线在经济订货批量附近相对扁平，尤其在经济订货批量的右方。换句话说，即使作为结果的经济订货批量与实际经济订货批量不同，总成本也根本不会因此而增加多少。在计算数量大于实际经济订货批量时这个结论尤其正确，因为总成本曲线在经济订货批量右方上升得非常缓慢，如图 12-5 所示。

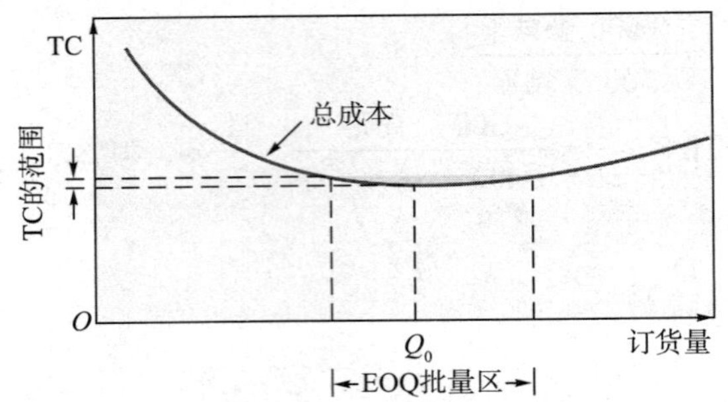

图 12-5　总成本曲线在经济订货批量附近相对扁平

由于总成本曲线在 EOQ 附近相对扁平，这为在 EOQ 的基础上进行小量的调整提供了灵活性（即，取一个近似的批量或货车的满载量），这不会使总成本过多的增加。

12.4.2　经济生产批量模型

在生产中大量使用的是批量生产模式。即使在组装生产运作中，也有部分工作是进行批量生产的。这么做的原因是在确定的条件下，生产某个零部件的生产率要超过该零部件的使用或需求率。只要继续生产，那么库存就会继续增加。在此条件下，对这样的零部件进行批量生产就有意义了。

除了在生产中零部件是以持续接收来代替批量一次性接收以外，经济生产批量模型的假设和经济订货批量模型的假设基本相同。这些假设是：

- 涉及一种产品；
- 年需求量已知；
- 使用率是固定的；
- 使用持续进行，但生产是分期进行的；
- 生产率是固定的；
- 提前期不变；
- 没有数量折扣。

图 12-6 说明了库存是如何被某一特定项目的分期生产影响的。

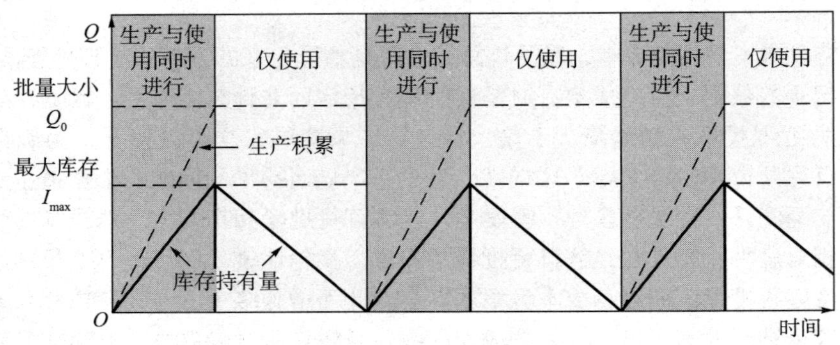

图 12-6　持续补货情况下的经济订货批量

在生产周期中，库存的形成速度等于生产率和使用率之差。例如，如果每天的生产率是20个单位，而每天的使用率是5个单位，那么库存的形成速度就是20−5 = 15单位/天。只要生产进行，那么库存水平就会持续增加；当生产停止时，库存水平就会开始下降。因此，库存的最高水平就出现在生产的停止点。当掌握的库存数量用光的时候，生产就会继续，而生产周期又开始循环。

因为公司自行生产，所以不会发生订货成本。虽然如此，每一批次运作都有准备成本——准备工作设备如清理、调整、变换工具与装置等所需成本。备货成本类似于订货成本，因为它们都独立于批量（运作）规模。它们的公式表示方式相同，生产规模越大，则所需调整次数越少，年准备成本也越低。运作次数是D/Q，年备货成本等于年运作次数乘以每次准备成本：$(D/Q)\,S$。

总成本是

$$\mathrm{TC}_{\min}=\text{持有成本}+\text{准备成本}=\left(\frac{I_{\max}}{2}\right)H+\left(\frac{D}{Q}\right)S \tag{12-4}$$

式中，$I_{\max}$是最大库存。

在EOQ中，全部订货量Q进入库存，与此不同，EOQ中使用量不断地消耗产出，而剩余才变成库存。因此，最大库存水平将不再是运作批量Q_0，这可以从图12-6中看出来。

经济运作批量是

$$Q_0=\sqrt{\frac{2DS}{H}}\sqrt{\frac{p}{p-u}} \tag{12-5}$$

式中，p是生产或交货速度；u是使用速度。

注意：p和u必须是相同的单位（如，每天单位数或每周单位数）。

经济运作量模型的循环时间（订货间隔时间或运作开端间隔时间）是关于运作规模与使用（需求）速度的函数

$$\text{循环时间}=\frac{Q_p}{u} \tag{12-6}$$

类似地，运作时间（循环中的生产阶段）是关于运作规模与生产速度的函数

$$\text{运作时间}=\frac{Q_p}{p} \tag{12-7}$$

最大及平均库存水平分别为

$$I_{\max}=\frac{Q_p}{p}(p-u),\ I_{\text{average}}=\frac{I_{\max}}{2} \tag{12-8}$$

例12-4 一家玩具制造厂每年使用48 000个橡胶轮子制造一种深受大众喜爱的自动装卸卡车系列玩具。这家工厂自己制造轮子，每天生产800个。玩具卡车一律都是全年生产。每个轮子的持有成本是每年1美元，每一次生产运作的准备成本是45美元。工厂每年运营240天。确定：

（1）最优运作规模；

（2）持有、备货年总成本最小值；

（3）最优运作规模的循环时间；

（4）运作时间。

解：

$$D = 48\,000 \text{ 个轮子 / 年}$$
$$S = 45 \text{ 美元}$$
$$H = 1 \text{ 美元 / 轮 / 年}$$
$$p = 800 \text{ 个轮子 / 天}$$
$$u = 48\,000 \text{ 个轮子 / 240 天，即 200 个轮子 / 天}$$

（1）$Q_0 = \sqrt{\frac{2DS}{H}}\sqrt{\frac{p}{p-u}} = \sqrt{\frac{2(48\,000)45}{1}}\sqrt{\frac{800}{800-200}} = 2\,400$（个轮子）

（2）TC_{min} = 持有成本 + 准备成本 = $\left(\frac{I_{max}}{2}\right)H + \left(\frac{D}{Q_0}\right)S$

于是，必须先计算 I_{max}：

$$I_{max} = \frac{Q_0}{p}(p-u) = \frac{2\,400}{800}(800-200) = 1\,800 \text{（个轮子）}$$

$$TC = \frac{1\,800}{2} \times 1 + \frac{48\,000}{2\,400} \times 45 = 900 + 900 = 1\,800 \text{（美元）}$$

注意，本例经济订货批量下的准备成本与持有成本也相等。

（3）循环时间 $= \frac{Q_p}{u} = \frac{2\,400 \text{ 个轮子}}{200 \text{ 轮 / 天}} = 12\text{天}$

于是，最优运作规模的一个周期为 12 天。

（4）运作时间 $= \frac{Q_p}{p} = \frac{2\,400 \text{ 个轮子}}{800 \text{ 轮 / 天}} = 3\text{天}$

于是，每次运作需要 3 天。

12.4.3 数量折扣模型

数量折扣是向用户提供的，鼓励他们大量购买的大宗订单价格减让。例如，芝加哥的一家手术用品公司印发的绷带价目表如表 12-2 所示。注意，随着订货数量上升，每箱价格在递减。

表 12-2 加宽绷带价目表

订货数量	每箱价格 / 美元
1 ～ 44	2.00
45 ～ 69	1.70
70 以上	1.40

如果提供数量折扣，顾客在考虑折扣带来好处的同时还要考虑一些其他问题，包括：

- 增加的采购品是否有存放空间？
- 是否会发生过时或退化的情况？
- 能否支付得起库存相关的费用？

如果决策采用数量折扣，那么选择订货批量的目标应是选取总成本最小的订货量，总成本由持有成本、订货成本与购买成本组成：

$$TC = \text{持有成本} + \text{订货成本} + \text{购买成本}$$

$$= \left(\frac{Q}{2}\right)H + \left(\frac{D}{Q}\right)S + PD \qquad (12\text{-}9)$$

式中，Q 是订货批量；H 是每单位的持有成本（通常是每年）；D 是需求（每年）；P 是单位价格。

回想一下基本经济订货批量模型，订货量不包括购买成本。不包含单位价格的理论基础是没有数量折扣，各批量的单位价格都一样。总成本的计算在那种情况下包括单位价格，也就是增加 P 乘以 D 的数量而已。相对于数量的年总购买成本曲线是一条水平线。因此，包括购买成本仅仅是在总成本曲线上的每一点增加同样数量（PD）。经济订货批量不会因此而改变，如图 12-7 所示。

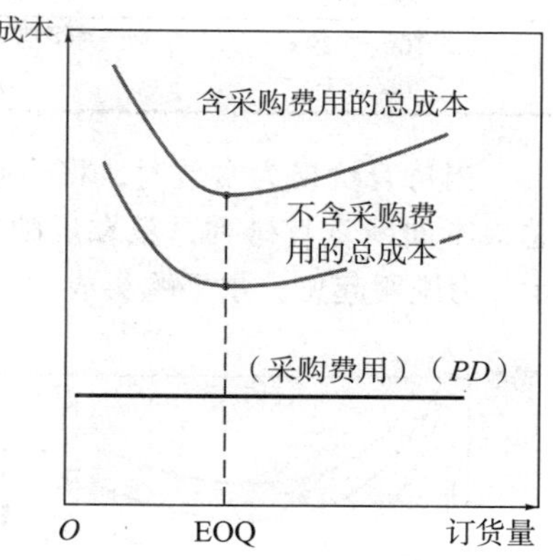

图 12-7　增加 PD 不改变经济订货批量

如果提供数量折扣，对应于各单位价格都有一条独立的 U 形总成本曲线。再重复一次，包括单位价格仅使各曲线增加一个常量。然而，由于单位价格互不相同，每条曲线增加的数量不尽相同，较小的单位价格比较大的单位价格总成本曲线增加的量更大。注意，没有一条曲线能够囊括整个数量范围，每一条曲线都只是整个范围内的一部分而已，如图 12-8 所示。因此，切实可行的总成本曲线总是从最高的单位价格开始，一条曲线一条曲线地以价格间断逐个递减，直到获得折扣所需的最小数量。因此，在表 12-2 中，绷带的价格间断在 45 和 70 箱上，总成本曲线以价格间断台阶式递减。

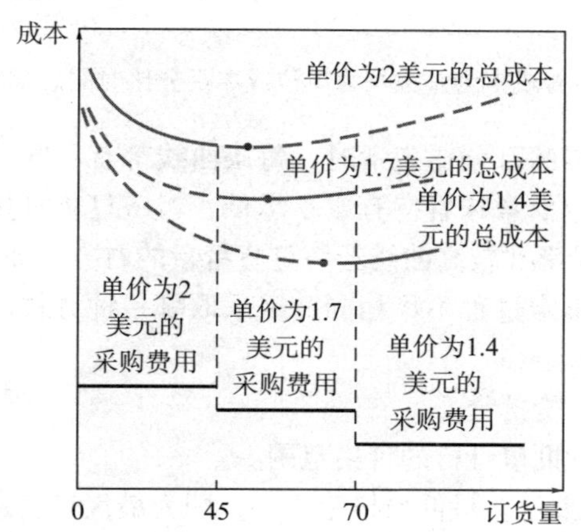

图 12-8　带数量折扣的总成本曲线由各价格下的总成本曲线部分组成

即使各个曲线都有一个最小值，那些点也未必切实可行。例如，图 12-8 中对应单价为 1.40 美元的曲线的最小值大约为 65 单位，但如表 12-2 所示，65 箱的单位价格是 1.70 美元。真正的总成本曲线均以实线表示，只有这些价格 – 数量组合才是真正可行的。数量折扣模型的目的是从整个曲线系列中识别总成本最低的订货量。

分析数量折扣问题时情况有所不同，取决于持有成本是否与单位价格无关（为常数），或者持有成本是否是单位价格的一个百分比。下表中表示两种情况的持有成本，20% 表示持有成本是单位价格的 20%。

订货数量	单位价格	H 为常数 @4 美元	H 为单位价格的 20%
1 ~ 99	10 美元	4	0.20(10) = 2.00

（续）

订货数量	单位价格	H 为常数 @4 美元	H 为单位价格的 20%
100 ～ 299	9 美元	4	0.20(9) = 1.80
300 以上	8 美元	4	0.20(8) = 1.60

当持有价格为常数时，将会有一个单一的经济订货批量，对所有成本曲线都相同。因而，总成本曲线垂直排列，只在反映较低总成本曲线的最低单位价格上有所区别，如图 12-9a 所示（为说明起见，水平购买成本线忽略不计）。

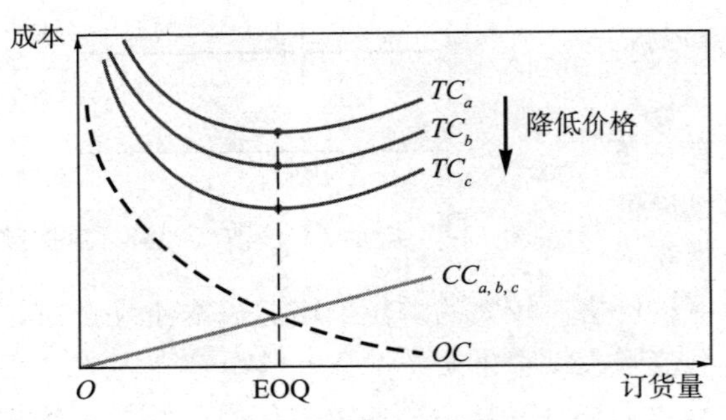

a）当持有成本为常数时，所有曲线的最低点相同

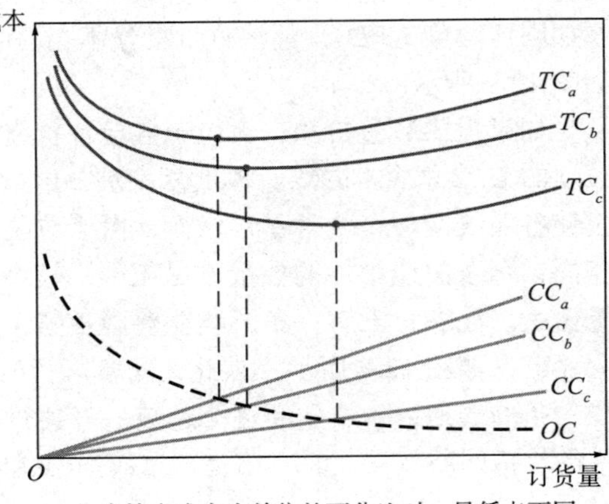

b）当持有成本为单位的百分比时，最低点不同

图 12-9　持有成本为常数与为单位成本百分比时的总成本曲线对比

当持有成本用单位成本的百分比表示时，每条曲线都有不同的经济订货批量。因为持有成本是价格百分比，价格越低意味着持有成本越低，经济订货批量越大。因此，随着价格下降，各曲线的经济订货批量都在较高曲线经济订货批量的右方，如图 12-9b 所示。

整个经济订货批量的确定过程不尽相同，视采取哪一种方式而定。在持有成本为常数的情形下，确定过程如下所示。

（1）计算通常的经济订货批量。

（2）识别每个经济订货批量可行的价格范围。

1）如果可行经济订货批量在最低价格范围内，即为最优订货量；

2）如果可行经济订货批量在其他范围内，为各最低单位价格的价格间断计算经济订货批量总成本。比较总成本，其中最低总成本对应的数量（经济订货批量或价格间断）便是最优订货量。

例 12-5　一家大医院的维修部每年使用 816 箱液体清洁剂。订货成本是 12 美元，持有成本是每年每箱 4 美元，新价目表表明，少于 50 箱的订货成本为每箱 20 美元，50 ～ 79 箱是每箱 18 美元，80 ～ 99 箱是每箱 17 美元，更多的订货则是每箱 16 美元。确定最优订货量与总成本。

解：

如图 12-10 所示。

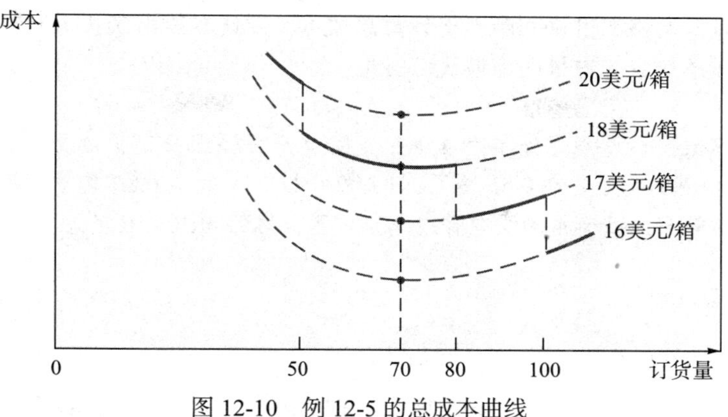

图 12-10 例 12-5 的总成本曲线

$D=816$ 箱 / 年　　　$S=12$ 美元　　　$H=4$ 美元 / 箱 / 年

范围	价格 / 美元
1 ～ 49	20
50 ～ 79	18
80 ～ 99	17
100 以上	16

计算通常的经济订货批量 $Q=\sqrt{\frac{2DS}{H}}=\sqrt{\frac{2(816)12}{4}}\approx 70$（箱）

由于 70 落在 50 ～ 79 的范围之内，70 箱商品应以每箱 18 美元的价格购买。一年购买 816 箱的总成本以每批 70 箱计算，应该是

$$TC_{70}=\text{持有成本}+\text{订货成本}+\text{购买成本}$$
$$=\left(\frac{Q}{2}\right)H+\left(\frac{D}{Q}\right)S+PD$$
$$=\left(\frac{70}{2}\right)4+\left(\frac{816}{70}\right)12+18(816)=14\ 968\text{（美元）}$$

由于存在更低的成本范围，应该再检查一下是否还有比每单位 18 美元、每批 70 箱成本更低的订货方式存在。为了以 17 美元每箱的成本购买，至少需要每批 80 箱（因为总成本曲线是上升的，80 箱在其相应范围内应存在最低总成本）。80 箱的总成本为

$$TC_{80}=\left(\frac{80}{2}\right)4+\left(\frac{816}{80}\right)12+17(816)=14\ 154\text{（美元）}$$

为得到每箱 16 美元的成本，每批至少需要 100 箱，总成本为

$$TC_{100}=\left(\frac{100}{2}\right)4+\left(\frac{816}{100}\right)12+16(816)=13\ 354\text{（美元）}$$

由于每批 100 箱时的总成本最低，因此，100 箱是整个可行范围内的最优订货量。

当持有成本以价格的百分比形式表达时，用如下步骤确定最佳购买量：

- 从最低的单位价格开始，为各价格范围计算经济订货批量，直到发现可行经济订货批量（例如，直到经济订货批量落入与其价格相对应的数量范围之内）为止。
- 如果最低单位价格的经济订货批量可行，它就已经是最优订货量了。如果不可行，就

在所有较低价格的价格间断点上计算总成本，并比较得出最大可行经济订货批量。与最低总成本对应的数量即为最优订货量。

例 12-6 Surge 电气公司每年用 4 000 个拨动开关。开关定价如下：1 ～ 499 个为每个 0.90 美元，500 ～ 999 个为每个 0.85 美元，1 000 个以上为每个 0.80 美元。每准备与接收一次订货大约花费 30 美元，每年的单位持有成本为购买价格的 40%。确定最优订货量与年总成本。

解：

如图 12-11 所示。

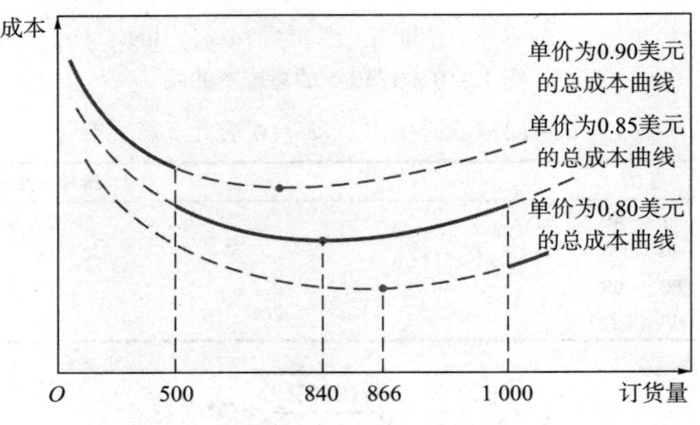

图 12-11 例 12-6 的总成本曲线

$D = 4\ 000$ 个开关 / 年　　　$S = 30$ 美元　　　$H = 0.40P$

范围	单位价格 / 美元	H
1 ～ 499	0.90	0.40(0.90) = 0.36
500 ～ 999	0.85	0.40(0.85) = 0.34
1 000 以上	0.80	0.40(0.80) = 0.32

从最低价开始，为各种价格寻找经济订货批量，直到确定出可行的经济订货批量为止。

$$\text{EOQ}_{0.80} = \sqrt{\frac{2DS}{H}} = \sqrt{\frac{2 \times 4\ 000 \times 30}{0.32}} = 866 \text{（个）}$$

由于 866 个开关的订货量成本为 0.85 美元而非 0.80 美元，866 不是 0.80 美元 / 开关的可行解。然后再来试 0.85 美元 / 开关的情形。

$$\text{EOQ}_{0.85} = \sqrt{\frac{2 \times 4\ 000 \times 30}{0.34}} = 840 \text{（个）}$$

这是一个可行解，它落在 500 ～ 999 之间，为 0.85 美元 / 开关。

现在，计算批量为 840 个开关时的总成本，并与获得 0.80 美元所需的最小数量的总成本进行比较。

$$\begin{aligned} \text{TC} &= \text{持有成本} + \text{订货成本} + \text{购买成本} \\ &= \left(\frac{Q}{2}\right)H + \left(\frac{D}{Q}\right)S + PD \end{aligned}$$

$$\text{TC}_{840} = \frac{840}{2}(0.34) + \frac{4\ 000}{840}(30) + 0.85(4\ 000) = 3\ 686 \text{（美元）}$$

$$TC_{1\,000} = \frac{1\,000}{2}(0.32) + \frac{4\,000}{1\,000}(30) + 0.80(4\,000) = 3\,480 \text{（美元）}$$

因此，最小成本的订货量为 1 000 个开关。

12.5 再订货点

经济订货批量模型回答了订多少的问题，但还没有回答何时订的问题。后者是确定一个**再订货点**（ROP）：一旦某项目的库存持有数量降至某一事先确定的水平，就会发出下一次订货。这个库存水平一般包括提前期内的期望需求，也许还包括额外的库存缓冲，额外库存用于降低提前期内缺货的可能。注意，为确定何时为再订货点，需要采用持续盘存制。

订货的目的是在库存持有量能够满足等待订货期间（即提前期）的需求时下订单。再订货数量取决于以下 4 个因素：

- 需求率（通常基于预测）；
- 提前期；
- 需求范围与提前期的变异性；
- 管理者可以接受的缺货风险程度。

如果需求与提前期都是常数，再订货点就很简单

$$ROP = d \times LT \tag{12-10}$$

式中，d 是需求率（每天或每周的需求量）；LT 是提前期天数或周数。

注意，需求与提前期的时间单位要相同。

例 12-7 Tingly 每天服用 2 片维生素，每次订货 7 天后就有人把药送到他家里。Tingly 的再订货点是多少？

解：

使用量 = 2 片维生素 / 天

提前期 = 7 天

ROP = 使用量 × 提前期 = 2 片维生素 / 天 ×7 天 = 14 片维生素

因此，Tingly 应该在还有 14 片维生素的时候再订货。

一旦需求或提前期发生变化，实际需求就有可能超过期望（平均）需求。因此，为减小提前期内的缺货风险，持有额外库存即**安全库存**十分必要。于是，再订货点应该再增加一个安全库存量：

$$ROP = \text{提前期内的期望需求} + \text{安全库存} \tag{12-11}$$

例如，如果提前期内的期望需求为 100 单位，想要的安全库存量为 10 单位，ROP 就是 110 单位。

如图 12-12 所示，安全库存能够减小提前期内的缺货风险。注意，只是针对提前期内的需要防止缺货。如果周期内任意时刻发生锐增的需求，就会触发新的订货。一旦收到订货，即将缺货的风险就微不足道了。

由于持有安全库存需要付出持有成本，管理者务必仔细权衡持有安全库存的成本与遭遇缺货风险的损失。随着缺货风险的降低，顾客服务水平会相应上升。订货周期**服务水平**的定

义是，提前期内的需求不超过供给的可能性（即库存持有量足以满足需求）。因此，95% 的服务水平表示，提前期内需求不超过供给的可能性为 95%。一种等同的表述为同样的情况发生多次，有 95% 的情况需求被满足，并不意味着能够满足 95% 的需求。缺货风险与服务水平是互补的；95% 的客户服务水平表示缺货风险为 5%，即

$$服务水平 = 100\% - 缺货风险$$

后面还会提到订货周期服务水平与年服务水平有关。

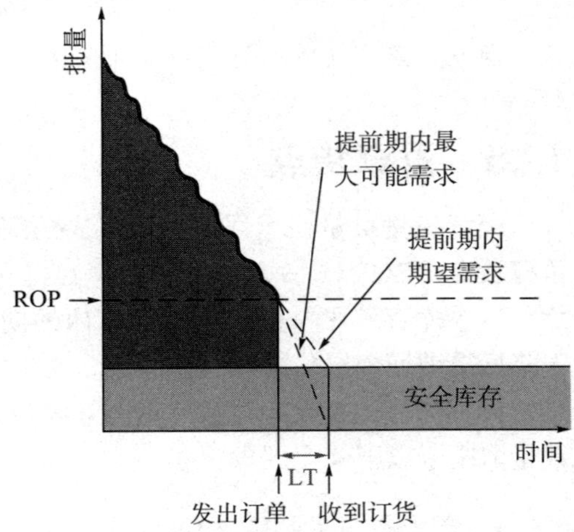

图 12-12 安全库存降低提前期内的缺货风险

考虑缺货的重要性。当缺货发生时需求不能被满足。在制造运营中，缺货意味着工作将延迟并且成本将增加。如果是组装线上零部件缺货，或机器或传送带的备件缺货，意味着流水线将被停产，每小时将造成很高的损失，一直到获得这些部件。对于服务运营，缺货意味着服务不能按时完成。除了因为延迟所增加的成本，还会造成顾客的不满，而且还会造成进度的混乱，有时对后续工作会产生多米诺骨牌效应。在零售业，缺货会使顾客不满而丧失竞争优势，最终会失去顾客。

特定条件下的安全库存量取决于以下因素：

- 平均需求率与平均提前期；
- 需求与提前期的变异性；
- 想要达到的服务水平。

对于特定的订货周期服务水平，需求率或提前期变异性越大，则达到该服务水平所需的安全库存量也越大。同样，对应特定需求率或提前期的变异性，提高服务水平需要增加安全库存量。服务水平的选择也许会反映为缺货成本（如损失销售额、使顾客不满等），还有可能只是一种政策变化（例如，管理者希望某库存细项达到特定服务水平）。

让我们来看几个存在变异性情况时要用到的模型。第一个模型适用于提前期内的期望需求与标准差已知的情形。公式为

$$\text{ROP} = 提前期内期望需求 + z\sigma_{d\text{LT}} \quad (12\text{-}12)$$

式中，z 是标准差个数；$\sigma_{d\text{LT}}$ 是提前期内需求的标准差。

该模型通常假定，需求率或提前期的变异性能用正态分布来描述。然而，这并不是严格的要求，当实际分布并非正态分布时该模型也能提供近似的再订货点。

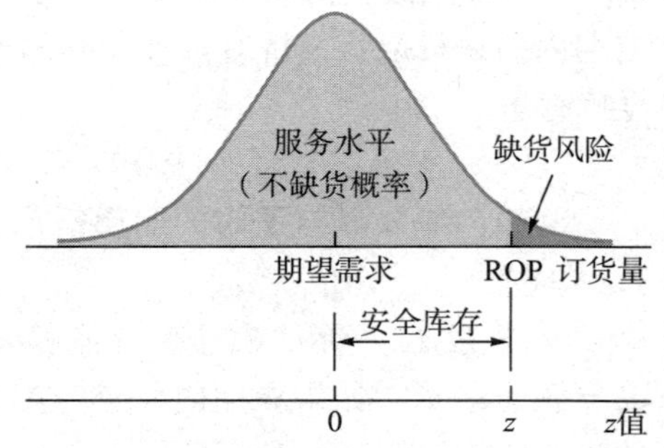

图 12-13 提前期需求基于正态分布的再订货点

特定实例中的 z 值，如图 12-13 所示，取决于管理者愿意承担的缺货风险。一般情况下，管理者愿意承担的风险越小，则 z 值越大。从附录 B 表 B

中得到 z 值，就能给定关于提前期的期望服务水平。

例 12-8　一家建筑供应商的管理者从历史记录中得出结论，提前期内的沙土需求平均为 50 吨。另外，提前期内的需求符合均值为 50 吨、标准差为 5 吨的正态分布。假如管理者愿意承担不超过 3% 的缺货风险，请回答以下问题。

（1）z 值为多少？

（2）应该持有多少安全库存？

（3）再订货点应该是多少？

解：

提前期内期望需求 = 50 吨　$\sigma_{d\text{LT}} = 5$ 吨　风险 = 3%

（1）从附录 B 表 B 中，用 1−0.03 = 0.970 0 的服务水平，可以得到 $z = +1.88$

（2）安全库存 $= z\sigma_{d\text{LT}} = 1.88(5) = 9.40$ 吨

（3）ROP = 提前期期望需求 + 安全库存 = 50 + 9.40 = 59.40（吨）

如果提前期的需求是不确定的，公式（12-12）就不适用了。然而从每天、每周或一个提前期的需求中，通常都可以得到所需数据。利用那些数据，管理者就能够确定需求与 / 或提前期是否为变量，而且可以确定与这种变量有关的标准差。这种情形下，使用以下公式。

如果只有需求是变量，那么 $\sigma_{d\text{LT}} = \sigma_d\sqrt{\text{LT}}$，再订货点为

$$\text{ROP} = \bar{d} \times \text{LT} + z\sigma_d\sqrt{\text{LT}} \tag{12-13}$$

式中，$\bar{d}$是平均日或周需求；σ_d 是每日或周需求的标准差；LT 是提前期天数或周数。

如果只有提前期是变量，那么 $\sigma_{d\text{LT}} = d\sigma_{\text{LT}}$，再订货点为

$$\text{ROP} = d \times \overline{\text{LT}} + z\,d\sigma_{\text{LT}} \tag{12-14}$$

式中，d 是日或周需求；$\overline{\text{LT}}$ 是提前期平均天数或周数；σ_{LT} 是提前期（天数或周数）的标准差。

如果需求与提前期均是变量，那么

$$\sigma_{d\text{LT}} = \sqrt{\overline{\text{LT}}\sigma_d^2 + \bar{d}^2\sigma_{\text{LT}}^2}$$

再订货点为

$$\text{ROP} = \bar{d} \times \overline{\text{LT}} + z\sqrt{\overline{\text{LT}}\sigma_d^2 + \bar{d}^2\sigma_{\text{LT}}^2} \tag{12-15}$$

注意，以上模型均假定需求与提前期互相独立。

例 12-9　一家餐馆平均每周使用 50 罐特制调料，并且周使用量的标准差为 3 罐。提前期为 2 周，提前期内管理者愿意承担不超过 10% 的缺货风险。假定符合正态分布。

（1）此例适用上述哪一个公式，为什么？

（2）确定 z 值。

（3）确定再订货点 ROP。

解：

$d = 50$ 罐 / 周　　　　LT = 2 周

$\sigma_d = 3$ 罐 / 周　　　　可接受风险 = 10%，于是服务水平为 0.90

（1）因为只有需求是变量，应用公式（12-13）。

（2）根据附录 B 表 B，用服务水平 0.900 0，就会得到 $z = +1.28$

$$\mathrm{ROP} = \bar{d} \times \mathrm{LT} + z\sigma_d\sqrt{\mathrm{LT}} = 50\times 2 + 1.28(3)\sqrt{2} = 100 + 5.43 = 105.43$$

因为此问题为离散型库存问题，因此近似取整为 106 罐（通常向上取整数）。

注意，在两仓订货系统中涉及再订货点的库存水平为：第二个容器中的数量等于再订货点。

这三个再订货点公式的逻辑性不是非常明显。每个公式的第一部分都是期望需求，即日（或周）需求与提前期天数（或周数）的乘积。公式第二部分是 z 乘以提前期需求的标准差。对于只有需求可变的公式，假定日（或周）需求符合正态分布，并且具有相同的均值与标准差，如图 12-14 所示。整个提前期需求的标准差来自日（或周）需求方差之和，再求平方根，因为标准差与方差不同，不能求和。因此，如果日标准差为 σ_d，方差即为 σ_d^2，如果提前期是 4 天，提前期需求的方差就等于 4 个变化量之和，即 $4\sigma_d^2$。再求平方根便是提前期需求的标准差，即 $2\sigma_d$。一般情况下，它的形式是 $\sqrt{\mathrm{LT}}\sigma_d$，正如公式（12-13）的后半部分一样。

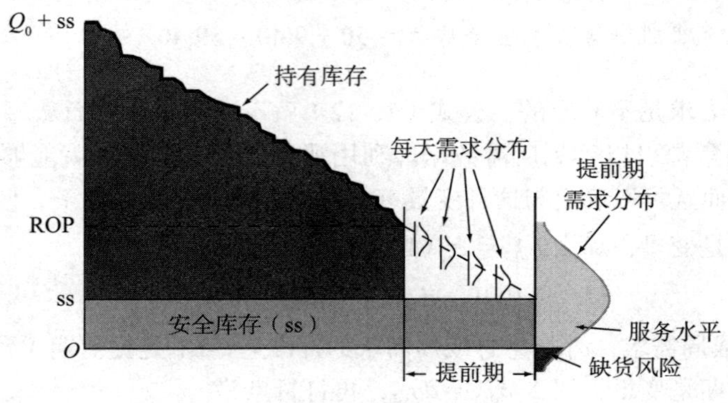

图 12-14 提前期需求

当只有提前期可变时，解释起来就简单多了。提前期需求的标准差等于固定日需求乘以提前期标准差。

当需求与提前期都可变时，适用公式会给人留下极其深刻的印象。然而，也仅仅是前两个公式的标准差求平方来获得它们的方差，然后加总，开平方得出的结果而已。

有时以年率考虑服务水平会较为方便。年服务水平的一种定义为，直接通过库存满足需求的百分比，也被称为**满足率**。因此，如果 D = 1 000，且 990 件直接通过库存得到满足（被记录的全年总缺货量为 10 件），那么，年服务水平（满足率）为 990/1 000 = 99%。

12.6 订多少货：固定订货间隔模型

当必须按照固定时间间隔（每周、一个月两次等）下订单时，我们就要使用固定订货间隔模型（FOI）。在每一个订货点面临的问题是：应该为下一个（固定）间隔订多少货？如果需求是可变的，各个周期的订货批量自然就不同。这与 EOQ/ROP 模型非常不同，它们各周期的订货批量通常保持一定，而周期长度各有不同（如果需求高于平均水平，周期就短一些；如果需求低于平均水平，周期就长一些）。

12.6.1 为何使用固定订货间隔模型

有些情况下，供应商政策会鼓励固定间隔订货行为。即使没有这种政策，从同一个供应商处多品种组合订货也会节约货运成本。更进一步，有些情况下企业无法监控自己的库存水平。许多零售单位（如药店、小杂货店等）就是这种情况。它们选用固定间隔订货方法，只需要定期检查库存水平即可。

12.6.2 确定订货量

如果需求率与提前期都是常数，固定间隔模型与固定数量模型函数就都一样。这两个模型的差别只有在变量是变化的这种情况下才能显示出来。正如ROP模型，固定间隔模型也可以有只有需求是变化的、只有提前期是变化的、两者均是变化的三种情形。然而，为了简化，并且也许出于最常见的情形，此处只讨论需求是变化的提前期是常量的情况。

固定数量与固定间隔系统的比较如图12-15所示。当固定数量时，订货由数量（ROP）引发，而当固定间隔时订货由时间引发。因此，固定间隔系统必须防备提前期与下一个订货周期的缺货，而固定数量系统只需防止提前期缺货即可，因为随时都可以额外订货并在很短时间（提前期）内收到。因此，固定间隔模型比固定数量模型所需的安全库存更大。很多人都在研究固定间隔模型中第二个订货周期的安全库存问题。

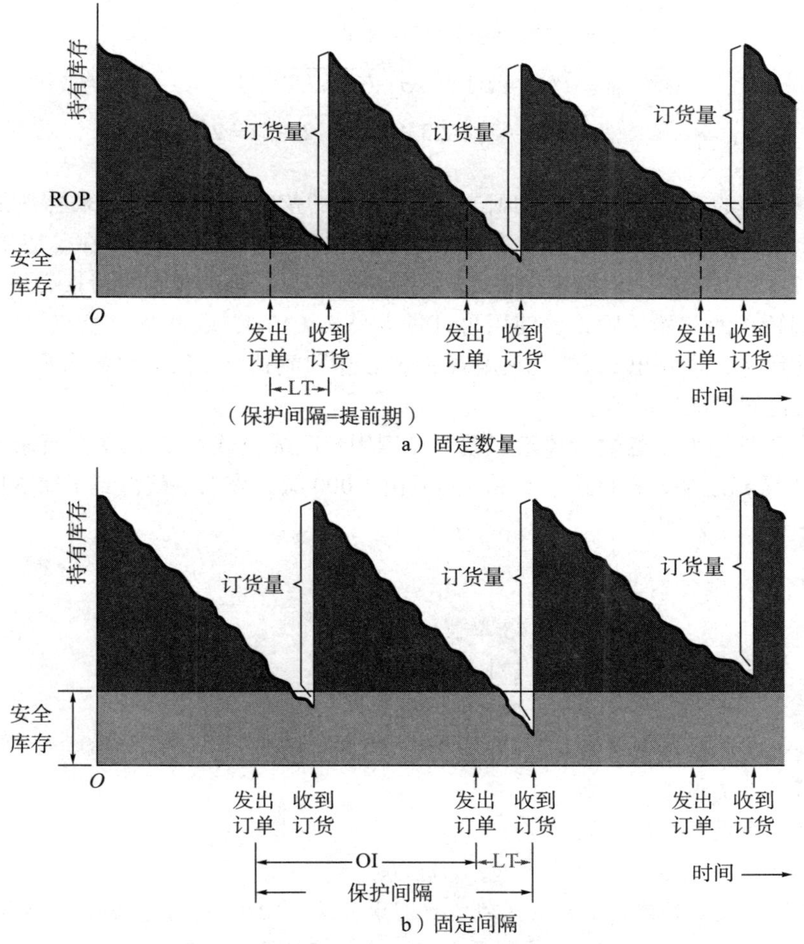

图12-15 固定数量与固定间隔期订货模型的比较

两种模型对发生于再订货之前的需求都很敏感，只是方式略有不同。在固定数量模型中，高于均值的需求会使订货之间的时间间隔更短，而在固定间隔模型中，则使订货批量更大。另一个不同之处是，固定数量模型需要密切关注库存水平，以了解持有数量何时达到再订货点。而固定间隔模型则只需在下订单前定期检查（实物盘点）库存水平，以确定需要量即可。

固定间隔模型中的订货批量由下式计算所得

$$
\begin{aligned}
\text{订货量} &= \text{保护间隔内预期需求} + \text{安全库存} - \text{再订货时持有数量} \\
&= \bar{d}\left(\text{OI}+\text{LT}\right)+z\sigma_d\sqrt{\text{OI}+\text{LT}}-A \qquad (12\text{-}16)
\end{aligned}
$$

式中，OI 是订货间隔（订货之间的时间长度）；A 是再订货时持有数量。

正如前述模型，我们假定保护间隔内的需求呈正态分布。

例 12–10 给定以下信息，计算订货量。

$\bar{d}$ = 30 单位 / 天　　期望服务水平 = 99%

σ_d = 3 单位 / 天　　再订货时持有数量 = 71 单位

LT = 2 天　　OI = 7 天

解：

$$z = 2.33,\ 99\%\ \text{服务水平}$$

$$
\begin{aligned}
\text{订货量} &= \bar{d}\left(\text{OI}+\text{LT}\right)+z\sigma_d\sqrt{\text{OI}+\text{LT}}-A \\
&= 30(7+2)+2.33(3)\sqrt{7+2}-71 = 220\ \text{单位}
\end{aligned}
$$

固定间隔模型的一个问题是缺货风险。从下订单的角度（即时间点）来看，在订货周期中有两个可能出现缺货的点。一个点在下订单之后很快出现，而那时候正在等待接受进行中的订单（见图 12-15）。第二个点出现在订货周期结束点附近，那时正在等待接受下一个订单。

为了找到缺货的初始风险，要使用再订货点公式（12-13），将再订货点设定为等于在下订单时掌握的数量，求解出 z，然后从附录 B 表 B 中得到这个 z 值的服务水平，然后由 1.000 减去该水平就得到了缺货风险。

要找出在订货周期末的缺货风险，就要使用固定间隔公式（12-16）并且求解 z。接着从附录 B 表 B 中得到这个 z 值的服务水平，然后由 1.000 减去该水平就得到了缺货风险

下面用一个例子说明。

例 12–11 给定以下条件

LT = 4 天　　A = 43 单位

OI=12 天　　Q = 171 单位

$\bar{d}$ = 10 单位 / 天　　σ_d = 2 单位 / 天

确定下列情况下的缺货风险：

（1）在第一个提前期的末期。

（2）在第二个提前期的末期。

解：

（1）对第一个提前期末期的缺货风险，我们用公式（12-13）。代入给定的数据，得到 43 = 10×4 + z（2）（2），z = +0.75，根据附录 B 表 B，服务水平是 0.773 4。风险就是 1−0.773 4 = 0.226 6，这个风险相当高。

（2）对第二个提前期末期的缺货风险，我们用公式（12-16）。代入数据，得到 171 = 10 × (4 + 12) + z（2）(4）−43，得到 z = 16.75。这个数值已经超出了正态分布的右尾值，这使得服务水平实际上等于 100%，所以，在这个点的缺货风险实际上等于 0。

12.6.3　优缺点

固定间隔系统可以紧紧地控制库存。此外，当多种物品中的一些物品来自于同一供应商时，多品种组合的订货可以获得订货、包装盒运输成本的节省。更进一步，当库存提取的数据无法紧密监控时定期订货系统可能是唯一可行的方法。

缺点是固定间隔系统要求在给定缺货风险下大量持有安全库存，因为它需要防备整个订货间隔与提前期内的缺货（而不只是提前期），这样就增加了持有成本，并且还要产生定期的检查费用。

12.7　单周期模型

单周期模型（有时又称为报童模型）用于易腐物品（如新鲜水果、蔬菜、海鲜、剪花）以及使用寿命短的物品（报纸、杂志、专用设备的备件，备件的使用期即设备使用期，假定备件不能用于其他设备）的订货。这些未售出或未使用的商品不能跨期持有，至少不能无损失地持有。例如，一天没卖掉的烤面包往往会降价出售，剩余的海鲜可能会遭抛弃，过期杂志则会廉价出售给旧书店。处置剩余商品甚至还可能产生费用。

单周期模型分析通常集中于两种成本：缺货与过期。缺货成本包括对顾客信誉的损害与错过销售的机会成本。一般情况下，**缺货成本**只指每单位的未实现利润，即

$$C_{缺货} = C_s = 单位销售价格 - 单位成本$$

如果缺货与用于生产的部件或机器备件有关，那么缺货成本就指错过生产的实际成本。

过期成本与期末剩余的部件有关。实际上，过期成本是购买成本与残值之差，即

$$C_{过期} = C_e = 原始单位成本 - 单位残值$$

如果处置过期部件时发生了费用，则残值为负，并因此增加单位过期成本。

单周期模型的目的是确定订货量或库存水平，使期望的过期成本与缺货成本最小。

这里需要考虑两类常见问题：需求可以近似地用连续分布（也许是理论上的均匀分布或正态分布）表示，以及需求可以近似地用离散分布（如经验概率或理论上如泊松分布等）表示。这种库存能够说明哪一种模型才是比较适合的。例如，石油、液体与气体在连续范围内的需求变化很大，因此我们用连续分布表示它。而对往往用单位数表示的拖拉机、小汽车与计算机的需求，我们则使用离散型分布来描述。

12.7.1　连续型的存货水平

当需求均匀发生时，最优存货水平也许是最容易确定的。选择存货水平类似于玩跷跷板，只不过跷跷板的两边一边是单位过期成本（C_e），另外一边则是单位缺货成本（C_s）。最优存货水平就像是跷跷板的支点，存货水平与成本权数相等，如图 12-16 所示。

服务水平是指需求不超过存货水平的概率，并且计算服务水平是确定最优存货水平 S_0 的关键。

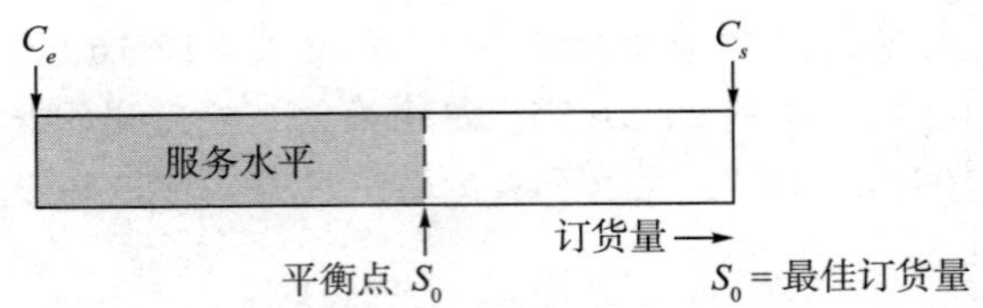

图 12-16　使单位缺货成本与单位过期成本平衡的最优存货水平

$$服务水平=\frac{C_s}{C_s+C_e} \tag{12-17}$$

式中，C_s 是单位缺货成本；C_e 是单位过期成本。

如果实际需求超过 S_0，就会发生缺货，于是 C_s 位于分布的右边。类似地，如果需求少于 S_0，就会发生过期，C_e 就会位于分布的左边。当 $C_e = C_s$ 时，最优存货水平位于分布的两个端点的中间。如果一种成本大于另一种成本，S_0 就会靠向成本较大的那一边。

例 12–12　未发酵的苹果酒每周一次送往 Cindy 的苹果酒吧。周需求在 300 ～ 500 公升之间均匀变化。Cindy 为每公升苹果酒支付 20 美分，同时向顾客索要 80 美分。卖不掉的苹果酒由于会变质而没有残值，不能放到下周再卖。求解最优存货水平及其缺货风险。

解：

$$\begin{aligned}C_e &= 单位成本 - 单位残值\\ &= 0.20-0\\ &= 0.20\ 美元/单位\\ C_s &= 单位售价 - 单位成本\\ &= 0.80-0.20\\ &= 0.60\ 美元/单位\end{aligned}$$

$$\mathrm{SL}=\frac{C_s}{C_s+C_e}=\frac{0.60}{0.60+0.20}=0.75$$

因此，最优存货水平必须满足 75% 时间内的需求。在均匀分布中，这一点应该等于最小需求加最大与最小需求之差：

$$S_0 = 300 + 0.75(500-300) = 450（公升）$$

缺货风险为 1.00−0.75 = 0.25。

当需求呈正态分布时，与上述应用方法类似。

例 12–13　Cindy 的苹果酒吧还卖一种樱桃汁与苹果汁的混合饮料，其周需求近似于正态分布，均值为 200 公升，标准差为 10 公升。C_s=60 美分 / 公升，C_e=20 美分 / 公升。请找出苹果—樱桃汁的最优存货水平。

解：

$$\mathrm{SL}=\frac{C_s}{C_s+C_e}=\frac{0.60}{0.60+0.20}=0.75$$

这表明正态曲线以下75%的区域都在储备水平的左边。从附录B表B中可以查出z值介于+0.67～+0.68之间，即+0.675。使用概率接近0.75的z值，即0.67。最佳缺货水平为S_0 = 平均值 + $z\sigma$。因此

$$S_0 = 200 + 0.67(10) = 206.7\text{（公升）}$$

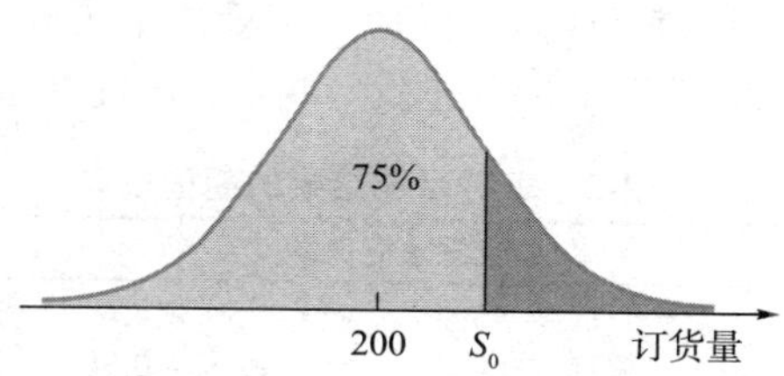

12.7.2 离散型的存货水平

当存货水平是离散而非连续的时，用比率$C_s/(C_s+C_e)$解得的服务水平往往与可行的存货水平不相符（例如，最优数量可能介于5～6单位之间）。此时存货量取较高值（如6个单位）。换句话说，应该选取等于或大于期望服务水平的存货水平，如图12-17所示。

下面给出一个使用经验分布的例子。

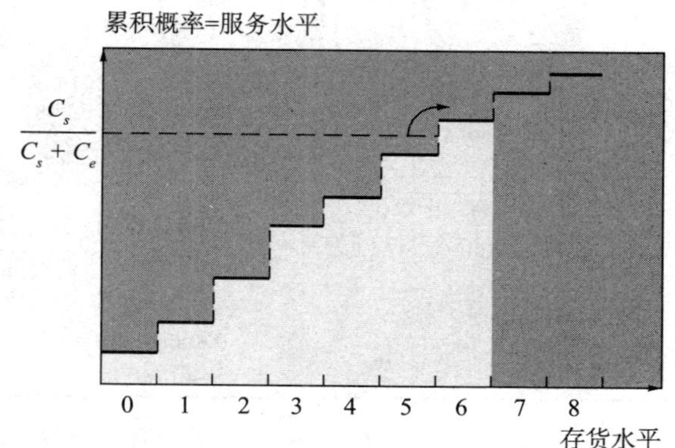

图12-17 实际服务水平必须大于或等于比率$C_s/(C_s+C_e)$

例12-14 用几种大型水压机使用备件的历史记录来评估一台新安装压具的备件使用情况。缺货成本包括停工费用与专用订货成本，平均为4 200/美元单位缺货。备件成本为800美元/个，未用备件残值为0。确定最优存货水平。

使用的备件数量	单独发生频数	累计频数
0	0.20	0.20
3	0.40	0.60
2	0.30	0.90
3	0.10	1.00
4及以上	0.00	
	1.00	

解：

$C_s = 4\,200$ 美元　　　　$C_e = 800$ 美元

$$\text{SL} = \frac{C_s}{C_s+C_e} = \frac{4\,200}{4\,200+800} = 0.84$$

累计频数列表示需求不超过（即等于或小于）某一数值的可能性。例如，需求不超过1个备件的可能性是60%，不超过2个备件的可能性是90%。因此，为达到至少84%的服务水平，有必要储备2个备件（即取较高储备水平）。

可以通过决策表法说明式（12-17）背后的逻辑。表 12-3 说明了这种方法。该表列举了每种存货水平和需求组合的期望成本。例如，如果存货水平是 3，而需求结果是 0，这将导致有 3 个单位剩余，每单位成本 800 元，需求为 0 的概率为 0.20，则期望成本为 0.20 × 3 × 800 = 480 美元。类似地，如果存货水平为 0，而需求为 2，则期望成本等于需求为 2 的概率（即 0.30）乘以 2，再乘以每单位的缺货成本。因此，期望成本为 0.30 × 2 × 4 200 = 2 520 美元。而对于需求等于存货量的情形，既没有缺货也没有剩余，因此期望成本为 0。

表 12-3 每种可能结果的期望成本

	且需求概率是				
如果存货水平是	0 概率 = 0.20	1 概率 = 0.40	2 概率 = 0.30	3 概率 = 0.10	期望成本 / 美元
0	$S=D$ 0	缺 1 个单位 0.40(1)(4 200) = 1 680（美元）	缺 2 个单位 0.30(2)(4 200) = 2 520（美元）	缺 3 个单位 0.10(3)(4 200) = 1 260（美元）	5 460
1	超 1 个单位 0.2(1)(800) = 160（美元）	$S=D$ 0	缺 1 个单位 0.30(1)(4 200) = 1 260（美元）	缺 2 个单位 0.10(2)(4 200) = 840（美元）	2 260
2	超 2 个单位 0.20(2)(800) = 320（美元）	超 1 个单位 0.40(1)(800) = 320（美元）	$S=D$ 0	缺 1 个单位 0.10(1)(4 200) = 420（美元）	1 060
3	超 3 个单位 0.20(3)(800) = 480（美元）	超 2 个单位 0.40(2)(800) = 640（美元）	超 1 个单位 0.30(1)(800) = 240（美元）	$S=D$ 0	1 360

最低期望成本为 1 060 美元，它出现在存货水平为 2 单位时，所以 2 单位是最优存货水平，这与比率计算方法的结果是一致的。

例 12-15 使用泊松分布求解存货水平。

例 12-15 一家小花店的长茎红玫瑰的需求可以近似地用泊松分布表示，均值为每天 4 打。玫瑰利润为每打 3 美元，卖剩的则要在第二天以每打 2 美元的价格亏本处理。假设所有降价玫瑰都能售出。最优存货水平是什么？

解：

$C_s = 3$ 美元　　$C_e = 2$ 美元　　$\text{SL} = \dfrac{C_s}{C_s + C_e} = \dfrac{3}{3+2} = 0.60$

查泊松表（附录 B 表 C），均值为 4 时的累计频数为：

需求（打 / 天）	累计频数
0	0.018
1	0.092
2	0.238
3	0.434
4	0.629
5	0.785
⋮	⋮

比较各累计频数下的服务水平。为达至少为 0.60 的服务水平，必须存货 4 打玫瑰花。

关于离散型存货水平，最后一点需要说明的是，如果算出的服务水平确实等于与某个存货水平相关的累计概率，根据最低长期成本——与较高者概率相等的成本，就会存在两个相等的存货水平。在例12-15中，如果比率等于0.629，那么我们把存货量定为每天4打或5打都无关紧要。

12.8 运营战略

库存通常是一种实实在在的投资。更重要的是，改进库存过程可以降低成本和改进顾客服务，使企业能够显著地获益。这一领域可研究的问题如下。

（1）库存记录。保持准确和不断更新的库存记录是非常重要的，因为库存的决策是基于正确的信息。对持有成本、订货成本和准备成本的估计，以及需求和提前期的估计都有必要进行定期地检查和更新。

（2）减小变化。提前期的变化和预测的误差是影响库存管理的两个主要因素，因此减少这两方面的变化可以显著地改进库存管理。

（3）精益运营。精益系统是需求驱动，意味着货物是以拉式的方式经过系统，以达到与需求相匹配，这与推式方式是不同的，它不与需求相连接。更进一步，精益系统与传统系统相比，其特点是小批量，这部分是由于与传统系统相比精益系统指定的持有成本更高，另一方面通过简化和标准化作业来努力降低订货和准备成本。明显的好处是减少了平均库存，因此降低了持有成本。其他优点包括减少了工作流的中断，减少了空间的占用，有利于暴露问题，提高了设备与工人的衔接程度，可以使员工之间有更多的机会进行交流和合作。

（4）供应链管理。与供应商更加紧密地工作以协调货运，缩短提前期，以及降低供应链库存。这可以减少缺货的数量和频次，由此可以降低库存持有成本。总订单和供应商管理库存可以降低交易成本。寄售协议也可能是一种选择，在这种情况下，在货物售出之前买方不必为库存物品付款。通过采用货物倒车技术可以降低缺货成本，在这种情况下从供应商来的载货货车到达配送中心时，直接装上送往商店或经销商的货车，这样可以避免仓库的持有和缺货成本。

本章小结

库存管理是运营管理活动的核心之一。好的库存管理往往是企业运营良好的标志。为使持有库存的成本与提供合理顾客服务水平的成本达到平衡，必须对库存水平进行认真的计划。成功的库存管理需要能够追踪库存项目的系统、准确的需求与提前期信息、对有关库存成本的现实评价、为库存项目分类并确定控制重点的一个优化系统等。

本章讨论了四类模型：经济订货批量、再订货点、固定间隔与单周期模型。前三个模型适用于未用物品能够跨期持有的情形，单周期模型则适用于库存品无法跨期持有的情形。经济订货批量模型提出了订多少货的问题；再订货点模型提出了何时订货的问题，它在应对需求或提前期可变的情况时特别有用；再订货点模型考虑到了服务水平与安全库存的问题，当订货之间的时间固定时，就用固定间隔订货模型；单周期模型适用于有“保存期限”的库存品。本章所述所有模型如表12-4所示。

表 12-4 库存公式小结

模型	公式		符号
1. 基本经济订货批量	$Q_0=\sqrt{\frac{2DS}{H}}$	（12-2）	Q_0——经济订货批量
	$\text{TC}=\frac{Q}{2}H+\frac{D}{Q}S$	（12-1）	D——年需求 S——订货成本 H——单位年持有成本 Q——订货量
	订货循环的时间长度 $=\frac{Q}{D}$	（12-3）	
	平均库存 $=\frac{Q}{2}$		
2. 经济生产批量	$Q_0=\sqrt{\frac{2DS}{H}}\sqrt{\frac{p}{p-u}}$	（12-5）	Q_0——最优运作或订货批量 p——生产或交货速度 u——使用速度
	$\text{TC}=\frac{I_{\max}}{2}H+\frac{D}{Q}S$	（12-4）	$I_{\max}$——最大库存水平
	循环时间 $=\frac{Q}{u}$	（12-6）	
	运作时间 $=\frac{Q}{p}$	（12-7）	
	$I_{\max}=\frac{Q_p}{p}(p-u)$	（12-8）	
	平均库存 $=\frac{I_{\max}}{2}$		
3. 数量折扣	$\text{TC}=\left(\frac{Q}{2}\right)H+\left(\frac{D}{Q}\right)S+PD$	（12-9）	P——单位价格
4. 再订货点			ROP——再订货点持有数量
（1）需求与提前期均不变	$\text{ROP}=d(\text{LT})$	（12-10）	d——需求率
（2）需求率可变	$\text{ROP}=\bar{d}\text{LT}+z(\sigma_d)\sqrt{\text{LT}}$	（12-13）	LT——提前期
（3）提前期可变	$\text{ROP}=d\overline{\text{LT}}+zd(\sigma_{\text{LT}})$	（12-14）	$\bar{d}$——平均需求率
（4）提前期与需求均可变	$\text{ROP}=\bar{d}\times\overline{\text{LT}}+z\sqrt{\overline{\text{LT}}\sigma_d^2+\bar{d}^2\sigma_{\text{LT}}^2}$	（12-15）	σ_d——需求率标准差 z——正态标准差 $\overline{\text{LT}}$——平均提前期 σ_{LT}——提前期标准差
5. 固定间隔	$Q=\bar{d}(\text{OI}+\text{LT})+z\sigma_d\sqrt{\text{OI}+\text{LT}}-A$	（12-16）	OI——订货间隔时间 A——再订货时持有数量
6. 单周期	$\text{SL}=\frac{C_s}{C_s+C_e}$	（12-17）	SL——服务水平 C_s——单位缺货成本 C_e——单位过期成本

知识要点

1. 所有企业都持有库存，这些存货以备未来之用。
2. 库存意味着被产品或物资占用的资金。
3. 有效库存决策有赖于完善的库存记录、准确的成本信息和正确的需求预测。
4. 确定持有多少库存涉及的问题是：有多少资金被库存占用，这些资金的其他用途如何？为解决这一问题要考虑的因素包括采购成本、持有成本、订货成本、缺货和积压成本、储存这些物资所占用的空间以及这些被库存所占用的资金投资到其他方面所带来的回报等。

5. 与其他方面的运营管理一样，库存管理也在变化，必须给予考虑。虽然设置库存会带来额外的成本，但可通过安全库存来消减库存管理的不确定性。

例 题

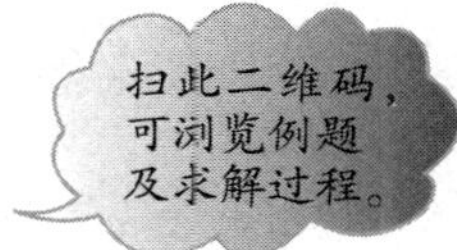

习 题

1.（1）为下面的物品确定 A-B-C 分类：

细项	单位成本 / 美元	使用量
1	100	25
2	80	30
3	15	60
4	50	10
5	11	70
6	60	85
7	10	60

（2）给定下面信息计算 EOQ：$D=4\ 500$ 单位 / 年，$S=36$ 美元 / 次，$H=10$ 美元 / 每单位每年。

（3）给定下面信息计算经济生产批量：$D=18\ 000$ 单位 / 年，$S=100$ 美元 / 次，$H=40$ 美元 / 每单位每年，$p=120$ 单位 / 天，$u=90$ 单位 / 天。

2.（1）下表中包含了从某保健中心的 2 000 种库存品中随机抽选的 16 种物品的单位成本和用量的信息。为这些物品编制一个 A-B-C 分类方案。

项目	单位成本 / 美元	使用量
K34	10	200
K35	25	600
K36	36	150
M10	16	25
M20	20	80
Z45	80	200
F14	20	300
F95	30	800

（续）

细项	单位成本 / 美元	使用量
F99	20	60
D45	10	550
D48	12	90
D52	15	110
D57	40	120
N08	30	40
P05	16	500
P09	10	30

（2）给定的月使用量如下表所示，根据美元使用量进行 A、B、C 项目分类。

项目	使用量	单位成本 / 美元
4 021	50	1 400
9 402	300	12
4 066	40	700
6 500	150	20
9 280	10	1 020
4 050	80	140
6 850	2 000	15
3 010	400	20
4 400	7 000	5

（3）对于 B 确定每一种分类项目所占百分比和年价值额。

3. 一家大型面包店购买面粉用的是 25 磅的袋子。该面包店平均每年使用 1 215 袋面粉。准备订单与接收面粉到货的成本为每次订货 10 美元。年持有成本为 75 美元 / 袋。

(1) 求经济订货批量。
(2) 平均持有袋数为多少?
(3) 每年需要订货多少次?
(4) 计算面粉订购与持有的总成本。
(5) 如果年持有成本每次订货增加9美元，对最小年总成本的影响额是多少?

4. 一家大型法律公司平均每天耗用40包复印纸，该公司每年的工作日为260天。复印纸的缺货与持有成本为30美元/年/包，每订购和收取一次纸所耗用成本约为60美元。
(1) 为使每年的订货与持有成本最小，订货批量应为多少?
(2) 利用在(1)中获得的订货批量，计算年总成本。
(3) 除凑整情况外，经济订货批量的年订货成本与年持有成本总是相等吗?
(4) 办公室经理目前采用的订货批量是200包，公司合伙人希望办公室以"成本效益方式"进行管理。你会建议办公室经理采纳并非200包的最优订货批量吗?证实你的答案。

5. 平凡花店每月使用750个花罐。罐子的单位购买成本为2美元。据估计，年持有成本约占成本的30%。订货成本为每次20美元。管理者使用的是1 500个花罐的订货量。
(1) 仍然使用这种订货量所造成的每年增加的成本是多少?
(2) 除了节省成本以外，使用经济订货批量还带来了什么好处?

6. 某农产品经销商每月使用800只包装用板条箱，其单位购买成本为10美元。管理者已经将购买成本的35%指派为年持有成本。订货成本为28美元。目前管理者每月订货一次。如果使用经济订货批量，该公司每年将节约多少订货成本与持有成本?

7. 管理者收到了一份下年度的预测报告。其中，计划需求是前半年600单位，后半年900单位。月持有成本为2美元/单位，处理一次订货的成本估计为55美元。
(1) 假设预测覆盖的6个月期间，各月需求量相等(例如，前6个月每月需求量为100)，求在每6个月期间中，为使各月订货成本与持有成本总和最小，订货批量应为多少?
(2) 假定6个月期间内的各月需求相等这一点为何很重要?
(3) 如果卖主愿意提供10美元/次订货的折扣，当订货量为50单位的倍数(例如50、100、150)时，你会建议管理者在各期都采纳这一条件吗?如果会，订货批量又是多少?

8. 一台食物处理机每月为其果汁生产消耗大约27 000只广口玻璃瓶。由于缺货限制，订货批量为4 000只广口瓶。月持有成本18美分/只，再订货成本为60美元/次。公司每月工作日平均为20天。
(1) 公司现有订货批量使其遭受的损失有多少?
(2) 管理者可以每月订货10次，但他必须证明订货批量的任何变化都是正当的。一种可能的解释是简化订货过程降低订货成本。多少订货成本能使管理者证明隔日订货是正确的(即每月10次)?

9. Friendly香肠厂(FSF)以每天5 000只的产量生产热狗。FSF以每天250只热狗的稳定数量向当地商店与餐馆供货。生产热狗的备货成本为22美元，年持有成本为15美分/只。该厂每年的工作日为300天。求:
(1) 最优运作规模。
(2) 年运作次数。
(3) 运作时间(天数)。

10. 一家化学工厂生产硫酸氢钠的包装为每袋100磅。该产品的需求是每天20吨，生产能力是每天50吨。备货成本为100美元，持有成本为5美元/吨/年。该工厂每年的工作日为200天(注意:1吨=

2 000 磅)。

(1)多少袋的运作规模最佳?

(2)这种运作规模下的平均库存是多少?

(3)生产运作时间约为多少天?

(4)年运作次数是多少?

(5)假如备货成本降为25美元/次,该厂每年将会节约多少成本?

11. 一家公司即将开始生产一种新产品。为该产品生产某部件的部门经理希望了解用于生产此部件的设备能够在多大程度上为其他工作可用。设备以每天200单位的速度生产该部件,每天需要装配最终产品80个单位。每周装配5天,每年装配50周。据经理估计,每次生产运作之前的设备准备时间就得花上整整一天,发生成本为300美元。库存持有成本为每年10美元。

(1)为使年总成本最小,运作数量应为多少?

(2)每次生产运作周期历时几天?

(3)在生产过程中,库存的增长速度是多少?

(4)假如管理者想在生产该部件的间隙做其他工作,那项工作的周期至少为10天,有足够的时间吗?

(5)给出问题(4)的答案,管理者希望研究可以使用该设备做这方面工作的可能选择。请说出管理者可以考虑的三个选择。

(6)假设管理者决定增加新产品的运作规模,需要增加多少单位可以容纳其他工作?这将使年总成本增加多少?

12. 一家生产吹风机的公司要购买一些零部件,每天可以生产800个加热部件。吹风机以每天300台的速度每年生产250天。由于生产和使用率的差异,加热部件分期以2 000个单位一个批次进行生产。

(1)每年大概要生产多少批次的加热部件?

(2)如果生产是从持有的加热部件库存用光才开始,那么两天后有多少库存?

(3)假设每个生产周期都是从没有库存时开始,那么部件的平均库存数量是多少?

(4)如果生产加热部件的机器可以生产另外一家公司某种产品的一个部件,包括调整准备期,要工作4天。而生产加热部件的调整准备期只要半天。在加热部件两个批次的生产之间有没有足够的时间进行其他生产?请解释。

13. 一家邮购商行每年使用18 000只箱子。持有成本为20美分/箱/年,订货成本为32美元。箱子价格如下表所示。求:

(1)最优订货量。

(2)每年订货批次。

箱数	每箱价格/美元
1 000 ~ 1 999	1.25
2 000 ~ 4 999	1.20
5 000 ~ 9 999	1.15
10 000 以上	1.10

14. 一家珠宝行购买半成品宝石制作手镯和戒指。供应商的报价为:600块以上是每块宝石8美元,400 ~ 599块是9美元,399以下则是10美元。珠宝行每年工作200天。使用速度是每天25块宝石,订货成本为48美元。

(1)如果每块宝石的年持有成本为2美元,求使年总成本最小的订货量。

(2)假如年持有成本为单位成本的30%,最优订货批量是多少?

(3)如果提前期是6个工作日,公司的再订货点是多少?

15. 一家健身设备制造商在购买部件滑轮时,供应商的报价为:低于1 000,5美元/个;1 000 ~ 3 999,4.95美元/个;4 000 ~ 5 999,4.90美元/个;6 000及以上,4.85美元/个。订货成本为50美元,年持有成本为购买成本的40%。年使用量是4 900个滑轮。求使总成本最小的订货数量。

16. 一家公司准备购买远程控制设备。预期月需求为800个单位。控制器可从A、B两家供应商处购买。它们的价格清单如下：

供应商A		供应商B	
批量	单位价格/美元	批量	单位价格/美元
1～199	14.00	1～149	14.10
200～499	13.80	150～349	13.90
500以上	13.60	350以上	13.70

订货成本为40美元，年持有成本为每单位价格的25%。应该选择哪一家供应商？为使年总成本最小，最优订货量是多少？

17. 管理者收到供应商新的报价单。现在的报价是：高于801，1美元/箱子；200～800，1.10美元/箱子；200以下，1.20美元/箱子。每次的订货成本是80美元，年运输成本是10美元/箱子。公司每年要使用3 600个箱子。管理者建议每次订货数量是800个。管理者的根据是U形成本曲线在最小点基本上是平缓的，800和801之间总的年成本差异很小。你对管理者的建议的反应是什么？你推荐什么样的订货规模？

18. 报刊发行人每天大约使用800英尺捆包线，捆好报纸交给邮递员分发。每周一至周六发行报纸，提前期是6个工作日。再订货点数量约为多少？假定公司期望服务水平为95%，不同安全库存水平下的缺货风险如下：1 500英尺，0.10；1 800英尺，0.05；2 100英尺，0.02；2 400英尺，0.01。

19. 给定信息如下：

提前期内期望需求＝300单位

提前期需求的标准差＝30单位

假定提前期需求呈正态分布，求解：

（1）提前期内缺货风险为1%时的再订货点。

（2）为使提前期缺货风险达到1%所需的安全库存。

（3）2%的缺货风险的安全库存需要超过1%的安全库存吗？请解释。如果可接受风险是2%而非1%，再订货点会变大、变小还是不变？请解释。

20. 给定信息如下：

提前期需求＝600磅

提前期需求的标准差＝52磅

提前期内的可接受缺货风险＝4%

（1）安全库存量约为多少？

（2）何时再订货？

（3）如果没有任何安全库存，缺货的风险是多大？

21. Sweet Cream奶品厂的胡桃软糖冰激凌的需求近似呈正态分布，均值为21加仑/周，标准差为3.5加仑/周，新任经理的期望服务水平为90%，提前期是2天，奶品厂每周工作7天。（提示：按周工作）

（1）如果使用再订货点模型，有关期望服务水平的再订货点是多少？

（2）如果使用固定订货间隔模型而非再订货点模型，订货间隔为10天，订货时持有数量为2加仑，为达90%的服务水平，订货规模应为多少？

（3）假设经理使用的是再订货点模型，如（1）所述。一天，在向供应商下订单之后，经理收到供应商打来的一个电话，说由于供应商的工厂出了问题，订货会延迟到达。供应商许诺订货将在两天之内送到。挂了电话之后，经理检查了胡桃软糖冰激凌的库存情况，发现订货之后又卖出了2加仑。假定供应商的许诺有效，在订货抵达前奶品厂用光香料的可能性有多大？

22. 某公司的注射器成型部门平均每天使用30加仑的特殊润滑剂。每当持有数量为

170 加仑时，就会补充供应该润滑剂。每次订货的运送均需耗时 4 天。安全库存为 50 加仑，缺货风险为 9%。当可接受缺货风险为 3% 时，所需安全库存量为多少？

23. 某公司在制造过程中每天耗用 85 个电路板。为电路板订货的职工遵循以下原则：当持有量降为 625 个时订货。下订单后 6 天货能到。运送时间呈正态分布，均值为 6 天，标准差为 1.10 天。如果在持有量降为 625 个时进行电路板的再订货，收到订货之前用光电路板的概率有多大？

24. 某计算机店出售的一种货物的供货来源是一个专营该项业务的卖主。近来需求有所变化，商店管理者必须就补充时机做出决策。管理者希望在提前期内不发生缺货的概率不低于 96%。他预计的需求为每天平均 12 单位，标准差为每天 2 单位。提前期可变，均值为 4 天，标准差为 1 天。假设始终保持常态，季节性因素不予考虑。

（1）为达期望概率，管理者应于何时再订货？

（2）如果有季节性因素，该模型为何不再适用？

25. 洗车店经理收到了一份来自肥皂供应商的修正价目表，此外，供应商还许诺了更短提前期。原来的提前期是 4 天，现在供应商保证减少 25%。肥皂的年消耗量为 4 500 加仑。洗车店每年开放 360 天。假设日耗用量呈正态分布，标准差为 2 加仑 / 天，订货成本为 30 美元，年持有成本为 3 美元 / 加仑。修正价目表（每加仑价格）如下表所示。

批量	单位价格 / 美元
1 ～ 399	2.00
400 ～ 799	1.70
800 以上	1.62

（1）最优订货量是多少？

（2）如果可接受缺货风险是 3.5%，再订货点约为多少？

26. 某复印中心每周使用 5 箱 500 页装的复印纸。经验表明使用量近似正态分布，均值为每周 5 箱，标准差为每周半箱。供应带笺头的信纸需要 2 周时间。订货成本为 2 美元，年持有成本为每箱 20 美分。

（1）为使订货与持有成本最小，求解经济订货批量。假设每年工作 52 周。

（2）如果复印中心在持有量为 12 箱时再订货，计算缺货风险。

（3）如果使用 7 周的固定间隔而非再订货点订货，复印中心将会发生多少缺货风险，假如它在持有量为 12 箱时订货 36 箱？

27. Ned 的自然食品店论磅出售无壳花生。Ned 曾经发现日需求呈正态分布，均值为 80 磅，标准差为 10 磅。提前期也近似正态分布，均值为 8 天，标准差为 1 天。为使提前期内缺货风险为 10%，再订货点应为多少？

28. Regional 超级市场每年开放 360 天，收银机磁带的日消耗量平均为 10 卷。耗用量近似正态分布，标准差为每天 2 卷。订货成本为 1 美元，单位年持有成本为 40 美分。提前期为 3 天。

（1）经济订货批量是多少？

（2）为使提前期服务水平达到 96%，再订货点是什么？

29. 某服务中心每年耗用 1 200 个油桶。订货成本为 40 美元，年持有成本为每个桶 3 美元。该中心老板规定的服务水平为 99%。

（1）最优订货批量是多少？

（2）如果提前期需求呈均值为 80 桶、标准差为 6 桶的正态分布，需要设置多少安全库存？

30. Caring 医院药剂科一种药的再订货点为 18 个单位的存货。再供应的提前期为 3 天。一个典型的 10 天用量的数据如下，依照该医院的再订货策略，可以获得多大的服务水平？（提示：使用式（12-13））

天	1	2	3	4	5	6	7	8	9	10
单位数	3	4	7	5	5	6	4	3	4	5

31. 某药店的许多种药物库存都采用固定订货周期法订货。管理者期望的服务水平为 0.98，订货间隔为 14 天，提前期为 2 天。一种细项每天的需求为 40 个单位，标准差为 3 个单位。下表为每订货周期的订货时点上的现有库存水平，为第 1、2 和 3 个周期计算订货量。

周期	现有库存
1	42
2	8
3	103

32. 管理者必须为两种新生产细项 P34 和 P35 建立库存订货系统。P34 可以在任何时候订货，但 P35 却只能每四周订一次货。公司每年工作 50 周。两种物品的周耗用量均呈正态分布。管理者已经收集了如下信息。

	细项 P34	细项 P35
平均周需求	60 单位	70 单位
标准差	4 单位 / 周	5 单位 / 周
单位成本	15 美元	20 美元
年持有成本	30%	30%
订货成本	70 美元	30 美元
提前期	2 周	2 周
可接受缺货风险	2.5%	2.5%

（1）管理者何时为此两种细项再订货。

（2）计算 P34 的订货数量。

（3）计算 P35 的订货数量，假设下订单时的持有数量应为 110 单位。

33. 给定下列条件：

（1）将项目分为 A、B 或 C 类。

（2）确定每个项目的经济订货数（约等于最接近的整数）。

项目	估计年需求	订货成本	持有成本（%）	单价 / 美元
H4-010	20 000	50	20	2.50
H5-201	60 200	60	20	4.00
P6-400	9 800	80	30	28.50
P6-401	14 500	50	30	12.00
P7-100	6 250	50	30	9.00
P9-103	7 500	50	40	22.00
TS-300	21 000	40	25	45.00
TS-400	45 000	40	25	40.00
TS-041	800	40	25	20.00
V1-001	33 100	25	35	4.00

34. Don 圈饼店周六的果冻圈饼需求如下表所示。求圈饼的最优库存数量（以打为单位），假如人工、材料与制造费用估计为每打 3.20 美分，果冻圈饼的售价为每打 4.80 美元，每天卖剩的圈饼第二天将半价出售。由此导致的服务水平应为多少？

需求 / 打	相对频数	需求 / 打	相对频数
19	0.01	23	0.13
20	0.05	24	0.14
21	0.12	25	0.10
22	0.18	26	0.11

（续）

需求 / 打	相对频数	需求 / 打	相对频数
27	0.10	29	0.02
28	0.04		

35. 公共事业部门打算购买一台涡轮机，作为扩展计划的一部分，于是必须确定需要订货的备件数量。代号为 X135 的备件，能够以 100 美元的单价买到，在涡轮机使用寿命期限内，其持有与处置成本估计为购买价格的 145%。一旦缺货，成本将达 88 000 美元，由于停工、订货与“特别订货”等因素。在类似环境中

使用类似设备的历史记录表明，备件需求近似于泊松分布，涡轮机在整个使用寿命中平均使用3.2个备件。

（1）备件的最优订货量是多少？

（2）当缺货成本落在什么范围内时，不持有备件才是最佳战略？

36. 每天，Skinner鱼商店以每磅4.20美元的价格购买，以5.70美元的价格出售波士顿青鱼。每日卖剩下的青鱼则以每磅2.40美分的价格出售给猫粮生产商。青鱼日需求近似呈正态分布，均值为80磅，标准差为10磅，请问最优库存水平是多少？

37. 一家小型食品店出售从地区农场主处进货的新鲜货物。每到草莓季节，新鲜草莓的需求量都能被合理地认为符合均值为每日40夸脱、标准差为每日6夸脱的正态分布，每夸脱需要35美分的额外成本。食品店每天订货49夸脱。

（1）每夸脱草莓暗含的缺货成本为多少？

（2）为什么这样计算合乎情理？

38. 一家地区性糕点店Devil's Food的生奶油分层蛋糕需求近似呈均值为每天6块的泊松分布。管理者估计每做一块蛋糕需要耗费9美元成本，其单位售价为12美元。一日之内未售出蛋糕的售价为9美元/块。如果一日之内未售出的蛋糕又有一半售出，另一半倒掉，那么库存水平应为多少？

39. Burger Prince以每磅1.00美元的价格购买上等牛肉。入口处的一个大记号保证了每天的肉都是新鲜的。卖剩下的肉将以每磅80美分的价格出售给当地高中的自助餐厅。每磅肉可以做4个汉堡包。每个汉堡包的售价为60美分，人工、制造费用、肉、圆面包以及调料等的成本为50美分。需求呈均值为每天400磅、标准差为每天50磅的正态分布。请问最优日订货量为多少？（提示：缺货成本应以每磅美元数为单位）

40. Clyde租赁店的地毯清洁机的需求如下表所示。机器以日为单位出租，地毯清洁机的利润为每天10美元。Clyde有4台地毯清洁机。

需求	频率
0	0.30
1	0.20
2	0.20
3	0.15
4	0.10
5	0.05
	1.00

（1）假设Clyde的库存决策已达最优，每台机器的额外成本应落在什么范围之内？

（2）你在（1）中的答案被递交给了Clyde，但他认为这个数目太低了。这是否预示着他存储的机器数量应该有所增加或减少？请解释。

（3）现在假设不计上述10美元的利润，每台机器每日额外成本为10美元，缺货成本未知。假设最佳机器数量为4，每台机器暗含的缺货成本范围应为多少？

41. 管理者将采购新的部件，还要决定在备件的基础上新装备的数量。成本是200美元，未使用部件的期望残余值是50美元。使用的可能性分布是：

数量	0	1	2	3
可能性	0.10	0.50	0.25	0.15

如果一台机器失灵而没有备件，那么要用2天时间来购买替代品并安装。机器空闲的成本是500美元每天。要订多少备件？

（1）使用比值法计算。

（2）使用表格法（见表12-3）计算。

42. 拉斯维加斯一家超市的面包房要决定为这个周末准备多少结婚蛋糕。蛋糕的生产成本是33美元，以60美元销售。没有售出的蛋糕在周一折价一半销售，一般1/3的蛋糕可以售出。余下的蛋糕将捐赠给附近的一所养老院。下面是近期的需求分析：

需求	0	1	2	3
可能性	0.15	0.35	0.30	0.20

为实现期望利润最大化需要准备多少蛋糕？

（1）使用比率法计算。

（2）使用决策表法计算（见表12-4）。

43. Offwego航空公司每天有从芝加哥到拉斯维加斯的航班。平均有18位机票持有者取消他们的预订机票，因此该航空公司有意预订超额的机票。取消预订机票的顾客数服从均值为18和标准差为4.55的正态分布。每位乘客的利润为99美元。如果顾客来了，但是由于超额的预订而不能登机，航空公司将赔偿200美元。应超额预订多少机票可使期望利润最大化？

阅读材料　无线射频识别（RFID）标签

跟踪企业内部和整个供应链的库存对于制造、服务和零售运营都是至关重要的。为此条形码技术已被应用了很长时间，但它们只能携载有限的信息，并且需要直接对条形码进行扫描。无线射频识别（RFID）技术是库存管理领域的一个突破，可提供实时信息，从而提高了跟踪和处理航运集装箱、仓库中的部件、超市货架上的物品等的能力。相比于条形码，它们可以携载更多的信息，并且不需要直接进行扫描。

RFID标签将产品信息或其他数据通过无线电波传输到与网络连接的RFID阅读器。标签附着在托盘、箱子或单一的物品上，可以使企业识别、跟踪、监视或定位任何在阅读器可以接收到信息的范围内的物品。例如，这种标签已应用到收费公路的快速通过系统中。

在农业方面，水果种植户使用RFID标签在运输过程中持续监控水果周围的温度。这样可以将水果保持在一个合适的温度中。这种标签还可以用于很多农产品，包含像栽培历史的信息，以及水果是否是有机种植，使用的是什么肥料和化肥等信息。

作为主要的零售链，沃尔玛和塔吉特以及政府部门现在也要求供应商使用这种标签，很多公司在其公司战略中也把RFID作为优先考虑的技术。

尽管RFID技术在提高安全、方便和库存管理方面还有很大的潜力，但广泛地采用，特别是在零售业中，还需要若干年时间。一旦建立起全球性标准，并且开发出廉价的一次性标签，它的主要应用领域将不只是零售业。

讨论题

成功应用RFID的关键是什么？

应用案例　华都有限公司

华都公司销售一种饮料，该饮料每天的需求为200瓶，补充该饮料需从一家饮料厂采购。华都公司采取每天盘点库存的做法来决定是不是再购买该种饮料。如果决定购买，采购人员去饮料厂可当天买回饮料。根据以往的数据估计，每次去饮料厂的高速公路收费和汽油费用达150元，不考虑其他费用。

饮料以每箱10瓶出售，每瓶20元。财务部门估计库存的饮料如果变现的话，年利率至少为10%。

讨论题

1. 开始的情况

（1）在给定的一天，华都公司应如何决定

是否要再去买饮料？

（2）如果决定去，应买多少箱饮料？

2. 如果华都公司只能每周一去采购饮料，该公司的采购策略应如何调整？
3. 饮料厂提供数量折扣。如果华都公司每次采购量达到500箱，饮料厂将给华都公司1%的折扣。华都公司的采购策略应如何调整？
4. 网上采购和第三方物流

饮料厂现在开始接受网上订单，华都公司估计上网费为5元。另外，华都公司不再自己去运送饮料，而是采用第三方物流的形式。至于运输费用，第三方物流公司提供给华都公司两种方式：一种是单箱运送，每箱按5元的费用计算，另外一种是租一辆货车，每车最多可装50箱，每辆车的收费为80元。华都公司应该怎样调整购买策略？

CHAPTER13 第13章

JIT与精益运营

学习目标

通过本章学习，读者应该能够：

（1）解释术语精益运营和JIT的含义；

（2）描述精益系统的主要特征；

（3）列举精益系统五项原则；

（4）列举精益系统的优点和风险；

（5）描述丰田生产方式（TPS）；

（6）列举精益系统的三个目标并解释每个目标的重要性；

（7）列举精益思想认为的八大浪费；

（8）识别并简要讨论精益生产系统的四大基础要素模块；

（9）描述精益改进的主要工具；

（10）简要叙述在将传统生产模式转化为精益系统时，需要考虑的重要事项；

（11）列举精益系统在转换时可能遇到的障碍。

现代企业为在变化的全球经济环境中生存和发展，不断地探寻新的和更好的运营模式。对有些企业来说，这意味着要从传统的运营模式转化为精益运营模式。**精益运营**（lean operation）是一种柔性运营系统，相对于传统运营系统来说，它使用更少的资源（如活动、人员、库存和空间等），但取得更高的生产率、更低的成本、更短的运转周期和更高的质量。

精益系统有时又称为准时制生产（just-in-time，JIT），因为在这种系统里，各种活动高度协调，物料的移动和服务的提供都是在需要的时间来安排。精益生产方式的创始人是丰田公司的大野耐一和新乡重夫，最早是探索以更快速度和更低成本的方式来生产汽车。现在，精益方式已广泛地应用于制造和服务运营的各个领域。

精益既是一种理念又是一种方法论，其核心是消除浪费（不增值活动）和高度协调各种活动来平稳运营系统。精益系统有三个基本要素，即需求驱动、聚焦于消除浪费和建立追求卓越和持续改进的企业文化。

本章描述的精益生产方法包括系统的基本元素及使之有效运作的内容。本章列出了这些系统的优点，还指出当企业从传统生产系统转变为精益生产系统时可能面临的潜在障碍。

引言

精益运营起源于20世纪90年代中期的精益制造，是由日本汽车制造商丰田汽车公司开发出来的。在当时，日本的发展受到有限资源的限制。毫不奇怪，日本人对浪费和低效率是非常敏感的。大规模的精益制造发展是在一本有关汽车生产方面的书于 1990 年出版以后出现的，书名为《改变世界的机器》，是由詹姆斯·沃麦克、丹尼尔·琼斯和丹尼尔·鲁斯编写的。正像书中所描述的，丰田公司关注的是消除过程中各方面的所有浪费。浪费被定义为生产汽车过程中的任何不增值的事物。

精益制造的潜力的一个极好的例子是 20 世纪 80 年代中期的在加利福尼亚佛蒙特的一个汽车厂。该厂原属于通用汽车公司，然而由于低下的生产率和高旷工问题，通用汽车公司于 1982 年关闭了该厂。几年后通用与丰田公司以合资的形式使该厂重新开始生产，新厂成为 NUMMI（新联合汽车制造公司）。新厂雇用了原厂大约 80% 的工人，但白领的工作由原来的指挥工人工作转变为支持工人的工作，采用小组的形式并培训工人设计、测量和改进他们的绩效。到 1985 年该厂的生产率和质量都明显地改进，超过了通用汽车公司的所有其他厂，而且旷工现象也得到根本的改变。

当其他北美公司试图采纳精益生产方式时，开始意识到为了成功，它们需要在组织上和文化上进行变革。它们也意识到强调单一作业的效率而导致系统不平衡和大量库存的大量生产形式已经过时了。取而代之，它们发现精益方式涉及基于需求的运营、快速转换的柔性运营能力、高效的工人行为和持续改进的文化。

精益系统的特征

在一个精益系统中可以发现其一些基本特征。观察这些特征有助于对精益系统的理解。

减少浪费：精益系统的标志。

持续改进：另一标志；永无止境地努力改进。

团队工作：跨职能团队，特别是针对过程改进。

工作单元：以单元形式布置有利于更好地沟通和人员的使用。

可视控制：简单的信号可以有效增加流动和快速对运营状态进行评价。

高质量：包括过程内和产出的质量。

最小化库存：过多的库存被视为一种浪费。

生产仅与需求匹配：贯穿整个系统，实行需求拉动。

快速转换：使设备具有柔性，并且产品的变化不造成系统的中断。

小批量：可使多品种进行批量生产。

精益文化：整个企业追求精益思想，并努力实现精益。

五项原则代表着精益系统运行的方式，注意它们与上述精益系统的特征是关联的：

- 识别顾客价值；
- 聚焦增值的过程；
- 消除浪费以产生“流”；
- 仅依据顾客需求进行生产；
- 追求卓越。

精益系统的优点和风险

精益系统具有很多优点，但也具有一定的风险。其主要优点包括：

- 因为强调减少浪费，精益系统浪费很少。
- 因为浪费少、库存低从而降低了成本。
- 因为提倡关注顾客和高质量过程要求，从而可以提高质量。
- 由于删除了不增值的作业，从而缩短运作周期。
- 快速转换和小批量提高了系统的柔性。
- 删除不增值活动提高了生产率。

精益运营也有一些潜在的风险，例如：

- 由于设备经常进行转换，问题解决、质量和过程改进增加了工人的紧张感。
- 当发生问题时仅有少量资源（库存、人员和时间等）可供使用。
- 由于库存和事件缓存的最小化，当供应链中断时会影响到运营系统。

约翰迪尔是著名的拖拉机制造公司，它在经济萧条时期通过采纳 JIT 方法降低库存水平，使公司利润增加。然而，当经济走好需求大增时，由于零部件短缺造成交货期延长。零部件补充提前期的延长意味着农民所需的农机在收获季节开始之前不能得到供货。这导致农民转而从约翰迪尔的竞争对手那里购买所需的设备。

丰田方式

与精益运营有关的很多方法是日本汽车制造商丰田公司丰田方式的组成部分，以丰田生产方式（TPS）而著名，它已成为一种模式在很多精益系统中得到应用，特别是在制造业。很多丰田使用的词汇已经成为现在与精益运营有关的词汇而被普遍使用，特别是：

浪费（muda）：指浪费和无效率。可看成是一个驱动的理念。浪费和无效率可以通过下面的策略使之最小化。

看板（kanban）：是一种用于控制部件和物料移动的人工系统，该系统能够对传送部件和物料的需求信号做出及时反应。它可以应用于对工厂的供货和对每一道工序的供货，其结果是每天带有部件的容器可以实现平稳供货。每一容器中只保存小批量部件或物料的供应。新的装满供应品的容器替代空的容器来实施供货。

均衡化（heijunka）：产量的变化导致浪费。工作负荷必须均衡，通过平稳产品的数量和品种以取得平稳的工作流。

改善（kaizen）：对系统进行永无止境的改进。总是存在改进的空间，因此这种努力必须持续下去。

自动化（jidoka）：质量从源头开始。当系统检测出问题部件时，设备自动停止。工人将停止生产线。因此也称为自主化。

从某些方面来看，60 多年以前准时制概念就已经在密歇根 Rouge 河边亨利·福特的大型工业联合体中出现了。

丰田公司从福特的运营中学到了很多东西，并且将这些应用到精益方式中。但是，丰田还创造了一些福特没有的东西：一个能够实现多样性的柔性系统。

对准时制生产或精益生产较为广义的理解是，它是一个导致在制品与库存低水平的生产进度安排系统。但从某种最真实的意义上来说，JIT 或精益生产代表的是一种理念，包含生产过程的各个方面，从产品的设计到售后服务，无所不包。在这种理念指导下的系统运行，库存水平最低，浪费最小，空间占用最小，事务量最少。因此，作为一种精益系统，它必须是一个能够防止中断的系统，一个能够提供不同品种和批量产品的柔性系统。

在精益系统中，质量是产品与生产过程共同要考虑的基本因素。使用精益生产的公司必须先达到能使自己以小批量和紧张进度安排运营的质量水平。精益系统的可靠性很高，导致无效与中断的因素也已被消除，受过培训的工人不仅能够运行系统还能持续地改进它。

精益运营的最终目标是得到一个使供给与需求相匹配的系统，供给以平稳和没有中断的形式与顾客需求同步。图 13-1 是精益系统的目标和基本要素的总览。本章后面的内容将详细讨论支持性目标和基本要素。

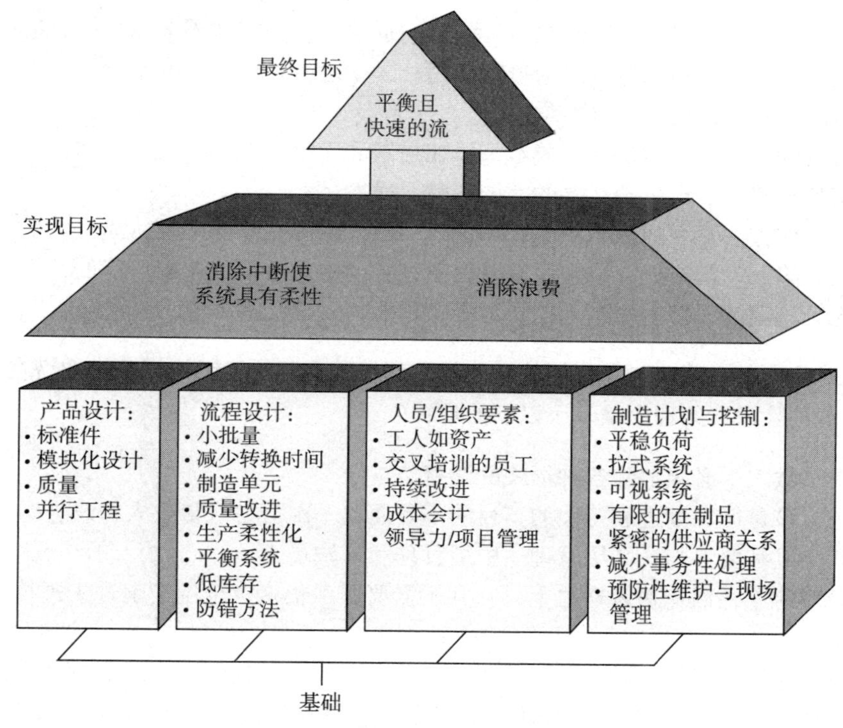

图 13-1 精益系统的目标和基本要素

13.1 实现目标

精益的最终目标是一个平衡系统，即一个贯穿整个系统的平稳、迅速的物料和 / 或工作流。在这种思想主导下，以最佳的方式利用资源以使流程时间尽可能短。总目标实现程度取决于几个特定支持目标的完成程度。这些目标是：

- 消除中断；
- 使系统具备柔性；
- 消除浪费尤其是过量的库存。

中断对流经整个系统的产品流的平稳性有扰乱作用，从而对系统产生负面影响，因此应予以消除。引起中断的原因很多，有质量低劣、设备故障、进度安排改变、送货延迟等。所有这些原因都应该尽可能地消除掉，只有这样才能减少系统必须面对的不确定性。

柔性系统是一种足够稳健以进行多品种生产的系统，通常以日为时间单位，控制产出水平的变化，同时仍然能对平稳性和生产速度进行控制。它能够使整个系统很好地应对某些不确定因素。较长的换产时间和较长的提前期对系统的柔性有负面影响。因此，减少换产时间和提前期在精益系统中是非常重要的。

浪费表现的是无效率的资源使用，消除浪费现象能够释放资源，提高生产率。库存是对资源的闲置，占用空间还增加系统成本，应该尽可能地使其最小化。在精益理念中，有 8 种形式的浪费。

- 过高库存——超出最小所需数量且闲置的资源，占用空间还增加系统成本；
- 超量生产——包括制造资源的过度使用；
- 等待时间——需要空间且不增值；
- 不必要的搬运——增加处理成本，增加在制品库存；
- 加工的浪费——产生不必要的生产步骤、残次品；
- 低效工作方法——降低生产率，增加残次品，增加在制品库存；
- 产品缺陷——需要返工成本，以及由于顾客的不满意而引起的可能的销售损失。
- 未充分利用的人力——指人的智慧和创造能力，也指身体能力。

这些浪费的存在说明改进是可能的，此外，列表浪费还能指明持续改进的潜在目标。

通过改善消除浪费的理念是基于以下原理：

- 浪费是敌人，必须消除各种形式的浪费。
- 改进应该是循序渐进和持续的，目的不是通过一次努力取得重大的改进。
- 每一个人都要参与：高层管理、中层管理和一线员工。
- 改善应建立在低花费策略之上，它并不需要花费很多资金用于引进先进技术或聘请咨询专家。
- 它可以应用于任何领域。
- 它需要可视系统的支撑：提供整个程序、过程和价值的直观画面，使问题和浪费可视化。
- 关注于产生价值的领域。
- 过程导向。
- 着重于通过新思维和新的工作方式来进行改进。
- 边干边学的学习型组织。

13.2 基本要素

精益系统的设计与运作提供了实现上述目标的基础。这个基础由下面四个基本部分组成，而每个基本部分又由若干基本要素组成：

- 产品设计；
- 流程设计；

- 人员 / 组织要素；
- 制造计划与控制。

迅速与简易是实施这些基本部分的两个基本思路。

13.2.1 产品设计

产品设计的 4 个要素是精益生产系统的关键：

- 标准部件；
- 模块化设计；
- 高质量、高过程能力的生产系统；
- 并行工程。

其中，前两个要素与速度和简易性有关。

使用标准部件意味着工人需要处理的部件种类更少，培训时间与相应成本将会降低。采购、处理与质量检查更加程序化，有助于他们自己进行持续改进。另外一个重要优点是有能力进行标准化加工。

模块化设计是标准部件概念的延伸。模块被视为单个个体的部件集成，大大减少了需要处理的部件数，简化了装配、采购、处理、培训等。标准化还有一个优点，即减少了包含在各种产品的物料清单中的部件种类数，因而简化了物料清单。

精益需要过程能力充分的生产系统。质量是精益的必要条件（没有质量保证，就没有精益），对精益系统至关重要，因为质量低劣将导致重大停产。质量必须始终包含在产品和流程中。系统应适合于工作流的平稳性，但由低劣质量而引起的问题会使工作流产生中断。由于小批量生产，不存在缓冲库存，一旦出现问题就必须立刻停产，直到问题解决才能重新开始。显然，停止整个生产过程成本巨大，并降低计划产出水平。因此，尽量避免停工以及一旦出现问题便迅速解决势在必行。

精益系统运用综合方法确保质量。首先，将质量设计到产品与生产过程中去。精益系统进行标准化生产将引发标准化作业方法，工人也将非常熟悉自己的作业及标准化工具的使用，因此才能达到较高的质量水平。其次，产品设计质量（即在设计阶段就确定质量）成本覆盖许多单位，因而单位成本相应较低。最后，根据最终用户需求与公司制造能力选择适宜的质量水平也很重要。因此，产品设计与流程设计必须联合进行。

工艺变动将对平稳的生产产生很大的扰动。并行工程（第 3 章中讨论过）能充分减少这种扰动。

13.2.2 流程设计

流程设计的 8 个方面对精益系统特别重要：

- 小批量；
- 减少准备时间；
- 制造单元；
- 质量改进；

- 生产的柔性化；
- 均衡的系统；
- 极低库存量；
- 防错方法。

1. 小批量

在精益理念中，理想的批量规模是 1 个单位，这个数量通常不大现实，因为出于实际考虑一般都有一个最小的批量规模限制（例如，同时加工多个工件的机器，同时处理多个工件的热处理设备，以及换产时间很长的机器设备等）。当然，尽可能地减小批量规模仍然是精益的目标。小批量加工与小批量传送会带来很多能使精益系统有效运行的优点。第一，途经整个系统的小批量移动，使在制品库存比大批量生产下的在制品库存少得多，这样就减少了持有成本、空间需求以及工作间的混乱状况。第二，当发生质量问题时，检查与返工成本较低，因为检查与返工批量较小。

小批量能使进度安排的柔性更大。典型的重复性系统生产产品种类少。在传统系统中，这通常意味着每种产品要经过很长的生产周期，然后才轮换另一种产品的生产。尽管每次运行的换产成本最终将分摊到很多产品上，但整个生产周期却很长。比如，假设某工厂生产 3 种产品 A、B、C。在传统生产系统中，先生产很长时间的 A（例如，两三天甚至更多），再生产很长时间的 B，最后生产很长时间的 C，然后再依次重复生产。小批量运作的精益系统与此相反，它经常进行从 A 到 B 再到 C 的轮换生产。这种柔性能使精益系统更快回应顾客需求的变化：精益系统的生产恰与需求相符。大小批量生产对比如图 13-2 所示。小批量生产的优点概括如表 13-1 所示。

A = 产品A
B = 产品B
C = 产品C

小批量方式
AAA BBBBBBB CC AAA BBBBBBB CC AAA BBBBBBB CC AAA BBBBBBB CC
时间 →

大批量方式
AAAAAAAAAAA BBBBBBBBBBBBBBBBBBBBBBBB CCCCCCCCC AAAAAAAAAA
时间 →

图 13-2 小批量与大批量生产对比

表 13-1 小批量生产的优点

减少库存，降低持有成本 库存所需空间较少 发现缺陷后返工量较少 贯彻实施产品改进时，库存“清理”量较少	使问题更显现 增加生产柔性 更易于均衡作业

认识到小批量生产的使用与 EOQ 模型并不冲突这一点非常重要。场地在日本非常紧张，在生产设施附近设置仓库和存储过多的库存是非常昂贵的。另外，现场库存也会增加作业之间的距离，影响沟通，增加运作时间，并降低可视性。所有这些都将增加库存的持有成本。事实上精益理念在两个方面支持小 EOQ 批量。一是库存的持有成本被认为相当高的，但是这

一成本是以平均库存为基础的，因此可以通过减小批量来减少平均库存，从而降低库存成本。二是精益生产还强调降低准备成本。因此，较高的持有成本和较低的换产成本这两方面都要求减少最优订货批量。

2. 减少准备时间

多品种与小批量生产需要经常换产。除非速度很快、成本较低，这种生产方式的换产准备所花时间与成本都是很高的。更进一步，较长的准备时间往往需要持有较多的库存。因此，缩短准备时间是非常重要的。在 JIT 系统中，往往培训工人完成他们自己的调整准备任务。另外，有计划地降低准备时间与成本的系统都能达到其想要的结果，计划与行为肯定需要深思熟虑，工人往往是整个过程中最有价值的部分。

新乡重夫提出的**快速换模法**（SMED）有效地缩短了换模时间，为精益运营做出了显著的贡献。它将换模准备活动分成内部准备和外部准备两种类型。内部准备活动是需要在设备停止状态下完成的准备工作，因此造成准备时间的增加。外部准备活动是那些不需要停止设备就可完成的准备工作，可以在换模之前或之后去完成，因此不影响换模时间。一旦将准备活动分成不同类型，取得快速调整的一种简单途径就是尽可能将内部准备活动转换为外部准备活动，并尽量简化剩余的内部准备活动。

SMED 方法的潜在好处 1982 年在丰田公司得到了体现，当时一台机器的换模时间由 100 分钟缩短到 3 分钟！ SMED 的原理可以应用到任何转换作业准备中。

调整准备工具、设备及准备过程必须简易、标准化。多用途设备或附件有助于减少准备时间。例如，带有许多轮子的机器很容易在不同作业工作地点之间移动，从而大大减少了作业准备时间。另外，成组技术（第 4 章中涉及）通过对有相似性的作业进行分类，以降低准备成本与时间。例如，形状相似的部件、物料等需要的准备工作也非常近似，在同一台设备上对它们进行顺序加工无须完全改变整个准备工作，只做较少的调整就行了。

3. 制造单元

精益系统的特征是使用有多个制造单元。每个单元都有一系列机器设备和工具，用来加工那些加工需求近似的零部件家族。制造单元实质上是高度专业化且效率很高的生产中心。制造单元的主要优点有：准备时间短、设备利用率高、易于员工的交叉培训等。

4. 质量改进

生产过程中出现的质量缺陷会使有序进行的工作流产生中断。因此在缺陷出现时就将其解决及其重要。另外，质量改进应是持续的，质量改进应注重于发现和消除问题起因，使问题不至于频繁地突然出现。

精益生产系统有时通过**自主化**（autonomation）来减少缺陷，日本人也称为自働化，即在生产过程中包含了缺陷的自动检测。它既可以用机器也可以用人工进行操作，共有两套机制：一个是在缺陷发生时进行检测，另一个则是人工停止作业并矫正缺陷起因。因此，一旦停工马上就会引起人们的注意，然后马上进行研究，并施以矫正措施以解决问题。

5. 生产的柔性化

精益系统的最终目标是使系统有能力以稳流的形式生产多种产品或提供多种服务。每当系统中某部分负载过多，就会形成瓶颈，从而阻碍达到目标。瓶颈的存在反映出系统缺乏柔性。流程设计阶段能够增加生产柔性，以各种方式减少瓶颈。表 13-2 列出了为提高柔性所用的一些技术。

表 13-2 如何增加生产柔性

1. 通过减少准备时间缩短停工期
2. 对关键设备采用预防性维护措施，减少故障和停工期
3. 交叉培训员工，一旦出现瓶颈而相关工人不在时可以互相帮助；培训工人掌握设备调整方法和简单的维修技术
4. 应用许多小生产能力单元和许多小型工作单元组成的系统，比大生产能力的系统更易临时转换和增减生产能力
5. 设置脱线缓冲区。在非生产区域设置不常用物料的安全库存，以减少阻塞，避免现场混乱
6. 为重要客户预留生产能力

6. 均衡的系统

生产线平衡（即在工序中均衡地分派工作）有利于工作流平稳地通过系统。分配给每一道工序的工作时间必须小于或等于周期时间。周期时间设置为一个称为节拍的时间。**节拍时间**（takt time）是指生产系统为使生产能力与需求相适应所需要的周期时间，有时也称其为精益生产系统的脉搏。

节拍时间通常根据工作班次来设定。获得节拍时间的步骤为：

- 确定每个班次的净可供使用时间，即从整个班次时间中减去非生产时间；
- 如果一天中不止一个班次，用班次数乘以一个班次的净可供使用时间；
- 用净可供使用时间除以需求比率得到节拍时间。

例 13-1 使用下面信息计算节拍时间。每个班次每天可供使用时间为 480 分钟，每天两个班次。每个班次有两个 20 分钟的休息时间和一个 30 分钟的午饭时间。每天需求比率为 80 件。

解：（1）计算每个班次的净可供使用时间：

总时间	480 分钟
休息时间	−40 分钟
午饭时间	−30 分钟
	410 分钟 / 班次

（2）计算每天的净可供使用时间

410 分钟
× 2 班次 / 天
820 分钟 / 天

（3）计算节拍时间

$$节拍时间 = \frac{每天净可供使用时间}{每天需求} = \frac{820\ 分钟 / 天}{80\ 件 / 天} = 10.25\ 分钟 / 循环 \tag{13-1}$$

一旦系统的节拍时间确定下来，它就可以用来确定应该分配给生产过程中每一道工序的时间。使用节拍时间在需求稳定的情况下可以使生产系统中的在制品库存最小化，并使系统的生产能力与需求相匹配。对于需求不稳定的情况，需要附加库存来弥补需求的变化。

7. 极低库存量

精益系统都被设计为库存量最小的形式。回想一下，在精益理念中，库存就是浪费。库存作为缓冲区能掩盖一些会重复发生的问题，但这些问题永远也得不到解决，部分原因是问题不易被发现，部分原因是库存的存在使问题变得不那么严重。当某台机器出现故障时，如果这台机器向下一道工序的输出有足够库存，整个系统就不会中断。把库存当作解决停工增长的手段，将会不断增加库存量。调查机器故障原因并设法消除它们才是最好的办法。质量、不可靠的供应商、时间进度安排等问题也可能由于大量库存的存在而被掩盖起来。然而，持有额外库存却造成了巨大的成本与空间负担，并且还不能解决问题。

精益方式为使问题充分暴露往往逐步消少库存。一旦问题得以发现并解决，系统就可以消除更多库存，发现和解决更多问题，依次类推。有一个形象的比喻，一条行驶在暗藏石头的湖中的船，如图 13-3 所示。石头代表生产系统中的种种问题，湖水代表生产系统中的库存。当水面慢慢降低时，最上面的石头先显露出来（那些问题最先被人识别出来）。这时，采取措施把石头从水中移走（解决这些问题）。完成之后，再从湖里放走更多的水，露出下一层石头，再移走。随着石头越来越多地被移走，用水隐藏石头的必要性就越来越少。同样，随着生产问题越来越多地被解决，对库存的依赖性也就越来越小。

a）

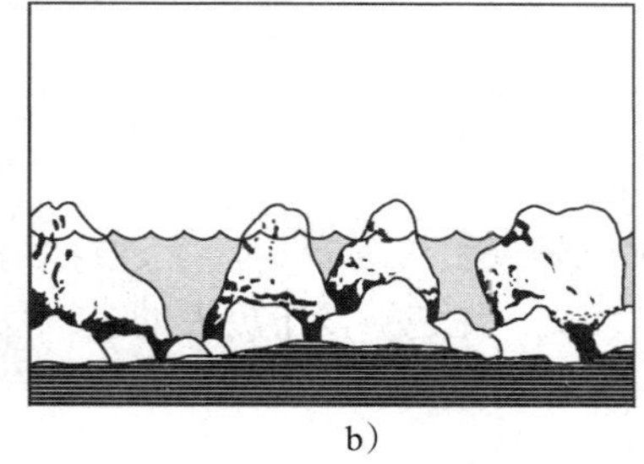
b）

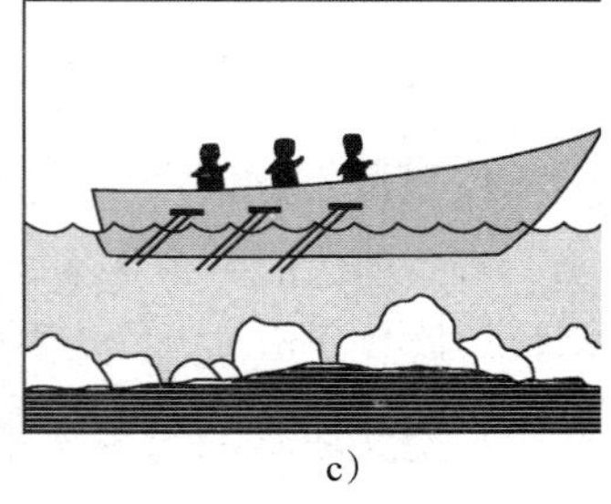
c）

图 13-3　精益方式解决问题的比喻

注：在图 13-3a 中，高水位（库存）隐藏着大石头（问题）；在图 13-3b 中，水位降低露出石头；在图 13-3c 中，把石头移走，水位（库存）还可以降低。

低库存水平是成功的问题解决过程的必然结果，随着时间的推移一定会出现。另外，并不是所有问题都能被发现和解决，当问题发生后迅速做出反应就显得极其必要。因此，有必要在短时间内不断地识别和解决问题，以防它们突然发生，中断系统的平稳作业流。

为使精益系统的库存量最小化，公司可以安排供应商向生产车间直接供货，完全消除对储存所用零部件与物料的需要。在生产过程的另一端，产成品生产出来就及时运走，产成品库存也最小化。此外，再加上很低的在制品库存，整个系统都在以极少的库存运营。

低库存水平的优点包括持有成本较低，空间需求较少，依赖缓存的必要性较低，一旦发生缺陷返工较少，完成设计改进后需要“清除”的现有库存较少等。但持有较少库存也有一定风险，其中最主要的就是如果出现问题就没有安全网起到防护作用；另一个则是如果系统不能迅速回应，就会错过机会。

8. 防错方法

防错是指通过在过程中设置安全装置来减少或消除潜在的差错。最早用日语 baka-yoke 表示“防呆”。然而，由于其令人不快的意喻，后来改称 poka-yoke, 意思是“防错”。一些防错的例子，如当包装的物品的重量太轻时发出报警的声音，表示有缺失的部件；将生产线上的组装部件置于类似“鸡蛋盒”的容器内，可保证没有部件被遗下；设计成部件或工具只能放入正确的位置。汽车中也有日常可以见到的例子，例如如果钥匙在点火器中，当开门时会发出报警；门没关严会发出报警；没有系好安全带会发出报警；油箱中的油过少也会发出报警。服务业中的例子包括：当银行卡被遗忘在ATM中时，ATM会发出信号；商店早上开门时，如果没有将物品上的标签取下，检测装置会发出信号。电子电熔器或线路断电器在线路过载时切断电源供应；计算机和其他一些设备当输入密码不正确时不能使用等。新乡重夫对poka-yoke的思想做出了很大的贡献，他极力提倡在运营中使用防错方法。

13.2.3 人员 / 组织要素

人员与组织有五个要素对精益系统特别重要：

- 视员工如资产；
- 交叉培训的员工；
- 持续改进；
- 成本会计；
- 领导力 / 项目管理。

1. 视员工如资产

精益理念的一个基本原则就是视员工如资产。受过良好教育的富有积极性的员工是精益系统的核心。相对于传统生产系统，他们被授予更大的决策权，但也被期望做得更多。

2. 交叉培训的员工

经过交叉培训的员工能够完成加工过程中不同部分的任务，操作多种机器设备。这样可以增加系统柔性，因为一旦发生瓶颈或同事偶然不在，工人之间可以互相帮助，同样也有助于生产线的平衡。

3. 持续改进

精益系统中的员工比在传统生产系统下负有更大的质量责任，同时也被期望在问题解决与持续改进过程中发挥作用。精益系统中的员工受培训的内容很广，包括统计过程控制、质量改进与问题解决等。

问题解决是任何一个精益系统的基石。问题主要是指通过系统的平稳作业流的中断或潜在中断。当这些问题出现时，迅速解决它们就变得非常重要。在问题调查期间，库存水平可能会临时增加，但问题解决的目的是消除问题，或至少大大减少问题发生的可能性。

生产中发现的问题必须尽快处理。有的公司用灯光系统发出问题信号，在日本，这样的系统叫作“安灯”。每个工作岗位安装3种颜色的信号灯，绿灯表示没问题，黄灯表示一名工人稍微有点落后，红灯则表示有严重问题。灯光系统使同一系统里的员工互通信息，使员工和主管能马上看到何时出了问题、问题出在哪里等。

日本公司非常成功地建立了由工人和管理者组成的、例行公事般处理问题的小组。另外，工人还被鼓励向小组汇报问题与潜在问题。

各级管理者积极支持并参与问题解决过程很重要，包括愿意提供资金帮助和认可成绩等。在员工的帮助下阐明目标、发布目标并认真使成果文档化。目标为员工提供了切实的奋斗方向，认可则有助于提高员工的兴趣与士气。

精益方式的核心主题是系统的持续改进——减少库存、缩短准备时间与降低准备成本、提高质量、增加产出率、广泛消除浪费与无效等。问题解决变成了朝着这个目标前进的生存方式——一种改变管理者和员工思维的“文化”。它已经成为所有组织成员在努力改进整个系统的过程中对作业改进的无尽要求。

持续改进的一个挑战是一旦“容易的”改进完成了，困难来自于如何激励员工不断寻找深层次问题并加以改进。

精益系统中的员工比在传统生产系统下的员工的压力更大。压力不仅来自额外的权利与责任，还来自他们工作期间的大跨步前进的整个系统，在这里鲜见闲散，始终在向改善推进。

4. 成本会计

有的精益系统还有一个特征：分配间接费用的方法。传统会计方法有时会误导间接费用的分配，因为它们是以直接人工小时数为基础分配的，可这种方法并不总能准确反映不同作业的间接费用消耗量。另外，有些行业的直接人工小时数逐年下滑得很快，到最后往往只占总成本的很小一部分，而其他成本倒占了总成本的一多半。因此，劳动密集型工作（即使用直接人工的比例相对较大的工作）就有可能被分配到比例极不相称的间接费用，无法反映其真实成本。更糟糕的是，错误的成本分配结果可能导致管理者做出错误决策。另外，追踪直接人工小时数本身也需要付出可观的努力。

分配间接费用的一个可选方法是“**活动成本法**”。这种方法能通过特定的作业或活动更好地反映间接费用的实际消耗量。活动成本法首先识别出可追踪成本，然后再把它们分配到诸如机器安装、检查、机器小时、直接人工小时、物料搬运等活动中去。分到特定作业的间接费用，其分配基础是各项作业消耗活动占全部活动的百分比。

5. 领导力 / 项目管理

精益系统的另一个特征与领导力有关。人们期望中的管理者是领导和后勤，绝不是命令发布者。精益理念鼓励员工与管理者之间的双向沟通。

13.2.4　制造规划与控制

制造规划与控制有 7 个要素对精益系统特别重要：

- 平衡负荷；
- 拉式系统；
- 可视系统；
- 有限的在制品（WIP）；
- 密切的供应商关系；
- 减少事务性的处理；
- 预防性维护和现场管理。

1. 平衡负荷

精益系统非常强调平稳性，即平衡的混流式日进度安排。为了达到这个目标，主生产进度计划的制订往往按照平衡生产能力负荷来进行，这是一种基于生产率的生产安排，而不是以往熟悉的那种基于数量的进度安排。另外，一旦建立，生产进度计划就会在较短时间内相对固定，以保证系统的稳定性。即便如此，日常时间安排仍有可能进行调整，以达到平衡生产能力需求。供应商喜欢平衡负荷，因为这意味着对其需求是平稳的。

平衡生产进度安排需要平稳式生产。当公司生产不同的产品或产品型号时，进行小批量生产（为使在制品库存最小，也为保持柔性），在一天之内安排不同产品的生产，以达到平稳生产的目的。有一种极端的情况，即每种产品生产 1 个单位，然后再生产 1 单位的另一种产品，然后再换一种产品，依次类推。虽然这种方法可以达到最大限度的平稳度，但并不实际，因为它增加了额外的换产准备成本。

混流生产排程始于每种产品或产品型号的日生产需求。例如，假设某部门生产 3 种型号的产品 A、B、C，日需求如下：

型号	日需求量
A	10
B	15
C	5

有 3 个问题需要解决，第一个是选用哪一种序列（C–B–A，A–C–B 等），第二个是序列每天要重复多少次（即循环数），第三个是每次循环需要生产各型号产品多少个。

序列选择依赖于多个因素，但比较关键的还是换产准备时间与准备成本，它们与所用序列的关系最为重大。例如，假如两种型号 A 和 C 非常相似，序列 C–A 与 A–C 的换产准备成本较小，同时有关型号 B 的准备成本可能较大。选择含有 A–C 或 C–A 的序列会使换产准备成本比中间插了一个 B 的序列少 20%。

日循环数取决于日产量。如果每次循环都生产每一种型号，这往往是排序目标，那么能被各型号的日需求量整除的最小整数就是日循环数。以上表所示的 A、B、C 为例，日循环数则为 5（5 能被每个数整除）。高昂的换产准备成本促使管理者选用较少的循环，使节约准备成本与平衡生产交错进行。如果用最小日需求数整除的结果不是整数，管理者就应用最小生产数量选择循环数，但随后还要在某些循环中多生产一些型号，以弥补差额。

有时，管理者用各型号日产量除以循环数来确定每一次循环中的各型号单位数。每天 5 次循环的结果如下：

型号	日需求量	每循环单位数
A	10	10/5=2
B	15	15/5=3
C	5	5/5=1

这些数量可能由于批量限制而行不通。例如，一个纸盒里装有 4 个型号 B，因此每次循环生产 3 个 B 就意味着产成品（库存）需要经常等待，直到有足够数量装箱。同样，有些操作有工艺批量要求。在热处理过程中，1 个炉能同时处理 6 个单位。如果不同型号需要不同炉温，就不能同时加热，这时就必须分析权衡火炉处理批量与平衡生产的利弊。

例 13–2 为下列 3 种产品型号以序列 A–B–C 制订生产计划：

型号	日需求量
A	7

（续）

型号	日需求量
B	16
C	5

解：

最小日需求量是 5，但用另外两数除 5 均得不到整数。管理者仍然决定采用 5 次循环。每次循环生产 1 单位的 A 和 C，3 单位的 B，将短缺 2 单位 A 和 1 单位 B。经理给出如下方案，以达到近似的平衡生产：

周期	1	2	3	4	5
形式	AB（3）C	A（2）B（3）C	AB（4）C	A（2）B（3）C	AB（3）C
额外单位		A	B	A	

如果 A 的日需求量是 8 而不是 7，经理就可以选用如下模式：

周期	1	2	3	4	5
形式	A（2）B（3）C	AB（3）C	A（2）B（4）C	AB（3）C	A（2）B（3）C
额外单位	A		AB	A	A

2. 拉式系统

术语“推”和“拉”用来表示工作经过整个生产过程的两种不同系统。在传统生产环境下使用的是**推式系统**：当某个工作岗位上的工作完成时，产出物就被“推”到下一个工作岗位；或者在最终作业阶段，产出被推进产成品库存。**拉式系统**则与之相反，对工作转移的控制取决于下一道工序；每个岗位都在需要时才把上一道工序的产出拉过来；最终作业产出则由顾客需求或时间计划总表拉出。因此，在拉式系统中，工作通过回应下道工序向前进。推式系统中的工作则随着自己的结束而前进，不管下道工序是否已经做好准备，因此，工作可能会堆积在由于设备故障或发现质量问题而落后于进度安排的某些岗位上。

JIT 系统的信息沿着系统一个接一个岗位地反向流动。每个岗位（即客户）都把自己的工作要求传达给前一个岗位（即供应商），确保供需相等。工作“准时”移动到下道工序，使工作流协调一致，避免了工序间积累的额外库存。当然，由于作业不是瞬时完成的，往往还需保留一些库存，如果某个工作岗位开工前一直在等待，直到收到下一个岗位的请求，那么下一个岗位也必须等待前一个岗位完成工作。因此，通过过程设计，每个工作岗位都只生产刚好满足下个岗位（期望）需求的产出。这样一来，后道工序事先通知所需最大需求，前道工序就能提前完成工作。另外，还可以采用在工序之间设置少量库存缓冲区的方法解决问题；当缓存降低到一定程度时，就有信号通知前道工序生产足够产出以补足缓冲区。缓冲区的大小取决于前道工序的周期时间。如果周期时间短，就只需很少甚至空的缓冲区；如果周期时间长，就需要大量缓冲区。因此，生产只发生在回应下道工序的使用量，工作往往由下一道工序的需求拉出。

拉式系统不一定适合所有制造作业，因为它们需要相当稳定的重复性工作流。产量、品种或产品设计上较大的变异性会影响这种系统的运营。

3. 可视系统

在拉式系统中，工作流由“下一步需求”指定。系统能以各种方式传达此类信息，包括大喊大叫或挥舞手臂等，但目前为止，最常用的方法还是**看板**（kanban）卡片。kanban 是个日本词，意为“信号”或“可视记录”。当某工人需要前面岗位的物料或工作时，他就使用看板卡片。实际上，看板卡片是一份移动零部件或继续工作的授权书。在看板系统中，没有卡片就不可能移动零部件或继续工作。

有两种主要形式的看板：

（1）生产看板（p 看板）：需要生产部件的信号。

（2）移动看板（c 看板）：需要将部件移交给下一工作中心的信号。

看板系统是这样的：看板卡片被粘在每个容器上，当某岗位需要补充其零部件供应时，就有一名工人来到存放零部件的地方拿走一个容器的零部件。每个容器内的数量都是事先确定好的。工人从容器中拿起看板卡片，把它粘到清晰可见的指定位置，再把容器移到工作地点。然后，粘好的看板再由用另一个容器补充库存的库房工人取下。整条生产线依次类推。零部件需求引发对库存的补充，零部件供应则完全遵照用量的规定。类似的提取与补充（都由看板控制）自始至终发生于生产线上下，从供应商到产成品库存。如果主管因为堆积库存而认为系统太松散，也可以收缩系统，撤下一些看板。相反，如果系统太紧了，也可以增加看板，使系统恢复平衡。零部件的供应可能会影响容器的数量。更进一步，传运时间也可能影响容器的数量：较长的传运时间会使用数量较少但容量较大的容器，而较短的传运时间可能会使用数量较多但容量较小的容器。

显然，使用中的看板卡片数是一个很重要的变量。理想的看板卡片数可由下述公式得出

$$N=\frac{DT(1+X)}{C} \tag{13-2}$$

式中，N 是容器总数（每个容器 1 张卡片）；D 是工作中心的计划使用量；T 是补充零部件的平均等候时间加上一个容器零部件的平均生产时间；X 是管理者设置的政策变量，反映系统潜在的无效性（越接近 0，系统越有效）；C 是一个标准容器的容量（应该不超过日使用量的 10%）。

注意：D 和 T 必须使用相同的单位（如分钟、天）。

例 13-3 某工作中心的日耗用量为 300 个零件，每个标准容器装有 25 个零件。每个容器从收到看板卡片开始到再次变空，平均需要 0.12 天。如果 X=0.20，计算所需看板卡片数。

解：

N= ?

D=300 个零件 / 天

T=0.12 天

C=25 个零件 / 个容器

X=0.20

$$N=\frac{300\ (0.12)(1+0.20)}{25}=1.728$$（取整为 2 个容器）

注意：向上舍入会令系统变得松散，向下舍入则使系统变紧。通常都用向上舍入。

尽管 MRP 与看板的目标基本是一样的（即提高顾客服务水平、减少库存、增加生产率），但它们所用的方法却不同。MRP 与看板都不是独立系统——它们只能存在于一个更大的框架结构中。MRP 是一个计算机系统；看板则是人工系统，它可能是精益系统的组成部分，尽管

精益系统中可能不使用看板。

看板基本上是一种双箱型库存系统：当库存降到事先确定的水平时，供应商自动进行补充。而 MRP 更关注于预计未来需求，并以此需求进行作业的计划和进度安排。

看板系统的主要优点是简单化，而 MRP 的主要优点是有能力处理复杂的计划和进度安排。进一步，MRP Ⅱ能够为管理者回答针对运营计划中的"如果问题"。

看板系统的基本理念与制造商原有的传统哲学完全不同。这两种方式各有优点，因此在许多情况下，从这种运营方式转换为另一种运营方式意义不大。而且，这样做还需要付出很多努力。值得注意的是，在西方制造厂商研究看板系统的同时，日本制造商则在研究 MRP 系统。两套系统发挥各自所长，共同改进。不过，在联合使用时应该仔细分析，贯彻实施已选因素时也应该认真仔细，另外还要密切监督，只有这样才能确保预期结果。

制造商是否应该采用看板方法是有争议的。尽管看板的某些形式很有用，但它毕竟只是一个信息系统，单独使用没多大用处，但它却有助于使制造商变得更具竞争力和更多产。出于同样原因，MRP 单独使用也达不到那些效果，但它的确是一种很全面很重要的制造方法。不但需要高级管理者的责任与支持，还要各级管理者不断努力寻找新方式以改进制造计划与控制手段，只有采用那些适合企业特定环境的生产方式，才能提高功效。

无论是使用看板还是 MRP，都不能相互排除。事实上，找出同时使用两套系统的同一生产机构还真不是件难事。例如，有些日本制造商就在求助于 MRP 系统进行生产计划的编制。两种方法各有利弊。MRP 系统具有剖析物料清单、安排项目时间与物料需求的能力，因而能够用于生产计划。但 MRP 关于生产提前期不变、生产能力无限的假定却常常引发严重问题。在车间层次上，看板系统中拉动的物料供应非常有效，但看板只有在车间物流均衡的情况下才运作得最好。变化产生了对物料缓冲区的需求，而且也会削弱拉式系统的优势。

实际上，有些情况适合使用看板方法，有些情况适合使用 MRP 方法，还有些情况适合于联合使用两套方法。混合系统如看板 /MRP 可成功地应用于使用 MRP 进行计划而使用看板进行控制的系统。

4. 有限的在制品

在精益系统中，物料的移动与在制品库存要很好地协调，以便在需要的时候物料才到达特定的作业地点。对生产系统中的**在制品存量**（WIP）进行控制可能有很多潜在的好处。由于减少了 WIP 而减低了持有成本。另外，系统中如果存在大量的 WIP，会降低系统的柔性。较低的 WIP 有助于在改变设计时对生产计划的调整和节省因重复工作和残次所造成的成本。

对 WIP 的控制也有利于降低运转周期的变异性。WIP 取决于运转周期和工作的到达率。依据利特尔（Little）法则，WIP= 运转周期 × 到达率。如果 WIP 和到达率都保持不变，运转周期将保持不变。在推式系统中，工作的到达率不是不变的，因此就有可能建立起较大的 WIP，这是由于运转周期的变异性引起的。这将导致公司向顾客呈报较长的供货提前期，以免提前期发生变动。

有两种方法控制 WIP：一种是看板，另一种是**定量在制品法**（CONWIP）。WIP 的看板控制聚焦于单一的工作中心，而 CONWIP 聚焦于整个系统。使用 CONWIP 时，只有当一个工作离开系统时，另一个新工作才可以进入系统。这样可以保持系统中恒定的在制品库存存量。

看板在一个稳定的和可预测的环境中可以很好地发挥作用。在系统由于故障和质量问题而存在变异性的情况下，CONWIP 具有一定的优势。使用看板，上游工作会被锁定并要求很快停止加工；而使用CONWIP，上游工序可以继续加工一定时间。一旦排除了造成中断的原因，相对于使用看板将整个生产线停下来的系统而言，CONWIP弥补损失的生产的需求较少。另外，在混流生产的环境中，由于看板聚焦于特定零部件的数量，而CONWIP不需要，因此，CONWIP相对比较容易。

5. 密切的供应商关系

典型的精益系统有着密切的供应商关系，它们希望供应商进行小批量、多批次和高质量的供给。在传统系统中，买方的角色是监督外购品的质量，检查交货质量与数量，把质量低劣的商品退给卖方去返工。在JIT系统中，由于结构紧凑，低质商品会中断平稳工作流。另外，对到货的检验被视为无效活动，因为它并不增加产品价值。出于这些原因，保证质量的任务就转交给了卖方。买方与卖方合作，帮助买方达到所需质量水平，为卖方留下商品一致性与质量高的重要性的印象。买方的最终目标是能够保证卖方是一个高质量商品的生产者。保证的含义是指买方可以无须检验就相信卖方送来的是高质量商品。

供应商必须愿意且能够做到进行常态的小批量供货。理想中的供应商本身也在JIT系统下运作。买方往往根据自己的经验帮助供应商转换到JIT生产系统。如此一来，供应商实际上就变成了一个集成买卖双方的扩展JIT系统的一部分。当供应商只效力于一个或几个买方时，集成比较容易。在实践中，供应商极有可能向许多不同的买方供货，买方有采用传统系统的，也有采用JIT系统的。因此，买卖双方必须相互妥协。

传统上的买卖双方不存在合作关系，相反倒是有点对手关系。买方通常把价格视为主要决定因素，比较典型的做法是多源采购，即列出潜在卖方清单，分处采购，以免为单一卖方所困。这种方式下的买卖双方互相争斗，以求更好的讨价还价或其他让步。但这样做的后果是卖方无法依靠某个买方的长期关系，感受不到买方有任何诚意。此外，卖方还经常设法通过损失某个买方来增加买方数量以保护自己。

在JIT采购系统中，良好的卖方关系很重要。买方设法减少供应商名单，重点维持好和几个供应商之间的密切关系。出于对多批次和小批量供货的需要，许多买方都设法寻找当地的供应商，以缩短交货提前期和降低提前期的变异性。就近的供应商还有一个好处：当出现问题时可以迅速做出反应。

买卖双方的长期合作关系能够加强JIT采购系统。卖方更愿意为长期合作关系下的买方的JIT系统供货。此时，价格往往排在其他关系（例如保持高质量、柔性、多批次小批量供货、对问题的快速反应等）之后，退居次位。

供应商层次 许多精益生产系统的主要特征就是供应商数目较少。在传统生产系统中，公司常常要高度集中地处理（如同装有许多轮辐的巨轮）与成百上千个供应商的业务。公司是巨轮的中心，轮辐辐射供应商，因此每个供应商都直接与公司接触。传统生产系统下的供应商既不知道其他供应商的存在也不知道别人在做什么。每个供应商都按照买方的要求供货，根本不存在建议改进的基础（或动机）。而且，当公司挑拨供应商之间的关系时，信息分享带来的风险远远大于其回报。精益生产系统与此恰恰相反，采用供应商分层法：它们让很少的第一层供应商直接与公司接触，供应主要部件。第一层供应商再和第二层供应商接触，由后者向其提供部件的组成构件。这样就大大减轻了最终买方与大量供应商的工作量。

汽车行业为上述情形提供了一个很好的范例。假设某种汽车型号有一个电动座位，座位与电动机共需250个零部件。传统生产商会为这个电动座位使用30多个供应商，而精益生产商却只用一个（第一层）供应商，由它为整个座位负责。公司列出整个单位的规格要求，所有细节诸如电动机、弹簧等都留给供应商处理。第一层供应商随后就会把电动机分包给一个第二层供应商，履带分包给另一个第二层供应商，软垫和织品则给第三个二层供应商。第二层供应商还可能将自己工作的某些部分分包给第三层供应商，依次类推。每层供应商都只与其上方或下方供应商有联系。各层供应商在工作中互相鼓励，这样做的动机是唯此方能保证最终组件（座位）能够满足或超越最终买方的期望要求。在这种“供应商小组”方法中，所有供应商都从成功产品中获利，每个供应商都为自己那部分产品质量负全部责任。传统方法与分层方法的差异如图 13-4 所示。

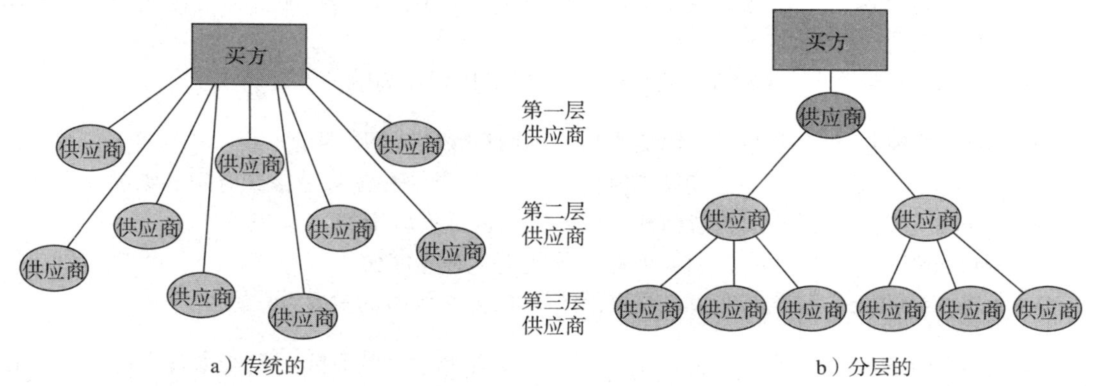

图 13-4 对比传统供应商网络与供应商层次

6. 减少事务性的处理

传统制造系统往往带有许多不增值的固有事务。在那篇著名论文《秘密工厂》中，Jeffrey G. Miller 与 Thomas Vollmann 列出了一份加工过程清单，里面包含传统制造业的计划与控制系统下的“秘密工厂”，并指出了隐藏其中的巨大成本。这些事务分为后勤、平衡、质量、变更四种类型的事务。

后勤性事务包括订货、执行与确认物料从一个地点到另一个地点的运输。相关成本包括运送与接货的人工，发订单，数据输入和数据处理。

平衡性事务包括预测、生产计划、生产控制、获取物料、确定进度安排、订货过程等。相关成本涉及其中的人工与参与支持活动的人工。

质量性事务包括确定与沟通规格说明、监督、记录和重复活动。成本与评估、预防、内部故障（如残次、返工、再测试、延迟、行政活动等）以及外部故障（如授权成本、产品可靠性、退货、未来商机的潜在损失等）有关。

变更性事务主要包括改变设计以及确保由此引发的规格说明、物料清单、进度安排、加工指令等的改变。所有事务中设计改变耗费的成本最高。

精益系统通过减少事务数量与频率降低事务成本。例如，供应商直接把商品运送到生产车间，不需要库存，从而也完全避免了与仓库接收货及随后的将物料运送到生产车间等相关事务的需求。另外，选择经质量认证的供应商，也消除了到货的质检需要。精益系统所提倡的质量改进，消除了以上所述的许多质量事务及其相关成本。使用条形码（不能排除在精益系统之外），能够降低数据输入事务，增加数据准确性。

7. 预防性维护和现场管理

由于精益系统只有极少量的在制品库存，因此设备的停工会产生极大的混乱。为了减少设备的停工，公司可以推行预防性维护计划，它强调保持设备的良好运行状态，而且在设备故障部件出问题之前就能替换它。员工需要对其设备的日常维护负责。

即使采用了预防性维护，偶发事件仍然会发生。因此企业必须对此有所准备，这样才能使设备迅速恢复运转。这就意味着需要维持一定的关键通用部件以及其他一些应对紧急情况的设备，有可能是保持一个较小的维修工人队伍或是对工人进行一定的维修培训。在精益环境下，当设备发生问题时就有他们的用武之地。

现场管理包括保持工作地整洁，不存在任何生产上不需要的物品，因为这些物品会占用空间并且有可能会扰乱正常的工作流。

现场管理又是通常所称的 5S 管理，5S 是为使工作现场高效的 5 种行为。

- sort（整理）：确定哪些是有用的物品，现场只保留有用的物品。
- straighten（整顿）：对工作现场进行整顿，以便很快和很容易得到有用的物品。
- sweep（清扫）：保持现场清洁和有序，定期进行设备维护。
- standardize（标准化）：使前面所有工作规范化和程序化。
- self-discipline（素养）：使员工意识到整洁的工作场所的重要性。

5S 的好处包括提高生产率、提高员工的士气、降低事故的风险以及给参观者留下一个好的印象。员工和管理者必须理解 5S 的基本思想，否则，他们会认为实施 5S 是没有必要的和浪费的。

在本章前文中已经对精益系统进行了阐述，并将其与传统系统进行了对比。表 13-3 将这些对比进行了总结。

表 13-3　精益生产与传统生产理念比较

要素	传统系统	精益系统
库存	很多、预测失误、供货延迟等	以最低库存量运营
供货	少频次、大批量	多频次、小批量
生产批量	大批量	小批量
换产，运作	少，长期运作	多，短期运作
供应商关系	长期关系很少见	伙伴关系
员工	必须完成规定的工作	视员工为资产

13.3 精益的改进

13.3.1 价值流图

价值流图是一种用于系统地审视将产品或服务带给顾客的整个物料流和信息流的可视工具。这种方法最早起源于丰田公司，称为“物料和信息流图”。

价值流图提供了一种对组成一个流程的各项活动的综合审视，从来自于供应商的进料，到向顾客进行产品的发运或服务的提供。图形中提供了一个价值流中从供应商的进料到产品的发运的所有过程，其目的是顾客增值，这里的价值包括质量、时间、成本或柔性（即快速反应或敏捷）。在作图过程中可能搜集的数据包括时间（例如周期时间、准备时间、换产时间、加工时间和提前期）、行走距离（例如物料搬运、人员行走和文书工作移动）、差错（例如产品残次和数据录入差错等）、无效工作方法（例如多余动作、过度的提举或移动、变位），以及等待（例如工人等待部件或设备维修，等待处理的订单等）。制作价值流图也包含信息流。

你可以通过下面有关制造价值流图的建议对价值流图有一个了解。

（1）系统中的员工亲自参与制作价值流图。

（2）快速浏览系统，从开始到结束，从而有一个对系统的直观感觉。

（3）然后沿真实的路径进行进一步的演练，以收集与现状有关的物流和信息流的信息。

（4）记录系统的要素，包括提前期、残次品率、库存量、停机时间、操作员人数、工序之间的距离和换产时间等指标。

一种产品或服务价值流的改进是围绕本章前面讨论的有关精益的五个原则展开的。其开始于明确顾客视角的价值。你可以发现这里价值流图有助于过程的改进：

（1）明确顾客视角的价值。

（2）识别价值流中的所有步骤并且制成一个价值流图。

（3）删除不增值的步骤以增加流动。

（4）下一道工序就是顾客，根据其需求在需要时拉动前面的工序，以控制流动。

（5）只要系统中存在浪费，就重复这一过程。

价值流图分两个步骤，第一步是绘制流程的现状图，图 13-5 是中国某汽车制造公司 2009 年冲压车间产品现状价值流图。第二步是绘制过程应该的未来状态图。

一旦过程的现状图制作完成，数据分析可以发现改进的机会，这可通过回答以下问题来实现：

- 流程的瓶颈在哪儿？
- 差错发生在什么地方？
- 哪些流程必须处理，它们具有最大的变异性？
- 何处存在浪费？

图 13-6 是冲压车间产品未来价值流图，图中指出了可以改进的区域和措施。

所有商业组织，无论是服务性还是制造性企业，都可以将精益原理应用于其事务性工作，从中获益。这包括采购、会计、订单输入和其他事务功能。事务性浪费可能包括：

（1）库存——多余的供应品和设备；

（2）多余的处理——过多的文书工作和过多的审批环节；

（3）等待时间——等待处理的订单，发出信息请求后等待回复；

（4）不必要的运输——无效的运送路线；

（5）工作的浪费——使用多余所需的资源完成一项工作；

（6）无效的工作方法——不合理的布置设计，不必要的工作步骤，不合适的培训；

（7）错误——订单输入差错，丢失文件，不合适的沟通；

（8）未充分利用的人力资源——没有充分发挥员工的智慧和创造能力。

13.3.2 使用 5W2H 方法进行流程改进

对一个流程询问特定的问题有助于降低成本和减少浪费。5W2H 方法是对一个流程询

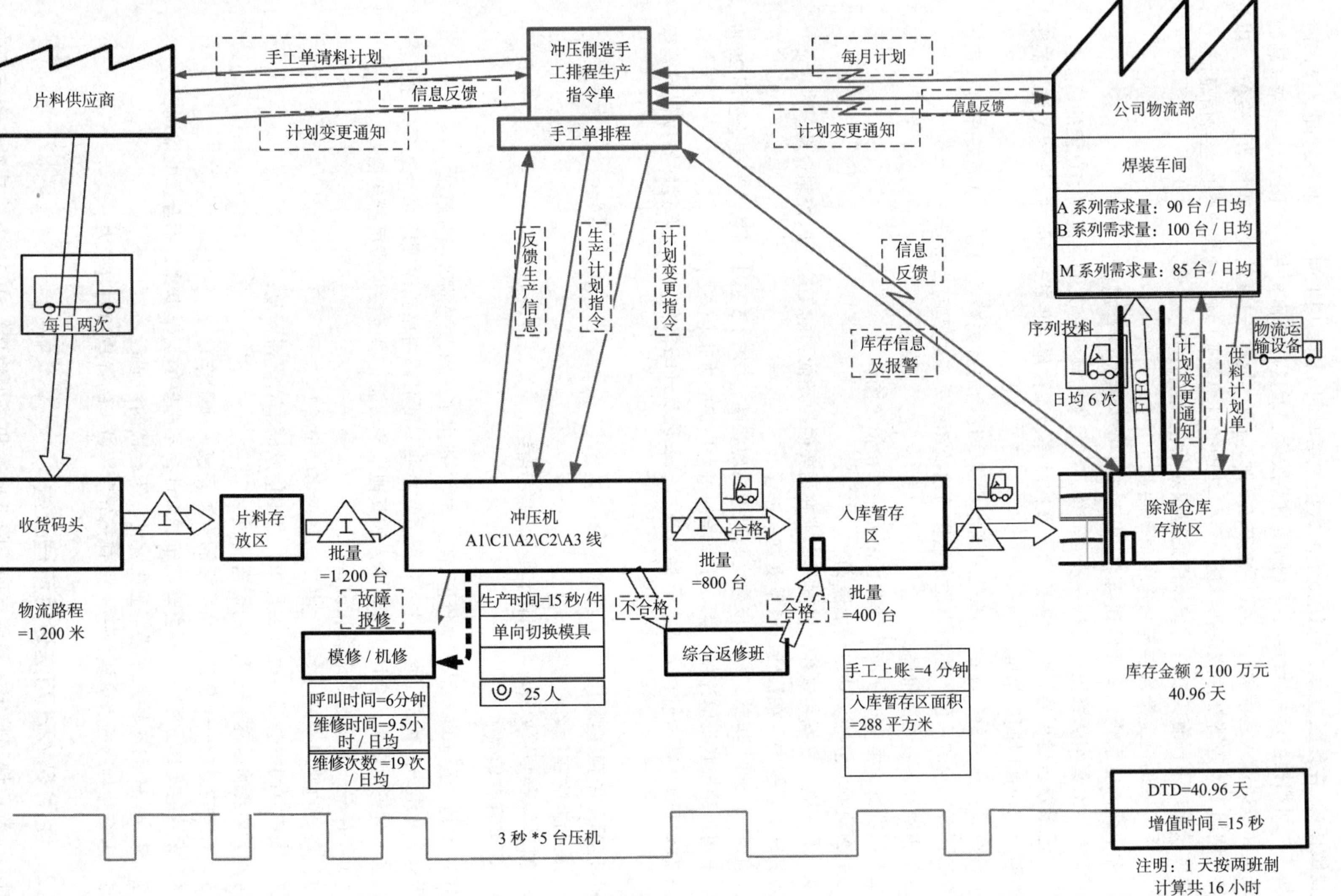

图 13-5　2009 年冲压车间产品现状价值流图

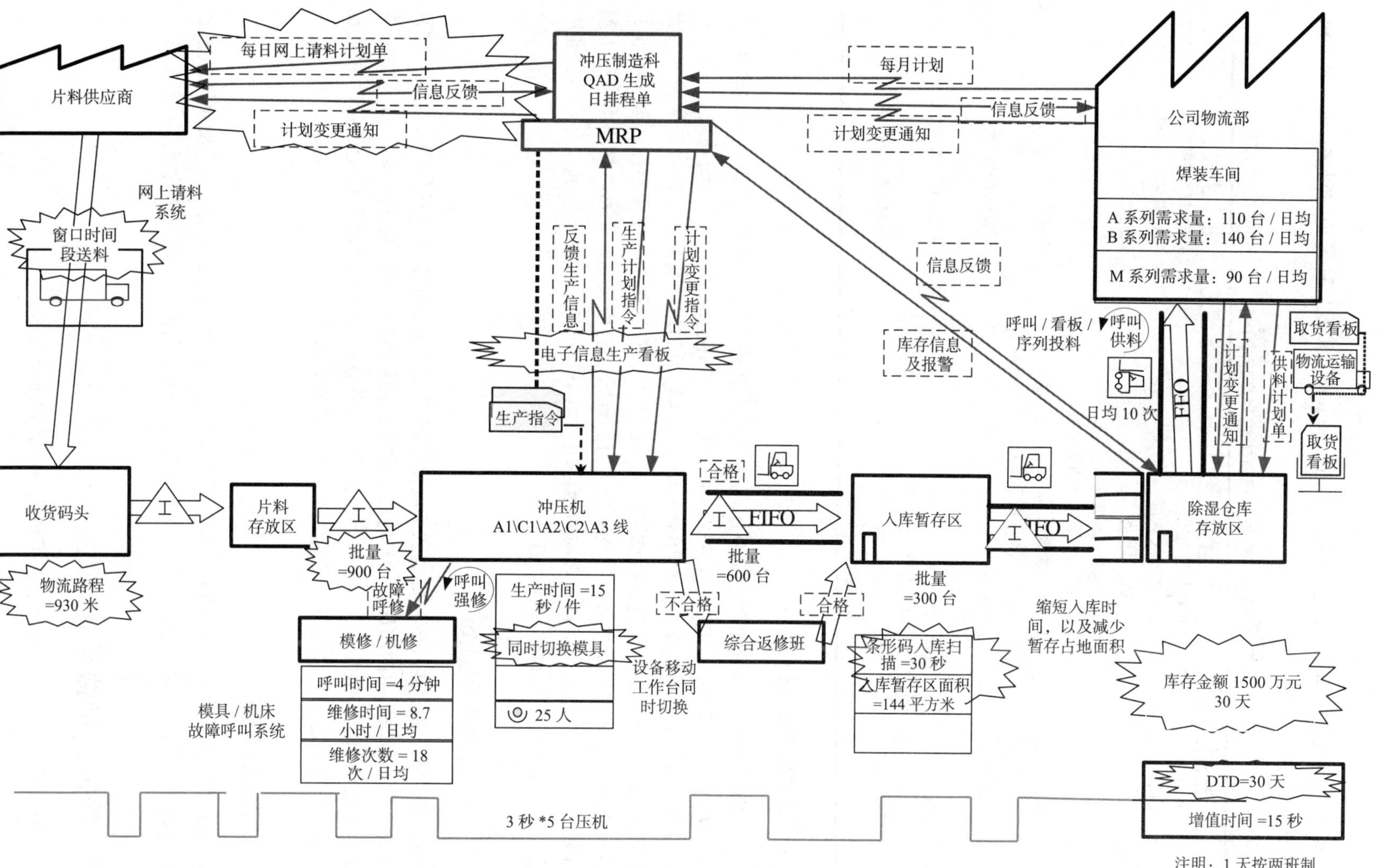

图 13-6　冲压车间产品未来价值流图

问 5 个 W 开头的问题（what、why、where、when 和 who）和 2 个 H 开头的问题（how 和 how much），如表 13-4 所示。

表 13-4 精益生产与传统生产理念比较

分类	5W2H	典型问题	目的
主题	what	现在是怎么做的	识别分析的焦点
目的	why	为什么要这样做	删除不必要的工作
地点	where	应该在哪儿做 为什么要在那儿做 有没有什么其他地方做更好	改进地点
顺序	when	什么时候做 能不能其他时间做更好	改进顺序
人	who	谁来做 是不是其他人做更好	改进顺序和产出
方法	how	怎么做 有没有更好的方法	简化工作，改进产出
成本	how much	现在的成本是多少 新的成本是多少	选择改进的方法

13.3.3 精益六西格玛

有些人认为精益与六西格玛是两种不同的过程改进的方法。然而，另外一种观点认为，这两种方法是可以互补的，而且一旦将这两种方法一起应用会取得意想不到的效果。

精益努力消除不增值活动，并使用简单的工具消除它们。精益聚焦于使过程的速度最大化，并且使用工具来分析和改进过程的工作流。然而，所有过程都存在变异性。理解和减少变异性对质量改进具有重要意义。精益原理本身达到统计过程控制，而六西格玛本身达不到改进过程的速度和工作流。精益原理与六西格玛的减小变异的统计过程控制工具相结合使用可以使系统的工作流和质量都得到改进。

13.3.4 JIT 供货与供应链

直接供应商必须能够以小批量多批次进行零部件的供应。如果货车只是部分装载，这种供货方式会导致运输成本的增加，而且可能会增加装卸货区的拥堵。更进一步，JIT 供货的要求可能还要延伸到供应链的其他环节，因此供应链合作伙伴之间的协调非常重要。JIT 供货也增加了准时交货的压力，以避免缺货而造成生产中断的风险。

13.3.5 精益与 ERP

精益系统聚焦于生产的节拍和供应品到货的同步化。SAP 的精益计划和运作模块将 ERP 扩展成精益运营系统，这是通过提供与顾客需求相关联的精益计划和进度安排的能力而实现的。

13.4 转换到精益系统

日本和美国精益系统的成功引起了传统制造商的极大兴趣。

13.4.1　制订成功的转换计划

为增加成功转换的可能性，公司应该采用一套包括以下要素的细致的计划方法。

（1）确保最高管理者负责转换过程并了解所有需求。确保管理部门涉足转换过程并了解费用情况、完成转换所需时间情况，以及期望产出情况等。

（2）仔细研究各个作业，确定哪些部分需要付出最大的转换努力。

（3）取得工人的支持与合作。准备包括换产、设备维护、多任务交叉培训、协作与问题解决等在内的培训计划。确保工人充分了解精益是什么，以及它为什么值得一做。使工人安心，他们的工作很安全。

（4）在维持现有系统的同时，从缩减换产时间开始。列出需要工人在识别和消除已有问题方面（例如瓶颈、质量低劣等）提供的帮助。

（5）逐步转换运营系统，从整个过程的尾部开始，反向进行。每一个阶段，在移动之前应确保转换已经获得了相对的成功。在主要问题解决之前，不要降低库存。

（6）在转换的最后几步，把供应商转换为 JIT 系统，做好与它们密切合作的准备。从缩小供应商名单开始，找出那些愿意接受精益理念的供应商。为有着长期可靠记录的供应商提供优惠条件。如果快速反应时间很重要，就选择地理位置邻近的供应商。与供应商签订长期契约。坚持质量的高标准，遵循严格的交货安排。

（7）做好遭遇转换障碍的准备。

13.4.2　转换障碍

从传统的系统转换为精益系统不可能是一帆风顺的。例如企业文化不同，有些文化比其他文化与精益理念更协调。如果文化与精益不相关，那么对于一个企业来说，在短期内改变企业文化就会很困难。同样，在大量库存基础上运营的制造商在面对多样化的需求时就会对低库存不适应。

其他障碍来自 4 个方面。

（1）管理部门未获完全授权，或不愿把必要资源投入到转换过程中去。这也许是最为严重的障碍，因为缺乏认真负责的转换可能遭受灭顶之灾。

（2）工人可能与管理部门没有合作精神。精益系统以合作为基础。管理者可能会抵制变革，因为精益把他们的部分责任转交给了工人，使工人有了更大的工作控制权。工人也可能抵制变革，因为责任和压力变大了。

（3）将企业文化变更成适合精益理念的文化是很困难的事情。

（4）供应商可能出于以下原因而进行抵制：

- 买方可能不愿意向它们提供必需的资源，帮助其采用精益系统；
- 可能对与买方签订长期契约感到不自在；
- 小批量交货往往较难做到，尤其对那些还有其他使用传统系统的买方的供应商而言；
- 质量控制的负担转交给了供应商；
- 买方对精益的不断改进需要其经常改变工艺。

13.4.3　合作精神

精益系统需要工人、管理者与供应商的合作精神。只有真正树立起这种精神，才可能达到精益系统的真正高效。日本人在这种关系上非常成功，这可能是因为日本文化本身就带有根深蒂固的尊重和合作精神。而在西方文化中，工人、管理者和供应商自古以来就是一种互相竞争的关系。因此，向精益系统转化的关键考虑因素应该是互相尊重与合作的精神是否已经深入人心。这一切都需要对合作的重要性进行正确的评价，还需要管理者在建立和维持这种精神方面付出不屈不挠的努力。

最后，需要强调的是，不是所有企业都适合采用精益系统。精益最适合需求相对比较稳定的重复性运营的系统。

尽管 JIT 生产系统有许多优点，一个企业在规划转换时还应该考虑其他一些问题。

重点关注的因素是成功转换所需的时间与成本，这一点事关重大。当然，消除系统中的主要中断源也很关键。管理部门必须准备好必要的资源，达到比较高的质量水平，按照严格的时间进度计划运作。这意味着在设计阶段就要注意最微小的细节，并且还要不懈地调试系统直到运作呈平稳状。除此之外，每当出现问题时管理部门都应即刻回应，管理部门与工人必须共同参与到系统的不断改进工作中。尽管存在差异，但对转换所需时间的估计一般都是 1 ～ 3 年。

13.5 精益服务

关于精益的讨论主要集中在制造业是因为制造业是其发源地，也是被用得最多的地方。在服务系统中要想取得精益所带来的各种好处是比较困难的。不过，服务业也能从很多精益概念中受益。准时制在服务业的应用，重点往往在提供一项服务所需的时间方面——速度通常是服务业获胜的重要筹码。有些服务部门还会储备某种库存，因此减少库存就成了精益在服务业中的另一项应用内容。这方面的例子有达美乐比萨、联邦快递、邮政特快专递、快餐店、急救服务等。其他例子还包括准时制出版和快餐店的工作单元。

除了速度，精益服务还强调持续的、高质量的、标准化的工作方式，灵活的员工以及密切的供应商关系。

流程改进与问题解决能够使系统简化且更有效率，从而提高顾客满意度，提高劳动生产率等。服务业采用精益能够带来的好处有消除中断、使系统更具柔性等 6 个方面。

- 消除中断。例如，尽量不要让正在为顾客服务的员工回电话。
- 使系统具备柔性。除非处理得当，否则很容易引发问题。人们通常喜欢追求工作标准化，因为它可以提高生产率。但另一方面，能够处理变化的任务需求才更具备竞争优势。一种方法是培训员工处理多项任务；另一种方法则是进行专业化分工，根据员工特长分别分配工作 。
- 缩减准备时间与加工时间。把经常使用的工具和备件放在手边。另外，对于回应性服务，应尽量估计其可能需要的用品与供应品，这样在用到时它们正好就在手边，避免持有过高的库存。
- 消除浪费，包括工作失误与工作重复。始终强调质量与一致性服务。
- 在制品最少化。包括等待处理的订单、等待回应的电话、等待发运的包裹、等待装卸的货车、等待处理的申请等。
- 简化流程，尤其当顾客是系统的一部分时（自助系统包括零售业务、ATM、自动贩卖机、自助加油站等）。

JIT 服务能使公司取得竞争优势。JIT 服务的核心内容是在需要服务时提供服务的能力。它一方面要求服务供给者灵活多变，即通常意义上的较短的准备时间；另一方面要求服务请求者清晰地表达信息。如果请求者能够确定何时需要某项服务，那么 JIT 服务提供者也就能够安排运送时间以回应其需求，既消除了频繁请求的必要性，也减少了对提供者柔性的需要，进而可能降低 JIT 服务的成本。

尽管精益的概念已应用于服务性组织，但是精益服务的实施还是具有挑战性的，精益原理得到成功应用的可以借鉴的案例不多。因此，要求员工之间为推行精益服务系统做出郑重承诺很困难。

13.6　JIT Ⅱ

在有些情况下，公司会允许供应商对自己的库存补充和库存进行管理。供应商代表将在买方的工厂工作，以确保持有适量的供应品。术语 JIT Ⅱ 就是指这种情况。JIT Ⅱ 因 Bose 公司而流行起来，又称为供应商管理库存（VMI）。在第 14 章将探讨更多有关供应商管理库存的内容。

13.7　运营战略

精益运营提出了一种新的运营观点，希望具备竞争优势的重复性运营系统的管理者对其予以密切关注。

潜在的采纳者在决定是否转换到精益系统之前，应该认真研究精益系统的要求与优点，以及现有系统的困难与优势。仔细估计转换时间与成本，评估工人、管理者与供应商在这样一种方式下互相合作的可能性等，这一点至关重要。

转换决策可以是循序渐进的，用部分采用精益而非整个系统为管理部门提供一个获得第一手经验的机会。例如，改进供应商关系，缩减换产时间，改进质量，减少浪费与无效等都是企业想要达到的目标。另外，尽管平稳生产进度是精益系统的必备要素，但将其用于传统运作系统也一样大有裨益。

需要慎重地权衡准时制方法设置库存所带来的好处与存在的风险。准时制方法可能使企业甚至是国家的供应链造成中断。例如，医院中较少的流感疫苗的储备可以降低医院的成本，但如果爆发流感就会带来健康系统的风险。剧烈的天气变化，如台风、洪水和龙卷风以及由地震引起的其他自然灾害可能切断供应来源，使得社区服务以及企业断绝其所需物品的供应。

供应商管理对于 JIT 运营至关重要。通常，供应商要落位于距离客户工厂一天甚至一小时的运输区域内。另外，每个环节的供应商都必须让其工厂的生产能力与不断变化的需求相匹配。

最后，精益系统的成功在很大程度上取决于领导的承诺、参与和支持，组织中所有人都应接受精益思想“文化”，并且形成有效的工作团队。缺少这三个要素，精益所能带来的好处也很难实现。

本章小结

精益运营是传统重复性制造业的一种选择，现在被越来越多的组织所采纳。精益系统的最终目标是获得一个平衡、平稳的作业流。配套支持性目标包括消除系统中断、使系统具备柔性和消除浪费。精益生产系统的基本部分包括产品设计、流程设计、人员与组织、制造计划与控制等。

精益系统要求消除潜在的中断源，达到均匀工作流。高质量很关键，因为质量问题会中断作业。迅速、低成本的转换准备，特殊布置，把工作拉过系统而非推过系统，合作精神等都是精益系统的重要特征。狠抓问题解决有助于减少系统的中断和提高系统效率，以及朝向持续改进的工作姿态等也是精益系统的重要特征。

精益系统的主要优点是库存水平较低、高质量、柔性、较短的提前期、较高的生产率和设备利用率、较少的残次品数与返工数、较少的空间需求等。风险则来源于缓冲的短缺，例如，一旦出现某些问题会要求有额外的员工和库存储备。风险可能带来的后果包括丧失销量和顾客。

准时制作为一种精益生产系统，主要在重复性运营中得到应用，在这一系统中，所有加工件在系统中的移动和工作的完成都能够恰好在需要的时候到达。JIT 系统只需要很小的库存，因为前后作业高度协调。实现一个平滑的机能系统需要仔细的计划和众多的努力，在这一系统中，所有生产需要的资源都能够恰好在需要的时候到达。原材料和采购的零部件必须在需要的时候运达，现成构件和组件必须在最终装配时准备好，产成品必须在需要的时候送达顾客。管理者还必须特别注意中断对系统的威胁，以及能够在中断发生时迅速做出反应。企业在实施精益运营时通常需要重新设计其设施，重新签订工人合约。在任何层次，团队工作和合作都是非常重要的，因为这体现了工人解决问题的能力和持续改进的态度。

表 13-5 对精益系统做了概述。

表 13-5 精益系统概述

与传统系统相比，精益系统使用更少的资源进行运营

精益运营的要素包括：

- 平稳工作流（最终目标）
- 消除浪费
- 持续改进
- 消除任何不增值的事物
- 易于管理的简单系统
- 使用能够减少原材料和部件移动所需时间的生产布置
- 从源头控制质量：每位员工都必须为其产出负责
- 缺陷预防：使用自动防故障工具和方法来预防错误
- 预防性维护以降低设备停工的危险
- 良好的现场管理：有序整洁的工作场所
- 缩减转换准备时间
- 员工的交叉培训
- 拉式系统

七种形式的浪费：

- 库存
- 过度生产
- 等待时间
- 多余的运输
- 加工中的浪费
- 无效的工作方法
- 产品或服务的缺陷

知识要点

1. 与传统运营系统相比，精益系统可以使用较少的资源提供高质量的产品或服务。
2. 精益思想可以帮助企业提高生产率，降低成本，提高市场反应能力。
3. 精益运营可以减少浪费（价值流图），降低库存（JIT 供货），最大化工作流（采用快

速转换进行小批量生产)，按需生产（需求拉动)，授权团队工作，工作一次就做对（质量从源头开始）和持续改进。

例　题

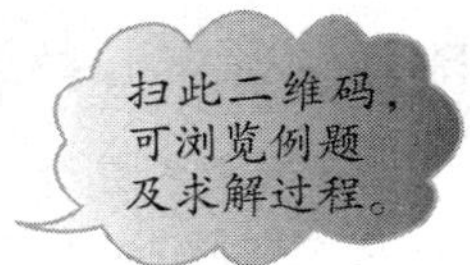

习　题

1. 管理者想确定将于下月安装的看板系统的容器数。加工过程每小时耗用量为 80 片。由于是新的流程，管理者就把效率因子定成了 0.35。每个容器装 45 片，完成 1 次循环平均耗时 75 分钟。应该使用多少容器？在系统改进过程中，所需容器数应该变得更多还是更少？为什么？
2. 某 JIT 系统用看板卡片授权物料的生产和移动。系统某部分的工序在运行过程中，平均每小时使用 100 个零件。管理者规定该中心的效率因子为 0.20，每个标准容器的设计装载量为 6 打零件。零件容器的循环时间为 105 分钟。需要多少容器？
3. 某设备单元每天使用 200 磅的原材料。原料用容量为 20 磅的桶运输，桶的循环时间约为 2 小时。管理者规定该单元的效率因子为 0.08。该工厂每天运转 8 小时。请问需要多少个桶？
4. 为以下产品系列求解日循环数及每次循环产量：(使用 A–B–C–D 序列)

产品	日需求量
A	21
B	12
C	3
D	15

5. 给定以下日服务作业，假设服务提供的顺序为 A–B–C–D–E：
   （1）给出一种理由，说明每一种安排都可能优于另一种安排。
   （2）如果日循环数为 4，确定每次循环每种服务的重复次数。
   （3）如果日循环数为 2，确定每次循环每种服务的重复次数。

服务作业	日需求量
A	22
B	12
C	4
D	18
E	8

6. 为达到完全平衡生产的下列产品，求日循环数与每次循环产量。

产品	日需求量
F	9
G	8
H	5
K	6

假设生产序列为 F–G–H–K。

7. 使用下面信息计算一个系统的节拍时间。每个班次每天可供使用时间为 480 分钟，每天一个班次。每个班次给工人 15 分钟的休息时间和 45 分钟的午餐时间。每天需求量为 300 件。

8. 如果每天需求量为300件。每个班次每天可供使用时间为480分钟，每天两个班次。每个班次给工人3个30分钟的休息时间，其中一个用于午餐或晚餐时间。使能力与需求匹配的周期时间是多少？

9. 使用下面信息计算一个实施标准作业的服务系统的节拍时间。系统每天总工作时间为440分钟，有两个10分钟的休息时间和一个小时的午餐时间。该服务系统每天必须完成90件工作。

阅读材料　弗吉尼亚梅森医疗中心向丰田工厂学习以构建一个更好的医院

当你考虑一个医院时，脑子里想的是什么？患者、急诊室、医疗技术和医学进步，看病和治愈患者。而弗吉尼亚梅森医院的管理者在思考一个医院时，他们想到的是汽车，准确地说是一个汽车制造厂。

自2000年开始，医院的领导观察其医院的运营模式并发现医院的运营是围绕他们而不是患者而设计的。加里·卡普兰，弗吉尼亚梅森医疗中心的主席兼首席执行官是这样认为的。

例如，你匆忙并准时赶到医院仅是为了等待内科医生给你看病。

他们开始寻找更好的方式改进质量、安全和提高顾客满意度。经过两年的研究，他们发现了丰田生产系统，也称为精益制造。它是日本企业家大野耐一发明的，其理念是消除生产中的浪费和残次。他们将丰田模式应用于他们的医疗保健。

卡普兰和弗吉尼亚梅森医疗中心的其他管理者于2002年安排了第一次日本之行，他们参观了像丰田和雅马哈这样的制造工厂。大约有200名员工参观了日本的工厂，很难准确地说出弗吉尼亚梅森医疗中心这些年到底为送员工去海外学习花费了多少，他们将领导训练视为对员工的一种福利。他们认为所获得的收益可抵消成本。

卡普兰说："'人不是汽车'这是我们经常可以听到的。我们如此沉浸在医疗保健的严重性和特殊性中，但我们也应该将视野扩展到其他行业，在信息化方面我们已经远远落后，并且我们的流程中存在着很多浪费。丰田关注于顾客和顾客满意度……丰田所具有的这些正是我们所需要的。"

那么这意味着什么呢？

在生产系统中有7种浪费。一种是时间浪费，如患者等待医生或等待取回检验结果。其他是库存浪费（拥有多于需求的物料和信息）以及过量生产的浪费，生产大于需求。

例如，保存过多的病历册和处方纸不只占用空间，还要支付生产它们的成本，这就是浪费。

西雅图地区的各医院在推行一种看板系统，这种系统可以发出再补充的信号。看板在日本是"可视的卡片"，举例说明看板的使用。例如，将一张卡片放在一堆注射器，或一堆纱布卷，或一堆病历册接近底部的地方，当一位护士或一位医生看见了这张卡片，他或她就知道到了需要补充的时候了。供给不会用尽，但他们也不会过多地订货。

医院创建出标准化的用于盛放手术器具的托盘和标准程序，这样因为不用设置过多的器具从而节省数以百计的美元。打开了但没有使用的器具要被扔掉。

行政主管温特沃思上个月去日本访问了两周刚刚回来，她提到，实施改进要经过一系列的基本步骤。例如，要使用活动挂图来显示进行理疗的患者的流动水平。挂图中有指导图片，显示患者以及每一位来到房间的护士或医生应该做什么，他们不用浪费时间去查找或询问。

温特沃思还想执行一项生产计划，以根据医院每一楼层的流动率在出现人员不足之前雇用更多的职员。

从丰田模式中学到的另一个变革是患者安全警报系统。在制造工厂中，如果出现问题，整个生产线要马上停下来并立即解决问题。弗吉尼亚梅森医疗中心进行了发现和解决问题的实践，以做到在导致错误反复出现之前找到解决方案。报警系统要求护士或医生在发生问题时要发出信号并马上解决问题。弗吉尼亚梅森的柯克兰的网站每天要有十几个报警。

柯克兰从2003年开始推行丰田模式。他们通过设置医护助理来处理患者来电，取代了没有经过医学培训的话务员，从而减少了预约和电话延迟。

同样地，直到患者的相关病历准备好后，医生才开始给患者写病历和医疗建议，然后给下一个患者看病，这样可以减少医生的等待时间。节省的时间增加了医生给患者看病的时间。弗吉尼亚梅森的柯克兰医院的内科主任金皮滕杰医生认为，大多数医疗成本与信息不畅有关——纸质表格、实验结果、电话信息，这些最终会导致激怒患者。积压起来的工作成本要远远大于一开始就不让工作积压的工作成本。

他还提到，并不是所有人都接受新系统，有些医生因此不得不离开弗吉尼亚梅森。

金皮滕杰说："从某种程度上讲，新系统似乎有些强制性，但它一定意义上提供了消除差错的方案。"

其他医院，包括瑞士医疗中心，也已开始将精益系统应用于医院的运营。

弗吉尼亚梅森的结构显示，患者等待实验结果的时间减少了85%，库存成本降低了100万美元。重新设计的医院设施使患者与医疗人员的工作流更富有成效。医院因加班和临时工的支出一年可降低500 000美元，提高生产率93%。虽然新系统中节省的直接成本不会转嫁到患者身上，但减少了等待，增加了安全性和更有效的医护确实给患者带来了好处。

卡普兰的远景是让患者通过使用一张智能卡在到达停车场时就可以开始他们约诊的整个流程。不用在房间里等待，直接从停车场去进行各项检查。

整个流程中，没有等待，没有浪费，一切面向患者。

卡普兰说："我们有充足的医护资源。我们只需要阻止浪费资源，只需要做该做的和增值的事，我们将有更多的节省。"

资料来源：Cherie Black, "To Build a Better Hospital, Virginia Mason Takes Lessons from Toyota Plant," *Seattle Post-intelligencer*, March 15, 2008. Copyright©2008. Used with permission.

讨论题

1. 站在患者的角度，分析医院减少浪费、提高资源利用率的意义。
2. 从看板、并行工程的产品开发、稳定快捷的供应链、多功能团队活动与持续改进等丰田生产系统的关键管理技术出发，尝试给出一些有关弗吉尼亚梅森医疗中心减少浪费、提高资源利用率、提高医院服务水平的建议。

应用案例 波音公司

总部设在华盛顿埃弗里特的波音公司，是全球最大的两家飞机制造商之一。另外一个大制造商是欧洲的空中客车公司。

波音在埃弗里特生产三种型号的飞机：747、767和777。这些飞机的产地都是同一座大楼，任一时刻在生产的不同阶段都有6架飞机。显然，能够容纳这样一家大工厂的建筑物必定非常庞大。事实上，这座大楼共占地98英亩，4层高，堪称世界上最大的建筑物。如果把整个迪士尼乐园安置在里面，还将剩余15英亩用作室内停车坪！大楼没有窗户，其中一边并列着6个巨大的门，每一个门都是100码宽、40码高（相当于一个足球场），足够一架完工的飞机通过。

波音飞机销往世界各国以及各大航空公司。飞机售价并不固定，实际价格取决于顾客的具体需求。一旦细节敲定，订单下达，顾客需求就被送到设计部门。

1. 设计

以前，设计师必须先制作一个模型，以确定飞机的实际尺寸，并借此发现组装过程中可能发生的问题。这既需要时间，也需要材料、人工和空间。现在，他们使用计算机（CAD）设计飞机，避免制作模型的成本，并且缩短了开发时间。

2. 生产过程

只要设计完成并被顾客认可，波音公司就开始计划生产飞机，并开始订购零部件与原材料。零部件通过铁路、飞机和卡车进入厂房，来到即将使用它们的组装区。整个过程完全遵照进度计划的安排，因此零部件能够在使用之前恰好到达组装位置，并于组装完毕之后即刻被送往离下一道工序最近的仓库。时间相位运输使零部件恰好能够在需要的时候抵达，有利于保持低水平的库存投资，以免为存储不即时使用的零部件而浪费空间。尽管零部件缺陷可以通过再订货来弥补，仍然可能会有延误生产的现象发生。只要发现零部件缺损，公司就会根据中断作业流的程度来判断其关键程度，并进而判定订购优先级。优先级最高的零部件被派往稽查员处，由他确定替换该零部件的最佳方法。稽查员追踪零部件进程，只要一抵达就将它们送到恰当的位置。期间，有些未完成的工作必须等待替换零部件；工人则被派往他处完成其余的组装任务。当供应商不能及时供货，由此产生的中断也不会严重延长组装过程时，波音公司就会使出最后一招：让自己的生产车间制造必备的零部件。

尚未完成组装过程的飞机自己沿作业流程向后方工序移动，在每一个工作间大约停留5天。大型起重机在工序之间移动大型飞机部件，一旦轮子安装完毕，飞机就可以移动到剩余的工序。

制造好的飞机将在两座喷漆大楼之一进行喷漆。通常，单喷漆一项就会使飞机重量增加400～600磅。喷漆时，必须先给飞机涂上一层正电荷，然后再涂一层负电荷，只有这样颜色才可能附着在飞机上。

3. 测试与质量控制

在整个设计与制造过程中，波音公司有大量的质量控制指标。不仅有巡视员监督质量，每名员工还负责监控自己及前道工序的工作。购买方的质量人员也会对工作质量进行监督。

波音有60名试飞员。以前，飞机性能只能通过风洞来进行检验，这种方法不仅测试成本极高，还会大大延长产品的开发时间。现在，新设计只需要在生产过程正式开始前通过计算机化的风洞测试既可，这大大降低了时间和成本。如果你觉得很奇怪，就让我们以机翼为例：机翼相当灵活，一只典型的机翼能够在22英尺的范围内摆动而不破裂。

4. 再造

波音公司正在对整个企业系统进行再造，其中最重要的就是升级计算机系统。这样一来，波音及其供应商就能取得更好的沟通，关于物料管理也会有最新消息。很自然的，公司设计人员就会设身处地地在他们的便携电脑上设计出更符合用户要求的飞机。

再造工程的另一个方面就是整个系统向精益生产系统转化。精益生产系统的主要目标是缩减生产时间和减少库存。

波音公司希望把飞机停留在工作间的时间从5天降低到3天，即降低40%。这不仅意味着用户能够更快得到他们的飞机，还意味着降低人工成本和库存成本，改善现金流量。要想达到这一点，就必须尽量延迟顾客个性化的阶段或尽量延迟产生差异的时间。这就意味着在增加顾客特征之前，尽可能使飞机组装过程标准化。它们和其他节约时间的步骤一起，将大大加速生产过程，从而形成较大的竞争优势。波音公司还希望大幅度降低库存持有量（以大型喷气式客机 747 为例，每架包含 600 万个零部件，其中 300 万是铆钉）。这项计划中有一项内容是让供应商在交货之前做更多的工作：将零部件组装成套，交付到组装区，并直接安装到飞机上，而不是分别运送零部件，形成库存。这样做的结果不仅削减了库存持有成本，还节约了时间。

波音公司还希望减少供应商的数量，并和其建立更好的沟通与合作关系。目前，波音公司的供应商约为 3 500 个，与通用电气公司的 2 500 家供应商相比，你也许会对这个数目的大小有点概念。

讨论题

波音公司如何通过精益来改善流程，提高竞争能力？

CHAPTER14 第14章

供应链管理

学习目标

通过本章学习，读者应该能够：

（1）解释术语供应链和物流；

（2）说明供应链管理的关键问题；

（3）列举供应链管理的最新趋势；

（4）概括外包的好处和风险；

（5）解释供应链的主要风险以及降低这些风险的主要措施；

（6）描述全球供应链的复杂性；

（7）简要讨论供应链中的伦理问题以及公司可以采取的主要措施以避免伦理问题；

（8）描述三个小企业所关注的供应链问题以及管理这些问题的建议；

（9）列举供应链管理中的战略、战术和运营问题；

（10）讨论与采购过程有关的术语，包括采购界面、采购周期、伦理和集中采购与分散采购；

（11）简要描述供应商管理的主要方面；

（12）讨论供应链管理中物流方面的问题，包括 RFID 技术；

（13）讨论涉及退货管理的问题；

（14）说明创造高效供应链的挑战以及有关权衡的问题；

韦格曼斯超市链（见第 1 章韦格曼斯运营写实）在美国被公认为是运作最好的超市链，现在又被认为是食品行业供应链管理的领导者。当韦格曼斯的发言人被问到公司内有多少人为其供应链工作时，该发言人说基本上所有人。

事实上，大多数人，即使不是在同一家企业工作，也可能不同程度地涉及供应链。不论你在什么地方工作，你所做的任何工作，都将涉及某个或某些供应链。

在本章中，读者将了解供应链管理的最新趋势、主要的供应链过程和管理职责、采购、物流、退货管理、风险管理、创建高效的供应链。读者从一个统计数字可以看到供应链的重要性：据估计，美国公司在供应链中的库存已超过万亿美元。

引言

供应链是由涉及生产和交付一种产品或服务的企业的设施、职能和活动组成的网络。这个网络从生产原材料的基本供应商开始，扩展到到达最终顾客的所有途径。设施包括仓库、工厂、加工中心、配送中心、零售店和办公室。职能和活动包括预测、采购、库存管理、信息管理、质量保证、进度安排、生产、配送、运输和客户服务。

供应链管理是对一个企业内部的各种企业职能和供应链进行战略性协同，目的是整合供应和需求管理。供应链管理者是那些在企业的不同层次中负责管理企业内和跨企业的需求与供给的有关人员。他们从事工作的计划与协调，包括寻求物料和服务的供应商和采购、转化活动和物流。

物流是供应链的组成部分，涉及物品、服务、现金和信息的正向和反向流动。物流管理涉及内部和外部运输、物料处理、仓储、库存、订单处理和配送、第三方物流和反向物流（从顾客那里返回的物品）的管理。

每个企业至少是一个供应链中的组成部分，大多数企业是多个供应链的组成部分。在供应链中的企业的数量和类型是由供应链是制造导向还是服务导向所决定的。图 14-1 说明了典型的制造型供应链和服务型供应链。图 14-2 更详细地说明了从农场到市场的供应链，此图在第 1 章使用过，图中包括每个阶段的主要供应商。

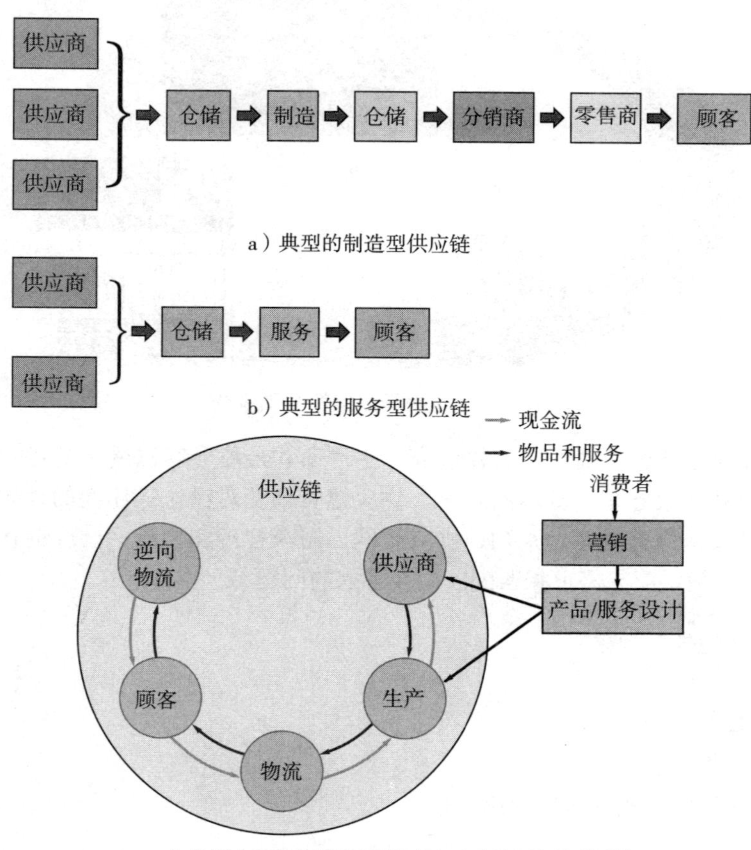

图 14-1　典型的供应链

供应链有时也被称为价值链，这个术语反映了随着产品和服务通过供应链价值被附加上去的概念。典型的供应链或价值链是由不同的企业组成的而不仅仅是一个单独的企业。另外，每个企业的供应链或价值链都由两部分组成：供应部分和需求部分。供应部分从供应链的开端开始，到企业的内部运作结束。而需求部分从企业的产品运输到直接顾客开始，再到运输至最终顾客结束。需求链是价值链的销售和配送部分。每个部分的长度由企业在供应链中的位置决定：越接近最终顾客的组织，需求部分就会越短，而供应部分就会越长。

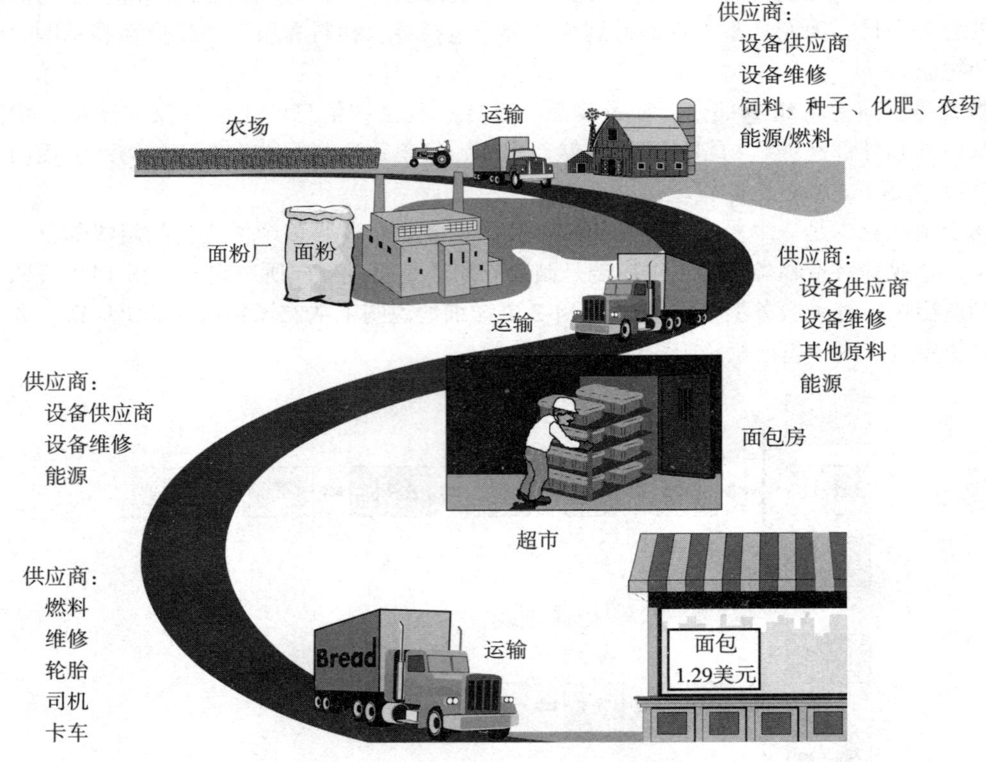

图 14-2　从农场到市场的供应链

供应链是任何企业的生命线，将供应商、生产商和最终顾客以网络的形式连接起来，这对创造和交付产品或服务是最基本的要求。供应链管理是对供应链作业的计划、执行和控制的过程，基本组成部分有战略、采购、供应管理、需求管理和物流。供应链管理的目标是尽可能有效和高效地使供应与需求相匹配。主要考虑的问题有：

- 确定合适的外包规模；
- 采购管理；
- 供应商管理；
- 客户关系管理；
- 能够快速识别问题并做出快速反应。

供应链管理的一个重要方面是流的管理。有三种形式的流需要进行管理：产品和服务流、信息流和资金流。产品和服务流涉及物品或服务从供应商向顾客的移动，也包括售后服务和产品的退货。信息流涉及分享预测和销售数据，传送订单，跟踪装运和更新订单状态。资金流涉及信用状态，付款和委托与所有权的安排。科学技术的发展，极大地提高了管理这三种流的效率。发送和接收信息的成本显著降低，交流的便易性和速度的提高使得供应链活动的协调能力得到提高，并可以及时进行决策。实际上，供应链是一个复杂的供应网络。

14.1　供应链管理的趋势

尽管不同的产业和不同企业在供应链管理的发展演变过程中所处的阶段具有较大的差别，但很多企业强调以下方面：

- 测评供应链的投资回报率（ROI）；
- 绿色供应链；
- 重新评价外包；
- 整合 IT；
- 管理风险；
- 采纳精益理念；
- 敏捷。

测量供应链的投资回报率可使管理者将经济学与外包和其他决策结合起来，使其更理性地管理供应链。

绿色供应链受到关注有很多方面的原因，包括企业的责任、政策法规和社会压力。这可能涉及对产品和服务进行再设计；减少包装；接近供应源以减少运输所造成的污染（据一项统计，在世界范围内每年仅海洋运输就可造成由于肺癌和心肺疾病过早死亡的病例 60 000 多例）；选择绿色供应商；回收管理；实施产品生命周期终结计划，特别是家用电器和电子设备类产品。

重新评价外包。公司对外包进行再评价，特别是全球供应商。企业进行外包出于不同的原因。通常外包的决策是基于低价格，以达到降低成本的目的。其他潜在的优势包括：使企业聚焦于核心竞争优势，将固定成本转化为可变成本，释放资金用于其他需求，将一些风险转移给供应商，利用供应商的专业优势，也利于走出国门。潜在的困难可能有：依赖于所要外包业务的特点和供应链的长度（如遥远的供应商使货物的交货期延长而使供应链缺乏柔性），增加运输成本，语言和文化差异上的困难，减少就业机会，丧失控制，降低生产率，失去自身完成业务的能力和丧失企业的技术，知识转移（即知识产权的安全问题），以及管理供应链要付出更多的努力。

一个例子是不断引起关注的服装业。在中国和一些其他国家，工人工资水平的上升使得当地服装供应商的成本优势降低，而且较长的提前期削弱了敏捷性，而这正是这个行业可以从市场得到回报的方面。再加上一些问题诸如延迟交货和达不到质量标准，还有像工厂失火和建筑物倒塌，这些很容易使顾客改变决策。

整合 IT 可以产生实时数据，这可以提高企业战略规划的能力，并帮助企业控制成本，测量质量和生产率，对问题做出快速反应和改进供应链运营。这就是为什么 ERP 系统对供应链管理来说如此重要。

风险管理，对有些企业来说，供应链是其主要的风险来源，因此必须要有风险管理的基本流程。根据德勤的观察，有 45% 的供应链管理者缺乏对风险管理的信心。下一节将讨论风险来源和企业为降低风险可以采取的措施。

很多企业开始采用精益理念来改进供应链的绩效。太多的实例可以说明，传统的供应链只是一些松散步骤的集合，而且各种业务过程没有与供应商或顾客需求有效连接。将精益理念应用于供应链，通过消除不增值过程以克服传统供应链的缺点；使用拉式系统代替推式系统来改进产品流；通过减少供应商规模和供应商认证计划几乎可以消除对到货检验的需求；树立对系统永无止境地进行改进的态度。

敏捷是指让供应链具有充分的灵活性，使其能够对像供应商生产或质量事件、天气的干扰、需求的变化（需求量或顾客偏好）、运输事件和政治事件等这些不可预见的变化或环境非常快速地做出反应。

由于这些现今或将来的趋势，企业可能更加认真地重新思考它们的供应链，以达到降低风险、改进流、增加利润和提升顾客满意度的目标。

14.1.1 风险管理和恢复力

风险管理涉及识别风险来源，评价它们发生的可能性和潜在的影响，然后制定应对这些风险的策略。应对风险的可能策略包括风险规避、降低风险和与供应链伙伴分担风险。风险规避指不与特定的供应商发生业务关系，降低风险指替换不可信的供应商，分担风险指与供应链伙伴在合同中规定相应的风险责任。恢复力是指企业能够从一个对供应链具有负面影响的事件中得到恢复的能力。恢复的程度与事件影响的严重性和处理这一事件的方案有关。企业可以通过风险管理减小但不能消除对恢复力的需求。

风险管理的第一步是风险识别。供应链风险可以分为几种。一种是供应链中断，它可能来自自然灾害如火灾、洪灾、飓风以及中断的运输对供应商造成直接影响（如生产或仓储设施的损坏）或间接影响（如影响到进入有关设施或影响雇员工作）。其他中断可能与供应商有关，如劳动力冲突、生产问题以及与他们的供应商有关的问题，包括倒闭。另一种风险来源是质量问题，它可能造成供应中断并导致产品召回、责任索赔和负面的社会影响。还有一种潜在风险是供应商将敏感信息透露给竞争对手，这可能削弱竞争能力。

成功的风险管理包含几个关键要素。

了解你的供应商。描绘供应链有助于明确供应链的范畴，识别供应商以及了解第一级或第二级的潜在供应商，这样可以明确很多风险，也有助于缩短供应链。

提高供应链的可见性。供应链可见性是指一个贸易伙伴可以进入供应链中的任何节点以获取有关库存、发运状态等一些关键信息。这需要实现信息共享。

提高事件反应能力。事件反应能力是指发现计划外的事件并做出反应的能力，这些事件包括延迟的发运或仓库中某一物品用光。事件管理系统应具备四种能力：对系统的监视；当某一计划的或非计划的事件发生时进行提示；当计划的非计划的事件发生后模拟可能的解决方案；对供应商、运输代理和其他供应链伙伴的长期绩效进行测量。

事件反应意味着识别供应源，在一定程度上能够应对未知中断的可能性，这些事件通常很难预测，一旦发生会对供应链产生影响。因为存在这些未知事件，中断的严重性和长短就很难预测。因此，意识到不可预见的事件可能会发生，当其发生时有措施去解决它们就变得非常重要。

如果需要，缩短供应链。下一节将讨论它的重要性。

14.1.2 缩短供应链

当企业寻求缩减运输时间和降低成本的方法时，有些企业是着重使用就近的供应商、存储设施和加工中心，而另一些是通过合并供应链来节省时间和成本。

14.2　全球供应链

随着企业不断采用外包并将市场扩大到超出本国以外的其他地区，他们的供应链变得全球化。例如，产品设计经常从世界范围内选择资源，而且产品也在全球市场销售。

当企业意识到有效的供应链管理的战略意义时，它们也会发现全球供应链具有更大的复杂性，而这些问题是国内运营活动中可以忽略或不存在的。这些复杂性包括语言和文化的差异、汇率的波动、武装冲突、运输成本和提前期的增加，以及供应链伙伴之间信任和合作的需求。更进一步，管理者还必须能够识别和分析不同国家影响供应链成功的因素，可能包括当地的容量；金融、运输和通信的基础设施；政府、环境、政策法规和政治事务。这些因素使得风险管理对全球供应链管理来说非常重要。为了补偿这一点，有些公司增加了在供应链不同节点上的库存，因此失去了某些全球供应的优势。

风险可能与供应（如供应商问题、质量问题、可持续性问题、运输问题、海盗、恐怖袭击）、成本（如增加的商品成本）和需求（如降低的需求、需求的变异性和运输问题）相关。其他风险可能包括知识产权问题、合同执行问题、竞争压力、预测失误和库存管理。

在全球通信领域已经取得的技术进步是一种积极的因素，其提供了以实时的信息交换来连接全球的运营活动的能力。因此，信息技术在整合跨全球供应链运营中发挥着重要作用。

14.3　ERP 与供应链管理

ERP 整合供应链管理是有效规划和管理企业各种资源的正确做法。ERP 的实施涉及建立运营系统和运营绩效测量指标，测量指标能够管理企业的运营并且满足企业和财务的目标。ERP 围绕供应链管理的目标，诸如规划需求和管理供应、库存补充、生产、仓储和运输。ERP 软件在交易数据集中化方面发挥着重要作用。

ERP 软件提供了协调、监控和管理供应链的能力。它是一个整合的系统，使得在系统范围内的关键活动和事件可视化，包括供应商关系管理、绩效管理、销售和订单履约以及客户关系管理等。

供应商关系管理。ERP 整合了采购、收货、有关供应商评级和绩效、提前期、质量、电子资金支付、简化过程并能分析这些过程。

绩效管理。ERP 将各种有关成本和利润、生产率、质量绩效和顾客满意度整合在一起。

销售和订单履约。ERP 能够提供库存和质量管理、跟踪回款和进度以及监视生产、包装和中断。ERP 的报告可以提供有关订单和库存状态、交货期和物流绩效的信息。

客户关系管理。一个 ERP 系统不仅聚集了基本联系信息、合同详情、支付条款、信用历史和发运方式等，它还提供有关采购方式、服务和回复等信息。

14.4　道德与供应链

有很多例子显示在供应链中存在很多不道德行为，包括贿赂政府官员或公司雇员以达到获取许可证或优惠条款的目的；向第三世界国家转移污染加工业；自命为绿色供应链，但实际上只达到了绿色的最低水平；忽视健康、安全和环保标准；侵犯工人的基本权利（如支付低于标准的工资、血汗工厂、强迫劳动、使用童工）；不标注原产国标志；以及在国外销售在本国违禁的商品。

每个公司都应该制定一个供应链道德准则以指导其行为。这一准则应该涵盖与顾客和供应商有关的行为、供应商的行为、合同谈判以及环境问题等方面。

道德行为的主要风险是一旦行为被媒体披露，消费者会倾向于指责与不道德行为有关的供应链中的主要公司或品牌，而这一违法行为可能是供应链中另一独立公司所为。当面对一个全球供应链时，这一问题更加难以管理，因为它们经常涉及制造运营领域。困难的是，很多公司缺乏与供应链中大多数公司进行快速联系的能力，以及与其供应商在道德问题和遵守相应规范上进行沟通的能力。尽管监控供应链活动是最基本的要求，但它只是维持道德供应链的一个方面。在全球制造与分销环境中，供应链监控应涉及从采购、制造、组装和运输到产品使用寿命结束各方面供应链的活动。

为减小不道德供应商的行为所造成的风险，公司可以采取的主要措施是选择具有很好的道德行为声誉的供应商；签订并遵守相应劳动标准的供应商合同；与道德供应商发展直接的、长期的关系；以及快速处理所发生的任何问题。

14.5 小企业

小企业往往不能对供应链给予足够的重视。然而，积极地管理供应链会给它们带来很多好处，包括提高效率、降低成本、减小风险和增加利润。而且规模可能是小企业的竞争优势，因为相对于大企业而言，它们往往比较敏捷，从而在需要时可以很快制定决策并做出调整。

供应链管理的三个方面往往与小企业有关：

- 库存管理；
- 降低风险；
- 国际贸易。

库存对小企业来说可能是一个问题。它们持有过多的库存，以避免供应链中断造成的短缺。然而，这可能导致资金和空间的占用。一种选择是为关键物品保留备选供应商。同样，保留从供应商到客户交货的交付方式的备份也有助于克服中断。因为建立这些系统往往需要很长时间，因此在需要用这些系统维持运营系统之前就建立它们是明智的选择。

另一个需要考虑的领域是风险管理。降低风险的关键是管理供应商。重要的步骤包括：

- 选择可靠的供应商；
- 确定哪些供应商是关键的，了解他们以及他们所具有的挑战；
- 测量供应商绩效（如质量、可靠性、柔性等）；
- 识别对供应商问题的预警信号（如延期交货、未履约的订单、质量问题等）；
- 要有应对供应链问题的计划。

出口可以为小型生产企业带来扩展业务的机会，但往往它们不知如何去做，这可能带来一些不可预见的问题。例如，出口不一致的产品或包装可能会造成在发运过程中在进口港的停顿，带来额外的成本和交货期的延长，最终导致顾客不满。

进口对小企业也很有意义。美国小企业主利益保护局给出了使用外国供应商的一些建议：

- 与具有经验的人员一起工作，让其帮助审视和监控外国供应商，最好是选择在那个国家待过很长时间的人。另外，有资质的报关经纪人可以在法律法规、必要的文件和进出口商工作方面提供帮助。
- 提供你要采购的样品和进度，以表明需求和交货期的要求。
- 不要仅依赖单一供应商，被选供应商可降低风险并提高自己的还价空间。
- 建立信誉对谈判并在出现问题时解决问题都有利。
- 当使用国外供应商的风险或其他问题很难应对的情况下，考虑使用国内供应商。好处是交货期和成本低，与供应商近距离交往以及提高了敏捷性。

14.6　管理的职责

一般来说，公司管理的职责包括法律、经济和道德方面。法律方面的职责包括具有供应链所涉及的国家的有关法律法规知识，遵守法律，并且在法规的框架下进行运营。经济职责包括尽可能高效地供应产品或服务以满足需求。道德职责指在从事商务活动中要尊崇社会道德标准。

更具体的责任领域涉及组织的战略、战术和运营。

14.6.1　战略职责

高层管理可能有特定的战略职责，这种职责不仅对供应链管理而且对企业本身的成功具有重要影响。这些战略具体如下。

- 供应链策略组合：根据企业战略选择供应与分销策略，并确定外包的程度。
- 网络布局：确定有关供应商、仓库、生产 / 运营设施和分销中心的数量和位置。
- 信息技术：贯通整个供应链的系统和过程的整合，以利于信息共享，包括预测、库存状态、货运的跟踪和事件等信息。
- 产品和服务：有关新产品和服务的选择以及涉及的决策。
- 运营能力规划：评估长期运营能力需求，包括何时需要、需要多少以及所要求的柔性程度。
- 战略伙伴：伙伴选择、合伙层次和正式程度。
- 分销策略：确定采用集中还是分散分销，确定使用企业自己的设施和设备进行分销，还是由第三方物流提供商进行分销。
- 减少不确定性和风险：识别潜在的风险源并确定可接受的风险数量。

14.6.2　主要战术和运作职责

主要战术和运作职责的概括如表 14-1 所示。

表 14-1　主要战术和运作职责

战术职责
预测：准备并评价预测
供应源：选择供应商并进行一些自制或外购决策

（续）

运营计划：协调外部供应链和内部生产
管理库存：确定在供应链何处设置不同的库存（原材料、半成品和产成品）
运输计划：能力与需求匹配
合作：与供应链伙伴协调计划
运作职责
进度：短期作业和分销进度安排
接货：供应商到货后的接货管理
转化：投入转化为产出
订单执行：使用各种生产资源和库存对特定的顾客的订单做出响应
发运：将货物发往分销中心或顾客的过程管理
信息共享：与供应链伙伴交换信息
控制：对质量、库存和其他关键变量的控制以及当需要时采取相应的纠偏行动，包括减小变异

14.7 采购

组织的采购部门负责获得生产产品或提供服务所需的物料、零件、补给和服务。如果你知道制造业产成品成本中超过 60% 的部分来自外购零件和物料，你就会对采购的重要性有所认识。而且，零售与批发公司的外购库存百分比更高，有的甚至超过 90%。尽管如此，采购的重要性决不仅限于外购商品的成本，其重要性还包括商品与服务的质量，以及提交商品或服务的时间选择，这两个方面都会对运营产生重大影响。

采购的责任包括划分供应源、合同谈判、维护供应商数据库、以及时和节约成本的方式来获得满足或超出运营要求的物品或服务，以及供应商管理。

14.7.1 采购界面

采购与其他许多职能部门及外部供应商都存在界面。采购是联结组织及其供应商的重要纽带。在这样的位置上，它需要与各供应商和各职能部门交换信息。采购与其他区域的相互作用简要总结如下。

运营职能是外购物料的主要需求源。为达质量、数量与运送目标，这些单位与采购部门的密切合作至关重要。为提高工作效率，必须就取消外购、改变规格说明、改变数量或运送时间等信息及时与采购部门进行沟通。

在合同谈判、制定非常规采购的标价、帮助解释定价、产品可靠性与供应商合同等方面，采购部门需要法律部门的帮助。

会计部门负责向供应商付款，收到货物时必须及时通知它们，以便享受可能的价格折扣。许多公司的数据处理都由会计部门负责，由其保存库存记录、检查发票、监督卖方履约情况等。

设计与工艺部门制定物料技术规格，并且必须与采购部门进行沟通。由于采购部门能与供应商进行接触，因此其要扮演一个在供应商与设计人员就新产品和采购物料改进的信息进行交流的角色。另外，设计与采购人员还可以密切合作，共同确定技术规格、设计或材料的变更以降低采购品的成本。

收货部门负责检查运入的外购货物，以确定其是否达到预定的质量、数量与时间目标，并且负责把货物移送到临时库房。如果送货延迟，必须及时通知采购部门；如果收到货物，

则必须及时通知会计部门，以便其对货物进行支付。采购部门与会计部门都必须随时掌握关于供应商持续评价的最新信息。

供应商或卖方只有和采购部门保持密切关系，才能根据质量、数量与运送情况获得需购物料以及技术规格等信息。采购部门必须按照成本、可靠性等将供应商分级。良好的供应商关系能使公司在紧急订货、改变订货时获得额外收益，每当改进产品和物料时，供应商也能及时为公司提供信息。

采购界面如图 14-3 所示。

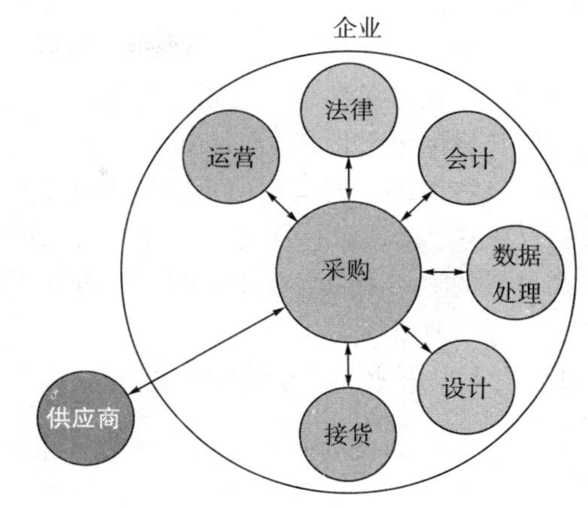

图 14-3　采购界面

14.7.2　采购循环

采购循环始于组织内部关于物料、设备、补给及其他物品向外部供应商的采购请求，止于采购部门被通知货物已收到并符合要求。该循环的主要步骤如下。

（1）采购部门收到正式请求。请求的内容包括：①所需细项或物料说明；②必需的质量与数量；③期望交货日期；④采购申请人。

（2）采购部门选择供应商。采购部门必须区分出能够供应所需商品的供应商。如果在当前文件清单上找不到合适的，就要立刻去找新供应商。选择供应商时可以参考供应商分级，当考虑到某供应商的未来业绩呈上升趋势时，还应更新分级信息。

（3）采购部门向供应商订货。如果订单涉及的金额很大，尤其在诸如一次性采购设备的情况下，往往要求供应商投标，此时需要运营与设计人员来帮助采购部门和供应商进行协商。数量大、经常使用的项目可以使用总购货订单方法，一般情况下，每年只需和供应商协商一次价格，其后一年内的价格都遵照它来执行。中等数量的项目可以用总购货订单方法，也可以采用个别订货方法。少量采购也可由需要某项目的运营单位直接与供应商联系，当然对这种采购一定要有控制措施，否则后果不堪设想。

（4）监督订单。例行追查订单，尤其是那些数量很大或交货时间长的订单，能使采购部门预见到送货延迟，并将这一信息传递到相关部门。同样，有关部门也必须把所需数量与交货变化及时传递给采购部门，这样采购部门才有时间调整自己的计划。

（5）接收订货。收货部门必须检查供应商交付的货物质量与数量，同时通知采购、会计与需要该货物的运营单位。如果货物不符合接收要求，就必须将其退回给供应商，或替换并接受进一步检验。

14.7.3　集中与分散采购

采购可以是集中式的也可以是分散式的。集中采购指的是所有采购任务都由一个专门部门负责，而分散采购则指各部门或各独立单位自行满足其采购需求。

如果把所有订单集中起来，利用大量订货取得的数量折扣，集中采购就可能得到比分散采购更低的价格。集中采购还能获得更好的服务，引起供应商更大的注意。另外，集中采购一般都能促使公司把专项任务分配给特定专家。由于他们全神贯注于较少事务，往往能使工作更高效。

分散采购的优点是了解不同“地区”的需求，更好的回应它们。分散采购一般都比集中采购快。在各单位极度分散的情况下，分散采购能够通过就地采购节约运输成本，为创造社区信誉增加吸引力。

有些组织同时运用以上两种方法进行采购管理，既允许独立单位自行采购某些物项，同时又集中采购另外一些物项。例如，少量订货与紧急订货可以由本部门就地处理，而大量、高价值的物品则采用集中采购，既可利用数量折扣又可获得更好的服务。

14.7.4 采购中的道德问题

道德行为在商业的所有方面都很重要，在采购中也一样，因为不道德行为的诱惑是巨大的。采购者通常有很大的权力，而销售商通常渴望出售。除非双方都按照道德的方式来行事，否则可能会滥用权力。另外，随着全球化的发展，挑战也越来越大，因为在一个国家认为是风俗的行为，在另一个国家可能被看作不道德的行为。

美国国家采购管理联盟已经制定了一套道德行为的方针（见表 14-2）。当你阅读列表时，应该能觉察到在采购中道德行为的范围。

表 14-2 采购中道德行为指南

原则
在决策和行动中要诚实
忠实于雇主
遵守职业道德
采购实践的标准
1. 认识违规行为。避免在商务关系、行动和交流中有不道德或不得当的意图和行为
2. 利益冲突。保证在与任何个人或企业的交往中，或在从事其他活动中不损害雇主的合法利益
3. 决策影响的问题。避免对供应管理决策可能有负面影响的行为或行动
4. 对雇主负责。维护信义和其他责任，使用合理的关照和所授予的权力为雇主创造价值
5. 供应商与顾客关系。促进积极的供应商顾客关系
6. 可持续性与社会责任。在供应管理中注重社会责任和可持续性实践
7. 机密与专利信息。保护机密与专利信息
8. 互惠原则。避免不合适的互惠协议
9. 遵守法律、法规和贸易协定。从字面上，更从实质上知悉并遵守法律、法规和贸易协定并应用于供应管理
10. 职业能力。发展技能，拓展知识，以较强的能力从事业务活动，提高采购管理职业性

14.8 电子商务

互联网商业的迅猛发展也带动了与互联网有关活动的爆炸性发展，许多活动都对组织的供应链有着直接的影响，即使这些组织本身并不使用互联网。**电子商务**是指利用电子技术来促进商业交易。电子商务包括不同商业组织之间的交易，也包括个人与商业组织之间的交易。电子商务的应用包括互联网交易、电子邮件、订单及运输追踪和电子数据交换。另外，公司还应用电子商务来促销产品或服务，或者提供有关信息。投递公司已经发现电子商务使得它们的服务需求大大提高。联合包裹（UPS）和联邦快递（FedEx）是其中的巨头。

表 14-3 列举了电子商务的一些优点。

表 14-3 电子商务的优点

公司和发行人有一个全球化视角，顾客有全球化的选择，容易获得信息
通过在任何地点和时间提供服务，公司提高了竞争力和服务质量。公司同样可以通过电子数据来管理顾客的选择和要求
公司可以以点击数和对信息的寻求来分析顾客对不同产品的兴趣
公司可以收集顾客偏好的详细信息，这些信息可以指导大量的定制化和个性化产品的生产。例子就是通过互联网来采购由买方指定最终配置的计算机。
供应链反应时间缩短。对产品的最大影响是可以通过互联网进行像印刷品和软件配送这样的直接传递
中间商（有时是传统的零售商或服务提供者）的角色在被称为“脱媒”流程中被削减或消除。这个流程可以减少成本，增加可采购的选择
与减少运输成本有关的真实成本和价格的降低可以实现。通过互联网来提供采购和技术支持的公司可以明显地节约人工成本
电子商务可以产生只通过互联网进行配送的公司，由此削减成本。Amazon.com 和其他网络销售商由于不需要保持零售商店，在很多情况下不用仓库，所以可以提供更低的价格
对显著缺乏向基础设施和营销投资的小公司来说，其营运的空间被提升了

资料来源：Reprinted by permission from David Simchi-Levi，Philip Kaminsky，and Edith Simchi-Levi，*Designing and Managing the Supply Chain: Concepts, Strategies, and Case Studies*（New York：Irwin/McGraw-Hill，2000），p. 235.

电子商务有两个基本特征：网站和订单执行。公司可能在前端设计（网站）上投入了大量的时间和努力，但是后端（订单执行）至少是同等重要，其包括订单处理、计费、库存管理、仓储、包装、运输和送递。

很多在互联网出售中出现的问题都同供应有关。快速订单的能力在顾客中产生一种期望，那就是流程的剩余部分会迅速平稳地完成。但是快速订单的能力也使需求的波动给系统带来不少的混乱，这几乎也使得不会有迅速平稳的传递出现。时常会出现订单通过互联网到达的速度远远超过了企业能够执行它们的能力。不久以前，玩具反斗城在繁忙的圣诞节销售中就遇到这种情况，最后只能以向每位失望的顾客提供 100 美元优惠券的补偿方式来解决整件事。

在互联网销售的最初时期，很多组织认为它们可以通过仅仅扮演媒介，使供应商直接将货物传递给顾客来避开保持库存所带来的成本。尽管这种办法在一些公司中有效，但是在另一些公司中却是失败的，通常是因为供应商用完了特定的项目。这使得一些组织重新考虑这个战略。像 Amazon.com、barnesandnoble.com、在线商店 Webvan Group 这样的产业巨头建立了遍布全美国的巨大仓库，这使得它们对自己的库存有很大的控制。而另外一些组织将执行业务外包，将业务的一部分交给第三方来执行，例如过去的目录执行公司 Fingerhut，现在是联合百货公司的一个单位。

使用第三方执行意味着对执行业务失去控制，这可能导致执行者用自身的标准来代替其所服务公司的标准，还使用执行者的价格结构。另外，一家电子商务公司自身可能并不拥有完成这项工作所需的资源或基础设施。另一种替代方法可能是同一家“砖和灰泥”的公司形成战略伙伴，这可以迅速开始电子商务。无论如何，在供应链中必须有一个有砖有水泥的机构。

电子商务中不断增加的部分包括 B2B 商务，而不只是 B2C 商务。为了推动 B2B 商务的发展，B2B 市场诞生了。表 14-4 表述了 B2B 市场使能者。

表 14-4 B2B 市场使能者

类型	描述
财务	为网站增加的商务提供财务和其他资源
技术	提供创造 B2B 市场所必需的软件、装置和专业

B2B 交换可以提高交易双方从某个进入点进入的供应链可视性，促进形成进度计划、产品代码、定位代码和性能标准的通用标准和数据格式。另外，集中于运输服务的电子商务可以从运输人和承运人之间良好的协调合作获益，有助于将顾客的运输预测转化为更可预测的装备需求，以及使得承运商可以更有效地使用装备。

14.9 供应商管理

可靠和可信任的供应商是高效供应链的关键环节。产品和服务的及时交货，以及高质量是供应商为高效运营所做贡献的两个方面。采购经理的作用就好像“外部运营经理”，通过同供应商的合作来协调供应商运营和买方的需求。

在本节中，要描述供应商管理的不同方面，包括供应商审核、供应商认证和供应商伙伴关系。本节开始介绍整个组织重要分支的一个方面：选择供应商。

14.9.1 供应商选择

在很多方面，选择供应商要考虑的因素与重要采购（如一辆车或音响）时要考虑的因素是相同的。公司要考虑价格、质量、供应商的声誉、过去同供应商的交往以及售后服务。由于订货和生产要求的数量，公司采购的不同在于经常向供应商提供原料或零部件的详细说明，而不是现货采购，尽管大多数企业用这种方式来采购标准产品。表 14-5 列出了公司在选择供应商时考虑的主要要素。

表 14-5 选择供应商

要素	典型问题
质量与数量保证	供应商用什么程序进行质量控制和质量保证
	质量问题及纠正措施有文件证明吗
	为判断和改正货物不符的原因做过调查工作吗
柔性	供应商面临数量、交付时间与产品 / 服务改变时，灵活性有多大
区位	供应商就在附近吗
价格	供应商对既定商品组合的报价合理吗
	供应商愿意协商价格吗
	供应商愿意联合起来共同降低成本（与价格）吗
产品或服务改变	当产品或服务改变时，供应商给出了多少预先通知
	关于变化，买方需要投入到什么程度
信誉与财务状况稳定性	供应商信誉如何
	供应商财务状况如何
生产提前期与按时运送	供应商能提供的生产提前期是多少
	供应商有哪些确保按时运送的程序
	供应商有哪些证明和纠正运送问题的程序
其他	供应商是否严重依赖其他买主，使我们承担优先满足其他买方需要的风险

因为不同的条件下不同要素的重要性也不同，在运营职能的帮助下，采购必须决定每个要素的重要性（即给每个要素不同的权重），然后根据不同供应商对列表中的各项能做到什么程度来衡量潜在供应商。这个过程就叫作**供应商分析**，它是分期执行的，或者在不同要素的权重发生重大变化时执行。

14.9.2　供应商审核

定期审核供应商是一种持续监督供应商的生产（或服务）能力、质量、交付问题及解决、执行其他买方标准等方面的方法。如果审核结果有问题，买方就可以在引发严重问题之前把它们提出来。供应商审核过程中经常发现的典型问题有管理方式、质量保证、物料管理、设计程序、过程改进政策、纠正措施与后续措施等。

在供应商认证过程中，供应商审核也是关键的第一步。

14.9.3　供应商认证

供应商认证是一个细致考察供应商政策及能力的过程。认证过程证实供应商达到或超过了买方的要求。这在供应商关系中往往很重要，但只有在买方寻求建立长期供应商关系时才显得尤为关键。经过认证的供应商有时被认为是世界级供应商。使用那些已经认证的供应商可使买方消除检查、测试商品交付工作的大半或全部。尽管这些供应商的商品或服务问题也许并未全部消除，但比起那些未经认证的供应商风险要小得多。

不必自行开发认证程序，有些公司使用世界上最通行的标准行业认证，如 ISO 9000。

14.9.4　供应商关系管理

采购对建立和保持良好的供应商关系负最终责任。关系的类型通常和买卖双方的合同长短有关。短期合同涉及竞标。公司在合同中注明规格潜在的供应商针对合同投标。买卖双方保持一定的距离，双方关系处于低层次。业务可以通过计算机化信息交流来执行。中期的合同通常包括发展中的关系。长期合同通常包括伙伴关系，买卖双方在不同方面进行合作，目的是双方获益。越来越多的公司在处于战略考虑的特定环境中同供应商建立了长期的伙伴关系。

有些企业使用供应商论坛来教育潜在的供应商，使它们了解公司的政策和需求并提高其获取合同的机会。还有些企业使用供应商论坛分享信息，加强合作，以及鼓励联合思考。也有些公司使用供应商行为守则来要求供应商保持安全的工作条件，对待工人要尊敬并给予他们尊严，生产过程不能伤害个人、顾客和环境。

企业正在逐渐认识到建立好的供应商关系的重要性。过去，许多公司把自己的供应商看成对手，并在此基础上与其共事。而在日本人的经验里，良好的供应商关系能带来许多利益，即得到能够接受交付时间、质量、数量改变的灵活多变的供应商。另外，供应商还总能帮助发现问题，提出解决建议。因此，单纯依据价格选择和变换供应商是一种很短视的方法，不能满足不断变化的需求。

保持良好的供应商关系已经作为维持竞争优势的重要因素日渐为人所知。许多公司正在采纳视供应商为伙伴的观点。这种观点强调的是和少数可靠供应商保持稳定关系，这些供应商能够进行高质量供应，严格按照交付时间运作，能够对生产规格和交付时间的改变进行柔性调整。两种相反的供应商观点对比如表 14-6 所示。

表 14-6　供应商作为伙伴与对手的对比

方面	伙伴	对手
供应商数量	一个或几个	许多，使它们互相竞争

（续）

方面	伙伴	对手
关系长短	长期	也许短暂
低价格	比较重要	主要考虑因素
可靠性	高	可能不高
开放度	高	低
质量	源头质量，供应商认证	买方观点，可能不可靠
业务量	大	也许小，因为供应商多
柔性	比较高	比较低
位置	短提前期和快速服务考虑，就近落位	非常分散

14.9.5 供应商伙伴关系

越来越多的企业寻求同供应链中的成员建立伙伴关系，这暗含着少量的供应商、更长期的关系、共享信息（预测、销售数据和问题报警），以及在制订计划中的合作。可能的益处有更高的质量、提高运输的速度和可行性、更低的库存和成本、更高的利润，以及通常会有的运营改进。

供应商伙伴关系也存在许多障碍，不仅仅是由于利益大量涌向买方，供应商在加入这种关系时可能会犹豫不决。有时，供应商可能要增加在设备上的投资，这会使它们的现金流流出。另外还有一种可能，买卖双方文化差异太大，无法形成伙伴关系。

14.9.6 战略伙伴

当两个或多个商业组织的产品或服务具有互补性，并通过联合来实现战略性利益，就形成了**战略伙伴**。这种情况的一种形式是供应商同意为顾客持有库存，因此而降低顾客的库存持有成本。作为交换，顾客对供应商有一个长期的采购承诺，由此降低了供应商为了不断寻找新的顾客、谈判价格和服务等所付出的成本。

协同、计划、预测和补货（CPFR）是一个契约性的协议，用于获得供应链的整合，以协同供应链伙伴之间的库存管理。它涉及信息共享、预测和联合决策。如果实施成功，它有助于为合作伙伴节省库存、物流和销售成本。

14.10 库存管理

库存是供应链的主要成分。尽管库存管理在很多章中进行了详细的讨论，但库存管理的有些问题对供应链管理特别重要，包括库存在供应链中的区位、库存通过供应链的速度，以及处理库存需求变异性的影响。

库存的区位是供应链中有效物料流以及有效完成订单的重要因素，往往要进行必要的权衡。一种方法是采用集中库存，它与分散库存相比可以降低综合存货量。因为对于分散库存来说，一个地点可能存货过少，而另一地点可能存货过多。相反，分散区位的库存可以提供快速的供货以及通常情况下较低的转运成本。

物料流经供应链的速度称为**库存流动率**。流动率越高，库存的持有成本就越低，而且订单执行以及货物转化为现金的速度越快。

没有有效地供应链管理需求的变动很容易引起难以控制的库存波动。供应链终端顾客需求的变异性会沿供应链反向趋于增大。更进一步，定期订货和对缺货的反应会加大变异性，从而引起库存越来越大的波动。这种现象称为**牛鞭效应**，因为需求波动的形态就像用手挥动牛鞭时，牛鞭的运动形态。因此，整个供应链中缺货和过剩的发生会导致增加库存成本和降低顾客服务水平（见图 14-4）。

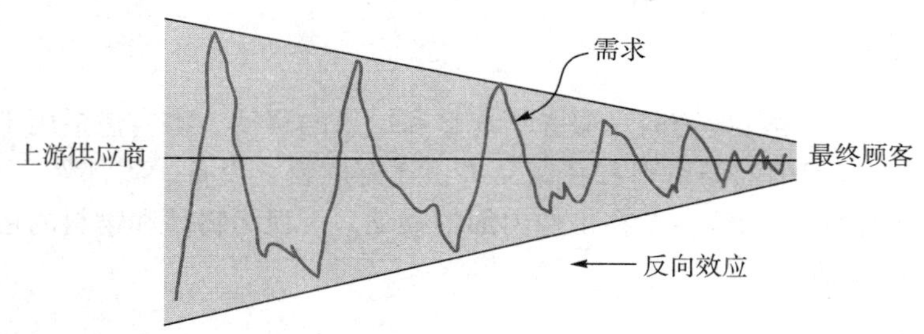

图 14-4　供应链库存的牛鞭效应：在供应链终端顾客需求的变异沿供应链反向被放大

引起库存变异性的原因是多方面的，不仅是需求的变动，而且包括质量问题、劳动力问题、不正常的天气情况以及货运的延迟。更进一步，还可能有信息的延迟、不充分的沟通以及供应链中企业间的活动缺乏协调等。

还有其他一些因素促成牛鞭效应，包括不准确的预测、对缺货的过度反应（通常在经历缺货之后，顾客会加大订货量而超出实际的需求）、考虑订货和运输成本的订货批量（如满载率、经济订货批量）、销售激励和促销可能会产生不正常的需求行为，以及随意的退货政策。

有效的供应链管理可以通过战略缓冲库存和依据需求的库存补充策略来克服牛鞭效应。作为战略缓冲库存的一个例子，将分散在零售店中的零售库存集中放置在配送中心，特定零售店的库存可以依据销售点的需求信息和库存信息按需进行补充。

这有时要通过使用**供应商管理库存**（VMI）来实现。供应商跟踪发往分销商和零售店的货物，并监控对零售点的供货，使得供应商在供货水平较低时及时补充库存。这种实践在零售业应用较为普遍，在供应链的其他阶段也有所应用。VMI 通过将拥有、管理和补充库存的职责转移给供应商而使公司降低了运营成本。不仅资产减少了，而且用于运营企业的运营资本也减少了。

14.11　订单执行

订单执行指涉及对顾客订单的反应的过程。完成时间对顾客来说是很重要的准则，通常是顾客定制化程度的函数。下边是一些常用的方法。

- 按订单设计（engineer-to-order, ETO）。使用这种方法时，产品的设计和建造是根据顾客的技术规格完成的。这种方法常用于规模较大的建筑项目、定制的家庭建筑、家园重建以及在车间中制造的产品。因为项目的特点，订单执行时间可能比较长。
- 按订单生产（make-to-order, MTO）。使用这种方法时，产品设计是标准的，但最终产品的生产与最终用户的技术规格相关。这种方法多用于像波音公司这样的飞机制造。订单执行时间的长度要短于 ETO 的完成时间，但还是比较长。
- 按订单组装（assemble-to-order）。使用这种方法时，根据顾客的技术规格，使用标准件和模块化部件的库存进行最终产品的组装。像戴尔这样的计算机制造商就是采用这种方式运营。订单执行时间相对较短，通常是一周或更短的时间。

- 备货生产（make-to-stock）。使用这种方法时，生产是基于对需求的预测，产品从产成品库存中销售给顾客。这种方法用于百货公司和超市。订单执行时间是即时的。

14.12 物流

物流指的是供应链内部的物料、服务、现金和信息的移动。物料包括用于生产过程的所有有形物体。除在流程中的原材料和在制品外，还有燃料、设备、零部件、工具、润滑剂、办公室用品等辅助材料。物流包括在机构内部的移动，可视为物品和物料的运进运出，以及信息在供应链中的流动。

14.12.1 设施内的移动

货物在制造设施内的移动是生产控制的一部分。物料在制造设施内部的移动步骤如图 14-5 所示。

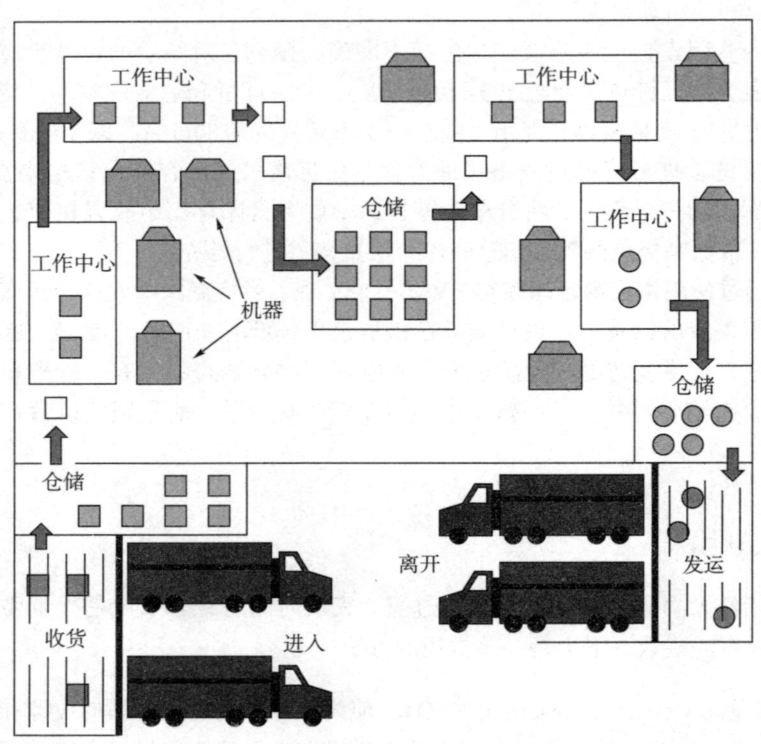

图 14-5　物料在制造设施内部的移动

（1）从进来车辆到收货；

（2）从收货到储存；

（3）从储存到使用地点（如工作中心）；

（4）从一个工作中心到另一个工作中心，或暂时储存；

（5）从最后一个作业到最后一次储存；

（6）从储存到包装 / 运输；

（7）从运输到车辆外出。

在一些情况下，移动着的商品有时是补给品；在另外的情况下是实际产品或半成品；还有的情况下是原材料或外购零部件。

必须认真协调物料的移动过程，使物料在恰当的时间抵达恰当的目的地。工人和主管都必须小心在意，防止物料在移动过程中丢失、失窃或损坏。

14.12.2　运进运出

物品的运进运出可以视为**货运量管理**。这一职能需要制定进度安排，决策运输方法与时间，考虑各种方法的成本、政府规章、企业的数量与时间需求、外部因素如潜在的运输延迟或中断（例如，高速公路施工、卡车司机罢工等）等。

利用计算机追踪运输往往有助于了解运输现状，掌握成本与进度安排的最新信息。

14.12.3　跟踪货物：RFID

先进的技术为企业对供应链中货物的跟踪提供了革命性的方法。**无线射频技术**（RFID）是使用无线电波来识别诸如供应链中的货物这样的物体。集成电路的标签和天线可以将信息和其他数据通过无线电波发射到与网络连接的 RFID 的读取器中。RFID 标签可以贴在托盘、容器或单个的物体上。它们提供唯一的标识，这使得企业在标签读取器的接收范围内可以识别、跟踪、监控和定位供应链中的任何实际物品。这些标器类似于条形码，条形码必须逐个地扫描，而且通常是手工操作。而多个 RFID 标签可以同时且自动地读取。更进一步，RFID 标签相对于条形码来说可以提供更详细的信息，RFID 标签包含每一物体的详细信息，而条形码只包含物品的分类信息，如库存单位数（SKU）。这使得管理者可以知道每一物品在供应链中的位置。RFID 具有这样一种潜力；可为企业根本性改变库存跟踪和信息共享的方法，显著改进供应链管理打下基础。这种技术提高了供应链的可视性，改进了库存管理、质量控制和供应商与客户之间的关系。

RFID 取消了在接货地点、仓库中和零售货架上对货物的人工点数和条形码扫描，这消除了差错并加快了过程的速度。通过将读取器安放在出口处或停车场，这种标签可以减少雇员和顾客的偷盗行为。其他好处还包括提高货物在仓库中提取时的准确性，这有利于货物的运输或组装线生产的使用，也有利于医院中患者取药的准确性，避免医疗差错。

RFID 可使小型敏捷企业与大型臃肿的企业进行竞争，因为大企业在接受这些新技术时相对缓慢。不过，大企业更有能力支付相关的成本，包括标签本身的成本以及每一个标签的粘贴成本、读取器的成本以及传输和分析收集到的数据的计算机硬件和软件的成本。

供应链管理的潜在好处是巨大的，而且 RFID 技术为广泛地为零售业和制造业所采纳。为了获得 RFID 的好处，企业必须首先评估自身已有的信息系统，然后识别 RFID 在何处可以产生最大的影响，估计实施这种新系统所需的时间和资源，评估采用 RFID 前期与将来的风险与回报，之后决定应采取的最佳行动。如果售出的产品的标签没有消除功能，而这些产品上有关顾客的信息没有被消除，就可能在零售环节引发隐私问题。

14.12.4 运输方案的评价

货运方式的评价是供应链管理的重要组成部分。考虑因素不仅涉及货运成本，还包括货运与供应链其他活动的协调、柔性、速度和环境问题。货运选择包括铁路、卡车、飞机和轮船。有关因素涉及成本、时间、可获得性、要运的物料和环保的考虑。有时可能只考虑其中一个因素，例如，沉重的物料如原煤和钢铁不可能采用航空货运。有时高成本也会排除某些选择。另外，时间 – 成本的权衡也很重要。采取低成本战略的公司通常选择相对较慢、成本较低的方式。相反，采取快速反应战略的公司会寻求速度快和成本高的货运选择。

有些企业经常面临一个选择，就是到底选货运速度更快（但也更贵）、能隔夜或 2 天航空送抵的方法，还是选其他更慢却更便宜的方法呢？在有些场合，以最快的速度运送是高于一切的考虑因素，那就显然没有其他选择了。然而很多情况下，紧急并不是最重要的，这就牵涉到了选择。此时的决策重点往往集中在对较慢方法所节约的成本与导致的持有成本增加的比较上。在此有一个重要的假设条件，即买方收货后付款（例如通过 EDI）。

因为使用较慢的运输方法而增加的持有成本可由下式得出

$$\text{增加的持有成本} = H\left(\frac{d}{365}\right) \tag{14-1}$$

式中，H 是项目的年持有成本；d 是所节约天数；$d/365$ 是所节约年数。

例 14-1 求使用 1 天还是 3 天的运输方法，条件是该项目的年持有成本为 1 000 美元，1 天的运输成本为 40 美元，3 天的运输成本为 35 美元和 30 美元。

解：

H=1 000 美元 / 年

节约时间 =2 天，如使用 1 天运输方法

另外 2 天的持有成本 =1 000×（2/365）=5.48（美元）

（1）成本节约为 5 美元。因为 5 美元的实际节约少于 5.48 美元的持有成本，所以应选择 1 天运输方法。

（2）成本节约为 10 美元。因为 10 美元的实际节约超过了 5.48 美元的持有成本，所以应选 3 天运输方法。

14.12.5 第三方物流

第三方物流（3-PL）是对物流管理职能的外包，可能是部分也可能是全部物流职能的外包。供应链管理职业委员会官网对第三方物流的法定定义为“一个仅仅负责为顾客在日常业务过程中接收、储存或运送产品，但并不获得产品所有权的实体。”

这可能涉及部分或全部物流职能。例如，有些公司只是将货物的发运交由第三方物流公司来负责，其他公司可能将仓储和配送进行外包，甚至有公司将自己大部分供应链的管理交给第三方公司。公司将仓储和配送这样的业务交给专业公司，这种做法的潜在好处是，利用专业公司的专业知识、发展良好的信息系统，以及获取更加合适的运载率的能力，而对公司而言可以更集中于核心业务。

14.13　创建有效的供应链

创建有效的供应链需要对供应链的各个方面进行分析。战略采购是表示一个过程的名词。**战略采购**是一个分析采购产品和服务的过程，在减少浪费和不增值活动的基础上，降低采购成本，增加利润，减小风险，并提高供应商的绩效。战略采购不同于传统的采购，它更加强调全面成本，而不仅仅是采购价格。全面成本包括缺货成本、维修成本、报废成本和附加于采购价格里的可持续成本。企业寻求加强采购的权利，以获取低成本，依赖少数供应商和合作的关系，共同努力消除多余事物，以及组建跨职能团队帮助企业克服传统的障碍。

战略采购首先审视企业现有的采购，采购什么、从何处向什么供应商采购、有没有其他可供选择的供应商。然后，战略采购设计使成本和风险最小化的组合。其目的是在供应链伙伴之间建立合作关系，这将有助于计划和活动的协调。基本要求是交易伙伴之间要互相信任，有信心与伙伴分享目标和行动，实现互惠互利。这一过程定期进行。还有必要建立一个跟踪结果和进行必要更新的系统。

供应链运作参考模型（SCOR）（www.supply-chain/SCOR）提供了一个指导，用于创建供应链所要考虑的一些步骤如下。

（1）规划。制定一个管理各种资源的战略，以满足顾客对一种产品或服务的期望需求，包括各种用于监控供应链的指标。

（2）寻找供应源。选择提供产品或服务的供应商，并且开发一个交货、收获和验证货运或服务的系统。结合监控和与改进关系有关的指标确定付款方式。

（3）制造。设计生产产品或提供服务、测试和物品包装所需的流程。监控质量、服务水平或产量和工人的生产率。

（4）交货。建立协调供应商的到货接收系统；开发一个储存网络；选择承运人负责向顾客货物的运输；建立回收款项的发票系统；设计供应链伙伴间的双向信息交流系统。

（5）管理退货。建立一个反应灵活的网络接收从顾客返回的残次品或过多的产品。

有效的供应链需要对供应链的各个方面进行整合。三个重要方面是有效的沟通、信息在供应链中传递的速度以及绩效测量指标。

- 有效沟通。有效的供应链沟通要求在合作者之间一体化技术和沟通标准方式和方法。
- 信息流动率。信息流动率很重要，信息流（双向）越快越好。
- 绩效指标体系。要想确认供应链是否像所期望那样运作或有什么问题必须强调，就必须使用绩效测量指标。可以使用多个不同的测量指标，包括延迟交货、存货周转率、反应时间、质量问题等。在零售业，满足率（所持有库存满足需求的比例）通常非常重要。

表 14-7 列举了其他一些绩效测量指标。

表 14-7　供应链绩效测量指标

财务	运营	订单执行
资产回报率	生产率	订单准确率
成本	质量	填写订单时间
现金流		未完全发运订单比例
利润		准时交货订单比例

（续）

供应商	库存	顾客
质量 准时交货 合作 柔性	平均价值额 周转数 供给周数	顾客满意度 顾客抱怨比例

14.13.1 管理退货

在不同的条件下出于各种原因，产品被退回公司或第三方承运方。这可能包括：

- 残次品；
- 召回的产品；
- 废弃的产品；
- 从零售商退回的没有售出的产品；
- 现场替换下的部件；
- 回收的物品；
- 废品。

在美国，每年退货额接近 1 000 亿美元，这足以说明退货管理的重要性。在过去，除了没有售出的产品外大多数退回的物品会被遗弃。近年来，企业意识到退回的物品中还有潜在的价值可回收利用。例如，残次的部件经修复或更换后产品可以重新出售。废弃的产品中有些部件仍可使用，或者对其他市场仍有价值。更换下的部件也不一定都是完全不合格的，据估计，这类部件中有 1/3 经过修理后还有再利用的价值。而回收物品可以卖给废品回收商用于能源生产；其他废品或无用的产品和部件可能需要按照严格的指导进行处理。例如，特别是在欧洲，政府不断颁布法律迫使制造商在其产品使用寿命结束后负责产品的回收和处理。

为了对返回的物品进行合适的处理，必须经过分类、检验或实验，将其送到合适的目的地进行维修、再利用、回收或报废处理。这通常也需要运输。**逆向物流**是返回物品的物质运输过程。这一过程包括从返回地返回物品的接收或将返回物品运至它们将被分类和检验的设施，然后将其运送到最终目的地。

管理退货的两个关键要素是把关控制和避错措施。**把关控制**是指监管对退货的接收过程，目的是通过在退货的接收点对返还物品进行筛选以避免接收不应该返还的物品或货物退还至错误的地点，从而降低退货成本。有效的把关控制可以使企业在不影响顾客服务的情况下对退货率进行有效控制。**避错措施**是指找到使退回物品数量最小化的方法，这涉及产品设计和质量保证，也可能涉及在促销计划中对预测的监控，以避免过高估计需求，从而减少不能售出商品的退货。

退回产品的条件以及退回时间可能是变化的，这使得逆向物流的计划非常困难。另一方面，退回可能提供有价值的信息，如为什么和如何出现了故障，这些信息可用于改进产品的质量或产品设计，使将来因为这些原因造成的产品退回的机会最小化；也可以帮助识别一些顾客不满的来源，为产品设计提供信息。

由于产品生命周期变短；不断增长的互联网商业销售使得不满的顾客的退货增加；新型

家用电器的推出，使得状况良好的旧家电被更换；制造商面临的降低成本以及不断增长的消费者和政府的环保关注的压力，这些都使得管理退货对供应链管理来说越来越重要。**闭环供应链**表示制造商控制向前和逆向双向物流的业务模式。

14.13.2　挑战

供应链环境往往是动态的，而且供应链是复杂的，这些使得供应链的管理面临很多挑战。

1. 整合相互分开组织的障碍

组织和其职能部门通常都有一个内部焦点，在自身和供应商之间建立缓冲器。要想改变这种态度是困难的。供应链管理的目标是使整个供应链都有效率。

达到这个目标的困难之一是供应链中的不同部分常常和该目标有冲突。例如，为了减少库存持有成本，一些公司会要求供应商频繁地进行小批量运输，这会造成供应商的持有成本增加，这样成本仅仅是转移给了供应商。同样，在一个组织中，职能部门常常会使决策集中在局部，这样的“最优化”是在它们的控制下完成的。但是，这样做的话，可能会使整个供应链的最优化程度下降。为确保有效，组织必须以系统思维审视其供应链的内部和外部组成部分，谨慎地做出同供应链最优化目标保持一致的决策。

另外一个困难是要想成功地管理供应链，供应链中的组织必须让其他组织获得它们的数据。在很多情况下，组织对这种做法有一种天生的抵触。一个原因是缺乏信任；另一个是在一般情况下都不愿意共享私有信息；还有就是作为多个供应链中的成员，组织害怕会将私有信息暴露给竞争者。

2. 让 CEO、董事会成员、管理人员和雇员转变观念

CEO 和董事会成员需要相信供应链管理带来的潜在利益。另外，由于大多数的供应链管理包括改变长期执行的商业运作模式，这要求管理者和员工必须转变观念，按照同供应链有效管理一致的方式进行运作。这些改变都可能带来挑战。

3. 使供应链更高效

（1）大批量与小批量。比较大批量的好处及成本（数量折扣和较低的调整准备成本，但较大的持有成本）与小批量的好处及风险（敏捷性，不需要等待大量生产的更短提前期的可能性，以及较低的持有成本，但是增加了缺货风险）。注意，大批量还有可能造成牛鞭效应。

（2）应用越库管理节省成本和时间。越库管理是指货物刚从供应商运货的卡车上卸下进入仓库，就马上装载到一个或更多向外运送的卡车上，因此完全避免了在仓库中的储藏。沃尔玛就是成功运用该技术的公司之一，它们利用该技术减少了库存成本和提前期。

（3）通过延缓差异减小变异性带来的好处改变了对生产多样性的认知。延缓差异就是生产标准化部件和配件，然后一直到流程的最后阶段才增加差异性特征。例如，一个汽车制造商可以生产和运输没有安装收音机的汽车，由顾客从供挑选的收音机中挑选一个，然后由经销商来安装，这样可以消除供应链中大部分的多样性。类似地，一个面包店可以制作“标准的”蛋糕，通过加一些点缀（如宝贝生日快乐）来为不同顾客定制蛋糕。

（4）直接交付顾客从而减少等待时间。减少顾客订单等待时间的一个途径就是绕过零售窗口，直接从仓库运输到顾客那里。通过减少一个或多个中间商来减少供应链中的一个或多个步骤称为**脱媒**。尽管运输成本会高一点，但是减少了等待时间，降低了储存成本。如果允许自提取货物还可以降低运输成本。

4. 小企业

小企业可能会反对供应链管理，因为供应链管理要求特别的、复杂的软件，还要和外部公司共享敏感的信息。但是，它们为了生存只能进行供应链管理。

5. 变化性和不确定性

变化性产生不确定性，因而造成了供应链中的无效率。变化性出现在来自供应商的向内运输、内部运作、将产品或服务传递给顾客、顾客需求。产品和服务变化性的增加会增加不确定性，这是因为组织将不得不处理运作过程中更大范围和更频繁的变化。因此，当决定增加变化性时，组织必须考虑这个平衡。

尽管在大多数供应链中存在变化，但是决策制定者通常将不确定性看成是确定性的，并且以此为基础做出决策。实际上，系统通常都是在确定性的基础上设计的，因此它们可能不能应对不确定性。不幸的是，不确定性会有害于进度安排，造成很多不好的后果，包括出现库存、瓶颈延误、错过运输日期，以及给供应链所有环节的雇员和顾客造成挫折感。

6. 反应时间

在供应链管理中，反应时间是一个重要方面。提前期过长会削弱供应链对变化情况快速反应的能力，包括需求数量或时间的变化，产品或服务设计的变化，以及质量或物流问题。因此，减少生产提前期和协同提前期，以及制订在问题出现时可以解决问题的计划都是很重要的。

14.14 运营战略

有效的供应链对企业的成功至关重要。供应链的开发必须与战略重点一致。实现有效的供应链需要整合供应链的各个方面。供应商关系是供应链管理的重要内容。合作与联合计划以及协调对供应链的成功很重要。出于这种考虑，建立在供应链上的系统思维是必要的。

很多企业引入了精益运营和六西格玛方法论来改进供应链绩效。然而，精益供应链可能增加供应链的风险，并且可能需要增加库存来抵御这些风险。

本章小结

供应链是由从最初供应商到最终顾客运输产品或服务的所有组织、机构、原材料和活动组成的。本章介绍了供应链管理涉及的战略、战术和运作相关的职责，涵盖了供应链的主要问题、发展趋势、采购、道德行为、电子商务、供应商管理、库存管理、退货管理和风险管理。

供应链管理的基本构成是战略制定、采购、供应管理、需求管理和物流管理。供应链管理的主要考虑问题是确定合适的外包水平，管理采购，管理供应商，管理客户关系，有能力快速识别问题并做出反应，以及管理风险。

供应链管理的目的是尽可能有效地使供应与需求相匹配。供应链是由多个组织组成的，因此供应链伙伴的合作与协调非常重要。通过建立相互信任，共享信息，以及合作预测和计划使供应链获益。

供应链管理的趋势涉及管理风险、重新评估外包、管理库存，以及将精益理念应用于改进供应链的绩效。

知识要点

1. 供应链对任何企业而言都是至关重要的，需要有效地管理以取得供给与需求的平衡。
2. 供应链管理的发展趋势包括测评投资回报率（ROI）、绿色供应链、外包再评价、整合IT、风险管理和采纳精益的理念。
3. 企业应鼓励其供应商遵守道德规范。
4. 有效供应链涉及信任、沟通、快速和双向的信息流、可见性以及事件反应能力。

习 题

1. Strateline Manufacturing的经理必须在两种运输方案中做出选择——2天运输与5天运输。利用5天运输的成本比用2天运输的成本少135美元。主要考虑因素是持有成本，单位年持有成本是10美元。共有2 000个项目需要运送。你建议选哪一个？请解释。
2. 共需运送80箱零部件，每箱价格为200美元，持有成本为售价的30%。请问哪一种方案比较经济？运输信息如下：通宵运输，300美元；2天运输，260美元；6天运输，180美元。
3. 某经理必须选择一个运输方案。有两个方案A和B，它们都能在2天内运送，A为500美元，B为525美元。此外，A还提供3天价格为460美元和9天价格为400美元的运输，B还提供4天价格为450美元和7天价格为410美元的运输。年持有成本是价格的35%。共需运送300箱，每箱价值140美元。你建议选择哪一种方案？并说明原因。

阅读材料 IBM的电子采购

1999年，IBM启动了一项看起来不可能的任务。它开始同16 000个供应商通过互联网执行商务——发出采购订单、收到发票并向供应商支付货款。所有这些都用互联网作为交易流程的网络。

同16 000个供应商在互联网上执行商务，和供应商通过电子数据交换来与IBM连接相比要容易一些。和IBM没有什么大合同的供应商被电子数据交换所阻碍，因为专门软件和做电子数据交换所必需的VAN（附加价值网络）的费用太高。但使用互联网没有这些问题：供应商不需要专门软件或昂贵的VAN来同IBM执行商务。

互联网的简单性减少了IBM和其供应商的成本。IBM估计在1999年通过将采购移到网上节约了50亿美元，而且这只是冰山一角。大部分节约来自减少媒介。IBM使用网络来管理不同层次的供应商，并把网络作为一个工具和供应商合作提高质量、减少成本。

但是减少成本不是IBM转向电子采购的唯一原因。以网络为基础的采购是其供应商管理战略的一个关键部分：IBM看到了在使用互联网同供应商合作中蕴藏的巨大价值，而且进入供应商的专门技术比以前更快。“互联网使得IBM可以在进度安排上同供应商进行合作。如果公司希望增加某一特定产品的生产，它可以检查部件的供应商，来决定供应商是否可以支持这种增加。如果有进度上的削减，它可以几乎同时通知供应商，从而避免过多的库存。”

另外，尽管供应链被看成是有顺序的，但是IBM并不希望用这种方式来管理供应链。相反，它希望用互联网来同时管理不同层次的供应商。一个例子就是它如何处理合同制造商。公司将预测和采购订单送给合同制造商，订单是制造商供应的电路板。公司同样将订单送给所有的部件供应商，让它们直接把部件运输到合同制造商那里。在1999年，公司预计节约超过了15亿美元。“节约是合同制造商为部件报价和IBM同部件供应商谈判报价的差价。”

因为互联网在IBM的供应商管理战略中变得至关重要，IBM正在努力使得通过互联网进行商务对供应商来说更加容易。公司已经开发出一个网络基础的接口为供应商提供单个进入IBM的接口。在同最大公司的业务中，IBM同供应商有不同的界面，包括制造、质量以及采购，而典型的供应商只能通过公司中独立的全球资源定位器来联系。IBM的接口为供应商提供了单独的接口，使得同IBM进行商务和提高供应链速度对供应商来说更加容易。在电子产业中速度是非常重要的，因为产品的生命周期很短。如果产品不能及时进入市场，那么就会失去大多数利润机会。

此外，IBM看到的另一个好处是可以同一些供应商建立战略联盟。在过去，许多IBM使用的供应商的生产流程同IBM有16 000英里的距离，这使得与其建立战略联盟很困难。IBM相信使用互联网可以加强并发展这些关系。

“互联网在IBM的日常采购中也发挥了重要作用……IBM同核心产品的供应商进行电子数据交换，但是不同其他形式的日常采购进行电子数据交换。采购员仍然用传真和电话来做订单，这样虽然及时但是成本高。”

另外的成本节约来自小批量，一种特定采购方式，因为互联网使其变得迅速和容易。

以网络为基础的采购可以消除错误，这些错误出现在采购过程中，因为在文本上抄写或输入价格和其他数字时可能出现错误。

讨论题

1. IBM是如何使用互联网采购来降低成本的？
2. IBM使用互联网对小型供应商有什么好处？
3. 除了成本的减少，IBM同供应商的合作还实现了什么主要价值？
4. 在采购中，如何使用互联网来减少错误？说明如何使用互联网来获利。
5. 网络为基础的接口是如何帮助IBM的供应商的？

应用案例　TECHWIN：供应链协调

TECHWIN是为金风风机业务单元生产电控产品的金风集团下属子公司。伴随着风电行业的高速发展，该公司2009～2011年实现了飞跃式的发展。但进入2012年，公司迎来了前所未有的困难。

在风电行业全行业低迷的背景下，公司所面临的困难是多方面的。从供应链角度来看，最大的问题就是大量积压的元器件库存。截止到2012年上半年，公司的账面库存额已达3亿元。而即便是在高速发展期，公司的年净利润也才几千万元。大量的库存严重影响了公司的现金流，提高了公司的财务成本。而与此同时，由于库存物料不能满足新产品生产的要求，新物料不能按时交货，又影响了新产品投入市场的时间，物料问题依然是制约产能的最大瓶颈。

TECHWIN供应链管理存在的主要问题如下。

1. 传统的需求预测准确性差

公司的生产计划是根据需求预测确定的，而电控产品的需求预测是集团风机业务单元根据行业对风机整机的需求预测确定的。由集团的营销部门发起，到集团的采购部门，再传递到公司的销售部门，形成了公司的主生产计划。

2009 ～ 2011 年，在风机整机供不应求的时期，每个环节所做的需求预测都倾向于更加乐观，公司的电控产品生产几乎是开足马力满足市场，自然对元器件、物料的采购设置了较大的安全库存。而进入 2012 年，风电行业的急刹车导致风机整机的销售量锐减，传递到电控产品，庞大的库存油然而生，体现出严重的“牛鞭效应”。

2. 物料种类繁多，分类管理不够精细

公司所生产的电控产品种类较多，每种产品所需的物料和元器件种类又有很多，有的产品由上千件零部件组成。由于没有对物料种类进行更加细致的分类和标准化，最大可能地减少物料种类，导致对物料需求量的预测和物料管理相当困难。一般情况是，只要生产部门有需求，采购部门就去采购，即使公司已经有了可替换物料。

3. 研发设计只是研发人员的事

由于在研发设计阶段，设计人员没有考虑到生产问题、物料问题，只站在产品性能的角度考虑，导致研发对物料的需求多样性，从而增加了公司物料种类。

4. 信息化工具利用程度不高

为了提高库存管理水平，公司使用了自动化仓储系统和 K3 信息管理系统，但由于没有系统地建立现代供应链管理体系，信息化工具的利用程度并不高。由于基础信息的录入错误及其他各种原因，自动化仓储系统的使用效率不高，仍有 50 人在做仓储工作；K3 信息管理系统由于系统中的数据错误，很多信息不能直接使用，功能不能完全利用。

讨论题

1. TECHWIN 如何协调供应链，以最大限度地减小“牛鞭效应”？
2. TECHWIN 如何根据自己产品的特点，开发高效的供应商体系？

CHAPTER15 第15章

作业计划

学习目标

通过本章学习，读者应该能够：

（1）说明作业计划涉及什么内容，好的作业计划有什么意义；

（2）比较制造与服务业的作业计划层次；

（3）讨论大批量与中等批量运营系统的作业计划需求；

（4）讨论单件小批量运营系统的作业计划需求；

（5）学习并应用甘特图以及载荷分配方法；

（6）给出常用的优先规则的实例；

（7）讨论约束理论及其排序方法；

（8）归纳一些服务系统所特有的问题，描述几种适合于服务系统的作业计划方法。

引言

作业计划，即在企业内部对各项企业资源的使用进行时间安排，它与设备、厂房、人类活动等的使用有关。任何组织都有作业计划，无论是什么性质的活动。例如，制造商必须做生产计划，即为工人、设备、采购、维修等做出时间安排。医院必须指派好门诊、急诊、外科、护理等，并安排好膳食、安全、维护、清洁等辅助性服务。教育机构必须对教室、老师和学生做好作业计划。此外，律师、医生、牙医、理发师、汽车修理店等都必须进行时间安排。

在决策层级中，作业计划决策位于转换过程中，在实际产出之前的最后一步。许多关于系统设计与运营的决策都早在作业计划之前做出，包括系统运营能力、产品与服务设计、设备选择、选择与培训员工以及综合计划和主进度计划等。因此，作业计划决策必须建立在其他已确定决策的约束范围之内，它们的制定是在非常有限的回旋余地和范围中。图15-1描述了制造系统和服务系统的作业计划的层次。

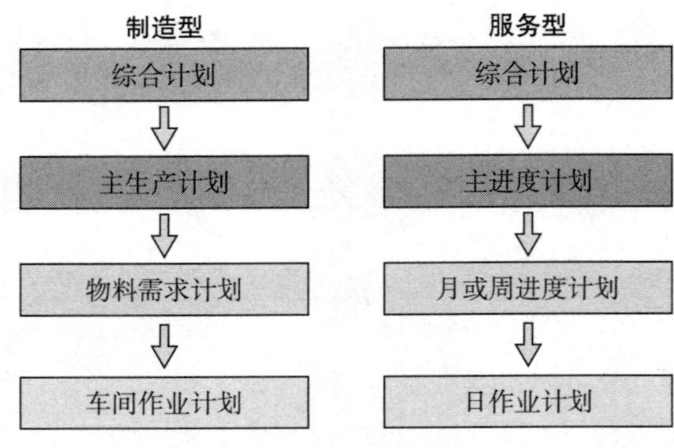

图15-1 作业计划的层次

有效的作业计划能够节约成本并提高生产率，还能带来其他好处。例如在医院，有效的作业计划能够挽救生命和改善对患者的护理。在教育机构，它能降低设施不断膨胀的需求。在竞争环境下，如果企业的作业计划做得比其竞争对手更好，有效的作业计划能为企业带来顾客服务（缩短订单等候时间）等方面的竞争优势。

通常，作业计划的目的是使那些互相矛盾着的目标达到相对平衡，包括有效利用人员、设备、厂房以及使顾客等待时间、库存、加工时间最小化。

本章内容覆盖制造业与服务业环境中的作业计划。尽管这两种环境有许多共同点，但一些基本的差异还是很重要的。

15.1 运营的作业计划

作业计划任务很大程度上属于系统产出的职能。大批量生产系统所需方法与单件小批量生产需要的方法有着本质的不同，而项目的进度计划所需方法与以上二者也不同。在本章里，我们主要探讨大批量、中等批量和单件小批量系统的作业计划。项目进度内容则安排在第16章。

15.1.1 大批量运营系统的作业计划

作业计划的内容包括为各工作中心分配工作量，以及确定各工序的执行顺序等。大批量运营系统的特征是标准化的设备和活动，随着顾客或产品经过整个系统，它们被实施相同的或高度近似的作业。为取得劳动力与设备的高效利用，该类系统的目标是使物品或顾客以平稳的速度经过整个系统。大批量运营系统往往是一种**流程系统**，在这类系统中工作流的顺序是相同的，其作业计划称为**流程车间排程**，在有些情况下也可用于批量运营系统的作业计划。大批量运营系统包括制造业的产品的例子有汽车、个人计算机、收音机、电视机、立体音响系统、玩具、器械等；连续型系统的例子是石油炼制、制糖、采矿、废物处理以及肥料制造等；服务业的则是自助餐厅、新闻广播、大规模接种疫苗等。由于这些系统的运营有着大量重复的特点，早在系统设计阶段就已确定了很多工作的载荷与排序。使用专业化程度很高的工具和设备，设备安排，使用专用的物料搬运设备，劳动分工等都是为增强工作经过系统的流动性而设计，因为所有物品都将按照完全一样的作业顺序流动。

流程系统设计的一个重要方面是生产线平衡，主要是指为各工作区分配其所需任务，使得它们既符合技术（排序）限制，又使各岗位工作时间相平衡。高度平衡的系统使设备、人员的利用效率达到最大，同时也使产出率达到最高。关于生产线平衡的探讨详见第5章。

在建立流程系统的过程中，设计人员必须考虑工人关于工作任务专门化的潜在不满。高工作效率往往来自把工作分成一系列比较简单的任务并将它们分配给不同的工人，因而产生的作业肯定很令人厌烦，既单调又容易引起疲倦、旷工和其他问题，而所有这些后果都有可能降低生产率、中断平稳的作业流。在第6章关于工作系统设计的内容中，对这些问题及其解决进行了比较详细的阐述。

尽管流程系统的这些固有特点和作业计划有关，但仍然存在许多作业安排问题。实际上很少有完全只投入一种产品或服务的流程系统，许多系统都必须面对各种各样的规格与型号。因此，汽车制造商要组装许多种不同配置的汽车——2门的与4门的、带空调的与不带空调的、豪华装饰的与普通装饰的、带CD的、玻璃带色的，等等。其他如器械、电子设备、玩具生产商也面临同样的问题。每个变化只涉及必须安排进生产线的零部件、材料与所需工序投入的轻微差异。假如生产线应该平稳运作，那么监督员就必须协调好材料流和工作流。这需要合理地安排输入、加工过程、输出与采购。除了获得均衡流程之外，避免过量存货也很重要。规格或型号的每一个变化都存在某些不同的库存需求，因此需要额外的安排工作。

考虑作业计划原因之一是系统可能发生的中断使产出低于预期。中断源可能是设备故障、物料短缺、意外事故、人员缺乏等。在实践中，通过增加产能弥补中断损失往往不可能，因为流系统是以一定的产出率设计好的。于是，常常需要采用分包或加班工作策略，尽管短期分包往往不太可行。有时，部分完成的工作可以脱线进行。

相反情况也可能引发作业安排问题，尽管不很严重。当期望产出高于需求比率时，应该降低产出率，系统运行速率不可能改变，因此只能减少工作时间。例如，某生产线应该临时性地每天运作 7 小时，而不是平常的 8 小时。

大批量运营系统通常需要自动化或专业化的加工设备。而且，大量的和一致的产出是其最好的运作模式。设备停止运行和调整准备通常需要较大的成本支出，特别是对连续型系统而言。因此，以下因素往往决定这种系统的成功。

- 流程与产品设计。在此，成本与可制造性很重要，获得系统的均衡流程同样重要。
- 预防性维护。把设备维持在良好的运作状态，能够使引发作业流中断的故障降到最小。
- 故障发生时的快速修理。这一点需要专家和关键备件的存货。
- 最佳产品组合。利用线性规划等技术确定最佳输入组合，以最小成本获得期望产出。在肥料、动物饲料、减肥食品制造业尤为突出。
- 把质量问题降到最低。质量问题的破坏性极大，往往需要停产直到问题解决。而且，一旦产出不能达到质量要求，不但会有产出损失，已经投入的劳动力、材料、时间以及其他资源也全都白费了。
- 供应的可靠性与时间安排。缺乏供给是明显的中断原因，必须避免。但另一方面，如果用囤积供给物的方法解决，又会引起很高的持有成本。缩短供应提前期、制定可靠的供应进度安排、准确确定需求等都很有用。

15.1.2 批量运营系统的作业计划

批量运营系统的产出水平处于标准的大批量运营系统产出量与按订单生产的单件小批量运营的产出量之间。与大批量运营系统一样，批量运营系统的产出是标准的。如果涉及制造过程，则其产品制造为的是储存而不是特定订单。然而，这种情况下的产出量还没有大到需要持续生产的地步，间歇性生产更经济。因此，批量运营系统的工作中心定期地从一项作业转换到另一项作业。但与单件小批量生产相比，其运营规模比较大。用这种系统生产的产品有罐头食品、烘焙物品、油漆、化妆品等。

该系统涉及三个基本问题：作业运作规模、作业时间选择和作业的排序。

有时，应用第 12 章库存管理中的经济生产批量模型或类似方法，就能解决运作规模问题。能使转换成本与存货成本降到最低的生产批量是：

$$Q_0 = \sqrt{\frac{2DS}{H}}\sqrt{\frac{p}{p-u}} \tag{15-1}$$

式中，S 是转换成本。

转换成本在这里是一个需要重点考虑的因素。首先，转换成本取决于作业加工的顺序，相似的作业在转换时所需准备活动的变化会相对小一些。例如，印刷车间的作业可能会按照墨水的颜色进行排序，以缩减所需的转换次数。这说明考虑作业排序就有可能减少转换成本和时间。这也使得排序工作变得更加复杂，它需要估计每一种作业序列组合的转换成本。

另外，企业致力于减少转换时间的同时，需要让设备转换时的停工期更短。解决的方法有离线调整准备、可拆卸部件、模块化转化以及可以满足不同处理要求的柔性设备。

另一个困难是资源使用并不总是像模型假设的那样平稳。有些产品耗用得比预期快，需要尽快地进行补充。另外，由于需要生产多种产品，因此并不是所有生产作业计划都能按最佳运作时间来安排。

另一种常用的方法是基于顾客订单与需求预测而制订的主进度计划。从事组装生产的企业可以用 MRP 方法（参考第 11 章）确定各构件的数量与作业时间。然后，管理者对计划生产需求与计划生产能力进行比较，并依据这些信息制定一份切实可行的进度安排。从事连续型而非组装型的公司（例如食品生产，如罐头食品、罐装饮料等；出版业；油漆与清洁用品等）应该使用稍有不同的方法，MRP 提供的时间阶段信息在此作用不大。

15.2 小批量运营系统的作业计划

小批量运营系统（单件小批量生产）与大量、批量运营系统有相当大的差异。产品按订单生产，订单也因加工要求、所需材料、加工时间、加工顺序、转换准备的不同而差异很大。因此，单件小批量运营的作业计划通常非常复杂，因为企业不可能在接到实际工作订单之前制订进度安排。

单件小批量加工向运营计划人员提出了两个基本问题：怎样分配各工作中心的工作量；使用哪种作业处理顺序。

15.2.1 载荷

载荷（也称负荷或负载）指的是把工作分配到各加工（工作）中心。载荷决策包括将特定任务分配给各工作中心，进而分配给中心的各机器。当某项工作加工过程只发生在一个特定中心时，载荷没什么困难。但当两项或两项以上工作需要加工，并且若干个工作中心都能够完成所需工作时，就会存在问题。这时，运营经理需要使用一些向中心分配工作的方法。

在分配过程中，管理人员应寻找能使处理成本与转换成本最小、工作中心的空闲时间最少或作业完成时间最短的方法，这些要依实际情况来考虑。

1. 甘特图

甘特图是一种直观工具，能够用于与载荷、排程相关的各种目的。这个名称来自亨利·甘特，是他早在 20 世纪初首先把这些图表用在企业进度安排中的。甘特图的用法很多，其中两种如图 15-2 所示。其中一个显示的是某大学的教室安排，另一个则是某医院的手术室某天的安排。

使用甘特图的目的，是在某个时间框架中组织和直观地显示资源的实际或预期使用情况。大多数情况下，横轴表示时间，纵轴表示被安排的资源。资源时间的使用和空闲反映在表格中。

管理人员用甘特图进行进度安排时，可以利用试错法，以了解各种安排的结果。因此，一个实验性的手术室排程可能会显示出手术时间不够，比预期时间要长，应该做相应修正。用甘特图做教室排程有助于防止两个班同时在一个教室上课的情况发生。

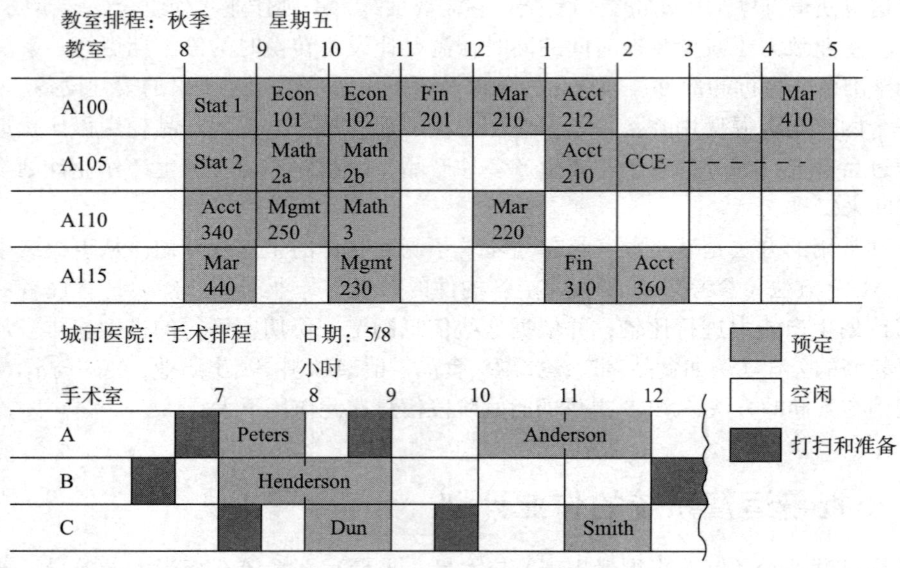

图 15-2 用于排程的甘特图范例

甘特图还有许多不同类型，最常用的两个是负荷图和进度图。

负荷图描述的是一组机器或部门的载荷情况与时间空闲情况。典型的负荷图如图 15-3 所示。图中，工作中心 3 在整整一个星期中满负荷，中心 4 则在周二下午之后随时可用，另外两个中心的空闲时间散布于一周之中。这些信息能够帮助管理人员重新进行载荷安排，更好地利用各个工作中心。比如，如果所有中心都在做同一种工作，管理人员也许就想解放出一个中心，让它进行其他长时间作业或承担紧急订单。图 15-3 还显示了各项作业开始与结束的时间，以及在哪里能够获得空闲时间等信息。

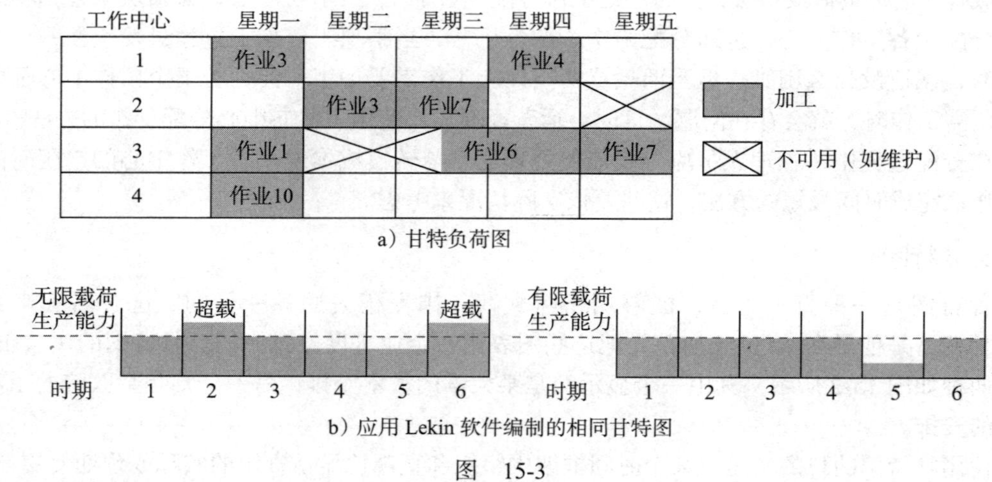

图 15-3

注：Lekin 软件由纽约大学开放，包括多条安排路线和图形。

资料来源：© Pinedo and Feldman. Used with permission.

向工作中心分配载荷有两种方法：无限载荷与有限载荷。**无限载荷**把作业分配到各工作中心，不管每个中心的生产能力有多大。图 15-3 中的第一个图就是无限载荷，从图中可以看出，有些周是超负荷的而有些周则负荷不足。本章描述的优先排序法可应用于无限载荷。无限载荷的一个可能后果就是在某些（或全部）工作中心中形成排队。这需要第二步对不平衡负荷进行调整。**有限载荷**为每个工作中心计划实际工作的开始与结束时间，同时考虑各工作中心的生产能力与作业加工时间，不使负荷超载。有限载荷的结果是各工作中心运作小时数的详细计划。基于有限载荷的进度安排需要经常更新，也许是每天，根据各工作中心的操作延迟、额外附加新作业、撤销当前作业等实际情况而定。图 15-3 中第二个图为有限载荷的示例。

无限载荷下，管理人员需要对超载工作中心做出反应包括：把工作转移到其他时间或其他工作中心、加班加点、把一部分工作转包出去等。注意，后两种方法实际上是增加生产能力满足工作要求。

有限载荷有固定的生产能力上限。例如，一条公交线路上只有那么多公共汽车。因此，投入运行特定数量的公共汽车这一决策本身就已经确定了生产能力。同样，制造商也可以让自己的某台专用机器日夜不停地运作。因此，它已经是在自己的生产能力上限运行了，这也正是有限载荷名称的由来。

作业计划有两种常见方法：前向排程与后向排程。**前向排程**意味着从某时间点开始向前进行作业安排；**后向排程**则是从某个特定时间开始向后进行作业安排。当遇到“完成这项工作得花多长时间”的问题时，用前向排程；而当遇到“在不影响按时完成的前提下，这项工作最晚什么时候开始”的问题时，则用后向排程。前向排程能使计划人员确定每项工作最早可能完成的时间，因此可以确定最迟时间量或松弛时间量。这一信息可以结合所建立计划中的所有现有作业的信息而获得。

管理人员经常使用**进度图**监督作业进程。这种甘特图的纵轴表示顺序或作业的进程，横轴表示时间。从图上可以看出作业计划中有哪些作业，以及哪些在前哪些在后。

典型的进度图如图 15-4 所示。图中显示了一项景观美化作业的现状，包括 5 个作业阶段的计划与实际开始、结束时间。从图上我们可以看出，批准于树木和灌木的订购符合进度安排，场地准备滞后于计划。接收树木比计划提前，树木栽种也比计划提前，但灌木却还没有按期到货。计划中，在灌木的接收与栽种之间有一点空隙，所以如果周末之前能收到，还能符合进度要求。

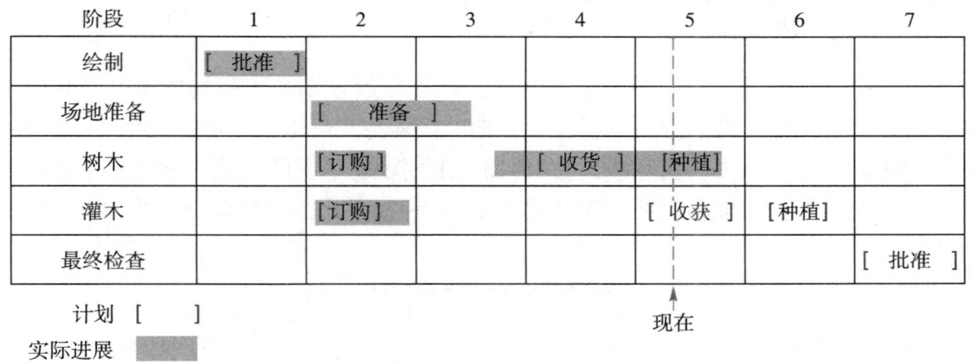

图 15-4　景观美化工作进展图

尽管甘特图有许多明显的优点，但也存在一定的局限性，其中最主要的就是需要不断更新图表，以保持信息的准确性。而且，甘特图无法直接显示各种载荷的成本。此外，作业加工时间可能会因为工作中心而有所不同，某些岗位或工作中心对一些作业的处理可能会比其他岗位快。这些因素有可能增加对各种作业计划进行评价的复杂性。

除了甘特图外，管理人员还常常利用输入/输出报告来管理作业流。

2. 输入/输出控制

输入/输出控制（input/output control，I/O 控制）是指对工作中心的作业流和序列长度进行监控。I/O 控制的目的是管理作业流，使序列和等候时间尽在掌握之中。如果没有 I/O 控制，需求就可能超过加工能力，使工作中心超负荷。相反，工作也可能比工作中心的加工速度慢，使工作中心得不到充分利用。如果输入输出速度能够达到完美的平衡，那么在没有序列等候的情况下工作中心的加工能力也就能得到有效的利用。I/O 控制的一个简单例子就是在高速公路出入口设置的信号灯，它们根据当前高速公路的交通量调节正在进入的车辆流。

某工作中心的输入输出报告如图 15-5 所示。报告的关键部分是待处理工作的积压情况。这份报告揭示了输入输出与计划的差异，因而有助于管理人员确认可能的问题来源。

		时期					
		1	2	3	4	5	6
输入	计划	100	100	90	90	90	90
	实际	120	95	80	88	93	94
	偏差	+20	−5	−10	−2	+3	+4
	累积偏差	+20	+15	+5	+3	+6	+10
输出	计划	110	110	100	100	100	95
	实际	110	105	95	101	103	96
	偏差	0	−5	−5	+1	+3	+1
	累积偏差	0	+5	+10	+9	+6	+5
延期交货	40[①]	50	40	25	12	2	0

图 15-5　某工作中心的输入输出报告样本

注：数据表示处理时间的标准小时数。

①给定的，不是根据数据推算出的。

各期差异是“实际值”减“计划值”之差。例如在第一期，实际输入 120 小时减计划输入 100 小时，则得 +20 小时差异。同样，第一期的计划与实际输出相等，产生 0 小时差异。

先用“实际输入”减去“实际输出”，再加上上期积压情况的数值，就可得本期积压情况数值。例如，第二期的实际输出超过实际输入 10 小时，因此，用前期积压数 50 小时减 10 小时，得 40 小时。

另一种可以用来为各项工作安排资源的方法是分配法。

3. 线性规划分配法

指派模型是一种用于特殊目的的线性规划模型，在分配有资源要求的任务或其他工作时非常有用。代表性的例子包括将工作分配给机器或工人，划分销售员的工作范围，以及将电话线修理工作分配给修理工等。其主要思想就是达到任务与资源的最佳组合。常用标准有成本、利润、效率和业绩等。

某典型的分配问题如表15-1所示，在此需要把4项工作分配给4台机器。问题以一种利于评价分配工作的表格形式表现出来。表体中的数字表示与各工作－机器组合相关的价值或成本。在本例中数字代表成本。因此，用机器A做工作1的成本是8美元，用机器B做工作1的成本是6美元，依次类推。如果问题只涉及使工作1的成本最小，显然应该把它分配给机器C，因为只有这个组合成本最低。然而，这个分配方案没有考虑其他工作及其成本。任何一个作业的成本最小分配方案都不可能符合考虑所有工作时的成本最小方案。

表15-1 一个典型的分配问题

		工人			
		A	B	C	D
作业	1	8	6	2	4
	2	6	7	11	10
	3	3	5	7	6
	4	5	10	12	9

如果有 *n* 台机器，就有 *n*！种可能性。本例有4！=24种不同组合。一个办法是研究每种组合，选出成本最低的那一个。然而，如果有12种工作，将有4.79亿种不同的组合。还有一种叫作**匈牙利法**的简单得多的方法可以用来找出成本最低的解决方案。

匈牙利法适用于一对一的配对组合。例如，每项工作都必须只分配在一台机器上。同时，这种方法还假定每台机器都可以处理所有工作，各分配组合的成本或价值已知且固定（即不会变化），行数与列数必须相等。本章结尾的例题1说明了当行列数目不等时的调表方法。

在相关成本信息已经取得并被做成表格形式之后，匈牙利法的基本步骤如下。

（1）行中各数减去该行最小数值，这叫作“行减少”。把结果放进一张新表。

（2）新表中列中各数减去该列最小数值，这叫作“列减少”。结果形成另一张表。

（3）测试是否已达最佳分配组合。求出能够穿越（也就是删除）所有0的最少线数，如果此数与行数相等，则已达最佳分配组合，直接进入第（6）步，否则继续第（4）步。

（4）如果（3）中的最小线数小于行数，则调整表：

a. 表中未被穿越的每一个数减去未被穿越数中的最小值；

b. 已穿越行列的每一个焦点数值加未被穿越数中的最小值；

c. 已穿越行列的每个非交点数值原样挪进新表。

（5）重复第（3）、（4）步，直到获得最佳表列。

（6）进行分配。从只有一个0的行或列开始，匹配有0的细项，每一行和每一列都只能匹配一次。每次匹配后删除所在行和列。

例15-1 根据给定数据（如表15-1所示），求解各项作业与机器的最佳分配。

		工人				行最小值
		A	B	C	D	
作业	1	8	6	2	4	2
	2	6	7	11	10	6

（续）

		工人				行最小值
		A	B	C	D	
作业	3	3	5	7	6	3
	4	5	10	12	9	5

解：

（1）行中各数减去该行最小数值，并把结果放进一张新表。此次行减少的结果为：

		工人			
		A	B	C	D
作业	1	6	4	0	2
	2	0	1	5	4
	3	0	2	4	3
	4	0	5	7	4
列最小值		0	1	0	2

（2）新表中列中各数减去该列最小数值，并把结果放进另一张新表。此次列减少的结果为：

		工人			
		A	B	C	D
作业	1	6	3	0	0
	2	0	0	5	2
	3	0	1	4	1
	4	0	4	7	2

（3）求出能够穿越（也就是删除）所有0的最少线数（画线时尽量多地删除0）。

		工人			
		A	B	C	D
作业	1	6	3	0	0
	2	0	0	5	2
	3	0	1	4	1
	4	0	4	7	2

（4）由于删掉所有0只需3条线，因此尚未达到最佳结果。

（5）所有未经穿越的数减去它们中的最小值（此处为1），并将后者加在各个交点上。结果是：

		工人			
		A	B	C	D
作业	1	7	3	0	0
	2	1	0	5	2
	3	0	0	3	0
	4	0	3	6	1

（6）求出能够穿越（也就是删除）所有0的最少线数（4），与行数相等，因此可以进行最佳分配。

		工人			
		A	B	C	D
作业	1	7	3	0	0
	2	1	0	5	2
	3	0	0	3	0
	4	0	3	6	1

（7）进行分配：从只有一个0的行和列开始。匹配所有0成本的工作与机器。

		工人			
		A	B	C	D
作业	1	7	3	0	0
	2	1	0	5	2
	3	0	0	3	0
	4	0	3	6	1

分派	成本 / 美元
1-C	2
2-B	7
3-D	6
4-A	5
	20

指派问题也可以应用Excel进行求解，如表15-2所示。

表15-2 例15-1的Excel求解

输入矩阵

作业	A	B	C	D	E	F	G	H	
1	8	6	2	4					1
2	6	7	11	10					1
3	3	5	7	6					1
4	5	10	12	9					1
5									0
6									0
7									0
8									0
	1	1	1	1	0	0	0	0	

（表头：工人/机器）

作业总数= 4

工人/机器总数= 4

不改变或删除非阴影单元格

求解矩阵

作业	A	B	C	D	E	F	G	H	
1	0	0	1	0	0	0	0	0	1
2	0	1	0	0	0	0	0	0	1
3	0	0	0	1	0	0	0	0	1
4	1	0	0	0	0	0	0	0	1
5	0	0	0	0	0	0	0	0	0
6	0	0	0	0	0	0	0	0	0
7	0	0	0	0	0	0	0	0	0
8	0	0	0	0	0	0	0	0	0
	1	1	1	1	0	0	0	0	

（表头：工人/机器）

总成本= 20

在指派问题的求解矩阵中的一个单元格（例如，将任务1分配给C），0表示没有任务分配到相应的工人或机器。

可以看出，这个过程比较简单。当符合所有假设条件时，匈牙利法的简明性很容易掩盖其有效性。它不仅提供了一种合理的保证最佳方案的分配方法，还不必使用计算机。当出现的是利润而非成本时，就把利润转换为相对成本，即用表中的各数减去最大值，然后再根据最小化问题的步骤继续进行。

值得了解的是，该技术有一种扩展方法能够用来避免不合需要的分配。例如，工会可能禁止某个人进行某项工作，管理人员可能希望不要把比较麻烦的工作分配给已经做过了的人等。无论出于什么原因，特定组合都能通过向其分配较高成本得以避免。前例中，如果我们希望避免 1–A 组合，分配 50 美元的成本给这个组合即可，因为 50 美元远远大于其他组合的成本。

15.2.2 排序

尽管载荷决策确定了用于特定工作加工的机器或工作中心，但却没有说明工作在工作中心等候处理的加工顺序。**排序**关心的就是确定工作加工顺序的问题。排序决策不仅决定工作在各工作中心的加工顺序，还决定其在工作中心内部各工作区的加工顺序。

如果工作中心载荷小，或者每项工作的加工时间相等，排序就不会特别困难。但对于载荷大的工作中心，尤其牵涉相对较长的工作来说，根据与作业等候过程相关的成本，以及工作中心的空闲时间，确定加工顺序非常重要。本节将讨论一些工作排序方法。

在典型情况下，许多工作都会等候处理。**优先规则**是对作业加工顺序进行选择的一些简单试探方法，其中最常用的一些规则如表 15-3 所示。这些规则通常假设作业转换成本与转换时间独立于加工顺序。在对规则的使用过程中，作业加工时间与预定日期等都是重要的信息资料。**作业时间**通常包括转换时间与加工时间。有些作业需要相似的转换过程，如果排序规则考虑到了这个因素（此处描述的规则没有）则可以减少转换时间。预定日期可以是向顾客承诺的交付时间，也可以是 MRP 方法或管理决策等确定的时间。它们必须随时修正到当前状况，使排序选择始终有意义。此外还应该注意，除每工序松弛时间（S/O）和关键比率（CR）之外的规则，所指的预定日期是即将履行工序的预定日期；S/O 与 CR 的预定日期则是典型的最后顺序的日期，不是中期或部门的最后期限。

表 15-3 可能的优先规则

FCFS（先来先服务）：作业按照到达机器或工作中心的顺序进行加工处理

SPT（最短加工时间）：作业顺序取决于它在机器或工作中心的加工时间，最短的先处理

EDD（交期最早原则）：根据预定的交货日期，交货期最早的先处理

CR（关键比率）：选取最小比率作业。比率是指到预定日期剩余的时间和剩余的加工时间之比

S/O（每工序松弛时间）：根据平均松弛时间（即到预定日期的时间减去剩余加工时间）进行作业处理。松弛时间除以剩余工序数（包括当前工序）则为平均松弛时间

紧急性：紧急情况或首选顾客最先

优先规则可以分为局部性的和全局性的。**局部性规则**只需考虑有关一个单独工作区的信息，**全局性规则**却必须考虑多个工作区信息。FCFS、SPT 和 EDD 是局部性规则，而 CR 和 S/O 则是全局性规则。紧急性规则既是局部性规则又是全局性规则。可以想象，全局性规则比局部性规则需要付出更多的努力。全局性排序最复杂的一点是并非所有作业都需要同样的加工过程或同样的加工顺序。因此，不同工作区的工作序列也不一样。局部性规则在瓶颈作

业中特别有用，当然它并不仅限于这一种情形。

优先规则的使用有许多假定，如表15-4所示。实际上，优先规则是一种静态排序：为了简化，它假定转换时间、加工时间与作业系列不变。这些假定有利于排序问题的管理。但在实践中，作业有可能延迟或撤销，还有可能出现新工作，它们都需要修正序列。

表 15-4　优先规则的假设条件

作业系列已知；处理过程开始后不再有新作业；作业不会被撤销
转换时间独立于加工顺序
转换时间确定
加工时间确定，不可变
不存在加工过程的中断，如机器故障、意外事故、工人病休等

序列有效性通常用一种或多种业绩评价指标进行衡量。最常用的业绩评价指标有以下几种。

1. 工作流程时间

工作流程时间指作业从到达直到完成所经历的时间长度。不仅包含实际加工时间，还包含转换时间、等候加工时间、各工序之间的运送时间，以及与设备故障、不可用零件、质量问题等有关的等候时间。一组作业的平均通过时间等于工作流程时间除以作业数。

2. 作业延迟时间

作业延迟时间指预期的作业完成日超出作业预定日期或向顾客许诺的日期的时间长度，是实际完成时间与预定日期之差。如果我们只记录完成时间超过预期日期的作业差异，而不记录提前完成的作业，使用的术语就为作业拖延时间。

3. 最大完工时间

最大完工时间指完成一组作业所需的全部时间，是从组中第一项作业开始到组中最后一项作业结束的时间长度。如果加工仅涉及一个工作中心，那么无论使用什么优先规则，最大完工时间将是相同的。

4. 平均作业数

车间中的工作被视为在制品库存。一组作业的平均在制品库存可由下式求出

$$\text{平均作业数}=\frac{\text{总流程时间}}{\text{最大完工时间}}$$

假如作业表示同等数量的库存，平均作业数就能反映平均在制品库存。

在所有规则中，紧急性规则最简单且无须解释，其他规则及其业绩评价指标将在以下两个例子中加以说明。

例 15-2　下表是在某工作中心等候加工的6项作业的加工时间（包含转换时间）与预定日期。假设工作到达顺序与表中顺序相符。求解作业顺序、平均流程时间、平均延期天数、工作中心的平均作业数。按照以下规则：

（1）FCFS。

（2）SPT。

（3）EDD。

（4）CR。

作业	加工时间（天）	预定日期（从现在开始的天数）
A	2	7

（续）

作业	加工时间（天）	预定日期（从现在开始的天数）
B	8	16
C	4	4
D	10	17
E	5	15
F	12	18

解：

（1）FCFS 顺序是简单的 A–B–C–D–E–F。评价指标见下表。

作业顺序	（1）加工时间	（2）流程时间	（3）预定日期	（2）–（3）延期天数（若为负取 0）
A	2	2	7	0
B	8	10	16	0
C	4	14	4	10
D	10	24	17	7
E	5	29	15	14
F	12	41	18	23
	41	120		54

1）平均流程时间：120/6=20 天

2）平均延期天数：54/6=9 天

3）最大完工时间是 41 天，工作中心内作业平均数：120/41=2.93

流程时间列表示累积加工时间，因此将此列数值加总，再除以待加工作业数 6，就是每项作业在此工作中心花费的平均时间。类似地，流程时间总数除以总流程时间可得工作中心内的平均作业数。

可以应用 Excel 进行求解，如表 15-5 所示。

（2）使用 SPT 规则，作业顺序是 A–C–E–B–D–F（见下表）。评价指标值为：

1）平均流程时间：108/6=18 天

2）平均延期天数：40/6=6.67 天

3）工作中心内作业平均数：108/41=2.63

作业顺序	（1）加工时间	（2）流程时间	（3）预定日期	（2）–（3）延期天数（若为负取 0）
A	2	2	7	0
C	4	6	4	2
E	5	11	15	0
B	8	19	16	3
D	10	29	17	12
F	12	41	18	23
	41	108		40

（3）用最早预定日期作为选择标准的作业顺序是 C–A–E–B–D–F，评价指标值见下表：

1）平均流程时间：110/6=18.33 天

2）平均延期天数：38/6=6.33 天

3）工作中心内作业平均数：110/41=2.68

作业顺序	（1）加工时间	（2）流程时间	（3）预定日期	（2）-（3）延期天数（若为负取0）
C	4	4	4	0
A	2	6	7	0
E	5	11	15	0
B	8	19	16	3
D	10	29	17	12
F	12	41	18	23
	41	110		38

表 15-5 用 Excel 求解例 15-2

作业顺序
返回 说明
清除 FCFS SPT DD CR S/O
当前日期：23

作业	加工时间	预定日期	剩余作业	顺序	关键比率	松弛	S/O	流程时间	延期天数
A	2	7		3		5		2	0
B	8	16		5		8		10	0
C	4	4		1		0		14	10
D	10	17		6		7		24	7
E	5	15		4		10		29	14
F	12	18		2		6		41	23
总计	41		0			36		120	54

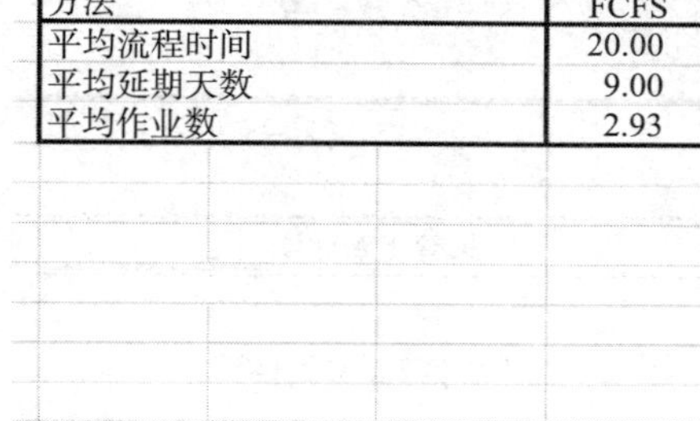

方法	FCFS
平均流程时间	20.00
平均延期天数	9.00
平均作业数	2.93

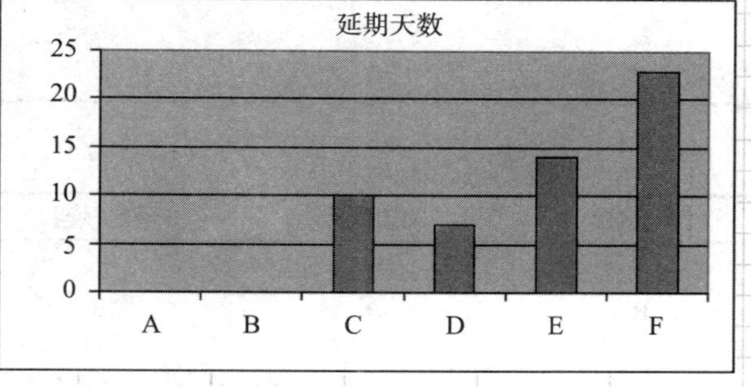

注：1. 输入每项任务的名称、流程时间、预定日期。

2. 针对 FCFS、SPT 以及 DD 规则，按下适当的按钮。

3. 对于 CR 规则，在按下 CR 按钮之前需要进行如下操作：

1）选择关键比率最小的任务；

2）在 CR 序列栏中，通过输入下一个序列号（序号从 1 开始）为紧邻的任务排程；

3）为那项任务增加当前的流程时间；

4）重复 1）、2）、3）直到所有任务已经排程（即 CR 序列栏都填满了）。

4. 完成剩余的列，然后按下 S/O 键。

（4）用关键比率法，我们可以发现：

作业顺序	加工时间	预定日期	关键比率计算
A	2	7	（7－0）/2＝3.5
B	8	16	（16－0）/8＝2.0
C	4	4	（4－0）/4＝1.0（最低）

（续）

作业顺序	加工时间	预定日期	关键比率计算
D	10	17	（17 − 0）/10 = 1.7
E	5	15	（15 − 0）/5 = 3.0
F	12	18	（18 − 0）/12 = 1.5

在第 4 天（C 完成），则关键比率为：

作业顺序	加工时间	预定日期	关键比率计算
A	2	7	（7 − 4）/2 = 1.5
B	8	16	（16 − 4）/8 = 1.5
C	—	—	—
D	10	17	（17 − 4）/10 = 1.3
E	5	15	（15 − 4）/5 = 2.2
F	12	18	（18 − 4）/12 = 1.17（最低）

在第 16 天（C 和 F 完成），关键比率为：

作业顺序	加工时间	预定日期	关键比率计算
A	2	7	（7 − 16）/2 = −4.5（最低）
B	8	16	（16 − 18）/8 = 0.0
C	—	—	—
D	10	17	（17 − 16）/10 = 0.1
E	5	15	（15 − 16）/5 = −0.2
F	—	—	—

在第 18 天（C、F 和 A 完成），关键比率为：

作业顺序	加工时间	预定日期	关键比率计算
A	—	—	—
B	8	16	（16 − 18）/8 = −0.25
C	—	—	—
D	10	17	（17 − 18）/10 = −0.10
E	5	15	（15 − 18）/5 = −0.60（最低）
F	—	—	—

在第 23 天（C、F、A 和 E 完成），关键比率为：

作业顺序	加工时间	预定日期	关键比率计算
A	—	—	—
B	8	16	（16 − 23）/8 = −0.875（最低）
C	—	—	—
D	10	17	（17 − 23）/10 = −0.60
E	—	—	—
F	—	—	—

作业顺序为 C–F–A–E–B–D，评价指标值为：

1）平均流程时间：133/6=22.17 天

2）平均延期天数：58/6=9.67 天

3）工作中心内作业平均数：133/41=3.24

作业顺序	（1）加工时间	（2）流程时间	（3）预定日期	（2）-（3）延期天数
C	4	4	4	0
F	12	16	18	0
A	2	18	7	11
E	5	23	15	8
B	8	31	16	15
D	10	41	17	24
	41	133		58

总结 4 个规则，如表 15-6 所示。

表 15-6　例 15-2 中 4 个规则的结果对比

规则	平均流程时间（天）	平均延期时间（天）	工作中心平均作业数
FCFS	20.00	9.00	2.93
SPT	18.00	6.67	2.63
EDD	18.33	6.33	2.68
CR	22.17	9.67	3.24

在这个例子中，SPT 规则有两项评价指标优于 EDD 规则，只是平均延期时间比后者稍微差了一点。CR 规则的每一项评价指标值都比较差。如果换一组数值，EDD 规则（或此处并未提及的其他规则）也有可能由于平均作业延期或其他指标，而优于 SPT 规则。然而，SPT 流程都会因为使流程时间降至最短，进而使工作中心平均作业数和总时间数降至最少。作业完成更快这一结果具有更大的潜力获取更多的收入。

一般而言，FCFS 规则与 CR 规则是效率最低的两种规则。

FCFS 规则的主要局限在于长时间作业常会使其他作业延期。如果一道工序由许多机器上的工作组成，那么下游工作区的机器空闲时间就会增加。然而，对于顾客直接参与其中的服务系统来说，FCFS 则是迄今为止占据绝对优势的一项规则。这主要是出于固有的公平理念，以及无法对个别作业的加工时间做出实际估计。FCFS 规则还有一个优点：简单。当与顾客接触程度较高，而其他绩效指标又很重要时，公司可能会采用把工作转移到“后台”进行加工的策略，这样就不必遵循 FCFS 规则了。

由于 SPT 规则的平均（流程）时间总是比较低，采用它将使得在制品库存较少。又由于它总能使平均延期时间达到最少，顾客服务水平亦会相应较高。最后，既然采用它时的工作中心作业平均数较少，工作区阻塞状况必然也会比较轻缓。SPT 还能使下游空闲时间降至最少。然而，在管理人员的头脑中高高在上的往往是预定日期，因此他们可能不采用 SPT，就是因为它与预定日期无关。

SPT 规则的主要缺点是让耗时长的作业等候，等候时间可能会相当长（特别当新的时间短的作业不断添加到系统中时）。为避免这种情况的发生，可以采用各种各样的修正措施。例如，等候一定时间之后，剩余作业就自动移到队头，这叫作截头 SPT 规则。

EDD 规则直接提出预定日期，往往能使延期降至最小。尽管它很直观，但仍存在一定的局限性，因为它没有考虑加工时间。这种规则有一种可能结果：有的作业等很长时间，使在制品库存与现场拥挤程度增加。

CR 规则又好用又直观。虽然例 15-2 显示其各项指标值都最差，却仍不失为一种好规则，因为它令作业拖延的时间最短。因此，当作业拖延程度很重要时，CR 规则是最佳选择。

现在，让我们来看一看 S/O（工序松弛时间）规则。

例 15-3 利用 S/O 规则为下列工作排序。注意，加工时间包含当前及其后操作的剩余时间。另外，剩余作业数也包含当前的这一个。

作业	剩余加工时间	预定日期	剩余作业数
A	4	14	3
B	16	32	6
C	8	8	5
D	20	34	2
E	10	30	4
F	18	30	2

解：

求每项作业的预定日期与加工时间之差，再除以剩余作业数，从低到高进行排列，得作业序列如下：

作业	（1） 剩余加工时间	（2） 预定日期	（3） （2）-（1） 松弛	（4） 剩余作业数	（5） （3）÷（4） 比率	（6） 顺序
A	4	14	10	3	3.33	3
B	16	32	16	6	2.67	2
C	8	8	0	5	0	1
D	20	34	14	2	7.00	6
E	10	30	20	4	5.00	4
F	18	30	12	2	6.00	5

指定的顺序（见第 6 列）为 C–B–A–E–F–D。

使用 S/O 规则，任一给定作业结束之后，都要改变原先设计好的工作序列，因此每项作业结束后对序列进行再评价很重要。注意，前面说过的优先规则都适用于工序到工序的情形，唯一的区别是只有 S/O 方法在作业序列中融入了下游的信息。

现实中，许多优先规则都可用于排序工作，但只有少数规则才能为特定环境带来超凡的结果。在此介绍这几种规则的目的是帮助分析排序规则的固有性质。在选择使用的规则时，每个车间或企业应该认真考虑自身所处的环境和其认为重要的有效的测量指标。

下面的章节讲述的是一种运用于特殊目的的运算法则，可以当一组作业必须在相同的两台机器或工作中心加工时使用。

15.2.3 通过两个工作中心的作业排序[⊖]

约翰逊规则（Johnson's rule）是一种管理人员用来使一组待加工作业通过两台机器或两个

⊖ 对于通过两个以上工作中心的排序情况描述可参考 Thomas Vollmann et al.，*Manufacturing Planning and Control Systems*，5th ed.（New York：Irwin/McGraw-Hill，2004）.

连续工作中心的时间跨度降至最小的技术[⊖]。它还能使工作中心内的总空闲时间降至最少。利用这项技术必须满足几项必备条件：

- 各项作业在各工作中心的作业时间（包含转换与加工）必须已知且不变；
- 作业时间必须独立于作业顺序；
- 所有作业都必须遵循同样的两步式工作顺序；
- 在作业被移送到第二个工作中心之前，其在第一个工作中心的所有工作内容都必须完全结束。

约翰逊规则的应用首先列举所有要计划的作业，以及每一作业在每一工作中心所需的时间。求解作业序列的步骤如下：

（1）选取时间最短的作业。如果最短时间在第一个工作中心，就将该作业排在第一位；如果在第二个工作中心，则将其排在序列最后一位。如果一项作业在两个中心具有相同作业时间且最短，随意选一个中心。

（2）在后续的考虑中，消除这项作业及其时间；

（3）重复第1、2步，从两边向序列中心排，直到所有作业都已进入序列。

这些步骤的成功应用等同于确定最短作业完成时间的序列，或者尽可能快地完成所有工作的序列。然而，通过检查序列并不能够明显地看出什么时候一项特定作业将要完成（其流程时间）或什么时候空闲时间将要发生。为了确定这些详尽的绩效信息，通常最简单的做法是采用如例15-4中使用的甘特图来显示已完成的作业序列。

当第二个工作中心出现大块空闲时间时，可以考虑在空闲时间出现之前分割开第一个工作中心正在进行的作业，以缓和空闲状况，缩短通过时间。例15-4未做如此考虑，但本章结尾处的最后一个例题却说明了作业分割的用法。

例15-4 应用约翰逊规则进行作业排序

有6个作业要经过两台机器的流水车间进行加工。第一步操作涉及清洁工作，第二步则是喷漆。为这组作业排序，使总完成时间最短。加工时间如下：

	加工时间（小时）	
作业	工作中心1	工作中心2
A	5	5
B	4	3
C	8	9
D	2	7
E	6	8
F	12	15

解：为了应用约翰逊规则，首先给出一个“空白”的序列，如下：

1st	2nd	3rd	4th	5th	6th

⊖ S. M. Johnson, “Optimal Two-and Three-Stage Production with Setup Times Included,” *Naval Research Quarterly* 1 (March 1954), pp. 61-68.

（1）选出加工时间最短的作业，即作业 D，耗时 2 小时。

（2）由于这段时间在第一个工作中心，就把作业 D 排在第一位。消除作业 D 不再考虑。

1st	2nd	3rd	4th	5th	6th
D					

（3）作业 B 有着下一个最短时间。由于它在第二个工作中心，就排到了最后一位。消除作业 B 不再考虑。现在我们已经有：

1st	2nd	3rd	4th	5th	6th
D					B

（4）剩下的作业及其时间为

作业	1	2
A	5	5
C	8	9
E	6	8
F	12	15

注意，在现有最短时间的选择中有一点小麻烦：作业 A 在两个工作中心的时间相等。既然没有分别，那我们既可以把它排在序列开头也可以把它排在序列结尾。假设我们把它排在了结尾。现在就有：

1st	2nd	3rd	4th	5th	6th
D				A	B

（5）剩下的最短时间是作业 E 在第一个工作中心的 6 小时，因此，把它排在前边（作业 D 之后）。现在有：

1st	2nd	3rd	4th	5th	6th
D	E			A	B

（6）剩余的两项作业中，C 有最短时间。由于它在第一个工作中心，就将 C 排在序列的第三位。最后再把剩下的一个作业（F）放进第四位。结果是：

1st	2nd	3rd	4th	5th	6th
D	E	C	F	A	B

（7）构造甘特图用来观察流程时间和空闲时间的信息。要特别注意，对任何给定的作业，在中心 1 的工作完成之前不能开始中心 2 的安排。传统的做法是假定中心 1 必须完成并将作业移送给中心 2，这可能会导致计划中的中心 2 产生空闲，正如下面图中作业 F 的情形：

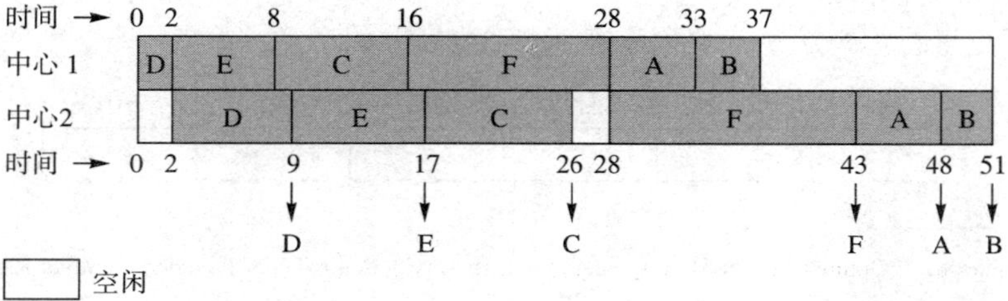

因此，完成这组作业共需51小时。第二个工作中心将花2小时等候它的第一个作业，完成作业C后还要再等2小时。工作中心1将在37小时后结束工作。当然，序列开始与结束时的空闲时间可以用来做其他工作，或进行维护或转换准备活动等。

15.2.4　转换时间与顺序相关时的作业排序

此前的讨论与范例都假定机器转换时间独立于加工顺序，但在很多时候这种假定并不成立。因而，管理人员在为工作区内的各项作业排序时，需要考虑相关性因素，目标是使总转换时间最小化。

参照下表，工作区内的机器转换时间以作业加工顺序为基础。例如，假如作业B在作业A之后，则B的转换时间就是6小时。更进一步，如果作业A全部操作完了，就由作业B继续进行，然后作业C再跟着B，转换时间为4小时。假如某项作业最先进行，则其转换时间就是表中转换时间那一列的数值。于是，如果作业A最先进行，其转换时间就是3小时。

			导致后续作业的转换时间（小时）		
		转换时间（小时）	A	B	C
	A	3	—	6	2
如果前面的作业是：	B	2	1	—	4
	C	2	5	3	—

求解能使总转换时间最小的序列最简单的方法是列出所有可能序列并求它们各自的总转换时间。一般情况下，不同序列总数等于$n!$，n代表作业数。此处的n为3，因此$n! = 3\times2\times1=6$。6种排序方案及其总转换时间为：

作业顺序	转换时间	合计
A–B–C		3+6+4=13
A–C–B		3+2+3=8
B–A–C		2+1+2=5（最好）
B–C–A		2+4+5=11
C–A–B		2+5+6=13
C–B–A		2+3+1=6

为使总转换时间最少，管理人员应该选择序列B–A–C。

当作业数只有两三个时，这种方法比较容易。但当作业数增加时，排序方案列表很快就会变得很大。例如，6项作业就有720种可选方案。在这种情况下，管理人员就应该用计算机生成列表，找出最佳方案（注意，使转换时间最少的方案可能不止1个）。

15.2.5　作业计划为什么很难做

作业计划的困难有很多原因。一个原因是在现实中，一项作业必须面临转换时间、加工时间、中断等各种变化，以及作业组本身的变化。另外一个主要原因就是除非是很小的问题，一般都不存在最佳进度安排。从大量的可选方案中分类筛选，并找出最佳排程几乎不可能。因此，作业计划远远不是一门严格的科学，只是管理人员日常的工作而已。

计算机技术的应用可以减轻作业计划的负担，并使实时的进度安排变为可能。

15.2.6 降低作业计划的难度

有很多管理人员可以考虑采用的用于降低作业计划难度的策略，包括：

- 设置现实的预定日期。
- 关注瓶颈作业：首先应尽力扩大瓶颈作业能力。如果不可能或不可行，就首先安排瓶颈作业，然后再围绕瓶颈作业安排其他非瓶颈作业。
- 考虑对大的作业进行批量分割。当作业时间差异较大时更为有效。注意，这种策略不适用于单一单元的作业。

15.2.7 约束理论

另外一种作业计划的方法是由 Eli Goldratt[⊖]提出并推广的约束理论，在其一本名为《目标》的专著中首先提出了这一理论。他仅仅关注于生产瓶颈（即那些生产能力不足的工序或工作中心——工作中心的空闲时间为零），从而避免了作业计划问题常常带来的复杂化。他认为系统的产出受限于瓶颈的产出。因此，有必要对瓶颈进行计划，以最大程度的减少瓶颈的空闲时间。在瓶颈能够有效运作的情况下，其他非瓶颈工作中心的空闲时间对整个系统来说并不是问题。这些观点又可以提炼成以下一些作业计划的基本原理：

- 瓶颈损失一小时，则系统损失一小时。瓶颈决定了系统的综合生产能力。
- 通过对非瓶颈的改进节省一小时不会提高系统最终的产出率。
- 资源的激活不等同于资源利用，因为非瓶颈资源的激活并不具有资源利用的意义。

这些原理也是间歇式生产系统特有的作业计划技术的基础，是一种很多企业发现使用起来更简单、更快捷的作业计划技术。这一技术用鼓 – 缓冲 – 绳子的概念来管理系统。“鼓”是指作业计划，它决定了生产的节拍，目标是所确定的作业计划能够最大限度地使用瓶颈资源。“缓冲”是指瓶颈外部潜在的约束资源。缓冲的作用是在瓶颈之前保持少量的库存，以使瓶颈出现空闲的风险最小化。“绳子”则表示作业序列的同步化，以确保能够充分利用瓶颈资源。这样做的目的是避免需付出代价的和耗时的多次转换，尤其是在资源受到生产能力限制时，能避免新的瓶颈形成。

鼓 – 缓冲 – 绳子法提供了一种制订作业计划的基本原理，使得在避免持有过多库存的同时又取得产出最大化和提前期最小化。鼓 – 缓冲 – 绳子法的使用通常可以带来准时交货、降低库存和缩短提前期能力上的提升，也可以减少中断的发生。

Goldratt 还提出了通过改变批量来实现瓶颈产出最大化的一套体系。他将术语**加工批量**定义为一项作业的基本批量，而术语**传送批量**则是指基本批量中能够在生产中促进瓶颈资源利用率的那部分。实际上，一个批量可以分为两个甚至更多的部分。将在瓶颈部分处理的较大的批量分割为多个，可以缩减瓶颈的等待时间。

传统的管理强调每个工作中心产出的最大化。与此形成对照，**约束理论**的目的是使通过整个系统的流量最大化，它强调平衡通过各个工作中心的工作流。它首先要识别瓶颈，根据下面五个步骤来改进瓶颈作业的绩效：

⊖ Eli Goldratt，*The General Theory of Constraints*（New Haven，CT. Avraham Y. Institute，1989）.

- 分析瓶颈的制约是什么；
- 开发这种制约（如确保这种紧张资源的利用最大化）；
- 任何其他事情都要让位于这种制约（聚焦于这种制约）；
- 确定如何克服（或删除）这种制约；
- 对下一个影响最高的制约重复上面的过程。

（注意：这种方法有些类似于第 8 章讨论的计划 – 实施 – 分析 – 处理（PDSA）方法）
目的当然是赚钱。约束理论使用三个指标来测量改进的有效性：

- 实际产出：系统通过销售产生货币价值的比率（如边际贡献率，或销售收入减去可变成本，劳动力成本视为经营成本的组成部分）。
- 库存：库存表示一个生产过程中的物品和材料的货币价值。
- 经营成本：系统消耗的用于将库存转化为产出的货币价值，包括效用、废料、贬值等。

Eli Goldratt 的理论既适用于制造业也适用于服务业。

15.3　服务业的作业计划

服务系统中的作业计划提出了一些制造系统中不常遇到的问题，主要是因为服务不能存储，以及顾客需要服务的随机性。有些时候，第二个困难可以通过预约或预订系统得以修正，但服务无法存储这一生活常识却是绝大多数管理人员必然要面对的难题。

服务作业计划适用的方法通常与系统是否与顾客发生接触有关。对后台的作业来说，很少或没有与顾客的接触，例如，邮单请求的处理、贷款请求和征税准备等，它们用到前面提到的相同的优先规则。其目标是员工效率最大化，且工作通常以批量的形式处理。对于紧急订单，如果顾客为快速交货而支付了额外的费用，这时关键因素可能是交付期。这类似于发生在前台的作业，顾客接触程度很高，这种情况下效率相对于顾客等待时间来说变得相对次要。因此，计划对服务人员的安排以满足需求成为首先要考虑的问题。较少的服务人员会造成排队，但服务人员过多会增加成本，由此当然会影响利润，特别是在服务系统中，劳动力是主要的成本来源。

理想情形当然是经过系统的顾客流是平稳的。如果每一位新顾客都恰好在前一位顾客的服务刚刚完成的时候抵达，就会发生这种情形，就像是在内科诊室里、飞机旅行中，或任何一个需求恰好等于可提供服务数的场合。这种情形使顾客等候时间降至最少，服务系统的全体人员与设备利用充分。不幸的是，常见的情形是服务系统的顾客需求是随机性的，这使得公司提供的服务能力很难与需求匹配。而且，如果服务时间可变（即由于加工要求的不同），还会进一步加剧系统的无效性。如果到达时间能够事先安排好（例如预约），无效性就会减小，就像医生和牙医一样。然而，许多情况是不可能预约的（超级市场、加油站、剧院、医院急诊室、设备故障修理等）。在这里，我们关心的是系统能力基本固定的短期作业计划，其目标是通过有效利用系统的能力，获得某种程度的顾客服务水平。

服务系统作业计划是指对顾客、劳动力与设备等进行作业计划。顾客进度安排一般采用预约系统或预订系统的形式。

15.3.1 预约系统

预约系统的目的是控制顾客到达时间，在顾客等候时间最短的同时，使服务能力利用率最大化。医生可以用预约系统把患者安排到下午，上午的时间则留出来处理医院事务。类似地，律师也可以根据法律程序安排当事人。然而，即使采用预约方式，仍然会由于患者或当事人的不准时、取消预约、无法完全控制联系时间长度（例如，牙医在补牙时遇到并发症，必须为这个患者花费额外时间，顺延排在后面的预约）等发生问题。为患者或当事人的特定需求安排相应的预约时间，比进行固定时间间隔的预约，更能避免上述问题的发生。虽然有晚到、取消等问题，预约系统仍然不失为对随机到达情况的重大改进。

15.3.2 预订系统

预订系统的设计能够使服务系统对特定期间的系统需求做出比较精确的估计，使顾客由于长时间等待、得不到服务等而产生的失望感降至最低。预订系统广泛应用于度假胜地、酒店与汽车旅馆、餐馆以及某些运输模式（例如定期航线，汽车租赁等）。餐馆实施预订系统，管理人员就能疏散或集中顾客，使需求与服务能力互相匹配。晚到与放弃预订也能中断系统。放弃预订问题可以用决策理论解决。这个问题也可以视为第 12 章讲过的单周期库存问题。

15.3.3 收益管理

很多公司，特别是旅游业的公司，是在固定的运营能力下运营的。例如，宾馆和汽车旅店每夜可出租的房间数是固定的；航空公司每一航班可销售的座位数是固定的。没有售出的座位不能转入下一航班，只能损失掉。酒店的客房和停车场的泊位也是相同的情形。当然没有卖掉的库存是不能产生收入的。因此，运营能力固定的公司必须制定应对销售的策略。

收益管理是应用价格策略在不同类别的需求中分配运营能力，目的是使固定的运营能力产生的收入最大化。对固定运营能力的需求通常包括垫款预约的顾客和未经预约而来的顾客。垫款预约的顾客通常对价格比较敏感，而未经预约的顾客一般对价格不敏感。公司必须确定有限的库存多大的百分比分配给预约型顾客，以较低的单位收入换取相对较高的收入的确定性；同时还要确定分配给未经预约的顾客的比例，这种需求的不确定性较高但单位收入较高。

需求的预测能力对收益管理是非常关键的。季节性变化很重要，因此，必须将季节性变化结合到预测之中，而且计划也必须具有一定的柔性，以应对一些随机情况的发生。

15.3.4 劳动力排程

顾客排程是需求管理，劳动力排程则是服务能力管理。当需求能被比较可靠地预测时，劳动力排程效果最佳。这在餐馆、剧院、交通高峰期等系统可以得到很好的印证，这类系统的顾客到达按照一定的分布形态且具有重复性。对医务人员、警察、做分类销售的电话服务人员、信用卡公司、共同基金公司等进行时间安排也都属于这种排程。还有一个因素需要考虑，即劳动力柔性能够在多大程度上满足顾客需求变化。因此，服务能力可以通过经交叉培训的员工而得到调整，这些员工在需求高峰期被临时指派帮助瓶颈开展工作。

影响劳动力排程柔性的制约因素很多，包括法律、行为、技术（例如工人执行某些特定操作的资格）和预算等。工会或工作法规以及假期会使服务作业计划更加困难。

15.3.5 循环排程

在许多服务业（如医院、公安局、消防队、饭店和超市）中，排程的要求是相当类似的：员工的工作在重复性或循环的基础上，进行轮班或者有时间空档，并且还有假期。这里提出的方法既能用来排程，还能将对工人的需求降到最低。

通常基本工作模式是一批的（如连续工作5天，然后有连续2天的假期），在计划的时间周期（通常是一周）内对员工的需求是给定的。例如：

天	星期一	星期二	星期三	星期四	星期五	星期六	星期日
所需员工	2	4	3	4	6	5	5

一种能够相对简单并且能有效地确定最少员工数量的方法如下所示：从对员工1的重复需求开始。

（1）确定第一个员工的工作安排，使两天有最低的需求（即两者之和最小），并作为休假日。在这里，星期一和星期二是两个连续的最低需求。将这两天画一圆圈。（注意，在有些情况下，星期天和星期一有可能是最低的两天）。如果有相同的，向左或向右选择临近的有最低需求的两天。如果还有相同的，随意选择。

天	星期一	星期二	星期三	星期四	星期五	星期六	星期日
所需员工	2	4	3	4	6	5	5
工人1	(2	4)	3	4	6	5	5

（2）除了被圈住的天外，每一天的需求都减一。安排下一个员工，继续使用两个连续最低需求的天作为假日。画上圆圈。

天	星期一	星期二	星期三	星期四	星期五	星期六	星期日
所需员工	2	4	3	4	6	5	5
工人1	(2	4)	3	4	6	5	5
工人2	2	4	(2	3)	5	4	4

（3）对每一个增加的员工都重复前述步骤，直至所有员工的要求都得到满足。但是，如果值为零时就不要再减了。注意：工人3出现了“平局”：周一－周二和周日－周一都具有最低的连续要求4；周一－周二的左右两边分别是周日 =3，周三 =2，合计为5，这小于周日－周一的左右两边（周六 =3，周二 =3，合计为6）。因此，工人3的周一－周二的要求被圈住。工人4也出现了类似情况：周日－周一的两邻周六和周二合计为5，而周三－周四的两邻周二和周五合计为6，故圈住周日－周一的要求。

天	星期一	星期二	星期三	星期四	星期五	星期六	星期日
所需员工	2	4	3	4	6	5	5
工人1	(2	4)	3	4	6	5	5
工人2	2	4	(2	3)	5	4	4
工人3	(1	3)	2	3	4	3	3
工人4	1)	3	1	2	3	2	(2（相同的）
工人5	1	2	(0	1)	2	1	2
工人6	(0	1)	0	1	1	0	1（多个相同的）
工人7	0	1	(0	0)	0	0	0（多个相同的）
正在工作的员工数：	2	4	3	4	6	5	5

对于员工 7，圈住周三和周四的 0 0。

要找到每个员工在哪些天工作，可以沿着各个员工的行寻找没有被画圈的非零值，这表示该名员工在这些天工作。类似地，要知道某一天安排了哪些员工工作，可以沿着天的列寻找没有被画圈的非零值。注意：员工 6 将仅工作四天，而员工 7 将仅工作一天。

15.3.6 多资源排程

有些情况下需要协调使用不止一种资源。例如，医院必须对外科医生、手术室工作人员、康复室工作人员、候诊室、专用设备、护理人员等进行作业计划。教学机构必须对全体教师、教室、视听设备、学生等进行进度计划。你可以猜到，参与进度计划的资源数越多，问题复杂性就越大，达到最佳进度安排的可能性就越小。此外，系统可变性也将使问题复杂性大大增加。例如，学校教学计划的变更、学生注册人数的变化、学生的选课也是变量。

有些学校和医院用计算机程序辅助设计合意进度安排，尽管许多似乎只用直觉法的企业也获得了不同程度的成功。

航空公司是另一个需要进行多资源排程的服务系统。空勤人员、飞行器、行李处理设备、售票处、门卫、舷梯、维修人员等，都必须协调一致。更进一步，政府部门关于飞行员飞行小时数的规定也为系统设置了另一个限制条件。还有一个特别的情况，就是空勤人员和设备都不固定在一个地方。另外，人员与设备并不总是作为个别单位进行进度安排。对空勤人员的安排总能使他们每隔两天或往往更长时间回一次家，休息时间是必须考虑的因素。而另一方面，除了定期维护与修理之外，飞行器却几乎可以持续地使用。因此，空勤人员的旅行模式通常都不同于飞行器。

当对服务需求的变动导致瓶颈时，会使服务系统趋于迟缓。困难在于预测哪部分的运作会成为瓶颈。而且，瓶颈会随着时间的流逝而发生转移，因此不同的运作部分都可能成为不同的瓶颈，这就使得问题更加复杂化。

15.4 运营战略

作业计划既有可能帮助运营战略，又可能阻碍运营战略。如果作业计划完成得很好，产品或服务能够适时地生产或提供。这样资源就能得到最大程度的利用，而顾客也会感到满意。如果作业计划不合理，将会导致资源的浪费和顾客的不满。

这里的意义很明显：管理层不能忽视作业计划对于企业和供应链的成功所起的重要作用，在其完成良好的情况下，能够带来竞争优势，否则就会在竞争中处于劣势。基于时间的竞争取决于良好的作业计划。物料、设备使用和员工时间的协调也是运营管理中的一个重要功能。如果作业计划很差，那儿仅仅有优秀的设计、出色的质量和其他要素是远远不够的——就像你有一辆设计最好、性能最佳，并且最舒适最安全的汽车，但你却不知道如何驾驶它，这辆车对你就没有价值。

本章小结

作业计划包括作业的时间选择与作业的协调。这种活动对几乎所有企业来说都是基础。作业计划依据运营系统被设计为大量、批量或小批量的不同而有所不同。单件小批量生产（小批量运营系统）的作业计划特别复杂，是由于要求系统进行加工的作业具有多样性。

单件小批量作业计划的两个主要问题是向机器或工作中心分配工作，以及确定特定机器或工作中心的作业加工序列。甘特图常用来帮助管理人员想象工作负载情况，在描述和分析可选排序方案时也很有用。另外，试误法与最优化方法都能用于载荷计划与排序计划。在很大程度上，最优化技术只能在某些假设条件满足的情况下使用。

服务系统的顾客需求环境往往与制造系统所面临的情况有很大不同。有些公司能够利用预约和预订系统满足排程要求，尽管不是所有系统都能奏效。当面对多资源时，要想使系统保持平衡相当复杂。

知识要点

1. 每个企业组织都面临作业排序问题。
2. 作业排序是在管理者所确定的一些基本条件下进行的，包括能力、产品或服务设计、流程选择和设施布置以及综合计划与主生产计划。
3. 作业排序要在输入转换为输出之前进行。
4. 有效的排序可以降低成本、提高生产率。

例 题

扫此二维码，可浏览例题及求解过程。

习 题

1. 利用指派方法确定为工人分配工作的最佳方式，并计算分配的总成本。成本信息如下。

		作业		
		A	B	C
工人	1	5	8	6
	2	6	7	9
	3	4	5	3

2. 沿用上题数据，只是将成本改为利润。计算总利润。
3. 分配卡车到各运输路线，使总成本最小。给定成本信息如下，并求出总成本是多少？

（续）

		路线				
		A	B	C	D	E
卡车	1	4	5	9	8	7
	2	6	4	8	3	5
	3	7	3	10	4	6
	4	5	2	5	5	8
	5	6	5	3	4	9

4. 制订使加工成本最小的分配计划，给定信息如下，并对你的答案做出解释。

		工人		
		A	B	C
作业	1	12	8	11
	2	13	10	8
	3	14	9	14
	4	10	7	12

5. 利用指派方法，制订加工成本最小的计划。给定信息如表所示，限制条件分别如下：

（1）不能有 2–D 组合；

（2）不能有 1–A 和 2–D 组合。

		工人				
		A	B	C	D	E
作业	1	14	18	20	17	18
	2	14	15	19	16	17
	3	12	16	15	14	17
	4	11	13	14	12	14
	5	10	16	15	14	13

6. 下表是关于某工作中心内 4 项待加工作业的信息。

作业	作业时间（天）	预定日期（天）
A	14	20
B	10	16
C	7	15
D	6	17

（1）作业用以下排序规则：FCFS、SPT、EDD 和 CR。假设表中顺序就是作业到达顺序。

（2）对（1）中的每种方法，计算平均作业流程时间、平均延期时间和工作中心内的平均作业数。

（3）是否有一种方法比其他方法更好？说明原因。

7. 利用下表给出的信息，确定由 FCFS、SPT、EDD 和 CR 规则决定的加工序列，并计算平均作业流程时间、平均作业延期时间和系统内的平均作业数。作业以到达顺序排列。（提示：通过计算总加工时间与转换时间之和，求出各项工作的总作业时间。所有时间与预定日期都以小时为单位。）

作业	每单位加工时间	每个作业单位数	转换时间	预定时间
a	0.14	45	0.7	4
b	0.25	14	0.5	10
c	0.10	18	0.2	12
d	0.25	40	1.0	20

（续）

作业	每单位加工时间	每个作业单位数	转换时间	预定时间
e	0.10	75	0.5	15

8. 下表所示为星期一上午 8 点在车间等待处理的订单情况。这些作业需要通过的生产过程各不相同，处理时间以天为单位。作业根据订单到达顺序排列。

作业	加工时间（天）	预定时间（天）	剩余作业数
A	8	20	2
B	10	18	4
C	5	25	5
D	11	17	3
E	9	35	4

（1）根据下列规则决定第一个工作中心的加工顺序。

1）FCFS，2）S/O。

（2）计算各个规则的有效性：平均完成时间和工作中心的平均作业数量。

9. 某批发商品配送中心采用两步式订货补充方法。明天将要补充 7 份订单，如下表所示。求使补充订货所需时间最少的作业序列。

订单	时间（小时）	
	步骤 1	步骤 2
A	1.20	1.40
B	0.90	1.30
C	2.00	0.80
D	1.70	1.50
E	1.60	1.80
F	2.20	1.75
G	1.30	1.40

10. 2 台机器加工 8 项作业，每项作业在每台机器的完成时间如下表所示。每项作业必须遵循同样的加工顺序，从 A 机器移到 B 机器。

作业	时间（小时）	
	机器 A	机器 B
a	16	5
b	3	13

（续）

作业	时间（小时）	
	机器 A	机器 B
c	9	6
d	8	7
e	2	14
f	12	4
g	18	14
h	20	11

（1）求使时间跨度最小的序列。

（2）作图表示该加工序列，找出 B 机器的空闲时间。

（3）对（1）中解得的序列，把最后两项作业分割成两半，将使机器 B 的空闲时间减少多少？

11. 给定的运作时间如下：

	作业时间（分钟）					
	A	B	C	D	E	F
中心 1	20	16	43	60	35	42
中心 2	27	30	51	12	28	24

（1）制定工作序列，使两个工作中心的空闲时间最少。

（2）作图表示两个工作中心的活动，计算每个中心的空闲时间，假设没有其他任何活动参与其中。

12. 修鞋活动是一个两步式过程，所有作业都遵循同样的序列，作业组如下表所列。

	作业时间（分钟）				
	A	B	C	D	E
工作中心 A	27	18	70	26	15
工作中心 B	45	33	30	24	10

（1）找出使总完成时间最短的序列。

（2）求工作中心 B 的空闲时间。

（3）哪些作业可以考虑做分割？为什么？如果分割了，空闲时间和时间跨度会减少多少？

13. Marymount 金属店的生产经理做了一个作业计划，如下表所示。计算使表中所有作业更早完成的作业计划。

作业	切割		打磨	
	开始	结束	开始	结束
A	0	2	2	5
B	2	6	6	9
C	6	11	11	13
D	11	15	15	20
E	15	17	20	23
F	17	20	23	24
G	20	21	24	28

14. 生产经理必须为经过砂磨和调试部门的 7 项作业制订作业计划。两个部门使用相同的序列。经理的目标是尽快地使所有作业通过这两个部门。调试部门负责人想使用 SPT 规则使自己部门的在制品库存最小化。

作业	加工时间（小时）	
	砂磨	调试
A	3	6
B	2	4
C	1	5
D	4	3
E	9	4
F	8	7
G	6	2

（1）利用 SPT 规则为砂磨部门制定排程。

（2）砂磨部门利用 SPT 序列的流程时间是多少？7 项作业经过两个部门所需的时间共是多少？

（3）求使所有作业经过两个部门所需总时间最小的序列，砂磨部门的流程时间是多少？

（4）权衡两种序列安排的利弊。在哪一个点上，生产经理可能对序列的选择有不同的考虑？

15. 车间主任已经确定了一系列作业在某工作中心的加工时间，现在想对它们进行排序。给定信息如下，计算：

作业	作业时间（天）	预定时间	剩余作业数
a	4.5	10	3
b	6.0	17	4
c	5.2	12	3

（续）

作业	作业时间（天）	预定时间	剩余作业数
d	1.6	27	5
e	2.8	18	3
f	3.3	19	1

（1）使用FCFS、SPT、EDD和CR的加工序列，并计算各序列的作业平均延期时间、平均完成时间，以及该工作中心的平均作业数。列表的排列顺序是到达顺序。

（2）利用你在（1）中的计算结果，展示平均流程时间与平均作业数指标在这4种排序规则中完全相同。

（3）确定使用I/O规则时的加工序列。

16. 给定信息如下表所示，确定使用S/O规则的加工序列。

作业	剩余加工时间（天）	预定时间	剩余作业数
a	5	8	2
b	6	5	4
c	9	10	4
d	7	12	3
e	8	10	2

17. 作业时间和预定日期如下表所示，确定最优加工序列：FCFS、SPT、EDD和CR。对每种方法计算平均作业流程时间和平均作业延迟时间。

作业	作业时间（小时）	预定时间（小时）
a	3.5	7
b	2.0	6
c	4.5	18
d	5.0	22
e	2.5	4
f	6.0	20

18. Budd Gear公司为许多汽车公司生产热处理齿轮。Budd开始营业那天的上午8点，有5件订单需要处理（根据到达情况列示）。

订单	订货量（单位）	每单位热处理时间（分钟/单位）	预定时间（从现在起分钟）
A	16	4	160
B	6	12	200
C	10	3	180
D	8	10	190
E	4	1	220

（1）如果使用预定日期规则，应该用什么序列？

（2）平均作业延迟时间是多少？

（3）在系统中的平均作业数是多少？

（4）在延迟方面SPT规则是否比其他规则更好？

19. 下表包含3项转换时间依赖于排列顺序的作业，求使总转换时间最短的加工顺序。

		转换时间（小时）	后继作业转换时间（小时）		
			A	B	C
紧前作业	A	2	—	3	5
	B	3	8	—	2
	C	2	4	3	—

20. 下表包含3项转换时间依赖于排列顺序的作业，求使总转换时间最短的加工顺序。

		转换时间（小时）	后继作业转换时间（小时）		
			A	B	C
紧前作业	A	2.4	—	1.8	2.2
	B	3.2	0.8	—	1.4
	C	2.0	2.6	1.3	—

21. 下表包含4项转换时间依赖于排列顺序的作业。出于安全原因，作业C不能紧随作业A，作业A也不能紧随作业C。确定使总转换时间最短的加工顺序。（提示：共有12种可选方案。）

		转换时间（小时）	后继作业转换时间（小时）			
			A	B	C	D
紧前作业	A	2	—	5	×	4
	B	1	7	—	3	2
	C	3	×	2	—	2
	D	2	4	3	6	—

22. 给定下列服务中心的计划信息以及实际

的输入、输出信息。确定每个时期的工作积压情况。开始的积压情况为12小时。所示数据以小时为单位。

时期

		1	2	3	4	5
输入	计划	24	24	24	24	20
	实际	25	27	20	22	24
输出	计划	24	24	24	24	23
	实际	24	22	23	24	24

23. 给定某工作中心的输入和输出数据，确定每个时期的累计偏差和工作积压情况。开始的积压为7。

时期

		1	2	3	4	5	6
输入	计划	200	200	180	190	190	200
	实际	210	200	179	195	193	194

时期

		1	2	3	4	5	6
输出	计划	200	200	180	190	190	200
	实际	205	194	177	195	193	200

24. 确定所需最小工人数，并且对以下员工需求进行排程，工人每个循环有连续两天的休假（不包括星期天）。

天	星期一	星期二	星期三	星期四	星期五	星期六
所需工人	2	3	1	2	4	3

25. 确定所需最小工人数，并且对以下员工需求进行排程，工人每个循环有连续两天的休假（不包括星期天）。

天	星期一	星期二	星期三	星期四	星期五	星期六
所需工人	3	4	2	3	4	5

26. 确定所需最小工人数，并且对以下员工需求进行排程，工人每个循环有连续两天的休假（不包括星期天）。

天	星期一	星期二	星期三	星期四	星期五	星期六
所需工人	4	4	5	6	7	8

阅读材料 为客机服务

在飞机起飞前或者降落后，你可能会注意到，即使在没有明确的行动计划时，也会有许多人和各种不同类型的交通工具与设施在地面忙碌地来回移动，特别是在大型机场。实际上，所有这些活动是经过仔细、精心安排的，因为其中所涉及的人是我们团队的一个重要组成部分，我愿意告诉你拥挤喧嚣的全部原因。

当一架航班降落并接近终点时，停机坪工作人员将引导飞机到其指定停靠位置，然后停下来并将楔形垫块放在飞机轮子下面。一旦这一切活动完成，其他工人就来连接地面电源和空气调节装置。电源来自于看起来像一个插入到鼻翼下部的强度很大的延长线。加热或冷却的空气通过一根从飞机到终端的大黄色胶管进入客舱，该终端在拥有中央空气处理设备或者移动式空气处理机组的地方。

在这期间，飞机上的飞行服务人员打开舱门，当乘客开始下飞机时，由于有机械挤压过去，服务人员从驾驶员座舱得到汇报并进行检查，看看是否需要进行相应的维修工作。

在所有乘客都已经离开后，客舱清洁人员走进大多数航班的客舱和高齿轮箱，为每一个座位的下一位主人清洁座位后面的口袋，整理客舱，清洁卫生间，重新配置安全带等（每次都要进行更彻底的清洁）。

同时，在停机坪，工人正在卸行李、飞机腹部车厢的货运和舱室的邮件，并开始根据不同种类和不同目的地对行李、货物和邮件进行排序。除了需要及时交付给顾客和货主已到达目的地的行李和货物外，还有一些必须转移到其他的美国航空公司的航班上，另外一些也必须转到其他运输公司。更复杂的问题是，行李、货物以及邮件通常在不同的机场物业设施中。

如果要为出港航班提供或者计划提供一份快餐，餐饮车需停下来为头等舱和客舱厨房服务。另一种特殊的卡车服务在于卫生间水池，在所有这些活动中，可用机器来处理由机组人员报告的任何问题，且机器也可以自己做巡检。

一旦那些工作都完成了，下一航班的顾客就开始登机，反过来一切活动都将再开始。地面工人开始在飞机的前腹和货运舱装载行李，在后面装邮件。燃料输送卡车停下来为大多数航班加油。飞机也必须“被加水”，新鲜的水通过泵从一辆水槽车或者服务设施自身内置的门输送到飞机上。在寒冷的天气里，当除水车向飞机的机翼和机身喷洒液体时增加了停机坪的滑度。

机场停机坪的大多数工作都由我们自己主要是机场服务人员完成，但是也有各种不同的服务如饮食服务由承包商提供。

所有这些同时发生的活动可能会产生冲突。例如，当需要卡车为头等舱提供餐饮时，行李车卸了把手就可以在地面空间使用，而在那些卸载货物和邮件的地方又需要行李车完成其最基本的运货功能。机坪地勤人员是指挥员，安排整个活动过程，监督细节，并查看是否能保证所有任务都及时、顺利地完成。

那是一种微妙的平衡，尽管我们的顾客很少与机坪工作人员接触，但他们仍然是我们团队中重要的组成部分，我们团队的目标是为每位顾客提供更好的服务且保持飞机运行安全、及时。

资料来源：Robert L. Crandall, “Servicing Passenger Planes,” American Way, March 15, 1995.

讨论题

1. 说明接机业务涉及的主要运营管理问题。
2. 以客舱清洁小组为例，给出其为不同航班提供清洁服务的作业流程。

应用案例 Hi-Ho Yo-Yo 有限公司

当贝克杰夫手里拿着一包油炸圈饼走进你的办公室时，时间是星期一早上9点过一点。

他笑着说：“我已经与安妮讨论了有关我们移印作业短期生产能力的问题。你知道，这正是我们将yo-yo标识印到顾客定制产品上的环节。7月我们接到了比以往更多的订单，我希望能以尽可能好的方式向移印作业下达订单以满足我们所承诺的交货期。你有时间看一下订单目录（附件）并考虑一下我们应该采用什么进度计划来完成这些订单吗？顺便说一下，你在这里的短暂停留已经树立起很好的名声。你有能力以一种使我们‘资深’的管理人员都能理解的方式来很好地解释为什么你的建议是最好的。请对我也做同样的解释。我想知道为什么你的建议是最好的进度计划，有没有其他可能的权衡计划。”

由于进度已经落后于你为安妮所制定的MRP报告的时间安排，你应该考虑这些信息。听到这些称赞之后，你怎么能说不呢？杰夫说：“请在几天内反馈给我”，然后离开了你的办公室。

用几分钟看完过去的运营管理文件后，你给生产控制办公室打电话确认移印作业的进度计划。他们确认移印车间每天8小时一个班次。他们告诉你，7月移印作业将有23个工作日，从7月1日星期五开始（他们工作三个星期六：7月9日、16日和23日，7月4日有一天假期）。你感谢他们提供这些信息然后开始制订你的计划。

你要负责向杰夫和其他管理人员解释并使他们明白你的计划。因此，计划应尽可能明确。

PAD 打印作业的订单列表

工作	接到订单日期	准备时间（小时）	生产时间（天）	交货期
A	6/4	2	6	7/11
B	6/7	4	2	7/8
C	6/12	2	8	7/25
D	6/14	4	3	7/19
E	6/15	4	9	7/29

注：准备时间是设置PAD打印机能够开始工作的时间。准备工作包括清洗打印头和加补墨水，安装衬垫以及调整机器。准备工作都是在新的一天开始时去做，相同的工作没有必要做准备工作。

资料来源：Victor E. Sower，“Hi-Ho Yo-Yo，Inc.” Copyright©2006 Victor E. Sower，Ph.D，C.D.E.

讨论题

现在让你使用不同的规则（FCFS、SPT、DD和CR）为杰夫写一个报告，你的建议是什么？

CHAPTER16 第16章

项目管理

学习目标

学完本章内容后，读者应该能够：

（1）描述项目生命周期；

（2）从项目人员与项目经理的不同角度，讨论项目行为方面的内容；

（3）指出项目管理的六个关键决策；

（4）讨论项目管理中工作分解结构的性质与重要性；

（5）大致描述 PERT/CPM 技术；

（6）绘制简单的网络图；

（7）用确定时间分析网络；

（8）用随机时间分析网络；

（9）描述“赶工”活动，解决典型问题；

（10）讨论使用 PERT 技术的优点以及潜在的误差来源；

（11）讨论风险管理的主要步骤。

项目是企业运作中具有独特性的活动，因此需要特殊的管理方法。不像企业很多其他运作是例行的、重复性的活动，项目通常具有不确定性和风险，从而使得管理项目更具有挑战，就像美国胡佛水坝大桥。

项目的例子很多。有些是很大的，例如空间站的建立，大型自然灾害后的援救和重建工作，以及主办奥运会等。有些项目规模很小，如完成一部大制作电影，上演一部百老汇戏剧，或制作一个音乐视频等，它们都涉及有关布景设计、布景制作、编剧、摄影师、导演、演员和主持人、化妆师、广告和很多完成项目所需的活动的计划和协调，同时要满足预算和时间的约束条件。

考虑举办奥运会，它所涉及的范围远超出庆祝活动、令人激动的盛事、国家荣誉和运动员的竞争。它会涉及大量的有关计划、准备和协调的工作，这些工作需要在奥运会开始之前和期间完成。主办方必须提供运动员生活和训练的设施，制定竞赛时间表，完成有关赛事电视转播的安排，设备和工作人员的协调，交通和酒店的安排，以及很多其他有关的事物都必须进行计划和管理，以使各项赛事能平稳进行。

微软公司定期地发布升级软件。每次发布都是很多人进行大量的编程、测试和修改程序工作的结果。而且，与设计、生产和营销有关的工作也必须协同进行。公司的荣誉和利润直接与软件开发的成功息息相关。

不是所有项目都能获得成功，项目失败的结果可能是成本的增加，甚至可能是灾难性的后果。ERP 安装项目（见第 11 章）是很昂贵和费时的，有为数不少的公司耗费大量资金最后不得不终止项目。

本章介绍项目管理的一些基本概念，包括对项目管理行为方面的一些讨论，项目经理可能遇到的一些困惑。本章内容主要集中在对项目的计划和进度中应用的图形和计算方法的讨论上。

引言

管理者通常会监督多种运作。其中有些是例行的、重复性的活动，还有些则是非常规活动。后者就是**项目**：独特的、一次性的运作，在有限的时间范围内完成一系列目标。项目的其他范例包括建造一个购物中心，两个公司进行合并，制作一部电影，计划举办一场政治活动等。商业组织的项目范例包括新产品 / 服务设计、广告战设计、信息系统设计、流程再造、数据库设计、软件开发和网页设计。

项目可能涉及数量可观的成本。有些历时很久，有些包含大量的必须进行周密计划与协调的活动。大多数项目都希望在一定的时间、成本、绩效目标下完成。为了达成以上期望，必须建立目标，设置优先顺序，确定各项任务并进行时间估计，计划所需资源和准备预算。一旦开始，就必须对整个过程保持监控，确保项目目标与目的的实现。

项目方法能使组织集中注意力，在有限的时间和预算范围内，全神贯注地完成一系列已精确设定的目标。与其他方法相比，它能产生巨大的效益。不过即便如此，项目仍然向管理者提出了大量问题，它们在许多方面与常规活动面临的问题不同。对大型项目来说，计划与协调项目的各项活动实在令人生畏，因为它们涉及成千甚至上万项活动；如果项目要在时间进度安排与合理成本下进行，还必须对项目进行周密的计划与监控。

项目对于一个组织的重要性可能体现在战略层面，例如，一个好的项目管理可以帮助企业成功实施 ERP 系统，或者将企业的运作从传统模式切换到精益生产方式。对于一个虚拟团队来说，项目管理尤其重要。

表 16-1 提供了项目管理的总览。

表 16-1　项目管理总览

什么是项目管理
以团队为基础来管理项目
它与通常的运营管理有何不同
1. 有时间限制
2. 重点突出、有特定的目标
3. 较少的层级
为什么要使用它
1. 一些职能式管理无法实现的特殊需求
2. 开发或改进产品或服务、成本削减的压力
关键评估标准是什么
1. 时间
2. 成本
3. 绩效目标

（续）

成功的关键因素是什么
1. 自上而下的承诺
2. 受尊重的、有能力的项目经理
3. 有充足的时间来规划
4. 细致的跟踪和控制
5. 良好的沟通
主要的管理问题是什么
1. 行政职责
1）项目的选择
2）项目经理的选择
3）组织结构（项目经理应该向谁汇报）
2. 组织方案
1）在职能单位中进行管理
2）任命一位协调人
3）与项目领导者一起使用矩阵式组织
主要的工具有什么
1. 工作分解结构。一种用于形成活动列表、活动序列和具体预算的初始计划工具
2. 网络图。图形化的可视化工具，用来估计项目持续期间，识别出对于及时完成项目非常关键的活动，识别出哪里存在松弛时间，以及制定活动时间表
3. 甘特图。用来计划和监控单个活动的可视化工具
4. 风险管理。潜在失败或问题的分析，其发生概率和结果的评估，以及应对计划

16.1 项目生命周期

各个项目的规模、时间长度、范围有很大的不同，依其性质与目标而定。尽管如此，所有项目都有一些共同之处：它们都要经历一个包含5阶段的生命周期。

（1）定义，这一过程开始于对与项目有关的预期成本、收益与风险的概括，包括对主要的项目目标的定义和项目经理的选定。

（2）计划，这一阶段要清楚地确定项目的可交付结果、项目的范围、预算、进度和里程碑、绩效目标、资源需求、质量计划以及风险管理计划。在计划阶段要编制出相应的文档，以便在实施和监控阶段用于指导工作和监控进程。团队成员的选定。

（3）实施，项目本身就在此阶段进行，在工作的完成、资源的消耗以及里程碑的实现过程中对项目实施管理。按项目管理学会给出的定义，项目管理涉及十大管理领域：项目整体管理、范围管理、人力资源管理、沟通管理、时间管理、风险管理、质量管理、成本管理、采购管理、干系人管理。

（4）监视和控制，这一阶段与项目实施同时进行。它涉及将实际进程与计划进行对比，如果需要采取必要的纠偏行动，监视每一纠偏行动以保证达到期望的结果。

（5）结束，项目在此阶段结束，涉及移交项目结果，获得客户的接受，总结经验教训并文档化，处理剩余资源。

值得注意的是，这些阶段可以重叠，因此在下一阶段开始之前本阶段工作可能还尚未完成。这样做能够减少生命周期的必需时间，也许还能产生竞争优势、节约成本等。尽管早期阶段的决策可能会导致后期部分活动的浪费，但对活动的周密协调仍能使这种风险降至最小。

图16-1显示了项目生命周期的各个阶段。

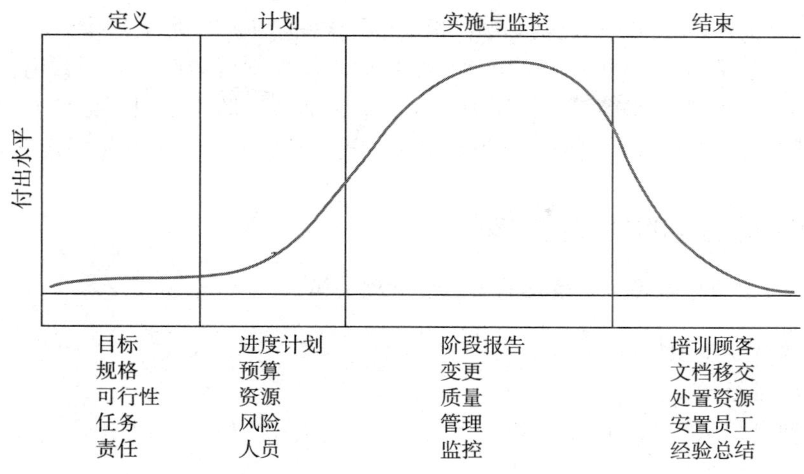

图 16-1　项目生命周期

资料来源：Adapted from Clifford F. Gray and Erik W. Larson，*Project Management*：*The Managerial Process*，2nd ed.，p. 6. Copyright© 2003 McGraw-Hill Companies，Inc.Used with permission.

16.2　项目管理行为方面的影响因素

项目管理与常规活动管理不同，主要因为其时间有限，涉及的活动独特，由此引发的大量问题也独特。本节将更全面地描述项目的性质及其行为暗示。对项目经理的角色我们应予以特别注意。

16.2.1　项目性质

当项目经历其生命周期时，会涉及各种技术性需求。这就类似于建造一座房子：首先是提出概念，再对此进行可行性分析，然后草拟计划以及被业主也许还有城市建筑委员会或其他管理机构认可。随即，一连串活动开始了，每一个活动都有自己的技术要求，从选址开始，一直到打地基、立桩、盖屋顶、造外墙、布线、排水设施、安装厨房浴室设备与用具、内部修整工作、喷漆、铺地毯等。类似过程也发生于大型建筑项目、研究与开发工作、宇航工业，以及其他实际项目的贯彻实施之中。

项目把具备不同知识与技能的人员组织在一起，他们中多数人只存在于项目的某些阶段，而不是项目的整个生命周期。有的人完整地参与了一个又一个项目，而有的人只是“借来的”，或全职或兼职。在传统组织内部进行特殊项目往往采用后一种形式。然而，某些组织经常有项目，如咨询公司、建筑师、作家与出版商、建筑公司等。在这些组织里，让某些个体把全部时间花费在项目事务上的情况并不少见。

有些组织使用矩阵组织形式，把职能框架下的各种专家的活动综合在一起。例如，他们让某些人提建议，某些人专门做工程，另外一些人做营销，等等。

在一个矩阵型的组织里面，职能部门经理和项目经理共享人力资源和设备，项目经理需要和职能部门经理协商以安排人员参与项目，选中的人员则暂时性地分配到项目组，但是同时他们还需要对职能经理负责。这些人在项目上是全职或者兼职的，一旦项目结束，则还回到各自的部门。

一个矩阵型的组织成员如果能够同时和两个领导一起工作，那么这个组织就能够很好地运作。来自不同职能部门的员工在一个项目组里面工作，则可能产生协同效用。但是有一些人在矩阵型的组织里面工作得不好，压力过大。通常而言，矩阵组织不会长期存在，而且如果一个员工同时有多个领导，可能会导致在对员工进行评估时产生某种不确定性。

16.2.2 项目管理中的关键性决策

许多项目的成功都依赖于一系列的关键性管理决策：

- 决定执行哪些项目；
- 选择项目经理；
- 选择项目团队；
- 计划、设计项目；
- 管理、控制项目资源；
- 决定项目是否以及何时结束。

1. 决定执行哪些项目

它包括确定用来决定项目选择的标准。典型的决策因素有预算、掌握相关知识与技能人员的可用性、成本效益原则等。当然，也会有一些超越标准的因素存在，如资金的可获得性、安全问题、政府行为等。

2. 选择项目经理

项目经理是项目的中心人物。下一节将专门讨论这一专题。

3. 选择项目团队

项目小组在很大程度上影响项目的最终成功或失败。在对人的考查中，重要的考虑因素不仅包括其知识与技能基础，还包括其人际交往能力（尤其与那些已经被选进项目的人的关系）、参与项目的积极性、正在参与的其他项目，以及那些项目对该项目的干扰可能有多大等。

4. 计划、设计项目

项目的计划与设计决策需要基于项目目标、项目完成时间表、项目的范围、需做的工作、怎样做，如果某些部分需要外包，那么需要什么资源，一份预算，以及什么时候需要某些资源，需要多长时间等。

5. 管理、控制项目资源

它包括对人员、设备、预算的管理；建立恰当的评估项目的指标；监控过程以及在必要时采取矫正措施。此外，设计一套信息系统，确定何时形成项目文档及其内容、格式，以及这些文档何时、从何人处取得，更新频率为多少等。

6. 决定项目是否以及何时结束

有时，结束项目比继续投入更多资源更好。此处的重要考虑因素是成功的可能、中断成本、资源用于别处是否更好等。

16.2.3 项目经理

项目经理负有很多职责。在计划阶段，项目经理必须对项目范围进行准备，具体到交付结果、目标，确定所需的技能和资源，制订进度计划和预算，以及对范围、进度、预算、质量和风险的管理做出计划。

项目经理对项目成败负最终责任，他必须能够通过别人达成项目目标。项目经理将负责有效管理以下事项：

- 工作，使所有必需活动按照预定序列完成，实现预定的绩效目标；
- 人力资源，使参与项目的人有工作目标与工作动机；
- 沟通，使每个人都有工作所需信息；
- 质量，使执行目标得以实现；
- 时间，使项目按时完成；
- 成本，使项目在预算内完成；
- 范围，使项目保持在所要求的范围内，避免不可控的对进度和预算的变更。

其中的几个职责通常被描述成为“项目管理三角”。

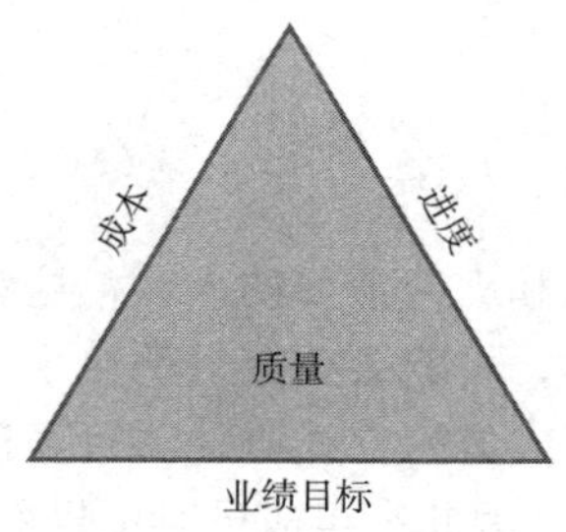

项目管理三角

为了有效地管理项目，项目经理必须具有一些特定的技能，包括激励和领导小组成员；做出均衡的决策；在需要时加快进程；释放激情；掌控时间、预算和技术细节。对于那些任务明确的项目来说，掌握这些技能已经够用了。但是，有些项目非常不明确，具有相当的不确定性，项目经理必须具备很强的领导能力。要求项目经理能够适应不断变化的环境，这些变化可能潜在于项目目标、技术需求以及项目小组成员中。作为一名领导者，项目经理不仅要能够处理这些问题，还需要能够确认变更的需要，确定哪些变更是必需的，以及完成这些变更所需的工作。

项目经理的工作既困难又值得。有时，项目经理必须协调与激励那些效忠其所在职能区域经理的人员，以及那些经常做类似项目、具有项目经理本人所缺乏的专门知识与技能的人员。尽管如此，项目经理仍应指导和评价他们的工作。项目经理必须经常在不确定的环境中开展工作，而且往往还有预算与时间限制，给项目经理造成额外的压力。最后，项目经理可能不具备完成所有项目目标所需的职权。事实上，项目经理有时必须依靠其他人的说服与合作才能认识到项目目标。

在项目运行中，经常会遇到一些道德问题。例如，故意压低成本或保留信息以获得项目通过的诱惑，在现状报告中改变或误导事实的压力，伪造记录，漠视员工安全，以及允许不合格的工作等。管理者必须承担起在任何级别维持和促进道德标准的责任。另外，员工经常把管理者的行为作为标准，因此管理者更需要双倍地注意自己的道德行为。美国项目管理学会（PMI）的网站（www.pmi.org）中就有项目经理道德公约的相关内容，另外还有其他一些项目管理方面的内容。

项目经理职位有很高的可见度。对项目经理工作的回报主要有工作的创造性挑战，与成功项目有关的好处（包含精神和物质奖励），以及看到最终结果的个人满足感。

16.2.4 行为方面的问题

成本、进度、质量是度量项目是否进展良好的重要指标。同时，行为方面的度量标准也很关键，不应被忽视。正是人在推进项目。然而，如果行为方面的问题没有被仔细管理，就会影响项目的成功。分权决策，按时在预算范围内实现项目里程碑的压力、惊喜等都会构成行为方面的问题。

由于项目工作通常基于团队努力，因此对工作者的考评基于对团队整体贡献的项目度量，而不是对单个人的贡献进行测度。团队必须能够成为一个整体高效工作，因此，人际交往能力和应对能力就显得至关重要。调和分歧也就成为项目经理的一项重要工作。项目经理可以通过以下方式避免问题的发生：尽可能仔细地挑选团队成员，领导力，激励，保持一种正直、信任和专业的环境，支持团队的努力。

16.2.5 项目推动者

有些企业会使用企业内部发起和支持项目的人员，这些人被认为是项目推动者。有些管理者在其手下员工参与项目小组时，可能会要求与项目小组分享资源。这时那些项目推动者就会发挥作用，通过“赞扬”项目成员的方式协助项目经理完成工作。项目推动者的努力确实会成为一个项目成功的关键因素，因此小组成员对项目推动者的鼓励与沟通是非常重要的。

16.2.6 认证

美国项目管理协会（PMI）的认证是全世界都认可的，它是一项职业认证项目测试。这一认证程序保持 ISO 9001 质量管理体系的认证。该认证分为两个等级：项目管理助理师和项目管理师。申请助理和管理师级别的人员必须达到特定教育和经验要求，并且具有一定的职业行为准则。项目管理专家的认证必须通过满足 PMI 的继续认证要求程序来证明自己一直遵守对项目管理领域的职业承诺。

16.2.7 从事项目的得失

人们被选去参加某个项目是因为他们具备项目所需的知识或能力。然而在有些情况下，他们的上级对其中断日常工作感到很勉强，即便是做兼职，因为他可能需要再训练一个新手去临时顶替工作。另外，管理者不想使绩效高的工人的产出受到损失。工人自己并不总想参加项目，因为这可能意味着为两个领导工作，而他们又有着不同的需要；可能中断友谊和日常工作；还要冒被代替当前工作的风险。另外，可能还有对被卷入一项不成功的项目的恐惧，因为它在事业提升中会起反作用。太多的时候，当一个大项目被逐渐淘汰，项目小组逐步解散时，项目成员都会由于缺乏新项目以及难以回到原来的工作岗位而离开组织。这种趋势在项目历时很久而小组成员又不太可能兼职参与的情况下表现得更为明显。

尽管存在潜在风险，人们也被项目包含的潜在回报所吸引。其中一个就是项目所处的动态环境，往往能够与人们深陷其中的沉闷的日常环境形成强烈对比。有些人喜欢投入到比较动态的环境中去，他们欢迎工作压力和问题解决带来的挑战。而且，项目也提供了认识新朋友、增加未来工作机会的可能，尤其当项目最终成功时。另外，与某个项目有关可能成为同事关系的起源。最后，从事项目工作往往能够激发团队精神，提高士气，形成成功完成项目目标的动机。

16.3 工作分解结构

由于大型项目往往涉及大量的活动，计划者需要想办法确定究竟哪些事情才是真正需要做的，这样他们才能切实地估计完成项目各要素所需的时间与成本。他们通常通过制定**工作分解结构**（work breakdown structure，WBS）完成这项任务。WBS是对项目必需事务进行的分级列表，这种方法为鉴别项目所需活动建立了一个逻辑框架，如图16-2所示。制作工作分解结构的第一步是鉴别项目主要元素，即图16-2中的第2层。下一步则是为各项主要元素鉴别主要辅助活动——第3层。然后，每项主要辅助活动又被分割成一系列完成它所必需的活动——第4层（为说明起见，只显示4层）。第4层列表通常有许多活动。有些大型项目可能包含更多层次，但图16-2只是为大家提供一些对工作分解结构的基本概念而已。

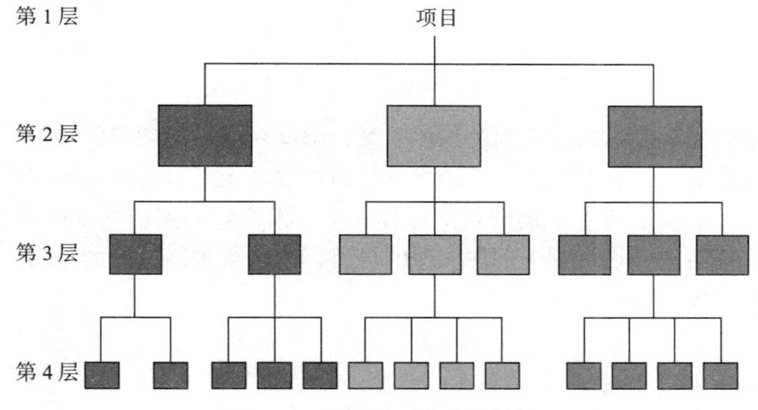

图16-2 示意性工作分解结构

制定一个好的工作分解结构需要付出后续的时间与努力，这是由于与项目或项目规模有关的不确定性的存在造成的。通常花费在制定工作分解结构上的时间比例远远超过了花费在实际制定项目排程上的时间。工作分解结构的重要性在于所列出的活动列表能够使其成为计划和开展项目的重点。更进一步，工作分解结构是预计时间和估计成本的基础。

16.4 甘特图在计划与排程中的应用

甘特图是一种对简单项目进行计划与排程的通行的可视化工具。它能使管理者先为项目各项活动做好进度安排，然后再随着时间的推移，对比计划进度与实际进度，进行监控工作。某银行建立新直销部门的计划用甘特图表示，如图16-3所示。为绘制本图，负责项目的副经理必须先找出项目所需的主要活动，然后再对各项活动进行时间估计，确定活动序列。做完这一切，图上就能显示出将要发生的所有活动、计划持续时间以及何时发生等信息。然后，在项目进行过程中，管理者还能看到哪些活动按进度安排进行，哪些活动则晚于进度安排。

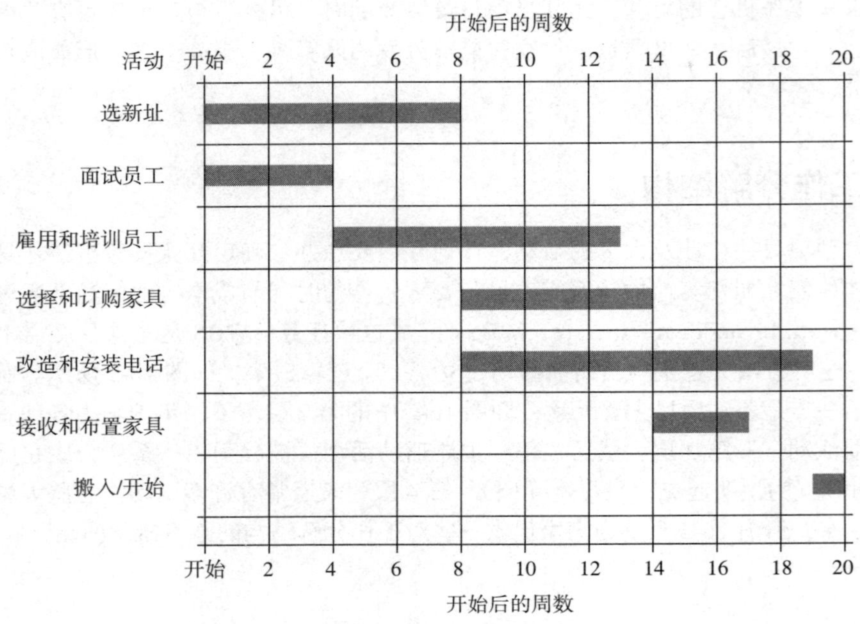

图 16-3　某银行绘制的甘特图

然而，甘特图无法显示活动之间的内在联系，但其对高效的项目管理很关键。例如，假如某项目的早期活动之一有点延期，活动之间的内在联系无疑对管理者确定以后的哪一个活动将延期很重要。相反，有些活动则可能比较安全，因为它们不影响整个项目的进度安排。甘特图不能直接说明这一点。对于更加复杂的项目，为达到控制进度的目的，甘特图往往与下节介绍的网络图结合起来使用。

16.5　PERT 与 CPM

计划评审技术（PERT）与关键路径法（CPM）是计划、协调大型项目最常用的两种技术。通过运用 PERT 或 CPM，管理者能够获得以下信息：

- 项目活动的图形化展示；
- 项目持续时间估计；
- 为及时完成项目，哪些活动是最关键的；
- 在不延长项目的情况下，某些活动能够延期多长时间。

尽管 PERT 和 CPM 是分别发展起来的，但它们有很多的共同点。而且，在使用者长期的取长补短的使用过程中，它们之间最初的差别也在逐渐消失。出于实践目的，我们把这两种技术都看成是一样的：用于 CPM 分析的评论与程序也一样可以用于项目的 PERT 分析。

16.5.1 网络图

PERT的一个重要特征与相关技术，就是它们用**网络图**或优先图描述主要项目活动及其次序关系。构造网络图有两种略微不同的规范。在一种规范下，箭头表示活动；另外一种规范下，节点表示活动。它们分别叫作**箭线式**（AOA）与**节点式**（AON）。活动会消耗时间和资源。在AOA方法中的节点表示项目活动开始和结束点，叫作**事件**。事件是时间点，与活动不同，它们既不消耗资源也不消耗时间，而AON法中的节点则代表活动。

图16-4用前面图16-3某银行所做的甘特图来说明上述两种规范。对比两者，AOA图中的箭头代表活动，它显示了必须完成的某些特定活动的一定顺序（例如面试必须在雇用和培训以前完成）；在AON图中，箭头仅仅说明了特定活动完成的顺序，而节点则代表活动。AOA网络图中的活动可以用两种方法来表示。一种是用端点（例如活动2-4），另一种是给箭头指定字母（如活动c）。这两种方法都会在本章中说明。AON图中的活动由节点上指定的字母（或数字）表示。尽管这两种方法只有细微的差别，但它们都能体现出顺序关系，而这一点甘特图是做不到的。注意，AON图中有一个起始节点S，这个节点并不代表任何活动，仅仅是作为一个开始节点。

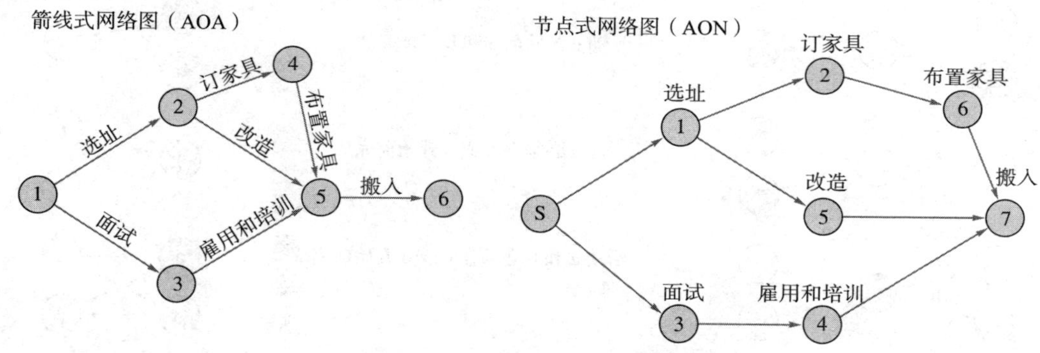

图16-4 一个简单项目的网络图

除了这些区别，这两种规范是相当类似的，因此你不会有什么理解上的困难。实际上，我们更应该同时掌握两种方法，因为这两种方法都在被广泛地使用。不过任何一个组织通常只选择一种方法，而其员工也必须在该种方法下开展工作。另外，为一个组织工作的承包人可能会使用另一种方法，因此该组织中与项目承包人接触的员工也会因为通晓另一种方法而获益。

管理者特别关注的是网络图中的路径。**路径**是指从开始节点到结束节点的活动序列。例如，在AOA图中，序列1–2–4–5–6是一条路径。在AON图中，S–1–2–6–7也是一条路径。注意在两种图中都有三条路径。路径重要性在于它揭示了序列关系。序列关系毫无疑问是十分重要的：如果序列中的某一活动延期（也就是拖延）或做错，那么该路径中的所有后续活动都会延期。

路径的另一个重要方面是路径长度：某一活动序列需要多长时间才能完成？任何路径的长度（时间）是由该路径中所有活动的期望时间之和所决定的。时间最长的路径特别值得关注，因为它决定了项目的完成时间。换言之，预期的项目持续时间等于最长路径的期望时间。而且，如果在最长路径上出现延期，就将反映为整个项目完成时间的延长。想要缩短完成时间就必须关注最长的那条活动序列。由于影响项目完成时间，最长路径就叫作**关键路径**，它所涉及的活动就叫作**关键活动**。

比关键路径时间短的其他路径可以有一定的延期，而不会影响整个项目的完成时间，只要最终路径时间不超过关键路径长度。任一路径上的允许落后时间叫作**松弛时间**，松弛反映的是某给定路径长度与关键路径长度之差。关键路径的松弛时间为零。

16.5.2 网络规范

制作与解释网络图需要对网络规范有一定的了解和熟悉。表 16-2 说明了网络图的一些最基本和最常用的特征。这为我们理解有关优先图的基本概念和解决典型问题提供了充分的背景知识。

表 16-2 网络规范

<table>
<tr><th>AOA</th><th>说明</th><th>AON</th></tr>
<tr><td>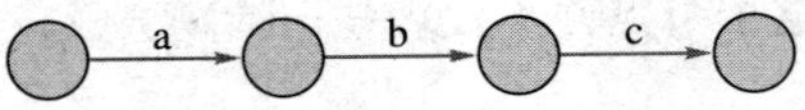
</td><td>活动必须按顺序进行：a，b，c</td><td>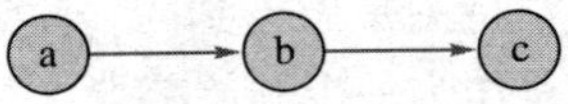
</td></tr>
<tr><td>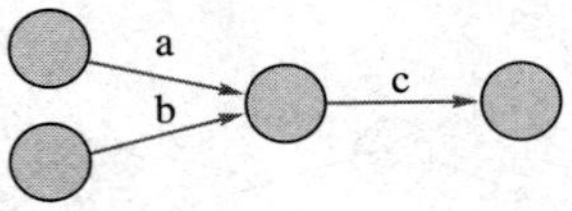
</td><td>活动 c 开始前 a 和 b 必须完成</td><td>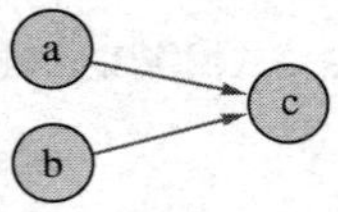
</td></tr>
<tr><td>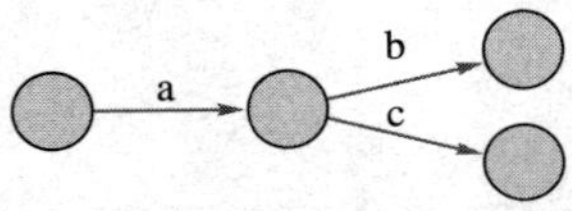
</td><td>活动 a 必须在 b 或 c 开始前完成</td><td>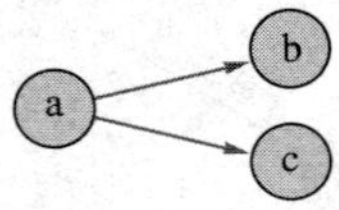
</td></tr>
<tr><td>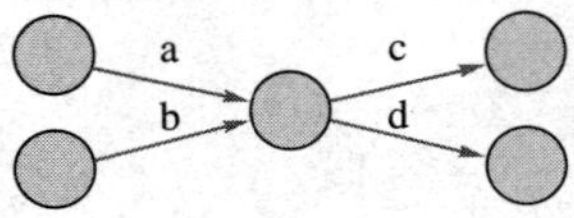
</td><td>活动 a 和 b 必须在 c 或 d 开始前完成</td><td>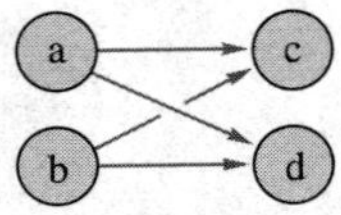
</td></tr>
<tr><td>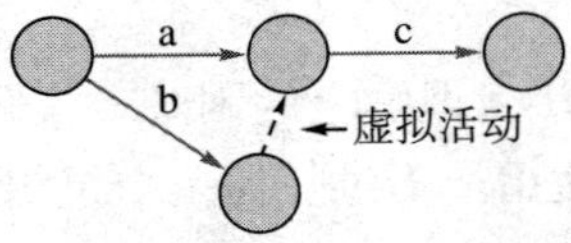
</td><td>使用虚拟活动来说明关系：
1. 用来区分两个活动有相同开始和结束节点的活动</td><td>不需要虚拟活动</td></tr>
<tr><td>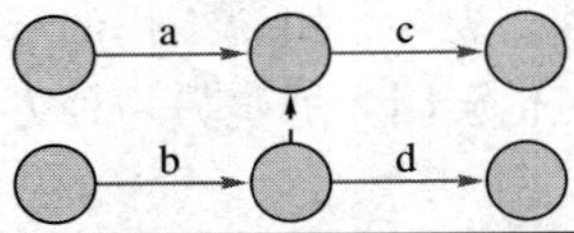
</td><td>2. 当活动有相同的但不是所有的先行活动</td><td>不需要虚拟活动</td></tr>
</table>

虚拟活动是利用 AOA 网络图来阐明活动间关系时的一个特色。在使用 AOA 方法说明一系列活动及其前序活动时，为了确认是否需要使用虚拟活动，应该检验“前序活动”列表。我们来看例子中列出的多项活动，例如下表中的 c、d。如果 c 或 d 在列表中是独立的（就像这里的 c 一样)，就需要使用虚拟活动来说明关系（见表 16-2 中最后一图）。

活动	前序活动
a	—
b	—
c	a,b
d	b

下面再介绍两条 AOA 规范。

为便于说明，节点通常是从左到右编号，较小的数字用于之前的节点，而较大的数字用于之后的节点。

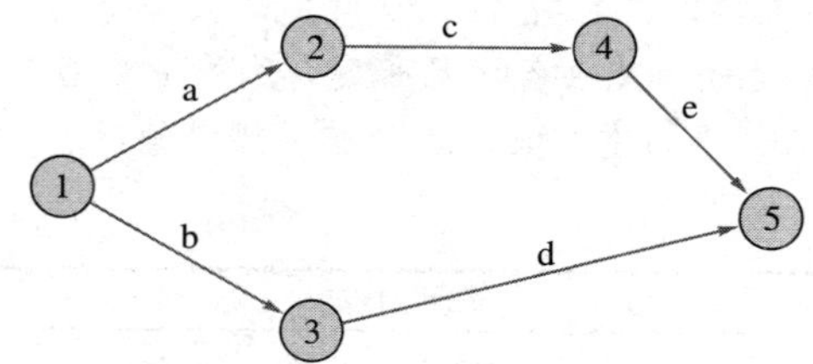

为了提高清晰度，有时会在网络图中使用开始和结束箭头。

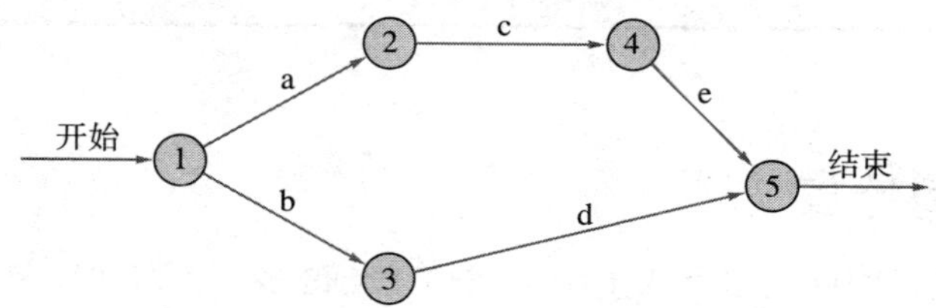

16.6 确定性时间估计

分析、解释 PERT 与 CPM 网络图的方式，主要取决于活动时间估计究竟是或然性的还是确定性的。如果时间估计能够以很强的置信做出，而且实际时间与其差异不大，就说这种估计是**确定性的**，如果估计的时间倾向于可变，我们就说这个估计是不确定性的。不确定性时间估计必须包括对变化的可能范围的说明。

本节描述的是确定性时间估计下的网络分析。后面章节将介绍不确定性时间估计。

理解网络分析的最好方法是从简单例子入手。

例 16-1 图 16-5 所示的是根据图 16-4 银行网络图而来，增加了额外信息。

求：

（1）每条路径的长度；

（2）关键路径；

（3）预期项目长度；

（4）每条路径的松弛时间。

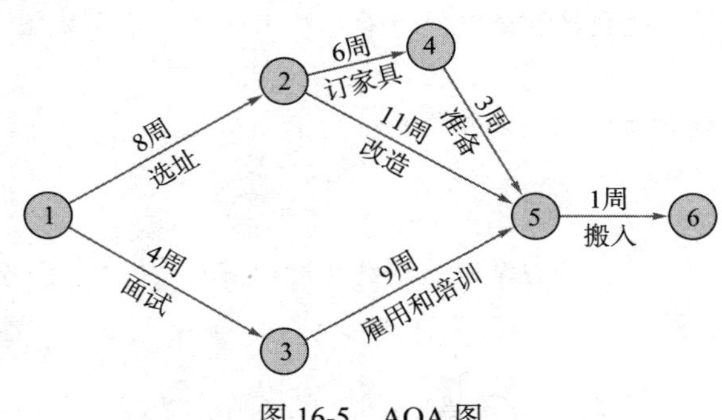

图 16-5 AOA 图

解：

（1）如下表所示，路径长度分别是 18 周、20 周和 14 周。

（2）最长路径（20 周）是 1–2–5–6，所以它是关键路径。

（3）预期项目长度等于关键路径长度（即 20 周）。

（4）我们用关键路径长度分别减去各路径长度，则得它们各自的松弛时间，如下表最后一列所示。(注意：有时我们需要知道与具体活动相关的松弛时间，下一节将介绍获得松弛时间的方法。)

路径	长度（周）	松弛时间
1–2–4–5–6	8 + 6 + 3 + 1 = 18	20−18 = 2
1–2–5–6	8 + 11 + 1 = 20[①]	20−20 = 0
1–3–5–6	4 + 9 + 1 = 14	20−14 = 6

① 关键路径长度。

16.7 网络时间计算

现实生活中的项目网络大多都比上例的网络复杂得多，它们往往包含成百上千项活动。由于必要的计算变得异常复杂和耗时，大型网络往往由计算机程序而非人工进行分析。计划者用信息处理算法发展出了 4 条有关网络活动的信息：

- ES，活动最早开始时间，假设所有前序活动都尽可能早开始；
- EF，活动最早结束时间；
- LS，活动最迟开始时间，在不延长项目的前提下；
- LF，活动最迟结束时间，在不延长项目的前提下。

一旦这些值确定，就可以用它们计算：

- 预期项目完成时间；
- 松弛时间；
- 关键路径。

16.7.1 前线式网络图

以下 3 个例子将说明怎样利用例 16-1 中的优先图计算这些数值。

例 16–2 计算各活动的最早开始时间与最早结束时间，活动如图 16-5 所示。

解：

第一步，为每个开始活动的两端加括弧：

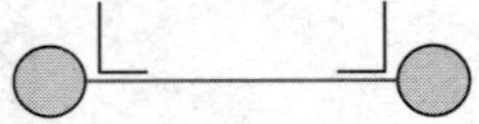

为每项活动求解最早开始时间 *ES* 和最早结束时间 *EF*，并将它们分别写进括弧，如下图所示：

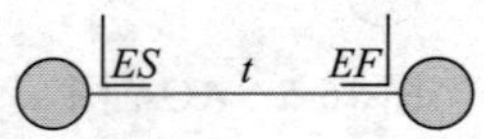

为所有活动做这件事，从优先图的左边开始，向右边移动。

一旦每项活动的 *ES* 都已求出，*EF* 就可以通过为 *ES* 增加活动时间 *t* 而求得：$ES + t = EF$。

所有开始活动的 *ES* 值为 0，因此，活动 1–2 与 1–3 的 *ES* 值均为 0。这样，所有活动都能按上式计算 *EF*：

$$EF_{1-2} = 0 + 8 = 8 \text{ 和 } EF_{1-3} = 0 + 4 = 4$$

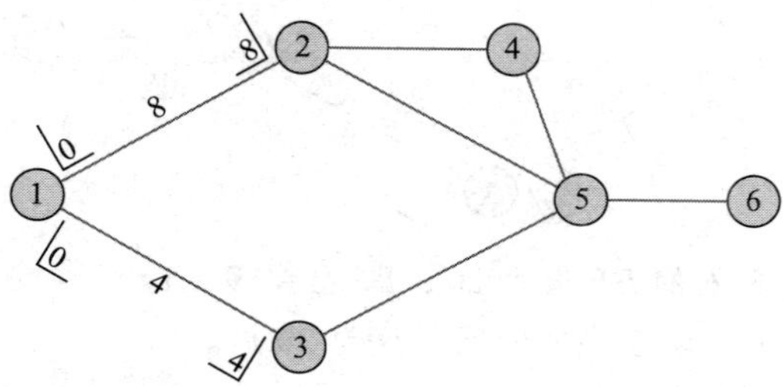

在图中，一项活动的 *EF* 时间变成了后一项活动的 *ES* 时间。因此，由于活动 1–2 的 *EF* 时间为 8，活动 2–4 与 2–5 的 *ES* 时间就都为 8；类似地，活动 3–5 的 *ES* 时间为 4。

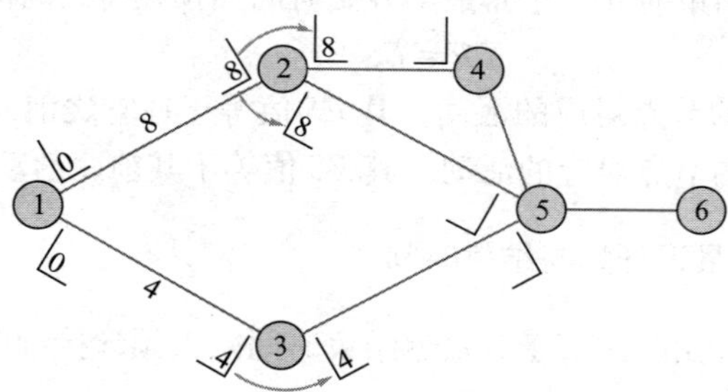

现在，为每项活动计算 *EF* 时间：$EF_{2-4} = 8 + 6 = 14$；$EF_{2-5} = 8 + 11 = 19$；$EF_{3-5} = 4 + 9 = 13$。

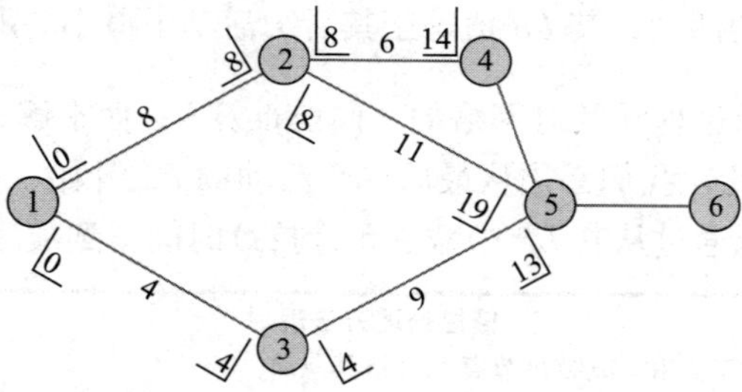

活动 4–5 的 *ES* 时间就是活动 2–4 的 *EF* 时间，即 14。同样，用这个值我们还可以求出活动 4–5 的 *EF* 值为 17；$EF_{4-5} = 14 + 3 = 17$。

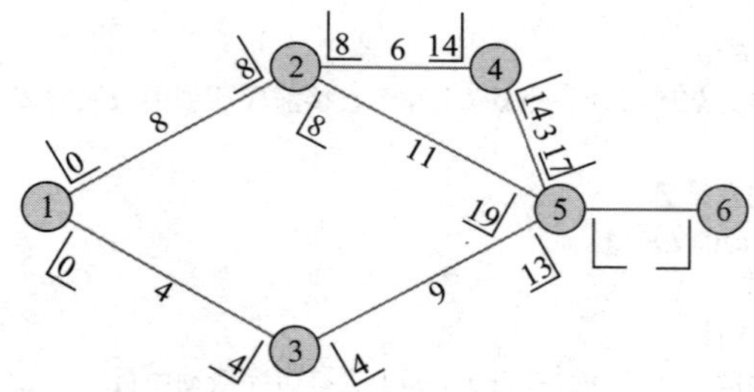

为了求活动 5–6 的 *ES* 值，我们必须看到活动 5–6 在其他活动未完成之前不能开始。因此，位于活动 5–6 之前的三项活动中 *EF* 时间最长的那一个决定了 ES_{5-6}。于是，活动 5–6 的 *ES* 值为 19。

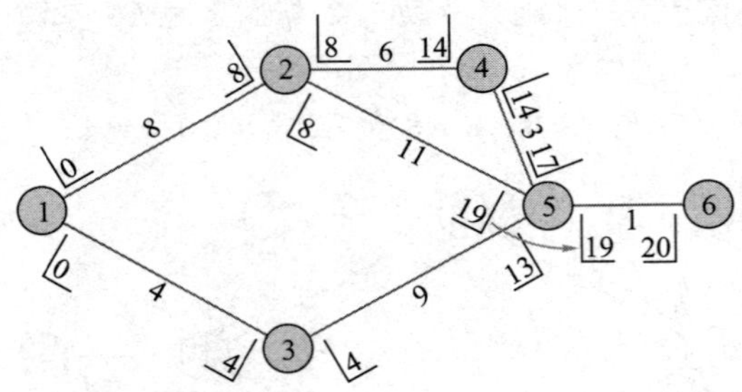

可见，最后一项活动 5–6 的 *EF* 值为 20；$EF_{5-6} = 19 + 1 = 20$。注意，最后一个活动的 *EF* 值就是项目完成时间。因此，项目完成时间预计为 20 周。

计算最早开始与结束时间根据 2 个简单原则：

- 任一活动的最早结束时间等于其最早开始时间加预期持续时间 *t*：

$$EF = ES + t \tag{16-1}$$

- 有一个箭头进入的节点对应的活动，其 *ES* 值等于在它之前发生的那个活动的 *EF* 值；有多个箭头进入的节点对应的活动，其 *ES* 值等于其前序活动中最长的那个 *EF* 值。

使用 2 个原则，计算最迟开始与结束时间：

- 任一活动的最迟开始时间等于其最迟结束时间减去预计持续时间：

$$LS = LF - t \tag{16-2}$$

- 有一个箭头离开的节点对应的活动，其 *LF* 值等于其后续活动的 *LS* 值；有多个箭头离开的节点对应的活动，其 *LF* 值等于其后续活动中最小的那个 *LS* 值。

寻找 *ES* 与 *EF* 时间的过程涉及对网络的“向前推算”；而求解 *LS* 与 *LF* 时间则牵涉到对网络的“向后推算”。因此，我们必须从最后一个活动的 *EF* 开始，并把它当作最后一个活动的 *LF*；然后，我们就可以通过从其 *LF* 中减去预计持续时间得到最后一个活动的 *LS*。

信息处理方法规则

注意：在 AON 图中如果有起始节点和 / 或结束节点，可将其忽略

向前推算

对任何路径，从图的左侧开始向右推算

对任何开始活动：*ES*=0

对任何活动：*ES*+ 活动时间 =*EF*

对后序活动：*ES*= 前序活动的 *EF* 值

注意：如果一项活动有多项直接的前序活动，令其 *ES* 等于直接前序活动中最大的 *EF* 值

向后推算

对任何路径，从图的右侧开始向左推算

将最大的 *EF* 值作为所有结束活动的 *LF* 值

对任何活动：*LS*=*LF*− 活动时间

对前序活动；*LF*= 后序活动的 *LS* 值

注意：如果一项活动有多项直接的后序活动，令其 *LS* 等于直接后序活动中最小的 *LS* 值

例 16-3 计算例 16-2 的优先图中所有活动的最迟结束与开始时间。

解：

我们必须先在图中括弧上增加 *LS* 时间与 *LF* 时间。

LS *LF*
ES *EF*

从最后一项活动的 *LF* 时间等于其 *EF* 值开始。于是，

$$LF_{5-6} = EF_{5-6} = 20 \text{ 周}$$

活动 5–6 的 *LF* 时间减去活动时间，则得 *LS* 时间：

$$LS_{5-6} = LF_{5-6} - t = 20 - 1 = 19$$

把这些数值标在图上：

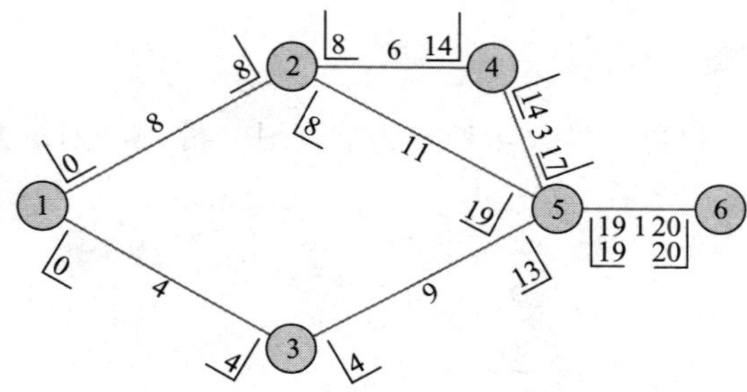

活动 5–6 的 *LS* 时间 19，现在变成了活动 5–6 的所有前序活动的 *LF* 时间。确定各项活动的 *LS* 时间：*LF* 减去活动时间。活动 3–5 的 *LS* 时间是 19−9 = 10。

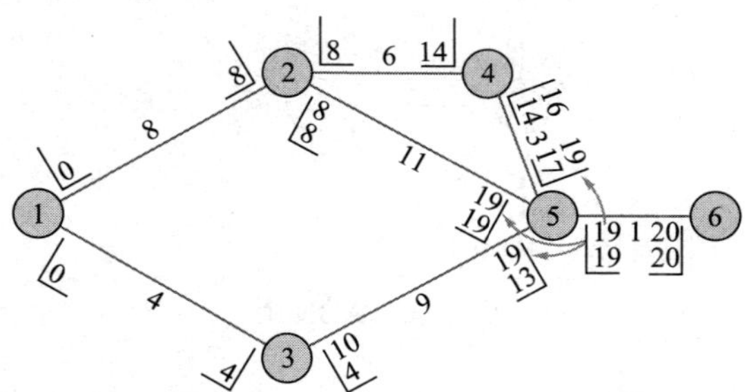

接着，活动 4–5 的 *LS* 值 16，就变成了活动 2–4 的 *LF* 时间；活动 3–5 的 *LS* 值 10，就变成了活动 1–3 的 *LF*。利用这些值，可以求出各项活动的 *LS*：*LF* 时间减去活动时间。

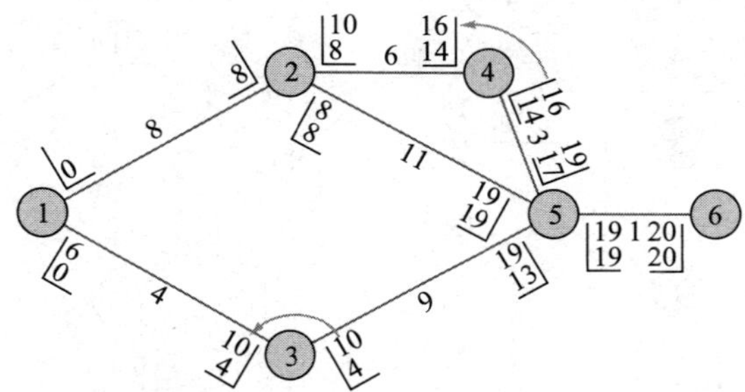

活动 1–2 的 *LF* 是该活动的两个后续活动 *LS* 时间的最小值，于是，活动 1–2 的 *LF* 时间为 8。使用最小时间的原因是，活动 1–2 的结束时间必须使所有后续活动在不晚于它们自己

的 *LS* 的时间开始。

求出活动 1–2 的 *LF* 之后，用 *LF* 时间 8 减去活动时间 8，就可得到 *LS* 时间，即 0。

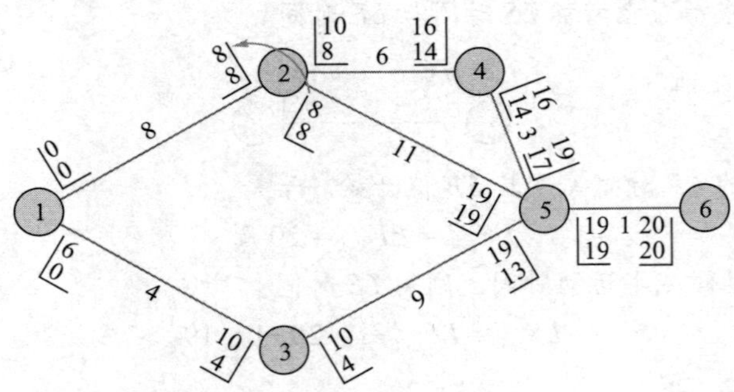

16.7.2 节点式网络图

AON 方法的处理基本相同，图 16-6 所示为节点图，图 16-7 所示为计算方法。

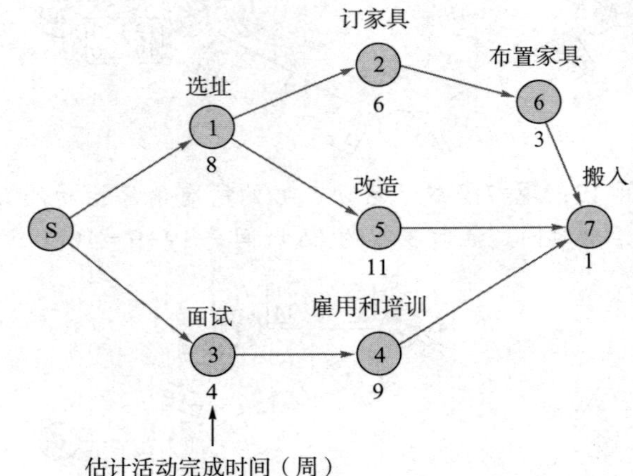

图 16-6 AON 图

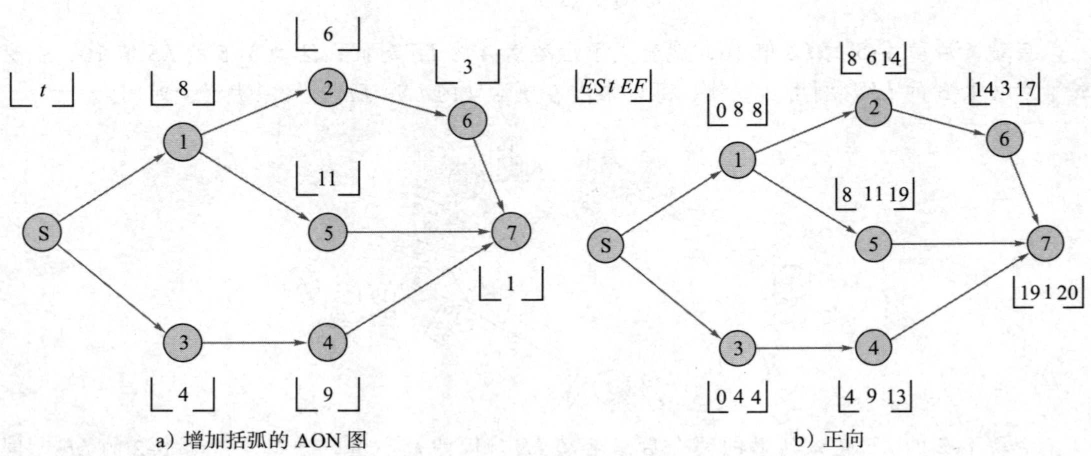

图 16-7

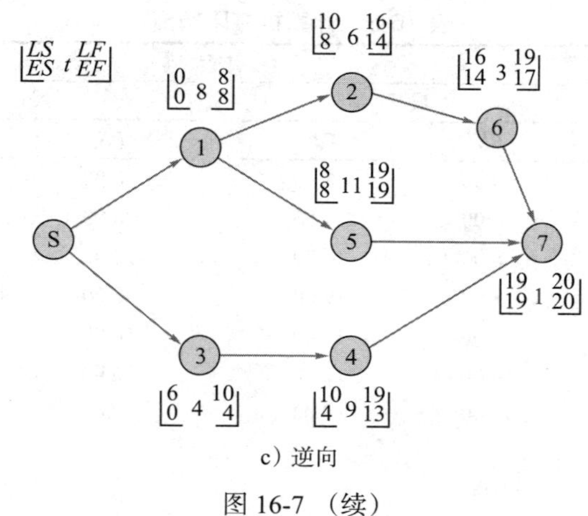

c）逆向

图 16-7 （续）

16.7.3 计算松弛时间

松弛时间可以用两种方法求出

$$松弛时间 = LS-ES 或 LF-EF \tag{16-3}$$

用这种信息处理算法表示的关键路径，即松弛时间为 0 的活动组合。因此，例 16-4 的表指出，活动 1–2、2–5、5–6 等都是关键活动，与例 16-1 直观法的证明结果相同。

松弛时间的概念有助于管理者计划稀缺资源的分配，直接控制那些对项目延期最敏感的活动。在这一点上，认识到活动的松弛时间基于同一条路径上的所有活动都尽可能早地开始，并且不会超过它们的预期时间这一假定很重要。更进一步，如果两项活动都在同一条路径上（如上例中的活动 2–4 与 4–5），并且有着同样的松弛时间（如 2 周），那么总松弛时间对它们二者都可用。实质上，所有活动在分摊松弛时间。因此，如果第一项活动用掉了全部的松弛时间，那么其他活动的松弛时间就变为 0，同一路径上的所有后续活动也将不再有多少松弛时间。

例 16–4 计算例 16-3 中的松弛时间。

解：

开始时间和结束时间都可用，假设我们选择开始时间。利用例 16-2 计算出的 *ES* 时间和例 16-3 计算出的 *LS* 时间，解得松弛时间为：

活动	*LS*	*ES*	（*LS-ES*）松弛时间
1–2	0	0	0
1–3	6	0	6
2–4	10	8	2
2–5	8	8	0
3–5	10	4	6
4–5	16	14	2
5–6	19	19	0

具有 0 松弛时间的活动在关键路径上。因此，关键路径为 1–2–5–6.

正如前面提到过的，此信息处理算法对复杂的计算过程很有帮助。这道问题的计算机打印输出如表 16-3 所示。

表 16-3 计算机打印输出

活动	时间	进度				松弛时间
		最早		最迟		
		ES	EF	LS	LF	
1–2	8.00	0.00	8.00	0.00	8.00	0.00
1–3	4.00	0.00	4.00	6.00	10.00	6.00
2–4	6.00	8.00	14.00	10.00	16.00	2.00
2–5	11.00	8.00	19.00	8.00	19.00	0.00
3–5	9.00	4.00	13.00	10.00	19.00	6.00
4–5	3.00	14.00	17.00	16.00	19.00	2.00
5–6	1.00	19.00	20.00	19.00	20.00	0.00

关键路径序列是

开始活动	结束活动	时间
1	2	8.00
2	5	11.00
5	6	1.00
		20.00

16.8 不确定性时间估计

在前文讨论中，我们假设活动时间已知并且不变。在这个假设条件适用于某些场合的同时，还有其他很多场合并不适用。于是，那些场合需要一种不确定性方法。

不确定性方法下的每项活动都有 3 个时间，而不是先前的 1 个：

- 最乐观时间：在乐观条件下所需的时间长度，用 t_o 表示；
- 最悲观时间：在最差的条件下需要的时间长度，用 t_p 表示；
- 最可能时间：最有可能的所需时间值，用 t_m 表示。

这些时间估计由管理者或其他具备项目知识的人做出。

在描述时间估计的固有内在变化时，我们通常使用 β 分布，如图 16-8 所示。尽管没有理论证明使用 β 分布的正确性，但在实践中它有许多吸引人之处：根据特定活动的性质，这种分布可能对称也可能向左右偏斜；分布的均值与差值能由上述三个时间估计值导出；单峰分布，最可能时间估计周围概率的集中趋势很强。

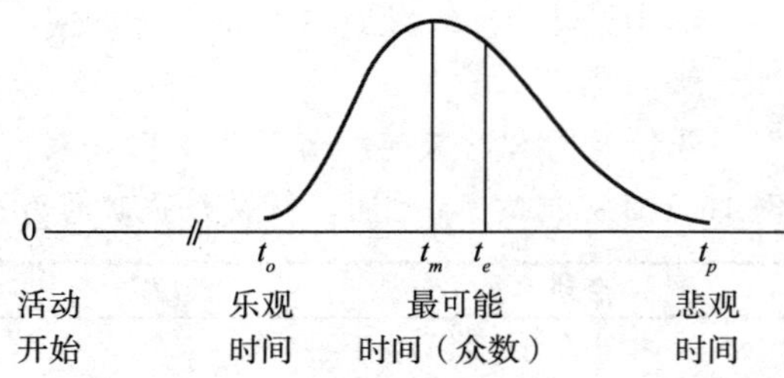

图 16-8 用来描述不确定性时间估计的 β 分布

网络分析特别注重各项活动的均值或期望时间 t_e，以及各项活动时间的方差 σ_i^2。活动的期望时间 t_e 是 3 个时间估计值的加权平均：

$$t_e = \frac{t_o + 4t_m + t_p}{6} \tag{16-4}$$

路径期望持续时间（即路径均值）等于该路径中的所有活动的期望时间之和。

$$\text{路径均值} = \sum \text{该路径中活动的期望时间} \tag{16-5}$$

对各活动时间标准差的估计，可以表示为最乐观与最悲观时间估计值之差的1/6（类似地，实质上所有这些正态分布下面的区域都在这3个均值标准差，即6个标准差范围内）。方差则是标准差的平方。于是

$$\sigma^2=\left[\frac{(t_p-t_o)}{6}\right]^2 \text{或} \frac{(t_p-t_o)^2}{36} \quad (16\text{-}6)$$

方差的大小反映与活动时间有关的不确定性程度：差值越大，则不确定性越大。

计算各路径的期望时间标准差也很有意义。我们可以通过加总路径中各活动方差，再开平方得到这个值；即

$$\sigma_{\text{路径}}=\sqrt{\Sigma\,(\text{路径中各活动方差})} \quad (16\text{-}7)$$

例16-5 某项目的网络图如下所示，其中每项活动都有3个时间估计。活动时间以周为单位。

（1）计算每项活动的期望时间，以及每条路径的期望持续时间；

（2）识别关键路径；

（3）计算各活动方差，以及各路径的方差与标准差。

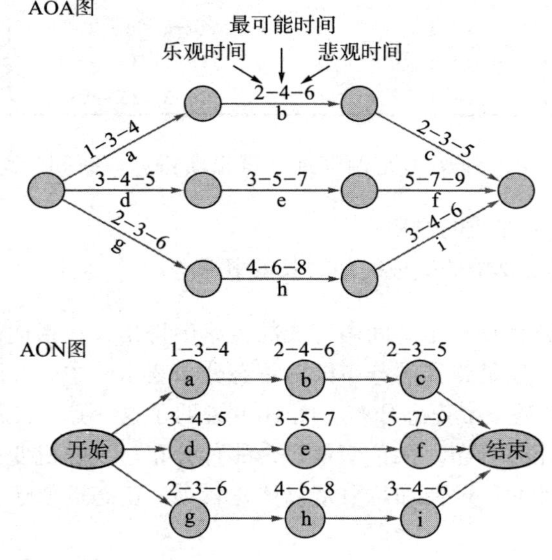

解：

（1）

路径	活动	时间 t_o	时间 t_m	时间 t_p	$t_e=\frac{t_o+4t_m+t_p}{6}$	路径时间
a–b–c	a	1	3	4	2.83	10.00
	b	2	4	6	4.00	
	c	2	3	5	3.17	
d–e–f	d	3	4	5	4.00	16.00
	e	3	5	7	5.00	
	f	5	7	9	7.00	

（续）

路径	活动	时间			$t_e=\frac{t_o+4t_m+t_p}{6}$	路径时间
		t_o	t_m	t_p		
	g	2	3	6	3.33	
g–h–i	h	4	6	8	6.00	13.50
	i	3	4	6	4.17	

（2）期望持续时间最长的路径是关键路径。由于路径 d–e–f 的路径总长值最大，即为关键路径。

（3）

路径	活动	时间			$\sigma^2_{活动}=\frac{(t_p-t_o)^2}{36}$	$\sigma^2_{路径}$	$\sigma_{路径}$
		t_o	t_m	t_p			
	a	1	3	4	$(4-1)^2/36=9/36$		
a–b–c	b	2	4	6	$(6-2)^2/36=16/36$	34/36 5 0.944	0.97
	c	2	3	5	$(5-2)^2/36=9/36$		
	d	3	4	5	$(5-3)^2/36=4/36$		
d–e–f	e	3	5	7	$(7-3)^2/36=16/36$	36/36 5 1.00	1.00
	f	5	7	9	$(9-5)^2/36=16/36$		
	g	2	3	6	$(6-2)^2/36=16/36$		
g–h–i	h	4	6	8	$(8-4)^2/36=16/36$	41/36 5 1.139	1.07
	i	3	4	6	$(6-3)^2/36=9/36$		

掌握期望路径时间及其标准差能帮助管理者算出项目完成时间的可能性估计，诸如：

- 项目在特定时间内完成的概率；
- 项目比时间进度安排中的完成时间更长的概率等。

这些估计可以从各路径在特定时间内完成的概率中得出，包括使用正态分布。尽管活动时间是由 β 分布表示的，但是路径的分布则由正态分布表示。中心极限定理告诉我们，活动时间（随机变量）之和也是一个正态分布。图 16-9 说明了这一点。使用正态分布的基本原理是随机变量的总和趋于正态分布，无论变量符合哪种分布。当随机变量的数目很大时，就能够证明具有正态趋势。然而，即使加总数量仍然比较小，正态近似还是能够为实际分布提供合理的近似。

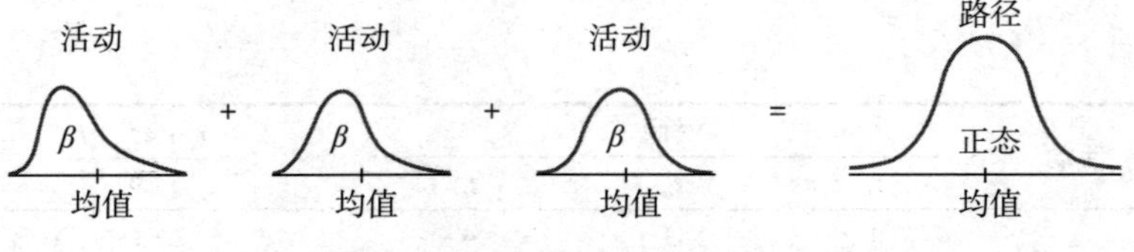

图 16-9　活动分布和路径分布

16.9　路径概率的确定

给定路径在特定的时间长度内完成的概率可由下式得出

$$z=\frac{\text{指定时间}-\text{路径均值}}{\text{路径标准差}} \tag{16-8}$$

解得的 z 值表示当指定时间超过路径持续时间的期望值时，前者与后者间相差的标准差个数。z 值越大，在指定时间内完成路径的概率越大（负的 z 值表示指定时间早于路径持续时间的期望值）。一旦 z 值确定，就可从附录 B 表 B 中求解路径在特定时间内完成的概率。注意，概率等于 z 值以左正态曲线下的区域，如图 16-10 所示。

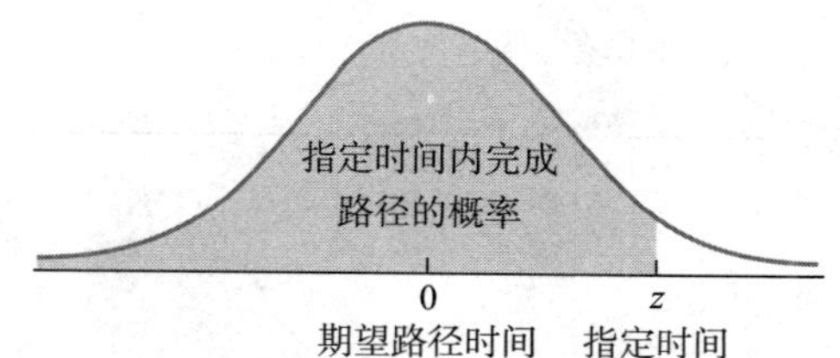

图 16-10 路径概率是 z 值以左正态曲线下的区域

如果 z 值大于等于 +3.00，路径概率就接近 100%（确切的是 0.998 7，当 z=+3.00 时）。因此，组成路径的活动极有可能在特定时间内完成。出于这个原因，一个有用的经验法则应运而生，如果 z 值大于等于 +3.00，路径概率约为 100%。

经验法则：如果 z 值大于等于 +3.00，就可以认为路径完成的概率为 100%。

一个项目在其活动尚未完成之前无法完成，无论那些活动是否在关键路径上。有时完成其他路径比关键路径花费的时间还多，在这种时候，项目就会比预期进行时间长。因此，只把注意力集中在关键路径上的风险很大，必须考虑至少一条其他路径延迟项目完成时间的可能性。这样就需要确定所有路径在特定时间内的完成概率了。为此，必须先找出每条路径在特定时间内的完成概率，然后再把它们全部相乘，结果就是项目在特定时间内完成的概率。

注意，独立假定很重要。我们假设路径持续时间相互独立，实质上，这需要两件事：活动时间相互独立，每项活动只在一条路径上。由于活动时间独立，一项活动时间不可能是另外一项活动时间的函数；如果两项活动总是同时提前或同时延迟，那它们就不是独立的。在一个大型项目中，如果有少数活动在多条路径上，通常也被认为符合独立路径假设。尽管这样，我们通常还是用常识来判断独立假定是否合理。

例 16-6 利用例 16-5 的信息，回答以下问题：

（1）可以认为这些路径相互独立吗？为什么？

（2）项目在 17 周内完成的概率是多少？

（3）项目在 15 周内完成的概率是多少？

（4）项目在 15 周内完不成的概率是多少？

解：

（1）是的，这些路径可以被认为是独立的。因为没有活动在超过一条的路径上，也没有提到任何有关活动时间相关的信息。

（2）为了回答这个问题，必须考虑路径分布与特定完成时间的“重叠”程度。重叠概念如下图所示，图中有 3 个路径分布，每一个都以其期望持续时间为中心，特定完成时间为 17 周。各个分布的阴影部分都与特定时间内完成项目的概率相对应。观察路径 a–b–c 和 g–h–i，完全在特定时间以左，因此它们极有可能在 17 周之内完成。但关键路径重叠了特定完成时间，此时为了计算 17 周完成的概率，只需考虑路径 d–e–f 的分布。

为求出路径概率，首先，利用公式（16-8）计算 z 值。例如，对路径 d–e–f，我们有：

$$z=\frac{17-16}{1.00}=+1.00$$

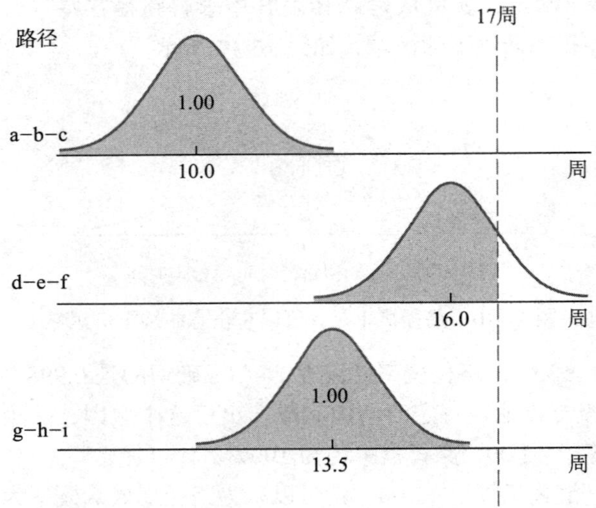

带着 $z=+1.00$ 转到附录 B 表 B，可以发现 z 值以左曲线以下的区域是 0.841 3。下表总结了相关计算。注意：如果 z 值超过 +3.00，可以认为完成的概率为 1.000。

路径	$z=\dfrac{17-\text{期望路径时间}}{\text{路径标准差}}$	17 周内完工的概率
a–b–c	$\dfrac{17-10}{0.97}=+7.22$	1.00
d–e–f	$\dfrac{17-16}{1.00}=+1.00$	0.841 3
g–h–i	$\dfrac{17-13.5}{1.07}=+3.27$	1.00

P（17 周内完成）= P（完成路径 a–b–c）×P（完成路径 d–e–f）×P（完成路径 g–h–i）

= 1.00×0.841 3×1.00 = 0.841 3

（3）对于特定时间 15 周，z 值为：

路径	$z=\dfrac{15-\text{期望路径时间}}{\text{路径标准差}}$	15 周内完工的概率
a–b–c	$\dfrac{15-10.00}{0.97}=+5.15$	1.00
d–e–f	$\dfrac{15-16.00}{1.00}=-1.00$	0.158 7
g–h–i	$\dfrac{15-13.50}{1.07}=+1.40$	0.919 2

路径 d–e–f 与 g–h–i 的 z 值小于 +3.00。

从附录 B 表 B 可以看出，$z=-1.00$ 时的左方区域为 0.158 7，$z=+1.40$ 的左方区域为 0.919 2。路径分布值如图所示。15 周内完成的所有路径的联合概率等于：

$$1.00 \times 0.158\ 7 \times 0.919\ 2 = 0.145\ 9$$

（4）15周内完不成的概率等于（3）中结果的补数：$1-0.145\ 9 = 0.854\ 1$

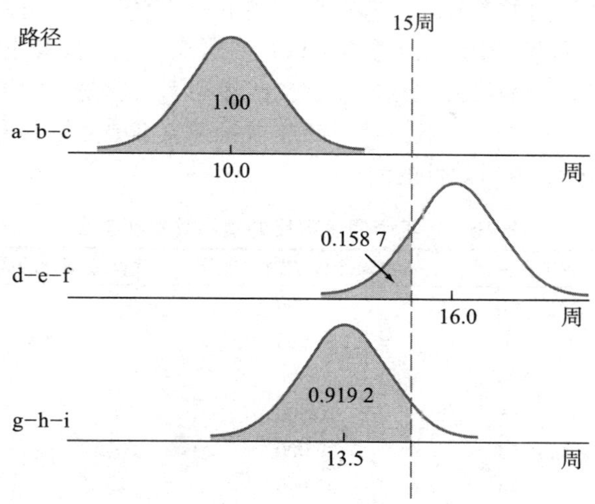

16.10　模拟

我们已经考察了一种计算项目在特定时间内完成概率的方法，并且假定项目路径相互独立，即同一活动不在超过一条的路径上。如果某项活动在一条以上的路径上出现，而它的完成时间又超过了预期完成时间，那么所有包含它的路径都将受到影响，因此，它们的完成时间也将不再独立。在使用上述方法时，必须考虑那些出现于多条路径的活动。如果只有几项活动在多条路径上，特别是当那些路径都比关键路径短得多时，这种方法仍然比较合理。另外，出于说明的目的，就像在习题与例题中的一样，我们把那些路径看成是独立的，尽管在实际中它们未必如此。

在实践中，当发生非独立情况时，项目计划者通常使用一种叫作模拟的方法。它多次穿越项目网络图，重复取样。每穿越一次网络图，就基于活动的概率分布特征（例如其均值、标准差、分布类型等）为各活动时间随机抽取一个值。每超越一次，就得到一个期望项目持续时间，即加总各路径内的活动时间，然后再找出历时最久的路径，它的持续时间就是项目持续时间。经过多次（如几百次）超越，就可以得到计算项目持续时间频数分布的充分信息了。最后，计划者就在允许某些活动在多条路径出现的前提下，利用频数分布估计实际项目持续时间。

16.11　预算控制

预算控制是项目的一个重要方面。许多原因会造成成本超出预算，除非采取纠正措施，否则将产生严重的成本超支，将项目置于危险境地。各种原因会造成成本超支，其中一个可能是初始估计过于乐观，另一个可能是不可预测的事件，比如天气或供应商问题、不合格并需要补救的工作部分，或者其他一些需要增加成本的事件。

表16-4所示为一个假设正在进行的项目的成本状态表。对于这个项目，前三个活动已经

完成。活动 A 以少于预算 1 000 美元的成本完工，活动 B 以与预算持平的成本完工，而活动 C 则以超出预算 3 500 美元的成本完工。剩下的活动还未完工，但每一个活动都有其预计成本及预计的实际支出与预算间的差额。除非在项目接下来的生命周期里做出改变，否则成本超支将达到 4 000 美元。项目经理要决定是否可以接受这笔超支，或者决定是否采取纠正措施。尽管经理们的直觉感受也许是将关注点放在超支的活动上，但是他们可能要检查所有的活动以挖掘存在节约可能的潜在点。当然，项目的成本状态表需要更新，通常是以天或周为更新周期，以使项目经理掌握具有时效性的信息。

表 16-4　某个假设项目的项目成本状态表

活动	预算成本 / 美元	完工百分比	实际或预计成本 / 美元	实际或预计的成本与预算间的差额 / 美元
A	25 000	100	24 000	1 000
B	15 000	100	15 000	0
C	22 000	100	25 500	−3 500
D	10 000	75	10 500	−500
E	30 000	50	29 000	1 000
F	20 000	40	22 000	−2 000
G	8 000	25	8 000	0
				−4 000

16.12　时间 – 成本优化：赶工法

项目的活动时间估计通常都在特定水平的资源条件下进行。许多时候，缩短项目长度都可以通过投入额外资源实现。缩短项目的动机可以表现为尽力避免延迟处罚，利用物质刺激及时或提前完成项目，以及释放资源以使它们用于别处。在新产品开发过程中，缩短时间可能会带来战略优势：打败市场上的竞争对手。然而有时对缩短项目长度的渴望仅仅反映为减少与运行项目有关的间接成本，如厂房设备成本、检查成本、劳务与人工费用等。管理者往往持有某些令他们缩短或赶工某些活动的观点，其中最明显的有：利用额外资金使用额外人员或高效设备，放松某些作业的规格要求等。因此，项目经理可能会通过增加直接费用加快项目进度，缩短项目，节约间接项目成本。评价时间 – 成本权衡选择的目的，是找出能够降低直接、间接项目成本之和的活动。

为了合理决策哪些活动（如果有的话）需要赶工并在可赶工范围之内，管理者需要以下信息：

- 各项活动的常规时间与赶工时间估计；
- 各项活动的常规成本与赶工成本估计；
- 关键路径上的活动列表。

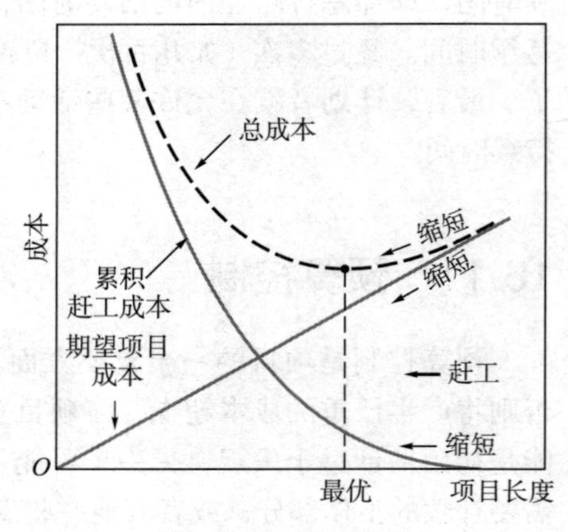

图 16-11　赶工活动

关键路径上的活动是赶工行动的潜在候补者，因为缩短非关键路径活动不会影响总的项目持续时间。从成本出发，赶工活动应该以赶工成本为基础：先赶那些赶工成本最低的活动；而且，只要赶工成本小于赶工效益就继续赶工。如图 16-11 所示为基础成本的关系。

赶工分析需要对每个活动、路径长度和识别出来的关键活动的常规和赶工时间进行估计。赶工分析的一般过程是：

- 每次只对一个时期的项目进行赶工；
- 对关键路径上成本最低的活动进行赶工；
- 当有多个关键路径时，求出对各关键路径上成本最低活动进行赶工的成本之和。如果两个或两个以上的关键路径有相同的活动，将对关键路径共有活动进行赶工的成本与缩短各个关键路径的成本之和相比。

例16-7 利用以下信息，做出最佳时间–成本权衡选择。间接项目成本为1 000美元/天。

活动	正常时间	赶工时间	每天赶工成本（美元）
a	6	6	—
b	10	8	500
c	5	4	300
d	4	1	700
e	9	7	600
f	2	1	800

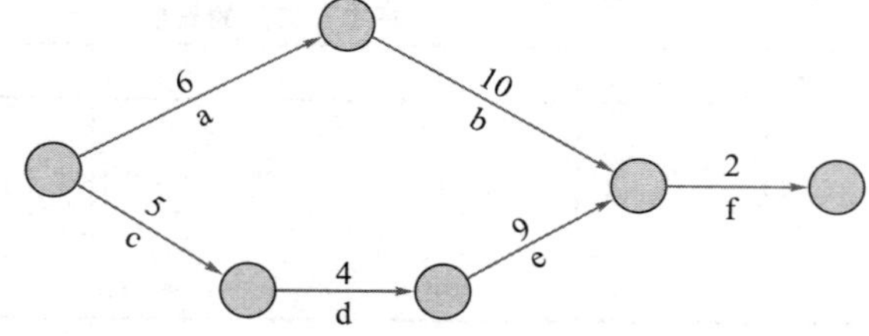

解：

（1）求出关键路径上的活动及其长度，以及其他路径的长度：

路径	长度
a–b–f	18
c–d–e–f	20（关键路径）

（2）根据赶工成本最低原则，为关键路径活动分级，并求出各次赶工的缩短天数。

活动	每天赶工成本（美元）	可赶工天数
c	300	1
e	600	2
d	700	3
f	800	1

（3）开始缩短项目，一次一天，每次缩短之后检查一遍当前关键路径（过了某个点后，另一条路径就会与缩短后的关键路径长度相等）。于是：

1）将活动c减少1天，成本相应减少300美元。关键路径长度现在变为19天。

2）活动c不能再缩短了。缩短1天成本为600美元的活动e，路径c–d–e–f的长度现在变为 18 天，与路径 a–b–f 的长度相等。

3）现在有两条关键路径，进一步改进必须同时缩短两条路径。其余的赶工活动及其成本为：

路径	活动	赶工成本（美元）
a–b–f	a	没有降低的可能
	b	500
	f	800
c–d–e–f	c	没有进一步降低的可能
	d	700
	e	600
	f	800

乍一看，赶工活动 f 没有什么好处，因为它的赶工成本最高。但 f 在两条路径上，因此缩短 1 天 f 将以 800 美元的成本为两条路径（项目亦然）缩短 1 天。选择缩短两条路径各自的最小费用活动，即成本为 500 美元的 b 和成本为 600 美元的 e，共需 1 100 美元。因此，我们选择缩短 1 天 f。项目持续时间现在是 17 天。

4）在这一点上，不再有任何可行的改进了。加速 b 的成本是 500 美元，加速 e 的成本为 600 美元，共计 1 100 美元，超过了每日间接项目成本 1 000 美元。

5）赶工顺序总结如下：

活动	赶工 *n* 天后的长度			
	n = 0	1	2	3
a–b–f	18	18	18	17
c–d–e–f	20	19	18	17
赶工的活动		c	e	f
成本（美元）		300	600	800

顺序赶工方法的一个重要好处是能够针对不同的项目时间提出不同的预算成本。

16.13 PERT 方法的优点及可能出现的问题

PERT 及类似项目排程技术能够为项目经理提供重要的帮助，其中最为有用的特征有以下 3 个方面：

- 使用这些技术能够促使管理者组织和量化可用信息，并认识到哪里需要额外信息。
- 这些技术为项目及其主要活动提供了图形化显示。
- 识别出了由于潜在的项目延迟风险而应予以密切注意的活动；以及有松弛时间的其他活动，它们的延期不影响整个项目的完成时间。这样，提高了重新分配资源、缩短项目的可能性。

没有哪一种分析技术不存在潜在的偏差。其中最主要的偏差来源是：

- 制作项目网络图时，管理者可能无意遗漏了一项或几项重要活动。
- 优先关系未必全部显示正确。

- 时间估计可能包含捏造因素，管理者可能会对时间估计感到不舒服，因为这似乎使他们限于在某段时间内完成。
- 有可能造成只关注关键路径上的相关活动。随着项目的进展，其他路径也有可能会成为关键。而且，主要的风险因素有可能并不在关键路径上。

16.14 关键链项目管理

关键链项目管理（CCPM）方法包含了对完成项目任务所需的资源的强调。这一方法由Eli Goldratt开发，他还提出了约束理论（见第15章）。Goldratt提出了几个项目管理者为了更好地管理项目需要注意的问题：

- 时间估计过于悲观，如果多花点精力，可以估计得更为可靠（缩短）。
- 当某些活动提前完成时，并没有在项目状态报告中体现出来，项目经理则没有意识到有些资源可以用来缩短关键路径。

项目的关键链类似于网络图的关键路径。然而，关键链方法不仅考虑任务的次序关系，而且考虑资源约束。当完成任务所需的资源被用于另一项任务时，对资源的等待会导致任务的延期。

关键链方法的核心特色是其对各种缓冲的运用。输入（时间）缓冲的插入位置在非关键链和关键链的汇合处，用来吸收非关键链上活动的延误，降低延误关键链上活动的风险。输入缓冲的目的是隔离关键链以使其不受非关键链上活动变动的影响。不是每一个交叉点都需要一个时间缓冲，仅那些具有相对较少松弛时间的位置会显示出时间缓冲的好处。位于项目结束位置的项目缓冲用来降低因关键链上时间变动而延期项目工期的风险。能力（资源）缓冲用于当多个项目同时进行的情况。资源缓冲有助于管理因各个项目的资源需求变动而产生的影响。

对与计划完工时间相关的活动状态的常规性更新能帮助项目经理发现实际或潜在的问题产生于哪里，以及哪里的缓冲可以被减少或去除，从而重新配置缓冲。

16.15 项目管理中的其他问题

本节简要介绍其他几个项目管理中的课题，如六西格玛项目、虚拟项目团队、多项目管理。

一个日益流行的项目管理方式用于六西格玛项目，尽管这种项目着眼于不多的几个关键点，但仍然包括了项目管理中的各种典型要素和需求。六西格玛项目在另外的章节（见第8章）中有更为详细的介绍。

由于公司的全球化运作，所以经常会用到虚拟项目团队，项目的所有基本要素都存在，但是部分甚至所有的项目组成员在地理上是分散的，通信技术的发展让这种组织形式成为可能。虚拟团队的一个优点是在这种方式下可以利用的智力资源在其他方式下很难得到，或者根本无法获得。同时，其不利的方面是这样的方式不像那种联系更加紧密的团队，不容易产生协同。此外，由于团队成员的语言和文化的不同导致的风险，需要更加细致的沟通管理。

多个项目同时存在可能会增加项目管理的压力和复杂程度。资源往往需要在多个项目中共享，某个项目中的问题可能会对其他项目产生影响，也可能需要重新评估问题的优先级别。在一个组织中实施多个项目时，如果其中一个项目需要的资源正被另外的项目占用，则可能会导致由于等待资源而延误。因此，项目管理者交叉检查项目计划以避免类似的冲突就显得至关重要。项目管理软件能够帮助避免此类冲突。一个相关的问题是，如果在项目接近尾声时，资源突然被调用到其他项目，也有可能导致项目的延迟。

16.16 项目管理软件

技术的发展为项目管理提供了许多帮助。其中，计算机辅助设计（CAD）的使用可以为建造和产品开发项目提供更先进的模型。相关软件，如 Lotus Notes 就有助于更紧密地将不同部件的小组成员联系在一起，远距离管理项目的能力使得不同地区都能得到项目进展和障碍以及计算机软件的第一手资料。

有诸多的软件程序可以用来帮助管理项目，其中之一就是 Microsoft Project，利用它可以有效地创建计划、估算成本、跟踪项目进展。用户可以：

- 分配资源。分配资源到某个任务，并且在必要的时候进行修正。
- 比较不同的计划版本。跟踪计划版本的变更。
- 评估变更。评估计划和资源的变更带来的影响。
- 跟踪性能。跟踪进度，监控项目目标和实际情况之间的差异，比如成本、开始和结束日期，以及历史记录。

Microsoft Project 可以让用户和组织中的其他用户共享项目计划，生成预先定义的报表，格式化并打印客户报表，方便汇报项目状态，这些功能都可以加强项目的沟通。

Microsoft Project 还能够被定制以满足特别的需求，例如，可以在项目计划和客户字段中显示选择的数据，可以做公式和工具栏的修改，此软件是 Microsoft Office 的一个组成部分，这样 Office 上的其他产品可以方便地用来表现项目的状态。

利用项目管理软件包有以下优点：

- 它提供了一种方法论和一套项目管理术语；
- 提供了一种逻辑计划结构；
- 加强了项目成员之间的沟通；
- 可以标志约束冲突的发生；
- 自动产生报表；
- 生成多层次汇总报表和详细报表；
- 支持“what-if”场景；
- 能够生成不同类别的图形，包括基本的甘特图。

我们需要记住，项目管理不仅仅是选择正确的软件，还有更多需要项目经理做的事。回忆本章前面所讨论的关键性决策就能理解这一点。

16.17 运营战略

项目同时蕴含战略机会与战略风险，因此，为项目投入足够的关注与恰当的资源对于管理人员而言至关重要。

项目通常应用于具有一定程度不确定性的情况中，这些不确定性的情况可能会导致延期、超支、交付物不符合技术要求。为了减小这些可能性的影响，管理人员必须确保以下三项工作的进行：仔细的计划，对项目经理和团队成员的明智挑选，对项目的监测。

计算机软件和如PERT一样的工具能够极大地辅助项目管理。然而，必须防止仅仅关注关键路径的情况发生。很显然的原因是，随着项目的推进，其他的路径可能变得重要。此外，一个不那么明显的原因是关键性的风险事件可能并不在关键路径上。即使这样，一旦发生，它们会对项目造成重要影响。

项目失败的情况并不少见，无论是彻底失败还是部分失败。当失败发生后，检查失败的可能原因并且分析出是哪些可能的决策和行动造成了失败是十分有益的，从中汲取的经验教训对于未来的项目是适用的，从而降低未来项目失败的可能性。

16.18 风险管理

风险是项目所固有的。它们与事件的发生有关，这些事件可能带来一些不期望的结果，例如延迟、增加成本或不能达到规定的技术规格。在某些情况下，事件发生的风险可能会导致项目的终止。尽管认真的计划可能降低风险，但是没有一个计划可以消除所有潜在的事件，因为事件有些是不可预见的或不可控的。

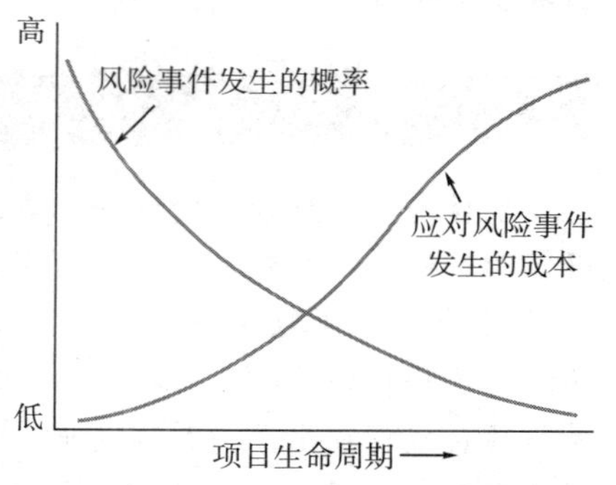

图 16-12 风险事件的概率与成本

项目早期风险事件发生的概率最大，而后期最小。然而，与风险事件有关的成本则倾向于在项目初期较低，后期最高（见图 16-12）。

有效的风险管理应具体识别尽可能多的潜在风险，分析和评估这些风险，努力减小其发生的概率，并建立为应对事件发生所需的应急计划（包括相应预算）。这些往往要在项目开始之前完成，这一过程通常在项目期间不会重复发生，因为经验在不断增长，并且不断地获取新的信息。

第一步是识别风险。通常可能存在很多风险来源，虽然一个组织对特定工作的经验越多，可以识别的风险越多。与项目有关的人员对识别风险负有责任。头脑风暴法和问卷是识别风险很有用的方法。

一旦识别出风险，必须评价每一风险以确定不同风险事件发生的概率和潜在的后果。可以同时采用定量和定性方法评价风险。管理者和团队成员都可为此做出贡献，并可找专家进行咨询。也可以借鉴以前的项目经验。可能用到很多工具，包括情景分析、模拟和PERT（本章前面已讨论过）。

降低风险可采取很多形式。很大程度上取决于项目的特点和范围。备份系统有时可降低失败风险。例如，应急发电机可以在电力系统出现问题时提供电力。另一种方法是密切监控项目的关键指标，在造成很大损失之前将问题消除。在某些情况下可以通过将项目的某部分进行分包而将风险进行转移。风险分担是另一种可能的方法。这可能涉及合作，合作伙伴进行风险分担，这种方法还可能通过扩大为降低风险的范围来降低风险。

项目的领导者不得不应对各种风险，不同的风险有不同的成本和不同的发生可能性。可以用一个简单的矩阵（见图 16-13）来形象地说明风险。

事件	概率	成本 / 美元
1	0.85	18
2	0.30	20
3	0.55	68
4	0.85	77
5	0.10	30
6	0.30	87

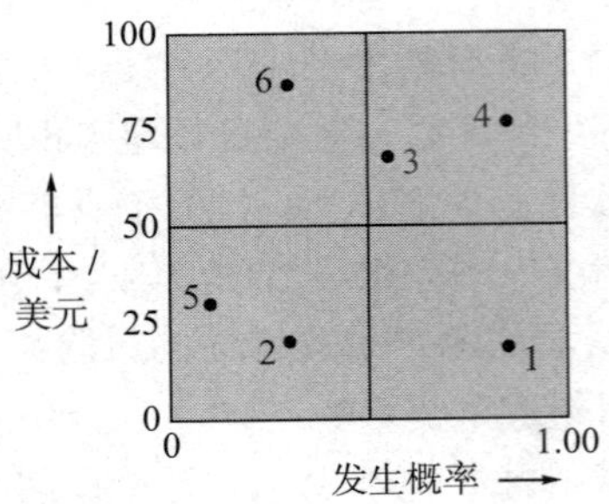

图 16-13　风险矩阵

坐标系右上角中的事件（事件 3 和 4）发生的概率最高，而且成本也高。必须对它们给予最大的关注。反之，左下角中的事件（事件 2 和 5）概率和成本都较低，可以给予它们较低的关注度。其他两个象限中的事件（事件 1 和 6）应该适当关注，因为它们或者成本高（事件 6）或者发生的概率大（事件 1）。

本章小结

项目由一系列独特的活动组成，需要在限定的时间跨度内完成一系列给定目标。项目经过的生命周期包括初始化、计划、实施、监视和控制及结束。项目活动的非常规性为项目经理提出了一系列要求，它们在许多方面都与常规运作活动的管理者所经历的不同，不管在计划协调工作中，还是在员工问题上。道德问题和风险管理也是项目经理必须处理的关键问题。

PERT 与 CPM 是开展、监督项目的两种常用技术。尽管它们的发展历程不同，又各有侧重点，时间与实践已经抹去了它们最初的大多数差异，因此到今天，这二者的区别已经微乎其微。它们都为管理者提供合理的项目计划方法和图形化的项目活动显示；都对存在于活动中的优先关系进行描述，并向管理者展示哪些活动必须完成才能按时完成项目。管理者利用这些信息就能将注意力转移到最关键的活动上来。

构造网络图有两种略微不同的规范。一种用箭头代表活动，另一种用节点代表活动。

即使是中等规模的项目，其制作与迅速更新项目网络图的任务也相当复杂。因此计算机软件是相当重要的。使用这些项目管理软件的优点主要有：提供了一种合理的计划结构，增强了沟通，能够自动生成图表和报告。

有时候，有可能通过缩短项目中的一项或多项活动，来缩短项目长度（或赶工）。通常，获得这种结果需要使用额外资源，尽管有时可能是在项目活动之间转移资源。一般情况下，当额外缩短的成本超过额外缩短的收益，或达到某特定时间时，项目周期就不能再缩短了。

知识要点

1. 项目就是一次性为达到特定的须在一定时限内完成的目的所实施的一系列相关活动。
2. 关键的项目指标有成本、时间和功能。
3. 表 16-1 和图 16-1 提供了有关项目和项目管理的基本认识。
4. 项目经理和项目团队是实现项目目标的主要因素。
5. 工作分解结构、甘特图和网络图是管理项目的主要工具。

例　题

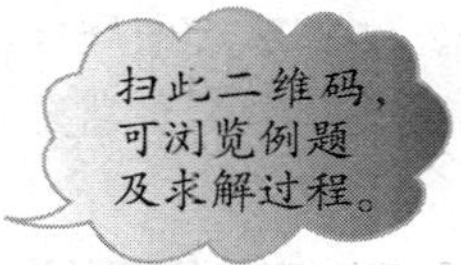

习　题

1. 为下列各网络图求解关键路径和项目持续时间的期望值。箭头上的数字表示期望活动时间。

（1）AOA 图

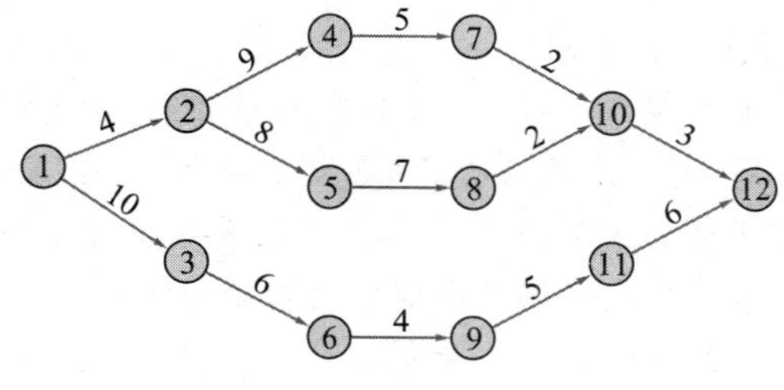

（2）AON 图

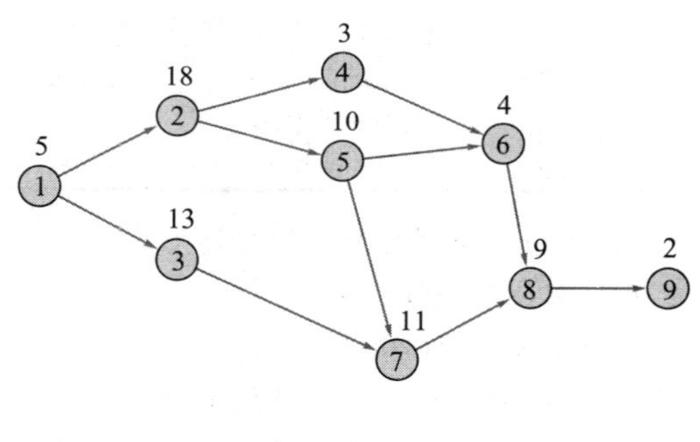

（3）AOA 图

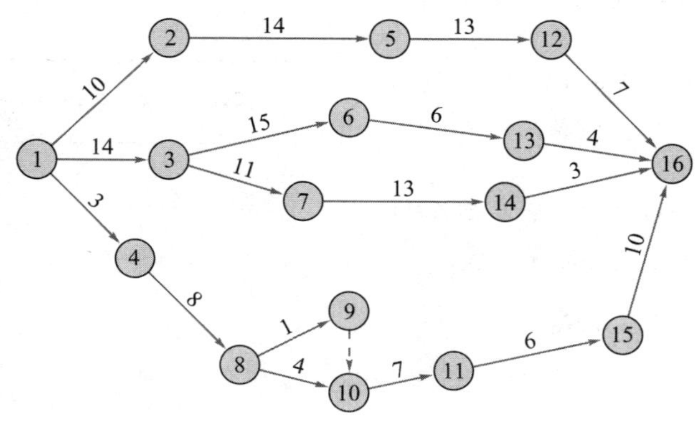

（4）AON 图

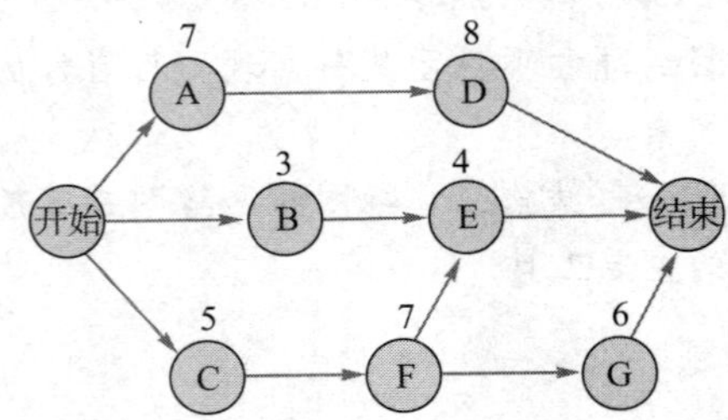

2. Chris 收到了一个新的文字处理软件作为她的生日礼物，还收到了一张支票，她打算用来买一台新电脑。Chris 的大学导师要求下周交一份报告。她打算用新电脑准备这份作业。她将她需要做的事和预期时间列了一张表。

估计时间（小时）	活动（缩写）
0.8	安装软件（Inst）
0.4	写论文提纲（Out）
0.2	向导师递交论文（Sub）
0.6	选题（Ch）
0.5	使用语法检查和纠错（Ck）
3.0	使用文字处理软件写论文（Write）
2.0	逛电脑店（Sh）
1.0	选购电脑（Sel）
2.0	根据选题在图书馆检索（Lib）

（1）用两种合理的顺序安排活动。

（2）1）绘制 AOA 图；

2）绘制 AON 图。

（3）求关键路径和期望持续时间。

（4）会有什么原因造成项目完成时间长于预期持续时间？

3. 参照图 16-2 和图 16-3 的风格，为下列问题绘制甘特图。

（1）银行选址问题（见图 16-4）。提示：利用表 16-3 提供的 *ES* 值。

（2）例题 2。

4.（1）构造一系列活动以及它们的前序活动，使其满足下图所示的活动间关系。

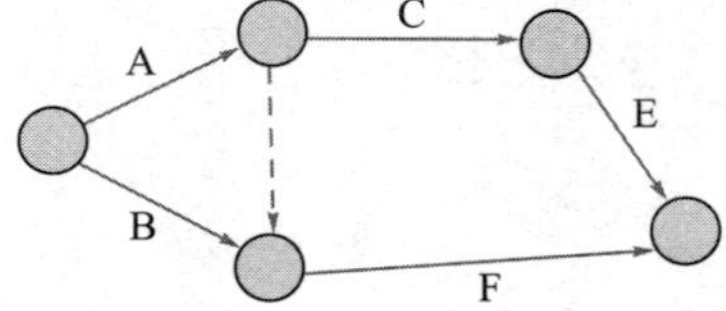

（2）为下列问题，用箭线法构造优先图。注意虚拟活动的使用。

（3）为该问题构造 AON 图。

（1）活动	前序活动	（2）活动	前序活动
A	—	J	—
B	—	K	—
C	—	L	J
D	A	M	L
E	B	N	J
F	B	P	N
G	C	Q	—
H	F	R	K
I	F，G	S	Q
K	D，E	V	R，S，T
结束	H，I，K	T	Q
		W	T
		结束	M，P，V，W

5. 为下列问题，求解各项活动的以下数值：最早开始时间、最迟开始时间、最早结束时间、最迟结束时间和松弛时间。找出关键路径，求解期望项目持续时间。

（1）习题 1（1）。

（2）习题 1（2）。

（3）习题 3。

6. 重新考虑习题 1（1）的网络图，假设 12 周后，活动 1–2，1–3 和 2–4 已经结束；活动 2–5 完成了 75%，活动 3–6 完成了一半。请问开始多少周后项目就能完成？

7. 3 名刚毕业的大学生合伙成立了一家广告公司，他们的第一个项目所包含的活动如下表所示。

活动	前序活动	时间（天）		
		乐观	最可能	悲观
A	—	5	6	7
B	—	8	8	11
C	A	6	8	11
D	—	9	12	15
E	C	5	6	9
F	D	5	6	7
G	F	2	3	7
H	B	4	4	5

（续）

活动	前序活动	时间（天）		
		乐观	最可能	悲观
I	H	5	7	8
结束	E，G，I			

（1）画出优先图。

（2）项目在24天之内完成的概率是多少？21天呢？

（3）假设现在是第7天结束时，活动a和b已经完成，活动d完成了一半。活动d的估计完成时间是5、6、7天。活动c和h已经准备好了开始。分别求项目在24天和21天内完成的概率。

（4）合伙人决定，只要赶工成本不超过20 000美元，将项目工期缩短两天就是有益的。他们以千美元为单位，对每项活动每天的赶工成本做了估计，如下表所示。要赶工哪些项活动，他们还将做哪些进一步的分析？

活动	第一赶工	第二赶工
C	8	10
D	10	11
E	9	10
F	7	9
G	8	9
H	7	8
I	6	8

8. 一所大学新上任的特殊事务主管决定彻底改革毕业典礼流程。为了做成这件事，他已经为主要活动画出了PERT图。图中显示了5条路径，期望完成时间及其差异也在其中。从现在开始到毕业日还有16周，假定项目从现在开始，项目在下列时间之前完成的概率将是多少？

路径	期望时间（周）	方差
A	10	1.21
B	8	2.00
C	12	1.00
D	15	2.89
E	14	1.44

（1）毕业时间。

（2）15周末。

（3）13周末。

9. 根据下表的信息构造一个网络图。使用AOA或AON（见例5中的两种类型）。如果活动时间的平均值和标准差按表中所给数据，项目超过10周完成的概率是多少？时间以周为单位。

路径	活动	均值	标准差
A	C	5	1.3
	D	4	1.0
B	E	8	1.6

10. 下表所描述的项目计划在11周内完成。使用AOA或AON(见例5中的两种类型)构造一个网络图，然后回答下列问题：

路径	活动	估计时间（周）	标准差（周）
A	C	4	0.70
	D	6	0.90
B	E	3	0.62
	F	9	1.90

（1）如果你是项目经理，你会很关注这个项目吗？请解释。

（2）如果项目每延迟1周，就罚款5 000美元，至少被罚款5 000美元的概率是多少？

11. 下列优先图反映了各个项目的3个时间估计。求：

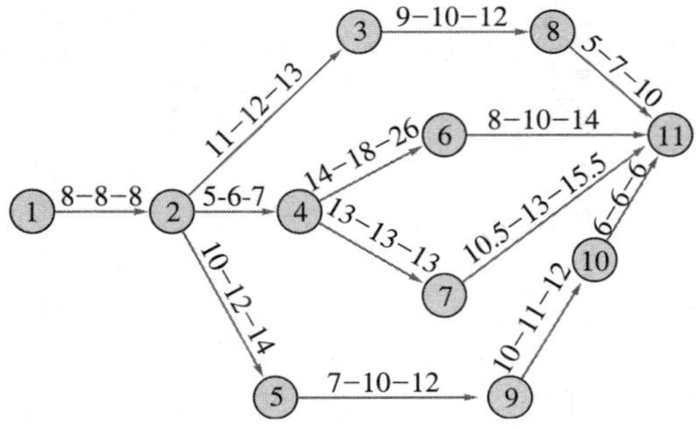

（1）各条路径的期望完成时间及其差异。

（2）项目需要49周以上的概率。

（3）项目在46周之内完成的概率。

12. 某项目经理为在全公司安装计算机信息

系统编辑了一份主要活动列表，这张表包含了各项活动的估计完成时间、优先关系等内容。

活动	前序活动	估计时间（周）
A	—	2–4–6
D	A	6–8–10
E	D	7–9–12
H	E	2–3–5
F	A	3–4–8
G	F	5–7–9
B	—	2–2–3
I	B	2–3–6
J	I	3–4–5
K	J	4–5–8
C	—	5–8–12
M	C	1–1–1
N	M	6–7–11
O	N	8–9–13
结束	H，G，K，O	

（1）为该项目构造 AON 网络图。

（2）如果项目在 26 周内完成，项目经理就会收到 1 000 美元的奖金；如果项目在 27 周内完成，奖金则是 500 美元。求出获得各项奖金的概率。

13. 右侧表所示为某一项目各个活动的持续时间及其赶工成本。如果目标是要在尽可能节约成本的情况下将项目工期缩短三周，决定赶工哪些活动并求出总的赶工成本。首先构造一个网络图，你可以使用 AOA 或 AON（见例题 5）。

路径	活动	时间（周）	第一赶工	第二赶工
上	A	5	8	10
	B	6	7	9
	C	3	14	15
中	D	3	9	11
	E	7	8	9
	C	3	14	15
下	F	5	10	15
	G	5	11	13
	H	5	12	14

14. 某特别工作组项目经理计划组建一个穹顶体育场，并希望能在下一个大学生足球赛季之前完工。在审查了建造工作时间估计之后，他发现为确保项目在赛季开始前完成，必须进行一定数量的赶工工作。时间与成本估计如下，请你制定出成本最小的使项目长度缩短 5 周的赶工进度安排。注意：没有任何活动能够使赶工超过 2 周。

活动	前序活动	正常时间（周）	赶工成本（千美元）	
			第一周	第二周
A	—	12	15	20
B	A	14	10	10
C	—	10	5	5
D	C	17	20	21
E	C	18	16	18
F	C	12	12	15
G	D	15	24	24
H	E	8	—	—
I	F	7	30	—
J	I	12	25	25
K	B	9	10	10
M	G	3	—	—
N	H	11	40	—
P	H，J	8	20	20
结束	K，M，N，P			

15. 某建筑项目的间接成本是每周 40 000 美元，项目的主要活动及其期望时间如下

列优先图所示。

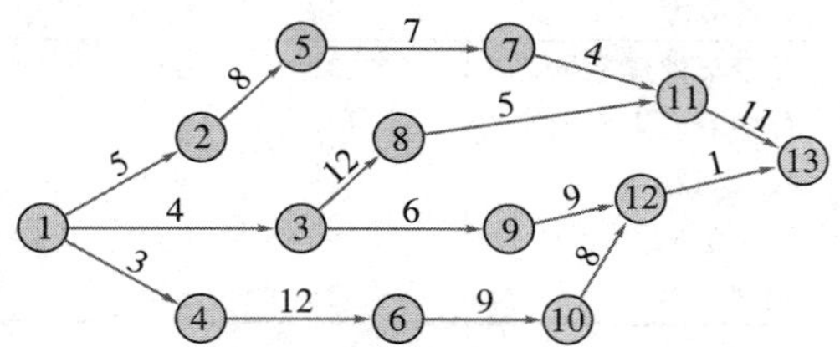

各项活动的赶工成本为：

活动	赶工成本（千美元）		
	第一周	第二周	第三周
1–2	18	22	—
2–5	24	25	25
5–7	30	30	35
7–11	15	20	—
11–13	30	33	36
1–3	12	24	26
3–8	—	—	—
8–11	40	40	40
3–9	3	10	12
9–12	2	7	10
12–13	26	—	—
1–4	10	15	25
4–6	8	13	—
6–10	5	12	—
10–12	14	15	—

（1）制订出时间–成本权衡结果最佳的赶工计划。

（2）绘制总成本曲线，标明能使项目长度缩短6周的费用最低的赶工进度安排。

16. Chuck's Custom Boat（CCB）根据顾客订单制造豪华游艇。CCB已经与一位神秘的纽约律师（Mr.T）签订了一份合同。相关数据显示如下。Mr.T希望能够在32周内交货，如果延期，每周CCB就要支付375美元的罚款。注意：没有任何活动能够使赶工超过2周。

活动	前序活动	正常时间（周）	赶工成本（千美元）	
			第一周	第二周
K	—	9	410	415
L	K	7	125	—
N	K	5	45	45
M	L	4	300	350
J	N	6	50	—
Q	J，M	5	200	225
P	Q	8	—	—
Y	Q	7	85	90
Z	P	6	90	—
结束	Y，Z			

请制订一份赶工计划。

17. 给定下面网络图，所示时间按天计：

（1）确定项目的期望完工时间。

（2）计算项目在18天内完工的概率。

路径	活动	估计时间
上	A	4–5–6
	B	7–8–10
	C	3–5–9
下	D	7–8–11
	E	2–3–4
下	F	1–4–6

18. 按图16-13的形式为本项目生成一个风险矩阵。纵坐标从0到80。项目经理应该最关注哪一事件？

事件	概率	成本（千美元）
1	0.25	15
2	0.35	25
3	0.20	55

（续）

事件	概率	成本（千美元）
4	0.80	10
5	0.10	77
6	0.40	55
7	0.60	50

19. 为本项目生成一个风险矩阵。

事件	成本（千美元）	概率
设备故障	40	0.20
关键部件延迟供货	200	0.60
分包商发生劳动纠纷	140	0.30
天气问题	15	未知
资金延迟	50	0.40 ～ 0.60
测试延迟	20	0.40

解释你对天气问题和资金延迟这两项事件所做配置的原因。

阅读材料　项目经理从来没有像现在这样重要

Jonathan Gispan 比许多人更能清楚地描述项目经理的角色变化，他在洛克希德·马丁公司的普鲁士分部为管理者做培训。Gispan 曾经在 GE 公司的航空部门担任项目经理达 38 年之久。

对这位经验丰富的讲师来说，项目经理从来没有像现在这样重要过。该职能的核心职责并没有改变，但是参与者和活动领域比起 5 年前则有了很大的变化。

Gispan 认为项目经理是一个关系矩阵的焦点，这一矩阵包括了顾客、工人、供应商和领导。“项目经理要管理事情的发展，”他说，“他们不仅要从头到尾地管理一个项目，而且要管理从事这些项目的人。”

这一工作需要一个万能的人，他不仅要理解问题，还要能解决问题。“项目经理必须成功地管理项目的整个生命周期，”Gispan 说，“该工作需要一个非常有条理的人，他需要懂得如何才能使项目迅速、便宜地完成，还要能够和那些与其工作密切相关的供应商、项目团队和高层管理者进行良好的沟通。”

项目经理经常需要处理变化的关系。对 Gispan 来说，最大的变化就是变革的速度，这会使项目经理的工作更加困难。“现在的变革比以前发生得越来越快、越来越剧烈，”他说，“顾客越来越不愿意为你的研究工作付钱了。例如，他们更愿意用现成的能力来节省资金。过去常常是合理、充足、正常的预算现在也开始紧缩。”

Gispan 认为企业间的合并与收购也使这种情况变得更加复杂。项目经理必须面对复杂的、经常是错综曲折的决策机构。要做出快速的决策需要相当的努力和支持。

让情况变得更复杂的是更高的员工流失率。“10 年前，流失率大概为 3%，现在，这一数据已经跃为 10%，”Gispan 解释道，“这就意味着项目经理必须不断地整合新的团队。”

总的来说，项目清晰，能够牢牢控制项目。这听起来像是一种威胁，但是 Gispan 认为这是正确的。“当前的市场状况要求你随时保持警觉，”他说，“即使一切事物的变革看起来都是势不可当，看待变革的最好方法不是将其看成让你跟上技术发展的脚步，让你更好地完成工作的一种动力。这种观点要求你不仅仅要应对变革，更要投入其中，更重要的还是态度问题。”

项目经理需要什么？“你需要良好的技术背景，”Karen Nichols, EWP 工程公司（美国盐湖城的一家咨询工程公司）的项目经理说，“这种转变至少需要经过 5 ～ 7 年的磨炼。”

这还仅仅是一个开始。“你还需要知道业务方面的工作到底是什么样的。”Nichols 说，“对于一些技术人员来说这是很困难的，因为它需要从两个不同的方面理解企业的运营。项目还必须熟悉会计方法、销售、市场战略。总之，他们必须管理一个项目使其盈利。”

如果你不能确定自己是否适合这项工作，Nichols 建议你可以观察其他项目经理工作的情况。“在一个大中型企业，你可以很容易地获得这种机会。”她说。

如果你符合要求，就可以要求与一位项目经理一起工作。“不需要很长的时间，你就能发现你是否有适合工作的能力。”Nichols 说，“不是所有人都能同时抛接空中小球的。”

“一旦你确定了自己的位置，你需要迅速的行动，”Gispan 补充道，“在你被证明是有条理的、能够管理一些任务之后，不久你就能应对和项目联系在一起的一切事务。将这些事做好，你就会从项目经理升为总经理，在这个位置上，你会管理企业的好几项业务。”

另外，不要被工作的头衔迷惑。每个公司对它的项目经理的角色都有其独特的称谓。无论什么头衔，项目是很容易辩论的。“这些人会和所有的关键人物谈判，并推进项目展开。”Gispan 继续道，“技术公司如果没有他们的付出将走向灭亡。”

资料来源：Bob Weinstein, “Project Managers Have Never Been More Critical,” *Rochester Democrat and Chronicle*, February 18, 1999. Copyright©1999 Rochester Democrat and Chronicle. Reprinted permission.

讨论题

1. 简述项目管理的十大知识领域。
2. 从质量、控制、进度三个方面的控制上说明项目经理在项目管理中的重要作用。

应用案例 英能有限公司项目进度计划

英能公司是一家系统集成公司，现有员工 100 多人，业务部门分为销售部、软件开发部、系统网络部等。经过近半年的酝酿后，2006 年 1 月，公司的销售部直接与某银行签订了一个银行前置机的软件系统的开发项目。合同规定，6 月 28 日之前系统必须投入试运行。在合同签订后，销售部将此合同移交给了软件开发部，进行项目的实施。项目经理王先生做过 5 年的系统分析和设计工作，但这是他第一次担任项目经理。王先生兼任系统分析工作，此外，该项目还有 2 名有 1 年工作经验的程序员、1 名测试人员、2 名负责组网和布线的系统工程师。项目组的成员均全程参加该项目。在承担项目之后，王先生组织大家制定了项目的 WBS，并依照以前的经验制订了本项目的进度计划，进度计划描述如下：

1.0 应用子系统

1.1 1 月 5 日～2 月 5 日需求分析

1.2 2 月 6 日～3 月 26 日系统设计和软件设计

1.3 3 月 27 日～5 月 10 日编码

1.4 5 月 11 日～5 月 30 日系统内部测试

2.0 综合布线

2.1 2 月 20 日～4 月 20 日完成调研和布线

3.0 网络子系统

3.1 4 月 21 日～5 月 21 日设备安装、联调

4.0 系统内部调试、验收

4.1 6 月 1 日～6 月 20 日试运行

4.2 6 月 28 日系统验收

春节过后，2 月 17 日王先生发现系统设计刚刚开始，由此推测 3 月 26 日很可能完不成系统设计。

讨论题

1. 系统设计无法按时完成的可能原因是什么？
2. 为保证项目进度不被拖延，项目经理应做些什么？

附　录
Appendix

附录 A　部分习题参考答案

扫此二维码，可浏览部分习题参考答案。

附录 B　统计表

扫此二维码，可浏览表 B-1　标准正态分布曲线下的面积（从 0 到 z），表 B-2　标准正态分布曲线下的面积（从 $-\infty$ 到 $-z$），表 B-3　标准正态分布曲线下的面积（从 $-\infty$ 到 z），表 B-4　累积泊松分布概率。

附录 C　运营管理常用术语

扫此二维码，可浏览运营管理常用术语。

推荐阅读

中文书名	作者	书号	定价
公司理财（原书第11版）	斯蒂芬·A. 罗斯（Stephen A. Ross）等	978-7-111-57415-6	119.00
财务管理（原书第14版）	尤金·F. 布里格姆（Eugene F. Brigham）等	978-7-111-58891-7	139.00
财务报表分析与证券估值（原书第5版）	斯蒂芬·佩因曼（Stephen Penman）等	978-7-111-55288-8	129.00
会计学：企业决策的基础（财务会计分册）（原书第19版）	简·R. 威廉姆斯（Jan R. Williams）等	978-7-111-71564-1	89.00
会计学：企业决策的基础（管理会计分册）（原书第19版）	简·R. 威廉姆斯（Jan R. Williams）等	978-7-111-71902-1	79.00
营销管理（原书第2版）	格雷格·W. 马歇尔（Greg W. Marshall）等	978-7-111-56906-0	89.00
市场营销学（原书第13版）	加里·阿姆斯特朗（Gary Armstrong） 菲利普·科特勒（Philip Kotler）等	978-7-111-62427-1	89.00
运营管理（原书第13版）	威廉·史蒂文森（William J. Stevens）等	978-7-111-62316-8	79.00
运营管理（原书第15版）	理查德·B. 蔡斯（Richard B. Chase）等	978-7-111-63049-4	99.00
管理经济学（原书第12版）	S. 查尔斯·莫瑞斯（S. Charles Maurice）等	978-7-111-58696-8	89.00
战略管理：竞争与全球化（原书第12版）	迈克尔·A. 希特（Michael A. Hitt）等	978-7-111-61134-9	79.00
战略管理：概念与案例（原书第12版）	查尔斯·W. L. 希尔（Charles W. L. Hill）等	978-7-111-68626-2	89.00
组织行为学（原书第7版）	史蒂文·L. 麦克沙恩（Steven L. McShane）等	978-7-111-58271-7	65.00
组织行为学精要（原书第13版）	斯蒂芬·P. 罗宾斯（Stephen P. Robbins）等	978-7-111-55359-5	50.00
人力资源管理（原书第12版）（中国版）	约翰·M. 伊万切维奇（John M. Ivancevich）等	978-7-111-52023-8	55.00
人力资源管理（亚洲版·原书第2版）	加里·德斯勒（Gary Dessler）等	978-7-111-40189-6	65.00
数据、模型与决策（原书第14版）	戴维·R. 安德森（David R. Anderson）等	978-7-111-59356-0	109.00
数据、模型与决策：基于电子表格的建模和案例研究方法（原书第6版）	弗雷德里克·S. 希利尔（Frederick S. Hillier）等	978-7-111-69627-8	129.00
管理信息系统（原书第15版）	肯尼斯·C. 劳顿（Kenneth C. Laudon）等	978-7-111-60835-6	79.00
信息时代的管理信息系统（原书第9版）	斯蒂芬·哈格（Stephen Haag）等	978-7-111-55438-7	69.00
创业管理：成功创建新企业（原书第5版）	布鲁斯·R. 巴林格（Bruce R. Barringer）等	978-7-111-57109-4	79.00
创业学（原书第9版）	罗伯特·D. 赫里斯（Robert D. Hisrich）等	978-7-111-55405-9	59.00
领导学：在实践中提升领导力（原书第8版）	理查德·L. 哈格斯（Richard L. Hughes）等	978-7-111-73617-2	119.00
企业伦理学（中国版）（原书第3版）	劳拉·P. 哈特曼（Laura P. Hartman）等	978-7-111-51101-4	45.00
公司治理	马克·格尔根（Marc Goergen）	978-7-111-45431-1	49.00
国际企业管理：文化、战略与行为（原书第10版）	弗雷德·卢森斯（Fred Luthans）等	978-7-111-71263-3	119.00
商务与管理沟通（原书第12版）	基蒂·O. 洛克（Kitty O. Locker）等	978-7-111-69607-0	79.00
管理学（原书第2版）	兰杰·古拉蒂（Ranjay Gulati）等	978-7-111-59524-3	79.00
管理学：原理与实践（原书第9版）	斯蒂芬·P. 罗宾斯（Stephen P. Robbins）等	978-7-111-50388-0	59.00
管理学原理（原书第10版）	理查德·L. 达夫特（Richard L. Daft）等	978-7-111-59992-0	79.00

推荐阅读

中文书名	作者	书号	定价
创业管理（第5版） （“十二五”普通高等教育本科国家级规划教材）	张玉利 等	978-7-111-65769-9	49.00
创业八讲	朱恒源	978-7-111-53665-9	35.00
创业画布	刘志阳	978-7-111-58892-4	59.00
创新管理：获得竞争优势的三维空间	李宇	978-7-111-59742-1	50.00
商业计划书：原理、演示与案例（第2版）	邓立治	978-7-111-60456-3	39.00
生产运作管理（第6版）	陈荣秋 等	978-7-111-70357-0	59.00
生产与运作管理（第5版）	陈志祥	978-7-111-74293-7	59.00
运营管理（第6版） （“十二五”普通高等教育本科国家级规划教材）	马风才	978-7-111-68568-5	55.00
战略管理（第2版）	魏江 等	978-7-111-67011-7	59.00
战略管理：思维与要径（第4版） （“十二五”普通高等教育本科国家级规划教材）	黄旭	978-7-111-66628-8	49.00
管理学原理（第2版）	陈传明 等	978-7-111-37505-0	36.00
管理学（第2版）	郝云宏	978-7-111-60890-5	49.00
管理学高级教程	高良谋	978-7-111-49041-8	65.00
组织行为学（第4版）	陈春花 等	978-7-111-64169-8	49.00
组织理论与设计	武立东	978-7-111-48263-5	39.00
人力资源管理（第2版）	刘善仕 等	978-7-111-68654-5	55.00
战略人力资源管理	唐贵瑶 等	978-7-111-60595-9	39.00
市场营销管理：需求的创造与传递（第5版） （“十二五”普通高等教育本科国家级规划教材）	钱旭潮 等	978-7-111-67018-6	49.00
管理经济学：理论与案例（“十二五”普通高等教育本科国家级规划教材）	毛蕴诗 等	978-7-111-39608-6	45.00
基础会计学（第2版）	潘爱玲	978-7-111-57991-5	39.00
公司财务管理（第2版）	马忠	978-7-111-48670-1	65.00
财务管理	刘淑莲	978-7-111-50691-1	40.00
企业财务分析（第4版）	袁天荣 等	978-7-111-71604-4	59.00
数据、模型与决策：管理科学的数学基础（第2版）	梁樑 等	978-7-111-69462-5	55.00
管理伦理学	苏勇	978-7-111-56437-9	35.00
商业伦理学	刘爱军	978-7-111-53556-0	39.00
领导学	仵凤清 等	978-7-111-66480-2	49.00
管理沟通：成功管理的基石（第4版）	魏江 等	978-7-111-61922-2	45.00
管理沟通：理念、方法与技能	张振刚 等	978-7-111-48351-9	39.00
国际企业管理	乐国林	978-7-111-56562-8	45.00
国际商务（第4版）	王炜瀚 等	978-7-111-68794-8	69.00
项目管理（第2版） （“十二五”普通高等教育本科国家级规划教材）	孙新波	978-7-111-52554-7	45.00
供应链管理（第6版）	马士华 等	978-7-111-65749-1	45.00
企业文化（第4版） （“十二五”普通高等教育本科国家级规划教材）	陈春花 等	978-7-111-70548-2	55.00
管理哲学	孙新波	978-7-111-61009-0	59.00
论语的管理精义	张钢	978-7-111-48449-3	59.00
大学·中庸的管理释义	张钢	978-7-111-56248-1	40.00